HISTOIRE
UNIVERSITE

Série : Histoire de l'Humanité
sous la direction de Michel BALAR

LE MONDE GREC ANTIQUE

Des palais crétois à la conquête romaine

Marie-Claire AMOURETTI
Agrégée de l'Université
Professeur d'Histoire ancienne

Françoise RUZÉ
Agrégée de l'Université
Professeur d'Histoire grecque

Édition remise à jour

HACHETTE
Supérieur

Maquette intérieure et réalisation : Mosaïque
Dessins : Gérard Allaguillemette
Cartographie : Hachette Classiques

ISBN 2.01.016010. X

Préface

En 1973 étaient publiés les premiers volumes de la collection Hachette-Université « Initiation à l'Histoire ». Près de vingt ans plus tard, une refonte s'imposait pour tenir compte des besoins nouveaux des lecteurs et des acquis de la recherche.

Les premiers cycles des universités connaissent depuis quelques années une affluence croissante. Les jeunes étudiants doivent pratiquer des exercices variés – comptes rendus de lectures, explications de documents, dissertations, constitutions de dossiers – sans avoir une bonne connaissance des méthodes appropriées. L'encombrement des bibliothèques ne leur permet pas de faire l'indispensable recherche bibliographique, le dépouillement des livres et des revues, qui devrait constituer une part essentielle du travail personnel. L'étude de questions spécialisées d'histoire suppose une large base de connaissances, qui n'est pas toujours assurée. Quant aux étudiants avancés, préparant les concours de recrutement (agrégation, CAPES), ils ont besoin de synthèses et de guides, d'un maniement commode, pour la préparation des épreuves de hors-programme.

C'est à tous ces besoins que veulent répondre les collaborateurs de cette collection. Ils cherchent, avant tout, à faire acquérir aux étudiants des méthodes leur permettant d'ordonner leurs connaissances. Ils livrent ici le fruit d'une longue expérience pédagogique.

Guides, ces ouvrages présentent les grandes collections, recueils de textes, revues, atlas, dont la consultation est indispensable. Ils indiquent à l'aide d'exemples renouvelés, et de nature diverse selon les volumes, comment mener une explication de documents, un exposé, une dissertation. Ils fournissent, pour chaque question traitée, une bibliographie raisonnée et font le point des connaissances. Précis historiques, ces manuels montrent comment traiter en une brève synthèse les grands thèmes d'étude d'une période et donnent un aperçu des principaux problèmes, mais non de tous.

Une présentation claire et structurée du texte, des cartes très maniables, réunies en un atlas historique, de nombreuses annotations marginales comportant des éléments de vocabulaire historique, de courtes biographies, des croquis, des repères chronologiques, font de ces manuels de commodes instruments de travail. Ils ne prétendent point être autre chose.

Michel Balard

Introduction

*L'étudiant qui aborde l'histoire grecque a le plus souvent oublié les connaissances, bien embryonnaires, acquises au cours de ses études secondaires. Pourtant le terrain n'est pas si vierge qu'il y paraît : nul d'entre nous n'échappe à la profonde imprégnation de la culture gréco-latine, même en notre époque de domination scientifique. Le vocabulaire, les concepts politiques, les mythes hérités de l'Antiquité grecque sont de vieilles connaissances. Comment pourrait-on dès lors étudier la démocratie ou l'*Antigone *de Sophocle sans arrière-pensée ? Comment parler de colonisation en Méditerranée, voire d'impérialisme, sans référence à un proche passé ? Comment regarder les temples grecs sans avoir l'œil déformé par l'abondance des monuments néo-classiques qui couvrent notre pays ? Là réside un des principaux écueils de l'histoire grecque : la richesse de sa civilisation, son aspect faussement moderne, passionnent le néophyte qui en oublie la nature propre, et la déforme.*

C'est pourquoi nous nous sommes attachés à distinguer nettement les sources, à présenter certains sujets sous leur angle historiographique, à montrer quelques grandes directions de la recherche contemporaine. Mais rien ne vaut le contact direct avec les textes, même traduits, et avec les documents archéologiques.

1. La bibliographie

■ *Les sources*

Les sources littéraires. Beaucoup sont éditées aux Belles Lettres dans la collection dite G. Budé, ou CUF (Collection des Universités de France), avec texte et traduction. En traduction seule, « La roue à livres » aux Belles Lettres, Garnier-Flammarion, « Livre de Poche », Folio, La Pléiade. Pour les auteurs non traduits en français, voir la « Loeb Classical Library » (Introduction, texte, traduction, index). A. et M. Croiset, *Histoire de la littérature grecque,* Paris, 1928-1935, 4 tomes ; vieilli, il n'a pas été remplacé. De bonnes initiations dans J. de Romilly, *Précis de littérature grecque,* PUF, 1980, L. Canfora, *Histoire de la littérature grecque, d'Homère à Aristote,* Desjonquères, 1994 et en « Que sais-je ? », par M. Trédé-Boulmer et S. Saïd, *La Littérature grecque d'Homère à Aristote,* n° 227, 1989, et S. Saïd, *La Littérature grecque d'Alexandre à Justinien,* n° 2523, 1989. Un instrument pratique : J. Laloup, *Dictionnaire de la littérature grecque et latine,* Paris, 1968. Souvent, les meilleures notices sont celles de la collection Budé.

Les sources papyrologiques. Les milliers de textes sur papyrus concernent la période ptolémaïque (323/30). Le recueil le plus commode est A. S. Hunt et C. C. Edgar, *Select Papyri,* Londres, t. 1, 3e éd., 1970 ; t. 2, 1963. Quelques textes traduits et commentés dans P. Delorme, *Le Monde hellénistique,* 323-133, Sedes, 1975.

Les sources épigraphiques sont fondamentales. Recueils en français avec traduction et commentaires : R. Dareste, B. Haussoulier, Th. Reinach, *Recueil des Inscriptions Juridiques Grecques,* 2 vol., 1892-1904 (réimpr. 1965) ; J. Pouilloux, *Choix d'inscriptions grecques,* texte, traduction et notes, Paris, 1960 et *Nouveau Choix d'inscriptions grecques,* par l'Institut F. Courby, Paris, 1971 ; H. Van Effenterre et F. Ruzé, *Nomima, recueil d'inscriptions politiques et juridiques de l'archaïsme grec,* Éc. Fr. Rome, I, 1994 ; II, 1995 ; sans le texte grec, J.-M. Bertrand, *Inscriptions historiques grecques,* Les Belles Lettres, 1992.

Recueils étrangers : R. Meiggs et D. M. Lewis, *A Selection of Greek Historical Inscriptions* (des origines à la fin du Ve siècle), Oxford, 1969 et M. N. Tod, *ibid.* II (de 403 à 323), Oxford, 1948 : texte grec, traduction parfois, bibliographie et commentaire qui permettent de poser les principaux problèmes historiques. L. Moretti, *Iscrizioni Storiche ellenistiche,* Florence, I, 1967 ; II, 1976 : textes grecs, traduction italienne, bibliographie, commentaires.

Il existe des corpus par région : *Inscriptiones Graecae (IG)* avec texte grec et notes en latin, complété chaque année par le *Supplementum Epigraphicum Graecum (SEG)* dont le commentaire est maintenant en anglais. Les choix de W. Dittenberger, *Sylloge Inscriptionum Graecarum,* 3ᵉ éd., 1915-1924 (*Syll.*^{3} ou *SIG*^{3}) ; *Orientis Graecae Inscriptiones Selectae,* 1903-1905 *(OGIS),* sont des classiques toujours utilisés, mais à remplacer le plus souvent par la publication des inscriptions grecques d'Asie Mineure : *Inschriften griechischer Städte aus Kleinasien (SK),* texte grec, traduction et commentaire en allemand (en cours depuis 1972, à Bonn).

Le *Guide de l'épigraphiste,* Presses de l'ENS, 1989 (2ᵉ éd. remise à jour), donne les références dans ce domaine et la *Revue des Études grecques* publie chaque année un *Bulletin épigraphique,* recensement critique des publications et études d'inscriptions.

L'archéologie et l'histoire de l'art

Les sites : les fouilles de sites grecs ont souvent été confiées à des écoles étrangères par les autorités nationales ; c'est ainsi que la France publie les rapports des fouilles d'Argos, Délos, Delphes, Mallia, Thasos... Une chronique annuelle du *Bulletin de Correspondance Hellénique (BCH)* permet de se tenir au courant des résultats des fouilles en Grèce. Le périodique *Gallia* rend les mêmes services pour la France. La date de la fouille, la nationalité et le nom du fouilleur sont donc fort utiles à connaître si l'on veut étudier un site.

En outre, des guides rendent des services, notamment les guides de l'École Française d'Athènes, coll. « Sites et monuments » ; voir aussi le *Guide bleu,* Hachette, et la série « *Nous partons pour...* », PUF. Les guides grecs des principaux sites et musées sont traduits aux éditions Errance.

R. V. Schoder, *La Grèce antique vue du ciel,* trad. Paris, 1972, fournit photos aériennes, plans et notices archéologiques pour 83 sites ; M. I. Finley, *Atlas of Classical Archaeology,* Chatto and Windus, 1977, rassemble cartes, plans, photos et commentaires.

Histoire de l'art : la collection « L'Univers des formes », chez Gallimard, est un bon outil de travail avec illustrations, annexe documentaire et plans, bibliographie, index-lexique, chronologies et cartes : P. Demargne, *Naissance de l'art grec,* 2ᵉ éd., avec appendice, 1974 ; J. Charbonneaux, R. Martin, F. Villard, *Grèce archaïque* (620-480), 1968 ; *Grèce classique* (480-330), 1969 ; *Grèce hellénistique* (330-50),1970.

Synthèses plus brèves : R. Ginouves, *L'Art grec,* 1964, J.-J. Maffre, *L'Art grec,* « Que sais-je ? » n° 2278, 1986 ; K. Papaionnou, *La Civilisation et l'art de la Grèce ancienne,* « Livre de Poche », 1990 ; R. Martin, *L'Art grec,* « Livre de poche », 1994.

Études spécialisées : Ch. Picard, *Manuel d'archéologie grecque, la sculpture,* A. Picard, 1935-1967, 4 t. en 8 volumes et un index ; Cl. Rolley, *La Sculpture grecque,* I, Picard, 1994 ; R. Martin, *Manuel d'architecture grecque,* I., *matériaux et techniques,* 1965. Id, *L'Urbanisme dans les cités grecques,* 2ᵉ éd. 1974 ; R. Ginouvès et R. Martin, *Dictionnaire méthodique de l'architecture grecque,* I et II, 1985-1992.

La céramique est publiée par sites ou par musées *(Corpus Vasorum Antiquorum : CVA).* Illustrations commentées dans P. E. Arias et M. Hirmer, *Le Vase grec,* Flammarion, 1963 ; un nouveau regard dans *La Cité des images,* Nathan, 1984.

La numismatique est bien illustrée dans P.R. Franke et H. Hirmer, *La Monnaie grecque,* Flammarion, 1966 ; G. K. Jenkins, *Monnaies grecques,* Paris-Lausanne, 1972. L'ouvrage de base reste M. C. Kraay, *Archaïc and Classical Greek Coins,* 1976.

■ *Instruments bibliographiques*

L'instrument de base est l'*Année philologique,* bulletin bibliographique annuel de toutes les publications concernant l'histoire ancienne, parues deux ans auparavant, et de leurs critiques. On y trouve la liste des revues avec leurs abréviations ; celles-ci font souvent autorité (ex. : *RA = Revue Archéologique ; REA : Revue des Études Anciennes ; REG : Revue des Études Grecques,* etc.).

Dans les bibliographies, les articles sont normalement indiqués comme suit : AUTEUR, « Titre de l'article », *Revue* ou *Titre de colloque*, n° de la revue, année, pages. Pour trouver un article, il faut chercher, dans les fichiers, soit au titre de la revue ou des mélanges, soit au nom du responsable de l'édition d'un colloque, congrès ou ouvrage collectif, soit au nom du savant auquel sont offerts des Mélanges.

Bulletin historique général par E. WILL, *Revue Historique*, jusqu'en 1979 ; actuellement, des bulletins thématiques dans *REG, RA, Topoi.* Tous les quatre ans, bibliographie des concours dans *Historiens et Géographes*, plus réduite dans l'*Information historique*.

Le débutant dispose d'un ouvrage commode mais ancien avec P. PETIT, *Le Guide de l'étudiant en histoire ancienne*, PUF, 1969.

■ *Ouvrages de base*

Manuels : réimpression récente de *L'Histoire générale* de G. GLOTZ ; très dépassée sur les plans archéologique, épigraphique et conceptuel (athénocentrisme), elle reste très utile par la qualité de sa documentation littéraire : G. GLOTZ et R. COHEN, *Histoire Grecque*, I, *Des origines aux guerres médiques*, 1946 (vieilli) ; II, *La Grèce au Vᵉ siècle*, 1949 ; III, *La Grèce au IVᵉ siècle, la lutte pour l'hégémonie*, 1945 ; IV, avec la collaboration de P. ROUSSEL, *Alexandre et le démembrement de son empire*, 1945.

La collection « Peuples et Civilisations » indispensable à l'étudiant : E. WILL, *Le Monde grec et l'Orient*, I, *le Vᵉ siècle* (510-403), rééd. 1991 ; E. WILL et Cl. MOSSÉ et P. GOUKOWSKY, II, *Le IVᵉ siècle et l'époque hellénistique*, 1975, rééd. 1990.

La « Nouvelle Clio » : R. TREUIL *et alii*, *Les Civilisations égéennes*, 1989 ; Cl. BAURAIN, *Les Grecs et la Méditerranée orientale*, 1997 ; J. HEURGON, *Rome et la Méditerranée occidentale jusqu'aux guerres puniques*, rééd. 1993 ; P. BRIANT *et alii*, *Le Monde grec aux temps classiques*, I, *Le Vᵉ siècle*, 1995 ; Cl. PRÉAUX, *Le Monde hellénistique*, I et II, 1978 ; Cl. NICOLET et *alii*, *Rome et la conquête du monde méditerranéen (264-27 av. J.-C.)*, II, 2ᵉ éd. 1991.

Dans certains cas, s'impose le recours à la *Cambridge Ancient History (CAH)* et à D. MUSTI, *Storia greca*, Rome, 1989.

Chez Arthaud, F. CHAMOUX, *La Civilisation grecque*, 1968, et *La Civilisation hellénistique*, 1981, remarquablement illustrées, avec des glossaires-index, réédités en Poche sans illustrations. Chez A. Colin, P. LÉVÊQUE, *L'Aventure grecque*, 1964, rééd. 1985.

Des collections sont spécialisées dans les ouvrages pour étudiants ; nous ne citons ici que les ouvrages généraux, les autres apparaissant dans les chapitres correspondant à leur thème.

– Au Seuil, « Points-Histoire » propose une *Nouvelle Histoire de l'Antiquité*, maintenant complète pour la Grèce, due à J.-CL. POURSAT (1995), Ed. LÉVY (1995), P. CARLIER (1995), P. CABANES (1996) et Cl. VIAL (1995).

– Chez A. Colin, en « U » ou « U 2 » : Cl. MOSSÉ et A. SCHNAPP-GOURBEILLON, *Précis d'Histoire grecque*, 1992 ; M. AUSTIN et P. VIDAL-NAQUET, *Économies et Sociétés en Grèce ancienne*, 1972 ; H. VAN EFFENTERRE, *L'Histoire en Grèce*, 1967 ; J. DELORME, *La Grèce primitive et archaïque*, 1969 ; F. VANNIER, *Le IVᵉ siècle grec*, 1967 ; P. LÉVÊQUE, *Le Monde hellénistique*, 1969.

– « Cursus » lance des manuels thématiques : M. SARTRE et A. TRANOY, *La Méditerranée antique, IVᵉ s. av. J.-C. – IIIᵉ s. ap. J.-C.*, 1990 ; Ch. JACOB, *Géographie et Ethnographie en Grèce ancienne*, 1991 ; P. CABANES, *Introduction à l'histoire de l'Antiquité*, 1992 ; M.-Cl. AMOURETTI et G. COMET, *Hommes et Techniques, de l'Antiquité à la Renaissance*, 1993 ; M. GRAS, *La Méditerranée archaïque*, 1995.

– Chez Nathan, coll. « Fac » : Y. GARLAN, *La Guerre dans l'Antiquité*, 1972 ; Cl. MOSSÉ, *La Colonisation dans l'Antiquité*, 1970 ; M.-Fr. BASLEZ, *Histoire politique du monde grec antique*, 1994 ; R. LONIS, *La Cité dans le monde grec*, 1994.

– La Documentation Photographique propose des dossiers sur : *Athènes au Vᵉ siècle* (n° 5226) ; *La Crète* (n° 5258) ; *La Colonisation grecque en Occident* (n° 5300) ; *Travail et société dans l'Antiquité* (n° 6015) ; *Civilisation de la Grèce classique* (n° 6092).

– Voir aussi chez Gallimard, la collection « Découvertes » avec R. et Fr. ÉTIENNE, P. BRULÉ, A. FARNOUX.

Certaines collections anciennes restent précieuses pour l'historien :

– Chez Albin Michel, « L'Évolution de

l'Humanité » propose des synthèses qui ont fait date en leur temps ; toujours intéressantes, elles sont à utiliser avec prudence : G. GLOTZ, *La Cité grecque,* 1928 (appendices bibliographiques, 1968) ; P. JOUGUET, *L'Impérialisme macédonien et l'Hellénisation de l'Orient,* 1937 (appendice bibliographique 1970) ; L. GERNET et A. BOULANGER, *Le Génie grec dans la religion,* 1932 (appendice bibliographique 1970).

– Maspero, devenu FM-La Découverte, a publié un très grand nombre d'ouvrages de qualité, tels que G.E.R. LLOYD, *Les Débuts de la science grecque,* 1974 ; V. EHRENBERG, *L'État grec,* 1976 ; une partie de l'œuvre de M. I. FINLEY et enfin, O. MURRAY et S. PRICE, éd., *La Cité grecque, d'Homère à Alexandre,* trad. fr., 1992.

Des recueils rassemblent autour d'un thème les articles de L. GERNET (*Anthropologie de la Grèce antique,* 1968), J.-P. VERNANT (ex. : *Mythe et Pensée chez les Grecs,* 1965, réédité depuis avec des suppléments ; *Mythe et Société en Grèce ancienne,* 1974) ; P. VIDAL-NAQUET (ex. : *Le Chasseur noir,* 2e éd., 1983).

– En hommage à l'initiateur d'une collection riche en ouvrages scientifiques, les « Annales littéraires » de l'Université de Besançon ont publié les *Mélanges P. Lévêque* (7 tomes parus), portant sur tous les aspects sociaux et économiques du monde grec.

Dictionnaires et atlas

Dans le dictionnaire Bailly Grec-Français, des appendices sur le calendrier, les poids et mesures sont utilisables par tous. De bons articles se trouvent dans l'*Encyclopædia Britannica* et dans l'*Encyclopædia Universalis.* Mais quelques encyclopédies sont spécialisées : la plus savante est PAULY, WISSOWA et KROLL, *Reäl-Encyclopädie der Klassischen Altertumswissenschaft,* en cours depuis 1893, avec suppléments complétant les 67 volumes. En cours, le *Lexicum Iconographicum Mythologiae classicae (LIMC).*

Voir aussi C. DAREMBERG, E. SAGLIO et E. POTTIER, *Dictionnaire des Antiquités grecques et romaines,* 5 vol. et suppl. 1877-1919. Utiles : P. GRIMAL, *Dictionnaire de la mythologie grecque et romaine,* PUF, 1963 ; R. BIANCHI-BANDINELLI, *Enciclopedia dell'arte antica, classica e orientale,* 7 vol., Rome, 1958-64. Pratiques : *Oxford classical dictionary,* 2e éd. 1970 avec son résumé traduit en français : *Dictionnaire de l'Antiquité,* coll. « Bouquins », 1993 ; Cl. MOSSÉ, *Dictionnaire de la civilisation grecque,* Bruxelles,1992 ; A. et Fr. QUEYREL, *Lexique d'histoire et de Civilisation grecques,* Ellipses, 1996.

Les atlas se multiplient : *Westermanns Atlas zur Weltgeschichte,* I, 1963 ; *Grosser Historischer Weltatlas,* Munich, 1958 ; *Atlas historique,* Larousse, 1978 ; publiés par l'Encyclopædia Universalis, *Le Grand Atlas de l'histoire mondiale,* 1978 ; *Le Grand Atlas de l'archéologie,* 1985. Le meilleur pour l'Antiquité : N. HAMMONDS, *Atlas of the Greece and Rome World in Antiquity,* New Jersey, 1981.

Le problème de la transcription des noms grecs n'est pas encore résolu dans l'édition scientifique française ; là où une tradition ancienne ou récente s'impose, nous l'avons conservée ; ailleurs, nous avons le plus souvent suivi les atlas et usages étrangers.

Nous avons délibérément insisté sur la variété des sources en histoire grecque. L'étudiant partira tout naturellement pour son travail d'un manuel historique de grande collection. Il se réfèrera ensuite aux textes en utilisant largement les œuvres complètes, et, à défaut, les recueils. Mais on ne peut faire d'histoire grecque sans utiliser les documents, monuments ou objets. Regarder les illustrations est bien, aller voir sur place est encore mieux.

2. Commentaires de documents

Un texte littéraire

Une partie de l'histoire grecque repose sur l'analyse de textes littéraires, composés par leurs auteurs pour être lus à haute voix, et qui devinrent vite des modèles dans les écoles de rhétorique. Il n'est pas toujours facile à l'historien d'aborder ce genre de document. Certes on ne demande pas au débutant, qui ne maîtrise souvent ni le latin ni le grec, d'en faire un véritable commentaire scientifique, on attend de lui qu'il en donne une analyse méthodique et critique, qu'il en comprenne et en décortique la cohérence, qu'il prenne suffisamment de recul pour poser, à partir du texte, les questions historiques adéquates.

Les fortifications d'Athènes et du Pirée :
Thucydide, *La Guerre du Péloponnèse* (Livre I, 91, 4-93)
trad. J. de Romilly, CUF, Les Belles Lettres

(Apprenant que les Athéniens voulaient reconstruire leurs murailles, les Lacédémoniens, sur les instances de leurs alliés, ont envoyé une ambassade pour leur demander de n'en rien faire, sous prétexte qu'en cas de retour des Perses, cela leur offrirait une place-forte. Sur les conseils de Thémistocle, les Athéniens envoient des ambassadeurs, dont Thémistocle qui, sur place, diffère la négociation jusqu'à l'annonce de l'achèvement des murs.)

91. 4. *Les Athéniens retinrent donc la délégation, comme ils en avaient mission ; et Thémistocle, lui, se présentant devant les Lacédémoniens, leur déclara, cette fois sans ambages, que les siens avaient maintenant une ville munie de remparts, qui la mettaient en état de préserver la population. Si les Lacédémoniens ou leurs alliés voulaient leur envoyer une ambassade, ils devaient, à l'avenir, s'adresser à eux comme à des gens capables de discerner et leur intérêt et celui de tous.* 5. *Cette ville, en effet, lorsqu'ils avaient cru préférable de l'abandonner pour monter à bord de la flotte, ils avaient su, sans l'aide de Sparte, le décider et l'oser ; et quand, d'autre part, il s'était agi de délibérer de concert avec cette dernière, il n'était pas non plus apparu que personne sût mieux qu'eux prendre un parti ;* 6. *eh bien ! maintenant, de même, ils croyaient préférable que leur ville eût des remparts : ce serait un avantage, et pour les citoyens en particulier, et du point de vue des alliés en général.* 7. *Car il n'était pas possible, sans des moyens de combat équivalents, de participer aux délibérations communes dans des conditions semblables et justes. Il fallait donc, concluait-il, ou bien former une alliance où tous fussent sans remparts, ou bien tenir pour bonne leur nouvelle situation à eux aussi.*

92. *Les Lacédémoniens, à ces mots, ne manifestèrent pas de colère envers les Athéniens : leur ambassade s'était proposé de présenter non une opposition, mais une suggestion d'intérêt général, pas plus ; en même temps, ils se trouvaient alors envers eux, à cause de leur ardeur contre le Mède, dans des dispositions particulièrement bienveillantes. Toutefois, ils éprouvaient, à voir leur désir trompé, une amertume qu'ils dissimulaient. Les ambassadeurs des deux pays rentrèrent donc chez eux sans qu'il y eût de revendication.*

93. *C'est ainsi que les Athéniens fortifièrent leur ville en peu de temps.* 2. *Et la nature de la construction laisse encore juger à l'heure actuelle de la hâte qu'on y mit. En effet, les assises inférieures sont formées de pierres disparates, et par endroits non adaptées entre elles, mais placées là comme on les y apportait. Des stèles funéraires prises à des tombeaux et des pierres déjà travaillées y avaient trouvé place en grand nombre. Le tracé de l'enceinte débordait, en effet, la ville de partout ; d'où la hâte avec laquelle ils prenaient tout sans distinction.* 3. *Thémistocle les décida aussi à achever les constructions du Pirée (on les avait commencées* *auparavant, lors de la magistrature qu'il avait exercée pour un an à Athènes) : il trouvait l'endroit heureusement conformé, avec ses trois ports naturels, et pensait qu'eux-mêmes, devenus marins, se trouvaient en bonne passe pour acquérir de la puissance. 4. Il fut, en effet, le premier à oser dire qu'il fallait s'attacher à la mer, et tout de suite il travailla à préparer l'empire. 5. On donna au mur, selon ses avis, une largeur qui se voit aujourd'hui encore du côté du Pirée : deux chariots se croisaient pour apporter les pierres, et il n'y avait à l'intérieur ni gravier ni terre, mais de grandes pierres assujetties et taillées régulièrement, reliées entre elles, à l'extérieur, par du fer avec du plomb fondu. La hauteur, elle, fut, pour finir, à peu près moitié moindre qu'il ne projetait. 6. Il voulait, en effet, par l'importance et l'épaisseur du mur, tenir en respect les menaces ennemies, et il pensait que quelques hommes – les plus inaptes – suffiraient pour monter la garde, tandis que le reste embarquerait sur la flotte. 7. Car la flotte était l'objet de ses plus grands soins ; il voyait, je pense, que, pour les forces du Roi, une arrivée par mer était plus propice que par terre. Il pensait donc que le Pirée présentait plus d'utilité que la ville haute, et il répétait souvent aux Athéniens, si jamais ils cédaient à un assaillant sur terre, de gagner le port et, avec leur flotte, de faire face contre tous. 8. C'est ainsi que les Athéniens s'étaient fortifiés et travaillaient, en général, à s'équiper, dès la retraite du Mède.*

Présentation

Après avoir lu attentivement plusieurs fois le texte, on va établir le contexte, c'est-à-dire tout ce qui permet de le mettre en perspective. Tous les éléments rapportés doivent être indispensables à la compréhension du texte et ne pas s'en écarter.

1. L'auteur et l'œuvre ; date de composition du texte. Ce texte est extrait de *La Guerre du Péloponnèse*, œuvre de l'historien athénien Thucydide. L'essentiel de ce que nous savons de sa biographie est tiré des renseignements donnés dans cet ouvrage unique. L'auteur arrive à l'âge politique alors que l'influence de Périclès domine la vie athénienne. On situe sa naissance vers 460, sachant qu'il a été exilé après son échec comme stratège à Amphipolis, en 424. Il profite de son exil pour écrire l'histoire de cette guerre qui lui paraît particulièrement importante. Il en verra la fin (une allusion du texte nous le confirme) mais il n'aura pas le temps d'en achever l'histoire et son livre VIII s'arrête en 411.

Le livre I, d'où vient notre passage, expose les causes de la guerre et la méthode de l'auteur. La cause principale est pour lui la crainte ressentie par les Spartiates devant la montée d'Athènes. Pour expliquer la genèse de cette puissance, il fait un résumé des années qui séparent les guerres médiques du début de la guerre du Péloponnèse, soit de 479 à 431, ce que les historiens ont appelé la *Pentékontaétie* (cinquante années). Notre texte s'insère dans l'analyse du développement de l'impérialisme athénien, considéré dans son rapport avec Sparte.

2. Contexte historique ; date des événements évoqués. Après les dernières victoires des guerres médiques (Platées et Mycale en 479), Sparte rappelle le roi Pausanias et retire ses troupes de l'Asie et de l'Égée. La flotte athénienne poursuit l'œuvre de libération des cités et s'appuie sur la crainte, encore forte, d'un retour des Perses pour constituer une ligue, la confédération de Délos, en 478/7. Elle en prend la tête, chaque cité alliée fournissant un tribut ou des navires. En même temps les Athéniens, de retour dans leur ville dévastée par les Perses en 480, songent à restaurer leurs murs, malgré les réticences de Sparte. Le texte évoque la construction de l'enceinte de la ville, tandis que Thémistocle amuse les Spartiates, en 478, puis la construction des murs du Pirée en 477/6.

3. Plan du texte et annonce de la problématique du commentaire. Comme tous les textes de Thucydide, celui-ci est soigneusement construit :
– de 91,4 à 92, Thucydide évoque la double ambassade, Thémistocle à Sparte, les Spartiates à Athènes.
– en 93, 1-6, il décrit les fortifications d'Athènes et la construction du Pirée.
– en 93, 7-8, il conclut sur le rôle de la flotte et du Pirée.

Dans ce texte très riche et argumenté qui ne se veut pas un récit continu et exhaustif mais un élément de démonstration, nous retiendrons trois thèmes : les relations entre Sparte et Athènes, la construction des enceintes, le rôle et la politique de Thémistocle.

L'analyse littérale

C'est la partie sur laquelle butent souvent les étudiants. On rédige non pour le spécialiste, mais pour « l'homme éclairé » à qui l'on doit préciser les points obscurs du texte, expliquer et critiquer les affirmations, faire saisir l'intérêt du document. Essayez de penser à un étudiant qui lirait votre commentaire, cela l'aiderait-il à comprendre ce texte ?

Plusieurs défauts sont à éviter : la paraphrase, redire platement ce que le texte écrit, sans le commenter, le préciser, le critiquer, le mettre en perspective. A l'inverse, ne pas verser dans une dissertation, c'est-à-dire se lancer dans un développement démesuré où tel mot n'est qu'un prétexte à étaler ses connaissances : il faut toujours « coller » au texte. On doit éviter aussi les anachronismes et les jugements de valeur : c'est à partir de son contexte historique que ce document prend sa valeur. Enfin, n'interprétons pas trop rapidement, si nous ne connaissons pas l'ensemble de l'œuvre, alors que nous n'en avons qu'un extrait. Mieux vaut dire franchement : « le texte tel qu'il est présenté ne permet pas de résoudre cette question » ; mais il faut essayer de trouver justement le genre de questions qu'il permet de poser.

1. Les relations entre Sparte et Athènes. Plusieurs références permettent de les éclairer. Le texte montre le mode de relations institutionnelles entre deux cités : l'envoi d'ambassades ; celles-ci n'ont jamais un pouvoir de décision, mais un simple rôle de transmission et d'information. Toutefois, le subterfuge employé suggère qu'on hésite à rejeter officiellement une requête présentée au nom d'une cité que l'on sait supérieure. Les ambassadeurs parlent devant l'assemblée des citoyens (« les Athéniens », « les Lacédémoniens ») à laquelle reviennent les décisions importantes dans les relations extérieures : la diplomatie est ici sous le contrôle des citoyens.

Sparte et Athènes sont, à l'époque, encore alliées, car la grande alliance de 481 contre les Perses n'a pas été rompue. Plusieurs allusions évoquent d'ailleurs la seconde guerre médique (91, 5) : abandon d'Athènes avant Salamine, décision d'engager la bataille de Salamine ; cette décision n'avait pas rencontré, au départ, l'approbation de Sparte, laquelle préférait défendre l'isthme ; les Athéniens s'en souviennent et n'hésitent pas à les critiquer : « ils avaient su, sans l'aide de Sparte, le décider et l'oser ».

C'est pourquoi nous voyons une évolution très nette des relations entre les deux cités. Pendant la seconde guerre médique, selon Hérodote et Diodore, c'était aux Spartiates que revenait la direction des opérations et Thémistocle avait dû recourir à une ruse pour contraindre à la bataille de Salamine. Désormais, les Athéniens veulent parler à égalité et « participer aux délibérations communes dans des conditions semblables et justes ». Cette revendication s'adresse à l'ensemble de la Ligue du Péloponnèse (91, 4). La construction de remparts qui permettraient de « préserver la population » est fondamentale. A la différence de Sparte qui n'éprouve pas le besoin de murailles, Athènes est proche de la mer, facilement accessible par terre ; Sparte, elle, a les territoires périèques qui constituent un glacis de protection. Les Athéniens se souviennent qu'en 510 Cléomène de Sparte était intervenu pour faire tomber la tyrannie et avait pu s'emparer de l'Acropole, et qu'en 480 la ville n'avait pas été en état de se défendre contre les Perses. La situation doit changer, ce dont Sparte est bien consciente tout en le regrettant, mais à cette date il n'y a pas de rupture entre les deux cités. A la remarque : « ils se trouvaient envers eux, à cause de leur ardeur contre le Mède, dans des dispositions particulièrement bienveillantes », répond : « ils éprouvaient, à voir leur désir trompé, une amertume qu'ils dissimulaient » (92).

Le texte montre clairement que, plus encore que la constitution de la ligue de Délos qui lui est contemporaine et qui inquiète des alliés comme Corinthe, la construction des fortifications d'Athènes est ressentie par Sparte comme le signe d'un changement de statut de la cité athénienne : désormais, c'est une égale.

2. La construction des fortifications. Le texte de Thucydide est très précis, l'archéologie l'a confirmé. La nouvelle enceinte de la ville va déterminer un périmètre urbain qui restera le sien, à quelques nuances près, jusqu'à la fin de la période romaine. Il dépassait largement l'ancienne enceinte de Pisistrate : « le tracé de l'enceinte débordait en effet la ville de partout » (93, 2). Longue de neuf kilomètres, elle ouvre par neuf portes sur les voies de l'Attique. Est construite en même temps la muraille nord de l'Acropole. Comme l'écrit Thucydide, ces constructions se reconnaissent aux matériaux utilisés, matériaux de réemploi pris dans les environs, et peut-être disponibles grâce aux destructions des Perses. Plusieurs stèles, actuellement au Musée de l'Acropole, proviennent des bases de l'enceinte et on peut encore voir des tambours de colonnes encastrés dans le mur nord de l'Acropole. La différence est nette avec les compléments postérieurs : mur sud de l'Acropole, construit à l'initiative de Cimon, longs-murs d'Athènes au Pirée qui achèvent l'ensemble en 457, ou mur de refend qui les ferme au nord, dû à Cléon en 423.

La construction de l'enceinte du Pirée fut effectuée probablement en 477/6 ; elle demandait moins de hâte, les ambassades étant rentrées. Thucydide insiste sur la largeur du mur. La partie attribuée à Thémistocle et dont les archéologues ont retrouvé des traces, avait 2,80 mètres de large et recoupait la presqu'île. La base était construite en grand appareil, les pierres soigneusement jointes par des crampons (93, 5), comme dans les temples. Les indications techniques données par Thucydide opposent le soin porté à ces fortifications à la rapidité avec laquelle furent construites celles d'Athènes. Une phrase est importante pour la chronologie de la composition du texte : « on donna au mur, selon ses avis, une largeur qui se voit aujourd'hui encore du côté du Pirée ». Or les murs du Pirée ainsi que les longs-murs furent détruits en 404, comme symboles de la puissance athénienne. C'est seulement après 394 que Conon les fit reconstruire sur un tracé un peu différent qui englobait toute la péninsule. Les historiens voient dans la remarque de Thucydide le signe d'une rédaction postérieure à 404 : ayant vu l'ensemble des conséquences de la guerre, l'Athénien aurait revu sa première partie.

3. Le rôle de Thémistocle. Dans tout ce texte un seul personnage est mis en valeur, Thémistocle. (Dans la partie précédant notre texte d'autres ambassadeurs sont cités, mais ils apparaissent comme des comparses.) Aristocrate de naissance, mais n'appartenant pas à une grande famille, Thémistocle a été archonte et il a joué un rôle fondamental pendant les guerres médiques. L'aspect rusé du personnage est souligné par tous les contemporains. Sa ruse pour amuser Sparte pendant que les Athéniens construisent le mur de la ville correspond bien au portrait tracé par Hérodote. Mais ici, il apparaît comme l'instigateur de toute la politique athénienne, avec une grande autorité. C'est au nom des Athéniens qu'il s'adresse « sans ambages » aux Lacédémoniens. Le texte (93, 3) fait allusion à sa première « magistrature » dont l'interprétation chronologique est malaisée. Sans doute s'agit-il de 483. C'est en tout cas à lui que l'on doit la décision, probablement à cette date, d'utiliser pour la construction de la flotte le nouveau filon argentifère trouvé au Laurion, ce qui impliquait la construction du Pirée. Thucydide insiste deux fois (93, 3-4, 7) sur la liaison entre les deux – flotte et port fortifié – et il en attribue la paternité à Thémistocle. Il rappelle les bonnes conditions naturelles, avec les troies baies de Cantharos, Zéa et Mounychia, qui justifient ce choix. De ce fait Thémistocle est montré ici comme le père de la thalassocratie athénienne, l'instigateur de l'empire : « tout de suite, il travailla à préparer l'empire ». La stratégie qu'il prône « si jamais ils cédaient à un assaillant sur terre, de gagner le port et, avec leur flotte, de faire face contre tous », préfigure évidemment celle de Périclès en 431. Et cette remarque précède la conclusion générale qui relie la fin des guerres médiques au début de la puissance athénienne : « c'est ainsi que les Athéniens s'étaient fortifiés et travaillaient, en général, à s'équiper, dès la retraite du Mède ».

Intérêt et critique du texte

Cette partie ne doit jamais être omise ; elle s'appuie sur l'analyse précédente et en tire les conclusions en se posant les questions suivantes : que nous a apporté ce texte sur le plan historique ? Jusqu'à quel point peut-on croire l'auteur, sur quelles sources se fonde-t-il, comment ce document éclaire-t-il sa méthode ? Avons-nous d'autres sources qui permettent de confirmer ou de critiquer ces apports ?

Ce texte sous un aspect narratif et très vivant apporte une série de renseignements précis et pratiques, par exemple sur la construction des enceintes. Cependant cet aspect narratif ne doit pas faire illusion, Thucydide concentre les événements de quelques années, sans se donner la peine de distinguer les saisons comme il le fera dans le récit de la guerre. Son objectif est autre : il s'agit de montrer comment débutent le développement de la puissance athénienne et l'antagonisme entre Athènes et Sparte. Ces événements se sont déroulés avant sa naissance, mais la trace en demeure, comme il le rappelle pour l'enceinte.

C'est évidemment dans l'interprétation du rôle de Thémistocle que l'on doit être un peu plus réservé. La construction de l'enceinte a dû recueillir l'assentiment général ; il serait un peu étonnant qu'il en fût de même pour le développement de la flotte et du Pirée. Ce profond changement dans la politique athénienne aura, on le sait, des répercussions sur la vie politique elle-même, en valorisant le rôle des thètes. Les autres sources contredisent cette impression de consensus que donne Thucydide : selon Diodore, Thémistocle aurait eu à convaincre les Athéniens pour la construction du Pirée et se serait d'abord exprimé devant la *Boulè*. Plutarque est plus confus. Hérodote s'arrête en 478, alors que le prestige de Thémistocle est à son comble. Mais ce dernier sera ostracisé à son tour vers 471 : cette opposition n'était pas nouvelle, puisque nous savons par Aristote ou Plutarque qu'en 483/2 Aristide avait été ostracisé au moment où il manifestait son opposition à la politique navale de Thémistocle. Le texte de Thucydide est très caractéristique de la méthode de l'historien : il choisit dans les faits ceux qui éclairent sa démonstration, non qu'il veuille fausser ou cacher les autres, comme le fera Xénophon, mais parce qu'ils sont inutiles. Pour lui l'essentiel est de montrer le début du changement des relations entre Athènes et Sparte en liaison avec les origines de la guerre, c'est-à-dire avec la montée de la puissance navale d'Athènes. Qu'à un moment donné Thémistocle ait été l'instigateur de cette politique, c'est là l'essentiel ; qu'il ait rencontré des oppositions est marginal puisqu'à l'époque la décision a été prise. Et cette décision, Thucydide l'approuve implicitement. En ce sens, il ne triche pas avec son lecteur.

Conclusion. Ce texte nous fournit donc des renseignements très divers. Il ne prétend pas à l'exhaustivité qui n'est pas son but. Il met en valeur un moment important de l'histoire du Ve siècle, moment où s'amorce la rivalité entre Sparte et Athènes – rivalité fondée sur le développement de la puissance maritime athénienne. En bon Athénien, Thucydide valorise, par la voix de Thémistocle, le rôle joué par sa cité dans la lutte contre les Perses, rôle qui justifie, aux yeux de ses compatriotes, leur prétention à l'Empire. Malgré l'échec de 404, antérieur à la rédaction finale de ce passage, l'historien justifie l'orientation d'Athènes vers la mer et son approbation de la politique de Thémistocle annonce l'éloge qu'il fera de celle de Périclès.

C'est donc le texte d'un grand historien qui ne néglige pas les détails dès lors qu'ils s'insèrent dans une réflexion d'ensemble elle-même marquée par la subjectivité de l'historien.

Travail de préparation

A l'écrit d'un examen l'étudiant ne dispose en général d'aucun document. L'explication de texte historique ne s'improvise pas et, même pour un texte littéraire, elle est fondamentalement différente d'une explication littéraire. Il faut une base de connaissances préalables sur la période que l'étudiant a normalement acquise par les cours, le travail sur les manuels (cf. ici p. 6, notamment E. Will) et la lecture des auteurs anciens. S'il prépare son texte chez lui ou pour un oral, le premier réflexe doit être de rechercher le texte original : ici nous disposons de plusieurs traductions françaises. On pourra utiliser celle de J. de Romilly (CUF dite coll. G. Budé) ou celle de P. Roussel (La Pléiade). Cela permet de replacer le texte dans l'œuvre envisagée et d'utiliser les notes s'il y a lieu. Une histoire de la littérature grecque permet de compléter les connaissances sur l'auteur. Après une première étude pour dégager les thèmes, on cherchera s'il existe quelques ouvrages portant sur des points particuliers, ici l'impérialisme athénien, le développement urbain d'Athènes (cf. p. 133-135, 141-149) Thémistocle, sans oublier de garder un atlas à portée de main. Pour le débutant cela suffit : mieux vaut qu'il s'accroche au texte que de se perdre dans trop de bibliographie. L'agrégatif aura intérêt à chercher si quelques articles, même anciens, n'éclaireraient pas des points litigieux. Même s'il ne connaît pas le grec, il doit connaître

l'existence des commentaires de grandes œuvres, ici le commentaire de Thucydide par A. W. GOMME, où il trouvera les références aux autres sources. Cela permet de faire les comparaisons nécessaires à une juste appréciation de l'auteur (ici, avec Diodore de Sicile, XI, 39-43 et la *Vie de Thémistocle* de Plutarque). Éventuellement, des articles peuvent l'aider à comprendre l'auteur : ici, C. DARBO-PESCHANSKI, « La politique de l'histoire, Thucydide historien du présent », *Annales ESC*, mai-juin 1989, p. 653 *sqq.*

Un document archéologique

Le plan restitué de l'Agora d'Athènes à la fin du IVe siècle

d'après J. Travlos, dans H. A. THOMPSON et R. E. WYCHERLEY, *The Athenian Agora*. XIV, 1972, pl. 6.

(Voir carte p. 315 D, en fin de volume).

L'étudiant se sent particulièrement démuni face à un document archéologique, malgré l'importance d'une telle source d'information pour l'histoire grecque. Il est vrai que la bibliographie n'est pas toujours facile à manier, mais on doit se souvenir qu'il ne s'agit pas d'un commentaire d'histoire esthétique ou d'archéologie : il faut seulement exploiter un document pour aider à la compréhension historique globale de la période envisagée ; s'il faut bien détailler et préciser tout ce qui peut éclairer le document lui-même, il faut ensuite en tirer tout le parti possible sur le plan historique. Certaines démarches techniques de l'histoire de l'art sont utiles à pratiquer (définir la forme avant le décor, la composition avant l'expression) ; mais l'historien doit se souvenir qu'il est aussi géographe, regarder les détails, utiliser un double décimètre, toujours localiser très précisément.

Présentation générale

Elle vise à définir la nature du document, les conditions dans lesquelles il a été trouvé, son état présent. Elle doit également donner sa place dans la chronologie et l'histoire, en se limitant à ce qui est nécessaire pour une juste compréhension.

Origine du document. (Dans le cas d'un objet, on préciserait le lieu et la date de trouvaille, l'endroit où il est conservé, la part de restaurations.) Il s'agit d'un plan restitué (et traduit) dû aux fouilleurs eux-mêmes : le plan ne donne pas les murs réellement trouvés dans la fouille mais le tracé reconstitué des bâtiments, rues et égouts ; les tracés hypothétiques sont en pointillé. Les constructions postérieures ont été effacées. Ces fouilles sont menées depuis 1930 par l'École américaine. Les publications ont commencé en 1949 et l'identification des principaux monuments était alors effectuée. Hormis l'Héphaisteion, le temple le mieux conservé de Grèce, les principales constructions ne nous ont livré que leurs fondations et des éléments tombés, parfois déplacés. La superposition des périodes, les réemplois de matériaux, l'état des ruines, ont rendu souvent l'identification difficile et longtemps discutée. Les auteurs anciens nous ont laissé un certain nombre de références à l'Agora, mais l'ouvrage le plus précieux est la *Description de la Grèce* de Pausanias. Ce voyageur du IIe siècle de notre ère a visité l'Agora en touriste curieux et questionneur, et les archéologues se sont efforcés de faire coïncider ses remarques avec les ruines découvertes.

Définition de l'objet étudié. L'Agora est la place publique, expression matérielle de la communauté civique et humaine. Pour les Grecs, le mot a longtemps signifié à la fois l'assemblée et le lieu où elle se réunit ; déjà dans Homère l'existence d'une Agora définit la cité grecque par opposition aux Barbares. L'histoire des ruines est donc profondément liée à celle de la cité athénienne. Les fonctions de l'Agora sont diverses car les artisans installés dans les quartiers voisins ont souvent eu tendance à gagner sur l'Agora et celle-ci fut utilisée comme place de marché pour la ville basse ; les paysans d'alentour y apportaient leurs victuailles sans que, à l'époque qui nous occupe, des bâtiments aient été construits à cet effet.

Chronologie historique justifiant l'intérêt de la date du document. La région avait été occupée à l'époque mycénienne par des nécropoles importantes ; dès le XIIe siècle, apparaissent les habitations. Les tombes se multiplient à la période géométrique tandis que la ville basse s'étend. C'est au début du VIe siècle que le lieu est aménagé en place ; tombes et habitations en sont éliminées, les premiers bâtiments publics sont construits au sud, sur une terrasse aménagée au pied de la colline d'Arès ; le centre politique est descendu de l'Acropole et les rassemblements importants se font sur l'Agora : réunions de l'*Ekklèsia*, départ des grandes Panathénées, grandes Dionysies avec les premières représentations tragiques. Les réformes de Clisthène semblent avoir provoqué le véritable aménagement des lieux : la bordure ouest se voit occupée par de modestes bâtiments civils, nécessaires à la jeune démocratie. Tout cela est ruiné par l'invasion perse. Aussi notre Agora classique n'a-t-elle que peu d'installations antérieures à 470 ; les trois temps forts de son élaboration sont la période de Cimon, la fin du Ve siècle, l'époque de Lycurgue (années 330). Parallèlement, ses fonctions se précisent : elle reste un centre religieux mais les représentations théâtrales ont émigré sur le versant sud de l'Acropole ; magistrats, bouleutes et juges y siègent toujours mais l'*Ekklèsia* se réunit sur la Pnyx ; les marchands la fréquentent encore et les Athéniens viennent y bavarder. Ce rappel historique nous fait comprendre que le plan de l'Agora d'Athènes ne répond pas alors à une conception volontariste ; il reflète les réalités quotidiennes de la vie et s'est élaboré au fur et à mesure des besoins religieux, politiques et économiques de la cité.

Analyse détaillée

Il s'agit d'ordonner la description non à la façon d'un guide, mais en fonction des intérêts historiques. On étudiera soigneusement le plan et la répartition des constructions ; puis les différents monuments seront présentés en les regroupant selon leur finalité.

Le plan. La place est irrégulière, grossièrement quadrangulaire, d'une superficie d'environ 10 ha. ; le côté sud s'allonge sur environ 240 m et l'ouest, au pied du Kolonos Agoraios, sur 300 m ; le nord reste très imprécis du fait des constructions modernes et de la voie de chemin de fer.

La place est traversée en diagonale du nord-ouest au sud-est, par la voie des Panathénées – le *dromos* – exceptionnellement large avec ses 10 à 12 m, au lieu des 2 à 3 m habituels. A l'ouest, une rue longe les bâtiments situés au pied du Kolonos ; elle se divise en deux branches à partir de la borne archaïque qui limite l'Agora au sud-ouest. Une autre rue suit au sud la limite de l'Agora (au pied de la colline d'Arès), doublée au nord par une deuxième voie distante de 36 à 72 m environ. Au nord de la place les bâtiments semblent être bordés par une voie qui les longe vers l'intérieur. On remarque une convergence des routes, au nord-ouest, vers l'autel des douze dieux qui servait de point zéro pour l'établissement des distances. L'Agora était reliée aux principales portes de la ville (porte Sacrée, du Dipylon, du Pirée) et était au centre des relations avec le reste de l'Attique.

A ce réseau routier correspond partiellement le système de drainage de la place : du sud-est et du sud-ouest, les égouts se rassemblent au niveau de la borne sud-ouest dans un collecteur principal qui se dirige vers le point le plus bas, l'angle nord-ouest où se trouve, par ailleurs, un des puits antiques. On croit pouvoir identifier la fontaine sud-est comme l'*Ennéachrounos* (la source aux neuf bouches) des tyrans ; une autre, au sud-ouest, est refaite en pierre au IVe siècle.

La disposition d'ensemble des monuments fait apparaître un net déséquilibre entre les régions ouest et sud, continûment bâties et alignées, et la partie est où n'apparaît qu'un groupe monumental. Au nord, les bâtiments sont encore mal connus. L'aire circulaire centrale, appelée *orchestra,* suggère l'existence d'un espace libre où pouvaient se dérouler des manifestations religieuses ou culturelles, voire politiques, pour lesquelles l'assistance disposait de gradins fixes (quatre bancs de *poros* au pied de l'Héphaisteion, d'environ 40 m de long chacun), de portiques couverts et peut-être de gradins provisoires. Mais aussi, nous le savons, les marchands envahissaient cet espace libre de même que la région est. Enfin le plan ne peut indiquer les arbres plantés par Cimon, nous dit Plutarque, et qui donnaient de l'agrément aux promenades. Malgré sa petite taille, la place est donc bien aménagée, à la fois comme lieu de passage et de distribution, et comme centre de rencontre à l'abri du vent et du soleil.

Les bâtiments civils. Pour la commodité de l'analyse, nous étudierons les bâtiments à destination politique et judiciaire et d'autre part les constructions sacrées sans oublier que la distinction n'est pas nettement tranchée, en fait.

– La région sud-ouest dite des *Archaia* nous offre une continuité de fonctions, associées au Conseil : dès le VIe siècle des constructions officielles ont remplacé les maisons et les ateliers de potiers et de forgerons. Il en reste le vieux *Bouleutérion*, bâtiment carré de 23,30 x 23,80 m, en *poros* jaune, construit sans doute lors de la création du Conseil clisthénien des 500 et peut-être antérieur à l'invasion perse. Sans doute se révéla-t-il malcommode et vers la fin du Ve siècle il fut flanqué à l'ouest d'un nouveau Bouleutérion, partiellement creusé dans le rocher, disposé intérieurement en hémicycle ; en *poros* lui aussi, soigné mais très sobre : il reste caché par son prédécesseur.

Un bâtiment circulaire apparaît au sud, la *Tholos* ou *Skias* (environ 17 m de diamètre intérieur) ; datée de 470/460, elle n'était guère luxueuse elle non plus (superstructure en brique crue, sol de terre battue) bien qu'elle ait été destinée à abriter la commission permanente du conseil, les prytanes, dont un tiers devait y passer la nuit ; une petite annexe au nord-ouest semble leur avoir servi de cuisine. Symbole de l'activité civique, ce bâtiment ne sera pas modifié au cours des siècles.

– Les bâtiments judiciaires ont été plus difficiles à identifier. Les remarques des Anciens nous incitent à voir l'*Héliée* dans l'imposant quadrilatère en calcaire d'Égine qui occupe l'extrémité ouest de la bordure sud. Daté du début du Ve siècle, il couvre 821m^2 ; les 1 501 jurés d'un procès important y peuvent tenir, siégeant à ciel ouvert. Les pièces seront aménagées dans la partie ouest, vers le troisième quart du IVe siècle. L'horloge à eau adossée à l'intérieur au mur nord devait servir à limiter le temps de parole.

L'abondance du matériel judiciaire trouvé dans le secteur nord-est de l'Agora (jetons de bronze pour les *klèrotéria* ou appareils à tirer au sort les jurys – en particulier) a permis d'attribuer aux tribunaux l'usage de cet ensemble : une série de constructions, imbriquées les unes dans les autres, se succèdent de la fin du Ve au troisième quart du IVe siècle ; grossièrement construites, elles auraient été remplacées, peut-être à partir de 325, par un ample péristyle carré, aux murs de brique, entourant une cour de 38,75 m de côté ; sous les 370 m^2 de chaque colonnade pouvaient siéger les 500 jurés d'un *dikastérion* (fraction de l'Héliée formant un tribunal).

Tout cela nous paraît bien maigre pour abriter l'ensemble des activités civiques. Il est vrai qu'une partie d'entre elles ne se déroulaient pas sur l'Agora, mais à proximité (Prytanée, Pnyx, Aréopage...). Surtout, des abris provisoires ou permanents étaient fournis par ces portiques à fonctions multiples qui entourent partiellement la place et qui se développeront plus encore par la suite *(stoai)*. Nous en voyons trois qui ont pu être fouillés. La *Stoa Basileios* (Portique royal), longtemps cherchée et enfin découverte en 1970, marque la limite nord-ouest de l'Agora. Ses colonnes doriques cannelées dateraient de 550-525, mais d'importantes restaurations ont dû intervenir ensuite, surtout après le passage des Perses. De dimensions modestes (environ 7,57 x 17,75 m à l'extérieur), elle était aménagée avec une banquette le long des murs intérieurs (60 personnes pouvaient y prendre place) complétée par quelques sièges d'apparat. Vers les années 400, on ajouta de petites colonnades formant ailes aux deux extrémités de la façade : des socles y sont installés qui recevaient des stèles ainsi exposées à l'abri. Siège de l'Archonte-Roi, lieu de réception des serments des archontes, elle était aussi au service des cultes civiques, des magistrats et de l'instruction judiciaire (pour les procès criminels). La trouvaille de matériel culinaire marqué DE (soit *dèmosion* = public), à proximité, fait penser que la nourriture du magistrat et des personnes en fonction était assurée.

Tout à côté, la *stoa de Zeus Eleuthérios* écrase sa voisine par ses dimensions (environ 43 m de long), par son élégance, par la qualité des matériaux employés (*poros* blanc et marbre, principalement), par l'importance de son décor sculpté. Remplaçant le très modeste sanctuaire archaïque de Zeus, elle en a conservé le vieil autel ; l'ensemble fait penser aux Propylées et s'inscrit donc dans la ligne des réalisations périclééennes ; conçue vers 430, elle ne fut guère achevée avant la fin du siècle. Son originalité lui vient de ses ailes et de leur proportion réduite par rapport à la partie centrale. Lieu de culte, de rencontre, elle fut sans doute associée à sa voisine pour abriter les fonctions administratives et judiciaires auxquelles cette dernière ne pouvait plus suffire.

Enfin, au sud, une *stoa* de la fin du Ve siècle inaugure peut-être le plan à deux travées dans le portique et chambres par derrière ; un étage s'élevait apparemment, au-dessus des seules chambres. Peu élégante avec sa superstructure en briques crues (qui s'harmonisait avec la *tholos* voisine) et sa colonnade de *poros* (stuqué ?), elle offrait un abri à des tribunaux, des salles (4,86m^2 en moyenne) pour des repas de sept convives au plus ; on suppose qu'elle faisait office de *Thesmothètéion* (lieu de réunion des six Thesmothètes).

– Pour achever cette revue des bâtiments civils, mentionnons au sud-est l'*Argyrokopéion* (= la Monnaie) avec ses fourneaux, ses bassins à eau et ses coins de bronze : il date de la fin du Ve siècle. Un peu en dehors de la place vers le sud-ouest, notre plan indique comme *maison des stratèges* un bâtiment irrégulier (environ 26 x 21 m), postérieur de peu au milieu du Ve siècle et donnant sur une cour ouverte. L'identification en reste tout à fait incertaine. De même nous ignorons la destination de ce grand quadrilatère oblong (16,75 x 44 m), appelé « arsenal », datant de l'extrême fin du IVe siècle ; il est divisé intérieurement par deux rangée de piliers ; l'emplacement a fait penser à une réserve d'armes, les tessons d'amphores panathénaïques à une réserve d'huile d'olive...

Bâtiments religieux. La religion civique est partout présente sous forme d'autels, de statues, de foyers. Mais certains emplacements sont plus particulièrement réservés au culte.

Dès la fin du VIe siècle, Pisistrate, fils d'Hippias, avait profité de son archontat pour dédier un *autel aux douze dieux* (les Olympiens ?) qui resta un des points importants du culte sur l'Agora. La découverte d'une base d'offrande due à Léagros (en 490/480, selon les épigraphistes) a permis d'identifier la dalle de *poros* et les fragments d'autel au nord-ouest. A côté, un autel de même orientation et de même travail, l'*eschara*, pourrait avoir abrité le culte d'un héros non encore identifié. Cette vieille région cultuelle abrite aussi le petit sanctuaire de la bordure ouest : celui d'*Apollon Patroôs* qui remplaça dans la deuxième moitié du IVe siècle l'ancien temple du VIe siècle détruit par les Perses. Un minuscule sanctuaire (5,30 x 3,65 m) de *Zeus Phratios* et *Athéna Phratria* le sépare de la Stoa de Zeus (2e moitié du IVe également). Ce sont là les cultes qui assurent la protection des groupes fondamentaux entre lesquels se répartissent les citoyens (tribus, phratries) et ils sont probablement fort anciens. Nous pouvons leur adjoindre la *base des héros éponymes* des dix tribus clisthéniennes, retrouvée face au Bouleutérion (18,40 x 4,68 m) de la deuxième moitié du IVe siècle. Des cultes officiels s'y déroulaient sans doute et les avis publics y étaient exposés.

Enfin, un peu à l'écart sur sa colline du Kolonos agoraios, l'*Héphaistéion* (13,7 x 31,8 m) s'élève en bordure de quartiers artisanaux très actifs : il est dédié aux deux patrons de l'artisanat, Athéna et Héphaïstos. Daté du milieu du Ve siècle, il est admirablement conservé : dorique et périptère (6 x 13 colonnes) ; le pronaos et l'opisthodome plus petit ont 2 colonnes *in antis* ; la *cella* s'est vu rajouter une colonnade intérieure qui a imposé son élargissement au moment même de la construction (pour un plan de temple et une explication de ces termes, p. 110-111). Le marbre du Pentélique est remplacé par celui de Paros pour les sculptures. Les statues des deux divinités occupaient la *cella* ; les métopes représentaient très traditionnellement Héraclès et Thésée, tandis que les maigres restes des frontons ne permettent d'étayer aucune hypothèse. Cet édifice magnifique et imposant dominait l'Agora.

Exploitation historique

Le plan, comme la répartition des bâtiments, révèle une construction assez anarchique. On a ajouté parfois, transformé souvent, sans se préoccuper de rationaliser l'ensemble ; l'Agora demeure une place ouverte, aux bordures dissymétriques. Pourtant, la période classique voit la réalisation de places bien ordonnées autour de portiques réguliers, où les fonctions marchandes disposent d'une agora distincte du centre politique : au Pirée dès le Ve siècle, à Milet à la fin de ce siècle, à Olynthe au IVe ; à Athènes, il faudra attendre le IIe siècle pour trouver un tel effort (Portique d'Attale et Portique sud).

Toutefois, les reconstructions du IVe siècle visent à donner un caractère plus homogène à la bordure sud-ouest où les colonnades sont presque continues ; mais les bâtiments se succèdent sans ordre rationnel et, dans son allure générale, la place devait se présenter comme un fouillis pittoresque. Tous les efforts financiers ont porté sur l'Acropole ; notons néanmoins que les édifices religieux de l'Agora sont mieux servis que les autres.

Cette prédominance de l'utilitaire sur l'esthétique représente donc un choix fondamental de l'époque classique, quels que soient les moments de construction : cela se comprend mieux lorsque l'on examine les bâtiments civils : de petites dimensions, totalement dépourvus de luxe, délibérément ouverts – ce qui rend tout secret impossible. Une grande partie de la vie politique se passe en plein air, sous les *stoai*, de même que les conversations philosophiques ; les contacts, la mobilité sont aisés. En effet, la conception de la cité ne vise pas à honorer ses magistrats : le pouvoir n'est pas à eux, il est à l'ensemble des citoyens, indépendamment du lieu où ils se trouvent. La vie publique est ouverte à tous et, pas plus que les citoyens n'ont de luxueuses maisons, les magistrats n'ont d'installations confortables. La gloire architecturale d'Athènes est dans ses temples, non sur son Agora.

C'est pourtant bien le cœur de la cité. On y trouve ces cultes anciens de héros et de dieux protecteurs que chaque génération restaure pieusement ; depuis plusieurs siècles certaines fonctions sont pérennisées sur leur emplacement. On y déambule de toutes les régions de l'Attique et c'est vraiment le principal lieu de passage et de rencontre. On y rend la justice dans les bâtiments à ciel ouvert, on y prépare les lois, on y reçoit les ambassadeurs, on y honore les bienfaiteurs. Mais aussi, sur les étals en plein vent, le marchand vient proposer ses oignons, le libraire ses livres en rouleaux ; sous le portique le philosophe traîne sa cohorte de jeunes gens : que d'activités dans une si petite place ! Les nouvelles y circulent et la vie publique s'y déroule aux yeux de tous.

Enfin, la chronologie des constructions montre que la plupart des bâtiments civils qui dateraient probablement de l'époque de Clisthène, ont été définitivement restaurés à la fin du Ve siècle, à l'époque de restauration démocratique sans doute ; par contre au milieu du Ve (rétablissement après les guerres médiques) et au milieu du IVe (piété conservatrice de l'époque de Lycurgue, face au danger extérieur), tous les soins vont aux constructions religieuses. Mais peut-être ne faut-il voir dans ce rythme séculaire des travaux civils qu'une nécessité technique de restaurations ?

Élaboration de la bibliographie

(Voir la bibliographie générale pour compléter les références.) Elle doit suivre l'approfondissement de l'analyse du document.

Pour définir l'Agora et les bâtiments qui l'occupent, on part d'un ouvrage de civilisation (F. Chamoux, par ex.), d'une histoire de l'art pourvue d'une bibliographie (ex. : coll. « Univers des Formes »), d'une étude d'urbanisme (ex. : R. Martin). Puis on cherche s'il existe des ouvrages spécialisés sur l'Agora grecque (R. Martin, *Recherches sur l'Agora grecque*, Paris, 1961). Ensuite l'urbanisme plus particulièrement athénien (J. Boersma, *Athenian Building Policy from 561 to 405*, Groningen, 1970 ; *Guide bleu* de Grèce) ; enfin l'Agora fait l'objet d'un guide publié par l'école américaine : J. M. Camp, *The Athenian Agora*, Thames and Hudson, 1986. Il est évident qu'en matière archéologique il faut toujours se méfier des ouvrages trop anciens, lorsque la fouille n'a pas été arrêtée. Le mieux est alors de se reporter à la publication d'où est extrait le document à commenter ou, à défaut, de regarder la chronique du *Bulletin de Correspondance Hellénique (BCH)*, depuis la date de parution du dernier livre consulté – et même depuis deux ou trois années avant ; dans le cas présent on s'exposerait à ignorer ce qu'est la *stoa basileios* si l'on ne faisait cette dernière démarche.

Les premiers temps de la Grèce

LIVRE PREMIER

1

L'installation des Grecs

La terre et les hommes

La langue grecque, dont les témoignages écrits les plus anciens remontent au IIe millénaire av. J.-C., reste, sous une forme évoluée, le grec moderne, parlé par plus de dix millions d'hommes dans le monde. Trente-cinq siècles séparent donc les premiers documents mycéniens des journaux que lisent les Athéniens du XXe siècle : record de longévité unique en Europe !

La Grèce n'a jamais été unifiée politiquement dans l'Antiquité, mais les établissements hellènes qui jalonnaient la Méditerranée se sentaient liés par une communauté de civilisation foncièrement originale dont la langue restait le premier ciment. Le Barbare se définit d'abord comme celui qui ne parle pas grec, et ce sentiment demeurera profondément ancré dans les cités grecques, malgré leurs dissensions, jusqu'à ce que Rome unifie et nivèle l'ensemble du bassin méditerranéen.

Le cœur du monde grec est baigné par la mer Égée : la péninsule balkanique est reliée à la côte d'Asie Mineure par un pont naturel d'îles, la Crète fermant cette mer intérieure. Au VIIIe siècle av. J.-C., la vague de colonisation y ajoute les établissements autour de la mer Noire et sur le pourtour de l'Italie du Sud et de la Sicile – Cyrène et Marseille constituant les points extrêmes d'implantation isolés en terre étrangère.

1. Les ressources du sol

Voir carte p. 310 A.

La Grèce propre est un pays relativement déshérité et la beauté de son ciel ne doit pas masquer la faiblesse de ses ressources.

■ *Un relief compartimenté*

Les montagnes occupent 80 pour 100 de la superficie, mais seuls quelques grands sommets dépassent 2 000 m. Le socle cristallin en partie effondré sous la mer Égée a été bouleversé par les plissements alpins affectant de puissantes séries sédimentaires. Mouvements récents, non achevés comme l'attestent, de l'Antiquité à nos jours, volcanisme et tremblements de terre. La variété de la nature des roches, la vigueur de l'érosion, ont contribué à compartimenter le relief en petites plaines dominées par des hauteurs abruptes, mal reliées entre elles.

La péninsule balkanique. L'arête du Pinde sépare nettement la Grèce continentale en deux ensembles : à l'ouest, les chaînes ioniennes prolongées par les îles de Corfou, Céphallènie, Ithaque, mieux arrosées, voient leurs versants couverts d'yeuses, de charmes et de châtaigniers, mais les communications sont difficiles : l'Épire, l'Acarnanie, l'Étolie resteront longtemps isolées. A l'est, des massifs trapus et de larges dépressions forment le cœur même de la Grèce. Les plaines de Macédoine et de Thessalie, dominées par les contreforts du Pinde et séparées par les sommets de l'Olympe et du mont Ossa en constituent le glacis septentrional. Mais ce sont les petits pays (plaine de Béotie, île d'Eubée, presqu'île de l'Attique) encadrés par les massifs du Parnasse (Locride et Phocide) qui joueront un rôle important dans l'Antiquité.

Les îles de l'Égée. Tout regarde ici vers l'est et les îles forment la liaison naturelle entre ces régions et la côte de l'Anatolie, qui en paraît le prolongement. Au nord, le plateau continental découpé par la presqu'île chalcidique se prolonge par des îles riantes (Thasos, Samothrace, Lemnos, Lesbos) jusqu'au détroit de l'Hellespont et à la mer intérieure (Propontide) qui s'ouvre sur le Pont-Euxin. Au sud, les Cyclades (Délos, Paros, Naxos) avec leurs rochers, minuscules affleurements du socle ancien, forment des escales naturelles vers la côte ionienne d'Asie Mineure dont certaines îles (Chios, Samos) sont toutes proches.

Le Péloponnèse. La presqu'île du Péloponnèse constitue un ensemble à part. De puissants massifs en occupent la partie centrale, isolant pendant longtemps l'Achaïe et l'Arcadie. Mais les petites plaines souvent fertiles (Élide et Messénie à l'ouest, Argolide à l'est, Laconie dans la dépression méridionale sise entre le Taygète et le Parnon) jouèrent un rôle très actif à travers toute l'histoire grecque. Un arc de grandes îles (**Crète, Rhodes**) ferme le bassin de l'Égée et se relie à la côte méridionale de l'Asie Mineure.

Voir carte p. 320.

La côte d'Asie Mineure. La côte asiatique présente un relief aussi fragmenté. Au nord, l'extrémité des chaînes pontiques s'achève en régions de collines dominées par quelques môles volcaniques. La côte ionienne au centre, particulièrement ciselée, reflète les complications d'un relief où les fragments de socles anciens et les failles s'entremêlent. Les fossés sont occupés par les principaux fleuves (Méandre, Hermos) qui colmatent rapidement les plaines alluviales. La côte était dans l'Antiquité plus en retrait que le dessin actuel. Le plateau anatolien à l'est arrête les précipitations et la région est particulièrement arrosée. Le sud était moins favorisé dans l'Antiquité, la petite plaine de Carie, les dépressions de Pamphylie et Cilicie souffraient d'étés torrides et d'inondations fréquentes qui favorisaient la malaria.

Peu de ressources minières ■

Dans l'ensemble, les bouleversements structuraux n'ont pas favorisé la présence de filons importants. Les Grecs allèrent chercher à l'extérieur l'étain indispensable à l'alliage du bronze (90 pour 100 de cuivre et 10 pour 100 d'étain) et restèrent longtemps fidèles au monométallisme d'argent (gisement de Siphnos et plomb argentifère du mont Laurion en Attique). Mais dans l'Antiquité on n'utilisait pas des quantités de métal aussi importantes que nous l'imaginons. Le cuivre de Chypre a suffi longtemps et de minuscules gisements de fer furent exploités dans les îles. Toutefois il a fallu assez vite compléter avec les ressources d'Asie Mineure, d'Italie et d'Espagne.

Voir carte p 313 C.

Les mines d'or qui se trouvaient à la périphérie ne furent vraiment exploitées qu'assez tard, ainsi les gisements du mont Pangée qui firent la fortune de Philippe de Macédoine. Deux ressources naturelles furent utilisées très vite : l'argile très pure qui favorise la multiplication des centres de potiers, et les carrières de pierre (marbre de Paros, Naxos, du Pentélique, obsidienne de Mélos), dont l'exploitation favorise l'essor de la construction ; le miltos ou ocre rouge de Sinope et Kéos complète cet éventail des ressources naturelles, somme toute assez limitées.

■ *Des communications difficiles*

Charrette archaïque : ex-voto en terre cuite de Corinthe

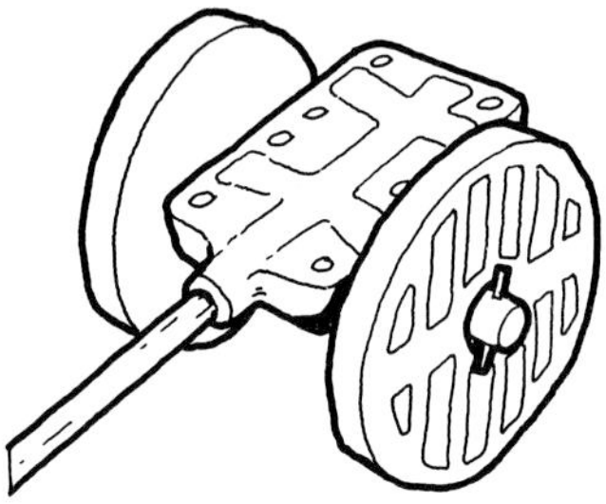

Les liaisons sont malaisées d'une région à l'autre. Dans ces pays méditerranéens, si divers et fragmentés, ce n'est point la faiblesse du joug antique (en réalité plus efficace qu'on ne l'avait prétendu) qui entraîne les difficultés des liaisons routières. Jusqu'à une époque très récente, charrettes et chariots légers servaient pour les transports, mais c'est surtout à l'animal de bât que l'on demandait de parcourir les sentiers de montagne si souvent ravinés par la pluie. Ce sont toujours les mêmes passes qui sont empruntées par les armées : les Thermopyles commandent l'accès à la Grèce continentale, l'isthme de Corinthe demeure le barrage naturel du Péloponnèse, les passes du Taurus ouvrent la voie du Moyen-Orient.

■ *Le rôle de la mer*

Arrière de navire avec rames-gouvernail : graffito de Délos, Ier siècle av. J.-C.

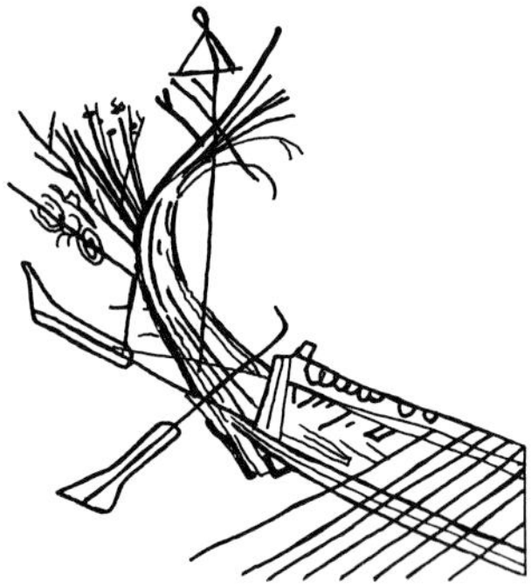

L. Basch, Le Musée imaginaire de la marine antique, *Athènes, 1987, analyse les représentations de navires dans une perspective historique.*

En réalité, c'est à la mer que le Grec demande ces liaisons que le relief lui interdit. Aucun point de la Grèce n'est à plus de 90 km de la mer. Le cabotage reste essentiel et le soir on trouve toujours une grève où tirer le navire. La voile carrée, les deux rames légèrement compensées qui servent de gouvernail suffisent à cette navigation qui utilise au maximum le régime atmosphérique. Du printemps à l'automne, brise de terre et brise de mer accompagnent le pêcheur, tandis que le vent dominant varie du nord-ouest au nord-est, à mesure que l'on passe de l'Adriatique au Pont-Euxin. Sur la mer Égée, de fin juillet à septembre, les vents étésiens soufflent du nord et, malgré quelques violences, conduisent de Thrace en Égypte en moins de dix jours. En fait, c'est la piraterie plus que les impératifs techniques qui conditionne la navigation. Et la fortune de certains États tint plus à une intelligente police des mers qu'à une aptitude innée pour la navigation. La mer fournit aussi des compléments naturels par la pêche, quelques salines, mais seules les régions pontiques en firent une véritable exploitation.

En fait, beaucoup de régions restèrent à l'écart de l'activité maritime. La montagne, en période d'insécurité, demeure le refuge et les pentes sont souvent plus peuplées que les plaines voisines. Il ne faut jamais oublier que le Grec est d'abord un paysan, même si les structures politiques principales se sont organisées en fonction de la ville. Il vit au rythme des saisons dans une agriculture typiquement méditerranéenne.

La vie agricole ■

L'assolement biennal. Les céréales (orge, blé dur) occupent une place importante. Les champs soigneusement dépierrés ou même récupérés par drainage sur les régions marécageuses (lac Copaïs, en Béotie) sont cultivés suivant l'assolement biennal. Avant de semer en automne, il faut que la jachère ait été retournée au moins trois fois et les labours débutent au printemps lorsque la croûte sèche n'a pu s'installer. Une fois la récolte faite en été, il est trop tard pour préparer la terre pour l'automne ; on laisse donc les chaumes où vont pâturer les animaux. L'assolement biennal n'est pas destiné à laisser reposer la terre. Il est la conséquence directe des semailles d'automne et de l'obligation pour le sol méditerranéen d'être préparé par des labours répétés qui brisent la croûte sèche et conservent l'humidité. On ne reprend d'ailleurs pas forcément le labour de jachère au printemps suivant et le champ peut être laissé en friche un ou deux ans de plus. Les instruments utilisés sont simples. L'araire est connu depuis l'âge du bronze, instrument symétrique qui ouvre la terre sans la retourner, il est surtout utilisé pour les semailles. Les outils manuels (houe à deux dents, pioche) servent au défrichage, au sarclage et peuvent être utilisés pour les labours de jachère.

Au rythme des saisons. Le rythme de l'année est très inégal et les travaux se concentrent sur des périodes précises.

L'hiver qui débute à la mi-décembre est doux sur les côtes (la température descend rarement au-dessous de zéro), mais rude en Macédoine, en Épire et dans le centre du Péloponnèse, où les montagnes sont souvent couvertes de neige. On y pratique parfois la transhumance inverse : l'habitat permanent demeurant en montagne, les bergers descendent en plaine où ils louent les pacages temporaires.

De novembre à février, c'est l'époque de la récolte des olives : elle se fait en gaulant ou à la main, les oliviers se présentant souvent dans des champs complantés ou entourés d'une cuvette d'irrigation. Arbre typique de la Grèce, son extension est limitée par les froids hivernaux et la sécheresse. Quinze jours après la récolte on pratique le broyage puis la presse au moyen d'un pressoir à arbre. L'huile servira pour l'année.

L'hiver doux permet aussi la culture de légumineuses (pois, vesces, fèves, choux), compléments de l'alimentation. Dès le début de l'année, on peut tailler les vignes et les arbres s'il y a lieu ; c'est la taille, nous le savons, qui, pour plusieurs espèces, a fait de la plante sauvage une plante cultivée. C'est au Grec que l'on doit l'introduction de cette technique en Italie et en Provence, pour la vigne et l'olivier.

Le printemps est bref, plus ou moins humide selon les régions, avec des précipitations courtes, souvent torrentielles. C'est le moment de labourer la jachère, de sarcler dans les vignes. L'époque de l'agnelage arrive vite, déjà c'est l'été, les bêtes reprennent le chemin de la montagne. Dès mai, la chaleur s'installe, sèche et brûlante. Désormais l'eau est précieuse, on l'utilise en irrigation pour les jardins. La moisson est

L'araire. Croquis d'après la coupe attique à figure noire de Nicosthénès

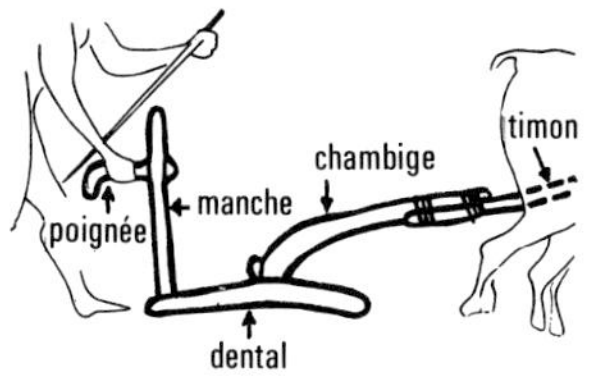

Musée de Berlin – inv. n° F 1806, VIe siècle av. J.-C.

Remise à jour bibliographique sur l'agriculture grecque :
M.-Cl. Amouretti, « L'Agriculture de la Grèce antique, bilan des recherches de la dernière décennie », *Topoi*, 1994, pp. 69-94.

Voir p. 167.

◆ « Mais, quand le Porte-maison monte de la terre à l'escalade des arbres, fuyant devant les Pléiades, ce n'est plus le temps de piocher les vignes. Aiguisez les faucilles et éveillez vos serviteurs. Fuyez les siestes à l'ombre ou les sommes prolongés jusqu'à l'aube, au temps de la moisson, quand le soleil sèche la peau. C'est l'heure de faire vite, de ramasser votre récolte chez vous, debout dès l'aube, si vous voulez avoir votre vie assurée. » ◆
Hésiode, *Les Travaux et les Jours*, 571-577.

précoce ; on dépique en plein air sur les aires à battre avec mulets et bœufs. Le précieux grain peut être engrangé dès juin, en août seulement pour quelques « poljes » de montagne. Des récoltes de fruits complèteront les provisions (figues, amandes...). Mais l'été n'est pas la saison végétative à laquelle nous ont habitués nos climats tempérés. C'est au contraire la saison stérile, véritable coupure dans l'année agricole.

Sur les travaux viticoles, voir REA *XC (1988) : actes du colloque de la SOPHAU.*

L'automne prolonge naturellement la saison estivale (36° à 40°). C'est une période de grande activité : on attend pour les vendanges que le raisin soit très mûr, presque pourri. En septembre et octobre, le grain est foulé au pied dans de grandes cuves ou des couffins, puis mis à fermenter dans des jarres souvent enterrées. Une année s'achève, déjà il faut songer aux semailles avant que n'arrivent les pluies torrentielles caractéristiques du climat méditerranéen.

◆ « Faites attention au moment où vous entendrez la voix de la grue lancer du haut des nuages son appel de chaque année. Elle apporte le signal des semailles et annonce la venue de l'hiver pluvieux. » ◆ HÉSIODE, *Les Travaux et les Jours*, 448-451.

Ainsi, avons-nous affaire à une agriculture typiquement méditerranéenne où la trilogie, céréales, vigne, olivier, est commandée par la durée de la saison sèche. Les précipitations brutales tombent durant un petit nombre de jours par opposition aux lentes pluies océaniques d'hiver. Ce qui explique la prépondérance d'arbres et d'arbustes à feuilles toujours vertes plus ou moins coriaces où domine le chêne vert. Seule, la bordure méridionale du Pont-Euxin et les contreforts occidentaux du Pinde connaissaient de belles forêts de hêtres et de chênes à feuilles caduques. Quelques montagnes de Crète et du Péloponnèse conservèrent des forêts de conifères. Mais dès l'Antiquité s'amorce le **recul des forêts** et parfois la dégradation en garrigues, par suite des attaques des chèvres et des moutons, mais aussi d'une exploitation désordonnée et de l'extension du terroir cultivé.

Voir R. MEIGGS, Trees and Timber in the ancient Mediterranean World, *Oxford, 1982.*

Le problème de la terre reste en effet le problème dominant, chaque petit pays vit avec la crainte de la disette : une légère poussée démographique, un changement de frontière, l'extension, même infime, de certaines propriétés aux dépens d'autres, et l'équilibre précaire de l'exploitation du sol est rompu. Les facteurs historiques ont commandé jusqu'à nos jours la mise en valeur des ressources naturelles. Et les différences de rendement et de production d'une région à l'autre s'expliquent rarement par les seuls facteurs naturels.

2. Le peuplement de la Grèce

■ Du Néolithique à l'Âge du bronze

On connaît maintenant quelques sites paléolithiques en Grèce, et les traces d'occupation les plus anciennes remontent à 40 000 av. J.-C. en Épire. Toutefois un seul de ces établissements montre une occupation continue jusqu'au Néolithique. Cette période est, elle, bien représentée et les fouilles de ces dernières années ont multiplié les sites et montré leur diversité. La « révolution néolithique » (passage à la pierre polie accessoirement, habitat permanent, céramique et tissage, agriculture et élevage) s'est accomplie en Grèce du Ve au

IIIe millénaire, avec quelque retard par rapport à l'Orient. La multiplication des petits centres sans substrats antérieurs semble prouver que ces innovations fondamentales ont été apportées de l'extérieur par des vagues de migrations. Migrations orientales certes, mais aussi influences venues de la Russie du Sud et de l'Occident méditerranéen. L'exemple de la diffusion de l'obsidienne de l'île de Mélos que l'on retrouve de la Macédoine à la Crète confirme l'existence de relations maritimes à ces hautes époques.

La paléobotanique : l'étude des pollens et la découverte de graines dans les fouilles permettent de reconstituer les premiers aliments du Néolithique et du Bronze Ancien : diverses espèces de blés, d'orge, des légumes (lentilles, pois, vesces, pois chiches, fèves), des grains de raisin, des noyaux d'olives.

Les débuts de l'Âge du métal (Chalcolithique) en Égée sont placés entre 3 000 et 2 000 ; mais il n'y a pas de rupture avec l'époque précédente et, de toute façon, la pierre, l'os, le bois, l'argile restent des matériaux d'importance jusqu'au Ier millénaire. Les objets en métal sont d'abord exceptionnels, qu'ils soient en bronze, en cuivre ou en argent. Il s'agit d'armes, d'objets décoratifs ou cultuels, produits de luxe qui semblent induire l'existence d'une classe sociale plus riche. La fabrication du métal pose des problèmes nouveaux à la société : il faut des spécialistes pour les techniques, il devient nécessaire d'importer de la matière première. Mais on n'assiste pas à de plus fortes concentrations de population. L'Égée reste longtemps fidèle aux petits villages d'une centaine d'habitants. Ces établissements se multiplient dans les Cyclades, qui étaient demeurées relativement à l'écart.

La première phase de l'Âge du bronze (Helladique ancien, vers 2600/1950) voit une extension démographique et une certaine colonisation intérieure, mais nous ne pouvons rien déduire de solide sur l'organisation sociale.

Voir carte p. 305 A.

L'arrivée des Grecs ■

Ces populations parlaient-elles le grec dont les premiers témoignages écrits remontent au XIVe siècle ?

La tradition grecque. Les Grecs, qui se dénomment eux mêmes Hellènes au Ier millénaire (le mot « graeci » nous vient des Romains), ont gardé le souvenir des migrations successives qu'ils lient à des générations mythiques de héros et qu'ils datent en fonction de la guerre de Troie. Le terme d'« Achéen » utilisé par Homère (et qui correspond sans doute aux Akijawa des textes égyptiens et hittites) évoque pour eux des Grecs qu'ils opposent parfois à une génération autochtone (Pélasges).

L'apport de la linguistique. Il est vrai que la langue a conservé un certain nombre de mots inexplicables par le grec et certainement empruntés à un parler antérieur : il s'agit par exemple de cultures arbustives méditerranéennes, de certains noms propres qui correspondent souvent à des sites préhistoriques, du mot « mer » *(thalassa)* ; ceci nous confirme que les Grecs sont mêlés à des populations déjà évoluées, auxquelles ils ont beaucoup emprunté.

Le grec lui-même est une langue indo-européenne ; les mots conservés, de même racine, dans plusieurs groupes linguistiques, ont permis aux spécialistes de dresser des tableaux

Langues indo-européennes : langues à flexion (Indo-Iraniens, Hittites, Arméniens, Grecs, Italiques, Celtes, Balto-Slaves, Germains). Voir les rapprochements proposés par E. Benvéniste, *Le vocabulaire des Institutions indo-européennes,* Éd. de Minuit, 1969. L'œuvre de G. Dumézil repose sur l'analyse comparée des textes et traditions indo-européens.

« Il faut prendre conscience qu'il n'y a pas de preuve archéologique concernant l'arrivée des Grecs », écrit J.-Cl. Poursat, *La Grèce préclassique,* p. 31.

comparatifs d'une société où apparaissent certaines dominantes : ainsi, les termes de parenté masculine, le système décimal, beaucoup de termes agricoles. Une analyse des mythes communs conduit à évoquer des sociétés tripartites où les fonctions agricoles, guerrières et religieuses sont différenciées tandis que domine la filiation patriarcale. Naturellement, si ces termes communs peuvent permettre d'avancer l'hypothèse d'une communauté culturelle très lâche, propre à certaines populations à une date reculée, personne ne songe plus à un seul peuple qui aurait possédé une identité ethnique (les trop fameux Aryens). En fait, on saisit bien que chacune des langues indo-européennes s'est définitivement forgée dans sa propre région et a continué d'évoluer sur place (sauf le hittite). Le grand problème reste de fixer chronologiquement le moment où ces Indo-Européens se sont mêlés aux anciennes populations.

L'apport de l'archéologie. Les fouilles nous ont appris que certains sites de l'Argolide ont été complètement détruits vers 2200/2100 ; d'autre part, on trouve ensuite dans nombre de régions, une poterie caractéristique, d'une texture savonneuse, que les archéologues ont appelée « minyenne ». Enfin sur plusieurs sites apparaît une nouvelle pratique funéraire : certaines tombes, qu'on appelle « à ciste », permettent une inhumation à l'intérieur des maisons et non plus dans des nécropoles extérieures. L'interprétation traditionnelle attribue tout cela à des envahisseurs grecs. En jalonnant les lieux qui les possèdent, on reconstitue la route qui aurait mené les Grecs de la Russie du Sud au Péloponnèse.

L'interprétation historique. Les historiens ont ainsi reconstruit l'histoire primitive de la Grèce sous forme de migrations, sinon d'invasions. A la présence des Néolithiques auraient succédé, aux environs de l'an 3000, des migrations anatoliennes responsables de l'introduction du métal et de la première colonisation des Cyclades. Les Grecs seraient venus à leur tour vers 1950, de la Russie du Sud, après l'éclatement de la communauté indo-européenne, une branche passant par l'Anatolie, ce qui justifie leur présence à Troie, une autre restant stationnée dans le nord, la plus importante déferlant sur le Péloponnèse, mais épargnant la Crète (ce qui lui permet de prendre une avance considérable). La brillante civilisation mycénienne qui se développe ensuite aurait été détruite par une dernière invasion, celle des Doriens, branche indo-européenne demeurée dans le nord : elle chasse devant elle les Mycéniens qui se réfugient dans les îles et en Ionie. Athènes, épargnée par les invasions, aurait conservé ce caractère ionien hérité des premiers Grecs.

Ces théories, dans leur systématisation, ont été souvent critiquées ces dernières années sans qu'on ait proposé pour autant, il faut l'avouer, de véritables hypothèses de remplacement. Ces critiques ont le mérite de nuancer beaucoup de points : on a trop prêté aux Indo-Européens ; beaucoup d'innovations ont dû naître sur place ou se transmettre lentement sans qu'il soit besoin de leur accorder absolument un agent de diffusion sous forme d'invasion. Les destructions brutales de sites qu'évoquent éloquemment les épaisses couches brûlées recouvrant les ruines peuvent parfois s'expliquer par des catastrophes naturelles, des révoltes intérieures ou même des guerres locales. Mais il faut bien expliquer la parenté du grec avec les langues indo-européennes et imaginer des infiltrations de nouvelles populations, même si on laisse une très grande part aux phénomènes d'acculturation. Il s'agit donc là d'une question historique particulièrement épineuse...

Débat sur ces questions dans la Revue *Topoi*, 2, 1992, pp. 69-130 : « C. Renfrew et les Indo-Européens ».

Ainsi, le monde grec ne se définit pas par des cadres géographiques précis ; au cours des siècles, des mouvements de populations en ont souvent changé l'extension.

Pour approfondir ce chapitre

P. Birot, J. Dresch, P. Gabert, *La Méditerranée et le Moyen-Orient*, t. 1 : *Généralités*, 1964 ; t. 2 : *La Méditerranée orientale*, 1956 (*Les Balkans*, pp. 3-123). « Encyclopédie de la Pléiade », *Géographie régionale*, I, Paris, 1975, article « La Grèce ». Les vues les plus pertinentes sur les contraintes du monde méditerranéen ont été données par F. Braudel, *La Méditerranée et le Monde méditerranéen à l'époque de Philippe II*, 3e éd., 1976, t. 1, *La Part du milieu*, pp. 21-321. Voir aussi E. Y. Kolodny, *La Population des îles de la Grèce*, Aix-en-Provence, 1973, 2 vol. et un atlas.

Sur la **production agricole** : M.-Cl. Amouretti, *Le pain et l'huile dans la Grèce antique*, Annales littéraires de l'Université de Besançon, Les Belles Lettres, 1986 ; S. Isager et J.-E. Skysgaard, *Ancient Greek Agriculture*, Londres-New York, 1992 ; encore très utile, mais à utiliser avec prudence, A. Jardé, *Les Céréales dans l'Antiquité grecque*, Paris, 1925 ; enfin, « La Production du vin et de l'huile en Méditerranée », *BCH Suppl. XXVI*, 1993.

Une présentation des théories anciennes **sur l'histoire du peuplement de la Grèce** par P. Lévêque, *L'Aventure grecque*, ch. II. Pour y apporter des compléments, M. I. Finley, *Les Premiers Temps de la Grèce*, Maspero, 1973 et A. Schnapp-Gourbeillon, *L'Histoire*, 48, sept. 1982, 38-49 et surtout, J.-Cl. Poursat, *La Grèce préclassique*, Points-Seuil, 1995 ; R. Treuil et *alii*, *Les Civilisations égéennes*, PUF, « Nouvelle Clio », 1989 et P. Lévêque éd., *Des despotismes orientaux à la cité grecque*, Paris, 1987. Pour de nouvelles hypothèses, H. van Effenterre, *La Cité grecque, des origines à la défaite de Marathon*, Hachette, 1985, et *Les Égéens*, Colin, 1986.

2

Le monde égéen à l'époque des palais crétois (de 2100 à 1400)

Les découvertes de l'âge du bronze en Égée datent de la fin du XIXe siècle. L'Allemand H. Schliemann, fouillant Mycènes et Troie, crut avoir retrouvé les trésors des héros légendaires d'Homère. Ainsi s'ouvrait un nouveau pan de l'histoire grecque que l'on avait ignoré jusque-là. L'histoire est ici tributaire de l'archéologie qui propose sa chronologie fondée sur les séries céramiques ; lorsqu'un objet bien daté, par un cartouche égyptien par exemple, se trouve dans une couche, il sert à la fixer chronologiquement, et à partir de là les séries suivantes. Mais d'une région à l'autre les mêmes styles peuvent se prolonger sur des temps plus ou moins longs (comme la mode dans certaines provinces était en retard sur celle de Paris ou l'ignorait, il y a un siècle). Une protohistoire plutôt qu'une histoire, mais pour laquelle la documentation archéologique est étourdissante.

1. La Crète

Voir carte p. 305 B.

La découverte de la civilisation minoenne est la plus récente. C'est en 1894 qu'un Anglais, Sir Arthur Evans, entreprenait des recherches en Crète sur des pierres gravées portant des signes mystérieux. C'était l'époque de la difficile indépendance de l'île qui secouait le joug turc. Les collections rassemblées par le grec Kalokairinos furent brûlées. Un gouvernement européen de transition facilita la mise en route de chantiers italiens à Phaestos et Haghia Triada, anglais à Knossos et Palaikastro, et même une mission américaine à Gournia. En moins de dix ans, trois palais et deux villes sortirent de terre. Leur architecture, leur décor, tranchaient sur tout ce que l'on avait connu. Les fresques, par leur fraîcheur, évoquaient l'impressionnisme conquérant des années 1900 et bien des analyses d'alors s'en ressentent. La richesse des objets de pierre et de métal impressionnait d'autant plus que l'on en retrouvait sur des sites éloignés. Et durant près d'un demi-siècle, ce fut la prééminence de la Crète... et de Sir Arthur Evans qui y consacra sa vie. Il imposa la restauration de Knossos, la chronologie coupée en rythmes ternaires et même le vocabulaire. Il imposa aussi l'idée de l'impérialisme crétois, reflété par la légende du Minotaure. Mais, dès les années trente, on a cherché à préciser l'originalité du monde continental. Après la seconde guerre mondiale, les chantiers grecs se sont multipliés et la tendance s'est inversée : on tend à mettre l'accent sur la prééminence du continent. Le déchiffrement du linéaire B en 1953, la critique en 1960 de la chronologie et même de la stratigraphie établies par Evans, ont confirmé le mouvement. Faute de connaître l'origine des Crétois, les voilà rejetés à la fois du monde

◆ « Le dieu leur enjoignit alors d'apaiser Minos et de se réconcilier avec lui pour voir la fin de leurs malheurs. Ils dépêchèrent un héraut pour demander la paix, puis ils conclurent un traité, aux termes duquel Athènes devait envoyer tous les neuf ans un tribut de sept garçons et d'autant de jeunes filles. Voilà les faits sur lesquels la plupart des historiens sont d'accord. Quant au sort des enfants déportés en Crète, le récit le plus tragique les montre tués dans le labyrinthe par le Minotaure ou bien y mourant, après avoir erré en vain pour trouver une issue. » ◆
PLUTARQUE, *Vie de Thésée*.

oriental et du monde grec : la place qui leur est réservée dans les manuels traditionnels devient bien maigre. C'est aussi que l'on redoute de formuler des erreurs qui seraient dénoncées par la lecture des écritures restées indéchiffrables.

Les écritures minoennes. Les Crétois ont inventé en effet trois systèmes d'écriture : le premier utilise des sortes d'idéogrammes qu'Evans qualifia d'hiéroglyphes ; au début du second millénaire apparut un système syllabique dénommé linéaire A. C'est de lui que dérive, à Knossos seulement, le linéaire B qui, lui, recouvre du grec. Mais les deux premiers systèmes, utilisés sur des tablettes, des sceaux, des graffitis, des vases, gardent leur mystère. Pour connaître la civilisation minoenne notre seule documentation est archéologique ; chaque année apporte une moisson nouvelle d'objets qui vont rejoindre les admirables collections du musée d'Héraklion, tandis que de nouveaux monuments précisent l'idée que nous nous faisons des Minoens.

Inscriptions hiéroglyphiques, « pot de Chamaizi », Mallia
Hauteur : 7,5 cm.

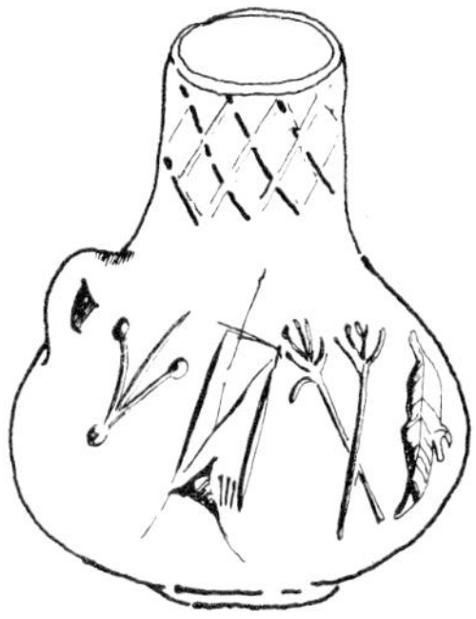

Une civilisation palatiale ■

Le monde minoen se caractérise d'abord par ses palais. Quatre sont maintenant dégagés : à Knossos et Phaestos se sont ajoutés les palais de Mallia, fouillés après 1921 par l'École française, et de Zakro, dégagés à partir de 1961 par l'éphore grec Nicolas Platon. De petits palais miniatures sont parfois reconnaissables, ainsi à Knossos et à Haghia Triada. Vu l'importance des archives, un palais existait aussi à La Canée. Les plus importants ont connu plusieurs réfections qui ne coïncident pas toujours dans le temps. On parle ainsi d'une période paléopalatiale (2000/1700), correspondant aux premiers palais détruits brutalement, et d'une période néopalatiale (1700/1400) durant laquelle s'édifient les seconds palais, les plus riches. Mais chaque site connaît sa chronologie relative, chaque palais correspond à un territoire assez étendu, et on a renoncé maintenant aux hypothèses d'Evans, attribuant à Knossos une prééminence absolue à l'époque des seconds palais.

Il faut souligner cependant la parenté de chacune de ces constructions, toutes organisées autour d'une cour centrale rectangulaire (50 m x 22 m en moyenne), tandis que des esplanades dallées longent leurs façades occidentales ; destinées à accueillir la foule lors des fêtes, elles sont complétées à Knossos et Phaestos par un petit théâtre à gradins, à Mallia par l'utilisation d'une vaste place publique toute proche. Les palais ne s'inscrivent pas dans une enceinte préétablie comme en Orient, mais se sont construits par rapport à la cour centrale, sur laquelle s'ouvrent en alternance assymétrique des portiques à colonnes ou des escaliers monumentaux, mais les pièces adjacentes sont petites, même les salles d'apparat. Tous les murs intérieurs étaient recouverts d'un enduit de chaux, décoré dans certains cas de fresques à la détrempe. Celles-ci, qui utilisent des couleurs végétales, étonnent, tant par la liberté de leur expression que par leurs thèmes ; la nature, les animaux exotiques, le décor marin sont aussi largement utilisés que les personnages (processions, scènes de tauromachies).

Plan de Knossos : voir carte p. 306 B.

Pithos
Hauteur maximum à Mallia : 1,74 m ; capacité évaluée : 10 hl.

Si on retrouve certains points communs avec la technique égyptienne, l'esprit et la mise en œuvre sont très différents. Nous n'avons que des fragments de ces fresques qui décoraient une grande partie du palais de Knossos et en animaient les ensembles. Architecture et décor restent intimement liés, souvent en trompe-l'œil. C'est par les objets découverts dans les salles que l'on en a distingué l'utilisation. Ainsi les magasins où s'allongent les interminables rangées de *pithoi,* avec les rigoles creusées dans le sol pour recueillir le liquide perdu ; on a attribué le nom de salle du trône à une des principales pièces d'apparat de Knossos, où avait été laissée une sorte de cathèdre en pierre ; le terme de *mégaron* à la crétoise a été donné à des salles originales que l'on retrouve dans les quatre palais : plusieurs cloisons sont remplacées par des murs à baie. De solennels corridors surmontés de loggias devaient servir aux processions. Des statuettes religieuses (la déesse au serpent) ont été retrouvées, tombées d'un étage qui devait contenir des chapelles. Enfin un certain nombre de petites pièces encombrées d'outils servaient d'ateliers.

Mégaron : *voir p. 35.*

De telles trouvailles posent à l'historien des questions qui n'ont point trouvé de réponses définitives. Qui gouvernait ces palais ? Un roi-prêtre, dira Evans, ce jeune prince qui est représenté sur certaines fresques avec sa suite. On reconnaîtra alors dans la plupart des palais les appartements de la reine, la salle d'audience, les appartements des domestiques, la comparaison se faisant tout naturellement avec les palais orientaux de Mari en Mésopotamie, Beyce Sultan en Anatolie. Mais d'autres n'y verraient qu'un centre administratif et judiciaire. Et pourquoi pas, avancent certains, un temple-monastère ?

◆ « L'administration palatiale n'était pas tout. Elle ne touchait sans doute qu'à une fraction de l'activité générale, à ce qui concernait les biens de la divinité, les terres du roi, ou les gens qui dépendaient de l'un ou de l'autre. D'autres volontés libres, d'autres intérêts jouaient en marge, dont nous ne pouvons encore dire l'importance ni l'expression exactes. » ◆
H. VAN EFFENTERRE, « Politique et religion dans la Crète minoenne », *Revue Historique,*1963.

■ *La religion des Minoens*

Le palais était-il le centre de la vie religieuse ? Certes, les cours sont un lieu particulièrement propice aux tauromachies, dont les fresques et les sceaux nous donnent souvent l'illustration. On imagine facilement les Crétois massés sur les escaliers ou à l'ombre des portiques pour les admirer. Les doubles cornes reproduites si souvent ont pu faire penser à l'existence d'un dieu taureau dont la légende du Minotaure ne serait que le dernier avatar. Mais une des caractéristiques de la religion crétoise, c'est bien que les effigies des divinités féminines sont de loin les plus nombreuses, et certainement les plus importantes. Une seule déesse-mère féconde avec tous ses aspects (maîtresse des fauves, déesse aux serpents, aux colombes, associée à un adolescent) ou des divinités autonomes ? Nous n'en savons rien. En tout cas, les lieux de culte sont nombreux. En dehors du palais, on en trouve sur les sommets des montagnes ou des collines, dans les maisons. Une place toute particulière doit être faite aux grottes dans lesquelles on a retrouvé beaucoup d'offrandes, et aux cryptes à piliers marquées du signe de la double hache. Les monuments funéraires ne sont pas moins nombreux : des tombes circulaires, les *tholoi,* sur la date desquelles on s'interroge parfois, des tombes creusées dans le roc, enfin plus tardivement des sarcophages. C'est sur un sarcophage du XIIIe siècle,

Sceau minoen

D'après A. EVANS, *Palace of Minos,* IV, fig. 597.

des Crétois des colonisateurs impérieux qu'évoquerait la légende du Minotaure, il n'y avait qu'un pas ; Evans le franchit allègrement. Nous avons dit la violence de la réaction : on tendrait maintenant à renvoyer les Crétois dans leur île sans leur permettre d'en sortir ! L'interprétation de la légende de Thésée reste problématique. Mais si Thucydide a donné de l'activité maritime une figure trop semblable à celle de l'Athènes du Ve siècle, il n'en reste pas moins que ce souvenir des Crétois sillonnant la mer à haute époque était suffisamment ancré dans la tradition grecque pour que nous en tenions compte. Il est indéniable que nous avons affaire à une civilisation ouverte sur l'extérieur. Si les échanges au bronze moyen sont quantitativement peu importants, on retrouve cependant de la céramique à Chypre, en Syrie et en Égypte. Mais c'est surtout aux XVIe et XVe siècles que les Crétois se montrent actifs. Quelques relations sont probables avec l'ouest (îles Lipari, Sicile), des ambassades directes ont eu lieu en Égypte. Les porteurs d'offrandes que nous voyons défiler sur les fresques des tombes thébaines à l'époque de Thoutmosis III, sont appelés « Keftiu », et la plupart des archéologues y voient des Crétois. Mais surtout on trouve maintenant des groupes permanents sur certains sites (Rhodes, Enkomi, Ugarit). Deux villes, Phylakopi dans l'île de Mélos, Théra sous les cendres du volcan de Santorin, témoignent, nous le verrons, d'influences, sinon d'établissements crétois, et sur le continent même, certains objets trouvés dans les tombes ont pu être faits par des artistes minoens. Il y a donc une circulation des biens et des personnes qui s'accomplit facilement. Si cela ne suppose pas nécessairement des colonies, il faut bien une police des mers en mesure de protéger ses ressortissants. Probablement les palais ont-ils la haute main dessus et Knossos tout particulièrement. Mais cette flotte n'est pas la seule à sillonner la Méditerranée. A côté des puissants Égyptiens avec lesquels on compose, il faudra bientôt compter avec la concurrence du continent.

◆ « Minos est le plus ancien personnage connu par la tradition qui ait eu une flotte et conquis la maîtrise de la mer aujourd'hui grecque ; il établit sa domination sur les Cyclades et installe des colonies dans la plupart ; il en chassa les Cariens puis y plaça comme chefs ses propres fils. Par une suite naturelle il travailla à purger la mer des pirates pour mieux assurer la rentrée des impôts qu'il levait au loin. » ◆
THUCYDIDE, I, 4.

Fresque de Théra : pêcheur

2. Le continent et les îles

Les Cyclades ■

Or le monde que parcouraient les Crétois n'était pas aussi arriéré qu'Evans se plaisait à l'imaginer. Les récentes fouilles ont remis en honneur les Cyclades dont les tombes ont fourni ces idoles de marbre aux formes géométriques si particulières. La découverte la plus spectaculaire fut celle de S. Marinatos qui mit au jour en 1967 dans l'île de Théra (Santorin), toute une ville, contemporaine des palais crétois et ensevelie sous les cendres d'une éruption volcanique. Elle nous a fourni une masse d'objets (outils, bijoux, vases) ainsi que des fresques d'une étonnante fraîcheur dont le style très particulier rappelle celui de la Crète. Elles évoquent une paisible bourgade d'armateurs s'enrichissant du commerce. Colons crétois ? Habitants indépendants en relation avec la Crète ?

Les avis sont partagés. A Cythère, à Rhodes et à Phylakopi (Mélos) les sites fouillés plus anciennement ont livré une céramique minoenne qui a fait supposer des établissements permanents.

Chypre

Fragment de support chypriote en bronze figurant un porteur de lingot, trouvé à Kourion

Coll. British Museum, © M. Holford/Artephot

Le cas de Chypre est différent ; après une croissance lente des établissements agricoles, l'île atteint son apogée entre 1800 et 1300. Les établissements urbains et les ports se multiplient ; le principal, Enkomi, nous donne l'exemple d'une ville fortifiée qui se transforme complètement au XIVe siècle. Kition possède des tombes remarquables et des fonderies de cuivre. La campagne se peuple et l'île a fourni un important matériel d'outils agricoles. L'art témoigne des influences occidentales comme de celles de Syrie et d'Égypte, et l'on retrouve des objets de tous les pays dans les tombes ; mais la poterie mycénienne est si importante que l'on a parlé de colons ou d'artisans venus du continent, car il est peu vraisemblable qu'elle ait été importée. Le style en est bien reconnaissable avec son goût pour les grands cratères et les illustrations de scènes de chars. Chypre devait vivre de ses exportations de métal, essentiellement le cuivre, et l'on a retrouvé l'épave d'un navire chargé de lingots. Le commerce était-il le fait de marchands indépendants venus de toute l'Égée et de la Syrie, ou était-il entre les mains d'un roi tout-puissant ? Les textes hittites et égyptiens évoquent en effet le roi d'Alasya qu'ils traitent avec respect ; mais les établissements, souvent fortifiés, font plutôt songer à des dynasties indépendantes comme en Grèce.

Essor du Péloponnèse

Voir cartes 306 A et C.

Sur le continent on trouve pour le début du second millénaire des villages resserrés qui témoignent d'une certaine densité de population à la civilisation médiocre (Orchomène, Brauron, Kirrha, Asiné, Malthi). Et c'est avec étonnement que l'on considère la puissance et l'opulence des tombes à fosse découvertes à Mycènes par Schliemann en 1876 et complétées par un second cercle mis au jour en 1951 par des archéologues grecs. Il s'agissait d'endroits soigneusement délimités par des dalles de pierre et laissés libres de constructions ; dans les six tombes de Schliemann étaient enterrés dix-neuf morts, hommes, femmes et enfants avec les objets les plus précieux ; masques d'or, vases d'or et d'argent, épées d'apparat, pendentifs, diadèmes... ces tombes princières n'ont pas d'équivalent en Crète, mais le style de certains objets évoque celui de l'île, le décor des poignards, merveilles de la technique d'incrustation, par exemple. Après la première découverte, on avait pensé à des objets crétois, certains archéologues le soutiennent toujours. Mais les fouilles ultérieures ont montré l'importance du XVIe siècle dans tout le Péloponnèse. Les tombes à coupole se multiplient, témoignant de l'existence d'une classe de guerriers suffisamment riches et puissants pour commander eux-mêmes à des artistes – certains étaient sûrement des Crétois – des objets, correspondant vraiment à

H. Schliemann : fils d'un pasteur, né au Meklembourg en 1822 ; après une jeunesse laborieuse, il apprend les langues anciennes ; à 40 ans il se retire des affaires et consacre sa fortune à la recherche des sites chantés par Homère. Il s'attaque à Troie en 1870, passera à Mycènes en 1874, à Tirynthe, de nouveau à Troie, malgré des démêlés avec le gouvernement turc. Il meurt en 1890, couvert d'honneurs, après avoir été villipendé par une partie du monde archéologique.

leurs désirs. (On a l'équivalent avec les guerriers scythes, un millénaire plus tard). Nous aimerions bien sûr savoir à quel pouvoir politique correspondent ces dynasties qui se font enterrer si somptueusement, d'où vient ce brusque afflux d'or. Ont-ils été favorisés par leur connaissance du cheval et du char qu'ils introduisent en Crète ? Leur céramique commence à apparaître à côté de celle des Minoens, par exemple à Rhodes. Mais, de toute évidence, on n'a pas affaire à des États unifiés, malgré l'homogénéité relative de la civilisation. Et, étrangement, on retrouve de l'autre côté de la mer Égée, avec le site de Troie, une culture voisine.

Troie ■

Troie fut fouillée par Schliemann entre 1870 et 1890, puis par son collaborateur W. Dörpfeld en 1893/1894, enfin par l'équipe américaine de C. Blegen entre 1932 et 1938. Le site a livré en fait sept villes étagées du XXVIIe au XIIe siècle av. J.-C., et l'enthousiasme de Schliemann lorsqu'il parait sa femme des bijoux qu'il attribuait à Andromaque a fait place aux discussions chronologiques. La plus somptueuse des villes est Troie II dont les trésors, antérieurs à ceux de Mycènes, témoignent de la richesse. Qui habitait cette citadelle isolée ? La civilisation est beaucoup plus proche de celle de l'Égée que de celle de l'Anatolie voisine. On voit se développer le principe du *mégaron* qui connaîtra une telle fortune en Grèce. A partir de Troie VI (1800/1300), les points communs avec le continent deviennent nombreux. Une imposante fortification à redans enserre des quartiers soignés ; mais il n'y a pas rupture avec les civilisations précédentes malgré des apports de populations nouvelles, et on discerne aussi des parentés avec les fortifications hittites. La ville a gardé son indépendance durant ce long laps de temps.

Mégaron : ce mot grec signifie la salle des hommes chez Homère ; il est employé par les archéologues pour désigner une salle rectangulaire avec un foyer central encadré de quatre colonnes et précédée d'un portique à deux colonnes et d'une antichambre. Voir le plan de Mycènes, carte p. 306 C.

Ainsi le monde égéen dans la première moitié du second millénaire témoigne d'une intense activité et connaît une certaine diversité dans l'expression des civilisations. L'originalité de la Crète, son avance sur les autres régions restent évidentes ; mais les fouilles ont montré que l'île n'était pas le seul phare : Troie, Chypre, Santorin sont des centres riches et actifs, le continent aussi à partir du XVIe siècle. Sans doute faut-il lier cet essor à un accroissement du terroir cultivé, à une utilisation plus systématique de la taille de la vigne et de l'olivier – et à une poussée démographique. Ce que nous saisissons clairement c'est la maîtrise des techniques, dans l'art de construire, dans l'utilisation des métaux précieux, dans la technique navale. Rien de tout cela n'est totalement original si on le compare aux acquisitions des empires égyptien et hittite contemporains, bien que l'expression artistique en soit totalement différente. On est donc tenté de transposer une vision de la société identique, avec une population dominée par une royauté théocratique à laquelle elle fournit sa main-d'œuvre. Toutefois non seulement nous ne discernons pas clairement les symboles de cette royauté

◆ « Dans les monarchies palatiales la religion fait partie du tout cohérent que forme l'État. Le roi l'organise, et jusque dans ses moindres détails, comme il veille à la mise en culture des terres ou à la fabrication des objets en bronze..., parce que ces cultes intégrateurs sont centrés sur la personne du roi, incarnation à la fois réelle et imaginaire de l'unité de la communauté et, en tant que tel, médiateur naturel entre hommes et dieux et organisateur de toute activité humaine. » ◆
P. Lévêque, *Les Syncrétismes dans les religions de l'Antiquité*, colloque 1973, Leyde, 1975.

omnipotente, mais la multiplicité des petits centres ne permet pas de transposer pleinement le modèle. L'historien doit s'incliner ; à l'heure actuelle, malgré l'imagination jamais en défaut des archéologues, il se trouve devant un extraordinaire livre d'images dont il ne possède pas les clés. Un petit pan du voile s'ouvrira à la période suivante.

Pour approfondir ce chapitre

On trouvera dans P. Demargne, *Naissance de l'art grec* (cf. p. 5), une vaste illustration et une description prudente toujours utile. F. Matz, *La Crète et la Grèce primitive,* Paris, 1962, reste précieux par la pertinence des questions posées et par ses illustrations. Recueils de photos commentées avec rigueur : C. Zervos, *L'Art de la Crète néolithique et minoenne,* Paris, 1956 ; *L'Art des Cyclades du début à la fin de l'âge du bronze,* Paris, 1957 ; N. Platon et S. Alexiou, *La Crète antique,* Paris, 1967 ; V. Karageorghis, *Chypre,* Genève, 1968 ; V. Karageorghis et H. G. Buchholz, *Prehistoric Greece and Cyprus,* Londres, 1973. Mises au point claires d'H. van Effenterre, *Les Égéens,* Colin, 1986 et J.-Cl. Poursat, cité p. 27. Plus récent, J.-Cl. Poursat, G. Touchais, J.-P. Olivier, « La période des palais crétois », dans R. Treuil *et alii, Civilisations égéennes,* 1989 ; H. van Effenterre et M. Mastorakis, *Les Minoens,* A. Colin, 1991.

Sur quelques points particuliers : J. Graham, *The Palaces of Crete,* Princeton, 3e éd., 1976 ; H. van Effenterre, *Le Palais de Mallia et la cité minoenne,* 2 vol., Rome, 1980 ; L. Godard, *Le Pouvoir de l'écrit. Aux pays des premières écritures,* A. Colin, 1990 ; R. Laffineur, L. Basch éd., *Thalassa. L'Egée préhistorique et la mer,* 1991 ; P. Faure, *La Vie quotidienne au temps du roi Minos,* Hachette, 1973, qui, mélangeant les sources ethnographiques, archéologiques et mythologiques, donne un tableau passionné mais discutable de l'originalité crétoise.

3

Apogée et chute du monde mycénien
(de 1400 à 1200)

Entre le XVe et le XIIe siècle, le monde égéen s'uniformise ; on retrouve une poterie presque identique sur tous les sites, des citadelles s'édifient, l'écriture mise au point en Crète, le linéaire B, sert aux scribes à transcrire du grec. On désigne sous le nom de monde mycénien l'ensemble des régions qui connaissent ce type de civilisation. Il n'y a en réalité aucune prééminence de Mycènes elle-même, mais l'importance et l'ancienneté de ses fouilles, la richesse des légendes grecques qui s'y rapportent, ont favorisé cette appellation conventionnelle.

1. Le monde mycénien

Des palais forteresses ■

Voir carte p. 306 A.

Les fouilles qui se multiplient apportent chaque année confirmation de la densité de l'occupation mycénienne. Plus de quatre cents sites ont été localisés sur le continent. Bourgades et villages préexistent aux palais qui apparaissent après 1400 et dans bien des cas après 1300 seulement. Très différents des palais crétois, ils sont enserrés dans des enceintes solides où tours et bastions permettent de prendre l'assaillant de flanc. Placés sur des acropoles ils peuvent servir de refuge aux populations, et bien souvent toute une ville s'organisait à l'intérieur des murs. Le palais la dominait, sans occuper d'ailleurs une superficie très importante. Ainsi, à Mycènes, c'est d'abord l'enceinte qui impressionne. Construite en pierres énormes, souvent équarries, ses vestiges avaient frappé les Grecs, au point qu'ils les imaginaient fabriqués par des géants, les Cyclopes. Les murs cyclopéens épousent les contreforts de l'acropole qui domine le ravin du Khaos et s'ouvrent par une porte monumentale, surmontée du bas-relief des Lions qui lui a donné son nom. Une seule poterne mène à une source fortifiée. A l'intérieur, une rampe conduit au palais, en contournant l'ancien cercle des tombes laissé libre de constructions. Le centre du palais est occupé par le *mégaron,* dont on a déjà vu le plan à Troie, et qui est peut-être l'ancêtre du temple grec. La pièce est précédée par une cour à laquelle on accède par un escalier monumental et une porte encadrée de portiques, les propylées. L'ensemble est fortifié par une seconde enceinte, et les contours du palais ne se distinguent pas toujours des maisons qui y étaient accolées. On a découvert récemment un sanctuaire dans un quartier de maisons à l'ouest. Ce plan palatial se retrouve avec quelques nuances dans d'autres sites. A dix kilomètres de là, à Tirynthe, on a

Voir carte p. 306 C.

Le cœur du palais de Pylos

A. Magasins
B. Salle du mégaron
C. Cour
D. Propylées

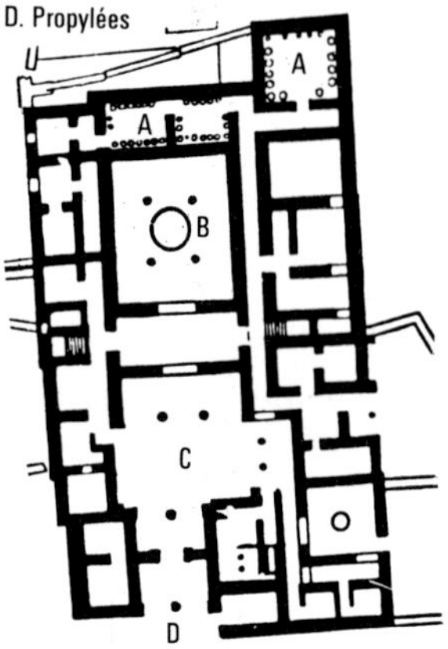

Sur Argos mycénienne, voir P. Piérart et G. Touchais (cf. p. 107)

construit un couloir voûté (les casemates) dans l'enceinte, qui atteint alors 17 mètres de large, et des tunnels accèdent aux nappes aquifères. A Gla, en Béotie, l'enceinte, longue de trois kilomètres, enserre toute l'île du lac Copaïs, tandis que Thèbes, trop reconstruite, n'a livré que des objets précieux sur le site du plus ancien des palais. Athènes a fourni des fragments de son enceinte, mais pas son palais. C'est à Pylos, en Messénie, que se trouve le palais le mieux conservé, dégagé à partir de 1939. Le *mégaron* s'ouvre sur une cour entourée d'appartements ; derrière, de vastes magasins, à proximité des annexes qui renfermaient des jarres à vins, des ateliers (cuirs et bronze), l'arsenal des chars de guerre.

Certains de ces palais ont conservé des fresques, plus hiératiques que les fresques crétoises dont elles s'inspirent : griffons à Pylos, procession de femmes à Tirynthe, départs de guerriers et chasseurs à Tirynthe et Mycènes, ornaient les pièces principales. Certains sujets sont repris sur les vases qui, s'inspirant au départ de motifs crétois (poulpes, seiches), tendent à une schématisation plus géométrique. Le métal continue à être travaillé avec soin, les armes d'apparat, les vases, restent une des réussites du monde mycénien. On les retrouve parfois dans les tombes dont certaines ont échappé au pillage. Aux simples tombes à cistes ont succédé les vastes tombes à chambre creusées dans le roc dont les *tholoi* forment un type particulier, avec leur voûte de pierre. Les plus belles restent celles de la région de Mycènes. La plus célèbre, le trésor d'Atrée comme l'appela Schliemann, est contemporaine de la porte des Lions. Précédée d'un couloir soigneusement construit en pierre de taille, sa voûte creusée dans la colline est faite elle aussi de pierres de taille, posées en encorbellement et qui devaient être décorées de rosaces de bronze. Travail remarquable tant par l'ajustement des pierres que par le soin apporté à leur taille.

■ *Un art monumental*

Et c'est ce caractère monumental qui différencie dans une certaine mesure l'art mycénien de l'art crétois. Il témoigne de la même maîtrise technique mais la met au service d'une conception plus rigoureuse qui cherche davantage les effets symétriques. L'aspect guerrier de cette civilisation frappe aussi par rapport à l'esprit minoen. Les dynasties qui ont fait construire ces tombeaux glorifiant leurs souvenirs, se font enterrer avec leurs armes et leurs chars. Et la hantise de la défense se lit aussi dans les fouilles : les enceintes ont été constamment remaniées, améliorées, à partir du XIIIe siècle. Ces petites principautés indépendantes, appuyées sur une aristocratie importante, craignaient des dangers... venus de l'intérieur ou de l'extérieur ?

■ *L'expansion mycénienne*

Les Mycéniens semblent avoir pu sillonner les mers sans trop de difficultés. On retrouve leur céramique sur tout le pourtour de la Méditerranée, et ils sont allés plus loin que les Minoens. Ainsi les trouvailles sont si importantes près de Tarente qu'on a pu parler d'une colonie. A Thapsos, en Sicile, on a mis au jour tout un village. Quelques tessons disséminés en Italie du Sud et en Sicile témoignent de relations commerciales qui remontaient par les îles Lipari jusqu'à Ischia et même en pleine Étrurie. En Orient c'est avec la côte ionienne (Milet et les îles méridionales : Kos, Samos, Rhodes), que les relations sont les plus évidentes. Certains points comme Rhodes ont peut-être essaimé à leur tour. Chypre est fort active à l'époque, comme en témoignent les fouilles de Kition et Enkomi : elle accueille depuis longtemps, nous l'avons vu, des influences mycéniennes ; il apparaît même une écriture dite chypro-mycénienne, qui utilise des signes du linéaire B mais ne transcrit pas du grec. A la fin de la période, on verra des groupes de réfugiés mycéniens s'y installer, preuve que les relations étaient bonnes. Il en est de même pour Ugarit, qui sert de relais vers l'Égypte. Et ce sont sans doute les marchands syriens qui transportaient les objets mycéniens en Égypte, où la capitale éphémère d'Akhénaton, le roi hérésiarque, nous offre des séries particulièrement importantes.

Voir cartes p. 305 A et 306 A.

Ainsi les Mycéniens ont été d'actifs commerçants, profitant sans doute des querelles qui opposaient les Empires égyptien et hittite. Leurs entreprises étaient-elles toutes pacifiques ? On les voit remplacer directement les Minoens sur certains sites (ainsi à Rhodes) et on s'est interrogé à juste titre sur cet effacement des Crétois.

La destruction des palais crétois. Au milieu du XVe siècle, tous les palais crétois, sauf Knossos, sont brutalement détruits, et ne seront réoccupés que très sporadiquement. On avait pensé à des raids de Mycéniens, à une prise de pouvoir de Knossos. On revint ensuite à une hypothèse émise par S. Marinatos dès 1934 : **l'éruption volcanique de l'île de Théra** aurait entraîné un vaste raz-de-marée, tandis qu'un souffle gigantesque aurait transporté fort loin cendres et pierres ponces stérilisantes. Des recherches attentives dans la ville d'Akrotiri, ensevelie sous le volcan, ont permis de déceler deux temps : l'abandon de la ville après les signes annonciateurs, et l'éruption elle-même. Les dernières datations au carbone 14 situeraient au XIIe siècle l'éruption de Théra ; elle ne serait donc pas responsable de la destruction des palais crétois de Mallia, Zakro, Phaistos – Knossos ayant été épargné.

Une dynastie grecque à Knossos. Ce site connaît en effet pour un demi-siècle un dernier éclat, avec un style de poterie dit style du palais. Quoi qu'en ait pu penser Evans cette dernière dynastie est grecque, contemporaine des plus anciennes tablettes du linéaire B. Dynastie venue du continent, qui se serait alors familiarisée avec l'écriture minoenne en l'adaptant à sa langue ? Groupe de Grecs s'installant nombreux ? Minoens adoptant, par mariage, la langue et certaines coutumes du continent ? Le champ des hypothèses reste ouvert. De toute façon, ce dernier éclat est bref et Knossos s'écroule à son tour (vers 1400 pour Evans, un peu plus tard sans doute). Mais la vaisselle mycénienne se retrouve d'une manière radique dans l'île, les objets conservant toujours des caractères originaux par rapport au continent. Il y a appauvrissement de la civilisation en Crète, mais pas de rupture ni d'abandon des plaines. On a donc pu aussi bien imaginer une réaction interne violente contre la dynastie de Knossos qu'un raid venu du continent et détruisant définitivement le palais.

La guerre de Troie ? A Troie le problème n'est pas simple non plus. A la ville de Troie VI détruite par un séisme au XIIIe siècle succède immédiatement une nouvelle ville, Troie VII, qui adopte certaines modes mycéniennes mais dont la civilisation est plus pauvre. Elle est détruite par une invasion brutale qui a laissé des traces précises, mais reconstruite immédiatement dans les années 1260 selon les fouilleurs (date contestée par certains). Cette destruction marquerait-elle le passage de la guerre de Troie, raid d'un groupe de Mycéniens contre une ville assez médiocre avec laquelle ils entretenaient des relations commerciales depuis longtemps ?

Voir p. 53 sq.

Une simple expédition de représailles aurait-elle donc été à l'origine du célèbre cycle légendaire chanté par Homère dans l'*Iliade* et l'*Odyssée* ? Il est vrai que l'on peut assez facilement, à partir des éléments donnés par les fouilles et la toponymie, imaginer cette société patriarcale des Achéens, dominée par les princes, dont les exploits guerriers forment la trame de l'épopée. Et tous les manuels – certains le font encore – illustraient la description des manoirs mycéniens de citations empruntées à Homère. Mais on ne peut plus, à l'heure actuelle, faire fi des traductions des tablettes du linéaire B qui nous donnent un éclairage bien différent de cette société.

2. La société mycénienne à travers les tablettes du linéaire B

■ Le déchiffrement des tablettes

Les savants disposent maintenant de près de cinq mille tablettes de linéaire B, et chaque année apporte sa moisson de nouveaux documents ou de fragments raccordés aux anciens. Un lot très important vient de Pylos (mille cent), mais aussi de Mycènes (une cinquantaine), et maintenant de Thèbes et de La Canée en Crète ; enfin Knossos en a fourni la majorité (trois mille cinq cents). Il s'agit de tablettes d'argile (les plus grandes ont 25 cm sur 12) sur lesquelles on écrivait avec un stylet pointu. On jetait après usage ; c'est uniquement parce que les palais ont brûlé que les tablettes ont été cuites, et ces archives sont celles de la dernière année avant l'incendie. Entassées dans des couffins, elles ne semblaient pas destinées à être gardées plus d'un an et ne sont jamais signées ni datées : ce sont des comptes d'intendance. On n'a pas retrouvé d'inscriptions sur d'autres matériaux que l'argile. On peut toujours rêver à des poèmes, des prières, des annales, sur cuir, bois ou pierre, rien ne nous est parvenu, et rien de tel n'existait peut-être. Composée de quatre-vingt-sept signes syllabiques, l'écriture est d'ailleurs fort mal adaptée à la langue grecque. Cet emprunt à l'écriture crétoise se justifie pour ce type de document administratif qui utilise au fond une sorte de sténographie. Ce sont deux Anglais, l'architecte Michael Ventris et le linguiste John Chadwick, qui les déchiffrèrent en 1953. Partant finalement de l'hypothèse que cette écriture recouvrait du grec, utilisant les idéogrammes qui accompagnaient certains textes, ils se sont servis des méthodes de décryptement de l'armée où Ventris avait servi dans le chiffre. Après l'étonnement suscité par leur découverte (beaucoup de savants n'admettaient pas que le linéaire B pût recouvrir du grec) les travaux se sont multipliés. Ils sont loin d'être achevés et l'exploitation historique en est encore prudente. Elle nous a apporté suffisamment d'éléments pour rendre caducs les ouvrages qui font d'Homère la source de leur description de la société mycénienne.

Petite tablette de Knossos (série des chars de combat)

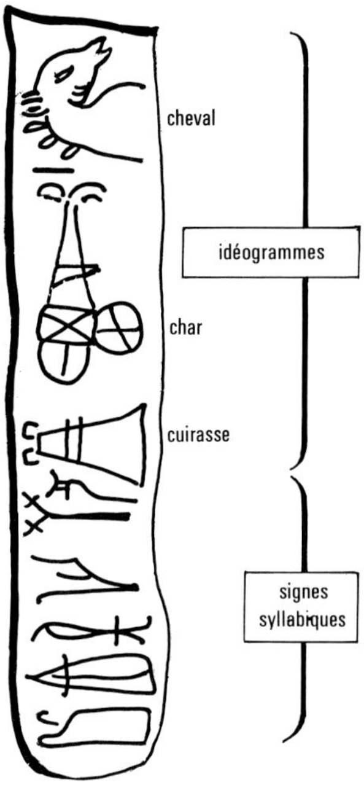

◆ « La "bureaucratie" mycénienne paraît trop légère pour permettre au palais un contrôle de toute l'économie... La nature même de nos principales sources sur l'économie mycénienne peut conduire à exagérer l'emprise du palais sur l'économie. » ◆
P. Carlier, *La Royauté en Grèce*, p.119.

La classe des scribes ■

La première information concerne l'existence d'une classe de scribes dont les spécialistes différencient les mains par leur façon de transcrire les documents. On en a ainsi recensé quarante à Knossos et on estime que le total pouvait se monter à une centaine pour ce palais. Hiérarchisés, regroupés en bureaux, ils sont chargés de ces relevés minutieux, pour les impôts sans doute, portant sur le statut de la terre, sur les contributions à livrer au palais (avec le nom de ceux qui en sont exempts), sur les matières premières fournies par le palais, ou à réquisitionner, sur la répartition des troupes... bureaucratie tatillonne qui énumère jusqu'aux roues des chars inutilisables... !

Une société hiérarchisée ■

A la tête de chaque palais se trouve un roi wa-na-ka *(wanax)*, au côté duquel apparaît le ra-wa-ke-ta *(lawagetas)*, peut-être commandant en chef. Le roi et lui sont les seuls à posséder une maison comportant des gens de métier, ils possèdent un domaine foncier, le *téménos*. On voit aussi apparaître comme personnages importants les te-re-ta *(télestai)*. Le pays est divisé en provinces, il y en a deux à Pylos, et chaque village paraît avoir un fonctionnaire local, le ko-re-te, tandis que le qa-si-re-u *(basileus)*, mot qui désignera le roi en grec, est un petit chef local, assisté parfois d'un conseil d'anciens.

On voit apparaître comme entité juridique le da-mo *(dèmos)* qui pourrait bien être la communauté villageoise. Enfin prêtres et prêtresses dépendants de dieux, déesses ou sanctuaires, semblent occuper une place importante.

A côté de ces dignitaires, les tablettes énumèrent une foule de personnages secondaires par leurs professions, et des esclaves (hommes, femmes, enfants) dont l'origine géographique est indiquée.

◆ « Cette société connaît donc une condition de dépendance normale par rapport au palais qui d'un point de vue moderne ou du point de vue de la Polis classique, apparaît comme une position intermédiaire entre esclavage et liberté. » ◆
A. MELE, *Colloque sur l'esclavage*, 1973.

Le colloque publié par A. MORPURGO-DAVIES et Y. DUHOUX : Linear B, a 1984 survey, *Louvain, 1985, fait le point sur le linéaire B.*

Mais la forme de notre documentation – fiscale – ne facilite pas l'appréhension du véritable statut juridique des personnes. La notion même de liberté ne doit pas être confondue avec celle que nous verrons se définir aux périodes suivantes. Le mot lorsqu'il apparaît, rarement, signifie en fait une exemption, on est libéré, temporairement, d'une dépendance générale par rapport au palais.

Le statut des terres. C'est aussi par le biais de redevances ou d'exemptions dues au palais, que l'on saisit quelque peu la complexité du statut des terres. Il existe une *kitimena kotona* attribuée aux *telestai* qui peut être allouée en parcelles, et une *kekemena kotona,* qui n'est jamais attribuée aux *telestai,* mais paraît communautaire et redistribuée à divers allocataires. Pour certains on aurait affaire dans le premier cas à la terre en culture, dans le second à la terre en friche après la récolte. D'autres opposent la propriété privée des *telestai* et les terres communales du *damos.* Le caractère particulier des sources rend l'interprétation difficile, mais permet tout de même de souligner la redistribution temporaire de la terre, et les contestations qui pouvaient avoir lieu : on voit sur une tablette le *damos* s'insurger contre des empiétements du clergé. Il est d'ailleurs probable que les attributions portent sur la récolte à venir (elles sont souvent comptées en mesures de grain) beaucoup plus que sur des parcelles fixes, car la culture devait rester en partie itinérante, comme dans beaucoup de nos régions méditerranéennes.

Des métiers spécialisés. En dehors du clergé et des dignitaires la plupart des habitants devaient cultiver la terre, ou garder des troupeaux. Mais le palais leur demandait en outre des services plus précis. Ainsi la culture itinérante du lin, ou le travail du bronze fourni par le palais : on a recensé quatre cents bronziers à Pylos. Les métiers sont toujours précisés avec soin. Filer et tisser sont des occupations féminines, les foulons et les travailleurs du cuir sont distingués. Certains semblent jouir de plus de considération que d'autres : un potier figure dans l'entourage royal ; les orfèvres sont nombreux, ainsi que les maçons et charpentiers. Ces artisans fournissent des contributions importantes et on peut parler de véritables industries. Les exportations de Knossos devaient être fondées en partie sur la laine (grâce à un cheptel évalué pour l'île, selon les données des tablettes, à plusieurs centaines de milliers de têtes) ; celles de Pylos sur le lin et les objets de bronze, celles de Mycènes sur le commerce de luxe avec les fabricants de kyanos (pâte bleue destinée à l'incrustation). De plus l'huile d'olive représente dans tous les royaumes une production importante et sert souvent d'offrande.

Une économie étatisée. Ainsi s'éclaire un peu l'origine de la richesse de ces palais et la liaison entre l'importance de la production et la société palatiale. Le système est organisé en fonction du surplus exportable, le palais fournissant la matière première et ramassant la production sous forme de contribution obligatoire. Mais, à quoi était employée la richesse ainsi amassée ? Nous avons vu que nombre de tombes conservaient de véritables trésors. S'agit-il de tombes de dynasties uniquement ? ou les dignitaires profitaient-ils de cet afflux ? En fait, à la période qui nous concerne, une partie de ces ressources est sûrement employée à la défense : réfection des murs, entretien de l'armée, surtout.

On dispose en effet d'un véritable dossier à Pylos, les tablettes o-ka, avec les commandements côtiers, la liste des hommes, le nom de leurs chefs. Deux tablettes apportent des listes de rameurs ; d'autres (on en retrouve à Knossos) énumèrent du matériel : chars, chevaux, épées, flèches sont recensés ; on se préoccupe de la matière première, une tonne de bronze est ainsi répartie entre deux douzaines de forges à Pylos ; lorsque l'on manquait de métal, on faisait fondre des objets quitte à en réquisitionner dans les sanctuaires, comme l'indique une tablette de Pylos. S'il est naturel pour un palais de recenser ses forces militaires et navales, les indications de Pylos, fragmentaires ne l'oublions pas, nous donnent l'impression d'un royaume qui attend d'une façon imminente une attaque, et s'y prépare en envoyant des renforts sur les frontières.

◆ « Il est ainsi possible de conclure à l'existence dans les États mycéniens d'une classe de chevaliers toujours nommément désignés, appelés à combattre avec des chars de guerre et à qui l'équipement était fourni par le palais. » ◆
M. Lejeune, *Problèmes de la guerre en Grèce ancienne,* J.-P. Vernant éd., p. 54.

La religion ■

La religion joue évidemment un grand rôle dans cette société. On a identifié toute une série de noms propres. Ainsi Zeus, Héra, Poséidon (qui a une contrepartie féminine Posidaeia), Artemis, Hermès, Athéna, ont leur culte bien établi dès cette époque. On lirait une fois le nom, contesté, de Dionysos. D'autres termes sont moins familiers. Ainsi Potnia, la maîtresse (l'équivalent pour nous pourrait être Notre-Dame), accolée à un grand nombre de noms de lieux (des vents, du labyrinthe...). On retrouverait là l'équivalent de cette déesse si souvent illustrée en Crète, peut-être proche de cette mère divine, sans doute Déméter ; beaucoup d'autres divinités secondaires sont évoquées : à Knossos des dédicaces sont même faites à tous les dieux. Toutes ces divinités sont nommées à propos de recensements d'offrandes : huile, parfum, blé, vin, miel, fromage. Parfois l'énumération évoque un banquet rituel. On n'a pas de sacrifices sanglants.

◆ « A tous les dieux, une amphore de miel.
A la Dame du Labyrinthe (?), une amphore de miel. » ◆
KN Gg702, *Documents...* n° 205.

Voir chapitre VIII.

Malheureusement les découvertes archéologiques que l'on peut mettre en parallèle sont trop rares. Tout récemment des sanctuaires ont cependant été découverts à Mycènes et dans l'île de Keos, avec des idoles aux bras levés. On ne recense pas autant de lieux de cultes qu'en Crète, mais les gemmes évoquent eux aussi le culte de l'arbre, de la colonne, des montagnes. Si nous constatons, par l'onomastique, que dieux indo-européens et divinités chthoniennes sont déjà largement associés, nous aimerions savoir jusqu'à quel point leur mythologie était constituée, et s'ils avaient déjà pris l'aspect anthropomorphique qu'on leur connaîtra à l'époque grecque. Il faut souhaiter que de nouvelles découvertes nous éclairent, car ce sont probablement les aspects religieux qui se sont transmis le plus nettement en Grèce après l'écroulement du monde mycénien. Le culte des morts est très important et la variété des sépultures (tombes à chambre, à ciste, larnakes) rappelle la hiérarchie qui régit la société.

Chthoniennes : voir p. 109.

■ *Un système fragile*

L'enseignement des tablettes est donc ambigu ; il nous confirme les points communs entre le système palatial et les systèmes orientaux : contrôle minutieux des scribes, emprise économique du palais, hiérarchie des populations, importance du clergé ; mais aussi les différences : on a affaire à de très petites principautés qui organisent soigneusement leur défense ; l'entité villageoise semble avoir conservé son importance et le système de possession du sol est particulièrement complexe. On a pu penser que ce système palatial avec sa bureaucratie orientale s'était fixé assez tard dans sa rigidité, et que, mal accepté par les populations, il n'avait pas résisté aux premières difficultés. On constate en tout cas qu'une fois les palais écroulés, les cadres de cette société que nous évoquions à travers les tablettes disparaissent complètement, à l'exception peut-être des chefs locaux (par exemple les *basileis*).

3. La chute du monde mycénien et le legs de l'Âge du bronze

Les destructions. Une catastrophe brutale, plus complète encore que celle qui avait touché les palais crétois, va rayer de la carte tous les palais mycéniens et un grand nombre de sites (des régions entières comme la Messénie sont dépeuplées). Ils sont brûlés au cours de la période qui voit la fin de la céramique mycénienne III b, soit vers 1200. Souvent, comme ce fut le cas à Pylos, ils avaient été abandonnés et on y retrouve poteries et tablettes mais ni objets précieux ni squelettes. Parfois, à Mycènes et Tirynthe, une première catastrophe est suivie d'une rapide fortification puis de l'abandon final. Avec eux disparaît la connaissance de l'écriture et le système de la société hiérarchisée que nous avons évoquée. Mais ce bouleversement qui met fin à la civilisation mycénienne ne touche pas uniquement l'Égée.

Sur la fin du monde mycénien, voir J. Vanschoonwinkel, L'Egée et la Méditerranée orientale à la fin du IIe millénaire. Témoignages archéologiques et sources écrites, *Louvain, 1991.*

Les troubles orientaux. Depuis le XIIIe siècle, la Méditerranée est secouée par des mouvements de populations auxquelles la tradition égyptienne donne le nom de peuples de la mer. Deux stèles en effet, l'une du règne de Menerptah (1230), l'autre de Ramsès III (1191), énumèrent des listes de gens venus de tous pays qui auraient attaqué le delta. Parmi eux, dans la première stèle, on mentionne les Akawash, que certains ont identifiés avec les Achéens, et dans la seconde les Peleset, les Philistins, qui s'installent en Palestine où ils introduisent de la céramique mycénienne III c. A cette époque, s'écroule l'Empire hittite sous les coups, semble-t-il, de ces mêmes envahisseurs. Les archives précédant sa chute font état de grandes difficultés et évoquent les différents pays auxquels il faut faire face. Parmi eux, le royaume d'Akhiyawa, que l'on a souvent identifié avec un royaume achéen, c'est-à-dire grec (beaucoup placent son centre à Rhodes). La puissance hittite décline, et d'une manière générale, la Méditerranée qui n'est plus dominée par un État puissant semble infestée de pirates, et même de bandes armées qui cherchent à s'installer sur de nouvelles terres. En même temps commence à se diffuser lentement l'usage du fer pour les armes (il était déjà connu comme un métal précieux, et largement utilisé par les Hittites).

Origines des bouleversements. Ce demi-siècle troublé a donc vu la disparition à la fois de l'Empire hittite et des palais mycéniens, et l'équilibre méditerranéen s'en est trouvé transformé. A un si brutal changement on a proposé des causes diverses. Énumérons-les, en gardant présente à l'esprit leur précarité. Elles tournent autour de trois hypothèses principales :

– des envahisseurs extérieurs : les Doriens dans la tradition ancienne, des populations venues du Caucase ou du sud maintenant. Ces ennemis, brûlant tout sur leur passage, auraient entraîné la fuite des populations ; certaines se seraient jointes aux peuples de la mer, d'autres auraient fui dans les Cyclades et en Asie, certains sites (Athènes) restant épargnés ;

Voir H. van EFFENTERRE, La Cité grecque, *ch. V et VIII notamment.*

– une crise intérieure : les difficultés rencontrées par les empires orientaux auraient tari certains marchés, ou bien le système palatial devenu trop rigide aurait suscité des mécontentements, les deux pouvant s'additionner. Des révoltes se seraient propagées de palais en palais, et de vastes mouvements de populations s'en seraient naturellement suivis ;

– une catastrophe naturelle : séismes, changements climatologiques, ont été invoqués. Certains cherchent à placer à une date plus tardive l'éruption de Santorin et à dessiner la carte des séismes à partir de cet épicentre. Les populations fuyant leur lieu d'origine et se refusant à s'y réinstaller auraient participé au mouvement des peuples de la mer.

Ce n'est pas le lieu ici de discuter en détail de ces hypothèses qui ne s'excluent pas d'ailleurs. Ce sont des points sur lesquels les archéologues ont beaucoup travaillé ces dernières années, et continueront à le faire. Soulignons quelques conclusions, en particulier :

– la brutalité de l'écroulement des palais et la disparition de la forme de société qui s'y rattache, ainsi que de l'écriture utilisée par sa bureaucratie ;

– l'existence de vastes mouvements de populations à cette époque dans tout le bassin de la Méditerranée, depuis le milieu du XIIIe siècle jusqu'à la fin du XIIe.

Et on reste étonné devant une transformation si rapide. Ainsi une civilisation brillante aurait pu disparaître complètement : les Grecs ont-ils vraiment ignoré la civilisation de leurs ancêtres, comme les érudits l'avaient fait avant les découvertes de Schliemann ?

Le legs de l'âge du bronze. Quel que soit l'écroulement d'une civilisation, il en reste des traces et la vie quotidienne continue. Si certains palais (Pylos) étaient complètement inconnus des Grecs classiques, d'autres (Mycènes) conservaient leurs murs imposants, des légendes ne pouvaient manquer de s'y rattacher. Certaines villes (Thèbes, Athènes) ont conservé leur population et leurs mythes. Certaines régions comme la Crète gardent une tradition artistique particulière, tandis que Chypre utilise une écriture et un dialecte grec, dit arcado-chypriote, qui conserve certains signes du linéaire B. Des objets précieux ont dû être emportés et conservés dans les familles aux hautes époques. Enfin aucun peuple ne vit sans traditions légendaires, les Mycéniens en possédaient sûrement. Plutôt que d'imaginer des écrits perdus, on peut penser à une tradition orale où auraient puisé les Grecs, mais que nous ne pouvons cerner en détail. On a pu montrer ainsi que la plupart des sites où étaient rattachées des dynasties mythiques importantes avaient connu une occupation mycénienne.

◆ « Les Crétois prétendent qu'ils ont apporté aux autres peuples les rites du culte, des mystères et des initiations... Un grand nombre de dieux sont venus de Crète ; Déméter traverse la mer pour venir en Attique, puis de là en Sicile et en Égypte ; de la même façon Aphrodite gagne le mont Eryx, Cythère, Paphos, la Syrie et l'Asie mineure. » ◆
DIODORE, V, 27, 3.

C'est sans doute la religion qui conserve le plus d'éléments de l'Âge du bronze, et son caractère composite où les traditions méditerranéennes restent si fortement ancrées en souligne toujours l'originalité, par rapport aux traditions indo-européennes plus marquées, romaines ou germaniques. Nous avons vu que la plupart des cultes principaux étaient en place. Libations, prières, sacrifices devaient demeurer. Les grands sanctuaires grecs (Délos, Delphes, Éleusis) ont peut-être été précédés par une occupation mycénienne, encore que souvent modeste. Il reste enfin un point sur lequel la tradition de l'Âge du bronze a nourri celle des temps classiques, c'est le culte des morts. Le culte des héros, ces personnages de haute naissance, devenus des intermédiaires entre les dieux et les hommes et auxquels se rattacheront les grandes familles, prend sa source dans l'âge mycénien.

Voir p. 23.

Enfin, ne l'oublions pas, l'essentiel des techniques agraires s'est transmis sans changement depuis le début de l'Âge du bronze, c'est-à-dire les techniques qui permettent de faire vivre à cette époque la grande majorité des gens. Dans la tourmente, le paysan courbe le dos ; s'il doit partir c'est encore une terre qu'il recherche. Mais, les palais écroulés, il faut chercher d'autres protecteurs pour assurer la sécurité qui permet l'exploitation du sol.

La dynastie des Atrides à Mycènes

- Zeus
  - Tantale
    - Pélops épouse Hippodamie
      - Atrée épouse Aéropé
        - Agamemnon épouse Clytemnestre
          - Électre
          - Iphigénie
          - Oreste
        - Ménélas épouse Hélène
          - Hermione
      - Thyeste
        - Pélopia s'unit à son père Thyeste
          - Égisthe

Pour approfondir ce chapitre

Aux ouvrages de P. DEMARGNE, F. MATZ, M. I. FINLEY , H. VAN EFFENTERRE et J.-Cl. POURSAT cités aux chapitres précédents, ajouter les synthèses de P. DARCQUE, J.-Cl. POURSAT et J.-P. OLIVIER dans R. TREUIL (cf. p. 27), pp. 381-555. Une vue d'ensemble sur la période et les hypothèses historiques qu'elle a soulevées dans H. VAN EFFENTERRE, *La Seconde Fin du monde : Mycènes ou la mort d'une civilisation,* Toulouse, 1974. Plus récent, I. OZANNE, *Les Mycéniens, pillards, paysans et poètes,* A. Colin, 1990. Pour **les tablettes du linéaire B,** on dispose de J. CHADWICK, *Le Déchiffrement du linéaire B,* Gallimard, 1972, traduction de son ouvrage paru en anglais en 1968 qui tient compte des découvertes effectuées ensuite. L'ensemble des écritures est présenté par L. GODART, *Le Pouvoir et l'Écrit aux pays des premières écritures,* A. Colin, 1990. La thèse de P. CARLIER, *La Royauté en Grèce avant Alexandre,* Strasbourg, 1984, propose aux pages 1-134 la première étude d'ensemble en français sur la bureaucratie palatiale. Des articles spécialisés tels que M. LEJEUNE, « La civilisation mycénienne et la guerre », dans *Problèmes de la guerre...* (cf. p. 6), ou J.-P. OLIVIER, *Les Scribes de Cnossos,* Rome, 1967, pp. 16-136, montrent comment progresse la recherche dans ces domaines.

Deux « Bulletins des études égéo-anatoliennes » ont paru dans la *Revue des Études Grecques,* XCIV (1981) et XCVII (1984) et *Mykenaïka, BCH, Suppl. XXV,* 1992, se fait l'écho des recherches récentes.

Un nouveau monde grec

LIVRE DEUXIÈME

4

Les problèmes du Haut-Archaïsme

Homère et Hésiode (du XIIe au VIIIe siècle)

*La période qui s'étend des environs de 1150 à 750 est fondamentale puisque s'y définissent les cadres que conservera le monde grec jusqu'au IVe siècle. Malheureusement, après la destruction des palais mycéniens, l'architecture de pierre est abandonnée, l'usage de l'écriture s'est perdu ; on dispose donc essentiellement du matériel céramique fourni par les tombes, de quelques petits objets d'ivoire et de bronze, et des traditions mythiques données par les Grecs eux-mêmes. Ils avaient conservé le souvenir d'une période troublée durant laquelle se plaçait la naissance de leurs cités ; chaque région évoquait des généalogies mythiques, qu'utiliseront les poètes. La recherche historique a fait notablement progresser nos connaissances grâce à une étude systématique des séries céramiques. Mais on ne peut tirer des tessons des renseignements inépuisables. Le lien est bien difficile à effectuer entre la faiblesse des indications que nous possédons sur la vie matérielle, les institutions et la société de ces périodes, et la richesse de la documentation fournie par des textes poétiques majeurs : l'*Iliade *et l'*Odyssée*, d'Homère, la *Théogonie *et *Les Travaux et les Jours *d'Hésiode.*

1. Les mouvements de population et leur stabilisation (XIIe-Xe siècles)

◆ « Aussi bien, même après la guerre de Troie, la Grèce connaissait-elle encore des migrations et des établissements nouveaux qui l'empêchèrent de se développer dans le calme. Le retour tardif des Grecs rentrant d'Ilion produisit en effet bien des bouleversements ; et, en général, il y eut dans les cités des luttes intérieures dont les victimes partaient fonder des villes. [...] Les Doriens, quatre-vingts ans après (la prise de Troie), joints aux Héraclides, occupèrent le Péloponnèse. C'est à grand'peine, après bien du temps, que la Grèce trouva, dans le calme, la stabilité et la fin des migrations. » ◆
THUCYDIDE, I, 12.

Voir carte p. 307 F.

Les migrations. Après l'écroulement du monde mycénien, la densité du peuplement semble diminuer brutalement, certaines régions seraient désertées : on passe de 320 sites connus au XIIIe siècle à 130 pour le XIIe, 40 pour le XIe (chiffres de 1974 ; des tombes en majeure partie). Les régions les plus touchées sont la Laconie et la Messénie. En revanche, dans les régions épargnées, des réfugiés apparaissent, avec de nouveaux habitats ou cimetières, en Eubée, à Chios, en Attique, à Chypre. La côte de l'Asie Mineure et des îles voit l'arrivée lente, après 1050, de populations grecques ; à partir du XIe siècle la céramique protogéométrique se répand dans toute la mer Égée, les Cyclades, sur les côtes de Carie et d'Ionie. A la fin du IXe siècle, tout le bassin de la mer Égée est grec.

Doriens et Ioniens. A cette documentation, limitée, de l'archéologie, s'ajoute la tradition grecque. Elle place entre la guerre de Troie et les premiers Jeux olympiques, un retour des Héraklides – les descendants d'Héraklès – ancêtres des Doriens. Ils se seraient établis dans le Péloponnèse et l'arc des îles qui joint la Crète à l'Asie Mineure. Ce retour aurait entraîné le départ d'autres rameaux grecs. De Thessalie et Béotie, les descendants d'Oreste seraient partis fonder les cités de l'île de Lesbos, puis d'Éolide. Les Ioniens, sous la conduite d'Androklos, fils du roi d'Athènes Codros, auraient emmené des Grecs venus de beaucoup de régions pour fonder les douze villes d'Ionie. Ces traditions, recueillies dès l'âge d'Hérodote, s'appuient sur le fait que la Grèce classique connaît des variations dialectales que l'on peut cartographier assez précisément. On distingue les parlers dorien, ionien (avec sa branche attique), éolien, arcado-chypriote. A chacun de ces groupes correspondent des traditions culturelles perçues dès l'époque archaïque et exagérées à dessein au Vᵉ siècle, lors du conflit qui oppose Sparte à Athènes. Ainsi les Doriens seraient divisés en trois tribus, les Ioniens en quatre, chacune avec ses fêtes propres.

Trois exemples de généalogies royales mythiques : les listes royales de Sparte et d'Argos remontent à Héraklès ; Milet aurait été fondée par Néléus, un Pylien, par ailleurs fils du roi d'Athènes Codros ; les Penthilides de Lesbos descendraient d'Oreste.

Mais si l'on ne peut totalement exclure l'idée d'une invasion qui aurait détruit la civilisation mycénienne, l'étude des sites rend improbable une implantation dorienne immédiatement consécutive aux destructions. Le problème de la chute du monde mycénien doit être dissocié de celui des Doriens. Il est indéniable que, durant près d'un siècle après la disparition des palais, eurent lieu de vastes mouvements migratoires ; les communautés eurent ensuite tendance à se replier et à maintenir leurs relations dans des cercles restreints, la navigation et les échanges, sans être exclus, se raréfièrent. C'est durant cette période que se forgent l'originalité culturelle des différents groupes et les différences dialectales. Paradoxalement, c'est peut-être à ce repli que l'on doit la diffusion de la métallurgie du fer. Le bronze reste – et restera durant toute l'Antiquité – un métal apprécié, ce dont témoignent les séries d'objets cultuels offerts au sanctuaire d'Olympie, mais il devient plus difficile à obtenir et plus coûteux. Des objets en fer apparaissent simultanément dans plusieurs régions. Leur qualité technique, d'abord inférieure à celle du matériel en bronze, s'améliore au cours de ces trois siècles.

2. La reprise des IXᵉ et VIIIᵉ siècles

Le repli de la vie collective en petits noyaux isolés a sans doute suscité le besoin d'un recours à une autorité protectrice. Ainsi serait né le *basileus* archaïque, héritier peut-être du *qa-si-re-u* mycénien. Mais l'usage postérieur de ce terme a fait illusion. Les Grecs, en établissant des listes généalogiques, vont créer des mythes permettant de relier les familles royales archaïques à des ancêtres héroïques.

Provoqués par A. Snodgrass, et en se fondant sur les offrandes déposées dans les sanctuaires et dans les nécropoles, des archéologues comme I. Morris ou J. Whitley posent le problème de l'importance de l'expansion démographique à la fin du IXᵉ siècle et au VIIIᵉ siècle ; la question reste ouverte : voir R. Etienne, Topoi, *II, 1992, p. 150-156.*

Aux Xᵉ et IXᵉ siècles de petites communautés voisines se seraient regroupées pour constituer des unités politiques aux dimensions proches de celles des anciens royaumes mycéniens. De ce moment daterait l'association étroite entre la ville et la campagne ; alors tel village aurait cédé la place à une ville. Tout cela est possible mais reste bien conjectural.

Voir p. 45 sq.

Les historiens ont pris l'habitude de combler notre ignorance totale des institutions politiques de cette période en évoquant une royauté émergeant du chaos pour acquérir une grande autorité publique. De ce tableau, nul ne peut être sûr. Une aristocratie de *basileis* s'est effectivement constituée et elle a pu reconnaître à l'un de ses membres une autorité supérieure.

Aux IXe et VIIIe siècles, l'habitat reste pauvre, mais apparaissent les premières tentatives monumentales avec les plus anciens temples de Samos, tandis que se multiplient les exemples de petite statuaire en bronze et que la céramique nous fournit ses chefs-d'œuvre. C'est dans le cimetière d'Athènes, appelé « le Céramique » car il fut occupé plus tard par des potiers, que furent trouvées ces amphores allongées dites loutrophores et ces cratères qui atteignent parfois les dimensions d'un homme. Les motifs géométriques simples, caractéristiques de l'âge précédent, encadrent maintenant des scènes animées où de petits personnages stylisés apparaissent dans des cortèges funéraires ou des courses de chars. On voit aussi des dessins de navires qui confirment l'importance de la reprise de la navigation ; d'ailleurs, on trouve des tessons géométriques dans les sites de Palestine et jusqu'en Sicile. Ainsi, les circuits des Mycéniens sont repris. Mais qui transportait ces vases jusque-là ? Les Grecs eux-mêmes, ou les Phéniciens dont l'essor est grand à cette époque (Carthage est fondée en 814) ? Parfois, ils ont directement succédé aux Mycéniens, comme on le voit à Chypre.

Transcription phonétique en français de l'alphabet grec d'époque classique

Α	α	=	a
Β	β, ϐ	=	b
Γ	γ	=	gu
Δ	δ	=	d
Ε	ε	=	e
Ζ	ζ	=	dz
Η	η	=	ê
Θ	θ	=	th
Ι	ι	=	i
Κ	κ	=	k ou c
Λ	λ	=	l
Μ	μ	=	m
Ν	ν	=	n
Ξ	ξ	=	x
Ο	ο	=	o
Π	π	=	p
Ρ	ρ	=	r
Σ	σ, ς	=	s
Τ	τ	=	t
Υ	υ	=	u ou y
Φ	φ	=	ph
Χ	χ	=	kh ou ch
Ψ	ψ	=	ps
Ω	ω	=	ô

Une innovation capitale : l'alphabet. Ce serait vers le milieu du VIIIe siècle que les Grecs auraient retrouvé l'usage de l'écriture : les « lettres phéniciennes » sont adoptées et adaptées. Tout laisse à penser que l'emprunt est dû à des commerçants grecs qui fréquentaient assidûment leurs collègues phéniciens, notamment à Al Mina. Nous ignorons encore quelle région fut à l'origine de cette adaptation et de sa diffusion dans le monde grec. Quelques modifications interviennent très vite : signalisation des voyelles (inexistantes dans les langues sémitiques) ; emprunt de certains tracés à l'écriture cursive ; modifications de certaines valeurs soniques ; invention des lettres de fin de l'alphabet... Le système s'est ensuite répandu dans tout le monde grec, avec de petites variantes régionales attribuables sans doute à des initiatives personnelles ou à des accidents dans la transmission. Tous les matériaux sont utilisés pour les inscriptions (pierre, bois, métal, papyrus, cuir, tablette de cire, feuilles...) sauf la tablette d'argile qui eût été d'utilisation plus facile, mais que les Phéniciens aussi ignoraient. Les premières inscriptions dont nous disposons (fin VIIIe – début VIIe siècle) sont pour la plupart des dédicaces portées à même l'objet, dont elles indiquent le propriétaire, l'usage et, le plus souvent, le destinataire ; déposées dans des tombes ou des sanctuaires, elles ont eu plus de chances d'être conservées.

Sur l'importance de cette écriture, voir E. A. HAVELOCK, Aux origines de la civilisation écrite en Occident, *trad. 1981 ; sur ses débuts en Grèce même : L. H. JEFFERY,* The Local Scripts of Archaic Greece, *Oxford, 1961. Sur ses conséquences, voir le colloque cité p. 86, avec sa bibliographie.*

C'est donc dans une époque de renouveau artistique et de reprise des échanges que s'inscrit la composition des poèmes homériques.

3. Les poèmes homériques

La composition des poèmes

Selon la tradition antique, Homère était un aède aveugle qui composa ses poèmes en Ionie. Les historiens semblent s'accorder pour placer cette composition entre la fin du IXe et la fin du VIIIe siècle.

Il s'agit de longs chants – un peu plus de quinze mille vers pour l'*Iliade,* douze mille pour l'*Odyssée* – qui retracent chacun une action simple : dans l'*Iliade,* l'armée grecque qui assiège la ville de Troie est paralysée par une querelle entre deux de ses chefs, Achille et Agamemnon ; dans l'*Odyssée,* le récit du retour d'Ulysse vers son royaume s'ordonne autour de trois centres d'intérêt : ses pérégrinations en mer, les difficultés que rencontre son fils Télémaque dans le royaume, la reprise du pouvoir par Ulysse et Télémaque dans l'île d'Ithaque. Mais le rythme de l'action n'est pas linéaire ; si la division de chacun des poèmes en vingt-quatre chants date de l'époque alexandrine, dès le Ve siècle les Anciens se référaient aux poèmes par épisodes. Les poèmes se déroulent comme une suite de tableaux dont l'agencement subtil établit des correspondances entre les différentes phases de l'action.

◆ « Chante, déesse, la colère d'Achille, le fils de Pélée ; détestable colère qui aux Achéens valut des souffrances sans nombre et jeta en pâture à Hadès tant d'âmes fières de héros [...] pour l'achèvement du dessein de Zeus. Pars du jour où une querelle tout d'abord divisa le fils d'Atrée, protecteur de son peuple, et le divin Achille. » ◆ Homère, *Iliade*, I, 1 à 7.

Composition étonnante au premier abord ; pour la comprendre, il faut se référer aux principes de la poésie orale tels que l'Américain Milman Parry et ses élèves les ont mis en valeur. A partir de 1934, ils ont recueilli – et enregistré – des poèmes tout aussi longs, chantés et composés par des bardes yougoslaves qui ne savaient ni lire ni écrire. La récitation s'étendait sur plusieurs semaines, avec deux heures de chants, matin et après-midi. Il ne s'agit pas d'une improvisation hasardeuse : il faut au contraire posséder une technique rigoureuse pour agencer en vers équilibrés les formules toutes prêtes que nous retrouvons si souvent chez Homère. Le poète dispose d'un immense trésor de vocabulaire mémorisé, qu'il agence selon le rythme musical de chaque vers et la poursuite de l'histoire. Ainsi s'explique l'accent si particulier de la langue homérique, toute artificielle, et de ses formules répétitives. Mais ces répétitions ne sont jamais mécaniques : Achille dispose ainsi de trente-six épithètes différentes, soigneusement choisies en fonction de chaque vers. Travail de professionnel que nous avions du mal à concevoir avant d'avoir pu le disséquer ainsi, grâce au magnétophone. On oubliait facilement que les réactions du lecteur ne sont pas celles d'un auditeur de longue durée dont l'imagination est provoquée de manière très différente.

Mise au point sur l'écriture et la fonction poétique par A. Schnapp-Gourbeillon, Annales ESC *37, 1982, p. 714-723.*

Voir J.-P. Crielaard, « Les Mycéniens et les poèmes épiques d'Homère », Dossiers de l'Archéologie *n° 195, août 1994, p. 126-134.*

Problèmes homériques

Ces ignorances expliquent l'importance de ce que l'on a pu appeler la querelle homérique... C'est en 1664 que l'abbé d'Aubignac, sensible à l'étrangeté de la composition des poèmes, émit l'hypothèse qu'il s'agissait de chants indépendants, reliés artificiellement entre eux : ainsi s'ouvrit la querelle entre analystes et unitaires. Maintenant que nous voyons mieux comment le poète composait, nous saisissons l'origine des contradictions mineures rencontrées à l'intérieur même des poèmes. En outre certaines différences entre l'*Iliade* et l'*Odyssée* elles-mêmes ne s'expliquent pas uniquement par la différence des cadres où se déroulent les actions : l'*Iliade* fut certainement composée la première, mais il n'y a pas matière à susciter deux Homère là où l'Antiquité n'en voyait qu'un.

Aède : « Chantre aimé du ciel qui charme les oreilles » (*Odyssée* XVII, 385). L'aède se différencie du **rhapsode** qui récite sur fond de musique instrumentale. Tous deux sont des professionnels, le plus souvent ambulants.

Les Anciens se sont en effet fort intéressés aux poèmes homériques. Dès 550 à Athènes, le tyran Pisistrate en ordonna une transcription officielle et, désormais, les poèmes homériques forment le bagage culturel de base de tout jeune Grec. C'est aussi le livre (en rouleaux de papyrus) le plus souvent recopié : d'après les inventaires de l'Égypte lagide, la moitié des textes littéraires retrouvés sont des copies de l'*Iliade* et de l'*Odyssée.* Cette popularité ne se limite pas au monde antique : après une certaine éclipse au Moyen Âge, les poèmes ont été, à partir de la Renaissance, non seulement imprimés et lus, mais aussi étudiés avec minutie. Devant l'étendue de la bibliographie homérique, un historien contemporain conseille au lecteur « de garder son sang-froid ». Car, fasciné par la richesse des poèmes, on a cherché avec passion les clefs qui pourraient les expliquer.

Les interprétations. En schématisant un peu, nous pouvons dire que les interprétations font la place soit à l'imaginaire soit au réalisme. Selon les premiers, les poèmes ne s'expliquent que par eux-mêmes : il faut les étudier chacun comme un tout. On cherche donc à analyser le vocabulaire, la structure des épisodes, la mentalité des personnages, en fonction de la pensée, consciente ou non, qui a présidé à leur élaboration. On montre ainsi dans l'île des Phéaciens, un monde imaginaire, contrepoint de celui d'Ithaque.

A l'inverse, beaucoup ont cherché des clefs extérieures aux poèmes ; laissant de côté les nombreuses interprétations fantaisistes, rappelons les plus célèbres. En France la géographie homérique a connu un grand succès : c'est à Victor Bérard que l'on doit cette quête des sites homériques à l'aide des *Instructions Nautiques.* L'île des Phéaciens ici, c'est Corfou : il y cherche donc la plage de Nausicaa. A Gibraltar, il trouve la grotte aux quatre sources de la nymphe Calypso. Et d'imaginer une véritable carte des navigations à l'époque homérique.

Date de composition. Mais quelle époque ? Le problème pour tous ceux qui veulent lier précisément les poèmes à un contexte, est de le fixer chronologiquement. Pour beaucoup, le monde homérique reste le monde mycénien. De fait, un grand nombre de sites mycéniens disparus à l'époque géométrique, y sont énumérés et la géographie homérique coïncide certainement davantage avec l'âge du bronze qu'avec les IXe et VIIIe siècles. D'autre part, la richesse évoquée par les poèmes, l'usage généralisé du bronze, la description de certaines armes ou objets précieux, renvoient nettement à l'époque mycénienne. Mais l'interprétation des tablettes du linéaire B oblige à nuancer de telles transpositions. Le monde des palais avec sa bureaucratie rigoureuse, son armée et ses chevaliers dépendant étroitement du pouvoir central, n'est pas celui des petites principautés d'Homère. Celui-ci ignore l'usage réel du char de combat : l'instrument n'est plus qu'un moyen prestigieux de transport. Du monde mycénien, l'aède a transmis un cadre vide à l'aide du style formulaire ; la société qu'il y fait vivre est toute différente. Ceci nous permet de mieux situer les références géographiques. Elles ne sont pas totalement imaginaires (l'imagination, du reste, puise ses matériaux quelque part) ; mais, si l'on ne peut nier que certaines routes mentionnées dans l'*Odyssée* sont connues à la fois des Mycéniens et des navigateurs des IXe et VIIIe siècles, point n'est besoin pour autant qu'elles se réfèrent à une cartographie précise pour l'aède et ses auditeurs. Nous ne saurons jamais si le poète qui évoque si passionnément la « mer vineuse » l'a jamais parcourue.

Plus difficile à cerner reste la réalité sociale évoquée par ce monde homérique : s'agit-il d'un monde totalement imaginaire ou reflétant l'époque même de l'aède, le VIIIe siècle, ou un temps immédiatement antérieur, XIe et IXe siècles ? Ainsi posé, le problème reste insoluble. Beaucoup d'éléments interfèrent dans la construction de ce monde coloré : le principe même de la composition orale transférant sur des personnages héroïques l'essentiel de l'action narrative, l'intégration de thèmes empruntés à des contes populaires, l'histoire personnelle et l'inconscient du poète, enfin la mentalité de l'époque où il vit. Pas plus que les interprétations de Freud ne sont étrangères aux images sociales du début du siècle, ou que les contes de Perrault ne sont dissociables du contexte français du XVIIe siècle, Homère n'est intemporel. Mais nous ne disposons que des poèmes, isolés de toute référence historique écrite, comme si nous n'avions pour expliquer le siècle de Louis XIV que les contes de Perrault et la vaisselle de ses contemporains. Plutôt qu'aux travaux érudits, l'étudiant a intérêt à se référer au texte. Il y découvre un ensemble tout à fait cohérent.

Voir J. Redfield, La Tragédie d'Hector. Nature et culture dans l'Iliade, *Flammarion, trad. fr., 1984*

La société selon Homère ■

Le monde des hommes libres se répartit en groupes dont la hiérarchisation stricte fixe la place de chacun dans la société, sa participation au combat et à la décision, son code de valeurs, ses rapports avec les autres.

L'aristocratie. L'aristocratie fournit les héros qu'Homère place au cœur de son chant. Ils combattent individuellement, en champions hors des lignes, transportés en char à la rencontre de leur adversaire, emmenés de même, blessés ou victorieux, si leur cheval ou leur écuyer n'est pas lui-même atteint. Revêtus de splendides armures de bronze, armés du javelot et de l'épée, voire de l'arc, protégés grâce à de lourds boucliers, ils s'acharnent sur un adversaire qu'ils se promettent de dépouiller de ses armes lorsqu'il sera à terre : elles seront le signe de leur victoire et elles grossiront leur trésor. S'il s'agit d'une banale opération de razzia, ce sont encore eux qui sont les combattants ; mais à eux ensuite les meilleures

◆ « Les Troyens plient aussitôt sous les Danaens. Chacun des chefs fait sa proie d'un guerrier. Le tout premier, Agamemnon protecteur de son peuple, jette à bas de son char le grand Odios... » ◆
Homère, *Iliade,* V, 37-39.

part du butin, la participation au joyeux festin qu'offre le chef et que couronne parfois le chant de l'aède. Leur aisance se définit certes en superficies exploitées pour leur compte, en têtes de bétail, en nourriture à offrir à leurs convives ; plus encore, la marque tangible de leur situation sociale c'est le trésor, entassé dans une pièce au cœur de la maison – au sous-sol de préférence – où s'accumulent objets de métal (armes, trépieds, chaudrons, vases, lingots), tissus de luxe finement ouvragés, huile d'olive et réserves de nourriture. C'est là que le chef de famille peut puiser les dons qu'il fera à un hôte, au vainqueur d'un concours qu'il a organisé, au père de la femme que demande son fils, au beau-père de sa fille emmenée en mariage, à son chef qui lui réclame une contribution... Son espoir est de compenser ces retraits par les dons qu'à son tour il recevra dans des circonstances analogues et qui seront grossis des parts du butin, des produits de l'artisanat domestique, voire des revenus de ses terres. Ainsi, dans ce système de relations qui reposent sur l'échange selon des normes contraignantes, l'aristocrate doit tenir son rang. La loi de réciprocité strictement observée crée des liens indissolubles qui, à tout moment, l'aident dans sa vie aventureuse ou familiale.

Le trésor d'Ulysse à Ithaque

◆ « (Télémaque) était descendu dans la vaste pièce de son père, haute de plafond ; là se trouvaient entassés de l'or et du bronze, du linge dans des coffres, et, en abondance, de l'huile à la bonne odeur ; là des jarres *(pithoi)* de vieux vin liquoreux étaient dressées... Les portes à deux battants étaient solidement assujetties par un verrou. Une intendante se tenait là de jour et de nuit... » ◆
HOMÈRE, *Odyssée*, II, 337-345.

Les chefs. Dans ce groupe, toutefois, le poète met l'accent sur une élite. A plusieurs reprises, il prend soin de marquer une coupure entre la masse des aristocrates et ceux qu'il appelle *basileis, gérontes* ou *hègémones* et auxquels il associe parfois leur fils ; ils sont les chefs et il semblerait que, par le jeu des relations personnelles, tous les autres se trouvent, à un titre ou à un autre, dépendre d'eux. Agamemnon n'est que le plus royal parmi les rois : un même faisceau de raisons explique sa position capitale dans l'expédition et celle des chefs dans chaque principauté : l'affaire concerne un membre de sa famille ; son contingent est le plus important ; sa richesse lui permet de recevoir, de nourrir ses pairs. A Ithaque, le vieux Laerte et le jeune Télémaque, père et fils d'Ulysse, n'ont pas la capacité à imposer leur autorité. Toutefois, pour les remplacer, on cherche à établir une sorte de transmission familiale du pouvoir qui, curieusement, passerait par Pénélope devenue veuve du roi.

Voir P. CARLIER, Royauté en Grèce, *pp. 137-230 ; Fr. RUZÉ, (cf. p. 106), p. 19-106. E. SCHEID-TISSINIER,* Les Usages du don chez Homère, *Nancy, 1994.*

A la puissance royale, tous contribuent : ils lui reconnaissent le pouvoir de commandement dans les expéditions armées ; ils lui accordent une part plus importante du butin ; le cas échéant, ils honorent avec lui ses dettes d'hospitalité. Lorsqu'une décision importante est à prendre, ils l'aident à faire un choix, à engager l'action. Nous voyons ce groupe de *basileis*-conseillers à l'œuvre autour d'Agamemnon devant Ilion, d'Akinoos en Phéacie ; c'est peut-être aussi ce groupe qui, sur une scène du bouclier d'Achille, rend un arbitrage en décidant entre deux témoignages contradictoires (la vengeance familiale fera le reste).

Chef de guerre, le roi représente son peuple à l'extérieur et les relations d'hospitalité qu'il noue avec d'autres peuvent engager toute la communauté ; intermédiaire entre les dieux et les hommes, il doit se charger des honneurs rendus aux dieux au nom de l'ensemble de la collectivité ; mais il doit se soumettre à la volonté des dieux, lorsqu'il transmet aux hommes les décisions que ceux-ci lui ont inspirées. Le succès témoignera du strict accomplissement des devoirs ; à ce titre, Agamemnon a failli à sa mission en bafouant les règles du partage entre guerriers et en refusant l'avertissement du devin : les longues souffrances de l'armée achéenne en sont la conséquence inéluctable.

L'homme ordinaire. Au-dessous de ces aristocrates, des hommes libres leur doivent obéissance et services : ils constituent la piétaille qui se bat en masse, sans armes particulières (massues, pierres, arcs parfois). Le poète les néglige. Il les décrit à l'assemblée sous l'aspect d'un essaim d'abeilles bourdonnantes, d'une masse marine mise en branle par le vent, d'un champ de blé agité par le zéphyr ; aucun d'entre eux ne prend individuellement la parole : une manifestation globale suffit tandis que les principaux chefs discutent devant eux.

Nous avons donc trois niveaux parmi les hommes libres de la communauté : les *basileis*, chefs aristocrates les plus riches et de famille importante ; le reste des aristocrates que l'on ménage, que l'on informe en premier, qui se retrouve dans les activités communes (compétitions, chasse, banquets parfois) ; enfin la foule, le peuple, qui participe aux assemblées mais sans y jouer de rôle actif, qui participe à la guerre mais sans y avoir d'action décisive. D'un niveau à l'autre s'établissent des relations de dépendance qui assurent la cohésion de la société.

L'oikos. Chacun de ces hommes libres se trouve lui-même dans une position royale vis-à-vis de son *oikos* : constitué à la fois des biens matériels de la maisonnée (terres, troupeaux, trésor, bâtiments) et des êtres humains (famille étroite, travailleurs libres ou asservis), l'*oikos* apparaît comme la cellule de base de la société de cette époque, une unité de consommation et de production dont les liens avec l'extérieur sont limités. La femme dirige les travaux domestiques auxquels elle participe même dans les maisons les plus riches (filature et tissage tout particulièrement) ; dépendante de son mari, de son fils aîné ou de son père, elle assure néanmoins par sa présence permanente une continuité dans la vie familiale et domestique que menaceraient les activités extérieures du chef de famille. Les esclaves sont intégrés à l'*oikos* : parfois acheté, le plus souvent victime d'une opération de pillage ou de guerre, l'esclave homérique jouit d'une situation ambiguë : totalement soumis à son maître, il est considéré plus comme la victime d'une malchance qui menace tout homme libre que comme un être inférieur. Mais les femmes sont soumises au bon vouloir sexuel du maître et trouvent dans l'esclavage une simple aggravation de leur condition de dépendance à laquelle n'échappent que la reine des Phéaciens – Arêtè – ou la belle Hélène.

Les travailleurs indépendants. Pire encore est la condition des *thètes* : juridiquement libres mais déracinés, n'appartenant à aucune communauté et donc privés de toute espèce de protection, ils sont obligés de louer leur force de travail, de se

La responsabilité d'Agamemnon révélée par le devin

◆ « Ce n'est pas pour un vœu, une hécatombe omise, qu'ici se plaint le dieu. C'est pour son prêtre à qui Agamemnon a fait affront naguère[...]. Voilà pourquoi l'Archer vous a octroyé des souffrances et vous en octroiera encore... » ◆
HOMÈRE, *Iliade*, I, 93-96.

Voici comment le *dèmos* s'exprime à l'assemblée

◆ « Il dit ; les Argiens poussent un grand cri et les nefs, à l'entour, terriblement résonnent de la clameur des Achéens qui applaudissent tous à l'avis du divin Ulysse. » ◆
HOMÈRE, *Iliade*, II, 333-335.

La fortune d'Ulysse décrite par le porcher Eumée

◆ « Certes, ses ressources étaient infinies ; aucun de ces héros n'en avait autant, ni sur le sombre continent, ni dans Ithaque même... Sur le continent, douze troupeaux (de bovins), et autant de troupeaux de moutons que font paître des hôtes et des pâtres à lui ; ici même, onze troupeaux de chèvres dispersées qui paissent aux extrémités, surveillées par des hommes capables... Pour moi, je garde et protège ses porcs... » ◆
HOMÈRE, *Odyssée*, XIV, 96-107.

vendre en quelque sorte, sans y être contraints par une autre nécessité que celle de leur gagne-pain : situation méprisable et désespérée.

Les démiurges

◆ « Qui va-t-on chercher ailleurs comme hôte sinon ceux qui peuvent être démiurge, devin ou guérisseur de maux, dresseur de charpente ou encore aède inspiré des dieux qui charme de son chant ? » ◆

HOMÈRE, *Odyssée,* XVII, 382-395.

(Il faut ajouter les forgerons et les hérauts. Voir *Iliade, XVIII,* 368 *sqq.*)

Le cas des *démiurges* est plus complexe : eux non plus ne sont pas intégrés ni toujours sédentarisés ; eux aussi travaillent pour autrui : mais c'est une technique, une connaissance particulière qu'ils mettent à la disposition de la communauté – familiale, royale ou locale – qui fait appel à eux, en échange d'une rémunération. Les plus utiles semblent être les artisans du métal, disciples du dieu forgeron Héphaïstos, dont le travail assure l'armement, les offrandes de bronze ou d'or, les beaux ustensiles ménagers.

Le niveau technique. Pour les tâches plus courantes, les héros eux-mêmes semblent disposer d'une compétence technique dont ils sont fiers : Ulysse a fabriqué son lit ; il sait improviser un radeau en maniant les outils avec habileté ; il sait tracer un sillon bien droit avec l'araire et peut défier là-dessus d'autres aristocrates ; si nous ajoutons les multiples productions courantes de l'artisanat domestique et la fabrication des tissus de luxe par les femmes (les plus beaux ouvrages sortent des mains royales), nous voyons que l'économie autarcique assure l'essentiel des besoins courants, à l'exception des objets de métal.

Bateau de guerre sur un vase

Géométrique corinthien (hauteur : 22,6 cm ; diamètre : 30,2 cm).

Commerce et navigation. C'est apparemment la recherche du métal et des esclaves qui entraîne les échanges à travers la Méditerranée. Grecs et Phéniciens s'y côtoient et la suspicion envers l'étranger qui débarque rend parfois difficile la vie de commerçant ; elle s'explique par la fréquence de la piraterie : activité noble lorsqu'elle est pratiquée par les héros au même titre que la guerre, mais qui devient méprisable lorsque des marchands s'assurent ainsi de cargaisons à négocier.

L'*Odyssée* est riche de renseignements sur les activités maritimes. Déjà se distingue le bateau de guerre, élancé et rapide, du large bateau rond qui peut s'emplir de marchandises. Tous deux n'ont qu'une quille réduite, ce qui facilite le halage sur la grève en l'absence de ports, mais augmente leur fragilité. La rame permet les manœuvres de départ et d'accostage, à moins que l'on n'attende la brise de terre pour partir le soir et la brise de mer pour arriver en fin de matinée ; en haute mer, on est à l'abri des écueils et des courants côtiers constamment redoutés, mais l'orientation sur les étoiles ou le soleil est parfois insuffisante, l'approvisionnement pour une longue traversée difficile à assurer. Toutefois l'épisode de la fabrication par Ulysse de son bateau (*Odyssée* V, 234-257) témoigne d'une certaine maîtrise des techniques de construction navale, tandis que les conditions de navigation restent fort aléatoires : la tempête impose le retrait du mât, volontaire ou non, et l'absence de pontage expose la cargaison et les hommes aux intempéries.

Les données homériques sur le commerce sont diversement interprétées : ces gens se contentaient-ils d'échanges de même nature que les dons et contre-dons, ou bien étaient-ils déjà engagés dans de véritables courants d'échanges méditerranéens ? L'estimation de la valeur passe par des équivalences complexes en bœufs, trépieds ou chaudrons de bronze ... mais quelles conventions ont-ils élaborées pour permettre une certaine normalisation du troc : combien de jarres de vin contre la pacotille débarquée par les Phéniciens ?

La valeur d'une nourrice, Euryclée

◆ « Laërte autrefois l'avait achetée de ses biens ; elle était encore toute jeune et il avait donné vingt bœufs. En sa demeure, il l'avait honorée à l'égal de sa fidèle épouse, sans s'unir à elle au lit, de peur de la colère de sa femme. » ◆
HOMÈRE, *Odyssée*, I, 430-433.

Valeurs héroïques et sentiments religieux ■

Platon nous dit qu'Homère fut l'éducateur de la Grèce ; cela peut surprendre, tant l'éthique héroïque nous paraît peu compatible avec l'idéal civique ; Hector, héros type, est conscient du triste avenir qu'il réserve à sa femme, à son fils et à l'ensemble des Troyens : il refuse pourtant toute stratégie de prudence. C'est là un comportement de héros, fidèle à son idéal d'*arètè*, de valeur qui se manifeste par la gloire ; dans cette compétition permanente qui oppose les héros entre eux, honte au faible qui cède à un sentiment d'humanité, à la peur ou à la raison, gloire à celui qui ne songe qu'à triompher – et y parvient – sans se laisser arrêter par aucune autre considération.

L'idéologie du héros est analysée par G. NAGY, Le Meilleur des Achéens. La Fabrique du héros dans la poésie grecque archaïque, *Le Seuil, trad. fr., 1994.*

Cet idéal aristocratique donne toute sa valeur à une vie courte et bien remplie en hauts faits guerriers ou compétitifs, en repas communs bien arrosés ; là où nous pourrions voir violence et débordements, l'homme homérique reconnaît une destinée bien accomplie. Ce désir de gloire, cette volonté puissante d'être le meilleur et reconnu comme tel, de s'imposer par sa valeur, tel restera l'idéal aristocratique : c'est encore celui qui est le plus fréquemment invoqué, même à l'époque classique.

Réponse d'Hector à sa femme Andromaque, qui lui prédit l'échec et le supplie d'arrêter :

◆ « Tout cela, autant que toi, j'y songe. Mais aussi j'ai terriblement honte, en face des Troyens comme des Troyennes aux robes traînantes, à l'idée de demeurer comme un lâche loin de la bataille. Et mon cœur non plus ne m'y pousse pas. J'ai appris à être brave en tout temps et à combattre aux premiers rangs des Troyens, pour gagner une immense gloire à mon père et à moi-même. Sans doute, je le sais en mon âme et mon cœur : un jour viendra où elle périra la sainte Ilion, et Priam, et le peuple de Priam à la bonne pique... » ◆
HOMÈRE, *Iliade*, VI, 441-449.

Toutefois les devoirs du héros ne s'arrêtent pas là : il doit aussi s'intégrer à son groupe social, en respecter la hiérarchie et ne pas outrepasser ses droits, rendre aux autres autant qu'il a reçu d'eux, aider ceux qu'il doit servir, secourir ses pairs en cas de difficulté. S'il manque aux règles tout en se montrant vaillant, il ne subira pas de sanction morale mais devra payer une compensation.

Ses rapports avec les dieux relèvent du même comportement. La société des dieux apparaît comme le reflet de celle des hommes : à l'assemblée des dieux que Zeus réunit, chacun s'exprime librement, voire ironiquement ; l'autorité de Zeus doit composer, tout comme celle d'Agamemnon, mais elle s'impose en dernier ressort. Seules leur immortalité et leur indépendance à l'égard de toute contrainte physique et matérielle distinguent les dieux des héros.

Hommes et dieux sont également soumis à la *moira*, à un destin auquel ils ne peuvent échapper, ce qui justifie leur irresponsabilité. Aussi n'ont-ils, ni les uns ni les autres, d'espoir en la justice des dieux : si pieux, si aimés des dieux soient-ils, les hommes n'ont rien à en attendre : ils ne sont qu'un pion dans les rapports de force entre Olympiens.

Toutefois la sanction divine tombe automatiquement sur qui

empiète sur les droits des dieux : les compagnons d'Ulysse sont punis pour s'être emparés des vaches du soleil dédiées à Poséidon ; Achille a voulu dépasser, par *hybris,* sa condition d'homme. Il en mourra.

4. Hésiode

Nous ne connaissons la vie d'Hésiode qu'à travers ses œuvres : la *Théogonie* et *Les Travaux et les Jours.* La première est l'évocation des généalogies de dieux et des cycles mythiques ; la seconde y ajoute les travaux quotidiens des hommes. Quelques allusions nous apprennent que son père, originaire d'Éolide, s'était ruiné dans une petite entreprise de cabotage. Il avait alors trouvé à Askra, en Béotie, des terres à défricher. Un différend oppose ensuite Hésiode à son frère Persée pour l'héritage de cette terre ; les *basileis* de Thespies auraient donné raison à Persée qui, du reste, n'en tire pas parti et se ruine : c'est le prétexte du poème *Les Travaux et les Jours,* qui se présente comme une suite de conseils donnés à Persée. Mais Hésiode, lui, est avant tout un poète, comme il le rappelle dans le prélude à la *Théogonie,* un professionnel. Si l'on utilise largement son œuvre pour les descriptions de la vie quotidienne et sociale de ce temps, il faut se rappeler que l'inspiration de l'auteur n'est pas celle d'un agronome mais celle d'un poète qui se veut l'intermédiaire entre les dieux et les hommes. La bonne justice lui importe avant tout, dans le respect des règles inspirées par Zeus : avec le travail, elle est la condition nécessaire à la prospérité des humains.

Voir p. 112.

◆ « [...] Il faut que le peuple paie pour la folie de ses rois *(basileis)* qui, dans de tristes desseins, faussent leurs arrêts par des formules torses. Songez à cela pour régler votre langage, ô rois mangeurs de présents, et, à tout jamais, renoncez aux sentences torses. » ◆
Hésiode, *Les Travaux et les Jours,* 260-264.

La société

Il s'agit d'une micro-société où apparaissent, lointains et critiqués, les *basileis* avides de Thespies, la ville la plus proche : intervenus à l'occasion du jugement, ils reçoivent d'Hésiode des conseils pour se mieux conduire. Mais l'univers quotidien est beaucoup plus restreint : c'est celui de l'*oikos,* réduit à sa plus simple expression : la maison et son propriétaire, une femme qu'il faut bien choisir pour qu'elle ne dilapide pas les ressources, quelques esclaves ; au moment des grands travaux, on embauchera les ouvriers agricoles nécessaires. Un domaine suffisant pour vivre à force de travail, mais à la merci du moindre aléa : une mauvaise récolte, un procès et l'équilibre si chèrement acquis est compromis. La hantise de la misère est toujours présente ; d'où les multiples conseils de prudence que prodigue Hésiode lorsqu'il s'agit de relations d'affaires : ne se fier à personne pour les contrats, n'emprunter qu'à un égal à qui l'on puisse rendre. Car l'idéal est celui de l'autarcie : ne dépendre de personne, vivre de ses propres ressources. Celles-ci sont d'ailleurs simples : le calendrier agricole évoque le rythme des céréales, avec le soin apporté au labour et le battage sur l'aire ronde, les soins à donner aux vignes, quelques références aux plantations. Les troupeaux ne caractérisent plus la richesse, comme dans le domaine d'Ulysse.

◆ « Mesure exactement ce que tu empruntes à ton voisin, et rends-le-lui exactement, à mesure égale et plus large encore, si tu peux, afin qu'en cas de besoin tu sois assuré de son aide. » ◆
Hésiode, *Les Travaux et les Jours,* 349-351.

Quelques brebis sans doute, utiles pour la laine et le fromage, mais la première place est accordée aux animaux de trait, essentiellement le bœuf dont la possession équivaut à la reconnaissance d'un certain niveau social. Certes, on a pu montrer que *Les Travaux et les Jours* intègrent une série de dictons populaires communs aux pays méditerranéens ; il n'empêche qu'ils reflètent la constitution de cette classe de petits propriétaires indépendants qui vont peu à peu contester le pouvoir des aristocrates.

La vie quotidienne ■

L'idéal prôné par Hésiode étant l'autarcie, la vie collective est bien réduite. On va au village uniquement pour l'indispensable : pour faire appel au forgeron lorsque l'on n'a pu fabriquer par soi-même l'outil nécessaire. Il en faut peu, du reste : l'araire de bois dont on aura soigneusement choisi chaque partie dans un bois différent, le joug des bœufs, un chariot ; tout cela peut être chevillé. Les outils de métal – faucille, serpe, houe et hache – servent longtemps. Dans la mesure du possible, on évite d'emprunter au voisin et nous ne trouvons chez Hésiode aucune référence aux travaux collectifs avec échanges à l'intérieur du village, si fréquents dans le monde méditerranéen. Le monde extérieur fait peur, la navigation que son père a pratiquée, paraît bien dangereuse. L'idéal reste d'arracher à la terre nourricière, au prix d'une lutte sans merci, son indépendance, et, par là même, sa dignité. Cet idéal reflète fidèlement la mentalité des Grecs : l'agriculture restera l'activité noble par excellence parce qu'elle permet de ne dépendre de personne, sinon des dieux.

◆ « Passe sans t'y asseoir près de la forge et du parloir de ville ensoleillé, aux jours d'hiver où, si le froid éloigne l'homme des champs, un travailleur courageux n'en peut pas moins donner un sérieux accroissement à sa maison... » ◆
HÉSIODE, *Les Travaux et les Jours*, 493-495.

Les dieux ■

Ces dieux sont largement présents dans l'œuvre de notre poète. Il s'intéresse aux mythes de la cosmogonie, aux combats des titans ; il cherche à organiser les généalogies complexes des immortels. Des mythes profondément symboliques s'y développent : celui de Prométhée, le philanthrope voleur du feu ; celui de Pandore, la femme ambiguë, cadeau empoisonné des dieux aux hommes ; le mythe des races enfin dans lequel une dégradation continue nous mène de l'âge d'or à l'âge du fer, temps de déchéance, temps du poète.

Sur les mythes, voir p. 111 sq.

◆ « Donc, avant tout, fut Abîme ; puis Terre aux larges flancs assise sûre à jamais offerte à tous les vivants, [...] Terre, elle, d'abord enfanta un être égal à elle même, capable de la couvrir tout entière, Ciel étoilé, qui devait offrir aux dieux bienheureux une assise sûre à jamais... » ◆
HÉSIODE, *Théogonie*, 116-128.

Ce monde divin, plus rationalisé que celui d'Homère, répond à une attitude religieuse toute différente. Pour Hésiode, le travail doit être accompli avec un ritualisme minutieux, il est une loi morale qui commande son commerce avec les dieux. Faire pousser le blé, ce n'est qu'une forme de vie inséparable de son expérience religieuse. Cette liaison directe avec la dure loi des dieux exclut toute solidarité avec ses égaux. Le poète exprime à la fois l'idéal individuel du petit propriétaire et la critique du pouvoir lointain des aristocrates, au nom de la justice ; mais il n'y a aucun appel à une révolte collective de ses pairs. Il préfigure la forme que prendra la contestation du pouvoir des aristocrates : l'appel à la législation écrite, la définition des droits du citoyen.

On voit comme diffèrent les mondes d'Homère et d'Hésiode : l'un nous fournit le tableau d'une société d'aristocrates dont la guerre est l'occupation principale, l'autre nous renvoie aux petits paysans repliés sur leurs lopins de terre. Entre les deux, peu de liens : les démiurges sont porteurs de nouvelles entre ces deux mondes, les poètes ont sans doute joué leur rôle mais nous le mesurons mal. Finalement c'est à la ville que se font les rencontres, là aussi que se prennent les décisions. L'évolution du monde archaïque passe par l'intermédiaire de la structure urbaine, et c'est une de ses originalités.

Mais si différents que soient les apports des deux poètes, ils se rencontrent sur un point : l'un et l'autre forment la base sur laquelle repose la mythologie grecque, transcrite dans la littérature et sur les murs des temples.

Pour approfondir ce chapitre

Trois ouvrages de base avec des bibliographies importantes : O. Murray, *Grèce archaïque,* trad. Toulouse, 1995 ; J.-Cl. Poursat (cf. p. 27) ; Cl. Baurain (cf. p. 6). Les ouvrages de J.N. Coldstream, *Geometric Greece*, 1977 et R. Hägg éd., *The Greek Renaissance of the Eighth Century*, 1983 restent fondamentaux pour le IXe et VIIIe siècles. Voir en outre P. Demargne (cf. p. 5) et R. Martin (cf. p. 5).

Les œuvres d'Homère sont traduites dans la collection G. Budé, dans La Pléiade, le Livre de Poche, la collection Garnier-Flammarion et FM/La Découverte ; elles sont commentées en anglais par G.-S. Kirk et *alii*, pour l'*Iliade* et Heubeck et *alii*, pour l'*Odyssée.* Comme introduction à l'œuvre d'Homère : M.-I. Finley, *Le Monde d'Ulysse,* Maspero, 3e éd., 1983, avec une bonne bibliographie, et divers aspects de la question dans I. Morris et B. Powell éd., *A New Companion to Homer*, Brill, 1997. Hésiode est traduit par P. Mazon dans la coll. G. Budé et par A. Bonnafé pour la *Théogonie,* Rivages poche, 1993 ; commentaire par M. L. West, *Hesiod Works and Days*, Oxford, 1978. Une analyse intéressante se trouve dans M. Detienne, « Crise agraire et attitude religieuse chez Hésiode », *Latomus 68,* 1963 et *Les Maîtres de vérité dans la Grèce archaïque,* FM/La Découverte, 1973. A compléter par E. Will, « Hésiode, crise agraire ? ou recul de l'aristocratie ? » *REG,* 1965, 542-556. Plusieurs articles dans J.-P. Vernant, *Mythe et Pensée* (cf. p. 6) et G. Gnoli et J.-P. Vernant, éd., *La Mort, les morts dans les sociétés anciennes*, Cambridge-Paris, 1982.

5

La cité archaïque et l'expansion coloniale (du VIIIe au VIe siècle)

Bien des questions abordées dans le précédent chapitre nous sont imposées par l'effervescence des siècles suivants. Sans avoir pu discerner une évolution ou une révolution, nous voici plongés dans un monde de cités déjà organisées et conscientes d'elles-mêmes. C'est en leur sein qu'au cours de ces trois siècles prennent forme les modèles politiques, culturels, sociaux et religieux qui, pour nous, font la Grèce. Malheureusement notre documentation apparaît bien pauvre : quelques inscriptions sur matériau durable (pierre ou bronze) ; quelques œuvres littéraires contemporaines, triées à l'époque hellénistique, et généralement en forme poétique ; enfin une littérature postérieure, parfois même très tardive, et dont la valeur documentaire est très inégale, obligeant à une permanente critique de nos textes.

1. La cité archaïque

La cité présente une remarquable uniformité structurelle lors même que les régimes politiques, le rythme de développement économique, intellectuel et culturel, idéologique même, varient considérablement. Comme le remarquait M.-I. Finley, si nous avons quelque peine à trouver une définition permettant de circonscrire le monde de la cité, les Anciens eux ne s'y trompaient pas qui n'hésitaient jamais sur l'emploi du terme ; aussi n'ont-ils éprouvé nul besoin de le définir. Leurs usages nous montrent que c'était avant tout une communauté humaine : ce n'est pas Théra, Athènes ou Sybaris qui prend une décision ou passe un traité, mais les Théréens, les Athéniens ou les Sybarites ; pour Alcée les citoyens – et non pas la cité – organisaient la défense.

◆ « Ce ne sont pas les pierres, ni le bois de charpente, ni l'art des charpentiers (qui font) la cité ; mais partout où se trouvent des hommes qui savent comment assurer leur salut, là se trouvent les remparts, là se trouve la cité. » ◆
ALCÉE, poète, aristocrate et soldat, à Mytilène, fin VIIe siècle ; Lobel-Page, Z 103.

Ville et campagne ■

Ils l'appelaient *polis* : géographiquement, c'était l'ensemble, ville et *chôra*, habitat groupé ou ferme isolée, port, acropole, plaine ou colline : tout cela se fondait dans la cité. La diversité même était la bienvenue car elle aidait à s'approcher de l'autarcie, jamais tout à fait atteinte mais considérée comme une garantie nécessaire de la liberté et de l'autonomie. Le rural n'était pas opposé au citadin, encore moins soumis. Beaucoup de ceux qui habitaient en ville vivaient des revenus de leurs terres que souvent ils allaient exploiter eux-mêmes, tandis que bien des aristocrates, pour longtemps encore réels détenteurs du pouvoir, vivaient à la campagne. Combien de gens enfin avaient des activités doubles, voire triples, qui les menaient tantôt à la ville, tantôt sur leurs terres, tantôt en mer.

Chôra : territoire de la cité, par opposition à la ville elle-même.

Attique : voir carte p. 314 A.

Le domaine n'était guerre éloigné du centre politique car l'espace était limité : les dimensions d'une cité comme Athènes (2 600 km² environ) sont exceptionnelles ; à l'opposé nous trouvons quatre cités sur les 173 km² de l'île de Kéos. Aussi vivre en ville et cultiver ses terres n'avait-il rien d'incompatible, et l'urbanisation, souvent issue d'un *synoecisme* ou d'un besoin défensif, n'a pas obligatoirement entraîné de coupure dans la population.

Synoecisme : regroupement de villages aboutissant à l'établissement d'une administration commune, de cultes communs, d'institutions politiques communes mais sans déplacement d'habitat ; le processus a dû être souvent très graduel.

■ *L'encadrement de l'individu*

En outre l'isolement de l'individu est rare. La population est restreinte, l'administration inexistante : les relations de voisinage jouent un rôle considérable (définition des limites de propriété, témoignages, prêts sans intérêts de toutes natures). Plus encore, l'individu est pris dans un tissu de relations familiales ou pseudo-familiales parfois obscures (la parenté fictive, la commune intégration dans un groupe ont autant d'importance que la parenté réelle – sauf pour les héritages). L'*oikos* semble bien rester la cellule de base, mais n'est pris en compte par la cité qu'à propos de règlements d'héritages ou de répartitions (ex. distribution de *kléroi* ; participation à l'effort de colonisation).

Oikos : *voir pp. 57 et 60.*

***Kléros* (lot) :** dans son sens étymologique, le morceau de territoire attribué au citoyen par tirage au sort.

Génos : (pl. *génè*) : l'étymologie rattache ce terme à la notion de naissance, famille, race, descendance.

Phratrie : groupe de familles qui ne sont pas obligatoirement liées par le sang.

On a longtemps présenté le *génos* comme un groupement d'*oikoi* qui réunirait tous les descendants d'un commun ancêtre, généralement mythique ; leurs possessions se situeraient dans une même région, assurant la puissance sociale du « clan » et permettant d'intégrer une clientèle d'hommes libres en quête de protection. F. Bourriot a montré qu'une telle vision relevait de la reconstitution historiographique plus que de l'histoire, faisant perdre au *génos* sa fonction d'encadrement des individus, sans pour autant exclure l'existence de familles aristocratiques à la conquête du pouvoir (voir p. 65).

Les phratries n'ont pas eu à subir un tel traitement mais ces « fraternités » fictives restent pour nous fort obscures. Groupement à caractère militaire dans l'*Iliade*, la phratrie jouera à l'époque classique un rôle important dans la publicité et la célébration des grands événements familiaux (mariage, naissance, puberté, décès) et, de ce fait, dans la reconnaissance de l'origine des enfants, donc de la citoyenneté. Elle s'organise avec des règlements précis pour éviter déviations et abus.

A côté, et parfois inclus dans la phratrie, des groupes tels que les *orgéones* et les *thiases* constituent de petites cellules, toujours soudées par des cultes communs et assurant entre leurs membres d'étroites relations.

Voir p. 127.

Le rôle historique de la tribu *(phylè)* ne nous apparaît qu'avec le VIIe siècle. Dès avant, la population est traditionnellement répartie en trois tribus chez les Doriens, quatre chez les Ioniens, et cela sert de base à l'organisation militaire et politique. L'intégration dans le corps civique de nouveaux ayants droit, leur accès à la participation politique active s'accompagnent d'un remaniement tribal.

Si nous ignorons l'origine, la finalité et les activités collectives de ces associations, nous constatons néanmoins qu'elles structurent très fermement le corps social et que toutes les réformes qui cherchent à atteindre au plus profond des relations socio-politiques les manipulent ; elles étaient sans doute essentielles au fonctionnement de la cité, intermédiaires entre les individus et la communauté.

Les groupes sociaux ■

Tous les habitants d'une cité ne sont pas au même degré intégrés à cette communauté. Les non-libres forment un groupe à part, lui-même assez disparate. L'esclave acheté ou élevé par son maître fait partie de l'*oikos* ou de l'atelier artisanal ; il est étranger à la cité. L'homme libre réduit en esclavage est vendu à l'extérieur : il est exclu de la communauté. Mais nombreux sont les gens asservis sur les terres qu'ils doivent travailler, tout en jouissant d'une relative autonomie d'existence et de quelques chances de sortir de leur condition. « Entre les hommes libres et les esclaves », selon la formule de Pollux, ils représentent un groupe non négligeable et parfois même prépondérant dans la cité : celle-ci, dès lors, ne peut se désintéresser d'eux. Exclus de toute participation aux décisions, ils sont néanmoins intégrés dans la cité, plus que le simple étranger. On hésite à faire basculer dans ce groupe les paysans réduits à un état de dépendance économique et morale tout en conservant – mais jusqu'à quand ? – un statut d'hommes libres. Leur nombre finit par poser problème, comme dans l'Athènes pré-solonienne, et leurs conditions d'existence les rapprochent peu à peu de l'asservissement. Toutefois ils demeurent des ayants droit, des citoyens virtuels, puisque l'abolition des dettes suffit à les rétablir dans leur intégrité politique.

◆ « Les plus connus de ces dépendants sont les hilotes lacédémoniens, les pénestes de Thessalie, les woikeis de Crète, les Kyllyriens de Syracuse, les Bythiniens à Byzance, Maryandiniens à Héraclée du Pont, paroikoi et pelatai de toutes sortes à Istros, Chersonnèse de Tauride et dans le royaume du Bosphore… » ◆
Pollux, Grec d'Alexandrie du IIe siècle ap. J.-C., auteur d'un dictionnaire, l'*Onomastikon*.

Puissance de l'aristocratie. Les hommes libres de la cité ne forment pas non plus un ensemble homogène, même si nous laissons de côté les Étrangers, groupe difficile à cerner à cette époque. Les inégalités sociales – toutes relatives à nos yeux, car la très grande fortune n'existait guère – se traduisent en fait dans la puissance d'une aristocratie qui concentre tous les pouvoirs : elle s'attribue le droit de justice tant qu'il n'y a ni droit écrit ni contrôle populaire ; elle se réserve les fonctions importantes dans l'État, à tel point que la cité c'est d'abord l'aristocratie. En même temps elle détient une bonne part de la fortune foncière. Est-ce l'exercice de fonctions importantes qui a permis à certains de s'approprier plus de terres, ou l'inverse, nous l'ignorons. Le privilège de naissance jouera ensuite le rôle essentiel. Mais le maintien des pouvoirs de ce groupe suppose que les biens de la famille, même ni partagés ni aliénés, restent en rapport avec le nombre de ses membres : faute de quoi, certains se retrouvent exclus du groupe par pauvreté ou vont chercher fortune ailleurs, ou encore se lancent dans de nouvelles activités. A l'intérieur même de cette aristocratie, il arrive que se détachent une ou plusieurs familles qui parviennent à monopoliser le pouvoir, en fait plus qu'en droit, tels les Bacchiades de Corinthe, les Basilidai

Sur la société archaïque vue sous l'angle de la commensalité, voir P. Schmitt-Pantel (cf. p. 174), 17-119.

Les aristocrates, souvent appelés aristoi *(les meilleurs),* esthloi *(les nobles),* eupatrides *(les bien-nés), se caractérisent par leurs revenus, des loisirs* (skholai) *nécessaires à un certain mode d'existence : participation à des banquets* (symposia) *et pratique de la poésie ; activité militaire ; gestion, encore embryonnaire, des cultes et de la cité ; relations d'hospitalité avec des familles étrangères.*

d'Éphèse et bien d'autres encore dans le monde asiatique. Nous tombons alors dans une oligarchie plus ou moins étroite mais toujours fragile.

De nombreux hommes libres, à l'aisance variable, se trouvent ainsi soumis au gouvernement de quelques-uns. Par étapes successives et pas toujours complètement, le *dèmos* imposera un élargissement du corps civique actif par l'intégration progressive de tous dans les instances délibératives et judiciaires et par l'élargissement du contrôle des dirigeants.

Dèmos : territoire puis population occupant ce territoire. Le terme prend ensuite un sens politique (les ayants droit ou les citoyens) ou sociologique (les non-aristocrates ; parfois : les pauvres).

■ *La réforme hoplitique*

On peut admettre que les transformations militaires ont joué un rôle décisif dans ces conquêtes politiques, s'il est vrai qu'on ne peut imposer la défense de la cité à qui ne s'en soucie pas. Les représentations figurées nous montrent que l'organisation de l'armée en phalange hoplitique est chose faite au milieu du VIIe siècle. Tout y est : la lance d'estoc, le heaume, le corset plat, les cnémides (jambières), le bouclier rond à double prise et surtout la phalange compacte marchant au rythme donné par l'*aulète.* Séparément, tous ces éléments ont été adoptés avant le début du VIIe siècle. La cohésion interne de la phalange est liée au bouclier : solidement tenu, il ne peut plus être rejeté sur le dos pour protéger la fuite ; par contre, par devant, il couvre la partie gauche du corps et la droite du voisin de ligne : d'où une solidarité totale, un entraînement collectif régulier, une cohésion nécessaire dans l'action – et dans le courage ; d'où aussi la disparition des professionnels de la guerre et une égalité absolue entre les combattants : c'en est fini du champion hors les lignes, même s'il en reste des vestiges dans l'existence de corps de « choisis » et dans quelques récits hérodotéens. Mais une phalange aussi compacte ne peut guère manœuvrer qu'en terrain découvert, en un combat non improvisé ; elle n'est pas non plus apte à la poursuite d'un adversaire en déroute. La guerre s'inscrit dans une mentalité archaïque ; elle est un *agôn* dans lequel on veut montrer sa supériorité et garder le terrain pour y élever aux dieux le trophée des armes abandonnées par l'adversaire. Archaïque dans sa tactique, cette forme de guerre fut révolutionnaire dans ses effets politiques : si tous ne peuvent financer un tel armement, ceux-là du moins qui le peuvent ne supporteront plus longtemps la contradiction entre l'égalité au combat et l'inégalité dans le pouvoir. C'est pourquoi bien des revendications politiques du *dèmos* ont dû triompher à l'occasion de tel ou tel combat.

Le bouclier de l'hoplite

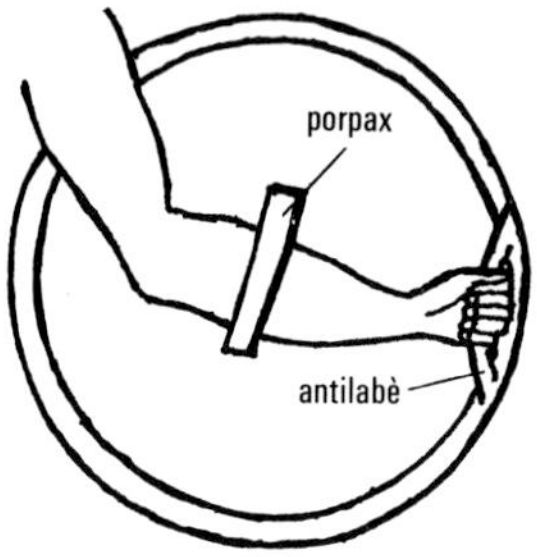

Aulète : joueur d'*aulos,* sorte de hautbois.

◆ « *Agôn* signifie compétition, et le mot *agônistique* décrit le monde des compétitions athlétiques qui jouèrent un rôle croissant dans la vie de l'aristocratie et de la *polis.* Par le mot *agônal,* cependant, un concept plus large est indiqué, l'esprit de compétition loyale dans tous les domaines de l'existence, même dans la guerre... Nous ne trouvons nulle part comme chez les Grecs le goût de la compétition pénétrer toute la vie, privée et publique, artistique et politique, à l'intérieur de l'État et entre les États. » ◆
V. Ehrenberg, *From Solon to Socrates,* 1968, p. 19.

Une belle iconographie dans P. DUCREY, « Guerre et guerriers dans la Grèce antique », 1985.

De ce tableau, la cavalerie est absente : elle existe pourtant mais, recrutée parmi les plus riches, elle n'est guère qu'une infanterie montée et un corps de liaison.

■ *Structure politique*

Participer au pouvoir politique, en quoi cela consistait-il ? Pas de règle bien définie encore, tout se traduit en termes de pouvoirs hérités ou progressivement acquis. Mais des cadres déjà fixés, peut-être depuis des siècles : magistratures, conseil, assemblée, telle est la trilogie institutionnelle inhérente à la cité ; le recrutement et le rôle de chacun peuvent changer, leur nombre aussi.

Magistratures. Pour Aristote, la création d'archontes aurait correspondu à une réduction progressive des pouvoirs royaux par les aristocrates. Une telle évolution convient mal à Sparte ; par ailleurs le *lawagetas* existait déjà aux côtés du *wanax* mycénien ; enfin le *basileus* homérique ne nous paraît pas détenir de si grands pouvoirs qu'on puisse les fragmenter en diverses spécialisations. Aussi les fonctions des archontes sont plutôt nées au fur et à mesure des besoins d'une communauté dont le caractère politique s'affirmait et se structurait, laissant au *basileus* ce qui était déjà sa fonction essentielle : la liaison entre la communauté et les dieux. Ces magistrats (archonte, polémarque, prytane...) sont les chefs de la cité, non ses souverains.

Magistrat : citoyen investi d'une charge ou d'une fonction publique. L'usage de ce terme vient de la traduction latine par *magistratus* du mot grec *archonte.*

Archonte : celui qui détient une *arkhè,* pouvoir de commandement et de décision, en délégation et sous contrôle.

Le Conseil (Boulè). Ils sont entourés d'un Conseil, recruté de manière encore aristocratique mais selon des modalités précises qui nous échappent et varient peut-être : tous les chefs des grandes familles ou seulement une partie d'entre eux, de droit ou par élection, à vie ou renouvelables, sans limite d'âge ou à partir de soixante ans comme à Sparte ? Tout est possible. Il exerce un droit de justice important, conseille et contrôle les magistrats et préside avec eux aux consultations populaires. Certaines cités vont créer un deuxième conseil démocratique.

Sur la délibération et la participation des citoyens, voir Fr. RUZÉ (cf. p. 106)

L'Assemblée. Enfin, la souveraineté appartient à l'Assemblée. Son recrutement fait problème : peut-elle inclure les ayants droit trop pauvres pour jouir de la capacité hoplitique ? Oui, si l'on suppose qu'ils servaient dans l'armée à d'autres niveaux ; oui encore, si l'on admet que la Cité est plus que l'armée, que son Assemblée est plus qu'une simple assemblée de soldats. A Athènes par exemple, ce serait Solon qui aurait ouvert l'Assemblée à tous. Quoi qu'il en soit, cette Assemblée élargit sa compétence à mesure que la Cité s'affirme : on vote des décisions qui s'imposent à l'ensemble de la communauté, mais nous ignorons si toutes doivent passer par l'Assemblée ; cela en faciliterait l'application et répondrait à une certaine conception de la collectivité ; dans tous les cas, le Conseil et les magistrats devaient avoir préparé le débat.

Voir p. 97.

Quels sont les sujets sur lesquels un vote de l'Assemblée peut intervenir ? Les relations avec l'étranger, en particulier les alliances et, bien sûr, la paix et la guerre. Celle-ci semble être liée à une affirmation territoriale des cités les plus importantes : la frontière, élément autrefois négligeable, devient une limite que l'on se soucie de préciser. De l'Assemblée aussi devait dépendre le choix des magistrats et des conseillers, parfois ; les affaires religieuses (organisation des cultes et fêtes, constructions) ; la fondation d'une colonie ; les décisions d'urbanisme (construction de remparts, modification du tracé des rues, dégagement et construction de l'*agora,* aménagement du port, etc.) ; enfin, une création capitale : la monnaie.

Lamentations d'un poète-citoyen exilé

◆ « Moi, pauvre mortel, je mène une vie campagnarde, souhaitant entendre une convocation à l'Assemblée, ô Agesilaidès, et au Conseil ; loin de ce que mon père et le père de mon père ont eu en vieillissant, au milieu de ces concitoyens qui se cherchent noise les uns aux autres, je suis chassé, exilé aux confins... » ◆

ALCÉE, Lobel-Page, G 2. Voir p. 63.

La monnaie

Talent : balance, puis valeur pondérale ; servira d'unité de compte : 37,7 kg en système éginétique, 26,19 en système euboïque.
6 oboles = 1 drachme.
1 mine = 100 drachmes.
1 talent = 60 mines.

Telle que nous la connaissons, la monnaie est un fait tardif. A l'estimation en bœuf, en cheval ou en femme, pour ce qui avait grande valeur, s'ajoutaient les métaux pesés, en lingots, talents, trépieds, double-hache, chaudron, le plus souvent en drachme, soit la poignée de six oboles, de six brochettes. Mais l'idée d'une pièce de métal rare (électron, or ou argent) de poids toujours égal et estampillée pour indiquer sa valeur et identifier le pouvoir public qui la garantit, cette idée est née en Lydie dans le troisième quart du VIIe siècle, sans doute ; elle s'est transmise d'abord aux cités grecques d'Asie Mineure et n'a atteint le continent grec que dans le dernier quart du siècle au plus tôt ; Égine commence, suivie de loin par Corinthe puis Athènes et l'Eubée. Le départ chronologique absolu nous est donné par le trésor de l'Artémision d'Éphèse avec le passage de la goutte de métal sans type à la monnaie typée. Celle-ci s'impose avec *premium* dans la cité émettrice, privilège qu'elle perd hors des frontières.

***Premium* :** valeur légèrement supérieure à celle du métal contenu, à cause des frais d'achat et de frappe du métal.

Mais les raisons de l'apparition de la monnaie ne peuvent être trouvées dans les besoins du commerce : les premières pièces ne peuvent servir aux échanges ordinaires, en l'absence de monnaies divisionnaires ; elles ne circulent guère hors de la cité d'origine, en dehors de celles qu'émettent les pays riches en métal précieux (leur faible *premium* en fait une intéressante valeur d'échange).

Égine : statère du VIe siècle av. J.-C. (12, 40 gr.)

1 statère = 2 drachmes.

C'est donc à des besoins politiques que répond cette création: solde des mercenaires, financement des travaux publics, réglementation des offrandes aux divinités, peut-être aussi facilité de contrôle des versements faits à la cité, amendes ou taxes. Toutes ces raisons ont pu jouer. Cela nous ramène à l'Assemblée : une telle mesure politique devait être décidée par la collectivité.

La justice

Il faudrait dire enfin quelques mots de l'exercice de la justice. Là encore, la souveraineté du *démos* s'affirme : avec le développement d'une législation écrite (voir chapitre suivant) l'arbitraire de l'aristocratie ne peut plus s'exercer ; les organismes officiels sont investis de pouvoirs judiciaires croissants ; peut-être même est-ce par là qu'ils ont pu affirmer leur pouvoir politique.

Ainsi la cité change peu à peu de visage au cours de ces trois siècles. Nous partions d'un monde où la justice, la religion officielle, la guerre, les relations internationales dépendaient de la puissance de quelques grandes familles, sans que la distinction entre le public et le privé fût même possible ; à la fin du VIe siècle, nous sommes dans une cité qui a conservé presque toutes ses structures mais en a bouleversé le contenu et l'usage, et ceci en bonne partie à cause de l'ouverture provoquée par le mouvement de colonisation (voir page suivante). Il ne restera plus qu'à affiner et compléter, pour en arriver à l'image classique. Or déjà la cité s'impose comme un pouvoir totalitaire qui s'exerce sur tous sans exception ; en revanche, tous les citoyens ont vocation à participer à l'exercice de ce pouvoir.

Ethnos et Koinon ■

Certaines régions du monde grec, pourtant, ne sont pas organisées en cités. En Thessalie, en Étolie et dans les régions marginales de Macédoine ou d'Épire, la vieille organisation tribale et peut-être royale reste fondamentale ; les Grecs parlent alors d'*Ethnè.* Là où l'évolution est plus rapide s'ébauche la constitution d'un État fédéral, le *Koinon* : en Thessalie, en Étolie, des structures politiques solides s'élaborent, mais elles restent encore pour nous très mystérieuses en ces hautes époques.

P. Cabanes, « Cité et ethnos dans la Grèce ancienne », Mélanges P. Lévêque, *2, 1989, p. 63-79.*

2. Le mouvement de colonisation : modes de connaissance et signification

Fait connu et incontestable, la colonisation archaïque est un phénomène délicat à comprendre et à expliquer pour qui se laisse tromper par le vocabulaire moderne.

Un groupe d'hommes part – s'embarque – sous la houlette d'un *oikiste,* un futur fondateur, chef de l'expédition. Le point d'arrivée prévu sera le bon, à quelques modifications ou mésaventures près. De gré ou de force, les habitants doivent céder la place. Dès l'implantation ou après un certain temps de développement, naît une nouvelle cité ; elle a transplanté la flamme du foyer de sa cité-mère, elle en adopte le plus souvent les dieux et les institutions politiques, tandis que sa structure sociale doit s'adapter aux conditions de ce déracinement collectif qui a rejeté l'héritage complexe de traditions ancestrales. Cette cité nouvelle pourra plus tard l'emporter en puissance et en renommée sur sa métropole ; car il n'est point de dépendance, point de contrôle, mais un libre jeu d'influences réciproques avec, en exception, des tentatives pour utiliser les colonies à des fins impérialistes. Toujours des liens se maintiendront avec la Grèce continentale, avec l'une ou l'autre de ses cités. Tel est le schéma simplifié que nous propose la tradition historique et qui dissimule en fait bon nombre de problèmes.

Chronologie et géographie ■

Le tableau chronologique (pp. 70-71) et les cartes donnent ici l'essentiel des informations brutes, souvent fort contestables pour le premier, parfois incertaines pour les secondes. Les principes suivants s'en dégagent assez clairement :

Les fouilles récentes ont montré qu'il y avait eu des implantations grecques en Chalcidique avant le VIIIe siècle.

– une première période de fondations s'échelonne sur un siècle, des environs de 770 à 675 : elle reste limitée tant pour le nombre des cités-mères, qui pour la localisation des colonies où dominent Chalcidiens, Mégariens et Corinthiens, toutes en Sicile ou en Italie du Sud dite « Grande Grèce ». Les

Voir carte p. 308 B.

	Date de fondation	Colonie	Métropole
Première vague jusqu'en 675.			
– Vers l'Ouest :	770	Pithécusses	Chalcis
Sicile et détroit de Messine	757	Naxos	Chalcis
(gens d'Eubée et de l'isthme de Corinthe)	?	Léontinoi	Naxos de Sic.
	?	Catane	≤ Chalcis
	750	Mégara Hyblaea	Mégare
	740	Cumes	Chalcis
	734	Syracuse	Corinthe
	?	Zancle	Chalcis
	730	Rhégion	Chalcis + Messénie ?
Golfe de Tarente	fin VIIIe s.	Sybaris	Achaïe + Trézène
(Péloponnésiens)		Crotone	Achaïe
		Tarente	Sparte
Divers	680	Locres	Locride Ozole
(Nouveaux Colons)	vers 675	Géla	Rhodes + Crétois
	vers 675	Siris	Colophon
	Fin VIIIe ↓ début VIIe	essaimage des colonies : Zancle, Cumes, Naxos, Sybaris (Métaponte), Crotone, Tarente	
– Vers la Chalcidique de Thrace et le golfe Thermaïque		Toronè, Mendè, Skionè, Méthonè	Chalcis et Érétrie
Deuxième vague après 675.			
– nord et nord-est de l'Égée :	vers 682	Thasos	Paros
Thasos et la côte thrace	puis	Pérée thasienne	Thasos
	vers 650	Nombreuses fondations	Éoliens, gens de Chios et Andros
	600	Potidée	Corinthe
	560	en Chersonèse	Athènes
	545	Abdère	Téos
Hellespont, Propontide, Bosphore	fin VIIIe s.	Parion	Milet et *alii*
	vers 687	Chalcédoine	Mégare
		Sélymbria	Mégare
	av. 675	Astakos	Mégare
	676	Cyzique	Milet
	peu après	Abydos	Milet
	vers 660	Byzance	Mégare
	654	Lampsaque	Phocée
	vers 600	Périnthe et *alii*	Samos
	600 ?	Sigée	Athènes

FONDATIONS COLONIALES

	Date de fondation	Colonie	Métropole
	VIIe-VIe s.	Nombreux petits établissements	Milet
– Pont Euxin :	vers 650	Sinope	Milet
Rives sud et ouest	vers 650	Istros	Milet
	564	Amisos	Milet
	560	Héraclée du Pont	Mégare
	540	Callatis	Héraclée du Pont
	510	Mésembria	Byzance + Chalcédoine
	VIe s.	Sésamos, Tios	Milet
		Trapézonte et petits comptoirs	Sinope
Rives ouest et nord-ouest	646	Olbia	Milet
	?	Tyras	Milet
	610	Apollonie	Milet
	575	Odessos	Milet
	550	Tomi	Milet
		à quoi s'ajoutent de petites fondations de Milet, Apollonia et Mésembria.	
Rives nord et nord-est	600/550	Bosphore cimmérien	Milet et Téos
	VIIe-VIe	rive est	Milet
– Afrique :	650/625	Naucratis	Milet + Samos + *alii*
	630	Cyrène	Théra
	560/520	Barcè et Euhespérides	Cyrène
– Occident :	600	Massalia	Phocée
Phocéens à *l'extrême ouest*	565	Alalia	Phocée
	540	Elée (Vélia)	Phocéens d'Alalia
	?	Emporion, Héméroskopeïon, Mainakè	Phocéens
	VIe	Thélinè (Arles)	Massalia
Dernières fondations en *Sicile* et *Grande Grèce*	vers 675	Posidonia	Sybaris
	663-592	Akrai, Kasmenai, Kamarina	Syracuse
	650	Sélinunte	Mégara Hyblaea
	648	Himère	Zancle
	580	Agrigente	Géla
		accompagnées d'autres fondations mineures par Sélinunte, Cnide, Rhodes, Samos.	
– Adriatique :	627	Épidamne	Corinthe
	600	Apollonie	+ Corcyre

colonies du VIIIe siècle essaiment à leur tour, tandis que des Eubéens encore s'implantent en Chalcidique de Thrace, au nord de la mer Égée ;

Voir carte p. 310 A.

– vers 675, le mouvement change d'allure : l'aire de colonisation s'étend vers le nord (Thrace, Hellespont, Propontide, Bosphore, Pont-Euxin), vers le sud (Égypte et Cyrénaïque surtout) et vers l'ouest où les Phocéens sont particulièrement actifs en Gaule, Espagne et Corse ; la côte est de l'Adriatique devient chasse gardée des Corinthiens. L'origine des colons se diversifie : à côté des Mégariens inlassables d'activité, nous rencontrons beaucoup de Grecs d'Asie et des îles de l'Égée – tout spécialement les Milésiens et les Phocéens – et nous voyons apparaître finalement les Athéniens vers le nord de la mer Égée, sur la route des Détroits.

Voir J.-P. Morel, L'Information historique, *57, 1995, p. 190-201.*

Peut-être ces changements sont-ils à mettre en relations avec des besoins différents, que nous allons tenter de cerner.

■ *Motivations des colons*

Diodore de Sicile : vivant au premier siècle av. J.-C., il voulut écrire une histoire universelle dont nous n'avons que quelques livres. Compilateur très dépendant de ses sources, il nous livre de multiples renseignements qu'il nous faut soigneusement contrôler.

Strabon : historien et géographe (64/63 av. J.-C. au moins 21 ap. J.-C.), c'est un Grec du Pont qui ne semble pas avoir beaucoup voyagé mais donne, dans sa Géographie, une multitude de renseignements de géographie historique, généralement considérés comme assez sûrs.

Nous disposons de quelques récits, d'Hérodote, de Diodore de Sicile et de Strabon principalement, racontant les circonstances qui ont provoqué les départs : affaires personnelles ou politiques, surpeuplement et disette dans la cité, esprit d'aventure ; l'anecdote cache souvent des causes plus profondes et plus homogènes. A cette tradition littéraire s'ajoutent quelques inscriptions, malheureusement tardives, dont la plus célèbre est le décret de fondation de Cyrène, texte apocryphe du IVe siècle av. J.-C. dans lequel il faut décrypter les éléments les plus anciens. Les autres, plus difficiles mais également intéressantes, datent du Ve siècle : Loi locrienne sur la colonie de Naupacte vers 460 ; bronze Pappadakis émanant d'une cité locrienne (Naupacte ?) entre la fin du VIe siècle et 460 ; décret athénien de fondation de Bréa (445/450) ; inscriptions coloniales tardives nous renseignant sur les cultes ou les institutions politiques. Plus riches d'avenir sont les recherches archéologiques, orientées actuellement vers les conditions d'installation des colons, leur occupation du sol et leurs rapports avec les indigènes.

L'interprétation fort délicate de ce matériel permet d'aboutir sinon à des certitudes du moins à des présomptions fondées.

Pression démographique et soif de terres. Pour un premier temps, prévaut généralement une explication démographique et sociale des départs. Nous savons par exemple qu'une disette a poussé les Chalcidiens à fonder Rhégion, les Théréens à s'installer en Libye. La réglementation apparemment très stricte du partage des terres à l'arrivée, de leurs conditions de transmission, de l'intégration de nouveaux arrivants, s'explique par la nécessité de soulager « la soif de terres », la *sténochoria,* dont les cités grecques semblent avoir souffert au long de l'époque archaïque. Encore peut-on se demander si celle-ci est due à un accroissement démographique absolu ou à un mouvement d'accaparement des terres par les plus riches et les plus puissants, selon des modalités qui nous échappent

◆ « Pendant sept ans [...] il ne plut pas à Théra et, pendant ce temps, tous les arbres qu'ils avaient dans l'île, à l'exception d'un seul, séchèrent. Les Théréens consultèrent l'oracle ; la Pythie répondit d'envoyer une colonie en Libye. » ◆
Hérodote, IV, 150.

totalement pour les VIIIe et VIIe siècles. La fragilité de l'équilibre autarcique est telle que la moindre difficulté, d'origine météorologique en particulier, déclenche une crise.

Déséquilibre politique dans la cité. Ce qui nous vaut le plus grand nombre de récits anecdotiques relève du fait personnel, lequel dissimule souvent un conflit d'ordre politique. La tension atteint parfois son seuil critique entre une oligarchie – voire une tyrannie – au pouvoir et ceux qui n'en profitent pas : aristocrates exclus, *dèmos* rural, artisans et commerçants ; envoyer un groupe de mécontents fonder une colonie pouvait éviter une difficile révision des relations d'autorité et des institutions. Ainsi est-on tenté de comprendre la fondation de Tarente par ces Parthéniens devenus indésirables à Sparte après la première guerre de Messénie. Mais parfois le conflit se développait à l'intérieur des familles dirigeantes et pouvait aboutir à des crimes provoquant le départ forcé du meurtrier, tel cet Archias, un Bacchiade corinthien qui, condamné pour meurtre, part fonder les colonies de Corcyre puis de Syracuse. Combien de fils de famille, trop impatients, ont dû s'exiler, combien de cadets voués à des positions secondaires et médiocres sur le domaine familial, ont-ils choisi l'aventure ? Partis pour des raisons personnelles, ils exprimaient par cette rupture, douloureuse pour une mentalité archaïque, la profondeur d'un mécontentement qui ne trouvait pas sur place de possibilité d'expression ou d'apaisement.

Réalisation d'une Utopie ? En outre, puisque ces nouvelles cités reproduisent pour la plupart le schéma géographique et institutionnels des cités d'origine mais que, dès l'arrivée, les colons semblent avoir procédé à un partage égalitaire d'un terroir plus fertile souvent que celui de leurs ancêtres, n'est-il pas naturel d'admettre que l'on allait y chercher un monde meilleur. Disposer d'un sol neuf, créer une cité sans passé où chacun aurait ses chances, sa terre et son droit à la citoyenneté, quel appel pour nombre d'insatisfaits !

◆ « La colonisation semble bien moins la conséquence d'une dure nécessité vitale qu'un essai de transplanter en l'améliorant, en l'affinant, un certain type d'organisation économique et sociale... Mais (les colonies) sont plus qu'une simple imitation, elles sont aussi la projection idéalisée de la cité grecque. » ◆

P. Claval et P. Lévêque, *Rev. géogr. de Lyon,* 1970, p. 185.

Causes commerciales. Toutefois les colons ne sont pas tous des ruraux ou des aristocrates vivant de la terre. L'artisanat, le commerce font vivre, totalement ou en partie, certains de ces aventuriers. Le choix des sites, leur situation sur des voies de passage privilégiées, les relations commerciales attestées, le mode d'implantation et la nature des relations avec les indigènes, les témoignages multiples et croissants d'échanges, tout cela nous impose d'accorder aux intentions commerciales une part non négligeable dans ces déplacements de population. Le débat se poursuit encore sur la primauté des besoins en terre et en espace par rapport aux objectifs commerciaux. Débat à tout jamais insoluble et peut-être superflu : les préoccupations agricoles sont certes au premier plan des problèmes économiques de l'époque : terre à cultiver pour chacun, denrées alimentaires pour tous ; mais elles étaient commerciales ces navigations qui ont permis la connaissance des lieux et des indigènes.

3. Organisation du mouvement : implantation des colonies et relations avec la métropole et les indigènes

Sur Delphes, voir p. 119 sq.

Voir carte p. 307 E.

Le départ. La tradition commr la physionomie des colonies nous font considérer que l'expédition était soigneusement organisée par une cité, parfois deux ; elle assurait le noyau humain de la future colonie, quitte à accepter ou même à rechercher un complément de volontaires.

Abusés par le nombre des oracles de Delphes associés aux fondations, on a longtemps cru que ce sanctuaire, devenu très influent à l'époque archaïque, avait guidé le mouvement de colonisation. C'est sans doute aller trop loin : on demande à Apollon la nécessaire « sanction religieuse », mais nombre d'oracles sont forgés après coup pour justifier et consolider une installation déjà faite. Peut-être aussi la renommée internationale du sanctuaire en a-t-elle fait un lieu de rencontres où convergent et s'échangent les informations rapportées par les voyageurs.

◆ « Les Théréens s'embarqueront comme compagnons, dans des conditions égales et semblables pour chaque famille : un fils sera choisi dans chacune ; on embarquera des hommes jeunes [...] Qui refuse de s'embarquer [...] est passible de mort et ses biens sont confisqués. Qui le reçoit ou le protège, même s'il s'agit de son fils ou de son frère, sera puni comme celui qui aura refusé de partir. » ◆
Décret de fondation de Cyrène gravé au IVe siècle av. J.-C.; MEIGGS-LEWIS, *Selection of GHI*, n° 5.

Prenant la tête de l'expédition, un *oikiste* – deux exceptionnellement – est désigné pour « fonder » la nouvelle cité ; cela lui vaudra parfois un culte héroïque. Il s'agit d'un acte avant tout religieux : l'*oikiste* transfère un culte de la métropole, consacre la ville à cette divinité et lui réserve un *téménos* ; probablement aussi installe-t-il le foyer de la cité, là où Hestia veillera sur la communauté, comme elle veille sur chaque *oikos*. A la différence de ce que nous voyons plus tard (pour Bréa par exemple), il contrôle sans doute lui-même la répartition du sol, en ménageant des réserves pour la communauté et pour d'éventuels colons supplémentaires. Sa mission terminée, il demeure (Battos, à Cyrène, fonde une dynastie) ou repart, quitte à reprendre la tête d'une nouvelle expédition.

Téménos : portion de territoire réservée au chef, à un héros ou à une divinité.

Rapports avec la métropole. Une fois fondée, la cité jouit d'une pleine autonomie au point de n'être nullement engagée par les alliances extérieures de sa métropole, ce qui nous surprend parfois. Des traces demeurent de liens plus étroits : on fait appel à la métropole pour qu'elle fournisse un *oikiste* (ex. : Mégara Hyblaea pour fonder Sélinonte, Corcyre pour Épidamne), pour envoyer un magistrat (ex. Paros à Thasos) ; on établit des alliances privilégiées (Milet avec Olbia, Cyzique ou Istros aux époques classique ou hellénistique).

◆ « Les Corcyréens ne tenaient aucun compte des Corinthiens alors qu'ils en étaient des colons ; en effet dans les fêtes communes, ils ne leur donnaient pas les parts habituelles d'honneur, ni ne faisaient à quelqu'un de Corinthe le don des prémices du sacrifice, comme le font les autres colonies. » ◆
THUCYDIDE, I, 25, 3-4.

Car l'autonomie n'est pas le rejet. De multiples parentés apparaissent dans les institutions politiques, qui se transmettent même aux colonies de colonies ; inversement les législateurs de Grande Grèce ou de Sicile ont influencé certaines cités de la vieille Grèce. Nous trouvons des cultes communs aux deux communautés ; mais là comme pour l'économie, la vie intellectuelle et artistique, les emprunts se font globalement. Il se constitue ainsi une sorte de *koinè* occidentale dans laquelle fusionnent l'apport grec, ses adaptations au nouveau monde, les traditions indigènes assimilées ; par exemple, le très ancien couple de divinités féminines Déméter-Koré/Perséphone, s'est identifié aux déesses féminines locales au point de donner naissance à une nouvelle version du mythe qui situe en Sicile l'épisode de l'enlèvement de Koré.

Occupation des lieux. Les études se multiplient qui cherchent à tirer de la photographie aérienne contrôlée par l'archéologie des renseignements sur l'urbanisme colonial, l'occupation du sol, le système de défense et les réalités sociales qu'ils expriment.

D'après G. Vallet, la chronologie fournie par les fouilles de Mégara Hyblaea nous montre un tracé urbain très tôt établi, selon un plan orthogonal qui préfigure le système hippodamien ; quelques ajustements au niveau de l'agora le modifieront à peine. Le tissu urbain d'abord très lâche sera resserré par la suite, tandis que les maisons s'agrandissent. A ce plan de fondation pourraient correspondre les lots réguliers du territoire agricole, tels qu'on les retrouve un peu plus tardivement, à Métaponte par exemple. R. Martin a tenté d'isoler les éléments qui permettent de distinguer les villes à prédominance agricole (Géla, Locres, Métaponte) de celles qui vivent plutôt du commerce, dites de type phocéen (Marseille, Vélia, Olbia, Panticapée ou Thasos) : le système de défense protège l'ensemble du territoire ou essentiellement la ville et le port : l'habitat est lâche, réservant dans la ville jardins, vergers et terrains de pâture, intégrant même des bâtiments de ferme ou au contraire, dense et moins régulier ; le port et l'acropole, enfin, ne sont pas indispensables pour les cités agricoles. Si une égalité a existé au départ, elle a sans doute été perturbée, soit par des apports nouveaux de population, soit par le traditionnel processus entraînant la concentration des terres d'un côté, tandis qu'il les émiette de l'autre.

Rapports avec les indigènes. Notre connaissance encore médiocre de l'histoire des indigènes rend difficile l'appréciation de leurs réactions face à ces nouveaux arrivants. Là encore, pas de règle générale : les légendes de fondation et l'archéologie témoignent de rapports de cohabitation, de neutralité ou d'hostilité , en outre toutes les civilisations ne pouvaient offrir le même degré de résistance à l'influence grecque : rien de commun entre le somptueux art scythe et les grossières productions des Sicules.

Les fondations commerciales posent moins de problèmes : les liens sont tissés avant l'installation, les échanges intéressent les deux communautés, la cohabitation les favorise (ex. : Emporion-Ampurias en Espagne).

La question se complique avec la colonisation agraire. Là où les terres ont été acquises sans difficultés – parfois même elles étaient vierges – les relations sont pacifiques et l'établissement de liens commerciaux entraîne une hellénisation progressive, souvent superficielle (ex. : cités chalcidiennes de Sicile). Si les terres étaient déjà exploitées ou si une défense contre des indigènes frustrés ou envieux est nécessaire, la réaction des Grecs est brutale : ils asservissent si possible les cultivateurs indigènes pour assurer le travail de leurs terres.

***Koinè* :** communauté linguistique, au départ. Se dit aussi d'une sorte de communauté globale de civilisation.

Mégara Hyblaea : plan de l'agora archaïque

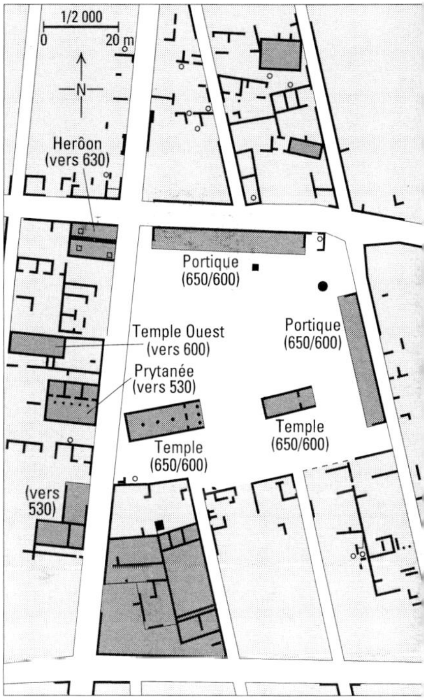

Voir cartes p. 308 B et 312 B.

A propos des cités chalcidiennes de Sicile et de leur influence

◆ « Vivant côte à côte avec les Grecs, les Sicules des monts Héréens adoptaient d'abord leurs goûts et leurs modes d'expression artistiques ; ils donnaient à leurs divinités une forme grecque, puis sans doute ils abandonnaient leur propre langue au profit du grec ; en dernier lieu, ils copiaient les rites funéraires grecs. » ◆

G. Vallet, *Kôkalos* VIII, 1962, p. 51.

Ils assurent la défense contre l'arrière-pays par une pénétration militaire jalonnée de postes de surveillance (ex. Syracuse et Géla) qui peuvent aussi jouer le rôle de relais commercial, le cas échéant. Car là aussi des échanges finissent par s'établir, aboutissant, au moins dans les vallées, à une pénétration de l'influence grecque sensible dans les cultes, l'habitat, les objets d'usage courant. Les progrès des études faites sur le terrain montrent que les sanctuaires ont joué un rôle très important : leur implantation jalonne l'occupation progressive du territoire et les cultes permettent l'intégration des indigènes fixés au sol ; aux frontières, ils sont un lieu d'échanges avec les indigènes refoulés vers l'extérieur.

4. Le développement du commerce

Modes de connaissance. Cette activité ne nous est que partiellement connue. Les échanges locaux ne laissent guère de traces ; le commerce lointain s'exprime pour nous en circulation et dépôts de vases. Or l'identification de l'objet nous renseigne sur la région productrice, non sur le fabricant lui-même et encore moins sur le transporteur. Sa qualité nous indique sa valeur d'échange (objet de prix ou vaisselle courante), son usage (simple récipient ou objet d'art ; offrande religieuse, mortuaire ou ustensile domestique) ; nous pouvons parfois en déduire l'importance en valeur du trafic. Mais nous ignorons le volume global du contenu de ces vases comme sa nature précise (vin, huile, parfums...) ; c'était là pourtant l'objet essentiel du commerce. En outre d'autres articles ont totalement disparu, de fréquence peut-être supérieure : objets de métal, tissus, tapis, ivoires, bois travaillés. Il faut donc avoir toutes ces réserves présentes à l'esprit avant d'exploiter le matériel dont nous disposons.

◆ « Un grand cratère d'argent (envoyé par Alyatte à Delphes) avec un support en fer dont les parties sont soudées, offrande digne d'être vue par-dessus toutes les offrandes qui sont à Delphes, œuvre de Glaucos de Chios, le seul homme au monde qui ait trouvé l'art de souder le fer. » ◆
HÉRODOTE, I, 25.

■ *Les objets du commerce*

Les importations des Grecs... Pour les importations des cités grecques, la déduction doit pallier la médiocrité des preuves tangibles.

La demande de métaux croît sans cesse : outre la valeur monétaire du métal pesé, la fabrication de récipients de toute nature, de trépieds, broches et chenêts, d'incrustations, c'est le développement de la tactique hoplitique qui en exige des quantités toujours plus importantes.

Où se procurer ces métaux ? Le cap Malée, dans le Péloponnèse, est assez riche en **fer** ; l'Anatolie et la côte sud du Pont-Euxin (au VIe siècle) fournissent l'Asie grecque ; l'Étrurie peut en procurer. L'**or** et l'**argent** viennent de Lydie, de Thasos et de Thrace, de l'Adriatique, d'Espagne et même de Gaule ; grâce à sa richesse en argent la toute petite île de Siphnos peut offrir à Delphes un magnifique trésor, vers 525 ; au VIe siècle, les Athéniens poussent activement la recherche de nouveaux filons dans les gisements du Laurion. Mais le **cuivre** et l'**étain**,

Lieu des échanges
Le mot *emporion* désigne à cette époque un quartier populaire ou un marché continental, caractérisé par une population mêlée (Grecs de cités différentes, indigènes parfois, Phéniciens ou Carthaginois) regroupée en quartiers avec chacun ses sanctuaires. Les échanges s'effectuent pour toute une région (ainsi Naucratis en Égypte, Gravisca en Italie ...).
M. GRAS (cf. p. 6), p. 138-143

éléments constituants du bronze, sont peut-être encore plus indispensables : Chypre est riche en cuivre ; Al Mina en fournit sans doute, ainsi que l'Étrurie, l'Espagne et la Gaule. C'est l'étain qui provoque les voyages les plus lointains vers l'Occident : en Espagne où le fameux royaume du Tartessos serait l'Andalousie, en Cornouaille surtout qui restera longtemps le principal fournisseur ; les routes terrestres sont jalonnées de trouvailles grecques ou imitées du grec. La fondation de Marseille a peut-être pour origine la quête de ce métal.

Voir carte p. 313 C.

Sur les objets de bronze, voir une très bonne présentation technique et économique, dans Cl. ROLLEY, La Sculpture grecque, *I, Paris, 1994.*

L'approvisionnement en métaux n'est pas resté unique. Les **céréales** sont les plus recherchées (Grande Grèce et Sicile, Égypte, Pont-Euxin), mais aussi le **poisson**, fondamental dans les échanges avec les régions nord du Pont (Milet, en particulier, y a multiplié les comptoirs dans ce but). Il faudrait ajouter l'acquisition de bien d'autres **produits utilitaires** (bois de charpente, papyrus...) comme de **produits de luxe** pour une clientèle restreinte (épices, ivoires, tissus d'Orient...) ; déjà les esclaves sont l'objet d'un certain commerce avec, peut-être, ses filières et ses marchés organisés. Les habitudes économiques fondées sur le rêve d'autarcie se trouvent donc transformées, pour quelques cités.

... et leurs exportations. De quelles valeurs d'échange les Grecs disposent-ils ? Leur artisanat offre quelques produits transformés et objets de luxe : très beaux vases, armes, ivoires et métaux ouvragés ; surtout, la céramique permet de transporter le vin et l'huile demandés dans le reste du bassin méditerranéen.

Qui participe à ces échanges ? ■

Mais ces deux productions ne peuvent se développer qu'aux dépens des céréales. Qui veut profiter de l'ouverture de marchés extérieurs doit pouvoir disposer de terres suffisantes pour entretenir son *oikos* et produire pour la vente ; il faut attendre quelques années avant que vignes et olivettes nouvellement plantées soient à même de produire ; les dégâts consécutifs à une gelée tardive, un incendie ou une guerre, sont longs à réparer : seuls les plus favorisés ne risquent pas trop à s'adapter aux possibilités nouvelles.

Selon J.-N. COLDSTREAM, Greek Geometric Pottery, *p. 344 sqq., on peut distinguer clairement deux périodes en Attique.*
– De 800 à 750 : remarquable accroissement des tombes très riches, goût pour les représentations navales ; déplacement de la population vers les côtes et vers Athènes ; ce serait une période de grande activité maritime de l'aristocratie.
– De 750 à 700 : les tombes rurales sont aussi riches que celles de la ville ; elles témoignent d'un déclin des activités maritimes, d'un retour vers la terre, en particulier chez les aristocrates. En même temps, population abondante et misérable au Phalère – toujours d'après les tombes.

Du reste, quels besoins peuvent inciter le petit paysan à accroître sa production commercialisable ? Des armes pour certains, quelques outils (mais le métal est encore très peu employé) ; parfois un ou deux esclaves, une paire d'animaux de trait. Médiocre encore, cette demande est néanmoins réelle. Elle se développe et se complète à mesure que l'on s'élève dans l'échelle sociale et sans doute aussi que l'on se rapproche des régions maritimes ; jamais elle ne devient considérable.

Ces échanges devaient se dérouler sous forme d'un troc assez complexe pour équilibrer la valeur des denrées alimentaires, des objets fabriqués, de la matière première et de la force de travail. A l'occasion le producteur se fait marin. Mais nous ignorons totalement les modalités de partage des bénéfices

Tombe de guerrier (env. 900) Parmi les offrandes, des figues et des raisins carbonisés sous le lit de pierres fermant la fosse.

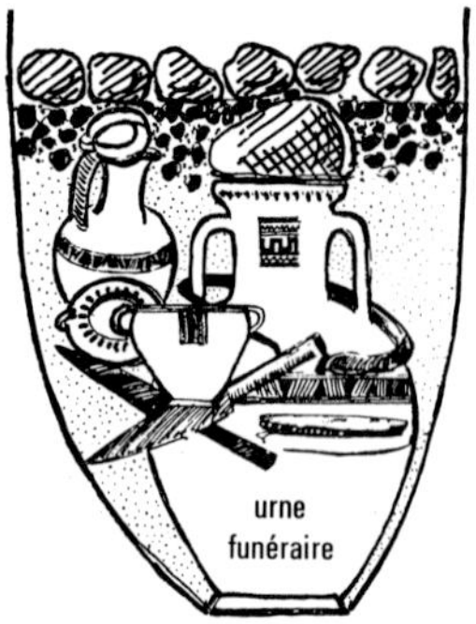

D'après *Excavations of the Athenian Agora,* Picture Book n° 13, Princeton, 1973.

A Al Mina, les fouilles montrent une présence grecque dès avant 700. Durant deux siècles, les importations y sont très variées, témoignant de son rôle de carrefour. (Voir L. Wooley, Un Royaume oublié, *Paris, 1964).*

Les Eubéens (Chalcis, Erétrie), liés aux courants phéniciens, sont les premiers navigateurs de cette époque qui commercent en Orient et en Occident : cf. D. Ridgway, 1992.

entre l'artisan-potier, le producteur d'huile et le transporteur. Les premiers à s'être lancés sur les mers sont dans certains cas des aristocrates disposant de produits en excès, dotés d'esprit d'aventure et d'autorité, soucieux peut-être de se constituer un trésor, assurés enfin que leur famille et leurs serviteurs s'occuperont du domaine en leur absence. Bien souvent, toutefois, le commerce maritime est aux mains de professionnels. De son côté, la production s'adapte à une demande étrangère croissante : à Corinthe, en Asie Mineure, plus tard à Athènes, des vases sont fabriqués « en série ». La construction navale s'améliore, peut-être sous l'impulsion de Corinthe.

Tout cela ne doit pas faire illusion : les activités et les productions agricoles constituent encore la base de l'économie ; les artisans et les commerçants sont, le plus souvent, propriétaires d'une terre qui leur assure indépendance et capacité civique.

■ *Géographie et chronologie des échanges*

Toutes les régions ne sont pas concernées au même degré ni en même temps par ces échanges : un certain rythme se dégage de l'étude des trouvailles céramiques.

Avec l'Orient. Dès la première moitié du VIIIe siècle, nous trouvons de la céramique grecque (essentiellement attique, eubéenne et cycladique) à Chypre, en Syrie (Al Mina), en Palestine, vers l'intérieur jusqu'à Hama ou Samarie. Dès 750, en plein style géométrique, les artistes grecs s'essaient à imiter les motifs et les formes de l'art syrien, à Corinthe comme à Athènes. Le VIIe siècle voit le triomphe du style dit orientalisant, avec ses décors où dominent les cortèges d'animaux, les animaux fantastiques et le décor végétal. On y discerne l'influence des villes phéniciennes et des principautés néo-hittites de la Syrie du Nord (apogée vers 750), ou encore de la région de l'Ourartou (entre la haute Mésopotamie et le Caucase) célèbre pour ses chaudrons et trépieds imités dans tout le monde grec. Par ailleurs, les Grecs d'Asie s'organisent après 675 pour leur commerce déjà ancien avec l'Égypte ; leur comptoir de Naucratis reçoit au VIe siècle seulement un statut définitif, sous le pharaon Amasis.

Avec l'Occident. Du côté de l'Occident, les anciens contacts se développent à la faveur de la colonisation. Les premières études sur les courants commerciaux ont été lancées par G. Vallet pour le détroit de Messine, F. Villard pour Marseille, J.-P. Morel pour les Phocéens. Elles ont été élargies à l'Espagne, l'Adriatique, l'Italie, tandis que les fouilles d'épaves ou de sites se sont multipliées.

L'Étrurie reçoit, dans la deuxième moitié du VIIIe siècle, des vases géométriques de Corinthe et des Cyclades ; le protocorinthien géométrique domine alors presque exclusivement les importations en Sicile, tandis que l'Eubée fournit Pithécusses et Cumes. Au début du VIIe siècle, Corinthe inaugure le style à figures noires ; sa céramique domine durant tout ce siècle : elle est à peu près seule utilisée en mer

Ionienne, en Sicile et même à Tarente, souvent sous forme de vaisselle courante produite en série ; en Étrurie, quelques très beaux exemplaires voisinent avec des objets de Grèce d'Asie, de Rhodes, des régions syro-phéniciennes ; mais la céramique étrusque imposera une rude concurrence.

Vers la fin du siècle, la production attique fait quelques timides apparitions, à Tarente d'abord. A partir de 650, elle s'impose : abondante à Tarente, de qualité remarquable en Étrurie, nombreuse sur la côte tyrrhénienne et à Marseille ; elle atteint même le monde celtique par Marseille et par les comptoirs d'Adria et de Spina, au fond de la mer Adriatique. C'est l'apogée du style attique à figures noires avec les grands artistes, peintres et potiers fréquemment signataires de leurs œuvres.

La céramique laconienne circule largement au VIe siècle, souvent transportée par les Samiens. Mais, à partir du VIe siècle, les Phocéens dominent les courants commerciaux de l'extrême Occident ; ils s'implantent à Marseille, Emporion en Espagne, Velia en Italie, Aleria en Corse, redistribuent les produits extérieurs, puis les leurs, comme le vin et la céramique grise de Marseille.

◆ « Les Phocéens furent les premiers des Grecs à pratiquer la navigation lointaine, et ce sont eux qui firent connaître l'Adriatique, la Tyrrhénie, l'Ibérie et le Tartessos ; ils ne naviguaient pas sur des bateaux ronds mais sur des pentécontères. » ◆
HÉRODOTE, I, 163.

Vers le nord-est. Apparemment plus tardive, l'utilisation de la route vers le Pont a été elle aussi précédée de nombreux voyages de reconnaissance. De nombreux sites sont placés sur des estuaires de fleuves et servent de relais vers l'intérieur, parfois précédés par un ilôt, comme Bérézan face à Olbia où on a retrouvé une lettre de commerçant. Les cités d'Asie Mineure ont participé à ces relations précoloniales. Les *tumuli* montrent la cohabitation des indigènes et des Grecs. Vers 625, les vases ioniens arrivent en grand nombre ; au VIe siècle, ils viennent de Milet, Samos, Rhodes, Chios, Clazomènes.

Le début des règles commerciales ■

Les routes du commerce sont désormais bien tracées et jalonnées. Tous en profitent : le monopole dont jouit telle céramique tient à sa valeur marchande plus qu'à la nationalité de ses transporteurs ; toutefois le pays producteur profite d'une augmentation de ses débouchés artisanaux. Les quelques lettres sur plomb retrouvées (lettre de Bérézan, de Pech Maho près d'Agde, d'Emporion) montrent que des règles commencent à se préciser avec des contrats privés, mais le commerce maritime est un métier à haut risque. Les cités peuvent intervenir pour réglementer certaines exportations, comme l'a fait Solon à Athènes (cf. p. 97). De toute façon, nous n'avons jamais une politique concertée de la part des cités ; tout au plus certaines d'entre elles assurent la liberté de navigation pour leurs ressortissants en privilégiant certaines routes. Chaque marchand tente de s'en tirer au mieux ; les habitudes se créent vite, facilitées par les liens particuliers entre métropoles et colonies. Il ne nous est malheureusement pas possible d'estimer l'importance réelle de la production, ni, a fortiori, celle de la main-d'œuvre.

Lettre de Bérézan (vers 500)
Lettre privée écrite par un père à son fils sur un rouleau de plomb. Il lui annonce qu'il a été saisi, ainsi que la cargaison dont il assurait le transfert, par un habitant (sans doute d'Olbia) qui avait une créance sur le propriétaire de la cargaison.
Voir Nomima *II (cf. p. 4), n°72.*

Pour approfondir ce chapitre

La cité archaïque : A. SNODGRASS, *La Grèce archaïque*, trad. 1986, Hachette, avait lancé de nouvelles questions. On a maintenant des synthèses : O. MURRAY (cf. p. 62) et Cl. BAURAIN (cf. p. 6), p. 388-417. Le thème de la continuité avec l'âge du bronze est développé dans H. VAN EFFENTERRE (cf. p. 27), celui du rôle des sanctuaires dans la naissance de la cité par Fr. de POLIGNAC, *La Naissance de la cité grecque*, La Découverte, 1995.

La monnaie : A côté des recueils cités p. 5, il faut se reporter aux mises au point de M. DEBIDOUR, « Monnayage et économie chez les Grecs de l'époque archaïque », *L'Information Historique*, 57, 1995, p. 182-189 et F. REBUFFAT, *La Monnaie antique*, Picard, 1996.

Les questions économiques : Elles avaient été abordées par E. WILL, « La Grèce archaïque », *Actes de la deuxième conférence internationale d'histoire économique*, Aix-en-Provence, 1962, p. 41 sq. Voir aussi M. GRAS, *La Méditerranée archaïque*, Colin, 1995, p. 126-166 pour la partie commerciale ; R. DESCAT, dans *Le Monde grec*, P. BRIANT et *alii*, éd., (cf. p. 6), p. 294 sq. pour le début du Ve siècle. Enfin pour les documents épigraphiques sur les échanges, avec bibliographie et commentaires, dans *Nomima*, (cf. p. 4), p. 147-278.

Sur la navigation, voir L. EASSON, *Ships and Seamanship in the Ancient World*, Princeton, 1971 ; *Dossiers de l'Archéologie*, « La navigation dans l'Antiquité », 29, 1978 et L. BASCH (cf. p. 22).

La colonisation. Aux anciennes études de J. BÉRARD, *L'Expansion et la colonisation grecque*, 1960 et Cl. MOSSÉ, *La Colonisation dans l'Antiquité*, 1970, toujours utiles, ajouter J. BOARDMAN, *Les Grecs d'outre-mer, colonisation et commerce archaïque*, trad. fr. Centre Jean Bérard, Naples, 1995 ; J.-P. MOREL, (cf. p. 72). Recueil de textes dans F. LETOUBLON, *La Ruche grecque et l'empire de Rome*, Grenoble, 1995.

Sur l'Occident grec : J.-L. LAMBOLEY, *Les Grecs en Occident*, Paris, Sedes, 1996 ; G. PUGLIESE-CARRATELLI éd., *Les Grecs en Occident*, Bompiani, 1996 ; G. VALLET, *Le Monde grec colonial d'Italie du Sud et de Sicile*, École française de Rome, 1996 (recueil d'articles ; voir notamment « La Cité et son territoire dans les colonies grecques d'Occident », 1968 ; D. RIDGWAY, *Les Premiers Grecs d'Occident, l'Aube de la Grande-Grèce*, Paris, de Boccard, 1992 (sur les Eubéens et Pithécusses) ; « La Sicile grecque », *Dossier d'Archéologie*, n°225, juillet 1997 ; P. ROUILLARD, *Les Grecs et la péninsule Ibérique, du VIII*^e^ *au IV*^e^ *siècle av. J.-C.*, Paris, 1991 ; *Sur les pas des Grecs en Occident, Hommages à A. Nikels*, Études massaliètes 4, Lattès, 1995.

Sur la mer Noire : A. WASOWICZ, *Olbia, cité pontique*, Besançon 1978 ; A. CHTCHEGLOV, *Polis et Chôra. Cité et terri-*

toire dans le Pont-Euxin, Ann. litt. de Besançon, 1992 ; Les *Dossiers d'Archéologie,* 188 (déc. 1993), « Les villes grecques de la mer Noire ».

Sur les difficiles problèmes des groupes ethniques et familiaux, deux thèses : F. BOURRIOT, *Recherches sur la nature du genos,* Lille, 1976, et D. ROUSSEL, *Tribu et Cité,* Paris, 1976 (qui aborde l'étude de tous les groupements de citoyens, dont les phratries).

Sur la naissance de la cité : E. SCHEID-TISSIGNER, *L'Homme grec aux origines de la cité, 99-700,* Paris, Colin, 1999.

6

La crise politique et sociale dans la cité (VIIe et VIe siècles)

Ce mélange de très grande vitalité et de difficultés à surmonter des crises internes, nous l'avons trouvé dans le mouvement de colonisation, nous le retrouvons dans la vie politique. Les cités grecques, travaillées par un intense bouillonnement, vont rechercher des solutions qui, en dépit d'échecs immédiats, modifieront profondément les rapports entre les citoyens.

L'utilisation de la documentation relative à cette époque troublée pose quelques problèmes. A côté des inscriptions ou des vestiges archéologiques – témoignages peu loquaces sur la situation quotidienne – nous disposons de quelques textes littéraires contemporains : nous pouvons y percevoir les échos de conflits politiques opposant les aristocrates entre eux (Alcée, à Lesbos), ou les aristocrates aux « nouveaux riches » (Théognis, à Mégare) ; des poètes politiques comme Tyrtée à Sparte ou Solon à Athènes témoignent des efforts accomplis pour rétablir la concorde entre les citoyens. Tout cela reste bien difficile à comprendre si nous ne faisons pas appel à des sources plus tardives : rares et peu explicites au Ve siècle (Hérodote et, à un moindre degré, Thucydide), elles deviennent plus prolixes au IVe siècle, avec Aristote et les nombreux historiens locaux d'Attique ou d'ailleurs ; ensuite les mêmes anecdotes sont éternellement reprises, souvent déformées, recomposées, et ce jusqu'en pleine époque romaine, avec Plutarque, Strabon, Diodore de Sicile, Diogène Laërce, etc. C'est dire que la réflexion argumentée sur la « crise » n'apparaît vraiment qu'avec Aristote et ses contemporains : à l'évidence, ils subissent l'influence des conflits sociaux, de l'opposition entre pauvres et riches, de la revendication de partage des terres qui secouent alors les cités grecques (voir pp. 212 et 232). Néanmoins, puisqu'ils ont eu le sentiment que le rapprochement s'imposait, nous pouvons tenter de les suivre prudemment dans cette voie.

HÉRODOTE : originaire d'Halicarnasse, il est né dans le premier quart du Ve siècle. Il a beaucoup voyagé tant dans l'Empire perse qu'en Grèce. Il a résidé à Athènes avant de participer en 444/443 à la fondation périclééenne de Thourioi en Italie du Sud (sur l'emplacement de Sybaris). Son histoire des guerres médiques lui donne l'occasion de maintes digressions sur des événements passés, des mœurs, coutumes et mentalités des peuples dont il parle.

Voir p. 65.

■ *Les éléments d'une crise*

Les groupes antagonistes. Parfois dès le VIIIe siècle, plus souvent aux VIIe et VIe siècles, une tension plus ou moins vigoureuse aurait mis en péril l'ordre social et la stabilité politique dans bien des cités – dans celles sur lesquelles nous avons le plus de renseignements. Elles voient les riches propriétaires fonciers, qui ont tendance à étendre leurs biens par tous les moyens, s'affronter aux petits ou même aux moyens propriétaires qui, pour des raisons écologiques, démographiques ou économiques, ont de plus en plus de mal à vivre de leurs biens-fonds. Or ils sont, socialement et politiquement, totalement dominés par cette aristocratie foncière. De plus celle-ci a pu, çà et là, arrondir sa fortune en participant aux activités artisanales et surtout commerciales ; ailleurs, au contraire, elle s'oppose à ceux dont les revenus ne sont pas agricoles et qui, de ce fait, sont souvent exclus de la vie politique. Or beaucoup de cités ne connaissent encore qu'un emploi relativement modéré des esclaves : il faut donc utiliser une main-d'œuvre de gens libres, ce qui pose des problèmes de recrutement et engendre des conflits sociaux plus aigus.

Aux VIIe et VIe siècles, l'affrontement des groupes sociaux s'exacerbe, mais on voit aussi les aristocrates se déchirer entre eux, grâce à quoi, sans doute, l'opposition populaire réussit à s'exprimer et à arracher quelques réformes. Nous ignorons une bonne partie des raisons pour lesquelles ces tensions, inhérentes à la cité archaïque, se sont hissées au niveau de la *stasis,* de ce désordre civil qui a tant marqué la mémoire collective des Grecs et qui fut parfois sanglant. Sans doute y a-t-il eu convergence, à des époques variables selon les cités, des forces de contestation, consolidées par les conséquences du développement des échanges avec l'extérieur. Gardons-nous toutefois d'évoquer une « explosion » sociale ou politique : le mouvement s'étend sur près de trois siècles ; ni l'urgence d'une solution ni les différentes orientations que celle-ci devait prendre n'ont pu apparaître d'un seul coup, pas même pour une seule cité.

Les solutions politiques. Deux phénomènes étroitement imbriqués l'un dans l'autre traduisent les mutations politiques de cette période :
– une activité législative intense, longtemps associée à quelques noms de législateurs célèbres, mais aussi connue par des inscriptions caractéristiques, encore que fragmentaires et de compréhension souvent difficile ; à ce groupe, il faut peut-être adjoindre l'aisymnète, législateur parfois tyrannique, fréquemment mentionné pour l'Orient grec ;
– une floraison de tyrannies, régimes sans légitimité institutionnelle, reposant sur la force, le consensus d'une majorité de la population ou d'une « minorité agissante ». Comme pour les législateurs et les aisymnètes, l'origine de leur pouvoir se trouve dans l'état de guerre civile latente ou déclarée, la *stasis* évoquée plus haut.

1. Vocabulaire, chronologie, géographie

Si la chronologie de ces phénomènes devient un peu mieux assurée et si notre vision globale est plus cohérente, nous n'en restons pas moins tributaires des personnalités qui ont marqué la tradition antique ; elles sont pour nous des points de repère, manifestations visibles des mouvements cachés qui ont secoué les fondements sociaux et politiques du monde archaïque.

Trois termes sont employés par les Anciens, qui n'ont pas toujours de correspondants dans notre langue : nomothète (législateur), aisymnète, tyran.

Le législateur. Parmi les législateurs dont Aristote nous donne la liste (*Politique,* 1274 a), Solon seul sort vraiment de la légende : appelé comme arbitre, il n'est qu'archonte l'année où il institue les règles qui lui paraissent devoir résoudre la crise sans mécontenter les aristocrates. Il se retire ensuite... pour voir sombrer ses espoirs. Certains de ces législateurs sont de simples codificateurs, moralistes de surcroît, qui ont assuré la rédaction de la coutume éventuellement en vers, que l'on pourra chanter.

Voir p. 96 sqq.

L'aisymnète. Une étymologie associe le terme d'aisymnète à la mémorisation ; il aurait fait appliquer le droit coutumier ou aurait établi un droit nouveau : dans les deux cas, il en aurait assuré la consignation par écrit. Dans la pratique, il apparaît surtout comme arbitre ; pour Aristote, il se distingue du tyran en ce qu'il est élu ; de fait, venu régler un conflit, il ne se maintient pas au pouvoir au-delà du temps nécessaire (dix ans pour Pittakos à Mytilène) ; sa retraite est paisible et personne n'hérite de ses pouvoirs.

Le tyran. Le tyran peut aussi être appelé *basileus*, archonte, prytane, monarque, aisymnète, etc. C'est un monarque, c'est-à-dire un homme qui détient seul le pouvoir ; il diffère du monarque traditionnel non par ses origines ou sa légalité, mais par sa pratique ; au moment où il apparaît, c'est à l'oligarchie qu'il s'oppose le plus souvent. La monarchie lydienne des Mermnades aurait fourni le modèle d'un régime que les Grecs déjà considéraient comme emprunté à l'Anatolie ; le terme lui-même serait plutôt d'origine lycienne. Les Anciens ont été frappés par cette pratique particulière du pouvoir qui ne bouleversait pas les institutions. Aristote qui fait de la tyrannie un avatar malencontreux d'une monarchie mal conduite, est pourtant contraint à plusieurs reprises de la traiter avec estime et considération (ex. pour les Orthagorides de Sicyône).

◆ « Comme la Grèce devenait plus puissante et qu'elle s'occupait plus qu'auparavant d'acquérir des richesses, la plupart du temps des tyrannies s'installaient dans les cités, avec l'augmentation des revenus (auparavant il y avait des royautés héréditaires aux privilèges déterminés)... » ◆
THUCYDIDE, I, 13.

Aucune barrière franche ne sépare ces trois types d'hommes politiques : toute classification est donc arbitraire ; le tableau suivant n'échappe pas à cette faiblesse ; de même il indique souvent pour le régime qui suit un nom semblable à celui qui précède : le contenu en est différent, car bien des changements ont été irréversibles.

Cette liste n'est pas exhaustive : nous en avons retiré les cas trop obscurs ou trop aberrants (tyrannies des colonies). Par ailleurs aucune date précise ni aucune fonction connue ne peuvent être attribuées à des législateurs tels Zaleucos de Locres (Grande Grèce), Charondas de Catane, Androdamas de Rhégion, Dioclès de Syracuse (peut-être seulement fin Ve), Démonax à Cyrène, etc. Il faudrait y ajouter ces anonymes qui ont dû inspirer la rédaction des lois des cités crétoises, en particulier du magnifique « code » de Gortyne dont bien des éléments semblent remonter au VIe siècle. Ce développement législatif, encore largement transmis par la parole et le chant, fut aidé par la redécouverte de l'écriture. Ainsi voyons-nous une cité crétoise encore mal identifiée offrir à un certain Spensithios des revenus fonciers et une situation officielle en échange de ses fonctions de scribe à la phénicienne et de *mnamôn* (= mémorisateur).

Extrait de l'inscription relative à Spensithios

◆ « [...] qu'il soit pour la Cité, dans les affaires publiques tant religieuses que profanes, le scribe (à la phénicienne) et le *mnamon* [...] Il sera fourni comme salaire annuel au scribe, cinquante cruches de moût et des (affaires) pour vingt drachmes ou des ? [...] » ◆
H. VAN EFFENTERRE et FR. RUZÉ, *Nomima* I, n°22

Principaux tyrans, aisymnètes et législateurs identifiables dans le vieux monde grec archaïque ▶

	Lieu	Noms connus (Dates présumées)	Nature du pouvoir	Régime antérieur	Régime postérieur
GRÈCE CONTINENTALE	*Corinthe*	Kypsélos (657 à 627)	Tyran	Olig. Bacchiades	Tyrannie
		Périandre (627 à 585)	Tyran	Tyrannie	Tyrannie
		Psammétique (585 à 584-583)	Tyran	Tyrannie	Aristocratie modérée
	Sicyône	Orthagoras (vers 650)	Tyran ?	Aristocratie	Tyrannie ?
		Myron ?	Tyran ?	Tyrannie ?	Tyrannie ?
		Aristonymos ?	Tyran ?	Tyrannie ?	Tyrannie ?
		Myron II et Isodémos (600) ?)	Tyrans	Tyrannie ?	Tyrannie ?
		Clisthène (env. 600 à 565)	Tyran	Tyrannie	Olig. modérée ou tyrannie ?
		Eschine (?/510)	Tyran	?	Oligarchie ?
	Mégare	Théagénès (entre 650/600 ?)	Tyran	Ploutocratie	Aristocratie modérée
	Argos	Phidon (vers 650)	Monarchie tyrannique	Monarchie	?
	Athènes	Cylon (vers 630)	Échec	Aristocratie	Aristocratie
		Dracon (vers 620)	Législateur	Aristocratie	Aristocratie
		Solon (594)	Législateur	Aristocratie	Aristocratie modérée
		Pisistrate (561 à 528-527)	Tyran	Aristocratie	Tyrannie
		Hippias	Tyran	Tyrannie	Troubles puis isonomie
ASIE MINEURE ET ÎLES	*Milet*	Amphitres (fin VIIIe ou VIIe)	Tyran	Mon. Néléides	Guerre civile
		Epiménes (VIIe)	Aisymnète	troubles	Aristocratie ?
		Thrasybule (fin VIIe-VIe)	Tyran ou Prytane	Aristocratie	Tyrannie
		Thoas, Damasanor (VIe)	Tyrans	Tyrannie	Ploutocratie et troubles
	Mytilène	Mélandros, Myrsilos (fin VIIe)	Tyrans ou chefs olig.	Mon. Penthilides	Aristocratie
		Pittacos (590 à 580)	Aisymnète	Aristocratie troubles	Aristocratie modérée ?
	Samos	Démotéles (VIIe)	Tyran	Oligarchie	Aristocratie des géomores
		Syloson ? (déb. VIe)	Tyran ?	Aristocratie	Aristocratie ?
		Polycrate (532 ?-522)	Tyran	Aristocratie ?	Troubles, puis Perses
	Éphèse	Pythagoras (vers 600)	Tyran	Olig. Basilidai	Tyrannie
		Pindaros (vers 560)	Tyran	Tyrannie	Conquête lydienne
		Aristarkhos	Aisymnète	troubles	Tyrannie
		Pasiclès	Tyran ?	Tyrannie	Monarchie ou Perses
	Naxos	Lygdamis (vers 550)	Tyran	?	Ploutocratie

Nota : la mention des « Perses » en dernière colonne indique une tyrannie mise en place par les Perses. Les troubles correspondent soit à des rivalités entre factions aristocratiques, soit à des luttes entre l'aristocratie et le reste du *dèmos*.

2. Le droit des législateurs et des inscriptions

Sur l'écrit et ses effets sur le droit, voir le colloque de 1984 : Les Savoirs de l'écriture en Grèce ancienne, *M. DETIENNE éd., Lille, 1988. A nuancer avec R. THOMAS,* Orality and Literacy in Ancient Greece, *Cambridge, 1992 ; K.-J. HÖLEKESKAMP,* Arbitrators, Lawgivers and the « Codification of Law » in Archaic Greece, *Mètis VII, 1992, p. 49-81 et sur « l'âge des législateurs », voir* Nomima *I, (cf. p. 4), p. 1-8.*

Dépouillés de leur légende, les législateurs perdent beaucoup de leur consistance ; quelques mentions de lois et des inscriptions du VIe siècle viennent à notre secours pour nous permettre de dresser un tableau somme toute surprenant : il révèle une volonté tenace de clarifier les rapports privés et publics et une tendance de plus en plus nette, de la part de la cité, à intervenir dans les différents domaines où s'exerce l'activité des hommes. Mais nous ne connaissons sans doute que quelques nouveautés ; il nous en échappe beaucoup comme nous échappe la situation dans les cités les plus ternes.

■ *Les conflits entre particuliers*

On attribue à Dracon la loi suivante :

◆ « Le Conseil de l'Aréopage connaîtra du meurtre et des blessures causées avec intention de tuer, de l'incendie et de l'empoisonnement lorsqu'on a tué en administrant le poison. » ◆
DÉMOSTHÈNE, *Contre Aristocratès*, 22.

Il s'élabore un droit écrit qui va servir de référence pour résoudre les conflits entre particuliers :

– sanction des violences exercées (meurtres, coups et blessures, vols) : un tarif d'amendes est fixé (selon la qualité de la victime), offrant la possibilité de se dégager de sa peine par voie de conciliation et permettant d'échapper à la vengeance familiale ; une distinction révolutionnaire est établie entre l'homicide volontaire et involontaire (attribuée à Dracon) ;

– réglementation des contrats de mariage, des lois d'héritage et d'adoption (en particulier pour le délicat problème de l'*épiclérat*) ;

– législation du travail, qu'il soit public ou privé, qu'il soit accompli par un homme libre ou par un dépendant ; les contrats, la responsabilité, les salaires même peuvent être fixés par le droit ; cela devient d'une importance vitale lorsqu'il est question du travail dépendant libératoire d'une dette au risque d'aboutir à l'asservissement du débiteur ;

– réglementation des droits sur la terre, des servitudes (passage, eaux, etc.) ;

– surveillance des paiements, reconnaissance de dettes ;

– règlements d'associations privées.

> ***Épiclérat :*** vient du mot *kléros*, lot de terre. Situation d'une orpheline qui n'a pas de frères : elle ne peut, étant femme, posséder et surtout gérer le bien patrimonial ni y célébrer le culte domestique ; mais elle peut le transmettre à ses enfants, d'où l'importance du choix du mari : de préférence il doit appartenir à la famille de son père.

■ *Les lois sacrées*

Voir p. 110.

Si toutes ces lois sont placées sous la protection des divinités, certaines d'entre elles règlent plus précisément les affaires sacrées. La quasi-totalité des textes pour des travaux publics concernent des sanctuaires. Toute une réglementation précise les cultes des dieux et des héros de la cité, garantit les biens des sanctuaires, limite l'usage que l'on doit faire des objets sacrés, fixe les offrandes à consacrer ; elle précise aussi les fonctions des *hiéromnèmones* ou autres préposés aux affaires divines, ainsi que les rapports permanents entre fonctions religieuses et fonctions civiles. A cette série se rattache l'organisation des groupes de jeunes, embrigadés plus ou moins tôt dans des classes d'âge et des activités collectives souvent liées à une manifestation cultuelle (Sparte, Mycènes).

Les lois constitutionnelles ■

Plus souvent mentionnées mais peut-être moins révélatrices des préoccupations majeures des législateurs, les mesures constitutionnelles nous plongent dans une nouvelle conception du droit politique : intégration de nouveaux citoyens, répartition entre tous des droits et des devoirs, surtout réglementation des magistratures dans leur recrutement, leur renouvellement, leur compétence et, toujours, leur responsabilité (ex. Dréros, Érythrées, Érétrie). La rédaction de listes de magistrats (*damiourgoi* à Argos ou archontes à Athènes) correspond à une volonté de dater les actes de la cité ou d'annoncer les responsabilités, tandis que le fait d'envisager la possibilité d'une vacance de la magistrature témoigne des troubles politiques de l'époque. Remarquons enfin la mention de votes acquis à la majorité, notion jusqu'alors absente de nos sources.

◆ « La *polis* a décidé : quand on aura été cosme (= magistrat d'une cité crétoise), de dix ans le même individu ne sera plus cosme. Et, s'il vient à être cosme, dans tous les cas où il prononcera un jugement, lui-même devra une amende du double ; il sera maudit et privé de ses droits civiques, aussi longtemps qu'il vivra, et ce qu'il aurait fait comme cosme sera nul. Jureurs : le collège des cosmes, les "damioï" et les "vingt de la ville". » ◆
Inscription de Dréros en Crète, entre 650 et 600 av. J.-C. ; P. DEMARGNE et H. VAN EFFENTERRE, *BCH* 1937, 340 *sqq.* et 1938, 194-195.

Le texte trouvé à Chios est peut-être le plus célèbre de tous (milieu VIe siècle ?). A l'occasion d'un règlement sur le déroulement d'affaires judiciaires, sont fixés la compétence et la responsabilité des magistrats (*basileus* et démarque), le pouvoir du *dèmos* et sa convocation régulière en assemblée, le rôle de juridiction d'appel d'un conseil populaire à recrutement proportionnel (cinquante par tribu) et à compétence politique globale.

La justice ■

Sur la justice chez Hésiode, voir p. 60.

Inséparable, sur le fond, du droit constitutionnel, l'organisation judiciaire mérite pourtant une mention spéciale car elle révèle une nouvelle mentalité. Un tarif d'amendes est établi, avec son rythme de progression en cas de dérobade, et le magistrat chargé de l'exécution engage sa propre responsabilité matérielle. La procédure est modernisée : les règles du témoignage, de la garantie sont fixées ; toutefois défaillants et faux-témoins ne sont encore souvent passibles que d'imprécations. Mais, innovation fondamentale, l'action peut être engagée par qui le veut, et non obligatoirement par la victime ou sa famille : c'est toute la cité qui se trouve ainsi prise en charge par chacun (ex. Athènes, Élis).

La remarquable qualité de ces législations ne doit pas en masquer les limites : dans la plupart des cas on n'a sans doute fait qu'enregistrer une coutume qui s'était compliquée et affinée au cours de ces trois siècles ; de ce fait, ce droit reste favorable aux nobles et aux nantis.

Le règne de l'harmonie que l'on attend de ces « réformes », c'est l'*eunomie,* c'est-à-dire la stabilité de chacun qui, en restant à la place que la *tyché* lui a assignée, jouira d'une garantie nouvelle contre l'arbitraire, mais ne devra pas sortir des droits et des devoirs inhérents à sa condition. Aussi des revendications demeurent dont témoignent la tyrannie et la recherche, à la fin du VIe siècle, d'un régime isonomique.

Tyché : Destin, Providence

Régime isonomique : voir p. 126 sqq.

3. Les tyrans

■ *Origines et prise du pouvoir*

A propos de Kypsélos, à Corinthe

◆ « Étant polémarque, il fut encore plus aimé, étant le meilleur de ceux qui avaient jusqu'alors exercé cette magistrature [...]. K. n'enferma ni n'enchaîna aucun citoyen, mais les uns, ils les libéra en fournissant des cautions, les autres, en se portant lui-même caution et, à tous, il remit la part qui lui revenait à lui. Grâce à quoi, il fut adoré de la foule. » ◆
NICOLAS DE DAMAS, *FGH,* 90 F 58.

La tyrannie se présente à la fois comme une émanation de l'aristocratie et une réaction contre elle ; la majorité de nos sources lui est hostile par incompréhension totale de la nature profonde d'un régime disparu.

A quel pouvoir le tyran met-il fin ? Très souvent à celui qu'exercent des familles célèbres : selon que le titre royal y est héréditaire ou électif, on parle de monarchie ou d'oligarchie.

En fait ces « royautés » ne sont guère que de simples magistratures. Un aristocrate mal placé ou plus conscient arrache volontiers le pouvoir à ceux qui le détiennent, profitant de l'hostilité générale qu'ils ont suscitée (ex. : Kypsélos). Ailleurs nous entendons parler de rivalités entre familles aristocratiques qui provoquent l'appel à un arbitre mais peuvent aboutir à la prise du pouvoir par l'un d'entre eux, s'appuyant sur une faction et sur l'indifférence du *dèmos* (ex. Pittakos, Pisistrate, Polycrate). Là encore ce sont les conflits à l'intérieur de l'aristocratie qui ont ouvert la voie à la tyrannie.

Exceptionnellement le mouvement semble partir du désir de lutter contre des accapareurs : accapareurs du pouvoir (Doriens de Sicyône), de terres (éleveurs de Mégare, géomores de Samos) : les conditions sont alors trop obscures pour que nous puissions en tirer des conclusions. Aucun de ces tyrans « démagogues » n'est issu du peuple ; ils auraient du reste exercé, au mieux de leur popularité, des magistratures auxquelles ne pouvaient accéder que des aristocrates (archonte, polémarque, *basileus*).

Toutefois, il leur a fallu trouver ailleurs un soutien plus large et plus durable. Les motifs d'insatisfactions, voire d'angoisse, dus à la situation économique et sociale, ont permis d'en appeler au peuple : Théagénès a mis les pauvres de son côté à Mégare ; Phidon aurait créé à Argos la classe hoplitique qui s'illustre victorieusement contre Sparte ; à Sicyône, Clisthène s'appuie sur les non-Doriens (peut-être plus malmenés politiquement que socialement) ; Pisistrate reçoit l'appui du *dèmos* (mais lequel ?).

Tous ces appuis ont dû être réels encore qu'impossibles à évaluer de façon satisfaisante. Mais ils n'ont pas suffi à éviter le recours au coup de force : meurtre du *basileus* au pouvoir, appel aux mercenaires, élimination violente des concurrents, etc. Le tyran accomplit cela avec un petit groupe de partisans, encore des aristocrates ; il doit souvent s'assurer la protection de gardes du corps.

A s'en tenir aux seules conditions de la prise du pouvoir, ces tyrannies ne sont donc pas révolutionnaires. Elles ne s'accompagnent pas non plus de changements notables dans les institutions : le tyran laisse en place tout le système ; il y place des hommes à lui et s'en sert à des fins différentes.

PISISTRATE dut prendre trois fois le pouvoir selon Hérodote, I 59 *sqq.*, mais la chronologie reste incertaine ; on peut proposer :
1. 561-560 : prise de l'Acropole avec une garde personnelle obtenue du peuple ; abandon rapide du pouvoir, du fait d'une coalition de ses rivaux.
2. Deuxième prise de pouvoir, avec le soutien de Mégaclès, un aristocrate, de la famille des Alcméonides, dont il épouse la fille. Procession de retour : Pisistrate est accompagné d'une femme déguisée en Athéna.
556-555 : Exil volontaire après rupture avec Mégaclès, et rassemblement d'une armée à Erétrie.
3. 546-545 : conquête du pouvoir grâce à la victoire de Pallène.
528-527 : mort, de maladie.

Prestige et relations extérieures ■

Aristocrates, les tyrans le restent dans leurs relations avec l'étranger : ils consacrent des offrandes fastueuses aux grands sanctuaires de Delphes et d'Olympie (où les oracles comme les résultats des Jeux leur sont souvent favorables). Ils entretiennent avec d'autres chefs d'État, notamment d'autres tyrans, des relations personnelles et politiques qui contribuent à leur prestige et à leur puissance (exemple de Périandre : lié à Thrasybule de Milet, arbitre entre les Athéniens et les Mityléniens pour la possession de Sigeion, pourvoyeur en eunuques du roi de Lydie, Alyattes). Ils attirent auprès d'eux les grands noms de l'art et de la poésie. Ce sont des figures hautes en couleur auxquelles on attribue des actes et des intentions qui relevaient peut-être du simple opportunisme. On s'est plu à transmettre sur eux des histoires qui les placent hors du commun (ex. anneau de Polycrate, Périandre et sa femme, débauche extravagante des tyrans d'Érythrées, etc.).

Mesures économiques et sociales ■

Venus au pouvoir à la faveur d'une crise sociale, ils s'efforcent de trouver des solutions susceptibles de stabiliser la société en réduisant les écarts de revenus, au besoin par la contrainte. C'est ainsi que l'activité commerciale est stimulée (constructions navales de Corinthe et de Samos, impérialisme de Corinthe, Samos ou Athènes, surveillance de l'honnêteté des transactions, etc.). L'artisanat est soutenu par ce mouvement, mais aussi par une politique de grands travaux, dans laquelle on peut voir plus qu'une simple opération de prestige : tentative de *diolkos* à l'isthme de Corinthe, Bouleuterion et portique à Sicyône, temples attribués aux Pisistratides, etc. Pour Aristote, ce n'est qu'un moyen de détourner les gens de la politique ; en fait il est urgent de fournir du travail à ceux qui sont touchés par des difficultés dans l'exportation de céramique (Corinthe), plus encore à ceux qui sont contraints de quitter la terre.

Mieux vaut encore essayer de retenir les gens sur les terres. On interdit l'accès à la ville (Corinthe), on réduit l'attrait politique de celle-ci en apportant la justice à la campagne (Pisistrate), surtout on aide les petits agriculteurs à survivre : par une redistribution des terres confisquées à de riches opposants (les témoignages manquent, sauf peut-être pour Corinthe) ; par des prêts aux paysans pour revaloriser leur exploitation (attelages ? outils ? ou plutôt conversion en cultures arbustives ?).

Parallèlement, des lois somptuaires cherchent à réduire les occasions d'achats à l'extérieur, à limiter les risques d'endettement, à réserver aux hommes libres le travail que l'on serait tenté de confier à des esclaves. Parfois même, nous dit-on, un impôt prélève la dîme du capital (Corinthe) ou des revenus (Athènes), obligeant les riches à freiner leurs dépenses, les autres à travailler plus, et permettent au tyran de financer ses dépenses.

◆ « Pisistrate [...] avançait de l'argent aux pauvres pour leurs travaux, afin qu'ils puissent se nourrir en cultivant la terre [...]. Il établit des juges des dèmes et lui-même allait souvent dans la *chôra* pour surveiller et réconcilier ceux qui avaient des différends, afin qu'ils ne viennent pas à la ville en négligeant leur travail » ◆
ARISTOTE, *Const. Ath.*, XVI, 2 et 5.

Diolkos : route dallée de 6 km, construite vers 600 et traversant l'isthme au nord de Corinthe ; elle permettait le transport des cargaisons sur des traîneaux à roues.

A propos de Périandre

◆ « (Périandre) empêche les citoyens d'acquérir des esclaves et de rester dans l'oisiveté, imaginant sans cesse pour eux de nouveaux travaux. Quiconque restait assis sur l'agora était puni [...]. » ◆
NICOLAS DE DAMAS, *FGH*, 90 F 58.

Ce texte est discuté par O. PICARD, *dans* Aux Origines de l'Hellénisme, Hommages à H. VAN EFFENTERRE, *1984, p. 187-191.*

« On]éto[ridès
H]ippia[s
K]leisthén[ès
M]iltiadès
[Ca]lliadès
[Peisi]strat[os] »
Fragment d'une liste d'archontes allant de 527-526 à 522-521 ; voir Nomima *I, (cf. p. 4), n°89.*

Lutte contre les aristocrates. Les intentions politiques contenues dans ces mesures ont été maintes fois soulignées par les adversaires de la tyrannie. Mais ceux-ci confondent volontiers les aristocrates et le *dèmos,* faisant de tous les victimes de mesures, avantageuses en fait pour une majorité de gens. S'il en était autrement, la tyrannie n'aurait pas duré cent ans à Sicyône, ou plus de soixante-treize ans à Corinthe. Les aristocrates ont-ils vraiment subi confiscations et violences ? Probablement ceux qui restaient dans l'opposition ; les autres semblent avoir été épargnés et avoir même fourni au tyran un personnel de confiance : la liste des archontes athéniens du VIe siècle mentionne, investis de cette fonction, des gens que l'on avait longtemps cru bannis par les Pisistratides.

Mais il reste que les mesures prises par les tyrans comme la nature même de leur pouvoir ont largement contribué à détruire le privilège politique et moral de l'aristocratie. Au pouvoir d'un petit groupe a succédé le pouvoir d'un seul : alors la loi s'est appliquée à tous indistinctement, mais certains l'ont plus durement ressentie ; même animés d'un esprit de revanche, ils ne pourront pas rétablir leur ancienne puissance. La religion a été utilisée par les tyrans dans cette lutte anti-aristocratique : ils ont réorganisé des fêtes traditionnelles (Panathénées à Athènes ou Jeux Néméens par Clisthène de Sicyône) ; plus encore, ils ont apporté un soutien fervent au culte le plus populaire qui se répandait alors, celui de Dionysos (Athènes, Sicyône).

◆ « A Athènes et dans le reste de la Grèce où, déjà auparavant, la tyrannie était très répandue, la plupart des tyrans furent renversés par Sparte. » ◆
THUCYDIDE, I, 18

Et pourtant, rares sont les tyrannies qui ne se sont pas achevées dans la violence. Les tyrans avaient aidé à surmonter une crise profonde, à accélérer l'évolution ; la tâche accomplie, leur présence paraît lourde. Ce type de monarchie, plus forte mais aussi plus solitaire que tout ce dont on avait gardé le souvenir, n'était pas conforme à la vocation de la cité. Dès l'instant que les circonstances n'exercent plus de contrainte, pourquoi laisser s'installer des dynasties condamnées à la seule force pour s'imposer ?

Pour approfondir ce chapitre

Sur l'ensemble de la période, voir les pages 80 et 106-107. En outre, V. EHRENBERG, *From Solon to Socrates,* Londres, 1968 ; à compléter par les introductions et notices des deux volumes de *Nomima* (cf. p. 4). **Sur la tyrannie**, Cl. MOSSÉ donne dans *La Tyrannie dans la Grèce antique,* PUF, 1969, une série de monographies avec les principales références aux sources et aux historiens, à compléter par les textes traduits dans J. DELORME, *La Grèce primitive et archaïque,* Coll. « U 2 », 1969. Des vues plus générales dans W. K. PLEKET, *Talanta* I, 1969, 19-61.

7

La diversité des cités grecques

A défaut de pouvoir établir une histoire de toutes les cités de quelque importance, attardons-nous sur celles qui nous ont livré une documentation suffisante pour donner un certain poids aux études qui les concernent.

Mieux connues que les autres cités, Athènes et Sparte ne sont pourtant pas exemplaires. Plus grandes et plus célèbres, elles sont plus souvent mentionnées par les auteurs anciens ; mais, victimes de leur succès, donc de leur légende, elles ne révèlent pas facilement leur histoire.

1. Sparte

L'histoire archaïque de Sparte est des plus difficiles à cerner : d'un côté, quelques faits à peu près attestés et datés, de l'autre une tradition nettement postérieure que nous n'arrivons pas toujours à faire coïncider avec ces faits et qui est victime du « mirage spartiate », image idéale que l'on a voulu donner de cette cité, surtout à partir du début du IVe siècle.

PLUTARQUE (50 – environ 120 ap. J.-C.).
Béotien, prêtre d'Apollon à Delphes durant de longues années.
Pour ses *Vies parallèles des hommes illustres* et ses recueils anecdotiques *(moralia)*, il fait appel à une vaste érudition mais écrit plus en moraliste qu'en historien.

Occupation du territoire ■

Les quatre villages de Pitana, Mésoa, Limnai et Kynosoura, fondus par synoecisme, constituent à la fin du IXe siècle la « ville » de Sparte ; l'ensemble de la vallée de l'Eurotas, des montagnes bordières et de la plaine côtière, forme la Laconie, dont l'occupation semble ne s'être achevée qu'au milieu du VIIIe siècle. Les Anciens appelaient « Lacédémoniens » ceux qui composaient la communauté humaine d'hommes libres vivant sur ce territoire : à côté des Spartiates proprement dits, les Périèques habitaient les régions du pourtour. Une partie de la population, les Hilotes, vivait en servitude, depuis longtemps peut-être ou seulement depuis la stabilisation récente. L'espace occupé s'agrandit dans la deuxième moitié du VIIIe siècle par la conquête au moins partielle de la Messénie ; une deuxième guerre, entre 650 et 620, achève cette annexion et alourdit la domination. Mais, du côté de l'Argolide, les Spartiates échouent à étendre leur territoire, voire leur influence (défaite hypothétique d'Hysiai – entre Lerne et Tégée – en 669), alors que vers l'Arcadie et vers la région de l'Isthme, l'entente se développe.

Voir carte p. 320.

Civilisation archaïque ■

Sparte ne se distingue pas alors des autres cités grecques : elle participe au mouvement de colonisation, aux concours olympiques ; elle produit une belle céramique (apogée vers

◆ « Là fleurissent la lance des jeunes gens et la muse claire, et la justice en pleine rue, protectrice des belles actions. » ◆
TERPANDRE, frgt. 6, Bergk.

◆ « Vous, les jeunes, restez fermes et combattez en vous serrant les uns les autres ; ne consacrez aucune pensée à la peur ou à la retraite honteuse ; renforcez votre courage, ayez dans votre cœur la force du combattant ; n'ayez pas trop d'affection pour votre vie, quand vous vous battez avec les hommes. » ◆
TYRTÉE, frgt. 7, Diehl et Prato.

560/550 ?) ; elle est réputée pour ses figurines de bronze et sa sculpture dédalique, les petites terres cuites en particulier. Le chant choral s'y épanouit : au VIIe siècle, le poète lyrique Terpandre de Lesbos, à qui l'on attribue l'invention de la lyre à sept cordes, est invité à Sparte pour répandre ce genre sur le continent, tandis qu'Alcman – actuellement considéré comme spartiate – compose des poèmes célébrant la culture et les plaisirs. Tyrtée écrit une poésie plus politique et plus austère.

Il reflète un autre aspect de la mentalité de cette cité : Sparte commence à prendre le visage que lui connaîtront les auteurs classiques. Les artistes semblent ne plus trouver de clientèle locale suffisante ; les thèmes deviennent plus guerriers, les Jeux Olympiques n'attirent plus guère. La politique extérieure renonce aux annexions (même contre Argos enfin battue en 545) mais s'oriente vers des alliances couvrant tout le Péloponnèse. On attribue volontiers ces transformations aux difficultés nées de l'annexion de la Messénie et de l'asservissement de sa population, après la deuxième guerre : les Spartiates seraient dès lors contraints à se consacrer à la défense militaire et policière de leur situation à l'intérieur de l'État lacédémonien.

Un régime politique tôt et fermement fixé, une formation active des citoyens dans un idéal égalitaire, une importance numérique et économique remarquable des non-citoyens, ainsi pouvons-nous caractériser ce monde lacédémonien.

■ *Constitution politique*

Rhètra :

◆ « Après fondation d'un sanctuaire de Zeus Syllanios et d'Athéna Syllania, après répartition de la population en tribus et en *obai* (= cantons ?) ; après établissement d'une *gérousia* de trente personnes, archégètes (= rois) compris, de saison en saison, faire les *apellai* entre Babyka et Knakiôn ; de cette façon, proposer et laisser faire (*vel* : lever la séance). Au peuple, en assemblée, décision et sanction.

Si le peuple se prononce de travers, que les gérontes et les archégètes soient quittes (*vel* : soient dissoluteurs). » ◆
PLUTARQUE, *Lycurgue*, VI, 2 et 8.

Voir Nomima *I, (cf. p. 4), n°61 et Fr. Ruzé,* Délibération et Pouvoir, *pp. 138-172.*

Le premier exemple connu d'une sorte de constitution encore très élémentaire nous est donné par la grande *Rhètra* (= loi) ; texte bizarre, rédigé en forme d'oracle delphique, peut-être apocryphe dans la forme que Plutarque nous a transmise, mais dont l'ancienneté est confirmée par une paraphrase de Tyrtée. L'oracle ordonne entre autres de procéder à une nouvelle répartition de la population, de fixer à trente, dont les deux rois, le nombre des membres de la *gérousia* (Conseil des Anciens), de réunir régulièrement l'assemblée en un endroit fixe. Il s'agit sans doute d'une réorganisation institutionnelle qui fixe les pouvoirs réciproques d'organismes déjà existants. Les querelles se sont multipliées sur les limites qui y seraient données à la souveraineté du *dèmos*, en fonction des pouvoirs réservés à la *gérousia*. Nous avons là un système proboulematique qui, tout en confiant à l'assemblée de tous les citoyens le pouvoir de décision, limite les risques de céder à des impulsions collectives en donnant au Conseil, auteur des propositions, le soin de présider les débats et de faire procéder au vote. Par *dèmos*, il faut comprendre l'ensemble des soldats, citoyens spartiates adultes qui participent de droit à l'assemblée. Les gérontes doivent-ils déjà avoir plus de soixante ans ? Sont-ils déjà recrutés selon le volume des acclamations, ce qui permet les fraudes et la brigue électorale ? Nous savons en tout cas que ce corps de notables, recrutés à vie donc irresponsables, détenteurs d'importants pouvoirs judiciaires, donnera à Sparte sa figure de cité typiquement oligarchique.

Probouleumatique : voir p. 67.

Mais si la *Rhètra* date effectivement des environs de 700, elle témoigne d'une remarquable précocité de la cité spartiate qui donne une réponse politique aux revendications que connaissent alors les cités grecques. S'il a peut-être fallu répondre au désir de partage des terres et de réduction des inégalités sociales, cette intégration d'un *dèmos* important (5 000 ou 9 000 personnes ?) dans la vie politique a sans doute permis d'éviter la tyrannie.

Les rois. Nous ignorons l'origine de la double royauté. Avant tout chefs de guerre et « grands-prêtres» de la cité, entretenant des relations privilégiées avec Delphes, les rois sont responsables du bonheur de leurs concitoyens, comme ceux d'Homère. Membres de la *gérousia*, ils ont aussi des fonctions judiciaires propres (filles épiclères, adoptions, chemins publics).

Voir Hérodote, VI, 56. Commenté par P. Carlier, Royauté en Grèce, *p. 249 sqq.*

Les éphores. Le silence de la *Rhètra* sur les *éphores* suggère la médiocrité de leur importance à ce moment. Ils sont cinq, élus tous les ans par l'Assemblée et parmi l'ensemble des citoyens. Agissant collégialement, ils eurent peut-être d'abord des fonctions religieuses ; puis ils auraient été chargés de surveiller les rois ou de gérer la cité lorsque la guerre en éloignait ses chefs ; mais ensuite, ils interviendront dans les affaires militaires. Ils ont acquis, avant le VIe siècle, un rôle prépondérant dans la cité, peut-être à mesure que le *dèmos* dont ils sont les vrais représentants, s'affirme et obtient des satisfactions. C'est sans doute à leur autorité que l'on doit l'essentiel des réformes qui vont donner à Sparte son allure de vaste caserne, aux institutions figées par l'effort de défense.

◆ « Cette magistrature (l'éphorat) est chez eux souveraine pour les affaires les plus importantes, bien que tous (les éphores) soient issus du peuple [...]. De plus, les éphores jugent souverainement dans des procès importants, bien qu'ils soient les premiers venus ; aussi vaudrait-il mieux qu'ils jugent non selon leur propre opinion, mais selon des règles écrites et des lois. » ◆
Aristote, *Politique*, II, 1270 b.

Voir N. Richer, Les Éphores, aspects de l'histoire et de l'image de Sparte, VIIIe-IIIe siècle av. J.-C., *Paris, 1994.*

La formation collective des citoyens ■

C'est à un certain Lycurgue, réformateur apparemment dépourvu de réalité historique, que la tradition antique attribue en bloc toutes les institutions spartiates. L'élément fondamental en est l'*agôgè*, la formation du jeune spartiate, prise en charge par la collectivité, avec l'aide d'Artémis qui se confond peu à peu avec la vieille divinité, Orthia. L'obligation de s'y soumettre justifiera l'affirmation que les citoyens spartiates sont des *Homoioi* (« Pairs », « Semblables », plutôt qu'« Égaux »). Dès sept ans, le petit garçon est intégré dans un premier groupe d'âge et il gagne, par une série d'étapes marquées de rites initiatiques, les classes d'âge supérieures ; il est dirigé soit par les plus dégourdis du groupe, soit par un jeune homme de la catégorie des *irènes* de plus de vingt ans. Certaines épreuves sont apparues très brutales aux yeux d'auteurs plus tardifs, sans doute parce qu'on avait oublié leur signification profonde et développé des manifestations spectaculaires (ex. : vol des fromages à l'autel d'Orthia, sous les coups de fouet ; combats entre groupes rivaux). Il s'agissait, pense-t-on maintenant, de libérer progressivement l'enfant de sa sauvagerie originelle en exigeant de lui des comportements inacceptables chez le citoyen adulte, voire en le plaçant dans des situations strictement inverses de celles qu'il connaîtrait plus tard (vol, crasse, violence gratuite, châtiments corporels,

Irènes : les plus âgés des jeunes gens, entre les *paides* et les *andres* (à partir de 19 ans ?).

◆ « Rivalise avec le fer, le beau jeu de la cithare. »
« Jeunes filles à la puissante voix de miel, mes membres ne peuvent plus me porter. Plaise aux dieux, oh ! plaise aux dieux, que je sois un oiseau marin, volant au sommet de la vague avec les alcyons, d'un cœur (impitoyable ?), oiseau de printemps couleur pourpre de la mer. » ◆
Poèmes d'ALCMAN.

Voir Cl. CALAME, Les Chœurs de jeunes filles en Grèce archaïque, *1977 (2 vol. dont un sur Alcman).*

Cryptie :

◆ « Un jeune homme était éloigné de la ville et, pendant toute cette période, la règle était qu'il ne devait pas se laisser voir ; force lui était d'errer dans les montagnes, de dormir sur le qui-vive, pour ne pas être surpris ; il n'avait pas de serviteur et n'emportait aucune provision [...]. On les envoyait ainsi nus (= sans armes), chacun de son côté, et on leur prescrivait de passer en cet état toute une année à errer dans les montagnes, de vivre de ce qu'ils se procureraient par leurs larcins ou autrement et, ainsi, de ne se montrer à personne (d'où le nom de cryptie). » ◆
SCHOLIE à Platon, *Lois,* 633 B.

Voir J. DUCAT, "La cryptie en question", *in* Esclavage, guerre, économie en Grèce ancienne, Hommages Y. Garlan, *éd. P. Brule et J. Oulchen, Rennes, 1997.*

Kléros : voir p. 64.

Syssition : repas commun pour un groupe qui se recrutait par élection et qui servait peut-être de cadre aux exercices d'entraînement.
Nous trouvons une organisation identique dans les cités crétoises.

isolement, etc.). L'épreuve la plus célèbre, la *cryptie,* était réservée à quelques *irènes* sélectionnés : P. Vidal-Naquet a montré que, sous la forme que nous lui connaissons, elle s'oppose en tout point aux principes de la formation hoplitique, et qu'elle lui est donc associée dans le temps. Ces épreuves permettaient, en outre, de dégager une élite à qui la cité pourrait confier les charges importantes : ainsi les *hippeis,* corps d'élite chargé de la police du territoire et de missions spéciales sont la garde du roi au combat, sont recrutés parmi les *cryptes.* Ces comportements sont bien connus pour d'autres sociétés guerrières. Une originalité de l'entraînement des Spartiates, jeunes ou adultes, réside dans l'importance de la musique (cf. p. 92). Il en va de même pour les jeunes filles, et la plupart des poèmes d'Alcman qui nous ont été conservés étaient chantés pour accompagner leurs exercices collectifs.

La formation de l'esprit laisse à désirer ; moins élémentaire sans doute qu'on ne l'a dit, elle n'empêche pas les Spartiates de mener leurs affaires politiques avec réflexion et intelligence. L'enseignement musical joue un rôle capital, mais il a dévié vers la préparation au combat : entraînement par la danse, marche au rythme de l'aulète et des chants, lois mises en musique.

■ *Le citoyen*

Il faut trente ans au Spartiate pour être reconnu comme un homme fait : alors il peut coucher chez lui le soir et faire son marché. Le citoyen doit mener une vie collective : il fait partie d'un *syssition,* pour lequel il contribue selon un tarif précis, faute de quoi il est déchu de sa pleine citoyenneté. Toutes ces contraintes rendent les femmes spartiates plus libres que d'autres, puisqu'on leur abandonne la gestion totale des biens ; à elles aussi on impose une formation sportive et civique, qui en fera de bonnes procréatrices et de bonnes citoyennes.

A cet égalitarisme dans les occupations aurait dû correspondre l'égalité des revenus. On parle d'un partage des terres qui aurait porté sur la « terre civique », soit la terre dont la cité se serait réservé la jouissance lors de la conquête : chacun aurait son *kléros* de valeur égale pour tous. Le droit éminent de la cité demeure mais aussi le devoir pour elle de procéder, lorsque cela devient nécessaire, à de nouvelles attributions, faute de quoi le système se dégradera. Actuellement on considère que cette répartition du sol n'aurait pas été faite au moment de l'installation, mais plutôt à la faveur de la conquête de la Messénie, en réponse aux revendications des combattants. Mais jamais l'égalité ne fut totale : il reste des gens plus riches (détenteurs de terre non civique ?) ; il se posera plus tard un grave problème de déchéance pour des citoyens inaptes à contribuer au *syssition,* alors que d'autres cumuleront plusieurs *kléroi.* Néanmoins, la réputation de Sparte fait penser qu'elle a pratiqué, au moins un temps, la garantie d'un minimum de ressources pour chacun de ses citoyens.

Les hilotes ■

Consacrant son temps à la cité, le citoyen ne peut participer à la production. L'asservissement des hilotes, paysans sur la terre civique, a résolu une partie du problème. Au *kléros,* l'État en attache un ou deux ; ils doivent fournir au détenteur du lot une partie de la récolte, fixée de manière à assurer sa nourriture et celle de sa famille ; le surplus reste au cultivateur qui peut donc atteindre à une petite aisance. La tradition nous montre ces hilotes vivant dans la terreur : par crainte des révoltes, on aurait procédé à des massacres réguliers, en particulier lors de la cryptie. Rien n'est prouvé pour notre période ; de plus, nombre d'entre eux sont aussi employés comme valets à l'armée, comme artisans ou cuisiniers, comme compagnons de jeunes Spartiates.

◆ « (Lycurgue) n'avait pas autorisé ses concitoyens à pratiquer en quoi que ce soit un métier manuel *(= banausos)*... Les hilotes travaillaient la terre pour eux, leur remettant la redevance dont j'ai parlé » (c'est-à-dire : « 70 médimnes d'orge pour l'homme et 12 pour la femme, avec des produits liquides en proportion. ») ◆
PLUTARQUE, *Lycurgue,* XXIV 3 et VIII 7.

A propos des hilotes :

◆ « Pour construire une société de guerriers professionnels, vivant [...] du travail d'inférieurs, on a senti la nécessité de faire revivre les anciennes conduites de mépris, devenues rituelles et symboliques [...]. » ◆
J. DUCAT, *Annales ESC,* 1974, p. 1464.

Les Périèques ■

Enfin, sur les terres du pourtour vivent les Périèques. Après avoir intégré ceux des envahisseurs qui ne trouvent pas de place au cœur de la Laconie, ils deviennent progressivement dépendants de Sparte. Leur statut est assez clair : organisés en cités, ils ont leurs propres institutions politiques, variables selon les cas, leurs propres inégalités sociales avec les conflits qu'elles suscitent, leurs activités économiques libres et variées, fructueuses même (agriculture, mais aussi la quasi-totalité de l'artisanat non domestique et du commerce) ; en revanche, ils sont soumis à Sparte pour tout ce qui concerne la politique extérieure, ils servent dans l'armée spartiate et versent peut-être un impôt. On dit aussi qu'ils sont soumis à la surveillance des éphores. Peu redoutés par les Spartiates qui ne semblent pas les avoir exploités, ils constituent un efficace glacis de protection en cas d'invasion, ce qui en fait des soldats intéressés à la défense du territoire.

Tel est le visage que nous offre la Sparte archaïque ; beaucoup de zones d'ombre, une incontestable originalité, un dynamisme créateur, qui porte en germe bien des menaces : le conservatisme d'institutions tôt élaborées et vite figées, les risques d'une aggravation des différences sociales parmi les citoyens et du rejet d'un certain nombre d'entre eux du côté des Inférieurs, la supériorité numérique écrasante des populations asservies.

2. Athènes

La formation de la cité ■

Voir carte p. 314 A.

Durant cette même période, Athènes cherche elle aussi à élargir son territoire, à stabiliser ses institutions au nom de l'*eunomie.* Mais les procédés sont très différents et les solutions plus tardives.

L'Attique se composait de bourgades indépendantes progressivement unifiées ; des regroupements locaux (ex. : la Tétrapole formée par Marathon, Trikorinthos, Oinoè et Probalinthos) ont dû précéder le large mouvement qui a abouti à faire

◆ « (Thésée) [...] réunit tous les habitants de l'Attique en une ville unique et il créa un *dèmos* unique pour une cité unique ; jusque-là ils étaient dispersés et difficiles à rassembler pour l'intérêt commun de tous ; et il arrivait qu'ils soient en conflit entre eux et qu'ils se fassent la guerre [...]. Il fit construire pour tous un prytanée et un bouleuterion communs, là où maintenant est implantée la ville ; il appela la cité Athènes et institua un sacrifice commun, les Panathénées. » ◆
PLUTARQUE, *Thésée,* XXIV, 1 et 3.

ARISTOTE, *Constitution des Athéniens,* seule survivante de la collection de « constitutions » rassemblées par lui-même et ses élèves. Trouvée en 1891, au dos d'un brouillon de comptes d'un fermier du Delta du Nil, dans une copie qui daterait de la fin du Ier siècle av. J.-C. L'évolution constitutionnelle de Dracon à la fin du Ve siècle est suivie d'un tableau des institutions à l'époque de la rédaction (entre 329-328 et 323-322 ou encore en 334-333 avec remises à jour dans les années 320).

d'Athènes – *les* Athènes – le cœur politique de la péninsule ; l'attribution à Thésée de la responsabilité de cette union lors d'un synoecisme unique fait ressortir l'unité politique de l'Attique ; mais elle néglige la vitalité des associations et des cultes locaux, sous l'influence variable de certaines familles, et dont l'organisation doit remonter à une époque d'indépendance. On considère généralement que l'annexion – par la force cette fois – du « royaume d'Éleusis » (sanctuaire, ville et plaine thriasienne) à la fin du VIIIe siècle ou au début du VIIe, marque l'achèvement territorial de la cité athénienne. Restent toutefois l'annexion définitive de l'île de Salamine réclamée par les Mégariens, au VIe siècle, et Orôpos, au nord, périodiquement intégrée et perdue.

D'après la *Constitution des Athéniens* d'Aristote, notre principale source, la constitution est alors tout à fait conforme au schéma général : neuf archontes (éponyme, roi, polémarque et six thesmothètes, dont la fonction judiciaire ne se précisera qu'au Ve siècle), un conseil aristocratique dit de l'Aréopage, une assemblée du peuple dont on ignore si elle était ouverte à qui n'avait pas la capacité hoplitique. Au VIIe siècle, Dracon avait peut-être rédigé des lois constitutionnelles mais celles que lui attribue Aristote sont certainement apocryphes. Peu après, un jeune noble, Cylon, échoue à s'imposer comme tyran, grâce à l'énergique réaction des archontes apparemment soutenus par le *dèmos.* Telles sont les maigres informations dont nous disposons pour l'histoire athénienne des VIIIe et VIIe siècles.

C'est alors qu'une figure célèbre, celle de Solon, vient éclairer son histoire : trop célèbre même car on lui attribue abusivement toutes les mesures qui permettront d'en faire le père de la démocratie modérée. A ce moment, Athènes connaissait comme d'autres cités une crise politique et sociale ; les adversaires ont fini par s'accorder sur le choix d'un arbitre, Solon, un aristocrate d'aisance moyenne, un poète élégiaque qui nous conte ses efforts, ses réalisations, ses échecs.

■ *Crise agraire et sociale*

Politiquement et socialement, le pouvoir des aristocrates est contesté par un nombre croissant d'Athéniens, surtout par les hoplites et par ceux dont la fortune repose plus sur l'artisanat et le commerce que sur la terre. Au même moment, les petits propriétaires qui vivent de leur terre sont écrasés ou menacés de l'être, par les plus riches. Le débat est vigoureux sur l'interprétation à donner aux textes d'Aristote, de Plutarque, de Solon lui-même. Nous nous en tiendrons aux causes communément admises. Pour des raisons déjà mentionnées, de petits cultivateurs s'endettent : les riches leur avancent des semences, voire de la nourriture. Chaque année les revenus diminuent du fait de cette dette : le recours à l'emprunt s'aggrave ; sans doute aussi, les exigences des riches ont-elles augmenté : leur rapacité est souvent évoquée. Le créancier jouit ainsi d'un droit croissant sur les récoltes à venir, qui aboutit à un droit sur la personne, maintenue sur place comme main-d'œuvre à son service ou, plus rarement, vendue à son profit comme esclave. Il existe aussi des *hectémores* dont nous ignorons l'origine précise : contraints également à cultiver la terre, ils versent un sixième de leur récolte à un autre : eux aussi peuvent tomber dans une sorte de dépendance, en cas de défaillance. Des bornes marquaient peut-être les terres cultivées par les victimes de telles contraintes.

Ainsi s'est installée une sorte de dépendance de fait – les *pélatai* ou « clients » d'Aristote – et parfois de droit, qui a contribué à la constitution de clientèles dominées par les propriétaires les plus fortunés.

Hectémores : ni Aristote ni Plutarque ne savaient plus ce qu'ils étaient et leur interprétation est étymologique. On admet généralement qu'un versement des 5/6 serait excessif ; il existe pourtant en Afrique du Nord pour des récoltes arboricoles. Mais le mot peut aussi venir de la durée d'un bail, voire d'un contrat de complant pour des terres que l'on voudrait convertir en olivettes.

Appel à Solon ■

En se développant, cette situation a pu menacer les fondements mêmes d'une cité dont l'assise repose sur la paysannerie. Par la *seisachteia,* Solon aurait gommé les effets de cette évolution : effacées les dettes, interdite la servitude pour dettes, rapatriés les esclaves (on imagine mal de quelle manière). Mais il se vante de ne pas être allé au-delà : ni partage des terres, ni aide spéciale aux paysans, ni interdiction de l'endettement pour l'avenir. Il suffira à Pisistrate d'apporter aux petits paysans une aide efficace pour ce que problème disparaisse de nos sources jusqu'au IVe siècle. Solon avait peut-être favorisé le recours à un autre gagne-pain : il aurait soutenu le développement de l'artisanat, obligé les pères à apprendre un métier à leurs fils, modifié le système des poids et mesures pour faciliter les échanges. De fait le VIe siècle voit l'épanouissement de la production artisanale à Athènes.

Seisachteia : rejet du fardeau (ARISTOTE, *Const. Ath.*, II).

◆ « Elle peut en être témoin devant le tribunal du temps, la grande mère des dieux olympiens, mieux que tous, la Terre noire, dont j'ai alors arraché les bornes fichées en tous lieux ; asservie auparavant, elle est libre maintenant. Nombreux sont ceux que j'ai ramenés à Athènes [...]. Ceux qui, ici même, subissaient une servitude honteuse, tremblant devant l'humeur de leur maître, je les ai libérés. » ◆
SOLON, *in* ARISTOTE, *Const. Ath.*, XI, 14.

Lois soloniennes ■

De nombreuses autres lois lui sont attribuées : elles consolident la famille (adoption, épiclérat) en reconnaissant la primauté de l'*oikos* sur le *génos* ; elles surveillent la moralité privée (femmes, jeunes garçons, luxe), confirment les lois criminelles de Dracon, contrôlent l'économie (ex. règlements sur les eaux, interdiction d'exporter une autre denrée agricole que l'huile d'olive).

Réformes constitutionnelles. Sa réputation de fondateur de la démocratie lui vient plutôt de l'œuvre constitutionnelle qu'on lui attribue. Il existait, semble-t-il, trois groupes socio-économiques parmi les ayants droit : les riches héritiers, déclarés « bien nés » ou *eupatrides* (voir p. 65) ; les autres propriétaires fonciers, dits *géomoroi* ou *agroikoi* ; le reste, qui vivait de salaires ou de ventes, les démiurges. Solon en tire quatre classes censitaires : les Pentacosiomédimnes (disposant d'un revenu agricole d'au moins 500 médimnes de blé) et les Hippeis (300 à 500 médimnes) correspondent à un dédoublement du premier groupe ; les Zeugites (200 à 300 médimnes) sont sans doute riches d'un attelage ; les Thètes n'ont que de très faibles revenus agricoles. L'accès aux charges publiques est modulé selon la fortune, bien que l'élection se fasse à l'*Ekklèsia.* Les Thètes n'auraient accès qu'à cette assemblée et aux tribunaux. Le conseil de l'Aréopage est désormais composé des anciens archontes ; il semble avoir surtout à juger des homicides volontaires et à veiller au respect de la constitu-

Selon C. HIGNETT, *A History of the Athenian Constitution,* Oxford, 1952, on pourrait établir les équivalences suivantes :
500 médimnes de revenu = env. 44 ha
300 médimnes de revenu = env. 28 ha
200 médimnes de revenu = env. 17 ha

Même en observant une jachère biennale, ces chiffres paraissent trop élevés car ils imposeraient le rejet d'une masse de gens dans la catégorie des Thètes.

tion, peut-être en contrôlant les magistrats, de plus en plus affranchis de sa tutelle à mesure que le temps passe. Solon a-t-il créé un deuxième Conseil, de quatre cents membres (cent par tribu), aux fonctions probouleumatiques ? Aristote l'affirme mais il n'existe pas la moindre preuve de son existence.

◆ « J'ai rédigé des lois égales pour le bon et pour le méchant, composant pour chacun une droite justice. » ◆
SOLON,. *in* ARISTOTE, *Const. Ath.*, XII, 4.

Réformes judiciaires. Plus célèbres et durables sont ses réformes judiciaires. Un tribunal populaire, l'*Héliée*, ouvert à tous, sert au minimum de cour d'appel. Surtout, il est donné à chacun le droit d'intervenir en justice contre quiconque aurait enfreint les lois : la responsabilité collective des citoyens est affirmée, au point qu'Aristote attribue à Solon cette loi extraordinaire : « Celui qui, dans une *stasis*, ne prendra pas les armes avec une des parties, sera frappé d'*atimie* et n'aura plus de droits politiques. »

Atimie : voir p. 160.

■ *Après Solon, Pisistrate*

Chacun se trouve donc responsable de la loi et de son respect, soumis à elle, protégé par elle, quelle que soit sa condition sociale. Mais personne ne doit sortir du rôle que lui assigne cette loi : ainsi le veut l'*eunomie*. Dès lors que la loi n'est plus observée, la *stasis* s'installe. Très vite elle réapparaît après le départ de Solon : une année se passe sans archontes (590/589 ?) ; un certain Damasias s'impose deux ans et deux mois comme archonte et doit être chassé ; en 580/579 on sélectionne dix archontes chargés de remettre de l'ordre : cinq eupatrides, trois *agroikoi*, deux démiurges : cette décision est si surprenante qu'on l'a mise en doute, mais c'est là un aveu d'ignorance.

Eupatrides : voir p. 65 et 87

Démiurges : voir p. 58.

Sur la tyrannie, voir p. 88.

Il reste à faire entrer dans les mœurs les réformes de Solon et de ses successeurs, en apportant une solution durable à la crise qui secoue la paysannerie et en imposant aux aristocrates le respect de ces conquêtes politiques et sociales. Ce sera l'œuvre des Pisistratides qui ne modifieront guère les institutions, allant jusqu'à laisser élire à l'archontat d'anciens adversaires (ex. L'Alcméonide Clisthène, en 525/4). La mise en place de juges des dèmes, la pratique des tournées d'inspection, les prêts aux paysans permettant de s'adapter aux nouvelles cultures, tout cela a contribué à neutraliser le pouvoir local des familles aristocratiques. L'Attique semble prospère et l'exploitation probable des mines du Laurion va alimenter le développement de la monnaie d'argent dont le type unique d'Athéna à la chouette se fixe sous la tyrannie d'Hippias. Pisistrate s'est appuyé sur Athéna, qui accompagnait sa deuxième prise de pouvoir : un temple est construit sur l'Acropole et, en 566, les Panathénées sont enrichies d'un grand concours *pentétérique* (tous les quatre ans). Le culte de Dionysos est développé et celui d'Éleusis avec ses mystères est intégré à la vie de la cité. Sur l'agora, de nouvelles constructions amorcent une réorganisation de l'espace (fontaine aux neuf bouches dite *Ennéakhrounos*, portique royal). Jointe à une politique extérieure peu agressive mais ferme, cette politique intérieure de Pisistrate a suscité l'admiration d'Aristote : « la vie sous Cronos » disait-on (*Const.*

VIIe	Annexion d'Eleusis. Lois de Dracon. Tentative de Cylon.
594/3	Archontat de Solon.
561/0	Première prise de pouvoir par Pisistrate.
428/7	Mort de Pisistrate ; ses fils Hippias et Hipparque au pouvoir.
514	Assassinat d'Hipparque.
510	Renversement d'Hippias.
508	Réformes de Clisthène (cf. p. 126).

Ath., XVI, 7). La situation devait se gâter sous ses fils de sorte qu'une entente entre Spartiates et aristocrates athéniens permettra de chasser Hippias en 510.

Sur les rapports entre culture et politique, voir H. A. Shapiro, Art and Cults under the Tyrants in Athens, *Mayence, 1989.*

Ainsi, à la fin du VIe siècle, les Athéniens sont stabilisés dans leur territoire et sur leurs terres ; les privilèges aristocratiques ont été sérieusement battus en brèche mais les institutions n'en tiennent pas encore compte : la chute des tyrans laisse un vide qu'il va falloir combler rapidement au risque de voir Sparte en profiter pour étendre son influence. Trouvera-t-on, chez les aristocrates qui constituent toujours le seul personnel politique disponible, assez d'ouverture et d'imagination pour engager la cité dans la voie des réformes qui associeraient tout le *dèmos* à la vie politique ?

3. Quelques autres cités du continent et des îles

Bien d'autres cités ont alors une importance que nos sources nous laissent deviner mais qui n'ont guère inspiré les auteurs antiques.

Pour les cités d'Occident, cf. p. 78-80 et 198 ; pour les activités commerciales, cf. p. 78.

En Eubée ■

En Eubée, le site de Lefkandi (un peu à l'ouest d'Érétrie) révèle, au Xe siècle, une communauté plus importante et plus active qu'Athènes. Puis, Chalcis avec ses bronziers, Érétrie avec ses potiers, se développent au point d'être de très actives cités colonisatrices ; elles sont solidement pourvues en terres cultivables et sans doute en pâturages où leurs aristocraties d'*Hippobotes* (Chalcis) ou d'*Hippeis* (Érétrie) trouvent la base de leur prestige. Érétrie aurait même, pour un temps, dominé Andros, Kéos et Ténos. Mais le VIe siècle voit le déclin de ces deux cités : cela fut parfois mis en relation avec la fameuse guerre lélantine qui les aurait opposées et épuisées (date mal assurée : entre la fin du VIIIe et celle du VIIe siècle). Quoi qu'il en soit, à la fin du VIe siècle, les Athéniens obligent les Chalcidiens à leur céder une partie des terres – ou les revenus de celles-ci – dans la plaine lélantine. Érétrie, en revanche, continue à tenir une place importante dans le monde grec, à en juger par l'aide qu'elle apporte aux cités ioniennes révoltées.

◆ « Plusieurs établissements d'Italie et de Sicile sont d'origine chalcidienne. Leurs colons formèrent leurs expéditions, au dire d'Aristote, au moment où le régime dit des Hippobotes était au pouvoir, c'est-à-dire qu'étaient à sa tête des hommes de cette classe censitaire, qui gouvernaient de façon très aristocratique. » ◆
Strabon, 447.

La Béotie ■

La Béotie aura la réputation d'être une province attardée ; elle occupe un bon terroir centré sur le lac poissonneux du Copaïs, protégé par des frontières naturelles. Sa population de cultivateurs s'attache à un régime modéré en tout – on ne parle ni de crise ni de tyrannie pour cette région – mais des troubles proviennent de la multitude de petites communautés qui n'ont jamais réussi à se regrouper pour fonder une cité. Entre les tendances fédératives soutenues par Thèbes, la principale ville à l'est du lac Copaïs, et le mouvement centrifuge qu'animent des cités comme Orchomène à l'ouest ou Platées à l'est, le conflit est permanent. Selon le témoignage des monnaies,

◆ « Pour les Thébains, Philolaos légiféra entre autres au sujet de la procréation des enfants [...] ; ceci est particulier à sa législation que de sauvegarder le nombre des *kléroi*. » ◆
Aristote, *Politique*, 1274 b.

◆ « A Thèbes, il y avait une loi selon laquelle celui qui ne s'était pas tenu à l'écart de l'agora (c'est-à-dire du commerce et de l'artisanat) depuis dix ans, ne pouvait participer à l'archontat. » ◆
ARISTOTE, *Politique*, III, 1278 a.

Voir carte p. 320.

un embryon de fédération aurait pu exister au VIe siècle, mais Orchomène y échappe, Thespies peut-être aussi. En 519 les habitants appellent les Athéniens au secours, contre Thèbes qui veut les faire entrer de force dans la confédération : un arbitrage corinthien fait admettre la liberté d'adhésion.

■ *Mégare*

Passée la brillante période de la dynastie des Orthagorides, Sicyône retombe dans un oubli sur lequel seule l'archéologie jette quelques lueurs. Mégare reste plus connue, éternelle victime de l'expansion de ses divers voisins. On a tenté de restituer la succession de ses régimes politiques depuis la deuxième moitié du VIIe siècle jusque vers la fin du VIe : démocratie modérée, tyrannie, démocratie modérée puis extrémiste, oligarchie, démocratie extrémiste s'y seraient succédé, selon J. Labarbe. Tant de précision entraîne quelques réserves ; toutefois, il est tentant d'admettre qu'une cité commerçante, réputée pour la fabrication de tissus grossiers et de vêtements de travail – production remarquable dans une époque d'artisanat domestique très développé – a pu connaître agitation et précocité dans la vie politique, agressivité dans les rapports sociaux ; le tyran Théagénès (troisième tiers du VIIe siècle) assure sa popularité en faisant massacrer les troupeaux des riches ; le poète aristocrate Théognis se lamente hargneusement sur la fin du prestige et du pouvoir de sa classe (milieu du VIe siècle). De là vient peut-être l'importance de la colonisation mégarienne, outre les problèmes d'approvisionnement en nourriture. Est-ce affaiblissement dû aux crises internes, est-ce étouffement dans la tenaille serrée par l'Attique et par Corinthe, cette cité cesse de jouer un rôle important dès la fin du VIe siècle.

◆ « Cyrnos, notre ville est en travail et je crains qu'elle n'enfante un redresseur de nos déplorables outrances. [...] Cette ville est encore une ville, mais ses habitants ont changé : ceux qui, autrefois, ne connaissaient ni droit ni lois, juste bons à user autour de leurs flancs leurs peaux de chèvres et à pâturer hors des murs comme des cerfs, ce sont eux maintenant les bons. Les honnêtes gens d'autrefois sont devenus des gens de rien. » ◆
THÉOGNIS, vers 39-58.

Voir carte p. 320.

■ *Corinthe*

Corinthe, déjà qualifiée d'opulente dans les poèmes homériques, n'a longtemps connu qu'une prospérité agricole. Au VIIIe siècle, la famille des Bacchiades, riches en terres, y exerce un pouvoir oligarchique exclusif en se réservant toutes les magistratures et les revenus des taxes portuaires. Sous leur contrôle, Corinthe, déjà réputée pour la qualité de sa céramique, profite du mouvement de colonisation vers l'Occident (734 : Syracuse) et du développement du trafic en mer Égée, pour mieux exploiter sa situation géographique. Des difficultés extérieures (664 : défaite navale face aux Corcyréens), des tensions internes et l'hostilité croissante des aristocrates corinthiens exclus et soumis à l'arbitraire, permettent à Kypsélos de renverser l'oligarchie et d'établir sa tyrannie, sans doute vers 657. Une certaine tradition veut que la tyrannie, débonnaire au début, se soit durcie sous Périandre (627-585) qui fut pourtant mis au nombre des sept Sages de la Grèce. En fait, Corinthe prospère sous les tyrans qui développent encore son ouverture vers l'extérieur : nouvelles colonies (627 : Epidamne ; 600 : Apollonie avec des Corcyréens ;

Colonisation : voir p. 61.

Tyrannie : voir p. 88.

Épitaphe de Périandre

◆ « La terre de Corinthe, sa patrie, garde dans les replis de son rivage Périandre, le premier *(prytanis)* en richesse et en sagesse. » ◆
DIOGÈNE LAERCE, I, 97.

Potidée) et contrôle étroit sur celles-ci (d'où les difficultés à venir avec les Corcyréens), développement de la flotte avec des trières, construction du *diolkos*. La ville est active (« ce sont les Corinthiens qui méprisent le moins les artisans », dira Hérodote, II, 167), et produit notamment la superbe céramique à figures noires (680-630), puis orientalisante (620-590). Les tyrans y font des constructions d'intérêt public (sanctuaires, fontaines) et, sous leur contrôle, se développe le sanctuaire de Poséidon à l'Isthme, avec la création de Jeux panhelléniques. On attribue encore aux tyrans des mesures destinées à lutter contre les effets pervers de l'enrichissement : l'oisiveté, l'étalage des richesses, l'exode rural.

Diolkos : voir p. 89.

La chute du dernier tyran (Psammétique, 583 ?) se situe à un moment où la concurrence athénienne commence sans doute à se faire sentir ; le déclin de la céramique et des exportations est irrémédiable. Le nouveau régime n'est pas très clair pour nous. L'organisation du corps civique, réparti en huit tribus à la composition géographiquement équilibrée, permet peut-être l'intégration de citoyens nouveaux, enrichis par le commerce et l'artisanat : ils s'y mêleraient aux vieux aristocrates. Un conseil de 80 membres et un comité directeur de 8 *probouloi*, choisis parmi tous les citoyens, gouvernent la cité. L'Assemblée, qui existe au moins pour les élections, n'est jamais mentionnée. Le régime redevient donc de tendance oligarchique, mais plus ouvert, et les conflits internes ne surgiront qu'à l'occasion de la guerre du Péloponnèse.

Les Corinthiens deviennent les alliés privilégiés des Lacédémoniens, à la fois nécessaires à leur influence dans cette région et vigilants dès qu'ils deviennent trop exigeants ou trop aventureux : ils refuseront de soutenir un rétablissement de la tyrannie à Athènes, ce qui obligera les Lacédémoniens à laisser faire les réformes de Clisthène.

Clisthène : voir p. 126.

Argos

Argos est une des cités les plus importantes mais, malgré la part faite aux « Argiens » dans les poèmes homériques, elle n'eut guère de rayonnement. Cependant, elle représente toujours une menace pour les autres cités du nord-est du Péloponnèse, notamment Corinthe et Sicyône. L'archéologie témoigne de sa richesse au VIIIe siècle : accroissement démographique, brillante production céramique de style géométrique, ateliers métallurgiques de grande qualité. Les tombes montrent la richesse de l'aristocratie ; sa fortune repose essentiellement sur la terre, travaillée par des paysans dépendants, les *gymnètes*. L'occupation progressive de l'Argolide (mise en chantier de l'Héraion, sur la route de Mycènes, vers 750-725 ; destruction d'Asinè vers 725-700) suffit aux besoins des Argiens ; aussi ne participent-ils pas au mouvement de colonisation et ne cherchent-ils pas plus à exporter leurs produits qu'à accueillir les nouveautés de l'extérieur ; ils ne suivront pas la mode corinthienne orientalisante.

Gymnètes : « ceux qui ne portent pas d'armes ».

Deux problèmes insolubles se posent pour les VIIe et VIe siècles : où placer la figure énigmatique de Phidon ? Quand faire démarrer la rivalité avec Sparte ? Phidon, roi d'Argos, fut qualifié de tyran, sans doute parce qu'il a donné à son pouvoir un éclat qui n'était plus celui de la fonction royale. Il aurait tenté de contrôler les Jeux olympiques, participé peut-être à la fondation de ceux de Némée, réformé le système des poids et mesures. Eut-il, en outre, une politique expansionniste, nous ne pouvons l'affirmer ; toutefois, la politique anti-argienne attribuée au tyran Clisthène de Sicyône (Hérodote V, 67-68) suggère une rivalité ; cela n'empêchera pas le fils de Phidon, Léôkèdès, d'être prétendant à la main d'Agaristè, fille du Sicyônien (Hérodote, VI, 127), vers 575.

Dans Les Suppliantes *(années 460),* Eschyle *témoigne de l'existence de la démocratie à Argos.*

La rivalité d'Argos et de Sparte remonte peut-être moins haut que ne le prétendaient les auteurs anciens. Un premier affrontement à Hysiai en 669, favorable aux Argiens, aurait amené les Spartiates à renoncer à leurs prétentions de ce côté. En 546, une bataille fit perdre aux Argiens le contrôle de la Thyréatide et, désormais, ils renonceront à toute expansion hors de la péninsule argienne. A la fin du VIe ou au début du Ve siècle, la sanglante défaite de Sépéia que leur infligent les Spartiates de Cléomène, ouvre une crise profonde : sans doute lui doit-on un remodelage du corps civique par l'intégration de périèques, voire de paysans dépendants, et la création de la quatrième tribu dite des Hyrnathioi ; l'évolution démocratique du Ve siècle est en germe. Si une assemblée *(aliaia)* et un conseil existent dès l'époque archaïque, nous en ignorons les modalités de recrutement comme de fonctionnement. La direction de la cité est confiée à des magistrats appelés *damiorgoi,* magistrats apparemment annuels, et le roi n'est plus qu'un magistrat sans grands pouvoirs.

■ *La Crète*

Les pratiques funéraires témoignent de l'originalité des différentes communautés, mais les institutions politiques, de nature aristocratique, et la société telle que la révèlent les lois de Gortyne (cf. p. 157 ; situation des femmes et des « serfs ») sont plus uniformes. Les relations avec Chypre et l'Orient sont très ouvertes : elles influencent les ateliers de boucliers de bronze, offerts sur le mont Ida ou à Olympie.

4. La Grèce d'Asie

■ *Installation et conquête lydienne*

Sur les migrations du XIe siècle, voir p. 50.

En s'installant en Asie Mineure, les Grecs se sont limités aux régions côtières, remontant à peine le long des vallées, sauf dans les îles qu'ils occupèrent intégralement. S'ils durent batailler contre les rudes populations cariennes, ils ne rencontrèrent nulle part de résistance organisée. La carte des dialectes (n° 9) permet de distinguer trois grands groupes : Éoliens au nord de l'Hermos, venus de Béotie et de Thessalie ; Doriens au sud du Méandre ; Ioniens entre les deux (avec l'enclave de

Phocée au nord), venus d'Attique et d'Eubée ; la prépondérance de ce dernier groupe fait que l'Ionie désigne souvent l'ensemble de l'Asie Mineure grecque.

Ces cités d'Asie n'échappent pas aux incessants conflits de voisinage, mais les principales actions militaires sont provoquées par des agressions extérieures : les Lydiens de Gygès (687-650), les Cimmériens (vers 650), Alyattes enfin qui, vers 600, réussit à leur imposer la soumission à la Lydie. Mais celle-ci leur laisse une très grande autonomie et les Grecs profitent de sa prospérité en contrôlant ses échanges avec l'Égée et l'Ouest. Crésus, le dernier roi lydien, est très philhellène, si l'on en croit ses somptueuses offrandes à Delphes.

Premières offrandes de Crésus à Delphes

◆ « Il sacrifia 3 000 têtes de chacune des espèces de bétail qui s'offrent en sacrifice ; il amoncela un grand bûcher et y brûla des lits dorés et argentés, des coupes d'or, des vêtements de pourpre, des tuniques, dans l'espoir que, par ces offrandes, il réussirait mieux à gagner la faveur du dieu ; et il fit proclamer à tous les Lydiens que chacun devait sacrifier ce qu'il pourrait [...]. » ◆
HÉRODOTE, I, 50.

Les populations se sont partiellement mélangées grâce aux unions entre Grecs et Lydiennes ou Cariennes. Le terroir est souvent fertile au débouché des fleuves dans la plaine côtière et l'assujettissement de populations locales fournit une main-d'œuvre agricole qui assure richesse et loisirs : le poète Mimnerme critique les Colophoniens du VIIe siècle pour leur vie consacrée au luxe et à la jouissance.

Évolution politique ■

Faute peut-être d'un corps civique suffisamment large et actif, les cités connaissent de perpétuelles dissensions internes, marquées par des coups d'État d'une violence souvent sanguinaire. La tradition veut que les *oikistes* aient donné naissance à une dynastie, dont la généalogie relève du mythe ; cela justifie la prétention à gouverner des familles « royales » telles que les Néléides de Milet, les Penthilides de Mytilène, les Basilidai d'Éphèse ou d'Érythrées. Au pouvoir du roi succèdent d'étroites oligarchies qui se font fréquemment remarquer par leur exclusivisme et leur violence, de sorte qu'on les distingue mal de tyrannies exercées par des groupes (ex. à Chios, Érythrées, Éphèse, etc.).

Oikiste : voir p. 74.

Vers le début du VIe siècle, apparaissent de vraies tyrannies, avec un seul chef (ex. Thrasybule de Milet et, plus tard, Polycrate de Samos, le plus célèbre de tous). Parfois, pour redresser une cité en crise, on confie un pouvoir exceptionnel mais de courte durée à un *aisymnète,* tels Pittacos à Mytilène vers 600-590, Pasiclès ou Aristarkhos à Éphèse vers le milieu du siècle, le mystérieux Épiménès à Milet. On peut aussi, comme l'on fait les Milésiens vers 550, appeler à l'aide des arbitres étrangers (Hérodote, V, 28-29). De fait, il existe une tendance largement répandue au VIe siècle, à plus de modération dans les cités et à une meilleure répartition des pouvoirs. Et nous savons que les institutions traditionnelles existent, copiées sur celles de Grèce, mais elles font difficilement échec à l'influence orientale qui pousse à un pouvoir fort et concentré ; Aristote nous dit que le principal magistrat, souvent appelé *prytanis,* a tendance à s'ériger en tyran. Toutefois Chios nous offre, grâce à une inscription datée de 575-550, la preuve qu'un régime mieux équilibré pouvait exister : le peuple assemblé vote des lois et élit des magistrats ; ceux-ci sont contrôlés et on peut leur infliger des

Aisymnète : voir p. 84.

Inscription de Chios : voir Nomima *I (cf. p. 4), n°62. Il n'est pas totalement exclu que l'inscription soit d'Érythrées, en face.*

amendes selon un tarif préétabli ; un Conseil siège régulièrement, recruté dans toute la population civique et chargé, entre autres, des appels de la décision des magistrats.

Colonisation

Naucratis : en sont considérés comme fondateurs les gens de Milet, Samos, Chios, Téos, Phocée, Clazomènes, Rhodes, Cnide, Halicarnasse, Phasélis, Mytilène, Égine (Hérodote, II, 178).

Les Grecs d'Asie se sont lancés dans l'aventure coloniale dès le début du VIIe siècle. Entre 650 et 550, les fondations se multiplient, dues pour la plupart à l'initiative des Milésiens, et plutôt situées dans les Détroits et le Pont-Euxin. Toutefois, des Phocéens, refusant la domination lydienne, ont fondé Marseille vers 600 (voir le tableau pp. 70-71). Lorsque le pharaon Amasis donne en 570 un statut protecteur aux Grecs de Naucratis, ce sont tous des Grecs d'Asie, à l'exception des Éginètes.

La domination perse

Voir P. Briant, L'Empire perse, de Cyrus à Alexandre, *Fayard, 1996.*

Mais la situation change au milieu du VIe siècle, avec le déplacement des courants commerciaux qui ne passent plus par l'Ionie et l'expansion de la puissance perse. Sous l'impulsion de leur roi Cyrus, les Perses dominent progressivement toute l'Anatolie : en 546, la majorité des cités grecques sont tombées sous leur coupe. Par force ou par ruse, ils placent à leur tête des citoyens à leur solde, eux aussi appelés tyrans : ils tiennent leur pouvoir du Grand Roi et lui servent d'interlocuteurs privilégiés et de responsables, en particulier pour le versement du tribut ; placés sous le contrôle du satrape, ils doivent veiller à l'ordre et à l'obéissance de leurs concitoyens ; mais les Perses ne sont pas très exigeants. Dans beaucoup de cités, il s'est maintenu un fort parti populaire, lié à l'importance de la flotte, à l'accroissement des activités commerciales et artisanales grâce aux demandes de l'empire perse ; ce parti est hostile à la domination perse pour des raisons qui nous échappent ; les tyrans ne peuvent ou ne veulent pas toujours s'en désolidariser totalement (ex. : Aristagoras de Milet), d'où les complications de la révolte ionienne.

La ligue ionienne

Proposition faite au Paniônion par Thalès de Milet

◆ « Il conseillait aux Ioniens d'avoir un conseil unique, dont le siège serait à Téos, Téos se trouvant au centre de l'Ionie ; les autres villes n'en continueraient pas moins d'être habitées et auraient la même situation que si elles étaient des dèmes. » ◆

Hérodote, I, 170.

Ces cités d'Ionie se rencontrent lors de fêtes communes qui se déroulent au Paniônion du cap Mycale. Elles ont constitué, depuis peut-être plusieurs siècles, une ligue dont les réunions à périodicité incertaine permettent aux représentants des cités, les *probouloi,* de discuter des affaires communes. L'efficacité de cette organisation semble médiocre et ni la proposition de Thalès de Milet pour renforcer le pouvoir de la ligue, ni celle de Bias de Priène pour proposer une action commune, ne semblent avoir rencontré d'écho. La résistance à la Perse a échoué ; la cohésion dans la révolte va échouer.

La civilisation ionienne

Toutes les faiblesses politiques, les conflits internes qui opposent parfois violemment riches et pauvres (Milet dans la première moitié du siècle ; Samos où les *géomoroi* reprennent le dessus), sont le revers d'une très brillante civilisation : constructions monumentales par leur ampleur et leur décor

(Héraion de Samos, Artémision d'Éphèse) ; sculptures dont la finesse, l'effet produit par le voile léger qui laisse deviner les corps, l'impression paisible dégagée par des visages souriants, s'opposent à la sobriété et à la puissance des statues du continent ; céramique, dite clazoménienne, mais produite dans toute l'Ionie et exportée vers l'Ouest. La poésie lyrique, qui exprime des sentiments personnels, fleurit sur cette terre d'individualistes, dans toutes ses variétés : amoureuse avec Sappho de Lesbos, politique avec Callinos d'Éphèse ou Alcée de Mytilène, didactique avec Mimnerme à Colophon. Bien d'autres encore ne nous ont laissé que de trop maigres fragments pour que nous puissions les classer. Plus remarquable encore dans sa nouveauté révolutionnaire, un mouvement intellectuel fait sortir du mythe l'histoire, la géographie et surtout la philosophie qui rompt désormais avec une vision théologique du monde pour s'appuyer sur la connaissance expérimentale et la réflexion logique.

Alcée : voir pp. 63, 67 et 82.

C'est en Ionie qu'apparaissent les écrits en prose qui sont à la naissance de l'astronomie, des mathématiques, de la géographie, de l'histoire.

La philosophie ionienne. Initiés à l'observation des phénomènes naturels par leur connaissance des recherches astronomiques et mathématiques des Assyro-Babyloniens, les penseurs milésiens partent à la recherche d'une explication globale du monde ; pour eux, une certitude au départ : derrière l'apparent désordre du monde et son instabilité, existe un ordre unique par lequel s'expliquent tout à la fois la naissance de ce monde, son évolution, ses mouvements. Par cette unité fondamentale, les causes premières ne diffèrent pas, dans leur nature, de celles que nous pouvons voir en action ; cette idée que l'observation des phénomènes naturels permet d'élaborer des règles à valeur universelle leur a valu le nom de Physiciens (*physis* = nature). Thalès (environ 624 à 548/545), Anaximandre (environ 610 à environ 545) et Anaximène (environ 586 à ?) sont des Milésiens ; sans avoir formé une « école », ils se ressemblent par le mode de raisonnement et la discussion critique des prédécesseurs.

On leur attribue bon nombre d'observations physiques, astronomiques et météorologiques dont certaines ne sont peut-être que des emprunts (le cadran solaire est-il vraiment dû à Anaximandre ?) ; leur sens pratique donne naissance à d'étranges anecdotes, au sujet de Thalès principalement.

Le caractère tardif et fragmentaire des sources relatives à leur pensée philosophique pose quelques problèmes : nous sommes tributaires de la tradition aristotélicienne et, souvent, la citation de ces textes en prose – une nouveauté en soi – se distingue mal de leur interprétation ; ceci est aggravé du fait qu'ils ont amorcé l'élaboration d'un langage et de concepts nouveaux qu'il ne nous est plus toujours possible d'isoler de leurs usages postérieurs.

Essai de restitution de la première carte ionienne

D'après J.-O THOMSON, *History of Ancient Geography*, Cambridge 1948, p. 99.
(carte 38 x 39 mm haut)

Thalès. A la recherche d'une matière originelle, source de vie, Thalès aurait proposé l'eau car, nous dit Aristote, la semence qui donne la vie est humide. La terre flotte sur l'eau (idée empruntée au Proche-Orient) et le monde est « tout rempli de dieux », c'est-à-dire que toute matière est animée ; l'homme n'est pour rien dans les changements permanents, dans le mouvement. Encore sommaire, cette réflexion ouvre une nouvelle voie : à des phénomènes naturels on cherche une explication dans la nature même ; le mythe est rationalisé.

Anaximandre. La pensée d'Anaximandre nous apparaît comme plus complexe : refusant qu'un élément (l'eau) l'emporte sur les autres au risque de détruire son contraire (le feu), il conçoit une substance originelle inqualifiable, indéfinissable, illimitée : c'est l'*apeiron,* terme qui exprime ensemble l'infini et l'indéfini. Là est la source de la vie et du mouvement ; l'équilibre du monde repose sur celui des contraires (chaud et froid, sec et humide, essentiellement), chacun l'emportant à tour de rôle, comme le montre la succession des saisons. La terre n'a pas besoin de support car, semblable à un tambour de colonne, elle tient par l'attraction des contraires.

Hécatée de Milet : c'est à partir des recherches ioniennes qu'il composa au début du Ve siècle sa Périégèse ou description du monde, dont Hérodote s'inspira tout en la critiquant.

Anaximène. Anaximène revient à une substance originelle connue : l'air, car il est indéfini en étendue et se modifie par condensation et raréfaction : l'air est le souffle du monde et tous les mouvements (vents, cours des astres, etc.) sont dus à l'action des deux contraires : dense/rare.

Tous ont tenté des explications des phénomènes astronomiques ou des origines de l'homme : ils nous proposent des constructions fantastiques, qui toujours répondent à un effort d'explication logique et globale.

Xénophane. D'autres penseurs prolongeront ces recherches spéculatives : le poète-théologien Xénophane de Colophon (environ 570 à environ 475) qui, repoussant toute vision anthropomorphique des dieux, propose un dieu éternel, bon, indépendant de toute contingence, coextensif au monde tandis que la vie organique naît d'un mélange de terre et d'eau.

Héraclite. Avec Héraclite d'Éphèse (maturité à la fin du siècle), la pensée physicienne et l'esprit encyclopédique disparaissent pour une réflexion philosophique pure, qui insiste sur l'intelligence, facteur de compréhension intuitive des êtres. Mais les fragments dont nous disposons n'autorisent aucune vision cohérente de sa pensée d'une richesse éblouissante, ce qui explique la multitude des interprétations opposées. Ce sera ensuite la Grande Grèce qui reprendra le flambeau de la pensée philosophique avec Pythagore de Samos qui s'installe à Crotone vers 530 et plus encore avec Parménide et l'école éléate ou Anaxagore d'Agrigente : leur pensée ne portera ses fruits qu'au Ve siècle.

Pour approfondir ce chapitre

Voir les bibliographies pp. 80 et 90 ; ajouter Fr. Ruzé, *Délibération et Pouvoir dans la cité grecque, de Nestor à Socrate,* Publications de la Sorbonne, 1997.

Sur Sparte, outre P. Roussel, *Sparte,* Paris, 1960, très condensé et mesuré, l'article de M.I. Finley, dans *Économie et Société* *en Grèce ancienne,* La Découverte, 1984, et P. CARTLEDGE, *Sparta and Lakonia,* Londres, 1979, il faut partir de l'excellente mise au point bibliographique de J. DUCAT, *REG,* 1983, pp. 194-225. Ajouter J. DUCAT, *Les Hilotes, BCH Suppl. XX,* 1990, et « Le citoyen et le sol à Sparte à l'époque classique », *Annales Fac. Lettres et Sc. Hum. de Nice,* 45 (1983), 143-166 ; J.-P. VERNANT, « L'identité du jeune Spartiate », dans *L'Individu, la Mort, l'Amour,* Gallimard, 1989, et D. M. MAC DOWELL, *Spartan Law,* Edinburgh, 1986.

Sur la Crète archaïque : voir *Nomima* (cf. p. 4), notamment le tome II ; R. F. WILLETS, *Aristocratic Society in Ancient Crete,* Londres, 1955.

Pour Athènes : voir PLUTARQUE, *Vie de Solon* et les textes traduits par J. DELORME (cf. p. 7). Études sur Athènes sous les tyrans dans A. VERBANCK-PIÉRARD et D. VIVIERS, éd., *Culture et Cité, l'avènement d'Athènes à l'époque archaïque,* Bruxelles, 1995.

La Béotie archaïque est présentée par J. DUCAT, « La confédération béotienne et l'expansion thébaine à l'époque archaïque », *BCH,* 1973, pp. 59-73. Voir aussi H. VAN EFFENTERRE, *Les Béotiens,* Errance, 1989 et A. SNODGRASS, « L'archéologie de prospection et le paysage rural de la cité grecque », in O. MURRAY-S. PRICE, éd., (cf. p. 7).
Rappelons, **pour Corinthe**, la thèse ancienne d'Ed. WILL, *Korinthiaka,* De Boccard, 1955 ; J. B. SALMON, *Wealthy Corinth,* Oxford, 1984.

Mégare est étudiée dans T. J. FIGUEIRA et Gr. NAGY, éd., *Theognis of Megara, Poetry and the Polis,* Baltimore, 1985. Voir aussi J. LABARBE dans « Les premières démocraties de la Grèce antique », *Bull. Acad. Roy. Belg.,* 1972, p. 223-254, et pour les sources historiques, L. PICCIRILLI, *Megarika,* Brill, 1975.

Sur Argos : Th. KELLY, *A History of Argos to 500 B.C.,* Minneapolis, 1976 ; plusieurs mises au point dans M. PIÉRART éd., *Polydipsion Argos, BCH Suppl. XXII,* 1992. Une monographie claire et bien à jour : M. PIÉRART et G. TOUCHAIS, *Argos, une ville grecque de 6000 ans,* CNRS éditions, 1996.
Le n° 94 (mai 1985) des *Dossiers, histoire et archéologie,* est consacré à **Érétrie**. Voir aussi D. RIDGWAY (cf. p. 81).

Enfin, **pour l'Ionie**, un ouvrage dépourvu d'esprit critique par rapport aux sources, mais utile : G. L. HUXLEY, *The Early Ionians,* Londres, 1966 ; voir en outre page 140 ; de bonnes illustrations dans H. STIERLIN, *Grèce d'Asie,* 1986. Sur les divers aspects de la pensée, outre Ch. JACOB (cf. p. 6) et E.-R. LLOYD (cf. p. 7), voir G.S. KIRK, J.E. RAVEN et M. SCHOFIELD, *Les Philosophes présocratiques,* trad. fr. 1995, Cerf ; W. K. C. GUTHRIE, *History of Greek Philosophy,* I, Cambridge, 1962, avec les analyses de J.-P. VERNANT, « Les origines de la philosophie » et « La formation de la pensée positive dans la Grèce archaïque », dans *Mythe et Pensée chez les Grecs,* repris dans *La Grèce ancienne,* I, Seuil, 1991.

Pour l'histoire de l'art, voir p. 5.

8

L'univers religieux de la cité

Homère puis Hésiode, chacun à sa manière, ont voulu discipliner en un schéma logique le foisonnement des croyances religieuses. Cette suppression du mystère aboutit à une certaine rupture entre la croyance populaire et le tableau des poètes. L'existence du Grec est profondément imprégnée de religiosité : des divinités protègent sa maison, ses activités professionnelles, sa famille, les groupes sociaux ou politiques dont il fait partie : toute négligence dans l'accomplissement des rites retomberait sur lui et sur son groupe. Mais, dès l'instant qu'il a scrupuleusement observé ses devoirs religieux minimaux, il lui est loisible de se tourner plus particulièrement vers telle divinité ou telle doctrine : aucune incompatibilité n'est ressentie ; qui plus est, un auteur, un responsable de culte, une cité peuvent introduire des modifications dans la légende et même dans les modalités du culte : aucune révélation, aucun livre sacré n'impose de dogme ; l'anthropomorphisme des divinités les rend particulièrement aptes à subir des adaptations. Les mythes rendent compte de ces enrichissements. Dieux et héros sont là pour répondre aux besoins des hommes : ils incarnent les forces de la nature, ils président et aident à toutes les actions décisives de l'existence de l'individu ou de la communauté ; ils enseignent aux hommes les techniques militaires ou productrices dont ils ont besoin et ils leur donnent l'efficacité qui assure la réussite.

1. Les rites

◆ « J'estime que ce sont (Homère et Hésiode) qui ont créé pour les Grecs une théogonie, qui ont donné aux dieux leurs qualificatifs, partagé entre eux honneurs et compétences, dessiné leurs figures. » ◆
HÉRODOTE, II, 53.

Hécatombe : au sens étymologique : cent bœufs. Désigne ensuite un grand nombre d'animaux de sacrifice.

Libation : offrande qui consiste à répandre quelques gouttes d'un breuvage, lait, miel ou vin, en prononçant une prière.

Les principales formes rituelles sont fixées dans les poèmes homériques. Le chant I de l'*Iliade* nous montre la restitution de Briséis, captive, fille d'un prêtre d'Apollon, Chrysès ; suit le sacrifice au dieu pour écarter sa malédiction : « Tout aussitôt, en ordre autour du vaste autel, ils rangent pour le dieu l'hécatombe splendide. Ils se lavent les mains, ils prennent des grains d'orge et Chrysès, bras levés, pour eux prie à haute voix : toi dont l'arc est d'argent, écoute mes paroles... C'est ainsi qu'il prie et Phoïbos Apollon écoute sa prière. On cesse de prier ; les grains d'orge lancés, on lève vers le ciel la tête des victimes, on égorge, on écorche, on détache les fémurs, on les couvre de graisse en une double couche ; on dispose au-dessus des morceaux de chair crue. Puis le vieillard les fait brûler sur des sarments, il y répand du vin à la couleur de feu ; des jeunes gens auprès de lui tiennent des broches à cinq pointes. Les fémurs consumés, on mange les abats. Alors, on coupe le reste en morceaux qu'on embroche ; on les rôtit avec grand soin puis de la flamme on les retire tous. Ces apprêts du repas terminés, on se met au festin et personne en son cœur ne se plaint du banquet où chacun a sa part. »

Nous retrouvons là différents éléments du culte : ablutions de pureté rituelle, prière, libation, sacrifice de biens consommables, repas collectifs avec ce qu'il en reste. Tout se déroule en plein air autour d'un simple autel. Le prêtre joue un rôle important mais il n'est pas le seul ; sa fonction n'est pas celle d'un délégué mais d'un technicien, ici particulièrement concerné puisqu'il est offensé. Mais toute l'armée participe au sacrifice, tous prendront part au banquet qui l'achève : démarche collective qui est un des caractères de l'expression cultuelle.

Les sacrifices. Le sacrifice de l'animal reste le rite le plus caractéristique. On peut, comme ici, faire jaillir le sang vers le ciel, puis, après une savante découpe, consommer les viscères d'abord, la viande ensuite. Parfois, au contraire, notamment pour les divinités chthoniennes s'il s'agit d'un holocauste, le sacrifice se pratique au-dessus d'une fosse et le sang coule directement dans la terre. On constate que les deux rituels peuvent être employés pour un même dieu, selon les circonstances. Les rites chthoniens s'adressent aux divinités infernales, accompagnent les sacrifices de purification, les serments souvent, les sacrifices à la mer et aux fleuves, aux héros morts. De toute façon, le sens du sacrifice reste celui d'une offrande et d'un partage plus que d'une expiation ou d'un contrat. Témoignage de reconnaissance et de respect, il ne demande aux dieux que leur bon vouloir, non une réponse automatique à un rituel minutieux. Nous sommes du reste frappés par la grande variété de ces rites dans le détail, selon les usages locaux. Ils laissent aussi place à l'initiative individuelle, manifestée par des offrandes.

Cultes chthoniens : dédiés aux divinités souterraines de la terre (de Chthôn, la terre).

Holocauste : consommation totale de la victime, par le feu.

Voir l'étude de G. Berthiaume, Le Rôle du Mageiros, étude sur la boucherie, la cuisine et le sacrifice, dans la Grèce ancienne, *Brill, 1982.*

Les offrandes. Offrandes simples des cultes populaires, à caractère souvent magique, petites statuettes d'argile, prémices de récolte, chevelure ; offrandes somptueuses de riches particuliers et de cités. Un caractère nouveau apparaît alors : l'ostentation ; l'important n'est pas la divinité mais l'admiration des passants. C'est ainsi que les sanctuaires se couvrent de statues en marbre de jeunes gens et de jeunes filles – les *kouroi* et les *korai* –, que les temples se remplissent d'objets de bronze et de métal précieux qui constituent leurs premiers trésors. Probablement pour rassembler les offrandes de leurs ressortissants, les cités construisent à Delphes et Olympie ces temples miniatures appelés « trésors ». En hommage aux dieux protecteurs de la victoire, elles édifient ces monuments à leur gloire et à la défaite des adversaires : ils laissent toujours le visiteur étonné à l'entrée des sanctuaires panhelléniques. Le Grec annexe vite ses dieux à son univers particulier, individuel, familial ou politique.

Kouroi **et** ***Korai*** **:** les premiers furent longtemps appelés des Apollon. Ces statues ne représentent pas obligatoirement des personnes encore jeunes ; on les idéalise dans leur jeunesse. Ce sont souvent des offrandes funéraires.

Voir carte p. 307 E.

Souillure et purification. C'est pourquoi les notions de profane et de sacré n'ont pas de frontière aussi tranchée qu'à notre époque. Certes, l'exigence de pureté rituelle rappelle qu'il faut se présenter devant les dieux exempt de souillure. Mais il s'agit moins d'être pur que de se débarrasser de souillures accidentelles et les rites exigés sont simples ; pour un meurtre c'est la présence matérielle du sang qui est souillure, non l'intention meurtrière. On purifie l'île de Délos régulièrement afin que le sanctuaire du dieu ne soit souillé ni par la présence des accouchées ni par celle des morts : les unes et les autres sont relégués dans l'île voisine de Rhénée.

L'ordre dorique

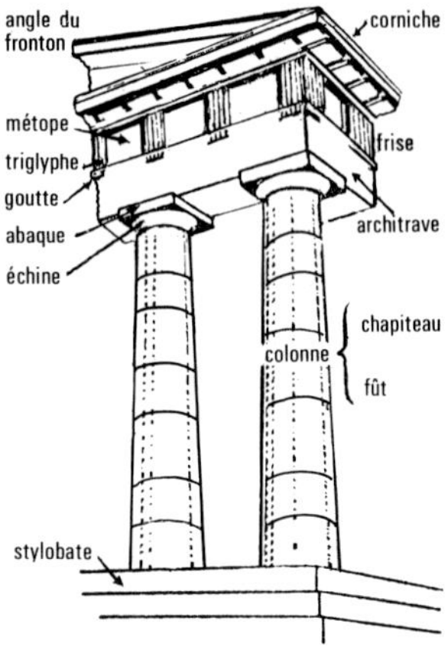

Les rites : expression collective. On retrouve ainsi bon nombre des prescriptions rituelles des religions anciennes, mais les Grecs ne mettent dans leurs cultes ni le ritualisme craintif des Mésopotamiens, ni le juridisme pointilleux des Romains, ce qui n'exclut pas la persistance d'une profonde superstition dont se plaindra Platon. Le culte est généralement rendu par un groupe particulier : l'armée de l'*Iliade,* les femmes dans certains cultes de Déméter, les jeunes gens parfois, la cité entière, bien souvent. La composition varie, mais la participation est collective ; elle s'exprime par la procession qui précède le sacrifice, le banquet qui l'achève. Jeux et compétitions en sont l'expression la plus élaborée. On comprend dès lors qu'il n'y ait pas de distinction absolue entre prêtres et laïcs. La fonction sacerdotale est souvent élective et temporaire ; beaucoup sont des magistrats de la cité. La tradition impose parfois telle famille pour tel culte, mais cela n'a jamais engendré de caste sacerdotale comme en Égypte : la cité a intégré ses prêtres. Seules certaines fonctions oraculaires et certains grands sanctuaires développent une professionnalisation sacerdotale.

2. Sanctuaires et temples

L'ordre ionique

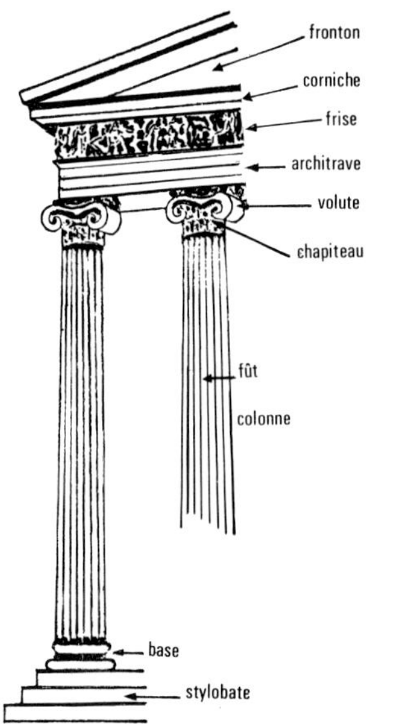

Illustrations commentées dans *La Documentation photographique,* n° 6092, 1987.

Il n'y a pas d'acte religieux sans un espace proprement défini. Ce peut être le ciel que l'on invoque, la terre que l'on frappe, la source où l'on vient s'abreuver, l'arbre auquel une légende est attachée, le carrefour de routes au bord duquel on amasse un tas de pierres. A mesure que les cités se fortifient, l'espace profane et l'espace sacré tendent à se préciser ; dans les cités coloniales on réserve l'emplacement des temples, à l'époque classique on tend à délimiter les sanctuaires, à marquer d'une construction les lieux de cultes agrestes. Le culte, en fait, ne nécessite pas de temple. Ce qui appartient au dieu, c'est le territoire sacré que l'on délimite : c'est sa propriété au sens juridique du terme. Une partie peut en être cultivée, dans certains cas, et les revenus serviront à l'entretien de l'ensemble. Le temple lui-même est en réalité une offrande, de la cité la plupart du temps, de plusieurs cités parfois, de simples particuliers exceptionnellement : ainsi voit-on la famille des Alcméonides organiser une souscription pour la reconstruction du temple de Delphes à la fin du VIe siècle. Ce n'est pas un hasard si la naissance du temple de pierre coïncide avec la crise qui amène la cité à préciser ses fondements juridiques. Certes, le monde mycénien a connu des sanctuaires et beaucoup de cultes s'y perpétuent ; mais on peut suivre la lente élaboration du temple grec.

Aux premiers bâtiments, précédés par deux colonnes et connus par des ex-voto, succèdent les tentatives parfois maladroites pour réaliser de plus grands édifices. En Crète, les temples de Prinias et de Dréros gardent encore des traditions minoennes. Mais dans l'île de Samos, à Thermos en Étolie, à Erétrie en Eubée, se succèdent à partir du VIIIe siècle de longs édifices à colonnade centrale. Au VIIe, le temple périptère (entouré d'une colonnade extérieure) est adopté ; son cœur, le *naos*, est la chambre du dieu ; l'encadrent le *pronaos* ou antichambre et, à l'arrière, l'*opisthodome*, chambre du trésor. Parfois s'ajoute un *adyton* qui abrite les fonctions oraculaires. C'est aussi à la fin du VIIe siècle que la pierre l'emporte sur tous les autres matériaux, en particulier le bois et l'argile. Les canons des deux ordres architecturaux, ionique et dorique, se fixent alors. L'ordre dorique avec son chapiteau en forme de coussin et son fût dépourvu de base, supporte une frise alternée de métopes parfois sculptées et de triglyphes striés qui rappellent l'ancienne architecture de bois avec l'alternance des extrémités des poutres. Né dans le Péloponnèse par imitation des colonnes de Mycènes (temple d'Héra à Olympie, d'Apollon à Corinthe), il se répandit ensuite à Corfou, en Grande Grèce et Sicile où il connaît ses plus belles réussites (à Posidonia-Paestum, Sélinonte). La colonne ionique apparaît, elle, dans les îles et en Asie Mineure. Son chapiteau à volutes, sa base moulurée, la frise continue, rappellent les influences orientalisantes (temples d'Héra à Samos, d'Artémis à Sardes). Ce qui importe d'abord à l'architecte hellénique ce sont les proportions de l'édifice et les rapports entre les trois éléments de son élévation : base, colonnade, entablement. A l'époque archaïque, l'entablement est très volumineux (cf. Corfou ou Sélinonte) ; les colonnes sont plus variées qu'on ne l'avait pensé lors des premières études, mais leur galbe reste très accusé.

Le succès du temple favorise le développement de la sculpture monumentale qui permet d'orner métopes, frises et frontons tout en respectant le cadre bien défini de ces espaces. Elle fixe ainsi aux yeux de tous l'aspect anthropomorphique des dieux, leurs mythes et les actions des héros. Autant qu'Homère et Hésiode, les temples ont servi de mémoire collective : l'expression artistique des Grecs est avant tout religieuse ; à l'époque archaïque surtout, la sculpture et les céramiques évoquent une multitude de mythes à travers des images parfois très simples. Mais l'artiste conserve une très grande liberté : il innove, il invente ; l'art reflète cette très grande souplesse que nous voyons dans les cultes.

Égine, temple d'Aphaia

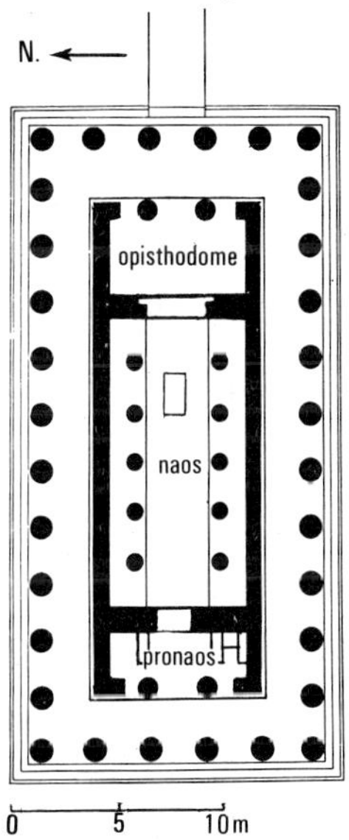

3. Mythes et théogonie : les grands dieux

Les mythes

La vie religieuse des Grecs s'inscrit dans les récits mythiques ; ils expliquent les pratiques cultuelles (sacrifices, fêtes et concours) ainsi que les rites qui accompagnent la vie sociale et politique. Le chant des poètes comme Hésiode, Eschyle ou Pindare, a contribué à les forger, tandis que d'autres, tel le voyageur Pausanias, nous font connaître les traditions orales qu'ils ont recueillies ; l'art des peintres et des sculpteurs a familiarisé les gens avec certains grands moments de ces récits. Ils racontent, de façon très concrète, des aventures divines, des histoires entre dieux et hommes, des destinées de héros souvent tragiques.

Un bilan des études sur les mythes, avec une importante bibliographie : P. ELLINGER, « Vingt ans de recherches sur les mythes, dans le domaine de l'antiquité grecque », Revue des Études Anciennes, *1984, 7-29.*

Les hommes accomplissent les gestes fondamentaux des rituels auxquels ils se plient, le mythe leur en fournit l'explication et la justification.

L'exemple le plus connu, en partie grâce aux études de J.-P. Vernant, est l'ensemble hésiodique des trois mythes complémentaires : mythe des races qui situe l'homme d'aujourd'hui dans le cours d'une histoire universelle ; mythe de Prométhée, fondateur du sacrifice et pourvoyeur des hommes en feu ; mythe de Pandora, la première femme : toute la condition humaine s'y trouve expliquée.

Le sacrifice situe l'homme dans ses rapports avec les dieux, mais aussi avec la nature : l'homme devra consommer, pour survivre, grains et viandes, mais ceux-ci devront être les fruits de la terre cultivée, de l'animal domestiqué et élevé ; il devra cuire sa nourriture et faire participer les dieux à cette consommation.

Pour ces mythes, voir HÉSIODE : Théogonie, *535-612 ;* Les Travaux et les Jours, *42-201.*

Contrairement à la race des dieux, celle des hommes, incomplète, n'échappera à l'extinction que par l'union entre hommes et femmes, mal nécessaire. Pour contrôler cette inévitable sexualité et marquer la distance avec les animaux, le mariage devient une nécessité sociale.

Nous touchons là une fonction importante du mythe : il justifie les règles fondamentales qui régissent la collectivité, il les explique aux hommes, il en assure la pérennité, malgré les multiples variations dans le temps et dans l'espace. Ce n'est donc pas seulement la vie agricole et le mariage, mais toutes les pratiques liées à la formation des jeunes, à leur initiation progressive, aux concours et fêtes, qui ont un support mythique.

Une initiation à l'étude des mythes : S. SAÏD, Approches de la mythologie grecque, *Nathan, coll. 128, 1993.*

On a beaucoup insisté, ces dernières années, sur l'importance de la chasse dans la préparation des jeunes gens à leur vie d'adulte : le thème de la chasse est récurrent dans nombre de récits mythiques, notamment ceux qui concernent Artémis, associée de près à la formation des jeunes. Innocente en apparence, la « légende » de Thésée devient, sous le regard décrypteur du mythologue, le récit des étapes initiatiques du jeune aristocrate, de surcroît prétendant à la royauté.

Chaque génération est créatrice de mythes : elle fonde, par là, de nouveaux modèles pour les générations à venir, de nouveaux codes à respecter. Ceci contribue à inscrire le sens civique dans une geste héroïque qui le justifie. L'exemple le plus connu est celui des Athéniens, étudié par N. Loraux, qui ont imposé à eux-mêmes comme aux autres, la croyance en leur autochtonie : le récit mythique leur a servi d'outil de propagande, d'expression de leur profonde conviction, leur a tenu lieu de réalité historique. Cela peut aussi leur donner un code de conduite : c'est au nom de cette unité ancestrale que l'amnistie a réconcilié tous les Athéniens en 403.

Les dieux ■

La plupart des récits mythiques mettent en scène, outre les héros plus proches des hommes, les dieux, notamment ceux que la tradition, marquée par Homère puis Hésiode, regroupe dans l'Olympe : les douze, issus du couple fondamental Kronos (le temps) et Rhéa, en deux générations. La vénération populaire y ajoutera entre autres Asklépios, le héros médecin divinisé, et Dionysos inassimilable au panthéon.

Ces grands dieux sont universellement connus des Grecs et leur puissance réunie s'impose à toutes les forces de la nature et à toutes les activités fondamentales des humains. Mais cette apparente simplicité disparaît dès lors que l'on suit telle divinité à travers ses lieux de culte, ses représentations et ses mythes.

Prenons l'exemple d'Artémis, la vierge chasseresse : maîtresse des animaux sauvages, elle protège les chasseurs ; reine des nymphes, elle hante les eaux courantes ; déesse des jeunes vierges qui s'approchent de l'âge nubile à Brauron en Attique ou qui vont se marier à Limnatis en Laconie, elle est à Éphèse la divinité de la fécondité garnie de plusieurs rangées de seins lourdement remplis ; indépendante de toute puissance masculine, elle préside aux durs rites de passage que subissent les jeunes Spartiates à son autel (Artémis Orthia).

◆ « Timaréta, au moment de se marier, t'a consacré, Artémis Limnatis, ses tambourins, le ballon qu'elle aimait, la résille qui retenait ses cheveux ; ses poupées aussi, elle les a dédiées comme il convenait, elle vierge, à toi déesse vierge, avec leurs vêtements. » ◆ *Anthologie grecque,* VI, 280.

Derrière cette apparente diversité se cache une unité profonde : Artémis se situe aux frontières du monde sauvage de la nature et du monde civilisé de la cité : tout ce qui contribue à transformer le petit animal humain en adulte responsable tombe sous sa protection, comme y tombe la région frontalière qui limite la cité, ou la guerre avec ses règles hoplitiques par opposition à la guerre sauvage d'anéantissement.

Il en va de même de la majorité des grandes divinités : si elles ont absorbé les fonctions de petites divinités locales, de héros ou de forces divinisées, elles ne l'ont pas fait sans discernement, mais en se cantonnant dans leur sphère d'action propre. Athéna, par exemple, déesse animée par la *mètis* – intelligence rusée, technique créatrice – rencontre d'autres dieux dans certains domaines, tels que la mer, l'agriculture, la guerre ou l'art, sans qu'il y ait concurrence : elle s'en tient à l'activité fabricatrice, à l'action positive et concrète, celle qui demande du savoir-faire, et laisse aux autres ce qui échappe au contrôle humain. Toutefois, chaque communauté humaine s'attache plus particulièrement au culte d'une divinité dont il a tendance à accroître le champ d'action et les capacités protectrices.

L'iconographie, les sources littéraires souvent tardives (Pausanias en particulier) et les études comparatives permettent d'aboutir au tableau [pages suivantes], très simplifié.

Les principales divinités ▶

	Fonctions fondamentales	Symboles	Principaux lieux de culte
Zeus *fils de Kronos*	– Dieu du ciel et des phénomènes atmosphériques – Souverain et père : protecteur de la maison, des biens, de tous les groupements humains ; justice ; sauveur, protecteur des suppliants et des hôtes – chthonien : source de vie, de fertilité – oraculaire	nimbe, globe, foudre trône, sceptre, aigle serpent balance hiérogamies corne de taureau	A peu près partout Ex. : Mont Olympe Athènes Olympie Labranda (Carie) Crète Dodone (Épire)
Poséidon *fils de Kronos*	– Dieu de la mer, surtout en colère ; protecteur des marins et pêcheurs – Ébranleur du sol : auteur des secousses terrestres et des eaux courantes – Époux de la terre, maître des profondeurs mystérieuses, donc fertilité – Dompteur de chevaux (lié au jaillissement des eaux ?)	poisson trident cheval	Très répandu dans l'Isthme et le Péloponnèse Béotie Thessalie Cap Mycale (dieu des Paniônia, fêtes communes des Ioniens) Tarente Posidonia
Déméter *fille de Kronos*	– Fertilité de la terre ensemencée en céréales ; chthonienne – Thesmophoros, qui engendre la vie civilisée – Initie les humains aux mystères de la fécondation, du renouvellement de la vie, de l'au-delà	épi de blé pavot porc symboles sexuels	On peut considérer qu'elle est universelle, associée à Koré, Pluton, parfois Poséidon
Pluton/Hadès *fils de Kronos*	– Roi et geôlier des morts – Maître de la richesse des profondeurs de la terre	corne d'abondance silos souterrains	
Héra *fille de Kronos* *épouse de Zeus*	– Protection des mariages légitimes, de toute la vie féminine. Préside aux accouchements – Fertilité ? – Protectrice des palais, des hauts lieux des cités	char bains et retraite (pour la fiancée) hiérogamies fleurs, lys génisse lune	Nombreux ; plus particulièrement : Argolide, Olympe, Sparte, Corinthe, Béotie, Samos, Lesbos, Délos, Knossos, Posidonia, Capoue, Sélinonte
Aphrodite *fille de Zeus et Dioné*	– Fécondité : union et procréation ; élève les enfants Fertilité terrestre associée – Amour : désir et sentiment – Marine, issue de la mer, assure la bonne navigation – Astrale	pomme, grenade Éros associé Sortie de l'onde ; coquillages et tous animaux aquatiques	Partout, mais particulièrement : Troade, Cnide, Chypre Rhodes, Crète, Cythère Samos, Naxos, Macédoine, Athènes, Péloponnèse, Sicile, Cyrénaïque

	Fonctions fondamentales	Symboles	Principaux lieux de culte
ARTÉMIS *fille de Zeus et de Léto*	– Protectrice • de la nature sauvage, en particulier des animaux, veille sur leur progéniture, déesse de la chasse ; • des arbres ; déesse de la végétation, des sources et des cours d'eau • des frontières – Protège la vie féminine, prépare au mariage, veille à la croissance des enfants, à leur éducation – Veille au respect des lois de la guerre	biche oursonnes cèdre, noyer représentée avec de multiples seins	Très populaire comme maîtresse des nymphes Tauride Péloponnèse (Sparte) Éphèse Brauron, Péloponnèse Phocide
APOLLON *fils de Zeus et de Léto*	– Archer qui sème la mort brutale et la peste. Protecteur et guérisseur – Purificateur : arrête la vengeance, introduit la morale et la mesure ; législateur et protecteur des hommes – Poète et oraculaire – Maître des animaux, protecteur des troupeaux, destructeur des animaux nuisibles (loups, rats)	char, arc laurier, péan obélisque, pilier biche, cygne, dauphin	Délos, Delphes, Didymes, Klaros } *oracles* Athènes, Béotie (Ptoïon), Argos, Sparte, Leucade
ATHÉNA *née de Zeus seul*	– Déesse de l'intelligence pratique et de la ruse (« mètis ») – Gardienne du palais fortifié, de l'habitat, des enfants et adolescents, de la santé – Protectrice des travaux exécutés dans la maison ; textiles, céramique, orfèvrerie – Protectrice en cas de guerre des héros, de la cité	olivier, chouette lance serpent bouclier, égide	Athènes et partout en Grèce propre ; plus Ilion, Cyzique, Érythrées, Chios, Kos, Rhodes, Thasos, Délos, Libye, Crète
HÉPHAISTOS *fils d'Héra*	– Feu : « Maître de l'Etna », feu des volcans ; arts du feu, forgeron	Allure bancale forges	Peu de cultes en Grèce même, sauf à Athènes, et en Argolide, Asie Mineure, Campanie du Sud
HERMÈS *fils de Zeus et Maia*	– Dieu des tas de pierres : dieu des voyageurs et commerçants, de l'agora marchande ; conducteur des âmes des défunts – Protecteur des limites, donc de la propriété : du seuil de la maison, des troupeaux – Messager de Zeus : protecteur des serviteurs, des malins – Dieu de l'éloquence et du discours rationnel – Protecteur du stade, de la palestre	Pierre droite fichée dans le tas de pierres ; forme humaine et ithyphallique (phallos dressé) sandales ailées, pétase (chapeau), caducée	Peu de cultes organisés, mais omniprésent par ses tas de pierres et ses piliers

4. Les cultes

◆ « Priez Zeus chthonios (Pluton) et la pure Déméter de rendre lourd à sa maturité le blé sacré de Déméter, au moment même où, commençant le labourage et tenant en main la poignée qui termine le mancheron, vous toucherez le dos des bœufs qui tirent sur la clef du joug. » ◆
HÉSIODE, *Les Travaux et les Jours*, 465-469.

Culte quotidien et familial

L'étude des rites nous a montré la fréquence du geste populaire d'offrande ou d'invocation à la divinité. Le paysan est en relations permanentes avec les forces divines ; au cours de sa journée, il passe près d'un de ces tas de pierres, un hermès, ici surmonté d'un pilier phallique, là recouvrant un mort ; il aborde une source ou un cours d'eau peuplé de nymphes ; il travaille sa terre, taille ses arbres sur les fruits desquels il appelle la protection de Déméter, de Dionysos ou de Pluton.

La maison elle-même est habitée par son *agathos daimon* (bon génie), serpent du foyer à qui l'on verse à chaque repas une libation de vin pur ; elle est placée sous la protection de Zeus *herkeios* (de l'enclos), de Zeus *ktésios* (des possessions) qui assure la survie matérielle de ses habitants. Hestia, quotidiennement honorée, incarne le foyer domestique : là, le suppliant devient sacré, les cultes familiaux sont célébrés avec les esclaves eux-mêmes ; là se fait l'intégration à la famille de tout nouvel arrivant : on y assied le nouvel esclave pour lui verser dessus figues sèches, noix et graines en signe de bienvenue et vœu de prospérité ; la nouvelle épousée en fait le tour en recevant ces mêmes gages de prospérité et en y consommant le gâteau nuptial de sésame et de miel, un coing ou une datte ; le nouveau-né enfin est reconnu, admis, lorsque son père, lors des Amphidromies, court autour du foyer en portant l'enfant.

HÉCATE : déesse absente de la mythologie traditionnelle mais très présente aux carrefours, sous forme d'une statue à trois corps ou trois têtes.

A la porte, veillent un Apollon *agyeus* (de la rue), ou un Hermès, ou une Hécate ; cette dernière est tout à la fois celle qui purifie la famille après une naissance ou une mort, celle qui protège le mariage et les accouchements, qui veille à la croissance des enfants et assiste les morts ; elle rassure en contrôlant la magie et les fantômes. Les grandes divinités qui assumaient ces fonctions telles Héra ou Artémis sont chargées d'honneurs et de majesté : pour l'usage quotidien, elles sont devenues trop lointaines.

◆ « Mon adversaire veut aujourd'hui me priver du *kléros* patrimonial, priver le mort de descendance et abolir son nom afin que nul ne célèbre à la place du défunt le culte des ancêtres ni n'accomplisse en sa mémoire les sacrifices anniversaires, et pour lui arracher les honneurs qui lui sont dus. » ◆
ISÉE, II, 46.

Lors de l'examen préalable que subissent les archontes au IVe siècle :
◆ « On lui demande s'il participe à un culte d'Apollon Patrôos et de Zeus Herkéios et où sont ces sanctuaires [...]. » ◆
ARISTOTE, *Const. Ath.*, LV, 3.

On ne peut manquer d'être frappé par la contradiction entre les nombreux rites de fécondité qui accompagnent le mariage et la plupart des grandes fêtes de l'année, et la crainte manifestée dès Hésiode d'avoir plus d'enfants que l'*oikos* n'en peut supporter, soit plus d'un ou deux. L'association permanente entre la fécondité féminine et la fertilité du sol donne une partie de l'explication. La crainte fondamentale est celle de l'absence d'héritier mâle : lui seul peut assurer le culte, en particulier celui des défunts de la famille ; la collectivité tout entière est du reste concernée puisque dans l'Athènes classique, « un homme qui ne s'occupe pas des tombes de ses parents qui sont morts » ne pourra être magistrat, nous rapporte Xénophon. Ce lien familial créé par les ancêtres morts restera si vivace qu'il imposera aux frères vivant séparément de se retrouver pour ce culte et de se charger de perpétuer les foyers les uns des autres, au IVe siècle.

Ce culte familial se prolonge par celui des groupes de familles, les phratries : le banquet issu d'un sacrifice offert par un nouveau marié ou un nouveau père (au dixième jour) en réunit régulièrement les membres ; ensemble, ils appellent sur leur groupe la protection de Zeus patrôos, Athéna patrôa ou Apollon patrôos, ensemble ils sacrifient pour marquer, au troisième jour des Apatouries, l'accueil des enfants légitimes nés dans l'année.

Apatouries : voir p. 122.

Cultes héroïques, chthoniens et agraires ■

Les héros ont peut-être joué un rôle aussi important que les dieux ; pourtant ils n'ont pas droit à de grands temples. Ils sont liés au monde des morts, le domaine d'Hadès, dans les profondeurs de la terre. Comme tels, ils sont souvent confondus avec les divinités chthoniennes, et servent d'intermédiaires pour attirer sur les hommes la bienveillance des puissances infernales, des forces fécondantes et de l'ensemble des dieux. Mais leur protection s'exerce sur une aire réduite : locale, familiale ou tribale. On en fait volontiers des ancêtres mythiques, des réalisateurs politiques (Thésée), des pourfendeurs de monstres et autres ennemis des hommes civilisés (Héraklès, Thésée), des bienfaiteurs de l'humanité qui nous auraient appris à faire du feu (Prométhée) ou à cultiver le blé (Néoptolème) ; plus souvent encore, ce sont des héros guérisseurs que l'on relie à Asklépios. Mais beaucoup sont plus obscurs, et l'origine de leur culte se perd. Pour eux, de nombreux autels sont dressés un peu partout ou encore des fosses sont creusées : le culte y est célébré avec des sacrifices orientés vers le sol, des chants et des danses de jeunes gens, des concours de toute nature (ex. : jeux en l'honneur de Patrocle, Homère, *Iliade,* XXIII, ou en l'honneur d'Adraste à Sicyône, Hérodote, V, 67). Deux mondes divins sont différenciés : celui des Olympiens et celui des Chthoniens qui comprend aussi les héros.

Sur les cultes héroïques, voir G. Gnoli et J.-P. Vernant éd. (cf. p. 62)

Voir pp. 46 et 96.

Leur rencontre s'opère au niveau de la végétation qui puise sa force dans le monde souterrain mais s'épanouit et mûrit à la lumière. Un mythe illustre particulièrement ce lien : la fille de Déméter, Koré-Perséphone, la jeune fille du grain, descend l'été, après le battage des céréales, rejoindre son infernal époux, Pluton – ou Ploutos, c'est-à-dire le riche, riche des silos creusés dans le sol ou des jarres à demi enfouies et que remplit la récolte nouvelle. En octobre, elle revient auprès de sa mère pour assister aux semailles et à la reprise de la végétation. Ce retour est marqué par la fête des Thesmophories, universelle dans le monde grec mais particulièrement bien connue pour Athènes : elle est réservée aux femmes mariées, qui seules sont porteuses de fécondité. C'est alors que l'on retire des fosses, où ils avaient été jetés en sacrifice à Eubouleus, les porcs putréfiés dont les restes, mélangés à la semence céréalière, en assureront la fertilité. Une journée de deuil des femmes retirées dans des huttes commémore celui de Déméter lorsque Pluton lui avait ravi sa fille ; au contraire, la grande fête du troisième jour célèbre le retour de Koré et l'annonce de la belle génération. Ce n'est là qu'un exemple

Déméter se retire dans son temple, toute à sa douleur d'avoir perdu sa fille :

◆ « Ce fut une année affreuse entre toutes qu'elle donna aux hommes qui vivent sur le sol nourricier, une année vraiment cruelle : la terre ne faisait pas lever le grain. Car elle le tenait caché, Déméter la bien couronnée [...]. » ◆

Hymne homérique à Déméter, 305-307.

parmi les innombrables cérémonies destinées à assurer la fertilité du sol : la prédominance notable des cultes agraires sur tous les autres évoque, plus encore que les fondements ruraux de la cité, l'anxiété permanente de la disette.

■ *Le culte dans la cité*

La cité est le cadre fondamental dans lequel se déroulent les grandes manifestations religieuses ; certains magistrats (archonte ou *basileus* à Athènes) sont plus particulièrement chargés de s'en occuper ; les processions relient entre eux différents points du territoire. C'est encore la cité qui fixe le calendrier des fêtes, sans oublier de faire commencer les préparatifs parfois très longtemps à l'avance ; elle fournit le support matériel ; elle veille au financement, au besoin en imposant des liturgies aux citoyens les plus riches. La participation des citoyens est d'autant plus profonde qu'ils sont eux-mêmes les acteurs, dans les chœurs satyriques ou tragiques, dans les courses, danses, concours de toutes natures. L'esprit agônal se maintient, mais la compétition oppose en fait les groupes constitutifs de la cité, les tribus le plus souvent, dans des concours qui vont du plus archaïque (ex. : oschophories) au plus évolué (ex. chœurs tragiques). Les bienfaits de la fête rejaillissent sur tous ; ainsi les grands sacrifices se terminent par un festin communiel où chacun a sa part de viande ; ainsi les *pharmakoi* promenés à travers la ville et le territoire avant d'être expulsés se chargent des impuretés de tous, de même que tous bénéficient de la prospérité espérée par les *Procharisteria* de la fin de l'hiver.

Liturgie : voir p. 136.

Chœur satyrique : voir p. 137.

Oschophories : rites agraires qui associent Dionysos à Athéna ; en octobre, après la vendange et le foulage ; procession et offrande de l'*oschè,* rameau de vigne chargé des plus belles grappes et porté par deux jeunes gens vêtus de robes.
Pharmakoi : boucs émissaires.

L'implication de la cité est encore plus nette lorsqu'il s'agit des rites de passage et de l'intégration des jeunes éphèbes. A. Brelich a montré que bien des guerres frontalières archaïques avaient pu être une forme d'initiation éphèbique prenant l'aspect d'un concours. Les textes du IVe siècle athénien témoignent de l'ancienneté des sanctuaires dont les jeunes gens doivent alors faire la tournée ; à Sparte, les rites de flagellation à l'autel d'Artémis Orthia répondent à de vieilles coutumes.

Clause finale du serment des éphèbes à Athènes au IVᵉ siècle

◆ « Que soient témoins de ce serment les dieux Aglauros, Hestia, Enyo, Enyalios, Arès et Athéna Aréïa, Zeus, Thallô, Auxô, Hégémonè, Héraklès, les bornes de la patrie, les blés, les orges, les vignes, les oliviers, les figuiers » ◆
C. Pélékidis, *Histoire de l'Éphébie attique,* 1962, 112 sqq.

Les Panathénées. Plus spectaculaire est la création d'une sorte de culte politique et patriotique. Déjà le foyer de la cité, Hestia, est l'objet d'une vénération quotidienne et toute activité politique (activité d'un magistrat, séance du Conseil, de l'Assemblée ou d'un tribunal, repas public au Prytanée) est accompagnée d'une prière et d'une offrande. Mais en outre, de solennelles réjouissances marquent la fête de la divinité « poliade », celle qui a pris la cité sous sa protection particulière, Athéna à Athènes, Héra à Argos ou Samos, Artémis à Éphèse... Nous savons que Pisistrate a réorganisé à Athènes la fête des Panathénées pour lui donner tous les quatre ans un éclat qui devait la faire rivaliser avec les grandes manifestations panhelléniques. Après une veillée nocturne marquée par une course aux flambeaux, des danses et des chants de chœurs de jeunes gens et jeunes filles (l'hymne homérique à Athéna fut-il composé pour cette occasion ?), la procession

Voir carte p. 315 C
Voir pp. 98 et 152 sq.

(pompè) s'organise : dès le lever du soleil, elle part de la porte de Dipylon et, par le *dromos,* elle atteint l'Acropole. La cité, en corps constitués, accompagne le *péplos,* vaste vêtement qu'ont brodé depuis neuf mois les ergastines, choisies dans les meilleures familles d'Athènes ; on le porte au vieux *xoanon* de bois de la déesse. Phidias immortalisera cette procession en la sculptant sur la frise ionique du Parthénon. Divers sacrifices dont une gigantesque hécatombe, permettent de nourrir la population. Des concours encadrent la fête, que l'on s'efforce d'ouvrir à tous les Grecs. Les athlètes vainqueurs sont récompensés par des amphores panathénaïques remplies de l'huile des oliviers sacrés de la déesse.

Péplos : pièce tissée destinée à recouvrir. Celui d'Athéna était en outre brodé (combat victorieux des Olympiens sur les Titans). Pour le transporter, on le mettait comme une voile sur un char en forme de navire.

Xoanon : statue de bois, épousant le plus souvent la forme du tronc d'arbre. Elle est placée, à Athènes, dans l'ancien temple d'Athéna, puis dans l'Erechtéion, après sa reconstruction (seulement en 405?).

Les fêtes panhelléniques ■

Les concours athlétiques, musicaux, chorégraphiques, poétiques, dont s'enorgueillissent les fêtes locales sont éclipsés dans leur célébrité par ces grands jeux où s'affrontent des concurrents venus de tout le monde grec : ce sont les grandes fêtes panhelléniques dont les plus importantes se déroulent à Olympie, à Némée, à l'Isthme, à Delphes. La trêve sacrée est proclamée pour que tous puissent se rendre sans danger à la panégyrie. Durant plusieurs jours, les athlètes s'affrontent à la course, au lancement du disque et du javelot, à la boxe, à la lutte puis au pancrace, à la course en char. Le succès n'est guère couronné que de laurier ou d'olivier, mais la réputation acquise et la gloire qui en rejaillit sur leur cité incitent les concurrents à un âpre combat. Avoir eu un attelage vainqueur donne à l'aristocrate un regain de prestige. Tantôt sous forme de concours organisé, tantôt en simple annexe des Jeux, des poètes viennent déclamer, des musiciens viennent jouer, chanter et faire danser. Toute une foule s'assemble autour du sanctuaire, dans un campement longtemps improvisé, et c'est l'occasion d'échanger pensées, informations et marchandises. Rien de profane dans tout cela : comme les jeux funéraires auxquels des mythes héroïques les rattachent souvent, ils sont offerts aux dieux, Zeus et Apollon entre autres. Toute la manifestation est religieuse et les dieux qui peuplent ces sanctuaires reçoivent en abondance sacrifices, offrandes et prières. C'est là peut-être que les Grecs prennent une certaine conscience de leur unité. On comprend que le contrôle de tels lieux de rassemblement ait été âprement disputé, engendrant des guerres fréquentes. Une solution de compromis est adoptée à Delphes au VIe siècle : la cité de Delphes gère l'oracle, l'amphictionie gère le sanctuaire.

Voir le catalogue de l'exposition du Palais des Beaux-Arts , Bruxelles, 1992 : Le Sport dans la Grèce antique, *et Ph. de* CARBONNIÈRES, Olympie, *éd. du CNRS, 1995.*

Amphictionie delphique : association de douze peuples « vivant autour » du sanctuaire fédéral de Déméter aux Thermopyles. Vers 600, Delphes serait devenu leur deuxième sanctuaire. Liste des peuples : Delphiens, Thessaliens, Phocidiens, Doriens de Grèce centrale et du Péloponnèse, Ioniens d'Attique et d'Eubée, Perrhèbes, Dolopes, Béotiens, Locriens de Phtiotide, Magnètes, Eniames, Maliens.

Voir F. LEFÈVRE, L'Amphictionie pyléo-delphique, histoire et institutions, *Paris / Athènes, 1998.*

Oracles ■

Delphes. Un certain nombre de grands sanctuaires tirent aussi leur réputation de leur fonction oraculaire. Il est admis que les signes sont multiples par lesquels les dieux s'adressent aux humains ; à ces derniers d'y prêter attention et d'apprendre à les lire. Tout tirage au sort relève de la foi en la décision divine ; le vol des oiseaux, les entrailles des victimes sacrifiées (surtout à partir du Ve siècle), le bruit du vent dans

Voir carte p. 307 E.

Voir les guides de l'École française d'Athènes sur Delphes (Le site, le musée), *1991.*

les feuillages (par ex. à Dodone) sont autant de manifestations divines. Plus encore, la divination inspirée fait courir cités, rois, simples particuliers. De Didymes ou Klaros en Ionie, à Cumes en Grande Grèce, nombreux sont ces centres où les dieux répondent, où les Sibylles prophétisent. Le plus célèbre est incontestablement l'oracle de Delphes qu'Apollon a hérité de la Terre qui l'avait précédé en ces lieux. La consultation par la Pythie est le procédé favori. Après avoir accompli les formalités préliminaires (purifications, consécration du *pélanos*, sacrifice d'une victime à Apollon, d'une autre à Athéna) et s'être assuré que le dieu consentait à écouter, le consultant est introduit dans le fond du temple, l'*adyton*, où se trouve la Pythie, installée sur le trépied qui couvre la fosse oraculaire. Choisie sans autre exigence que celle de pureté absolue, la Pythie est une delphienne qui consacre à l'oracle la fin de ses jours. La question posée est généralement une alternative : face à telle situation, vaut-il mieux agir de telle ou telle manière ? On nous dit que la Pythie, inspirée par le *pneuma* divin qui la pénètre grâce à l'ouverture dans le sol, est saisie de *mania*, d'enthousiasme ; alors le dieu s'exprime par sa bouche.

> **Sibylle :** prophétesse.
>
> ***Pélanos :*** taxe de consultation, d'abord en nature (gâteau) puis en argent.
>
> ***Adyton :*** lieu sacré dont l'accès est interdit au public ; se dit plus particulièrement de la partie du temple oraculaire où se fait la consultation de l'oracle.
>
> ***Pneuma :*** souffle. La géologie interdit une interprétation physique de ce souffle.
>
> ***Mania :*** enthousiasme (possession par le dieu).

On a contesté l'authenticité de certains oracles, on a glosé sur l'ambiguïté des réponses qui permettait de toujours sauver la réputation du dieu, on l'a accusé de favoriser certaines puissances politiques. L'essentiel est ailleurs. Profitant de l'audience d'Apollon, on l'a fait intervenir dans des périodes de conflits et de troubles pour aider à trouver des solutions d'arbitrage, à calmer les oppositions, à réglementer les relations. De nombreuses institutions politiques et judiciaires reçoivent sa paternité. Dans *L'Orestie* d'Eschyle, Apollon purifie Oreste mais l'oblige aussi à comparaître devant le tribunal humain créé à cet effet et qui, rejetant la loi de la vengeance familiale, impose l'acquittement qu'exige la raison. Cas extraordinaire dans la religion grecque, le dieu de Delphes se fait le propagandiste d'aphorismes moraux dont l'influence sera perçue jusqu'aux confins de l'Inde.

Quelques exemples de maximes delphiques

◆ « Connais-toi toi-même » ; « Rien de trop » ; « Étant enfant, deviens bien élevé ; jeune homme, maître de toi-même ; au milieu de la vie, juste ; vieillard, de bon conseil ; à ta mort, sans chagrin. » ◆
Cf., entre autres : *BCH,* 1958, 565 sqq ; *CRAI,* 1968, 422 sqq.

■ *Mysticisme et cultes à mystères*

Cette fonction législative, rationnelle et civilisatrice d'Apollon a permis de l'opposer à Dionysos, alors même qu'il a accueilli à Delphes ce dieu et ses célébrantes. Plus complémentaires qu'adversaires, ils symbolisent en fait deux tendances de l'esprit religieux : il est inévitable qu'en compensation d'une religion officielle très organisée et progressivement figée, un courant plus spontané, plus libre et plus mystique se développe, dont les principales manifestations sont le dionysisme, l'orphisme et les cultes à mystères.

Dionysos. Dionysos apparaît comme le dieu libérateur. Le mythe fait de ce dieu, déjà présent dans les tablettes mycéniennes, un exilé, le rattache au Proche-Orient pour le faire revenir triomphalement en terre grecque, accompagné d'un cortège de satyres et ménades, musiciens et danseurs. Dieu du vin et du désir débridé, Dionysos s'offre à ses

> **Satyres ou Silènes :** démons chevalins que Dionysos aurait adoptés dans son cortège. Leur type se fixe alors et ils sont représentés comme musiciens, danseurs et acrobates. Ils rappellent l'élément chthonien du culte (le cheval est lié aux puissances infernales).

fidèles sous la forme d'un animal puissant qu'ils dépècent et mangent cru pour s'approprier sa force. Les femmes surtout participent à ce culte. C'est tout le cadre civique et familial qui craque à l'occasion de ces fêtes dont Euripide fera une extraordinaire évocation dans *Les Bacchantes* : l'ivresse physique ou spirituelle, la joie, la course échevelée dans les terres incultes, le chant et la danse, la liberté sexuelle et la domination féminine, tout cela exprime un besoin profond de se libérer d'un système civique, moral et familial qui est en train de s'organiser avec une grande rigidité. Exutoire nécessaire mais dangereux. Aussi des pouvoirs autoritaires – tels ceux des tyrans ou de la cité – ont-ils cherché à capter ce courant ; en se faisant les soutiens de Dionysos, ils organisent ses fêtes : un calendrier est fixé, un programme est établi ; si ce sont encore des fêtes de la liberté, celle-ci est surveillée. Des concours y prennent une place croissante, ceux de dithyrambe, mode particulier au culte dionysiaque dont on a longtemps dit, à tort, qu'il était l'ancêtre de la tragédie.

Ménades : nymphes devenues bacchantes. Saisies de transports, elles sont parfois représentées en pleine frénésie orgiaque ; danses échevelées, dépècement d'animaux, ou *diasparagmos*...

L'orphisme. L'orphisme est une doctrine artificielle, composite, élaborée pour l'essentiel au VIe siècle. Elle s'exprime dans des textes sacrés qui faisaient autorité et dont se font l'écho Pindare, Empédocle, Platon et des feuilles d'or inscrites, trouvées dans des tombeaux de Thessalie ou d'Italie du Sud. L'homme est un mélange de nature divine dionysiaque et de nature terrestre titanique. Par des efforts permanents de pureté (rituelle, morale et alimentaire), par la participation à des initiations et à des communions, l'homme peut diminuer le nombre des réincarnations humaines ou animales par lesquelles il lui faut passer avant d'atteindre l'état orphique. Alors, l'âme libérée de sa prison corporelle se confondra avec l'esprit divin. La complexité philosophique du système le rend certes peu apte à engendrer un culte largement populaire ; s'il offre une compensation aux victimes de l'injustice sur terre, il rompt radicalement avec des habitudes qui semblent très profondément ancrées, telles que le sacrifice sanglant et communiel.

Tablette de Thourioi (IVe siècle) évoquant la béatitude finale

◆ « Je viens, pure de chez les pures, ô reine des infernaux, ô vous Euclès, Eubouleus et autres dieux immortels ; car je me flatte d'être de votre race bienheureuse, et j'ai payé la peine de mes œuvres injustes, domptée par mon destin ou frappée par la foudre. Je me suis envolée du cycle endeuillé des douleurs et, de mes pieds rapides, j'ai abordé à la couronne désirée. Je suis descendue dans le sein de Despoina, la reine souterraine. » ◆

Les Mystères d'Éleusis. D'accès plus facile pour l'homme ordinaire, ouverts à tous les hommes de langue grecque, les Mystères d'Éleusis apportent à l'initié une communication avec les grandes déesses de la terre Déméter et Koré, associées à Pluton. Très probablement, on y reçoit aussi un viatique pour l'au-delà.

Lors du rassemblement des candidats, le hiérophante (grand prêtre) proclame :

◆ « Que l'on se recueille et que cède la place [...] quiconque n'est pas versé dans un pareil langage ou n'est pas pur d'intention [...]. A ceux-là je dis, je redis, je dis bien fort pour la troisième fois de céder la place au chœur des mystes [...]. » ◆

ARISTOPHANE, *Grenouilles*, 345-370.

L'initiation se fait en trois étapes : les petits Mystères d'Agrai, au printemps, les grands Mystères en septembre-octobre, où l'on n'atteint le stade ultime que la deuxième année ; du 13 au 20 Boedromion ont lieu les préparatifs, du 20 au 23, l'initiation. Les cérémonies préalables nous sont un peu connues : procession, sacrifices, consommation de produits de la terre, manipulation d'objets peut-être sexuels, drame mystique évoquant la hiérogamie. Mais l'obligation du secret fut si bien respectée que nous ignorons la phase ultime ou *époptie* : elle semble avoir provoqué une sorte d'extase contemplative (face à l'épi de blé ?). L'initié est entré personnellement en rapport

Le sort des initiés dans l'au-delà

◆ « Un souffle de flûtes t'environnera. Tu verras une clarté très belle, comme ici, des bosquets de myrte, des thiases d'hommes et de femmes nageant dans le bonheur et un grand bruit de battements de mains. » ◆

ARISTOPHANE, *ib.*, 154-158.

◆ « Déméter révéla les beaux rites *(orgia)*, les rites augustes qu'il est impossible de transgresser, de pénétrer ni de divulguer : le respect des déesses est si fort qu'il arrête ma voix. Heureux qui possède, parmi les hommes de la terre, la vision de (ces mystères) ! » ◆
Hymne hom. à Déméter, 476-480.

Voir H. W. Parke, Festivals of the Athenians, *Londres, 1977 et E. Simon,* Festivals of Attica, *Madison, 1982.*

avec la divinité ; il a reçu promesse de félicité. Dans le *Phèdre* (250 b-c), Platon évoque la « suprême béatitude » atteinte par le myste (l'initié). Nous avons l'impression que ces cérémonies ont incité le participant à surmonter l'angoisse de la mort par la conviction d'être intégré dans une chaîne de vie, tout comme le blé meurt et renaît par l'intermédiaire de la graine.

■ *Calendrier des fêtes athéniennes*

Par toutes ces formes variées que revêt la piété grecque, l'homme trouve dans la religion de quoi le soutenir dans sa vie personnelle, sa vie politique et même dans ses besoins mystiques et ses angoisses. Rien peut-être ne nous montre mieux cette permanence de la présence religieuse que le calendrier des principales fêtes athéniennes, qui unissent de très vieux rites à des célébrations plus modernes (voir tableau ci-dessous).

Au total, deux mois de l'année seraient consacrés aux dieux en comptant les fêtes que nous ne savons où placer.

Hékatombaion	*(juillet-août)*	**Kronia** (fin moissons) **Panathénées** (Athéna, 2 ou 4 jours)
Boédromion	*(août-septembre)*	**Grands Mystères d'Éleusis** (Déméter, Koré, Pluton, 11 jours)
Pyanepsion	*(octobre-novembre)*	**Apatouries** (Zeus Phratrios et Athéna Phratria, 3 jours) **Pyanepsies** (Apollon protecteur des jardins et vergers) **Thesmophories** (Déméter, réservé aux femmes, 3 jours) **Oschophories** (Dionysos et Athéna) **Khalkéia** (Athéna et Héphaïstos)
Poséïdon	*(décembre-janvier)*	**Haloa** (Déméter et Dionysos – plants de vigne –, réservées aux femmes) **Dionysies** (champêtres)
Gamélion	*(janvier-février)*	**Lénéennes** (Dionysos orgiastique)
Anthestérion	*(février-mars)*	**Anthestéries** (Dionysos et âmes des morts ou Kères, 3 jours) **Petits Mystères pour Éleusis** à Agrai (Déméter et Koré, 3 jours) **Diasies** (Zeus Meilichios) **Chlôia** (Déméter des pousses vertes)
Élaphébolion	*(mars-avril)*	**Procharistéria** (Athéna des jeunes pousses) **Grandes Dionysies** (6 jours)
Thargélion	*(mai-juin)*	**Thargélies** (Apollon ou Déméter ; bouc émissaire) **Thalysies** (Déméter et Koré)
Skirophorion	*(juin-juillet)*	**Skira** (Déméter et Koré) **Dipolies-Bouphonies** (Zeus Polieus) **Arrétophoria** (après moisson ; Athéna et Aphrodite)

Pour approfondir ce chapitre

Outre **les textes grecs** (Homère, Hésiode, Hymnes homériques, Pausanias...), et l'ancienne étude de L. GERNET et A. BOULANGER (cf. p. 7), nous disposons de plusieurs études : A. MOTTE, *Mentor, guide bibliographique de la religion grecque,* Liège, 1992 ; W. BURKERT, *Greek Religion,* trad. angl., Cambridge, 1985 ; J. RUDHARDT, *Notions fondamentales de la pensée religieuse et Actes constitutifs du culte dans la Grèce classique* (1958), rééd. Picard, 1992 ; D. AUBRIOT-SÉVIN, *Prière et Conceptions religieuses en Grèce ancienne,* Lyon, 1992 ; G. SISSA et M. DETIENNE, *La Vie quotidienne des dieux grecs,* Hachette, 1989. Deux excellents manuels récents : L. BRUIT-ZAIDMAN et P. SCHMITT-PANTEL, *La Religion grecque,* Colin, « Cursus », 1989 et M. JOST, *Aspects de la vie religieuse en Grèce,* Sedes, 1992. Des illustrations commentées : *La Cité des images,* Nathan, 1984 ; *Hommes, dieux et héros de la Grèce,* Musée des Antiquités, Rouen, 1983. Une approche archéologique dans Fr. de POLIGNAC (cf. P. 80).

Les mythes sont brièvement racontés dans L. SECHAN et P. LÉVÊQUE, *Les Grandes Divinités de la Grèce,* 1966 et P. GRIMAL (cf. p. 7) ; certains sont analysés dans Y. BONNEFOY éd., *Dictionnaire des mythologies,* Flammarion, 1981, 2 vol. ; une vue d'ensemble dans *REA,* 1984 (cf. p. 112), et la synthèse de J.-P. VERNANT dans *Mythe et Religion en Grèce ancienne,* Seuil, 1990.

Les temples sont présentés dans H. BERVE et G. GRUBEN, *Temples et Sanctuaires grecs,* Flammarion, 1965 ; de bonnes mises au point dans G. ROUX éd., *Temples et sanctuaires,* Lyon, 1984. **Grands sanctuaires et oracles** sont rapidement étudiés par M. DELCOURT, *Les Grands Sanctuaires de la Grèce,* 1947 et R. FLACELIÈRE, *Devins et Oracles grecs,* 1961. Voir en outre G. ROUX, *Delphes, son oracle et ses dieux,* 1976 ; « Delphes ... », *Dossiers de l'archéologie,* 151, 1990 ; G. E. MYLONAS, *Eleusis and the Eleusinian Mysteries,* 1961 ; R. HÄGG et N. MARINATOS éd., *Greek Sanctuaries, New Approaches*, Londres, 1993.

Sur Dionysos : H. JEANMAIRE, *Dionysos, Histoire du culte de Bacchus,* Payot, 1970 ; M. DETIENNE, *Dionysos mis à mort,* Gallimard, 1977 ; Fr. FRONTISI-DUCROUX, *Le Dieu-masque : une figure du Dionysos d'Athènes,* La Découverte, 1991.

Enfin, sur ces divers sujets et pour appréhender la psychologie et les mentalités religieuses, voir les ouvrages de DODDS, VERNANT, VIDAL-NAQUET, cités p. 6. Y ajouter : E.R. DODDS, *Les Grecs et l'Irrationnel,* Aubier-Montaigne, trad. 1965 ; J.-P. VERNANT et P. VIDAL-NAQUET, *Mythe et Tragédie en Grèce ancienne,* I, 1972 ; II, 1986 ; M. DETIENNE et J.-P. VERNANT, *La Cuisine du sacrifice en pays grec,* Gallimard, 1979 ; J.-P. VERNANT, *L'Individu, la Mort, l'Amour : soi-même et l'autre en Grèce ancienne,* Gallimard, 1989.

La Grèce classique

LIVRE TROISIÈME

9

L'avènement du Ve siècle

Du début du Ve au milieu du IVe siècle, le monde grec a connu l'apogée du système politique de la Cité, et une production artistique et littéraire incomparable, malgré les guerres constantes qui l'ont déchiré. Une cité s'affirme, Athènes. C'est durant les premières années du Ve siècle que se développe sa prééminence, par l'établissement d'un régime politique original, par son dynamisme dans la lutte contre les Perses, enfin par une institution qui connaîtra un succès imprévu, le théâtre.

1. Le régime isonomique de Clisthène, à Athènes

> **Alcméonides** : grande famille athénienne, exilée quelque temps, après le meurtre de Cylon et de ses partisans (voir p. 96). Elle a participé à la reconstruction du temple de Delphes (voir p. 110).

Après la chute de la tyrannie, la situation est confuse à Athènes. Grâce aux Lacédémoniens, menés par leur roi ambitieux Cléomène I, les aristocrates exilés, et tout particulièrement les Alcméonides avec Clisthène à leur tête, ont pu enfin réussir à chasser le tyran. La question du nouveau régime n'en est pas pour autant résolue. Un courant, mené par Isagoras, archonte en 508, cherche du côté des Spartiates un soutien pour imposer un régime oligarchique. De fait, fort de l'appui de Cléomène revenu en Attique, il prétend exiler sept cents familles dont celle des Alcméonides, confier le gouvernement à un corps de trois cents et se débarrasser de l'Aréopage. La résistance de celui-ci, l'hostilité assez large à un régime qui n'aurait liquidé la tyrannie des Pisistratides que pour tomber sous l'influence de Sparte, la tentation exercée par le programme démocratique de Clisthène, tous ces éléments, à des degrés variables, ont concouru au départ des Spartiates et à la défaite finale des partisans d'Isagoras, avec le retour des exilés.

Voir HÉRODOTE, V, 66 et 69 ; ARISTOTE, Const. des Ath., *XX, sqq.*

Nous ignorons si Clisthène a exercé une magistrature quelconque lorsque sa réforme fut adoptée par l'assemblée ; la chronologie de cette période est confuse et discutée, les étapes ignorées. Dans ces conditions, mieux vaut étudier les institutions nouvelles comme un tout, en sachant qu'elles furent probablement l'objet d'une série de propositions successives et que certaines peuvent être postérieures : l'important est qu'elles s'inscrivent dans la logique de son système.

La tyrannie avait habitué les Athéniens à obéir tous à un même pouvoir ; après sa disparition, les puissances familiales risquent de récupérer leur ancienne autorité. Sans supprimer les organisations familiales ou cultuelles, Clisthène crée des structures politiques qui relèguent les anciens groupements à des fonctions sociales, civiles ou religieuses.

■ *Les dèmes*

L'élément de base du nouveau système est le dème, correspondant à notre commune. En soi ce n'est pas une nouveauté. Mais conservés tels quels, découpés ou rattachés à d'autres, les 139 (?) dèmes sont très inégaux : Acharnai fournira 22 bouleutes, tandis que des petits dèmes se regrouperont pour en avoir un. Centres d'une démocratie locale, ils sont le lieu d'enregistrement des citoyens âgés de dix-huit ans et peut-être d'inscription de tous les hommes libres résidents, que Clisthène aurait intégrés.

L'importance du dème devra se traduire par l'emploi du démotique à côté du nom pour désigner un citoyen. Des changements d'habitation peuvent intervenir dans la famille, à une génération ou une autre, le rattachement sera au même dème et on gardera le démotique de son ancêtre de la fin du VIe siècle.

D. WHITEHEAD, *The Demes of Attica, 508/7 - ca 250 BC. A Political and Social Study, Princeton, 1986.*

Les tribus ■

Ces dèmes sont répartis entre les dix nouvelles tribus qui remplacent les quatre tribus ioniennes traditionnelles dans la vie politique ; on demande à Delphes de sanctionner le choix de leurs héros éponymes. Ces dix tribus vont servir de cadres à l'ensemble des institutions politiques, désormais reliées à un système décimal tandis que la religion conserve l'ancienne structure duodécimale.

A cet effet, les tribus aussi doivent comprendre toutes à peu près le même nombre de citoyens et représenter chacune l'ensemble de la population. Pour aboutir à ce double résultat, on découpe le territoire athénien en trois types de régions : la ville *(asty)* qui inclut la plaine athénienne et la côte de part et d'autre du Pirée, le bord de mer *(paralia)* qui peut pénétrer assez loin dans les terres, et l'intérieur *(mésogéia)*. Chacune de ces régions est divisée en dix trittyes et chaque tribu rassemble une trittye de la ville, une de la côte, une de l'intérieur. Ainsi disparaît la possibilité de reconstituer dans la cité une puissance locale comme cela semble avoir été le cas dans les affrontements du VIe siècle. Des groupes religieux sont répartis entre différentes trittyes ; les centres de culte des héros éponymes sont laissés en dehors du territoire de la tribu qui en tire son nom... Ainsi s'expliquent très probablement les quelques anomalies constatées dans la répartition (découpages compliqués, contiguïté de certaines trittyes d'une même tribu), beaucoup plus sûrement que par le tirage au sort mentionné par Aristote et fort douteux pour une réforme aussi élaborée et destinée à assurer une participation équilibrée de tous.

Les trois régions de l'Attique

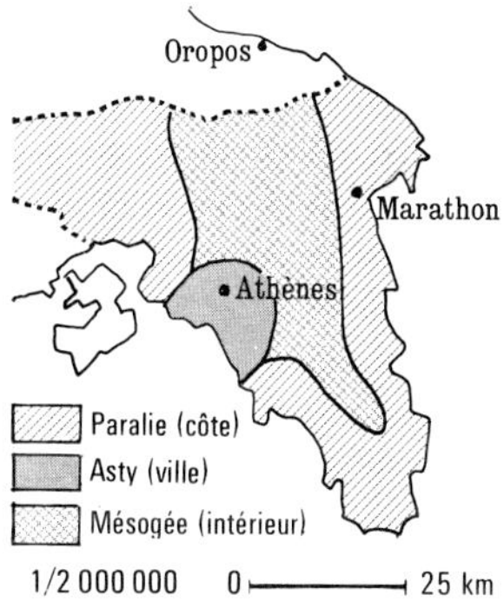

Pour les détails du découpage de l'Attique et de la représentation des dèmes au Conseil, voir J. S. TRAILL, The Political Organization of Attica, Hesperia Suppl. 14, 1975.

Le Conseil des cinq-cents ■

Il ne reste plus qu'à développer les conséquences institutionnelles du système. Un Conseil de cinq cents bouleutes, avec cinquante membres par tribu, tirés au sort dans les dèmes parmi les volontaires âgés de trente ans ; bientôt nul ne pourra en faire partie plus de deux fois dans sa vie. Le rôle de ce Conseil est fondamental dans la préparation des séances de l'Assemblée ; il élabore le *probouleuma* mais nous ne savons pas si l'examen préalable par le Conseil de toute proposition de décret est déjà obligatoire.

Probouleuma : projet élaboré par le Conseil et soumis pour vote à l'Assemblée.

Les Prytanes. De plus en plus, le Conseil sert de comité administratif central pour la cité, secondant et surveillant les magistrats, jugeant même des infractions à la loi (dans les limites d'une amende de 500 drachmes). Pour plus de souplesse et d'efficacité, le Conseil cessera de fonctionner toujours au complet : seuls les cinquante membres d'une tribu, les prytanes, restent en fonction permanente pendant un dixième de l'année, une prytanie. L'ordre de succession des prytanies est confié aux dieux, c'est-à-dire tiré au sort. Toutes les vingt-quatre heures le sort désigne un nouveau président, l'épistate des prytanes, qui, à partir de 487 croit-on, remplace l'archonte éponyme à la présidence de l'Assemblée ; en temps ordinaire il détient les clefs des trésors des temples et le sceau de la cité ; avec un tiers de sa prytanie, il passe la nuit à la *tholos*. Il est probable que cette organisation a été rendue nécessaire par l'accroissement des charges administratives du Conseil, exigeant désormais une présence permanente ; on ne pouvait l'imposer aux cinq cents bouleutes (cf. p. 15 pour la construction du *bouleuterion* et de la *tholos*).

Serment des Bouleutes : ils jurent de conseiller conformément aux lois, au mieux des intérêts du dèmos athénien ; ils prennent aussi des engagements contre l'arbitraire en matière judiciaire. Cf. P. J. Rhodes, The Athenian Boule, *1972, 194.*

Naissance d'un décret :

Proposition faite	– par un magistrat devant le Conseil ou l'Assemblée – par un bouleute devant le Conseil – par un simple citoyen à l'Assemblée
Examen en Conseil qui aboutit	– à un *probouleuma* simple – à un *probouleuma* avec amendement – à une simple transmission à l'Assemblée – à un refus de transmettre ?
Vote par l'Assemblée	– du *probouleuma,* avec ou sans amendement du Conseil – du *probouleuma* avec un amendement de l'Assemblée – d'un renvoi en Conseil pour un nouveau *probouleuma* – d'un rejet

Les magistratures

Les magistratures principales vont s'aligner sur le système décimal : on complète les neuf archontes par le secrétaire des Thesmothètes ; dix stratèges vont commander l'armée (à partir de 501/500 ?), sous la direction de l'archonte-polémarque. L'élection se fait désormais à l'Assemblée mais les modalités prêtent à controverse : au niveau du dème ou des tribus, un choix préalable est opéré – la *prokrisis* – parmi les candidats ; la décision finale appartient à l'Assemblée où nous avons l'impression que tous votaient pour désigner le représentant de chaque tribu ; dans les années 460, une modification est peut-être intervenue pour les stratèges désormais choisis parmi l'ensemble de la population, sans égard pour les tribus. Les magistratures moins importantes sont généralement tirées au sort, sans doute directement parmi les candidats. A partir de 487, les archontes eux-mêmes sont ainsi désignés : la démocratie y gagne peut-être (fin des monopoles et modification du recrutement de l'Aréopage) mais, conséquence que l'on croit imprévue, leur influence politique s'en trouve amoindrie au profit des stratèges toujours élus. Néanmoins leur rôle administratif et judiciaire reste fondamental. Officiellement les magistratures principales ne peuvent être exercées qu'à partir d'un certain niveau de fortune *(hippeis)* mais ces exigences ne sont guère maintenues que pour la stratégie et la trésorerie d'Athéna ; toutefois, les Thètes n'ont guère les moyens de les exercer.

Thètes : voir p. 97.

Un régime isonomique...

Cette série de réformes permet de faire entrer l'isonomie dans la vie politique : une égalité par la loi en même temps que devant la loi ; chacun a vocation à participer à la vie et aux responsabilités politiques et toute affaire concernant la collectivité doit être débattue en public. A l'Assemblée, le vote individuel place tout citoyen en situation responsable ; ceux-là mêmes qui sont investis pour une année ou pour une mission d'un pouvoir supérieur, sont contraints de rendre des comptes, de subir le jugement de tous leurs concitoyens. On comprend qu'il ait fallu alors aménager la Pnyx avec une tribune, afin que l'Assemblée dispose d'un lieu de réunion adéquat.

poussé jusqu'à la démocratie

Hérodote place dans le courant du VIe siècle deux circonstances qui auraient provoqué un débat sur l'isonomie : il l'oppose radicalement à la tyrannie. Mais cette égalité pouvait fort bien fonctionner pour un groupe très restreint. La nouveauté clisthénienne est d'appliquer ce principe à un peuple tout entier, créant la démocratie, même si le terme n'existe pas encore ; ainsi les citoyens se trouvent-ils garantis contre un éventuel rétablissement oligarchique. Mais n'oublions pas que ni les femmes, ni les métèques, ni *a fortiori* les esclaves ne sont concernés par cette participation.

Voir Hérodote III, 80-82 ; 142-143.

Égaux, interchangeables, responsables de leur cité, comment de simples citoyens peuvent-ils assumer une charge aussi écrasante ? Peu nombreux en rapport du nombre de magistrats, de jurés et de conseillers nécessaires, surtout lorsque le renouvellement est interdit ou limité, le cumul des mandats impensable, ils ont en majorité exercé une de ces fonctions une fois dans leur vie, ne serait-ce qu'à l'échelon local. Les affaires à traiter ne sont pas encore bien complexes et les connaissances techniques ou politiques d'un homme ordinaire sont suffisantes. En tout état de cause, la collégialité et l'annualité limitent considérablement les risques consécutifs à la désignation d'un incapable. Enfin, la présence d'esclaves permet de se libérer à moindre frais d'une partie de ses activités professionnelles – et ceci d'autant plus volontiers que le travail est pour les Grecs un pis-aller, non une vertu nécessaire à la réalisation de l'individu.

Principes de base de l'isonomie

◆ « Le gouvernement du peuple, tout d'abord, porte le plus beau de tous les noms : *isonomie*. Puis, il ne s'y fait rien de ce que fait le monarque : on y obtient les magistratures par le sort, on y rend compte de l'autorité qu'on exerce, toutes les délibérations y sont soumises au public. » ◆
Hérodote, III, 80.

Les limites observées. Révolutionnaire par sa logique, sa confiance en l'homme et son égalitarisme géométrique, ce nouveau régime est installé avec beaucoup de prudence : les anciennes structures comme les phratries sont laissées en place car elles contribuent à la cohésion sociale ; le personnel politique le plus important se renouvelle assez peu : archontes et sratèges sont issus des classes riches et souvent des familles déjà célèbres dans la cité ; l'Aréopage, composé des anciens archontes, conserve encore pour quelque temps un immense prestige.

L'ostracisme. De plus, une institution nouvelle protège la jeune démocratie contre l'influence excessive d'une personnalité et la menace d'un retour de la tyrannie : l'ostracisme. Chaque année, à l'assemblée principale de la sixième prytanie, le peuple vote sur l'opportunité de procéder à un vote d'ostracisme. Si la réponse est favorable, on votera lors d'une prytanie suivante, à condition qu'un quorum de six mille votants soit atteint. Le vote est secret, le nom du citoyen que l'on souhaite voir ostracisé est inscrit sur un tesson de céramique – un *ostrakon* – et l'ostracisme est prononcé à la majorité simple. L'ostracisé subit alors un exil de dix ans, sans perdre ni ses biens ni sa citoyenneté. La première application de cette institution datant seulement de 488/487 (contre un pisistratide personnellement inoffensif), on en a déduit qu'elle n'était pas due à Clisthène ; mais Aristote n'hésite pas à la lui attribuer et elle s'insère fort bien dans la logique de son système. Plus tard elle deviendra une arme de combat pour éliminer le chef de la faction adverse ; cette déviation ne doit pas faire oublier le danger de rétablissement d'une tyrannie à l'époque des réformes ; de plus Clisthène lui-même s'était trouvé exilé avec toute sa famille là où un seul aurait pu porter la responsabilité.

Voir A. MARTIN, « L'ostracisme athénien ; un demi-siècle de découvertes et de recherches », Revue des Études Grecques, *1989, 124-145.*

Le fonctionnement du régime isonomique

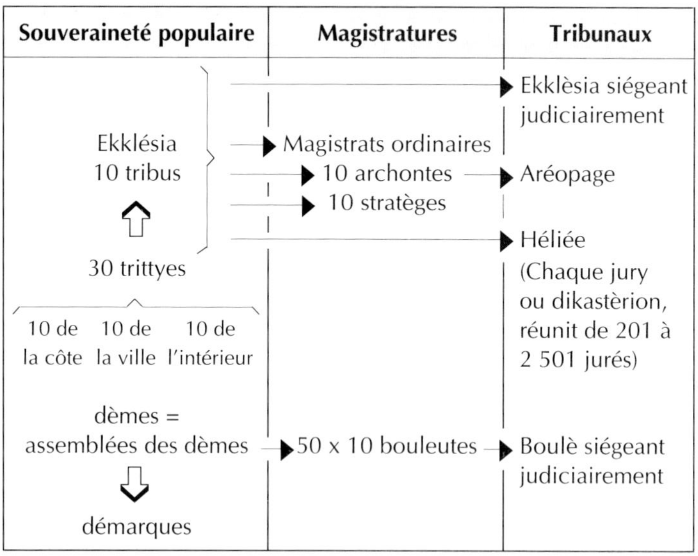

Tel est, à grands traits, le régime mis en place entre 509 et les guerres médiques. Dès le début, les Athéniens subissent des menaces extérieures graves dues à l'hostilité permanente d'Égine, aux ambitions de Cléomène et au désir de revanche des Béotiens et des Chalcidiens au nord. A peine ces affaires sont-elles réglées que surgit la grande épreuve qui va décider de la place d'Athènes dans le monde grec : les guerres médiques.

Voir pp. 150-151.

2. Les guerres médiques et l'affirmation de la puissance athénienne

La révolte des Ioniens ■

Le début du Ve siècle nous est surtout connu par les *Histoires* d'Hérodote, originaire d'Halicarnasse, les livres X et XI de Diodore de Sicile et les chroniqueurs attiques des IVe et IIIe siècles ; on peut y ajouter quelques auteurs contemporains comme le dramaturge athénien Eschyle, les poètes lyriques Pindare de Thèbes et Simonide de Kéos.

Voir p. 82.

La situation en Ionie n'est pas très claire. Nous avons vu que des tyrans locaux avaient été installés par les Perses et placés sous la dépendance des satrapes – principalement de celui de Sardes, Artaphernès, frère de Darius – et, par-delà, du grand Roi. Les Ioniens supportent cette situation car les exigences perses sont assez faibles et la prospérité économique se maintient. La révolte imprévue de 499 serait due, selon Hérodote, aux intrigues des tyrans de Milet : la situation est plus complexe, comme nous l'avons vu page 104.

HÉRODOTE, I, 141-170 ; III, 144-147 ; V, 1-10.

Aristagoras, tyran de Milet par interim au nom de son beau-père Histiée, retenu à la cour de Darius, lance le mouvement : il renonce à son pouvoir tyrannique, proclame l'isonomie et soutient le même processus dans les autres cités. C'est une manière de s'attacher le peuple sans avoir à refondre les institutions ni à espérer une amélioration économique : les soucis de la guerre passent au premier plan. Au Panionion, la ligue revivifiée se réunit et décide de demander de l'aide aux cités du continent. Hormis Athènes et Érétrie qui fournissent respectivement vingt et cinq bateaux, les cités d'Europe n'éprouvent aucun sentiment de solidarité avec les Ioniens, ni d'ailleurs d'hostilité envers les Perses.

HÉRODOTE, V, 23-27 ; 34-38.

HÉRODOTE, V, 38 ; 49-55 ; 97-99.

L'offensive grecque de 498 aboutit à la prise et à l'incendie de la ville de Sardes mais non de sa citadelle ; puis les Grecs sont battus près d'Éphèse, les Athéniens repartent (pour des raisons de politique intérieure ?) et les Ioniens, décidément fort peu unis, se retranchent dans leurs cités respectives ; dépourvus de chefs et d'organisation efficace, ils ne peuvent résister à la contre-offensive perse. En 494, tout est terminé : Milet a été prise et saccagée, femmes et enfants emmenés vers l'est en esclavage ; la flotte, concentrée à Ladé, est écrasée ; la terreur des vainqueurs s'impose. Darius y met fin et octroie aux cités d'Ionie des traités assez généreux : un tribut, certes, mais aussi des procédures obligatoires de règlement de leurs

HÉRODOTE, V, 99 - VI, 43.

HÉRODOTE, VI, 43-47.

conflits ; plus tard des démocraties vont être installées. La reconquête des cités grecques est complétée par l'expédition de Mardonios en Thrace à l'issue de laquelle Thasos et ses mines sur le continent sont occupées, le rivage est exploité pour des constructions navales.

Mardonios : neveu et gendre de Darius, à qui est confié le contrôle de l'Ionie en 492 et le soin de rétablir l'autorité perse en Thrace. Il est le principal artisan de la deuxième expédition, celle de Xerxès.

Les réactions d'Athènes

La gêne, voire la honte des Athéniens, s'exprime dans l'accueil fait par les spectateurs à *La Prise de Milet*, tragédie présentée par Phrynichos en 493. Elle s'exprime peut-être aussi par l'élection à l'archontat de Thémistocle : d'origine noble mais d'une famille peu connue, il veut développer en priorité la puissance maritime d'Athènes, et fait commencer la construction d'un port abrité et défendable dans les baies du Pirée. Par là, il devient aussi un champion de la démocratie, car les Thètes vont jouer le rôle principal dans la marine, retirant aux hoplites leur primauté absolue dans la défense du pays. Mais l'aristocratie se défend, en s'appuyant sur les classes rurales hoplitiques : leur principal leader semble être alors Miltiade, l'ancien « tyran » de Chersonnèse, revenu à cause de la domination perse ; c'est une personnalité de premier plan mais marginale parmi les chefs politiques ; néanmoins, il est élu stratège en 490, car on a confiance dans sa connaissance de l'armée perse.

◆ « Les Athéniens [...] manifestèrent de mille façons l'affliction extrême que leur causait la prise de Milet ; notamment quand Phrynichos fit représenter une pièce qu'il avait composée sur la prise de Milet : l'assistance fondit en larmes ; ils lui infligèrent une amende de mille drachmes pour avoir rappelé des malheurs nationaux, et ils défendirent à quiconque de représenter cette pièce à l'avenir. » ◆
Hérodote, VI, 21.

HÉRODOTE, VI, 132.

Probablement pour supprimer l'obstacle à sa domination en Égée que représentent les cités grecques du continent, et plus particulièrement Athènes et Érétrie, le Grand Roi, Darius, décide de lancer une expédition pour obtenir leur soumission.

Les guerres médiques

HÉRODOTE, VI, 91-119.

– 490 : Les forces perses, parties de Cilicie (20 000 combattants ? et une importante cavalerie), soumettent les îles et viennent s'emparer d'Érétrie eu Eubée : la ville est saccagée, la population réduite en esclavage. Puis ils débarquent au nord de **Marathon**. Les troupes athéniennes, rejointes par des Platéens (les Spartiates célèbrent alors les *karnéia* et ne peuvent envoyer de troupes dans l'immédiat), prennent position sur la colline qui domine la plaine marécageuse (10 000 combattants ?). Miltiade, un des stratèges, impose sa tactique : apprenant que les Perses ont nuitamment commencé à embarquer leurs chevaux, il soupçonne leur intention de débarquer en un point non défendu et déclenche l'offensive ; c'est un succès. Les Athéniens n'auraient que 192 morts alors que des milliers de Perses auraient disparu, dont beaucoup par noyade. Ensuite, la rapidité de déplacement des troupes athéniennes dissuade les Perses de tenter ailleurs un nouveau débarquement. C'est la victoire des hoplites ; elle paraît si miraculeuse qu'on se croit autorisé à faire intervenir dieux et héros dans la mêlée.

Première guerre médique

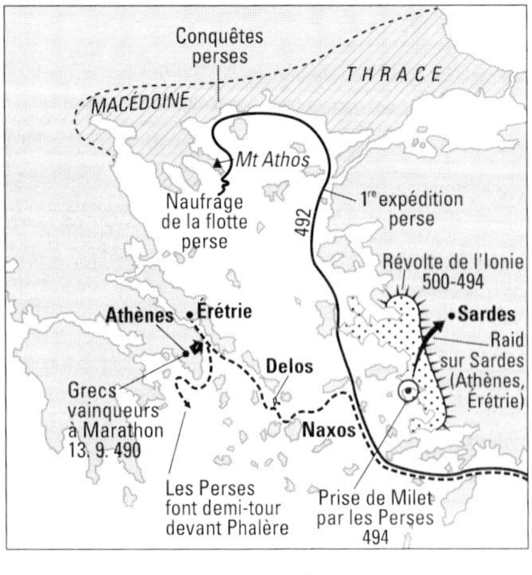

– 490/480 : Les cités grecques ne semblent pas songer à organiser une nouvelle défense ; les conflits reprennent entre Athènes et Égine ; à Sparte, les éphores sont occupés à évincer le roi Cléomène qu'ils convainquent de trahison pour le

HÉRODOTE, VII, 4-178.
DIODORE, XI, 2-5.

remplacer par Léonidas. Seule Athènes se prépare activement et la construction de la flotte est accélérée par Thémistocle : 200 trières sont en chantier.

Du côté perse, Xerxès qui succède à son père en 486 prépare son offensive par la route du nord : un canal est creusé au pied de la péninsule du mont Athos, des ponts sont construits sur le Strymon et l'Hellespont, des magasins de ravitaillement sont constitués le long des routes intérieure et maritime.

Alors, à l'été 481, se réunissent à l'Isthme les Grecs partisans de la résistance ; ils font un effort pour s'entendre (fin du conflit entre Athènes et Égine), le commandement spartiate des forces communes est accepté, ce qui va poser le problème du point où l'on s'efforcera de bloquer l'avance perse.

– 480/479 : En juillet 480, à Thermè (Thessalonique), l'armée de Xerxès et sa flotte opèrent leur jonction (150 000 combattants ? 6 à 700 trières). La Grèce du Nord lui est abandonnée tandis qu'une armée grecque de 6 à 7 000 hommes, commandés par Léonidas, prend position à la passe des **Thermopyles**. En liaison avec elle, une flotte de 300 trières, en majorité athéniennes, attend les Perses au **cap Artémision** et à l'Euripe. Après deux jours de combats indécis, un renseignement permet à Xerxès d'envoyer un détachement tourner la passe et prendre les Grecs à revers. Prévenu à temps et conscient de l'inévitable massacre, Léonidas fait partir le gros de ses troupes, ne gardant avec lui qu'un millier de combattants (Spartiates, Thébains, Platéens) : ils résistent jusqu'à la mort, permettant ainsi aux autres Grecs de regagner l'arrière et de se préparer à une nouvelle défense. Sur mer, la flotte grecque se retire après des combats indécis ; mais coups de vent et orages ont gravement endommagé celle de l'adversaire.

HÉRODOTE, VII, 195-233 ; VIII, 1-23.
DIODORE, XI, 4-13.

Salamine. Tandis que les Péloponnésiens imposent la concentration des troupes à l'Isthme, la flotte se rassemble dans la baie de Salamine. Les Perses se sont emparés d'Histiaea en Eubée, de la Phocide, et se sont fait accepter en Grèce centrale, tout particulièrement en Béotie. L'Attique est ouverte et, malgré les mesures prises, leur arrivée sur le territoire provoque un sauve-qui-peut quasi général, vers Trézène (Argolide), Égine et Salamine. Toutefois, certains se réfugient derrière les défenses de bois de l'Acropole : ils seront exterminés et la citadelle incendiée. Thémistocle, redoutant les effets de ces ravages sur le moral de la flotte, brusque les opérations. Ainsi se déclenche, à la fin de septembre 480, la célèbre et confuse bataille navale de Salamine, chantée par Eschyle. La flotte perse, bousculée dans un espace trop étroit pour ses avirons, est très endommagée ; ce qu'il en reste se retire et se désagrège bientôt. Xerxès repart pour l'Asie, par la route de terre, en laissant Mardonios conduire le gros de l'armée en Thessalie pour y prendre ses quartiers d'hiver.

HÉRODOTE VIII, 27-120.
DIODORE, XI, 14-19.

Seconde guerre médique

– 479 : Mardonios échoue à obtenir le ralliement des Athéniens ; il développe une offensive diplomatique en Grèce centrale et, avant même d'être totalement assuré de ce côté, à la fin de juin 479, il envahit à nouveau l'Attique. L'annonce de l'arrivée d'un secours spartiate l'incite à se rejeter en Béotie où

HÉRODOTE VIII, 190 ; IX, 17-122.
DIODORE, XI, 28-36.

Replis et défaites des Perses

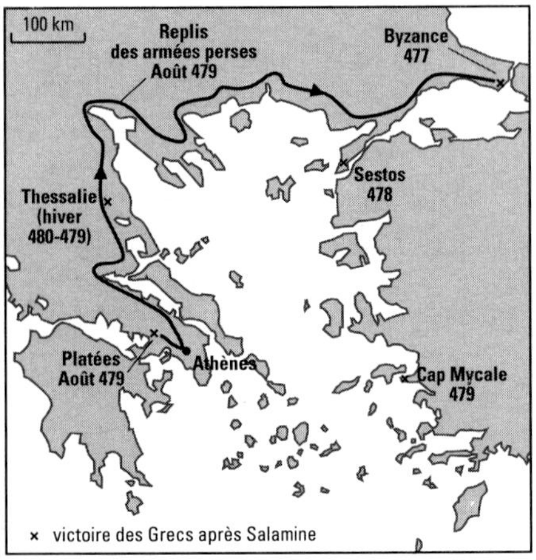

l'affrontement est inévitable. Le long des pentes nord du Cithéron se déploient les 35 000 Grecs commandés par le Spartiate Pausanias ; en face, les soldats de Mardonios, Perses et Grecs ralliés, sont plus nombreux ; leur cavalerie est remarquable, leur infanterie de qualité inférieure. Trois semaines de combats épuisants, de luttes autour des points d'eau de la région de **Platées**, aboutissent enfin au retrait des Persès après la mort de Mardonios en plein combat. Les Grecs ne sanctionnent que les chefs thébains partisans de l'ennemi ; pendant dix jours, on rassemble le butin, on enterre les morts et on purifie les sanctuaires.

La joie est immense. Délivrés de la peur, les Grecs offrent aux dieux des témoignages de reconnaissance, tandis que la flotte grecque achève, au **cap Mycale** en Ionie, la débâcle de la flotte adverse ; l'Hellespont et les îles sont libérés. La guerre menée par les Perses est terminée ; les Grecs vont passer à l'offensive en Égée.

Une génération de combattants

DIODORE, XI, 39-40.

La fierté du succès revient à tous. Pour la classe hoplitique, ce n'est pas une nouveauté. Pour les thètes de la marine, même s'ils ont été rejoints par de nombreux hoplites patriotes, c'est une promotion qui porte en germe une radicalisation de la démocratie, du moins à Athènes. Aux générations suivantes, les nostalgiques du passé célébreront les vertus des combattants de Marathon, mais seront beaucoup plus discrets sur ceux de Salamine. Mais pour le moment Eschyle proclame que tous, citoyens libres responsables de leur cité, sont également victorieux.

ESCHYLE, dans Les Perses, *présente la défaite du côté des vaincus.*

HÉRODOTE VII, 143-144.
DIODORE, XI, 41-43.

Le Pirée. Entre les deux guerres, grâce à Thémistocle, les bases de l'avenir maritime de la cité athénienne et du développement démocratique qui en découle sont jetées : d'où l'hostilité active de l'aristocratie à l'égard de cet homme d'État et son ostracisme en 471. Après Marathon, c'est lui qui entraîne la cité à poursuivre son équipement naval (en 483/482, un riche filon argentifère découvert au Laurion, près de Maronée, permet de financer la construction de 200 trières (ou 100 ?) en obtenant des Athéniens qu'ils renoncent à la redistribution de ces revenus supplémentaires) ; c'est probablement lui aussi qui déclenche les grands travaux au Pirée, d'où sortira une ville moderne et fonctionnelle ; la politique engagée par Cimon après Salamine justifie pareille entreprise. La conception du port date des années 490, le plan d'urbanisme des années 470 ; il est attribué à Hippodamos de Milet (cf. p. 156). De fait, bien des éléments de ce plan rappellent celui de la ville ionienne reconstruite au Ve siècle (mais quand ?). Autour de la presqu'île rocheuse de l'Aktè, trois baies permettent d'installer des abris pour des bateaux de guerre, des chantiers de construction et de réparation : de l'est à l'ouest, Mounichie, Zéa et Kantharos. Ce dernier port est le plus vaste, fermé par des môles et il concentre les activités commerciales autour de son *emporion*. Le tracé des fortifications n'est pas encore partout très clair ; vers le milieu du

Trière : vaisseau à 3 rangs de rameurs, 35 à 38 sur 4 à 5 m ; facile à manœuvrer, mais il faut 170 rameurs auxquels on ajoute l'état-major et quelques hoplites ou archers.

Voir p. 141.

Voir supra, p. 8-12, l'analyse de THUCYDIDE, I, 91-93.

Voir carte p. 315 E.

siècle elles sont reliées à celles d'Athènes par les Longs-Murs. La grande nouveauté, pour le continent, est le plan de la ville : les quelques fouilles et sondages auxquels il a été possible de procéder ont permis de dégager les trois principes essentiels déjà repérés à Milet : une juxtaposition de quartiers d'orientation cohérente mais avec de légers décalages de l'un à l'autre ; des zones réservées aux activités commerciales, aux activités politiques et religieuses, à l'habitat ; enfin, une prévision à long terme ; la ville reçoit un cadre général qu'elle remplira progressivement.

Bornes retrouvées sur le Pirée – les plus anciennes limitent le domaine public :

◆ « limite de l'*emporion* et de la rue », « limite d'ancrage public », « limite d'ancrage pour les passeurs », « de cette rue jusqu'au port, domaine public », « jusqu'à cette rue, domaine de Mounichie ». Datant du milieu du Ve siècle : « limite du *propylon* public », « limite de l'Agora ». ◆

Thémistocle et ses adversaires politiques. Une telle politique qui ouvre délibérément Athènes vers la mer et donne aux marins, commerçants et artisans une importance croissante, résulte d'un combat acharné mené par Thémistocle contre ses adversaires, même entre les deux guerres : cela explique peut-être la réputation de très mauvais caractère attachée au personnage. En effet, après Marathon, les familles aristocratiques continuaient à se disputer le pouvoir. De grands noms s'affrontaient : Xanthippos, père de l'enfant Périclès ; des Pisistratides ; Aristide, Thémistocle. Miltiade a perdu sa popularité dès 489, à la suite d'une offensive ratée contre Paros, échec impardonnable puisqu'il avait demandé au peuple de lui faire une confiance aveugle ; sa mort rapide laisse en héritage à son fils Cimon la lourde amende de cinquante talents infligée par le peuple.

Hérodote VI, 132-140.

C'est à cette époque qu'ont commencé et se sont multipliés les votes d'ostracisme : en sont victimes un Pisistratide en 488/487 ; l'Alcméonide Mégaclès en 487/486, Xanthippos en 485/484, Aristide en 482/481, d'autres encore, de moindre notoriété. De nombreux tessons de cette période portent le nom de Thémistocle : on se demande s'il n'était pas à l'origine de ces votes qui éloignent les adversaires de sa politique. On peut voir également la marque de son influence dans la réforme de l'archontat de 487. Face au danger, en 480, « l'union sacrée » se reconstitue et tous les ostracisés sont rappelés tandis que l'Aréopage organise l'évacuation des non-combattants et assure un soutien financier aux Athéniens en détresse.

La consolidation du régime clisthénien. L'heureuse issue du conflit a, sur la mentalité athénienne, des effets contradictoires. Plus encore que l'aptitude du Grec citoyen-soldat, volontairement discipliné, à dominer au combat le sujet barbare, c'est la force du régime clisthénien qui s'est révélée : les chefs sont rivaux, les circonstances obligent aux improvisations, la population est coupée de son territoire que l'ennemi ravage ; pourtant l'évacuation des uns et la préparation au combat des autres ont été énergiquement menées ; les institutions ont fonctionné et se sont même affermies.

Le prestige de l'Aréopage. Parallèlement à cet affermissement de la démocratie, l'Aréopage renforce son prestige. Ce que nous connaissons de son action est insuffisant à justifier pareille popularité ; peut-être a-t-il aidé, dans les conflits de personnes et de politiques, à maintenir la cité dans le respect de ses lois, à préparer la défense militaire. Mais, le danger passé, il se retrouve du côté des aristocrates conservateurs ou modérés, effrayés par Thémistocle. Ce sont eux qui reprennent la tête de la cité jusqu'à ce qu'Ephialtès engage de nouvelles réformes décisives.

Voir p. 147.

Les finances athéniennes : les liturgies. Au cours de cette période se met au point le système des liturgies : la cité confie à un citoyen riche la prise en charge financière et gestionnaire d'une réalisation civique. Les plus connues et les plus lourdes de ces liturgies – forme particulière d'impôt direct sur les riches – sont la chorégie et la triérarchie ; mais il en existe plus d'une centaine à Athènes, de poids très inégal. Remplir avec conscience et générosité ces charges est une marque de dévouement à la cité mais aussi un moyen de se rendre célèbre. En dehors de ce financement direct, l'essentiel des revenus publics provient des taxes indirectes (2 pour cent à l'entrée et à la sortie du port ; taxes sur les marchés).

Chorégie : voir p. 154.

Triérarchie : entretien d'une trière déjà équipée mais qui doit être remise en parfait état au bout de l'année ; le commandement militaire du bateau incombe au triérarque. En cas de guerre sur mer, la charge est lourde.

L'affirmation de la puissance athénienne. La situation d'Athènes se trouve également modifiée par rapport au reste du monde grec. Les événements écoulés nourrissent chez ses citoyens un orgueil croissant. Malgré sa présence valeureuse et l'intelligence de ses chefs aux Thermopyles, à l'Artémision et à Platées, Sparte n'a pas toujours fourni le soutien que l'on pouvait attendre d'elle, occupée par la célébration de fêtes religieuses ou crispée sur l'idée d'une défense à l'Isthme.

Voir la transformation du récit de Marathon en « histoire paradigmatique », dans N. Loraux, L'Invention d'Athènes, 1981, pp. 157-172.

Malgré les victoires communes, les relations se sont un peu détériorées au cours de cette guerre ; comme l'expansion athénienne va bientôt menacer une supériorité spartiate jusqu'alors incontestée, les guerres médiques marquent bien un tournant dans les relations à l'intérieur du monde grec.

L'esprit artistique : le style sévère. L'époque est celle d'un art sobre et vigoureux, plus empreint de réalisme qu'auparavant. L'architecture et la sculpture triomphent dans le temple de Zeus à Olympie ou celui d'Aphaia à Égine : puissance des proportions, force contenue du mouvement arrêté, sobriété et unité de la composition d'ensemble donnent aux sculptures conservées une grandeur dramatique qui nous fait penser au théâtre d'Eschyle.

C'est alors qu'à Athènes on produit la céramique de la dernière phase du « style sévère », marqué par la sobriété et le dessin très rigoureux du trait. Le motif décoratif du méandre se complique et s'associe à des éléments géométriques ; le visage évolue vers le « profil grec » ; plus de réalisme et de souplesse marquent le traitement de l'œil, de la chevelure, des plis du drapé (peintre de Kléophradès). L'inspiration se partage entre la vie quotidienne (Makron, Douris), la mythologie (Douris) et l'athlétisme (coupes du peintre de Panaitos) ; parfois l'influence de la composition dramatique se fait sentir (peintre de Brygos). Une certaine tendance à la rigueur classique apparaît déjà chez le peintre de Berlin.

3. Le théâtre et la naissance de la tragédie

Pisistrate avait réorganisé les Grandes Dionysies à Athènes ; des modifications essentielles ont encore lieu dans les vingt premières années du Ve siècle. Quatre types de représentations donnent lieu à des concours : le dithyrambe, la comédie, le drame satyrique et la tragédie. Les trois premiers correspondent en partie à la fixation musicale et littéraire de manifestations cultuelles en l'honneur de Dionysos. La faiblesse de notre documentation littéraire est partiellement compensée par le goût des décorateurs de coupes et vases pour des scènes théâtrales.

Voir p. 120.

PINDARE : 518/438. Poète béotien de famille aristocratique. Auteur de poèmes à la gloire des vainqueurs des concours panhelléniques. Nous avons de lui des hymnes, des péans, des dithyrambes, des chants pour processions, des chants pour accompagner des danses féminines...

Suivons le déroulement des Grandes Dionysies, du 10 au 15 Elaphébolion (mars-avril). Le 10, un grand cortège mené par l'Archonte roi et protégé par les éphèbes accompagne la statue en bois de Dionysos d'Éleuthères, que l'on ramène en ville et qu'à la nuit les éphèbes conduiront au théâtre, à la lueur des torches. Les concurrents défilent aussi. Une vaste hécatombe alimente tout le jour de joyeux banquets.

Le dithyrambe

Le 11 et le 12 se déroule le concours des chœurs de dithyrambe, hommes et enfants. L'origine de ce chant choral remonte loin. Archiloque de Paros l'évoquait au VIIe siècle. En réalité ou en simulacre, il accompagnerait un rite dionysiaque. Très répandus dans le Péloponnèse, ces chœurs tumultueux et aux modalités orientales cessent d'être improvisés et des poètes lyriques tels Pindare ou Simonide de Kéos (fin VIe / début Ve siècles) en composent les paroles. Ce serait Arion de Méthymna (Lesbos) qui, à Corinthe, aurait transformé le dithyrambe en un genre littéraire.

◆ « Car je sais mener (commencer) le beau chant du roi Dionysos, le dithyrambe, lorsque le vin a frappé mon esprit de la foudre. » ◆
ARCHILOQUE, 77 (Diehl, Bergk).

La comédie

Dans la nuit du 12 au 13, un grand *kômos* avec phallophorie (procession accompagnant un phallos porté) se déroule. Toutes les fêtes du dieu s'accompagnent de *kômoi*, cortèges joyeux de personnages déguisés et masqués qui observent un scénario élémentaire composé de leur entrée tumultueuse, de la contestation sur un motif futile et du discours final bouffon ; ces trois éléments se retrouvent dans la comédie ancienne, celle que nous connaissons avec Aristophane, avec la succession classique : *parodos, agôn, parabase.* Si le dieu et son cortège n'apparaissent pas souvent dans la comédie, les scènes proches de la mascarade y sont fréquentes. La journée du 13 semble avoir été consacrée aux concours de comédie, dernière née des genres théâtraux.

Parodos : entrée tumultueuse du chœur, évoquant au besoin une scène connue.

Agôn : contestation entre les personnages.

Parabase : le chœur s'adresse directement au public, le prenant à témoin.

Voir pp. 120 et 183.

Le drame satyrique

Le 14 et le 15 ont lieu les concours tragiques. Depuis le début du siècle, semble-t-il, la présentation de trois tragédies par chaque auteur doit s'accompagner de celle d'un drame satyrique, dit aussi silénique à Athènes pendant longtemps :

Satyres et silènes : voir p. 120.

il n'en reste que des fragments assez brefs, hormis *Le Cyclope* d'Euripide. Le sujet, mythologique, peut être grave, mais le chœur est composé de satyres, ce qui donne à ces pièces une tonalité parodique destinée à détendre le public après les trois drames tragiques.

■ *La tragédie*

◆ Hérodote nous dit que Clisthène de Sicyône, le tyran, avait « restitué à Dionysos » les chœurs tragiques jusqu'alors associés au culte du héros Adraste. ◆
HÉRODOTE, V, 67.

Son origine. La grande innovation athénienne, dont les résultats au moins nous sont infiniment mieux connus, c'est la tragédie. Son début peut être daté : entre 536 et 533, Thespis donna la première tragédie lors des Dionysies urbaines réorganisées par Pisistrate. Des chœurs tragiques existaient peut-être, en particulier dans le Péloponnèse, parfois associés à des cultes héroïques, mais la tragédie offre un plus grand éventail de thèmes présentés dans une forme plus élaborée. Toute une tradition, qui va d'Aristote à Nietszche et au-delà, la fait sortir du culte de Dionysos, des exhibitions de son cortège ou d'un dialogue entre le chœur et son chef. Mais rien dans les thèmes ni dans l'esprit de la tragédie ne rappelle particulièrement Dionysos (à l'exception des *Bacchantes* d'Euripide), pas plus que la grandeur tragique ne peut s'accommoder des danses souvent grotesques des satyres. Il faut donc chercher ailleurs et l'épopée avec ses scènes solidement construites fournit le meilleur point de départ – et la quasi-totalité des sujets de tragédie. Athènes était du reste l'endroit où les rhapsodes récitaient le plus Homère. Ajoutons qu'une tradition fort ancienne faisait des chœurs – chants et danses – l'accompagnement obligé des fêtes de la communauté.

Chaque genre poétique observait des règles différentes de prosodie, c'est-à-dire d'agencement des syllabes brèves et longues : cela donnait au vers un rythme que nous n'entendons plus ; sur ces contrastes reposent l'alternance des chants du chœur et des paroles de l'acteur ainsi que les diverses tonalités des parties chorales.

Sa nature. L'acte créatif de Thespis pourrait se comprendre ainsi, selon G. F. Else : il choisit un héros épique, interprète sa destinée et centre l'action sur un moment décisif de celle-ci ; il utilise le mode élégiaque (iambes de type solonien), combiné avec des chants choraux. L'idée de faire alterner le dialogue et le chant choral peut venir du dithyrambe. La transformation du héros en un être humain qui souffre et affronte sa destinée, dont la passion est ressentie par le chœur qui devient intermédiaire entre le héros et le spectateur, voilà l'élément tragique par excellence. L'auteur traite d'un drame dont les spectateurs connaissent les circonstances et l'issue car tous ces mythes leur sont familiers (guerre de Troie et conflits des Atrides, exploits d'Héraklès, malheurs d'Œdipe et de sa race) ; il fait un triple choix : il concentre toute l'attention sur une action unique ; il sélectionne les éléments de la légende qui lui conviennent le mieux ; il traite à sa manière la face intérieure des héros : sentiments, psychologie, réflexion, vertus et faiblesses ; il utilise le mythe pour aborder les problèmes du pouvoir et de la liberté, les questions d'actualité ; ainsi parvient-il à donner au drame une signification qui lui soit personnelle.

Sa représentation. Des contingences matérielles obligent à renforcer les effets : la foule des spectateurs est immense, le décor inexistant et l'éclairage impossible, les acteurs tous masculins et au nombre de un ou deux, puis trois. Ainsi se justifient les masques, les longues robes, les cothurnes et, plus encore, la structure très sobre des scènes : un ou deux personnages alternent monologues, dialogues rapides, échanges de propos avec le chœur. Celui-ci joue un rôle considérable dans les débuts de la tragédie mais nous ignorons malheureusement comment il évoluait : chant, rythmes et gestes nous échappent totalement mais devaient donner à ces représentations une puissance et une beauté que nous ressentons mal aujourd'hui. C'est la prestation du chœur autant que celle de l'auteur qui est primée dans le concours.

Sa signification « nationale ». Autant qu'une innovation littéraire, la tragédie est un fait social et politique ; nous ne pouvons guère en parler que pour le moment où son organisation est achevée, dans le courant du Vᵉ siècle. Aux Grandes Dionysies comme plus tard aux Lénéennes, la cité règle tout.

Fête religieuse, fête de l'esprit, mais aussi fête de la collectivité. Son rôle dans la formation d'un esprit national a souvent été comparé à celui de l'école primaire dans notre IIIᵉ République. Un certain esprit de communion y règne peut-être, surtout dans les Lénéennes, plus modestes et plus intimes, et dans les Dionysies avant que le développement de l'empire maritime n'en ait fait une occasion d'étaler la puissance athénienne. Tous y viennent, y compris les étrangers, les métèques, les femmes et peut-être même les esclaves. L'agitation, les interventions du public, la consommation d'un frugal repas, marquent le déroulement de ces spectacles qui se succèdent sans interruption du matin au milieu de l'après-midi. Tout est là pour attirer un énorme public : la fête de Dionysos, le caractère unique de chaque représentation (les pièces, produites seulement à l'occasion de ces festivals, ne seront, pendant longtemps, reprises que dans les théâtres des dèmes, lors des petites Dionysies), la curiosité de voir comment sera traité un sujet connu, le plaisir d'être rassemblés pour une affaire commune. Tout concourt à faire du théâtre le symbole de la Cité classique telle que nous la voyons à travers Athènes.

Pour ces fêtes et leur organisation, voir pp. 122, 154 et 155.

Eschyle (525-446) : a combattu lors des deux guerres médiques. Ses œuvres conservées : *Les Perses* (472, chorégie de Périclès). *Les Sept contre Thèbes* (467), *Les Suppliantes* (463 ?), *L'Orestie* (*Agamemnon, Les Choéphores, Les Euménides,* 458), *Prométhée.* La violence des situations crûment indiquée, l'impuissance des hommes à éviter leur destin tragique, accompagnent la quête d'une justice divine dont le sens échappe aux héros ; les chefs eux-mêmes, préoccupés de protéger leur cité et de lui assurer le bon ordre, sont condamnés à des choix douloureux et difficiles, dans l'ignorance de la volonté divine. Son œuvre est considérée comme la plus puissante et la plus marquée par le mystère de la destinée.

Pour approfondir ce chapitre

Sur le théâtre, une bonne initiation par P. Demont et A. Lebeau : *Introduction au théâtre grec antique*, Livre de Poche, 1996, qui rajeunit J. De Romilly, *La Tragédie grecque*, coll. « Sup », 1970 et H. C. Baldry, *Le Théâtre tragique des Grecs*, Maspéro, 1975. Depuis l'ouvrage classique d'A. Pickard-Cambridge, *The Dramatic Festivals of Athens*, Oxford, 1988 (rev. par J. Gould et D.M. Lewis), de nombreuses études, dont : E. Csapo et W. J. Slater, *The Context of Ancient Drama*, Ann Arbour, 1995 (recueil des documents sur le théâtre) ; J.-P. Vernant et P. Vidal-Naquet, *Mythe et Tragédie* (cf. p. 123) ; *Théâtre et Spectacle* *dans l'Antiquité*, Coll. Strasbourg, 1981 ; numéro spécial de la revue *Mètis*, III, 1988 (avec une importante bibliographie sur la tragédie) ; Chr. MEIER, *De la tragédie comme art politique*, Les Belles Lettres, 1991 ; J.-Cl. MORETTI, recense les publications archéologiques dans *Topoi*, I, 1991 ; enfin, *Les Cahiers du GITA*, édités à Montpellier depuis 1985, sont consacrés au théâtre antique.

La vie politique est à suivre dans Ed. WILL (cf. p. 6), Ed. LÉVY, *La Grèce au Ve siècle, de Clisthène à Socrate*, Points-Seuil, 1995 ; P. BRIANT et *alii*, (cf. p. 6). Des réflexions sur des thèmes divers dans Ch. MEIER, *La Naissance du Politique*, Gallimard, trad. 1995. Les réformes de **Clisthène** sont plus spécifiquement analysées par M. OSTWALD, *Nomos and the Beginnings of the Athenian Democracy*, Oxford, 1969 ; H. VAN EFFENTERRE, « Clisthène et les mesures de mobilisation », *REG* 89, 1976, 1-17 et P. LÉVÊQUE et P. VIDAL-NAQUET, *Clisthène l'Athénien*, 1964, réédité chez Macula. Sur les **institutions** : G.E.M. DE SAINTE CROIX (cf. p. 189) ; P. J. RHODES, *The Athenian Boule*, Oxford, 2e éd., 1985 ; M. H. HANSEN (cf. p. 234), pp. 51-80 ; Fr. RUZÉ (cf. p. 106).

Les **guerres médiques** sont à suivre dans HÉRODOTE, DIODORE et PLUTARQUE (vies de Thémistocle, d'Aristide, de Cimon). Voir en outre A. R. BURN, *Persia and the Greeks*, USA, 1952 ; P. BRIANT (cf. p. 6) et Cl. BAURAIN (cf. p. 6). Sur un point précis voir : J. LABARBE, *La Loi navale de Thémistocle*, Les Belles Lettres, 1957. D. GILLIS, *Collaboration with the Persians*, Historia Einzelschriften, 34, 1979 ; J. DELORME, *BCH*, 1978, I, 51 « Deux notes sur la bataille de Salamine ». Des vues originales sur la place de la guerre dans le monde grec : V.-D. HANSON, *Le Modèle occidental de la guerre : la bataille d'infanterie dans la Grèce classique*, Les Belles Lettres, 1990 ; *Id.* éd., *Hoplites, The Classical Greek Battle Experience*, Londres, 1991. Voir, pour les institutions perses et les relations avec les Grecs, P. BRIANT (cf. p. 104) ; D. M. LEWIS, *Sparta and Persia*, Leiden, 1977. O. PICARD, *Les Grecs devant la menace perse*, SEDES, 1980, ne donne pas un récit des conflits entre Grecs et Barbares, mais une analyse documentée des différents types de relations qui s'instaurent entre eux du VIe au IVe siècles. Une bonne présentation iconographique dans P. DUCREY (cf. p. 66).

10

Le rayonnement d'Athènes
(de 478 à 431)

Athènes a dominé le monde grec dans la seconde moitié du Ve siècle et l'on désigne parfois cette période sous le nom de siècle de Périclès. Celui-ci proclame d'ailleurs que sa patrie est l'« école de la Grèce ». Cette puissance repose sur la formation – somme toute assez pragmatique – d'un véritable empire qui prend ses contours à la fin des guerres médiques. Elle permet au régime démocratique élaboré par Clisthène de s'épanouir, elle s'exprime dans l'éclat artistique et intellectuel de la ville.

1. L'empire d'Athènes

Constitution de l'empire ■

La politique timorée de Sparte, le mécontentement suscité par les erreurs de son régent Pausanias, tout autant que l'éclat de la victoire de Salamine et le génie politique des stratèges athéniens Thémistocle et Aristide, facilitent le glissement vers la prééminence d'Athènes. En 478, réunies à Délos sous la présidence d'Aristide, un certain nombre de cités forment une *symmachie* (alliance) et concluent avec Athènes un pacte qui lui en assure le commandement *(hègémôn)* : c'est la **ligue de Délos**. Le sanctuaire des Ioniens conserve le trésor des confédérés qui s'y réunissent chaque année en conseil, chaque cité étant représentée par une voix. Mais dès le début les pouvoirs sont explicitement séparés entre Athènes d'une part, les alliés d'autre part. L'objectif à court terme est de protéger la liberté des Grecs contre un retour offensif des Perses et de faire payer au Grand Roi les ravages commis en Grèce. C'est une alliance exclusivement maritime et égéenne ; hormis Athènes, aucune cité de la Grèce propre n'y participe.

Il faut donc une flotte importante ; or une trière avec 200 hommes d'équipage coûte cher : un talent pour la coque et les agrès, un autre pour l'entretien pendant une campagne. Beaucoup de petites cités n'avaient pas d'escadre. On propose donc pour ceux qui le désireraient une contribution financière qui permette l'équipement collectif d'une flotte, sur la base d'un talent par trière et par an. Aristide fut chargé de faire l'inventaire des ressources de chacun et de déterminer le quotient de leur participation, ou *phoros*, le total (fictif) devant s'élever à 460 talents. Beaucoup de grandes cités continuaient d'ailleurs à le payer en nature en fournissant des navires de leur propre escadre (Chios, Samos, Lesbos, Thasos, Naxos). Ainsi se constitue en quelques années une flotte importante qui se composait au départ de la flotte d'Athènes (payée sur ses propres ressources) et de celle des alliés. Athènes se chargeait de faire construire au Pirée et d'armer les navires pour les alliés qui payaient en numéraire. Dès 478 elle

Voir carte p. 310 B.

◆ « En résumé j'ose le dire : notre cité, dans son ensemble est pour la Grèce une vivante leçon, cependant qu'individuellement nul mieux que l'homme de chez nous ne peut, je crois, présenter à lui seul une personnalité assez complète pour suffire à autant de rôles et y montrer autant d'aisance dans la bonne grâce. » ◆
THUCYDIDE, 11, 41.

Trière : voir p. 134.

Disposition des rameurs dans la trière

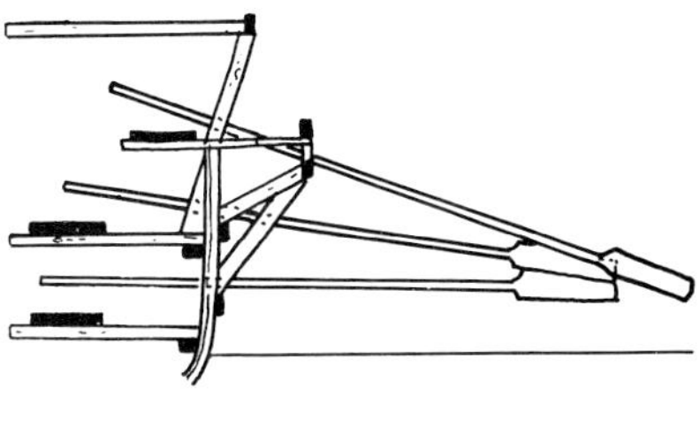

avait reconstruit à la hâte les murs de l'Acropole détruits par les Perses (murs de Thémistocle) et commencé les fortifications du Pirée. Déjà elle se place en situation de force.

Voir pp. 8-12.

Les premiers succès et la politique de Cimon (477/461). L'impulsion est donnée par Cimon, fils de Miltiade (le vainqueur de Marathon condamné à une forte amende après son échec à Paros en 490) et d'une princesse thrace. Il passe sa jeunesse en Chersonèse et en Thrace, vient à Athènes en 493, est élu stratège pour la première fois en 478. Son ascension correspond au déclin politique de Thémistocle qui est ostracisé (entre 475 et 471). Il semble que l'opposition des deux hommes porte sur la politique extérieure : tous les deux voient bien la grandeur d'Athènes fondée sur la puissance navale, mais Cimon porte l'accent sur la lutte contre la Perse (et ses origines lui facilitent les entreprises contre l'Hellespont) alors que pour Thémistocle l'ennemi c'est Sparte, dont la puissance ne lui paraît pas conciliable avec celle d'Athènes. D'où une politique plus molle contre les Perses et l'accusation de « médisme » qui entraîne son procès. Il finit en exil à la cour du Grand Roi.

Les premières attaques en Thrace, sur la route de l'Hellespont (Skyros), sont des succès. Mais c'est la victoire de l'Eurymédon (469) en Pamphylie contre la flotte perse qui assure à Athènes la maîtrise des mers. Ces victoires mêmes rendent l'emprise d'Athènes plus lourde aux alliés. Certains souhaiteraient quitter la ligue : dès 469, Naxos se révolte contre le pacte fédéral. La répression est rude, elle n'empêche pas Thasos de s'opposer à Athènes quatre ans plus tard. L'île se sent particulièrement spoliée par l'installation de colons en Thrace sur la route des mines d'or (après quelques difficultés cette colonie deviendra une ville florissante, Amphipolis). Le siège de Thasos fut difficile et dura un an. Les conditions de la reddition sont sévères : murailles abattues, flotte livrée, lourd tribut. Ainsi la politique de Cimon conduit Athènes d'une ligue d'alliés à un empire gardé sous la contrainte : mais lui-même disparaît provisoirement de la scène politique, ostracisé en 461, au retour d'une expédition envoyée à Sparte pour l'aider à lutter contre les Messéniens retranchés sur le mont Ithome ; Sparte a renvoyé le corps expéditionnaire athénien et cet affront n'est pas pardonné à Cimon.

◆ « Cette expédition procura à Cimon de grandes ressources, et l'argent qu'on l'avait vu gagner honorablement sur les ennemis, il le dépensait plus honorablement encore au profit de ses concitoyens. Il fit enlever les clôtures de ses propriétés, afin que les étrangers et les citoyens indigents pussent librement cueillir les fruits et, tous les jours, il faisait préparer chez lui un repas simple mais suffisant pour un grand nombre de personnes. Tous les pauvres qui le voulaient y étaient admis et trouvaient ainsi une nourriture. » ◆
PLUTARQUE, *Vie de Cimon,* X, 1.

461/445 – La première guerre contre Sparte et les paix de Callias et de Trente Ans. Durant cette période les difficultés d'Athènes furent plus grandes sur le continent. La rupture avec Sparte entraîna des heurts avec ses alliés. Mais surtout Athènes achève la construction des Longs-Murs qui la relient au Pirée et Mégare fait de même, barrant l'isthme de Corinthe. Athènes est devenue un camp retranché ouvert sur la mer. Le siège d'Égine, l'obligation pour celle-ci d'entrer dans la confédération, ont achevé de rendre Athènes inexpugnable. Elle peut tenter des opérations sur les côtes du Péloponnèse, mais sans succès affirmés. L'échec d'une grande expédition envoyée en Égypte en 454 marque bien ses limites.

C'est à cette date que le trésor de la ligue est transféré sur l'Acropole et Athènes pourra désormais puiser dans les fonds de cette ligue devenue son Empire. Une victoire navale à Chypre permit une négociation avec les Perses connue sous le nom de paix de Callias (449/448). Elle aurait interdit la mer Égée aux forces maritimes perses qui ne devaient dépasser ni l'entrée du Bosphore au nord, ni Phasélis au sud. La zone littorale d'Asie Mineure est démilitarisée sur une profondeur de 70 km. Ce succès renforce la rancœur des alliés. A son tour la grande île d'Eubée se révolte, profitant d'un échec d'Athènes en Béotie (446). Nous connaissons un décret qui stipule les conditions rigoureuses de la reddition. Ainsi les difficultés ne manquent pas à Athènes. Sparte a de son côté des problèmes d'ordre intérieur. Les deux cités décident de signer la paix dite de trente ans. Celle-ci reconnaît les deux systèmes d'alliances : Sparte dans le Péloponnèse, Athènes dans la mer Égée (elle est complétée par une paix entre Athéniens et Béotiens, et une autre entre Sparte et Argos). Ce traité reconnaît aux cités neutres le droit d'adhérer à l'alliance de leur choix, ce qui implique l'interdiction aux membres de chaque alliance de changer de camp. C'est donc la reconnaissance par Sparte de ce qui s'est accompli en trois décennies : la constitution de l'Empire d'Athènes.

Répression en Eubée

◆ Que d'autre part les Chalcidiens prononcent le serment suivant : « Je ne me séparerai du peuple des Athéniens par aucune ruse ni manœuvre, ni en paroles, ni en actes, et je n'obéirai pas à quiconque se séparerait d'eux ; si quelqu'un pousse à la défection, je le dénoncerai aux Athéniens ; je paierai aux Athéniens le tribut comme je les aurai persuadés de le fixer, et je serai le plus possible un très bon et très fidèle allié ; je me porterai au secours et à la défense du peuple athénien, si quelqu'un lui fait tort, et j'obéirai au peuple des Athéniens. »
Le serment sera prêté par tous les Chalcidiens qui auront atteint l'âge de l'éphébie. Si quelqu'un ne le prête pas, il sera frappé d'atimie et ses biens seront confisqués. ◆
Décret des Athéniens, relatif à la cité de Chalcis, Meiggs-Lewis, *Selection of GHI,* n° 52.

L'organisation de l'Empire ■

Organisation financière. Nous connaissons l'organisation de l'Empire athénien par quelques textes (Aristote, et surtout Thucydide) et par des décrets essentiellement athéniens. La date de ces derniers n'est pas toujours possible à préciser. La chronologie traditionnelle les place entre 454 et 439 et ce serait donc pour cette époque que l'on pourrait fixer le tableau de l'apogée de l'Empire. A ce moment, les Athéniens qualifient eux-mêmes leur pouvoir d'*arkhè* et les citoyens d'*hypèkooi* (sujets). Il ne s'agit donc plus de pacte avec des alliés qui se donnaient librement un *hègémôn,* comme dans la ligue de Délos ; mais il ne s'agit pas, il ne s'agira jamais, d'un État dont Athènes serait la capitale. L'Empire restera toujours une constellation de cités – états dont l'organisation financière demeure la seule base légale reconnue. C'est à partir de la perception du *phoros* que nous pouvons avoir une première idée de l'Empire.

Tous les alliés sont devenus tributaires sauf trois (Samos, Chios, Lesbos continuent à fournir des escadres). Ils sont regroupés en cinq districts entre lesquels est réparti le montant de l'ensemble du tribut (entre 460 et 500 talents) :

– district de Thrace (les cités de la presqu'île de Chalcidique, la côte thrace, Thasos) ;

– Hellespont (les cités des détroits, la côte sud de l'Hellespont) ;

– Ionie (cités d'Éolide et d'Ionie, grandes îles : Lesbos, Chios, Samos, Naxos) ;

– Carie (cités de Carie, Rhodes), plus tard réunie à l'Ionie ;

– les îles (Imbros, Lemnos, Skyros, l'Eubée, les Cyclades).

Voir carte p. 310 B.

Une étude des inscriptions sur les tributs permet d'évaluer la grande variété des ressources des cités de l'Empire : L. Nixon et S. Price, « Les dimensions et les ressources des cités grecques », dans O. Murray-S. Price éd. (cf. p. 7), p. 163-200.

Le montant et la répartition du tribut sont fixés tous les quatre ans par décret du peuple athénien. C'est la *Boulè* qui est chargée de préparer ce décret qui est voté par l'*Ekklèsia* ; on envoie alors des hérauts à chaque cité pour lui communiquer son quota. Elle peut le contester, sans doute devant l'*Héliée* ; le fait semble rare, le tribut n'est pas très lourd, les exigences financières d'Athènes ne deviennent dures qu'après une révolte. Les cités doivent s'acquitter avant les Grandes Dionysies et le collège des *Hellénotames* est alors chargé d'en présenter la comptabilité à l'*Ekklèsia.*

Parmi les dépenses, la plus importante est celle qui concerne l'entretien de la flotte. Elle compte trois cents trières mais toutes ne sont pas en service. En année normale, soixante prennent la mer. Il faut remplacer celles qui sont trop usagées, quinze par an environ. Athènes ne distingue plus entre ses navires et ceux des alliés : le *phoros* sert pour l'ensemble.

Ingérences politiques et judiciaires. Il n'y a pas eu création d'un personnel politique destiné à gérer l'Empire, et l'intervention d'Athènes dans les affaires intérieures des cités est finalement assez difficile à mesurer et reste un des points historiques les plus discutés. L'auteur d'un pamphlet intitulé *République des Athéniens* (et attribué plus tard à Xénophon par erreur) insinue que pour s'assurer la docilité de ses alliés, Athènes aurait imposé partout le régime démocratique qui la régit elle-même. En fait, elle se contente généralement de soutenir, avec plus ou moins de bonheur, les mouvements démocratiques dans les cités ; elle s'accommode d'une grande variété de régimes, aussi longtemps que les gens en place ne poussent pas à la révolte. Ainsi Potidée reçoit-elle des magistrats de sa métropole Corinthe, et les dynasties indigènes restent au pouvoir en Carie. Par contre, si Érythrées ou Milet ont encore des institutions oligarchiques en 454/3, on y trouvera plus tard des régimes démocratiques modérés, partiellement inspirés du modèle athénien ; de même à Chalcis en 446. Le cas de Samos – l'alliée qui sera la plus fidèle – est plus discuté : les Athéniens ont peut-être renoncé à lui imposer une démocratie lorsqu'ils reprennent la ville en 440/439 ; en tout cas, l'oligarchie la gouverne en 412 alors qu'elle est renversée par une révolte populaire. Mais Athènes sait bien que les aristocraties lui sont en général peu favorables ; l'envoi de garnisons lui permet de surveiller la « sagesse » de ses alliés.

On voit aussi apparaître dans certains décrets le titre d'*épiscopoi* (surveillants), d'« archontes dans les cités », qui semblent être des magistratures temporaires. Les magistrats doivent parfois surveiller le recouvrement du tribut, ou l'application de certains décrets, protéger les personnes athéniennes ou étrangères auxquelles le peuple athénien accordait des privilèges particuliers. Bien qu'Aristote en dénombre sept cents, il ne semble pas qu'il y en ait eu dans toutes les cités, ni qu'ils aient résidé d'une manière permanente.

◆ « Il semble que la démocratie athénienne soit aussi mal inspirée, quand elle oblige les alliés à passer la mer pour venir à Athènes faire juger leurs procès ; mais elle calcule de son côté tout ce que le peuple d'Athènes en retire d'avantages. D'abord, toute l'année, il reçoit son salaire de la caisse où sont consignés les frais de justice ; ensuite, en restant tranquillement chez lui, sans faire sortir de vaisseau du port, il gouverne les cités confédérées, et dans ses tribunaux il soutient ceux du parti démocratique et perd ceux du parti adverse. Si chaque cité pouvait faire juger ses procès chez elle, les alliés, animés comme ils le sont contre les Athéniens, perdraient ceux d'entre eux qui sont les plus attachés à la démocratie athénienne. » ◆
Pseudo-Xénophon, *La République des Athéniens*, pamphlet écrit autour des années 430.

En fait, la surveillance et l'intervention politique peuvent se faire par l'intermédiaire des Athéniens eux-mêmes résidant à l'étranger. Une pénalité de cinq talents frappe la cité où un des nationaux serait victime d'un meurtre : la chose peut se produire. D'autant que se généralise une institution ancienne d'un caractère bien particulier : la *clérouquie.* Les clérouquies sont des fractions de la cité athénienne en territoire étranger. On distribue des lots de terre pris sur le territoire allié mais le clérouque conserve ses droits de citoyen athénien : il vote et sert comme hoplite. Peut-être même, comme on le voit en 427 à Lesbos, ne réside-t-il pas toujours. On trouve des clérouques à Naxos, Andros, Chalcis, Histiae. Les effectifs sont souvent élevés par cités (de 500 à 1 000). Le total a été évalué à 6 000. Mais Athènes n'aurait pas eu assez d'hommes à disperser dans l'Empire, c'est pourquoi elle a aussi largement employé le système de la colonie. Il s'agit là d'une institution tout à fait différente puisque l'on fonde une ville nouvelle qui aura son autonomie. Athéniens et alliés, sinon indigènes, se trouvent souvent confondus. Les liens avec la métropole sont culturels et religieux, les institutions calquées sur les siennes, mais les colons sont, semble-t-il, citoyens de la nouvelle cité, et non plus d'Athènes. On trouve des fondations en Thrace (Brea, Amphipolis), à Thourioi dans l'Italie du Sud. Certains colons ont été envoyés en Asie Mineure et dans le Pont, sans que nous voyions bien les liens avec les anciennes cités (Érythrées, Colophon, Sinope).

Voir p. 74.

Thourioi : fondée en 443 sur l'ancien site de Sybaris, à l'initiative de Périclès qui fait appel à des colons de toute la Grèce (Diodore, X, 12).

La circulation des personnes entre les différentes cités de l'Empire pose en particulier le problème judiciaire. Il existe des accords de droit international, les *symbola,* qui règlent de manière très pragmatique certaines procédures entre nationaux de chaque pays. Athènes fait de même avec plusieurs cités, mais nous constatons dans un certain nombre de décrets pris après des révoltes et dans une allusion d'un discours d'Antiphon, que personne ne peut être exécuté sans que la sentence ait été confirmée par Athènes. De même, un bon nombre de personnes, par privilège spécial, ne peuvent être jugées qu'à Athènes. Enfin, tout naturellement, tout procès qui implique une affaire publique contre l'Empire est jugé par les tribunaux athéniens. On voit donc que, sans qu'il y ait organisation ou unification précise sur le plan judiciaire, la pratique entraîne à la fois une forte ingérence d'Athènes dans l'autonomie des cités… et une multiplication des procès à Athènes même : sujet de raillerie pour l'auteur du pamphlet évoqué plus haut.

Les caractères de l'Empire athénien ■

Rien ne serait plus faux que de voir dans l'Empire d'Athènes l'équivalent de l'Empire colonial anglais du XIXe siècle, comme on l'a évoqué parfois. Athènes n'a jamais cherché à s'assurer des débouchés commerciaux, conception tout à fait étrangère aux cités grecques dans lesquelles, rappelons-le, l'activité commerciale est en partie entre les mains des étrangers. Il ne s'agit pas ici d'entretenir des millions d'hommes mais quelques dizaines de milliers, et aucune

Voir cartes p. 313 C.

Sur les besoins d'Athènes en blé, voir les estimations de P. Garnsey, Famine et Approvisionnement dans le monde gréco-romain, *1988, trad. fr., 1996, p. 146-147.*

infrastructure industrielle ne remplace le petit artisanat. Athènes a d'abord cherché à s'assurer la maîtrise de la route du Pont-Euxin par laquelle lui parvient l'essentiel du blé indispensable à la population. Mais il ne semble pas qu'elle ait voulu la conserver pour son seul usage, sinon pendant la guerre du Péloponnèse. Il s'agit aussi d'assurer le libre accès aux matières premières pour les constructions navales : bois, poix, chanvre. L'expédition d'Égypte répond peut-être au même désir. Bien évidemment, la police des mers effectuée par Athènes facilite le commerce, comme la prospérité du Pirée y attire les marchands ; mais il ne s'agit pas là d'une politique concertée, Athènes envisage la thalassocratie en terme de puissance militaire, le contrôle de la route des blés est une question de survie pour elle.

Sur le rôle de la monnaie athénienne, cf. O. Picard Les Grecs devant la menace perse, *op. cit. p. 140.*

La monnaie athénienne. Il est cependant un domaine où l'intervention est directe : la monnaie. A une date incertaine (437 ?), un certain Cléarque fait voter un décret visant l'unification des poids, mesures et monnaies parmi les alliés. Cette mesure fort utile pour les transactions du Pirée et le paiement du *phoros,* dut être ressentie comme une atteinte à la souveraineté des cités qui ne pouvaient plus frapper de monnaie d'argent. Les découvertes numismatiques prouvent que l'évolution était déjà amorcée dans les faits et que la monnaie athénienne se répand dès les débuts de la ligue de Délos.

Empire et démocratie. Ainsi il faut bien reconnaître que l'Empire nourrit la démocratie. Et elle ne s'en cache pas. Aristote peut affirmer que l'Empire fait vivre plus de 20 000 personnes : directement, les fonctionnaires de l'État et tous ceux qui, à des titres divers, perçoivent un salaire public, les clérouques, les colons, les garnisaires, mais aussi les rameurs et les soldats embarqués ; indirectement bon nombre de petites entreprises du Pirée ou d'Athènes, particulièrement celles qui participent aux constructions navales. C'est peut-être le trésor de l'Empire qui fournit les importants chantiers de l'Acropole où se côtoient esclaves, citoyens et étrangers. Athènes aurait ainsi bénéficié de sa supériorité politique et militaire.

Mais quels étaient exactement les mobiles de cet impérialisme ?

L'impérialisme athénien a soulevé nombre de discussions passionnées parmi les historiens. On dispose, en effet, d'une documentation relativement importante avec un texte majeur – celui de Thucydide – qui pose lui-même le problème en termes incisifs. On devine au fil de l'historiographie contemporaine, combien ce sujet – toujours d'actualité – a pu être marqué par l'image qu'ont donnée les différents impérialismes de notre époque, politiques ou économiques. Ces réalités inspirent parfois directement les analyses proposées. Si l'on doit refuser les strictes motivations économiques avec la quête de débouchés, faut-il voir une entreprise idéologique visant à répandre le régime démocratique ?

Cet Empire, nous l'avons vu, fait vivre une bonne partie des citoyens athéniens des deux dernières classes, et par le fait même il favorise la démocratie, qui d'ailleurs se développe dans plusieurs villes à cette époque et facilite la fidélité de beaucoup de petites cités. Cet objectif a-t-il été le levier décisif ? L'Empire est-il justifié par l'essor de la démocratie athénienne ? Cet argument ne fut jamais utilisé par les défenseurs de l'Empire (qui s'exprimèrent cependant sans complexe) et sert surtout de base aux pamphlets aristocratiques, mais a été repris par beaucoup de modernes, et cela nous renvoie à une autre question : jusqu'à quel point les cités de l'Empire ont-elles participé à la prospérité athénienne ?

◆ « Ce qui est en jeu dans ce combat, ne l'oubliez pas, ce n'est pas seulement la question de savoir si nous resterons libres ou si nous deviendrons des esclaves. Il s'agit encore de ne pas perdre notre emprise et d'échapper à la menace que font peser sur nous les haines dues à notre domination [...] car vous régnez désormais à la façon des tyrans, qui passent pour injustes en prenant le pouvoir, mais qui ne peuvent plus abdiquer sans danger. » ◆
THUCYDIDE, II, 63, discours de Périclès.

La richesse et l'éclat d'Athènes à cette époque reposent – c'est indéniable – en grande partie sur les revenus financiers tirés du *phoros,* et la situation de métropole que la ville joue de fait pour l'ensemble de l'Égée. « École de la Grèce », en a-t-elle fait profiter l'ensemble des cités de l'Empire ? Les jugements portés par les historiens français se ressentent parfois de leurs réactions vis-à-vis de la situation de l'Empire colonial français. On tend à défendre avec passion l'apport athénien : paix maritime, progression du droit, éclat du théâtre... tandis que d'autres soulignent, après Thucydide et les historiens du IVe siècle, les haines soulevées par la domination athénienne.

Mais il faut surtout insister sur le levier majeur qui conduit les Athéniens à assurer avec fougue leur domination et leurs alliés à la ressentir avec tant d'acuité. C'est le sens bien particulier que prennent les mots liberté et autonomie pour les Grecs. Thucydide l'exprime sans fard dans un grand nombre de discours qu'il prête tant à des ambassadeurs athéniens qu'à leurs adversaires. En fait la liberté d'un État est liée autant à l'absence de domination étrangère qu'à la possibilité d'imposer à d'autres sa propre domination. Et nous retrouvons là ce caractère politique qui est le mobile majeur de toute communauté hellénique. Il paraît donc factice d'opérer des coupures trop rigoureuses entre la ligue de Délos et l'Empire. Dès lors qu'elle s'impose, l'hégémonie d'Athènes tend à devenir sans recours. L'Empire s'écroulera devant une force devenue aussi importante que la sienne : Sparte.

2. Le fonctionnement du régime

Ainsi la richesse de l'Empire a facilité une relative stabilité sociale avec une ascension des dernières classes. A vrai dire nous cernons très mal l'évolution politique de ces trente années.

Les réformes d'Éphialtes – 462/461. Une crise a eu lieu en 461. Profitant de l'absence de Cimon envoyé en Messénie, Éphialtes – chef du parti démocratique, nous dit Aristote – fait voter une loi privant l'*Aréopage* d'une partie de ses prérogatives judiciaires, désormais attribuées à la *Boulé* des cinq cents et au tribunal de l'*Héliée.* Or l'*Aréopage* qui regroupait les archontes, issus des premières classes

Sur les pouvoirs judiciaires de l'Aréopage, voir ESCHYLE, Les Euménides, *vers 681-710. Cf. M.* OSTWALD *et S.* SAID, *dans M.* PIÉRART *éd. (cf. p. 234), p. 139-184.*

soloniennes, était essentiellement aristocratique et symbolisait la tradition. Le vote de la réforme a nécessité une majorité suffisante contre cette tradition. C'est elle qui vote l'ostracisme de Cimon à son retour. Peu après Éphialtes est assassiné dans des conditions mystérieuses, mais le processus est enclenché.

Zeugites : voir p. 97.

Les réformes des années 461/443. Toute une série d'innovations vont compléter les lois d'Éphialtes. La réforme de l'*Aréopage* entraînait celle de l'archontat. Dès 457/456, les zeugites purent s'y présenter. Bientôt les candidats furent désignés non par les dèmes mais par l'ensemble des tribus. C'est aussi vers le milieu du Vᵉ siècle que commence la *misthophorie,* rétribution des fonctions publiques destinée à compenser la perte d'une journée de travail. Faible rétribution d'ailleurs qui ne pouvait attirer à ces fonctions par l'appât du gain comme le prétendirent les pamphlets. Ces encouragements donnés aux citoyens pour pouvoir réellement participer à la vie publique s'accompagnent d'une sévérité nouvelle dans l'accès à la citoyenneté. A partir de 451 un décret de Périclès limite le droit de citoyen aux enfants de père et mère athéniens, alors qu'auparavant la nationalité du seul père suffisait. Enfin on pense que c'est l'époque où se fixe la périodicité des réunions des assemblées et le rigoureux contrôle qu'elles portent sur les magistrats par la procédure de la *dokimasie.* Certains historiens placent alors l'institution de la *graphè para nomôn* (action en illégalité), qui correspond bien à l'esprit de la période, puisque cette procédure complexe doit empêcher l'Assemblée de prendre des décisions irréfléchies. Ainsi ce à quoi nous assistons ce n'est pas à la disparition des aristocrates de la scène politique car jusqu'à la guerre du Péloponnèse ils continuent à occuper tous les postes importants, mais à un renforcement de contrôle institutionnel du *dèmos* sur ses dirigeants. C'est dans ce contexte bien particulier que s'insère la carrière de Périclès qui incarne assez justement les ambiguïtés de cette démocratie.

Dokimasie : la *Boulè* d'abord, puis un *dikastèrion* vérifient que le candidat à une magistrature ou un service public remplit les conditions requises (citoyenneté, âge, culte familial, ancêtres, soin des parents, paiement des impôts, accomplissement du service militaire).
cf. Aristote, *Const. des Ath.,* LV, 3 sqq.

Graphè para nomôn : action intentée à l'auteur d'une proposition que l'on juge illégale, ou à l'épistate qui a accepté sa mise aux voix. La validité du décret était alors suspendue jusqu'au jugement. La sanction pouvait aller de l'amende à la mort ; trois condamnations entraînaient l'atimie.

Chronologie et montant des *misthoi* pour les fonctions politiques populaires :
– *Héliastes* : année 450 ? ; 3 oboles / jour après Cléon.
– *Bouleutes* : antérieur à 411, supprimé par les Quatre-Cents, mais rétabli ensuite ; 1 puis 2 oboles / jour. Vers 330 : 5 oboles + 1 pour les prytanes.
– *Assemblée* : entre 403 et 393 /392 ; 1 puis 2, puis 3 oboles / jour. Vers 330 : 1 drachme.

Les stratégies de Périclès. Né aux environs de 490, Périclès appartient en effet par son père au *génos* aristocratique des Bouzyges, par sa mère à celui des Alcméonides. Il est le fils de ce Xanthippe ostracisé en 485/484 puis vainqueur au cap Mycale, le petit-neveu de Clisthène, et ses traditions familiales l'ont préparé à la vie politique. En 472 il assure la chorégie des *Perses* d'Eschyle, choix qui peut marquer son admiration pour Thémistocle, le vainqueur de Salamine. Aristote et Plutarque en font l'adversaire de Cimon et dès 461 le chef du parti démocratique. Mais c'est surtout à partir de 450 que la vie politique est associée à son nom. De 443 à 431, il est réélu constamment à la stratégie, phénomène politique qui vaut qu'on s'y arrête. Périclès appartient bien en effet à la classe aristocratique et ne cherche pas à masquer ses origines ; hautain, dit-on, réservé, il a son propre cercle d'amis, souvent des métèques, des philosophes, Damon et Anaxagore, Hippodamos de Milet, sa maîtresse Aspasie, Milésienne cultivée qui reçoit largement, Phidias le sculpteur. En somme des intellectuels plutôt que des hommes politiques. Et pour Thucydide c'est bien là la réussite de Périclès : il domine par son intelligence, par son discours il persuade la *Boulè* et l'*Ekklèsia*. La stratégie en effet ne donne pas de pouvoirs particuliers. Étrange démocratie qui à la fois réélit – et donc cautionne – cet aristocrate hautain, mais ne lui délègue pas un gouvernement permanent. Sa politique correspond à l'apogée de la puissance d'Athènes, sa personnalité à l'émergence de cette démocratie qui ne cherche pas encore à élever de son sein un nouveau personnel politique. Il n'est pas étonnant que Thucydide, aristocrate lui-même, en ait fait le symbole des hommes politiques ; déjà Plutarque avec le recul des siècles cherche à le classer dans une famille précise, avec des motivations individuelles, mais le portrait n'est pas convaincant ; finalement nous cernons très mal le jeu politique et les groupes de cette époque. Périclès lui-même arrive au pouvoir après l'ostracisme d'un opposant, Thucydide (fils de Milésias, à ne pas confondre avec l'historien) qui semble avoir rassemblé autour de lui ceux que les auteurs anciens appellent les *kaloi kagathoi*, les « gens bien ». Les jeux entre groupes rivaux de grandes familles ont-ils fait place à une lutte de type politique, avec un parti démocratique et une minorité oligarchique ? C'est préfigurer ce que seront les luttes de la fin du Ve siècle, et les oppositions à Périclès ont dû être plus diffuses.

◆ « Cela s'explique quand on pense que Périclès, grâce à l'estime qu'il inspirait, à son intelligence et à son évidente intégrité, avait acquis une autorité qui lui permettait de contenir le peuple tout en respectant sa liberté [...]. Tel était le crédit dont il jouissait qu'il allait même jusqu'à provoquer sa colère en s'opposant à ses désirs. Quand il voyait les Athéniens manifester mal à propos une confiance excessive, il les intimidait par des discours alarmants et, inversement, quand ils se trouvaient en proie à des craintes injustifiées, il savait les rassurer. Théoriquement, le peuple était souverain, mais en fait l'État était gouverné par le premier citoyen de la cité. » ◆
THUCYDIDE, II, 62.

Nous le voyons attaqué directement par des procès suscités contre ses amis : en 438, le sculpteur Phidias fut accusé d'avoir détourné une partie de l'argent destiné à la statue du Parthénon. Son ami, le philosophe Anaxagore de Clazomènes, dut s'enfuir menacé d'un procès d'impiété parce qu'il ne reconnaissait pas les dieux traditionnels. Mais ces attaques portées contre l'entourage de Périclès n'empêchent pas sa réélection, reconnaissance par les Athéniens de leur accord fondamental sur la politique suivie. Celle-ci est-elle bien originale ? Vis-à-vis de l'Empire il suit le mouvement engagé par Thémistocle et nous avons vu que les caractères de la domination athénienne étaient fixés dès la ligue de Délos. C'est dans le domaine des grands travaux que sa marque est la plus nette, et on doit à son autorité d'avoir imposé, avec l'argent de l'Empire, les constructions qui transforment Athènes.

Voir P. BRULÉ, Périclès, Gallimard-Découvertes, 1994.

3. L'éclat d'Athènes

L'embellissement de la ville ■

Voir carte p. 315 D.

Athènes prend sous Périclès la physionomie qu'elle conservera jusqu'à l'époque hellénistique. L'enceinte de 9 km entreprise par Thémistocle est complétée par l'édification des Longs-Murs qui la relient au Pirée, lui-même solidement fortifié. Cinq portes s'ouvrent sur les routes qui rayonnent en Attique. L'Agora constitue une place triangulaire aux limites confuses, bordées de modestes monuments publics.

Voir l'analyse du plan de l'Agora p. 13 sq.

Voir carte p. 315 D.

	Recrutement et nombre	Lieu de réunion et fréquence
Ekklésia *(= Assemblée)*	– Tous les citoyens inscrits sur les registres des dèmes (après 18 ou 20 ans ?). – Quorum de 6 000 pour tout vote concernant des personnes.	– Sur la Pnyx, du lever au coucher du soleil. – De 1 à 4 fois par prytanie, en temps ordinaire.
Boulè *(= Conseil des 500)*	– 500 citoyens de plus de 30 ans (les 50 de chacune des 10 tribus constituent un groupe de prytanes), tirés au sort pour un an (peut-être déjà interdiction d'être bouleute plus de deux fois dans sa vie).	– Au Bouleutérion et à la Tholos pour les prytanes. – Séance quotidienne pour les prytanes, 1/3 d'entre eux couchant à la Tholos. – Dans l'année, divisée en 10 prytanies, se succèdent les 50 prytanes de chacune des tribus, selon un ordre tiré au sort. – L'Epistate ou Président est tiré au sort parmi les prytanes, pour 24 heures.
Aréopage	– Anciens archontes, à vie.	– Colline d'Arès.
Magistrats	– Environ 700, élus ou tirés au sort, généralement dans les trois premières classes.	– Tout au long de l'année. – Le lieu varie selon la nature des fonctions.
Archontes	– Dix : l'Archonte, le Basileus, le Polémarque, les six Thesmothètes et leur Secrétaire. – Tirés au sort, un par tribu, dans les trois premières classes.	– Siègent toute l'année. – Normalement, sous les portiques de l'Agora.
Stratèges	– Dix, élus pour un an mais rééligibles, parmi les propriétaires fonciers et pères d'enfants légitimes.	– En charge toute l'année.
Héliée	– 6 000, tirés au sort, plus de 30 ans. – Répartis par les Thesmothètes en jurys ou *dikastéria*.	– Bâtiment du même nom. – Siègent environ 200 jours par an.

au Ve siècle

Fonctions	Remarques
– Vote et amendement des lois et propositions. – Politique extérieure (alliances, paix, guerre, affectation des stratèges). – Dépenses publiques et recettes nouvelles, approvisionnement en grains. – Élection de magistrats et confirmation dans leur charge. – Octroi ou retrait de la citoyenneté. – Justice : toute affaire impliquant la sûreté de l'État (ex. : ostracisme, eisangélies...).	– Pas de *misthos* au Ve siècle. – Ordre du jour préparé par le conseil. – Présidence des prytanes, qui sont chargés du décompte des voix lors de la *kheirotonia* (vote à main levée, le plus fréquent). – Souveraineté qui donne à l'orateur convaincant une influence considérable. – *Quorum* de 6000 pour les décisions engageant le statut des personnes.
– Préparation des séances de l'Assemblée *(probouleuma).* – Réception des ambassades. – Audition des stratèges. – Surveillance des magistrats, de l'application des lois, de l'utilisation des fonds publics. – Administration générale (ex. trières, constructions publiques, etc.). – Examen *(dokimasie)* des archontes, cavaliers, trières, etc. – Justice : reddition de comptes des magistrats, amendes diverses, sous réserve d'appel à l'Héliée.	– Permanence et large représentation géographique et sociale des citoyens, ce qui en fait un organe fondamental d'éducation civique et de gestion démocratique. – *Misthos* antérieur à 412. – Les prytanes sont nourris à la Tholos.
– Justice du sang et certaines affaires sacrées.	– Conserve un certain prestige mais ne joue plus guère de rôle politique durant cette période.
– Fonctions très délimitées dans certains secteurs de la gestion de la cité : justice, police, concours, constructions, marchés, port...	– Collégialité et annalité. – *Dokimasie* devant la *Boulè* ou l'*Héliée.* – Reddition de comptes financière et morale. – *Misthos.*
– Organisation de toutes les fêtes de la cité. – Instruction des affaires judiciaires et présidence des tribunaux. – Protection des orphelins mineurs et des filles épiclères. – Protection et surveillance des affranchis, des métèques et des étrangers de passage.	– L'Archonte est dit « éponyme », car il donne son nom à l'année. – Leurs fonctions restent fondamentales pour toute vie quotidienne et religieuse.
– Commandement de l'armée. – Négociations de trêves.	– Influence primordiale grâce à : leur élection avec réélection possible ; leur accès à la *Boulè* ; leur rôle dans la défense. – Mais tenus pour responsables des échecs militaires, obligés de rendre régulièrement compte de leur action à la *Boulè* et à l'*Ekklèsia.*
– Jugement des affaires envoyées par les magistrats et, en appel, des décisions des magistrats. – Causes renvoyées par la *Boulè* et l'*Ekklèsia.*	– *Misthos* (depuis 452 ?). – Souveraineté, y compris pour les procès politiques. – Par la *graphè paranomôn,* peut casser une décision de l'*Ekklèsia.*

L'*Ekklèsia* se réunit sur la Pnyx depuis le début du siècle, l'*Aréopage* sur la colline d'Arès, mais quelques gradins creusés dans le roc suffisent comme installations.

Voir carte p. 314 B.

L'Acropole. En fait c'est aux dieux que reviendront tous les efforts d'embellissement. En 449, Périclès fait décider le programme des grands travaux de l'Acropole auquel une partie du trésor fédéral devait désormais être consacré. Pendant une génération, la colline avait conservé les ruines causées par l'invasion perse. Seules ses fortifications avaient été relevées à la hâte du temps de Thémistocle au nord, plus soigneusement à l'époque de Cimon, dont le mur méridional édifié en contrebas permit d'élargir la plate-forme constructible. Mais pour les cérémonies on se contentait du vieux temple d'Athéna mal restauré. Le projet périclée dispose donc d'un espace vierge. En fait il doit tenir compte des impératifs religieux, chaque parcelle du sol de l'Acropole a son histoire que l'on ne peut violer, mais aussi des considérations techniques. De cette colline escarpée en dos d'âne les architectes Mnésiclès, Callicratès, Ictinos tirent un parti remarquable. Mais il faut noter que chaque monument de l'Acropole est construit comme un tout indépendamment des autres. Le programme ne vise pas un ensemble mais une série de chefs-d'œuvre. Il y a réussi.

On pénètre sur l'Acropole par les Propylées (438-432), porte monumentale qui joue sur les ordres différents de ses colonnes pour permettre une arrivée sur le plateau. L'aile nord abrite la pinacothèque, l'aile sud inachevée se heurte au sanctuaire d'Athéna. Sur le petit bastion où Pisistrate avait élevé un temple à Athéna Nikè (victorieuse), on édifie un élégant petit temple ionique. La balustrade de l'escalier qui y conduit depuis les Propylées est ornée de victoires ailées sculptées après 411.

L'espace compris entre les Propylées et le Parthénon est occupé par des cours fermées de portiques ; elles sont consacrées à Artémis et Athéna et aujourd'hui détruites. Le coup d'œil que nous saisissons maintenant en débouchant des Propylées sur l'Acropole n'est pas du tout celui que découvrait l'Athénien d'autrefois.

Le Parthénon. Le Parthénon se livrait peu à peu et l'œil était sans cesse arrêté, ne serait-ce que par les multiples statues et ex-voto dressés sur le parcours. Il fallait parvenir jusqu'à un petit propylée pour découvrir la masse entière de l'édifice. Aujourd'hui encore c'est en saisissant l'ensemble du temple par cet angle de biais que l'on a la meilleure vision du Parthénon. C'est un temple dorique de dimensions modérées (69,50 m x 31 m), construit en quinze ans (447-432) par Ictinos, assisté de Callicratès, au plan assez complexe. Le *naos* qui abrite la statue gigantesque d'Athéna Parthénos (15 m de haut) ne communique pas avec la salle des vierges (*Parthénon* proprement dit) qui occupe la partie occidentale. Toute une série de raffinements atténue ce que l'architecture dorique pouvait avoir de trop symétrique, huit colonnes de façade lui confèrent une largeur et une dignité inhabituelles.

Plan de la frise du Parthénon

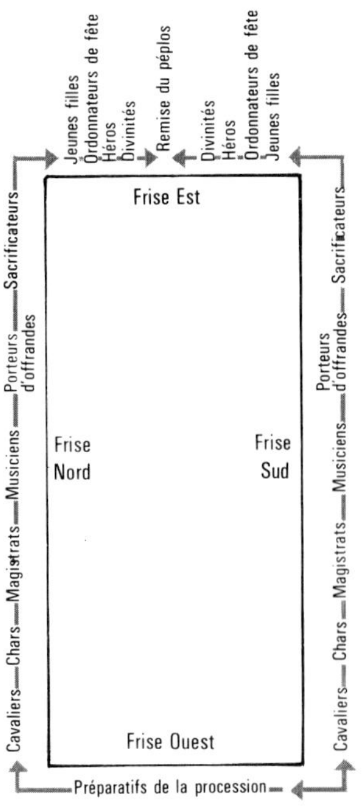

Agora restituée et frise des Panathénées illustrée dans La Doc. Phot. *(cf. p. 110).*

Le soubassement tout entier est très légèrement convexe et l'axe des colonnes s'incline vers l'intérieur, tandis que les colonnes d'angle ont un diamètre légèrement supérieur aux autres. Ces raffinements corrigent les illusions d'optique qui dans l'intense lumière méditerranéenne tendent à fausser certaines lignes, mais ils donnent aussi plus de stabilité à l'édifice.

Cet ensemble soigné est en fait conçu en fonction des sculptures dont la direction est confiée à Phidias. Les visages calmes et sereins réalisent ce type aux lignes régulières, que nous appelons classique, où le mortel idéalisé est presque un dieu. Mais cette impression de calme ne doit pas nous faire illusion sur le caractère novateur sinon provocant de cet ensemble. Le Parthénon n'est pas un temple religieux, c'est un temple à la gloire d'Athènes. Et les sculptures reflètent une idéologie où l'on retrouve à la fois la logique d'Anaxagore et la justification des luttes d'Athènes : les dieux viennent couronner les luttes où la raison triomphe de la barbarie, et Athéna victorieuse symbolise la grandeur de sa ville.

L'Érechthéion. Le véritable temple religieux d'Athènes c'est l'Érechthéion (du nom d'un ancien roi d'Athènes). C'est lui qui abrite la vieille statue de culte en bois destinée aux cérémonies. Son plan complexe reflète les impératifs religieux du lieu. Il avait fallu respecter ici l'emplacement de l'olivier d'Athéna, là l'orifice où Poséidon avait frappé le sol, plus loin le tombeau de l'ancien roi Cécrops. D'où un plan asymétrique qui dégage trois magnifiques portiques ioniques : le plus célèbre est le portique méridional où les jeunes *korai* remplacent les colonnes mais les deux autres sont particulièrement remarquables par la finesse de leurs chapiteaux ioniques comme par les moulurations des bases et de l'entablement.

Ainsi l'Acropole reflète à la fois le sentiment religieux traditionnel qui abrite toute la vie du Grec, mais aussi cette religion civique triomphante où la victoire est fille des dieux. Et ce n'est pas un hasard si les délégations d'alliés arrivent à Athènes au moment des Panathénées pour discuter le montant du *phoros*. Elles peuvent y voir, symbolisés dans la pierre, mais aussi rassemblés dans une unité impressionnante, le défilé du peuple d'Athènes et l'affirmation de sa puissance.

Sur la procession des Panathénées, voir p. 118.

Les constructions de l'Attique. Mais si l'Acropole symbolise vraiment l'Athènes de l'Empire, il ne faudrait pas oublier qu'au Vᵉ siècle un grand nombre de sanctuaires de l'Attique sont aussi rénovés. Ainsi, à l'extrémité de la presqu'île, le cap Sounion vit le temple de Poséidon, détruit par les Perses, reconstruit en marbre par le même architecte qui avait fait l'Héphaistéion. A Brauron, c'est l'ensemble du sanctuaire plus champêtre, dédié à des déesses et des héroïnes, qui est restauré au Vᵉ siècle, avec ses petits temples et ses chambres destinées aux prêtresses. Les offrandes – consécrations faites à Artémis – témoignent de la piété des fidèles des Vᵉ et IVᵉ siècles ; à Rhamnonte, le temple de Némésis fait lui aussi partie du programme du Ve siècle. Enfin à Éleusis, Périclès intervient encore en transformant le Télestérion ou salle d'initiation des mystes. Mais là son empreinte est moins forte. L'importance des mystères d'Éleusis en avait fait un lieu où toutes les époques avaient apporté leur contribution.

Voir p. 121.

Si l'on reprend l'ensemble des constructions, essentiellement religieuses, effectuées en un demi-siècle, on reste étonné de leur nombre. Le coût de l'ensemble était peut-être moins important que nous ne l'imaginons (le total du prix du Parthénon a été évalué à 469 talents), mais il fallait bien trouver les maîtres d'œuvre et les journaliers. Si l'on y réfléchit cela suppose un niveau technique et artistique général assez élevé. Si Périclès a donné l'impulsion il faut bien reconnaître qu'il s'adressait à une population capable d'approuver et d'amplifier ses projets. Et on retrouve cette même impression lorsqu'on envisage une des réussites particulières du Ve siècle, le théâtre.

Voir p. 172.

■ *Le théâtre, expression civique et culturelle*

Cette culture qui imprègne l'homme de la rue est essentiellement orale. Les livres (des rouleaux de papyrus) y jouent peu de rôle. Mais dès l'enfance on apprend les vers d'Homère – que l'on chante dans les banquets – sur l'Agora, à l'*Ekklèsia* ; la parole en plein air reste l'instrument privilégié. Le théâtre demeure pour le Ve siècle l'expression la plus éclatante de cette culture collective.

Le fonctionnement. L'organisation des fêtes est une entreprise nationale qui s'intègre dans l'année religieuse. Toute fête a ses processions, ses compétitions sportives ou musicales. Nous avons vu l'importance des fêtes de Dionysos pour les représentations théâtrales soit aux Lénéennes (fêtes du vin nouveau), mais peut-être seulement après 440, soit, plus encore, aux grandes Dionysies de printemps.

Voir p. 138.

La responsabilité de l'organisation incombe à l'archonte éponyme. C'est lui qui choisit les trois poètes tragiques autorisés à concourir, qui leur trouve le riche citoyen prêt à assurer cet impôt volontaire, la chorégie. Le coût le plus important est le budget du chœur (quinze personnes et le flûtiste) auquel il faut assurer masques et costumes ainsi qu'un salaire pour le chef du chœur, seul professionnel avec les acteurs. Pour chaque pièce il faut trois acteurs au maximum qui assurent tous les rôles. Le plus important – le protagoniste – est payé par la cité. L'auteur fait fonction de directeur pour les répétitions. La chorégie est une liturgie qui peut être onéreuse mais elle assure au citoyen une grande notoriété.

Plan schématique du théâtre de Dionysos au temps de Périclès

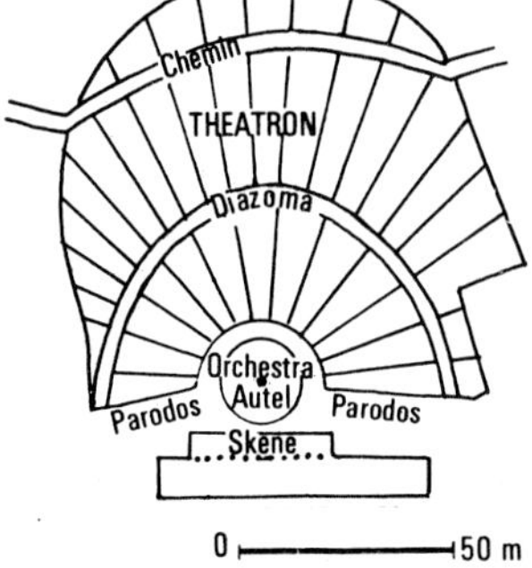

Les concours ont lieu à partir du Ve siècle au pied de l'Acropole. A côté d'un sanctuaire dédié à Dionysos on creuse les gradins du *théâtron* dans la colline. Seuls les sièges d'honneur sont en pierre. L'*orchestra* est l'aire circulaire de terre battue où évolue le chœur ; la *skènè,* à l'origine simple tente où se changeaient les acteurs, devient une façade qui sert de décor. A l'issue des représentations les jurés, tirés au sort, décernent le prix du poète victorieux et du meilleur chorège. Des prix spéciaux sont attribués aux acteurs. Après la fête, dans le théâtre même, une séance de l'*Ekklèsia* est consacrée à la critique de l'organisation des fêtes. C'est donc une véritable entreprise nationale que ces grandes Dionysies. Et, sous Périclès, l'État avance aux citoyens pauvres les deux oboles de droit d'entrée qui servent à l'entretien du théâtre.

Sur les acteurs, voir P. G*HIRON* B*ISTAGNE,* Recherches sur les acteurs dans la Grèce antique, *Paris, 1976, et la contribution de Fr.* J*OUAN au colloque de Strasbourg (cf. p. 139), pp. 63-80.*

Nous sommes loin d'avoir la liste de tous les auteurs qui ont concouru et le hasard a en partie présidé au choix des pièces qui nous sont parvenues. Cependant dès le milieu du Ve siècle, les pièces d'Eschyle ont le droit d'être rejouées. Au IVe siècle c'est le cas de Sophocle et Euripide. Le choix de ces grands auteurs (qui ne furent pas toujours couronnés) est donc en partie le choix des anciens.

Voir p. 139.

Sophocle (496-405). Sophocle, très tôt entré en compétition avec Eschyle (en 468 il remporte sa première victoire), est contemporain du siècle, mais ses tragédies conservées (sept pièces sur cent vingt-trois) sont postérieures à 450 et nous reportent au temps de Périclès, dont il est l'ami. Fils d'un riche armurier de Colone (bourg d'Athènes), il eut une éducation soignée et participe comme tout citoyen à la vie publique : hellénotame en 443, stratège en 441. Les sujets de ses pièces sont empruntés, comme ceux d'Eschyle, aux cycles de Troie *(Ajax, Philoctète)* et de Thèbes *(Œdipe-Roi, Œdipe à Colone, Antigone)* ; il reprend le cycle achéen *(Electre)*, y ajoute le cycle d'Héraclès *(Les Trachiniennes)*. Son intervention est décisive dans l'évolution de la tragédie grecque et même du théâtre en général. Il centre ses pièces autour d'une personnalité de héros dont le caractère est défini. Le chœur devient spectateur et doit traduire les réactions de l'auditoire. Et le héros doit choisir : demeurer fidèle à lui-même ou accepter un compromis. C'est ce qui donne aux pièces de Sophocle un caractère d'actualité qui en fausse malgré tout la perception historique. Comment saisir la dialectique profonde entre la justice des dieux et la liberté des hommes, qui est au cœur de ses tragédies alors que ces mots, justice et liberté, ont pris des résonances si différentes à travers les époques, y compris la nôtre ? La beauté de la langue tragique, la puissance de ses images sont, elles aussi, des miroirs difficiles à appréhender. Quelle résonance exacte avaient-elles sur les Athéniens entassés sur les bancs de bois, nous ne le saurons jamais. Ce que nous pouvons le mieux cerner – en dehors du plaisir personnel de la lecture qui n'est certes pas à sous-estimer – c'est l'aspect à la fois national et religieux de ces célébrations collectives qui eurent très vite leurs admirateurs dans toute la Grèce.

Hellénotame : voir p. 144.

Sur E*URIPIDE, voir p. 183.*

Le rayonnement artistique d'Athènes ■

Car Athènes attire à cette époque comme une véritable capitale intellectuelle. Nous avons vu combien sont nombreux les Ioniens dans le cercle de Périclès. C'est aussi à Athènes qu'Hérodote d'Halicarnasse vient se fixer avant d'aller rejoindre la colonie panhellénique de Thourioi. Les objets athéniens sont particulièrement prisés et les plus beaux

Voir p. 82.

Céramique commentée dans La Cité des images, *Nathan, 1984, et avec les diapositives du n° 6092 de* La Doc. Phot.

HIPPODAMOS : urbaniste milésien resté célèbre dans nos sources ; né vers 500, il serait, selon Aristote, le dessinateur du plan du Pirée, après les guerres médiques, en même temps qu'un théoricien politique. Peut-être a-t-il participé à la fondation de la colonie athénienne de Thourioi. Le plan dit hippodamien adapte aux diverses nécessités fonctionnelles de la Cité, un plan orthogonal en damier.
Voir R. MARTIN, *L'Urbanisme...*, cf. p. 5.

vases ont été retrouvés à l'extérieur. C'est l'époque du style libre de la céramique à figures rouges qui nous donne ses plus remarquables chefs-d'œuvre (peintre d'Achille, peintre des Niobides). Les artistes ont la totale maîtrise du dessin des corps, et l'influence des sculpteurs, Myron (le Discobole) et Polyclète, se ressent parfois dans leur rendu. Mais ce sont les recherches picturales qui marquent davantage ces artistes. Nous ne reconnaissons guère la grande peinture que par les textes qui en parlent. C'est ainsi que nous savons que c'est un artiste de l'île de Thasos, Polygnote, qui décore la pinacothèque des Propylées. Dans les essais de perspective de certains vases on pense retrouver son influence.

Il ne faudrait pas s'imaginer que le reste du monde est un désert artistique et intellectuel. Sicile et Grande Grèce sont le creuset de la philosophie et se couvrent de temples. Argos fournit un des plus grands sculpteurs, Polyclète, qui impose le canon de la statue grecque avec le Doryphore (porteur de lance). Au cœur même du Péloponnèse apparaissent des temples originaux comme celui de Bassae. De Milet vient le premier théoricien de l'urbanisme, Hippodamos.

Harmonie et tensions internes. Mais il est vrai que l'éclat d'Athènes a éclipsé ces manifestations pourtant originales. La ville donne l'impression d'un accord entre l'expression politique et artistique, d'une harmonie entre les parties qui atteignent ainsi à cet équilibre que nous appelons classicisme. Mais les Grecs savaient bien que l'harmonie n'est qu'un point d'équilibre précaire entre différentes tensions, et ces tensions qui vont éclater à l'occasion de la guerre du Péloponnèse demeurent perpétuellement présentes.

Pour approfondir ce chapitre

Les ouvrages portant sur cette période sont innombrables. Le livre d'E. WILL (cf. p. 7) sert d'ouvrage de référence (bibliographies abondantes), avec P. BRIANT et *alii* (cf. p. 6). Plus sommaires, Cl. MOSSÉ, *Histoire d'une démocratie, Athènes,* Points-Seuil, 1971, et Ed. LÉVY (cf. p. 140). Divers points de vue sont rassemblés dans O. MURRAY - S. PRICE (cf. p. 7). **L'impérialisme** a sa somme : R. MEIGGS, *The Athenian Empire,* Oxford, 1972. La thèse de J. DE ROMILLY, *Thucydide et l'Impérialisme athénien,* Paris, 1947, reste classique. Un bilan intéressant est proposé par M. I. FINLEY, *Économie et Société,* pp. 59-88. On doit aussi se reporter à G.E.M. DE STE CROIX (*op. cit.*, p. 189) et Ph. GAUTHIER (*op. cit.*, p. 174). **Sur l'histoire de l'art,** voir la bibliographie générale et, **sur le théâtre,** celle de la page 139.
Il faut surtout se reporter aux textes. Le livre I de THUCYDIDE pour la formation de l'Empire ; PLUTARQUE, *Vies de Cimon et de Périclès.* Et, bien sûr, SOPHOCLE et ARISTOPHANE.

11

Vivre en Grèce au Ve siècle

La société grecque ne nous a pas encore livré ses secrets. Une fois de plus, Athènes est au centre de notre étude parce qu'elle nous fournit une documentation littéraire et archéologique supérieure à celle des autres cités ; toutefois, l'épigraphie n'y est ni plus abondante ni plus « parlante » qu'ailleurs ; c'est à Gortyne, la cité crétoise, que nous trouvons la plus belle collection de lois ; mais elles ne concernent que les cas litigieux : il n'est pas toujours facile d'en déduire les situations ordinaires.

1. Le temps de vivre

Le rythme de vie d'un Grec d'autrefois nous déconcerterait beaucoup si nous y étions soudainement plongés : pas de pendules mais quelques cadrans solaires et, pour chronométrer, des horloges à eau. Le soleil rythme la journée, le mouvement des étoiles marque l'écoulement de la nuit. L'année suit la lune dont les phases donnent le calendrier officiel. On travaille dès le jour levé et la durée de chaque heure varie selon la longueur du jour (officiellement un douzième du temps écoulé entre le lever du soleil et son coucher). Actif de bon matin, l'homme libre arrête son travail à la septième heure, au milieu de la journée.

Mais les mois lunaires et solaires ne coïncident pas ; il faut donc faire varier la durée des mois, rajouter ici des mois intercalaires, là quelques journées supplémentaires à la fin de chaque année. Ce sont les magistrats qui en décident, ce qui rompt la concordance entre les calendriers des différentes cités. A Athènes, les choses sont encore plus compliquées : le calendrier civil et religieux fonctionne sur douze mois, mais l'année politique est divisée en dix prytanies. Nous voilà bien dans un monde où le temps n'a pas la valeur objective que nous en attendons : il faut se plier aux besoins des hommes, à la nature de leurs occupations... Certains au moins jouissent de journées assez peu chargées. Elles laissent du loisir pour le plaisir de la sieste, de la conversation, voire de l'activité politique.

Le citadin, parfois moins sensible aux mouvements des astres que le paysan ou le navigateur, dispose des points de repères officiels que sont les fêtes religieuses.

Au siècle dernier, une série de blocs inscrits correspondant à un mur circulaire fut retrouvée à Gortyne, en Crète. La gravure date du Ve siècle, mais le contenu est parfois antérieur. Ces lois règlementent les rapports entre particuliers, notamment à l'occasion des héritages, des unions et des séparations, des adoptions, des endettements, des contestations de servitude, etc. Voir H. VAN EFFENTERRE, Fr. RUZÉ, *Nomima* II (cf. p. 4).

◆ « Six heures sont les meilleures pour le labeur et les quatre suivantes, si on les indique avec des lettres, disent au mortel "vis". » ◆ *Anthologie Palatine*, X, 43.

Voir p. 122.

2. Essais démographiques

Plusieurs tentatives ont été faites pour aboutir à une estimation plausible de la population et de ses variations. Elles se heurtent toutes au même écueil : la faible quantité et la médiocre crédibilité de nos sources chiffrées, l'obligation de les traiter en faisant intervenir des critères sans doute anachroniques. Les seuls progrès, maintenant, consistent à préciser la marge d'erreur et à l'expliquer...

◆ A. Jardé estime les besoins en céréales à 3 hl/homme/an ; le rendement à 10 hl/ha. ; les terres cultivables à 25 pour cent du sol grec et les terres arables à 90 pour cent de celles-ci ; il faut garder comme semence 0,6 hl/ha. Cela permet de nourrir 36 personnes sur 1 km². ◆ A. JARDÉ, *Les Céréales dans l'Antiquité grecque,* 1925.

Voir les études de M. H. HANSEN, Demography and Democracy, the number of Athenian Citizens in the IVth century, *Danemark, 1986.*

Nous disposons surtout de chiffres de combattants : au mieux ils sont arrondis, au pire ils sont de pure convention, destinés seulement à évoquer un ordre de grandeur.

Passer de ces chiffres à des estimations globales suppose résolus les problèmes suivants : qui a-t-on appelé au combat (catégories juridiques, classes d'âge, types de combattants ?) Que représente un combattant par rapport à la population libre, puis par rapport à la population servile ? J. Beloch propose de multiplier par dix ou douze selon les cas.

L'utilisation des références modernes (début du XXe siècle) a paru valable pour les régions les plus agricoles de l'Antiquité. Le total des habitants approcherait des 2 100 000, sans la Macédoine, ce qui correspond à peu près au recensement de 1902 (env. 2 631 000). Mais les variations régionales sont fondamentales : l'estimation des densités faite par P. Salmon nous donne cinq groupes de régions :

16 à 21 h./km²	30 h./km²	33 à 43 h./km²	60 à 75 h./km²	+ de 75 h./km²
Étolie Acarnanie Doride Locride Phocide Arcadie	Achaïe Élide Thessalie	Laconie Messénie Argolide Eubée	Béotie Mégaride Sicyônie	Corinthie (110) Attique (160) Égine (600)

(L'importance des chiffres indiqués dans la colonne de droite serait due au trafic des esclaves.)

Ces variations régionales se complètent, en effet, par de grandes variations sociologiques. Voir ci-dessous les tableaux qui nous donnent une idée de la répartition dans trois grandes régions, selon V. Ehrenberg :

ATHÈNES	vers 480	vers 432	vers 400	vers 360
Citoyens	25 à 30 000	35 à 45 000	20 à 25 000	28 à 30 000
Citoyens + familles	80 à 100 000	110 à 150 000	60 à 90 000	85 à 110 000
Métèques	4 à 5 000 ?	10 à 15 000	6 à 8 000 ?	10 à 15 000
Métèques + familles	9 à 12 000 ?	25 à 40 000	15 à 25 000 ?	25 à 50 000
Esclaves	30 à 40 000 ?	80 à 110 000	40 à 60 000 ?	60 à 100 000
Total	120 à 150 000 ?	215 à 300 000	115 à 175 000 ?	170 à 255 000

SPARTE	480/460	371
Spartiates	4 à 5 000	2 500 à 3 000
Spartiates de droits inférieurs	500 ?	1 500 à 2 000
Spartiates + familles	12 à 15 000	7 000 à 9 000
Périèques	40 à 60 000 ?	
Hilotes	140 à 200 000 ?	
Total	190 à 270 000 ?	

BÉOTIE	Ve siècle	IVe siècle
Citoyens	28 à 30 000	35 à 40 000
Citoyens + familles	85 à 95 000	110 à 125 000
Métèques + familles	5 à 10 000	5 à 10 000
Esclaves	20 000	30 000
Total	110 à 125 000	145 à 165 000

La Béotie, pays très rural et manquant de débouchés maritimes, accueille fort peu d'étrangers mais aussi relativement peu d'esclaves (18 à 16 pour cent de sa population totale au Ve, 21 à 18 pour cent au IVe). Inversement, les hilotes submergent les Spartiates ; nous ignorons tout des esclaves des Périèques. A Athènes, où les esclaves sont achetés à l'extérieur et où les activités sont plus diversifiées qu'en Béotie, nous trouvons à la fois des variations de leur nombre et une augmentation importante de leur pourcentage par rapport à l'ensemble de la population (en moyenne : 26 pour cent, 37 pour cent, 34 pour cent, 37 pour cent). Il faut dire que la population athénienne varie beaucoup : les citoyens augmentent nettement dans l'euphorie des cinquante années qui suivent Salamine ; métèques et esclaves affluent ; la guerre de Péloponnèse porte un coup très rude à tous (fuites d'esclaves, départ de commerçants, morts de citoyens surtout) ; esclaves et métèques reviennent plus nombreux.

En fait, tout se passe comme si la fécondité naturelle ne permettait pas de combler les vides (à Sparte également). A ce déficit des naissances, on a cherché des explications : elles sont toutes partielles mais leurs effets s'ajoutent. Pour des raisons de physiologie, d'hygiène et de nourriture, la femme grecque semble ne pas pouvoir mettre au monde plus d'un ou deux enfants (du reste, la mortalité féminine à l'occasion des accouchements est très élevée) ; le souci de ne pas alourdir la charge supportée par le bien familial ou, le cas échéant, le refus de faire vivre un bâtard, incitent à se débarrasser d'enfants en surnombre, par l'avortement alors très fréquent, par l'exposition du nouveau-né déposé au-dehors ; on dit aussi que les mariages le plus souvent sont dépourvus d'amour, que l'homosexualité masculine est un obstacle. La lecture de *Lysistrata* (Aristophane) ne laisse pas une telle impression.

Toutes ces estimations s'efforcent de cerner les caractères propres à la démographie grecque antique, puisque les chiffres ne nous permettent aucune étude scientifique précise. Elles témoignent d'une grande difficulté à assurer le remplacement des générations.

Quelques chiffres connus de pertes de citoyens athéniens au cours de la guerre du Péloponnèse :

430/427	1/4 de la population morte de la peste
424	Délion : 1 000 morts
413	Syracuse : 3 000 morts
406	Arginuses : 2 000 morts
404	Aigos-Potamoi : 2 000 morts
404/403	Lysandre et les Trente Tyrans : 4 500 morts

A quoi s'ajoutent environ 10 000 clérouques, au cours du siècle, et les effets de la famine.

3. Les groupes juridiques

Les citoyens

Nous parlons des Grecs, nous pensons aux citoyens ; nous parlons de démocratie ou d'oligarchie, nous les concevons pour des citoyens, alors que, de plus en plus, ces derniers sont minoritaires. Normalement, la citoyenneté est donnée par la naissance et par la reconnaissance paternelle ; le père doit en outre présenter son enfant nouveau-né à ses proches (la phratrie à Athènes) ; à Sparte, les Anciens de la tribu peuvent lui refuser la vie. Cet acte public de paternité est pour le futur citoyen une garantie fondamentale. Les femmes ne sont pas politiquement citoyennes mais elles sont nécessaires à la transmission de la citoyenneté (à Athènes, depuis la loi de

Périclès en 451). Leur place dans un certain nombre de fêtes religieuses témoigne d'une intégration civique mais non politique. C'est la vie commune qui crée le mariage, plus que l'accomplissement des rites. On est partout très strict sur le droit de cité et son usurpation est lourdement sanctionnée (vente en esclavage) pour plusieurs raisons :

– la terre ne peut en principe appartenir qu'à la cité ou aux seuls citoyens ; or, elle est souvent insuffisante pour eux ;

– les revenus excédentaires de la cité (exploitation du sous-sol, impôts indirects, amendes pénales, tribut des alliés) sont répartis entre les citoyens qui peuvent bénéficier parfois de distributions gratuites de céréales : on préfère ne pas multiplier le nombre des ayants droit ;

– l'exercice direct du pouvoir délibératif et de la souveraineté en assemblée interdit l'élargissement démesuré du corps civique ;

– enfin et surtout, on ne peut s'improviser membre d'une communauté aussi soudée par ses traditions, ses exigences, ses modes de pensée ; l'éducation spartiate ou crétoise renforce encore cette spécificité du citoyen.

Mais d'autres conditions s'ajoutent à la naissance. Nous voyons que le Spartiate perd ses droits politiques s'il ne peut pas fournir sa quote-part au *syssition,* de même que le Thébain qui exercerait un métier artisanal ou commercial. Il faut avoir accompli son service militaire (éphébie) et ne pas tomber sous le coup d'une déchéance *(atimie).* S'il remplit toutes ces conditions, le citoyen jouit de la protection des tribunaux ; s'il est jugé, c'est par ses pairs ; qui lui a commandé sera jugé par lui.

> ***Synoikein :*** habiter ensemble ; s'emploie pour indiquer qu'on est marié. A Sparte, le mariage n'est donc confirmé qu'à la trentième année du garçon. A Athènes, l'engagement préalable s'appelle *engyésis* (= mise en gage de la jeune fille et de sa dot), contracté entre le *kyrios* et le futur époux ; la cérémonie est l'*ekdosis* (remise de la femme) marquée par des rites religieux et le transfert de la femme du domicile de son *kyrios* à l'*oikos* de son époux.

> **Atimie :** elle s'applique à plusieurs degrés :
> 1) mise hors la loi, équivalant à une condamnation à mort ou à l'esclavage ;
> 2) exclusion des assemblées et des tribunaux, des lieux sacrés et des cérémonies religieuses ; la perte des droits de procédure réduit le condamné à la situation de l'étranger venu d'une cité avec laquelle aucun traité n'a été conclu.
> 3) perte de certains droits civils.

■ *Les non-citoyens libres*

Parmi les étrangers, plusieurs catégories sont à considérer. L'étranger de passage fut longtemps victime d'une absence de protection légale et contraint de chercher des appuis chez des particuliers (hôtes de sa famille ou *proxènes* de sa cité). De plus en plus, les cités veillent à sa sécurité : des accords entre cités ou *symbola* fixent des règles judiciaires, lui assurant en particulier une protection contre l'exercice du droit de représailles (droit d'*asylie*).

Les métèques. Passé un mois (délai le plus fréquent), l'étranger doit se faire enregistrer comme métèque. A Athènes, il paie alors une capitation, le *métoikion,* taxe de faible valeur, mais recognitive. Il est enregistré (par les soins du polémarque) et partiellement intégré dans la cité par sa participation aux contributions mais aussi à la majorité des fêtes ; il relève de tribunaux spéciaux composés de citoyens (ex. : le Palladion pour les affaires de sang) et il est assisté de son *prostatès* ; les sanctions varient selon que l'auteur ou la victime d'un dommage est citoyen ou métèque. Nous supposons que les bâtards comme les esclaves affranchis rejoignent cette catégorie, bien qu'ils ne puissent témoigner d'aucune citoyenneté d'origine.

> **Proxène :** « citoyen qui assume pour tous les citoyens d'une cité étrangère, en dehors de tout rapport d'alliance entre les deux cités, les fonctions ou devoirs qu'assure le *xénos* (hôte) pour un individu ou une famille étrangère » ; à ce titre, il accueille, secourt, sert de témoin et de garant, mais en vertu de sa seule position personnelle.
> (Ph. Gauthier, *Symbola,* p. 24 *sq.*)
>
> Le ***métoikion :*** payé par le chef de famille : 12 drachmes par an si c'est un homme, 6 pour une femme.
>
> ***Prostatès :*** garant, servant d'intermédiaire pour les affaires privées ou publiques.

Si le métèque ne peut prétendre à la propriété immobilière – ni, par conséquent, prêter sur des gages immobiliers –, du moins son mariage et sa famille, ses biens sont-ils reconnus et protégés par la loi ? Y a-t-il interdiction pour eux d'épouser une fille de citoyen et réciproquement ? Les textes ne sont pas clairs mais on s'en tenait encore au simple avertissement à ne pas considérer les enfants comme des citoyens. Exceptionnellement et sur un vote formel de l'assemblée, la citoyenneté est accordée pour services rendus.

Apétairoi : étymologiquement, ceux qui n'ont pas été intégrés dans une *hétairie*, terme qui désigne, dans les cités crétoises, un groupe de citoyens prenant leur repas en commun, et constituant une escouade militaire ; l'*apétairos* se trouve donc exclu de l'armée civique, par origine, par inaptitude ou par sanction.

Inférieurs libres. On sera tenté de rassembler dans ce groupe un certain nombre de marginaux, exclus de la pleine citoyenneté pour diverses raisons (*apétairoi* crétois, *hypoméiones* spartiates...). Ils sont particulièrement nombreux dans les cités aristocratiques, sans que les raisons de leur déchéance nous apparaissent clairement ; protégés au même titre que les citoyens, ils n'ont pas les mêmes droits politiques. Inversement, ils sont rejoints par des inférieurs promus (ex. : anciens hilotes ayant suivi l'*agôgé* comme compagnons des jeunes Spartiates).

Agôgé : voir p. 93.

Un peu différents sont les statuts des communautés périèques connues en de nombreuses régions (Laconie, Crète, Argolide, Élide, Asie Mineure) ; ils « vivent autour », jouissent de l'autonomie interne mais doivent suivre la politique extérieure de la cité dominante, lui fournir des soldats et des contributions. C'est un système fréquemment adopté pour régler le sort de communautés voisines conquises. Des dispositions prévoient le règlement des conflits susceptibles de surgir entre particuliers des deux communautés.

Voir l'exemple du pacte entre Gortyne et Rhittèn, en Crète : Nomima *I (cf. p. 4), n° 7.*

Les non-libres

Esclaves. Les esclaves constituent un groupe d'étrangers un peu à part. Le plus souvent, ils sont achetés et ils ne disposent d'aucun droit ; ni liberté, ni famille, ni possessions. Leurs activités et leur genre de vie sont réglés par le maître, les liaisons amoureuses autorisées par lui, leurs enfants le plus souvent exposés. Théoriquement, le pouvoir du maître va jusqu'au droit de vie et de mort. Toutefois, dans la pratique, les conditions de vie, les sentiments, le souci d'un meilleur rendement et de la conservation d'un tel capital, ont imposé des accommodements, surtout si l'esclave est un *chôris oikôn*, salarié hors du domicile du maître. Certes, l'interdiction légale de frapper un esclave dans la rue est une simple forme de protection de la propriété ; mais l'interdiction de tuer son propre esclave implique une volonté de limiter le libre usage de la violence. La cité ne peut même pas décider d'affranchir des esclaves contre la volonté des maîtres.

Les *chôris oikountes* : esclaves qui habitent hors de la maison du maître car ils ont été placés par lui au service d'un patron. Ils versent au maître l'*apophora* (une à trois oboles) et peuvent arriver à se constituer un pécule.

Malgré leur incapacité juridique, les esclaves peuvent être entendus à l'occasion de procès : soit parce qu'ils ont pris l'initiative de dénoncer des agissements contraires aux lois de la part d'un homme libre – et si la dénonciation se révèle fondée, ils sont affranchis – ; soit comme témoins dans une affaire où leur maître est déjà impliqué : alors leur témoignage n'est recevable que s'ils sont soumis à la torture. Refuser ce traitement pour son esclave équivaut à un aveu de culpabilité.

◆ « La torture est le moyen d'investigation le plus exact à nos yeux. Quand des esclaves et des hommes libres ont assisté à un même fait, et qu'il faut éclairer un point obscur, vous ne vous fiez pas au témoignage des hommes libres, mais vous faites mettre des esclaves à la torture [...]. » ◆
Isée, *Sur l'héritage de Ciron*, 12.

En 414, le prix moyen de l'esclave adulte est de 178 drachmes, dans de mauvaises conditions de vente ; cela pouvait dépasser les mille drachmes pour des individus très spécialisés, en particulier des courtisanes. A la même époque, l'ouvrier qualifié touche une drachme par jour, mais ne travaille sûrement pas plus des deux tiers de l'année. Voir W.-K. PRITCHETT, « Attic Stelai », *Hesperia*, 1953 et 1956.

Les affranchissements se font le plus souvent par testament ou par rachat : il faut une publicité suffisante à l'acte pour en garantir le respect. Mais les liens ne sont pas tout à fait rompus et des devoirs incombent à l'affranchi envers son maître qui lui sert de *prostatès*. Ils ne sont pas très fréquents au Ve siècle et l'explication se trouve dans le prix extrêmement élevé des esclaves par rapport aux revenus courants des Grecs.

Pour la même raison, on se garantit contre les fuites d'esclaves : c'est un devoir de restituer un esclave en fuite à son légitime propriétaire et des cités voisines s'engagent par traité à ne pas accueillir les fugitifs. Toutefois l'esclave maltraité peut aller chercher asile dans certains sanctuaires : le clergé entendra sa plainte et pourra décider de le faire vendre à un autre, jamais de le remettre en liberté.

Entre les hommes libres et les esclaves. Nous avons déjà vu que tous les non-libres ne sont pas des esclaves. Beaucoup sont des sortes de serfs au statut obscur, sauf à Sparte. Attachés à la terre qu'ils doivent cultiver, ils ne sont libres ni de circuler ni de travailler pour qui ils veulent : ils doivent servir leur maître, au besoin militairement. Mais ils ont, contrairement aux esclaves, une existence civile, ne serait-ce que par la reconnaissance de leur mariage et de leurs biens. Souvent asservis sur les lieux mêmes de leur résidence, contraints à un même travail, numériquement supérieurs à leurs maîtres, ces serfs sont tentés par la révolte : Sparte vit dans la hantise permanente de telles révoltes et Thucydide nous dit qu'on en est venu à faire disparaître les meilleurs d'entre les hilotes. Au contraire, d'origine diverse et de plus en plus barbare, occupé à des activités très différentes et vivant dans des conditions éminemment variables, « l'esclave-marchandise » ne se révolte pas ; le cas échéant, il profite de circonstances favorables pour s'enfuir, acte désespéré qui n'aboutit souvent qu'à une nouvelle servitude, faute de jouir d'un statut politique qui lui assurerait la protection des lois ou des traités.

Voir THUCYDIDE, IV, 80, 3-4.

Sur les inférieurs crétois, voir les lois de Gortyne (cf. p. 157). Pour la Thessalie, voir l'étude de J. DUCAT, Les Pénestes de Thessalie, *Les Belles Lettres, 1994.*

Ainsi, les statuts juridiques opposent de façon tranchée les citoyens aux non-citoyens, les libres aux non-libres. Pourtant la distinction n'est très claire que dans les cités démocratiques ; ailleurs se multiplient les catégories intermédiaires, dont l'existence même finit par constituer une menace pour les citoyens. Car dans ces cités, la distinction juridique et la place dans la production coïncident : à Sparte, l'hilote cultive la terre, le citoyen non. Alors que dans les cités démocratiques, citoyens, esclaves, étrangers se retrouvent sur le marché du travail.

■ *La femme*

Le sexe introduit un nouveau type de distinction. La condition des femmes varie d'une cité à l'autre et elles connaissent plus ou moins de considération et de liberté dans leur existence quotidienne. Mais leur existence juridique apparaît presque nulle, en dehors de rares exceptions comme

Locres épizéphyréenne en Italie du Sud. La femme est toujours sous la dépendance de l'homme, son *kyrios* (père, frère, mari, fils), surtout dans les familles qui détiennent des biens fonciers. Devient-elle orpheline alors qu'elle est célibataire ou veuve sans fils, elle doit être prise en charge par les individus mâles de sa famille paternelle, selon un ordre rigoureux de parenté : à défaut de l'épouser, celui qui devient ainsi tuteur de l'épiclère (ou *patrôokos* en Crète) doit au moins la marier et lui constituer une dot ; toutefois le code de Gortyne semble laisser à la fille une plus grande liberté de choix. Souvent la femme reste inapte à disposer seule de l'héritage foncier car elle ne peut pas être propriétaire ; elle peut seulement transmettre un héritage ou une dot, tout comme elle transmet la citoyenneté. Deux raisons majeures expliquent cette situation :

– il n'est pas possible d'avoir la responsabilité d'un bien, alors même que l'on ne peut personnellement aller en justice, ni passer des contrats ;

– la cité cherche à préserver le nombre de ses citoyens-soldats, à garantir une certaine stabilité de la propriété foncière par la transmission de l'*oikos* dans la famille ; en effet le mari de l'épiclère n'est pas héritier du bien mais gestionnaire et le bien est lié à sa femme qui le transmettra à son fils ; le système est identique pour la dot : la femme répudiée la récupère, mais c'est son nouveau *kyrios* qui la gère. Or, l'instabilité sociale peut naître de la multiplication des cas où ces lois sont tournées.

But du mariage

◆ « Tu ne crois sans doute pas que ce soit le désir d'amour qui détermine les hommes à avoir des enfants, puisqu'on trouve partout des personnes pour le satisfaire : les rues en sont pleines, pleines aussi les maisons de plaisir. On sait bien que nous recherchons, pour nous unir à elles et procréer, les femmes les plus propres à nous donner de bons enfants. » ◆

XÉNOPHON, *Mémorables*, II, II, 4.

Épiclérat : voir p. 86.

C'est ainsi qu'à Sparte, le rôle des femmes s'est développé en liaison avec les astreintes du métier militaire des citoyens ; plus autonomes dans leur vie quotidienne, elles jouent en outre un rôle important dans la circulation des biens fonciers (cf. p. 208).

Les relations sexuelles s'inscrivent elles aussi dans un contexte social très contraignant et sont très dépendantes du statut social des partenaires. La beauté, masculine ou féminine, joue un grand rôle chez les Grecs, mais ce serait une illusion d'en conclure à une liberté de mœurs, perdue depuis lors. La liberté sexuelle est essentiellement celle de l'homme adulte, citoyen, de milieu aristocratique. Adolescent, il a pu accorder librement ses faveurs à un homme mûr ; marié, il pourra à son tour faire la cour à de jeunes adolescents, user de ses esclaves considérées comme des concubines obligées. Par contre il lui sera plus difficile de concilier la présence de sa femme et celle d'une hétaïre de condition libre : Périclès a dû répudier sa femme, en faveur de la milésienne Aspasie.

Voir A. et H. METZER et J. P. SCRIBE, La Beauté nue : quinze siècles de peinture grecque, *Phébus, 1984.*

Jeunes et vieux

Un dernier clivage au sein de la société est créé par les rapports entre les classes d'âge. Avant d'être passé par l'éphébie (Athènes, Thèbes) ou d'être admis dans l'*andréion* (Crète) ou le *syssition* (Sparte), soit vers dix-huit ou vingt ans, le jeune homme n'a ni pouvoir politique, ni capacité juridique. Souvent, il lui faut encore atteindre dix ou douze ans

Sur l'éphèbie, voir p. 223 et l'interprétation de l'iconographie donnée par La Cité des images, *Nathan, 1984.*

Athénagoras à l'assemblée de Syracuse en 416-415 :

◆ « [...] que pouvez-vous bien prétendre, jeunes gens ? Exercer dès maintenant le pouvoir ? La loi s'y oppose et la loi a été faite moins pour vous frapper d'indignité, alors que vous en seriez capables, que parce que vous en êtes incapables... » ◆
THUCYDIDE, VI, 38.

◆ « [...] Si un homme manque d'égards envers ses parents, (la cité) lui inflige un châtiment et l'exclut des magistratures comme indigne de les exercer, parce que les sacrifices publics offerts par un tel homme déplairaient aux dieux et qu'il ne saurait rien faire de bien ni de juste... » ◆
XÉNOPHON, *Mémorables,* II, II, 13.

pour faire partie des hommes faits et accéder à la majorité des magistratures, au conseil populaire (certaines magistratures, missions ou fonctions judiciaires imposent même un âge plus élevé) ; c'est à trente ans aussi que le Spartiate a le droit de vivre avec sa femme. Mais à Chalcis on attend cinquante ans pour être magistrat.

La soixantaine marque une autre étape : l'homme est délivré du service militaire ; dans les cités aristocratiques il peut postuler au conseil des Anciens, la *gérousia.* P. Roussel remarquait que ces conseils ont remarquablement résisté à tous les bouleversements constitutionnels, sans doute à cause de la très grande disponibilité de leurs membres et de leur présence permanente en période de guerre. Mais aussi l'âge est considéré comme porteur de sagesse due à l'expérience, comme se plaît à le montrer Thucydide dans les fameux débats autour de l'expédition de Sicile : on y voit Alcibiade, symbole de la jeunesse, emporter la décision grâce au langage de la Sophistique. Les enfants doivent avoir soin des parents âgés et les accusations pour manquement à ce devoir sont sans risques pour l'accusateur. Mais, inversement, si l'affaiblissement de son esprit est dûment constaté, le père doit céder la place à son fils à la tête de la famille et des biens (rien qui ressemble à une retraite ; il ne s'agit que de cas d'espèces).

Cette rapide revue des catégories juridiques renforce encore l'impression que nous donnait l'histoire politique des cités : tout est organisé en vue du plus grand avantage du citoyen mâle ; les autres lui sont utiles, voire complémentaires, et on se soucie peu de leur intérêt propre.

4. Les activités professionnelles

Si nous voyons bien les classifications qui s'opèrent dans la population par la loi, le sexe ou l'âge, reste à déterminer quelle était la place de chacun dans le monde du travail. Il convient d'avoir toujours à l'esprit les différences régionales. Malheureusement, nous sommes surtout informés sur Athènes, et nos sources sont moins abondantes que l'on ne pourrait le croire. Certes, les œuvres littéraires font au passage des allusions nombreuses à la vie quotidienne, et nous disposons d'un atout inappréciable avec les pièces d'Aristophane.

Voir pp. 183, 91, 72.

On doit se servir avec prudence des auteurs tardifs (Plutarque, Strabon) qui font référence à cette époque. Les orateurs attiques du IVe siècle donnent aussi des exemples pris au Ve siècle, en particulier lorsqu'ils se réfèrent aux ascendants de leurs clients. Mais nous n'utiliserons directement qu'une œuvre du IVe siècle, l'*Économique* de Xénophon, qui évoque précisément un propriétaire terrien, dont le mode de vie quotidien peut être rapporté aussi au Ve siècle. La documentation figurée est moins abondante car la céramique à figure rouge prise peu les scènes de la vie quotidienne. Au paysan elle préfère l'hoplite. On peut se servir des vases attiques du VIe siècle qui ont fait une place plus importante aux humbles métiers. La coroplastie nous livre pour toutes les époques ces

Voir p. 205.

petites figurines d'argile qui évoquent souvent des thèmes familiers. Enfin, les timbres de vases qui marquent les amphores expédiées à l'extérieur utilisent des symboles professionnels. L'archéologie proprement dite avait fourni assez peu de matériel direct (outils, boutiques, ferme), sinon pour une époque plus tardive. La situation commence à changer quelque peu, peut-être parce que les archéologues y prennent davantage intérêt. Pour l'époque classique, ils avaient un peu tendance à refléter l'état d'esprit des Anciens : l'agriculture est un mode de vie qui n'a pas changé, les professions artisanales manquent de noblesse, et mieux vaut chercher le mythe et l'esthétique que la technique dans l'expression artistique. Inversement, certains historiens modernes ont délibérément calqué l'analyse de la vie professionnelle sur celle des époques plus récentes. On parle d'industrie, de quête de débouchés ; l'utilisation de la monnaie fait illusion. Rappelons que les structures professionnelles de l'Antiquité grecque sont celles d'une société précapitaliste, qui a ses mécanismes propres.

Coroplastie : (du grec *Korê,* jeune fille et *plastein,* modeler). Les petits modèles de terre cuite souvent destinés aux offrandes des morts sont fabriqués à Tanagra en Béotie, à Myrina en Asie Mineure, à Tarente, principalement. Mais d'autres ateliers moins célèbres en modelaient et les vendaient dans les sanctuaires.

Voir p. 68 pour la monnaie.

Le monde rural

Les classes dirigeantes. Au Ve siècle, la majorité de la population vit encore de la terre ; mais cette affirmation générale recouvre des réalités bien diverses. Il y a d'abord ceux qui tirent leurs revenus de l'agriculture sans travailler de leurs mains ; ainsi les citoyens de Sparte dont le mode de vie a peu changé depuis le VIe siècle et qui restent des soldats professionnels. Dans certaines régions, la Thessalie par exemple, se maintient une classe de grands propriétaires qui possèdent d'immenses troupeaux exploités par des populations à demi asservies. Leur genre de vie devait être assez proche de celui des héros homériques, guerre, chasse, banquet restant les occupations favorites. Les Macédoniens ont gardé jusqu'au IVe siècle ces types d'activités ; les textes font allusion aussi aux grands propriétaires éleveurs de chevaux en Eubée et Béotie *(hippobotes).* C'est une vie proche du semi-nomadisme : pas de riches manoirs, peu de ressources monétaires ; l'archaïsme même de la société maintient le pouvoir de ces nobles.

Voir « L'espace privé dans la cité » de M. Jameson, dans O. Murray et S. Price (cf. p. 7), p. 201-229 et « La maison grecque du Ve au VIe siècle » d'après Y. Grandjean, dans P. Carlier éd. (cf. p. 234), p. 293-313.

La Grèce traditionnelle n'a pas connu l'équivalent des grands propriétaires de *latifundia* et de somptueuses villas du monde romain. Dans la société évoluée athénienne, la plus grande propriété connue ne dépasse pas 26 ha (ex. : celle d'Alcibiade). Un don de 200 plèthres (18 ha), fait au petit-fils d'Aristide à la fin du Ve siècle, est considéré comme dispendieux. De plus, ces propriétés ne sont pas toujours d'un seul tenant. On a facilement des champs dans trois ou quatre dèmes, séparés par plus de dix kilomètres. S'y ajoutent parfois quelques possessions à l'extérieur : héritage de famille dans le cas de Cimon par exemple, mais aussi acquisitions illégales au temps de l'Empire. En effet, outre les clérouquies, certaines terres ont été acquises sur des territoires de cités alliées, ce qui est en contradiction avec la pratique grecque qui réserve la possession de terre aux citoyens. Certains Athéniens bien

Ferme de Vari (Attique)

placés ont profité des difficultés temporaires des alliés ; ils perdront ces biens après la guerre du Péloponnèse. Dans bien des cas, la dispersion même du patrimoine facilite la mise en fermage, qui est fréquente, ou l'exploitation par un régisseur, qu'il faut bien choisir. Mais les revenus sont suffisants pour l'entretien de l'*oikos.*

Pratiquement, l'aristocrate vit de sa fortune foncière. Certains comme Cimon passèrent même pour très riches. Il est vrai que les besoins sont modestes. Les maisons sont encore très simples à la ville comme à la campagne et Alcibiade suscite le scandale en faisant décorer la sienne par un peintre en renom. La liste du mobilier des Hermocopides et les représentations de vases nous indiquent un nombre restreint de meubles : les lits légers pour les repas des hommes avec la table ronde transportable, des pliants qu'un esclave pouvait porter dehors, un coffre pour les vêtements, des couvertures de laine. Les objets les plus précieux étaient destinés au culte (coupes, chaudrons de métal), la lumière donnée par les torches de résine et les petites lampes à huile, en argile.

Hermocopides : ceux qui avaient participé en 415 à la mutilation des statues d'Hermès ; des inscriptions enregistrent leurs biens, confisqués à la suite de leur condamnation (voir p. 178).

Peu de confort donc, le luxe est pour les monuments publics. D'ailleurs la place de l'homme n'est pas à la maison. Si le propriétaire s'intéresse à ses terres, il ira faire un tour à cheval au moment des grands travaux, mais l'essentiel du temps qui n'est pas consacré aux affaires publiques se passe avec ses amis, à la chasse, sur l'agora, selon les goûts.

◆ « Il est en effet plus honnête pour la femme de rester à l'intérieur que d'être toujours en course, et il est plus honteux pour l'homme de rester à l'intérieur que de soigner les affaires du dehors. » ◆
XÉNOPHON, *Économique,* VII, 30.

Un certain mode de vie fait l'homogénéité de ce petit groupe des hautes classes athéniennes (un millier de personnes environ). Le goût pour l'équitation, qui nécessite un entretien coûteux car les chevaux reviennent cher, reste au Ve siècle comme la marque extérieure de cette classe. Aristophane nous montre avec beaucoup de verve les avatars d'un paysan marié à une aristocrate et que son fils ruine en chevaux. On va chercher sa monture souvent loin et plusieurs régions grecques en fournissent : la plaine de Thèbes, l'Arcadie, l'Étolie, l'Arcananie, certaines vallées d'Asie Mineure. L'art du dressage est poussé très loin et Xénophon pourra écrire tout un traité sur l'équitation au IVe siècle (les techniques diffèrent surtout des nôtres par l'absence d'étrier). Ainsi, c'est moins la taille de la propriété que le mode de vie qui distingue les aristocrates de la masse paysanne.

◆ « Mais malheureux je ne puis dormir dévoré par la dépense, le ratelier et les dettes à cause de ce fils que voilà. Lui, portant longue chevelure, fait du cheval, conduit attelage à deux chevaux et rêve chevaux. » ◆
ARISTOPHANE, *Les Nuées,* 15 *sqq.*

Les petites exploitations. En fait, petites et moyennes propriétés dominent. A la fin du Ve siècle, lorsqu'un certain Phormisios propose d'enlever le droit de cité à ceux qui ne possèdent pas de terre, on n'en trouve que cinq mille. Les cinq sixièmes des citoyens athéniens possèdent donc un bien-fonds qui varie du jardinet à la petite propriété de moins de 10 ha. Nous ignorons la répartition. Mais le nombre de ceux qui ont des revenus suffisants pour pouvoir s'équiper comme hoplites au milieu du Ve siècle (22 000) tendrait à nous faire penser que les petits paysans propriétaires, à l'image du vigneron Trygée chanté par Aristophane dans *La Paix,* forment une masse importante.

◆ « Moi aussi je suis tourmenté du désir d'aller aux champs et de prendre le hoyau pour remuer mon lopin de terre après tant d'années d'absence. » ◆
ARISTOPHANE, *La Paix,* 1140 *sqq.*

Un bon nombre de propriétés appartiennent aux temples. On les afferme et nous avons la liste de ces baux méticuleux pour Délos, par exemple. Ce sont des lots de petite taille. Dans l'ensemble, la Grèce en est restée au mode d'exploitation par petites parcelles, et en cela elle diffère du monde colonial. Son agriculture n'est pas tournée vers la commercialisation ; même si une certaine partie de vin et d'huile est écoulée à l'extérieur, c'est toujours par petites quantités et on ignore dans les campagnes les grands celliers ou les silos importants. On vit d'une année sur l'autre, l'autarcie sans être complète est tout de même la règle majeure, pour le petit propriétaire comme pour le fermier.

Voir p. 61.

Le rythme de la vie est commandé par les impératifs saisonniers et connaît les contraintes du travail chanté par Hésiode. Mais c'est une vie plus gaie et plus ouverte, où les fêtes et les rites collectifs tiennent une place importante. On est maître de son temps, on ira facilement inviter le voisin à venir partager le produit de la chasse qui complète l'alimentation frugale. La ville paraît bien lointaine et inutile, et le charbonnier du dème d'Acharnès se demande pourquoi on lui impose d'acheter ce qu'il trouvait dans son village. Certes, on vient parfois à l'Assemblée ou au théâtre, muni de sa provision d'oignons et d'olives. La vraie vie, cependant, n'est pas là, mais au cœur du dème, solidaire du village au rythme des travaux saisonniers et des fêtes locales.

◆ « Quel incomparable plaisir en effet que de voir tomber la pluie après les semailles et que d'entendre un voisin qui me demande : dis-moi ce qu'on va faire à cette heure. Alors moi je lui réponds : ça me ferait plaisir de boire un coup puisque voilà que le ciel travaille pour nous. » ◆
ARISTOPHANE, *La Paix,* 1140 *sqq.*

L'habitat est groupé. On peut imaginer, comme en Sicile et dans certaines régions grecques actuelles, ces départs de paysans avec leurs mulets, pour les champs situés parfois à plusieurs kilomètres. Un simple cabanon de pierre sèche suffit à l'abriter du soleil et à garder les outils. De même les petits troupeaux de chèvres ou de moutons vivent en plein air, cherchant parfois l'abri temporaire d'une grotte. Le cochon lui aussi ne demande que quelques planches, et erre dans le village. Même le bœuf, pourtant soigneusement entretenu, ne stabule pas. On comprend qu'il n'y ait pas besoin de bâtiments de ferme importants. Pas d'éclairage, le feu y suffit, l'outillage n'est jamais encombrant. Aux pioches de la période égéenne s'est ajoutée la houe à deux dents *(dikella),* innovation de vigneron que les Grecs transmettront aux Romains. Pas de faux, on coupe toujours soigneusement chaque javelle de blé avec la faucille qui évite les pertes. Joug et araire n'ont pas changé. L'aire à battre, parfois dallée ou enduite de l'*amourca,* résidu de l'huile, est toujours en plein air. Le foulage du raisin nécessite tout au plus couffins et jarres. Pour l'huile une dalle soigneusement évidée avec un conduit pour le liquide, un bois de charpente, de grosses pierres et la pièce est montée. Dans la maison même il faut le métier pour tisser vêtements et couvertures à partir de la laine filée par la femme. D'après les vases et l'archéologie, ce sont des grands métiers verticaux qui nécessitent de pénibles allées et venues. S'y ajoutent quelques instruments de cuisine. Mais là encore pas d'installations compliquées. On connaît les petits fours portatifs d'argile qui suffisent à la cuisson du pain et de la pâtisserie. La plupart des instruments sont en argile et du type

Voir p. 23.

Le pressoir à olives

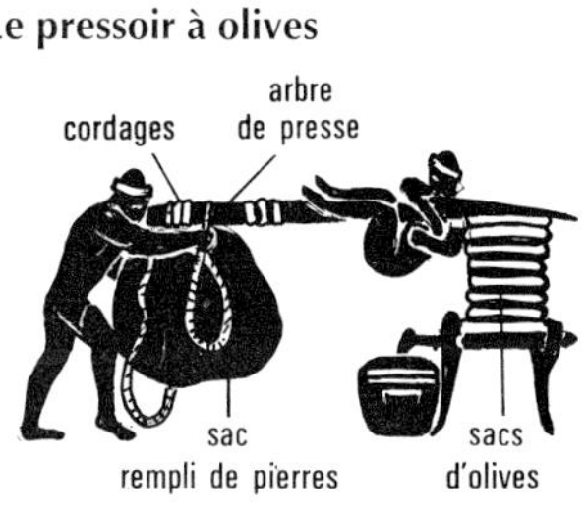

D'après un skyphos à figure noire du musée de Boston (c. 4096).

Femme pétrissant dans un mortier
(le pilon est à sa gauche)

Terre cuite de Tanagra (h. 11 cm), fin VIe siècle av. J.-C.

des braseros : quelques braises et le plat se conserve chaud. D'ailleurs, l'essentiel de la nourriture est fait de ces bouillies, d'orge souvent, de blé dur ensuite, dans lesquelles le son garde une grande place. Les femmes utilisent un grand pilon dans un mortier pour décortiquer la balle des céréales et légumes et pour écraser le grain, la simple meule plate devant laquelle on s'agenouille. On complète par des galettes, du poisson grillé sur un grilloir d'argile, du fromage, des fruits secs, très peu de viande. Une vie simple et rude dans un cadre élémentaire, mais où les loisirs restent nombreux, et c'est ce qui fait la dignité du petit paysan propriétaire, même pauvre, par rapport à ceux qui dépendent d'un maître.

Les esclaves et les ouvriers agricoles. On pourrait penser en effet que les esclaves qui partagent la vie des paysans mis en scène par Aristophane, qui s'entretiennent avec eux dans une grande familiarité, peuvent être mis sur le même pied dans la vie pratique. Ce serait oublier que leur temps de travail ne dépend pas d'eux. Même lorsque le maître est bienveillant comme Xénophon, il ne s'embarrasse pas de considérations inutiles ; ils n'ont pas de vie de famille ; logés sur place en dortoirs séparés, ils sont entretenus suivant leur travail. Seul le régisseur, soigneusement choisi, connaît bien évidemment de meilleures conditions. C'est souvent un esclave, parfois un homme libre. Mais il semble que les Athéniens répugnent à la condition de salarié agricole. Nous avons quelques rares exemples plus tardifs, chez les orateurs, de femmes contraintes par la misère à se louer pour les vendanges. Nous ne savons rien des étrangers employés comme salariés sur la terre, mais dans les comédies d'Aristophane, le propriétaire travaille avec un ou deux esclaves seulement. A Athènes, la petite taille des propriétés n'appelle pas une grande concentration de main-d'œuvre.

◆ « Pour les esclaves, la méthode d'éducation qui semble particulièrement convenir pour les bêtes est un très bon moyen pour leur apprendre à obéir. Si en flattant leur appétit tu satisfais leur estomac, tu pourras en tirer beaucoup. » ◆
XÉNOPHON, *Économique,* XIII, 9.

Les indications portant sur les bergers sont rares. Quelques inscriptions épigraphiques tardives et quelques objets votifs d'Arcadie. Il est bien probable que le berger était beaucoup moins séparé de la vie du village que nous l'imaginons. C'est le rôle des enfants et des esclaves de garder ces petits troupeaux, beaucoup de légendes mythologiques s'en souviennent. Et lorsque le bétail est plus important, en Arcadie ou en Crète, ce sont les familles de bergers qui forment l'essentiel du village, comme en Corse au siècle dernier.

◆ « Je le sais bien qu'il se souvient du temps où, dans la région du Cithéron, lui avec deux troupeaux et moi avec un seul, nous voisinions, ce que nous fîmes à trois reprises, pendant six mois, du début du printemps au lever de l'Acture. Le printemps revenu, nous ramenions nos bêtes, moi dans ma bergerie et lui dans les étables de Laios. » ◆
SOPHOCLE, *Œdipe-Roi,* 1131-1141.

Une partie seulement pratique la transhumance inverse à laquelle quelques inscriptions et un texte de Sophocle font référence. Les pâturages de plaine sont fort recherchés, et parfois par les cités. En dehors de quelques régions spécialisées comme la Thessalie, les plus importants troupeaux sont d'ailleurs ceux des temples qui font une consommation importante de viande pour les sacrifices.

■ *Le monde du commerce et de l'artisanat*

Les marchands. Pour le reste, la commercialisation des produits agricoles à l'intérieur même de l'ancien monde grec est réduite. Seul le commerce du blé est organisé. A Athènes, on vend pain et farine d'orge dans les boulangeries dès la fin du Ve siècle. Mais elles devaient être peu nombreuses. Pour tout le reste, légumes, poissons, boucherie, ce sont de petits étals de plein air sur l'agora. Le paysan vient directement, de loin parfois, de Mégare ou de Béotie. Ou bien c'est le petit marchand qui va à dos de mulet remplir ses sacs.

Commerce bien méprisé que celui de ces *kapeloi,* qui utilisent plus souvent le troc en nature que la monnaie. Il n'est pire injure pour Aristophane que celle de marchand de l'agora : c'est l'équivalent de voleur et de menteur. A leurs côtés apparaissent au milieu du Ve siècle les changeurs qui, sur leur table, pèsent les différentes monnaies et gardent leur bénéfice. Ils sont les ancêtres des banquiers privés *(trapézites)* ; les plus anciens, dont nous connaissions le nom, Anthisthénès et Archestratos, ont une banque au Pirée à la fin du Ve siècle. Ils la laisseront à leur affranchi Pasion qui la rendra célèbre. Mais on en est encore à une utilisation timide au Ve siècle. Les vraies banques sont celles des temples, banques de dépôts et de prêts, pour les particuliers comme pour les cités. Mais elles ne jouent pas un rôle important dans le commerce. Or, c'est un point sur lequel nous aimerions être renseignés. Le pamphlet aristocratique, déjà cité, évoque, vers 430, toutes les marchandises qui convergent vers le Pirée ; il n'y a pas de raison de le mettre en doute ; d'ailleurs, les installations portuaires sont complétées par des arsenaux et des entrepôts à la fin du Ve siècle et l'agora marchande est particulièrement active. Mais qui pratique ce commerce et sous quelle forme ? S'agit-il comme pour le Samien Colaios au siècle précédent du marchand qui part avec sa propre cargaison tenter de faire fortune ? En tout cas, les graffitis sur vase confirment que ce sont souvent des marchands ioniens qui transportent les beaux vases attiques que nous retrouvons sur tout le pourtour de la Méditerranée. Y a-t-il des intermédiaires, ou vont-ils directement chez le potier faire leur commande ? Ces armateurs, *emporoi,* sont mieux considérés que les petits *kapeloi* de l'agora mais ils ne sont organisés ni en confréries ni en associations et l'État n'intervient que rarement. Certes, il s'intéresse aux taxes du port qui sont une forme substantielle de revenu. Athènes, soucieuse de s'assurer son approvisionnement en blé, maintient la police des mers et surveille les prix. Au siècle suivant, existe tout un service de fonctionnaires qu'Aristote nous décrit dans la *Constitution des Athéniens.* Mais on ne voit pas les cités intervenir directement sur la production elle-même.

Les produits. En ce qui concerne la Grèce propre et l'Asie Mineure (les cités coloniales ont adopté des solutions différentes), existe-t-il un embryon d'industrie alimentaire ou la transformation se fait-elle uniquement chez le producteur ?

Le vin. Le problème se pose précisément pour le vin. Le moût est conservé dans des jarres après la récolte. Une partie sans autres apprêts est distribuée directement aux esclaves et ouvriers. Pour le reste, on cherche, par des ajouts variés (eau

La **maza** est une préparation faite à la main, à partir de farine de gruau d'orge précuite, à laquelle on ajoute eau, miel, lait... et que l'on pétrit plus ou moins serré. Elle joue à cette époque un rôle aussi important que les pains de blé cuits dans de petits fours d'argile.
D'après M.-C. AMOURETTI, *op. cit.* p. 27.

◆ « Tout ce qu'il y a de délicieux en Sicile, en Italie, à Chypre, en Égypte, en Lydie, dans le Pont, dans le Péloponnèse ou dans tout autre pays, tout cela afflue sur un même marché, grâce à l'empire de la mer. » ◆
Pseudo-XÉNOPHON, *La République des Athéniens,* II, 7.

Vin de Thasos

◆ « On expose au soleil les raisins mûrs pendant cinq journées ; au milieu du sixième jour, on les ramasse et on les plonge tout chauds dans un mélange de moût et, pour moitié, d'eau de mer bouillie. Puis on les en retire et on les met dans le pressoir une nuit et un jour ; on foule, on recueille le jus dans des vases. Après fermentation et débourbage, on ajoute 1/25 de moût cuit... » ◆
Géoponiques, VIII, 23.

P. VILLARD,
« Ivresses dans l'Antiquité classique »,
Histoire, Économie et Société,
1988, 443-459.

Sur l'iconographie : F. LISSARAGUE,
Un flot d'images : une esthétique du banquet grec, *Paris, 1987.*

Le savant Thalès de Milet au VIe siècle a prévu une abondante récolte d'olives :

◆ « Il lui fut facile sans grande dépense de verser des arrhes pour la location de tous les pressoirs de Milet et de Chios. Il les loua à bas prix faute de concurrence. Le temps venu il y eut afflux de demandes urgentes. Il les sous-loua aux conditions qu'il voulut et ramassa une fortune. » ◆
ARISTOTE, *Politique,* I, 1259 a.

Chlamyde : manteau court de laine.

Chiton : tunique de lin dont les manches sont d'ordinaire cousues. On drape au-dessus un châle souvent brodé. Ce vêtement des femmes ioniennes est adopté en Attique à la fin du VIe siècle.

Péplos : pièce rectangulaire de drap de laine, maintenue sur les deux épaules par des fibules (épingles de métal).

Voir p. 58.

On évalue, d'après les signatures de vases, à quatre cents le nombre des céramistes au milieu du Ve siècle. Ils étaient rassemblés dans le quartier qui prit leur nom, entre l'Agora et la porte du Dipylon.

salée, plâtre, miel) à favoriser la conservation. Le transport se fait dans des outres en peau de chèvre ou des amphores soigneusement bouchées. Nous savons, par les textes, que certains crus sont particulièrement appréciés et circulent fort loin. Mais les Grecs en consommaient de petites quantités car ils le coupaient d'eau. Le banquet *(symposion)* qui réunit le soir des amis pour se distraire et discuter tout en buvant, joue un rôle social important.

L'huile. Pour l'huile, la consommation domestique est en partie alimentée par la production de chaque domaine. Mais il en faut pour l'éclairage, la palestre, la cuisine. On la vend sur le marché à Athènes par petites quantités. Les temples, gros consommateurs, ont leurs oliveraies. On en expédie à l'extérieur comme en témoignent les amphores. Mais quelle quantité ? En Asie Mineure, il y a en ville des moulins à huile que l'on loue au moment de la presse. Vu la simplicité des installations, la location n'est pas élevée, sauf en cas de surproduction. Les accaparements et le jeu sur les prix existent mais ne se font de toute façon que sur une année. On n'envisage pas de plus gros stocks.

On n'a donc pas d'intermédiaires entre le producteur et le marchand, ni manufacture ni grossistes pour la production alimentaire.

Le textile. Qu'en est-il pour une autre activité en partie domestique, le textile ? C'est à la maison que l'on trempe les peaux, que l'on carde la laine avant filage et tissage, qu'on la foule pour donner l'apprêt aux manteaux. Le principe de l'habillement (un drapé de rectangle de laine ou lin, agrafé) ne nécessite pas d'ateliers complexes. Au cours du Ve siècle, cependant, certaines opérations peuvent se faire en ville, ainsi du nettoyage des vêtements par le fouloir. D'autre part, certaines villes comme Milet se sont spécialisées dans des tissus soignés ou la teinture, de pourpre essentiellement. D'autres comme Mégare dans celle des tuniques simples, les exômides. Nous n'avons aucune indication sur l'organisation. Il est possible qu'il s'agisse de petits ateliers familiaux prospectés par les marchands comme dans l'Afrique du Nord actuelle. Là encore, la quantité qui circule doit être assez faible.

L'artisanat. Cependant, certains métiers se sont spécialisés et les artisans portent alors le nom de *demiourgoi,* à distinguer de *banausoi.*

Certes, dans les villages, un seul suffit souvent à accomplir un certain nombre de travaux qui n'ont pu être faits à la maison. Mais certaines professions en ville se sont spécialisées très tôt.

D'abord **les potiers** : l'usage des vases est important pour l'alimentation, le culte, la palestre ; leurs formes variées rappellent ces multiples utilisations. Mais l'argile est aussi employée dans la fabrication des lampes, des tuiles et de presque tous les instruments de cuisine. Il faut soigneusement pétrir la pâte, la dégraisser. On lui donne ensuite au tour ou à la main la forme demandée. D'abord séché à l'air libre, le vase est peint à l'aide d'un vernis. Puis vient l'opération de cuisson. Elle est particulièrement importante car le vernis alcalin contenant de l'oxyde de fer se transforme en cours de cuisson, au contact de l'oxyde de carbone de la fumée, en un bel oxyde ferrique noir, tandis que les parties non recouvertes de vernis gardent la couleur rouge de l'argile. Au Ve siècle, dans la céramique dite à figure rouge, ce sont ces parties qui constituent le décor figuré. Les ateliers que nous voyons parfois illustrés sur les vases sont de petites dimensions. Une dizaine de personnes au plus. Il faut les imaginer comme ceux qui fonctionnent actuellement dans certaines régions méditerranéennes : une seule salle, au milieu, le jeune esclave pétrit la pâte, dans un coin le potier, qui signe souvent ses plus beaux vases, dans l'autre le peintre, dont on retrouve aussi parfois la signature, de l'un à l'autre quelques apprentis. Dans la cour, le four où les vases sont soigneusement empilés. Pour la plupart, ce sont des commandes que l'acheteur vient lui-même chercher. Dans les campagnes passe le marchand ambulant. Mais dans les régions lointaines ont dû fonctionner les groupes itinérants que l'on voit encore de nos jours dans les montagnes crétoises. Ils s'installent pour une semaine dans un village ; les commandes satisfaites, ils passent à un autre bourg. On travaille donc à la commande, sans stock, avec un patron et quelques ouvriers.

Sur les différentes techniques, cf. M.-Cl. Amouretti - G. Comet, 1993 (cf. p. 6)
Sur la construction, des grandes statues de bronze à Delphes et Olympie, voir Cl. Rolley, 1994 (cf. p. 6) et G. Zimmer dans A.H. Borbein (cf. p. 175), p. 383-408.

Le travail du cuir et des métaux. Beaucoup d'ateliers travaillant le cuir ou les métaux ont une structure identique. Le cordonnier n'emploie qu'un ou deux ouvriers et le client vient lui-même pour donner ses mesures.

Nous connaissons par les représentations de vases plusieurs illustrations de forge. Les deux activités, le martelage sur l'enclume et la fonte des minerais dans le fourneau, sont représentées dans la même échoppe. Le four, d'environ 2 m de haut, est actionné par un soufflet de peau que manie un ouvrier. Le minerai est versé par en haut sur les charbons de bois et, dans le cas du bronze, l'alliage est envoyé ensuite par des tuyaux directement dans les moules enterrés. Les grandes statues sont fractionnées en plusieurs morceaux et on pratique la technique de la fonte à la cire perdue, le métal prenant la place de la cire sur un noyau d'argile, ou de bois, qui sera retiré ensuite. Dans tous ces cas, on travaille à la commande pour des objets précis.

Four de forgeron

À gauche le four qu'on utilise pour préparer les soudures, qui vont servir à rassembler les différents éléments de la statue de fonte à la cire perdue, dont on voit la tête et le corps à droite.

© Bildarchiv Preussicher Kulturbesitz

Cependant **une certaine spécialisation** s'instaure au cours du Ve siècle dans des ateliers plus grands. Ce n'est pas totalement nouveau ; Corinthe avait déjà produit de la céramique de série et des tuiles. Les exemples se multiplient à Athènes dans la seconde moitié du Ve siècle. C'est Hyperbolos le fabricant de lampes, Cléon le tanneur et Aristophane nous parle du fabricant d'aigrette ; le plus important, toujours cité, est Képhalos le père de Lysias, dont l'atelier confisqué fournit sept cents boucliers et qui fait état de cent vingt esclaves. La structure n'est plus la même ; le patron ne dirige pas directement la production, il la confie à un régisseur et dans l'estimation de ses biens, le nombre des esclaves est plus important que le

Les puits carrés ont 1,90 m de côté, parfois moins et 50 à 60 m de profondeur. La hauteur des galeries varie entre 0,60 m et 1 m. Certaines ont plusieurs centaines de mètres de longueur. Le travail se poursuivait nuit et jour.
D'après E. ARDAILLON, *Les Mines du Laurion dans l'Antiquité*, 1893.

Comptes de construction de l'Érechthéion

	citoyens	métèques	esclaves	inconnus	total
architectes	2	0	0	0	2
secrétaire	1	0	0	0	1
gardien	0	0	0	1	1
maçons	9	12	16	7	44
sculpteurs	3	5	0	1	9
modeleurs sur cire	0	(2)	0	0	(2)
sculpteurs sur bois	1	5	0	1	7
charpentiers	5	7	4	3	19
scieurs	0	1	0	1	2
menuisiers	0	1	0	0	1
tourneur	0	0	0	1	1
peintres	0	2	0	1	3
doreur	0	1	0	0	1
manœuvres	1	5	0	3	9
?	2	3	0	2	7
total	24	42	20	21	107

D'après R. H. RANDALL, *American Journal of Archeology*, 1953, p. 201.

stock de marchandises. C'est ici la demande de la guerre qui a entraîné une spécialisation dont certains ont su profiter localement. Mais cet exemple ne peut être généralisé. Seuls les mines et chantiers concentrent une main-d'œuvre importante.

Les mines. Une place tout à fait à part doit être faite au travail des mines du Laurion. Nous connaissons les installations des galeries et les installations de surface. Des fouilles récentes ont complété les éléments que nous avaient fourni les travaux de la fin du XIXe siècle. On creusait des galeries très étroites soutenues par des poutres de bois. L'ouvrier travaille au pic et remplit un panier qu'un camarade porte au bas du puits d'accès d'où un système à poulie le remonte à la surface. Le minerai brut est alors traité sur place dans des laveries. On le broie puis on le place dans des bassins de décantation alimentés par de vastes citernes et on met à sécher les morceaux les plus lourds contenant le métal. Ils sont ensuite fondus dans des fours à charbon. L'argent enfin est envoyé à la frappe ou chez l'orfèvre. L'ensemble des opérations est affermé par Athènes qui tire de ses baux, au début du Ve siècle, cent talents de revenus. Les entrepreneurs peuvent s'enrichir, à condition d'avoir une main-d'œuvre suffisamment abondante... et de tomber sur un bon filon. C'est le seul cas où nous voyons une concentration importante d'esclaves, travaillant dans des conditions particulièrement pénibles, certains enchaînés. Beaucoup profiteront de la guerre pour s'enfuir.

Les chantiers de construction. La structure des grands chantiers, les plus grands demandeurs de main-d'œuvre, est très différente. Nous la connaissons assez bien grâce aux comptes d'exploitation et aux devis. Chaque cité a quelques techniciens attitrés pour l'entretien des bâtiments, mais toute entreprise de grands travaux doit faire l'objet d'un vote à l'Assemblée. Le Conseil fait un choix préalable sur maquettes et les architectes proposent le devis. On fractionne ensuite le travail en un grand nombre d'adjudications (à Athènes, la *Boulè* se charge de l'appel d'offre et de la surveillance de l'exécution). Chaque entrepreneur effectue l'embauche, la surveillance, la paie de l'ouvrier, la fourniture du matériel en suivant les tarifs minutieusement prévus. L'ouvrier est payé à la tâche ou à la journée, les spécialités sont toujours précisées sur les comptes. On constate que les équipes d'ouvriers travaillent souvent sur des matériaux de leur propre région. A Épidaure, les Argiens et Corinthiens taillent le tuf tandis que le marbre est pris en charge par les Athéniens. Sur le chantier de l'Érechthéion, citoyens, métèques, esclaves se mêlent sans distinction. Ils reçoivent le même salaire mais l'esclave doit sans doute remettre une partie de sa paye à son maître. Ce salaire est constant au Ve siècle (autour d'une drachme par jour) ; s'y ajoutent parfois des indemnités en nature pour la nourriture et l'habillement. Le salaire de l'architecte n'est pas beaucoup plus élevé (souvent deux drachmes par jour).

En fait, dans ce type d'organisation, le savoir-faire du tailleur de pierre est particulièrement important et la marge d'improvisation de l'architecte est faible. D'où la permanence de cette architecture à joints vifs qui maîtrise parfaitement ses moyens techniques. La pierre est d'abord équarrie à la carrière. Elle ne sera achevée qu'une fois mise en place. Les machines de levage utilisent la poulie et l'on voit encore sur les pierres les rainures destinées aux cordes, les trous où s'accrochent les doubles pointes. Une fois posés ces parpaings, on ravale l'assise et on scelle les pierres, avec des tenons enrobés de plomb. Pour les colonnes et les blocs qui doivent être modelés, on procède de même et le travail est achevé sur place. Dans les chantiers navals, le triérarque est le commanditaire et fait appel à de petits entrepreneurs qui fournissent le matériau.

Cette structure exclut les gros entrepreneurs, le maître d'œuvre reste la cité. Mais elle exige une main-d'œuvre à la fois qualifiée et mobile. On n'a aucun écho d'une quelconque revendication salariale en Grèce. Cependant, les salaires, on le voit, évoluent sur une échelle restreinte. Dans tous les cas, on emploie indifféremment citoyens, étrangers ou esclaves.

Professions « libérales »

Il en est de même pour les professions libérales comme le médecin, soit itinérant, soit accueillant le client dans son échoppe – ou le pédagogue. Les acteurs, les chanteuses sont assez peu considérés. Une place à part doit être faite pour tous ceux qui vivent de l'action judiciaire qui a pris tant d'ampleur avec l'Empire. Aristophane consacre *Les Guêpes* à ironiser sur cette passion. Elle ne rapporte que le *misthos* journalier, mais certains se tirent mieux d'affaire avec le rôle de sycophante. On verra peu à peu se développer les logographes qui préparent par écrit la défense du client. On le voit, il n'y a pas d'équivalent de la fonction publique avec ses magistrats et ses professeurs. L'État n'a pour tout personnel permanent que des esclaves publics, comptables, archers qui accomplissent des besognes subalternes. Et encore, nous n'en avons des échos que pour Athènes. Les temples ont eux aussi un personnel technique appointé, souvent recruté par la cité pour l'entretien des bâtiments. Ils n'ont pas de statut particulier, sinon une certaine sécurité avec un contrat annuel.

Misthos : voir p. 148.

Sycophantes : individus qui assignaient en justice sous divers prétextes les riches citoyens, dans l'espoir de recevoir une part de leurs biens s'ils étaient condamnés (l'étymologie est discutée).

La situation du monde du travail est donc complexe. Il n'y a pas, dans le secteur que nous appellerions secondaire, conscience d'appartenir à une même classe, à revendications communes. Pour les ouvriers, la coupure se fait au plan juridique entre citoyens, étrangers et esclaves. D'ailleurs, l'usage que chacun peut faire de son salaire n'est pas le même. L'esclave est souvent loué, l'étranger, le travailleur temporaire retournera dans sa cité. Le citoyen cherche à compléter par d'autres ressources (*misthos*, petit bien foncier). Seul le métèque, à Athènes, a intérêt à s'établir. Ce n'est pas un hasard si, à la fin du Ve siècle, beaucoup se sont enrichis.

◆ « Les esclaves, du moins ceux que nous appelons les esclaves-marchandises (en anglais Chattel-Slavery) ne constituent pas une classe, ce qui ne les empêche aucunement d'être, comme l'a compris Aristote, les « instruments » sans lesquels la cité grecque n'aurait pu se concevoir elle-même. » ◆
M. Austin et P. Vidal-Naquet, *Économies et Sociétés*, p. 38.

Quant au mépris qui pourrait s'attacher au travail manuel, nous le retrouvons surtout exprimé au siècle suivant. Le travail en soi n'a pas une valeur positive ou négative. Il n'y a d'ailleurs pas de terme grec correspondant à notre français « travail ». Ce qui compte, c'est le degré de servitude qu'il entraîne. Pour le Grec, l'artisan est dépendant de l'usager, et dans la pratique c'est bien le cas : sur le chantier, c'est la cité qui commande ; dans l'échoppe du cordonnier, c'est le client qui impose.

Pour approfondir ce chapitre

Consulter : E. J. BICKERMAN, *Chronology of the Ancient World*, Londres, 1968 ; A. W. GOMME, *The Population of Ancient Athens in the Vth and IVth centuries*, Oxford, 1933 ; Cl. VATIN, *Citoyens et Non-Citoyens dans le monde grec*, Paris, SEDES, 1984 ; R. LONIS (cf. p. 6). **Sur la famille**, l'ouvrage le plus commode reste W. K. LACEY, *The Family in Classical Greece*, Londres, 1968. **Sur la femme**, *Histoire des femmes*, I, L'*Antiquité*, sous la direction de P. SCHMITT-PANTEL, Plon, 1991 ; Cl. MOSSÉ, *La Femme dans la Grèce antique*, A. Michel, 1983 et I. SAVALLI, *La Donna nella societa della Grecia antica*, Bologne, 1983 (C. R. mutuel dans la *RHDFE*, 63, 1985, pp. 57-63). Sur des aspects particuliers, G. SISSA, *Le Corps virginal*, Vrin, 1987. P. BRULÉ, *La Fille d'Athènes*, Les Belles-Lettres, 1987.

Sur le cadre de vie, P. SCHMITT-PANTEL, *La Cité au banquet : histoire des repas publics dans les cités grecques*, Éc. Fr. Rome, 1992 ; O. MURRAY éd., *Sympotica*, Oxford, 1990, et plusieurs contributions à O. MURRAY et S. PRICE (cf. p. 7) ; illustrations par la céramique dans M.-Ch. VILLANUEVA-PUIG, *Images de la vie quotidienne en Grèce*, Hachette, 1992. Voir en outre, J.-L. FLANDRIN et M. MONTANARI éd., *Histoire de l'alimentation*, Fayard, 1996, p. 133-182.

Une synthèse concernant **l'esclavage** a été publiée par Y. GARLAN, *Les Esclaves en Grèce ancienne*, FM – La Découverte, à compléter par son *Recueil de textes...* (Ann. litt. Besançon, 1984) et par J. DUCAT, *Les Hilotes* (cf. p. 107) ; la mise au point de M. AUSTIN et P. VIDAL-NAQUET, *Économies* (cf. p. 7), pp. 31-42, reste fort utile. **Le sort des étrangers** est étudié par D. WHITEHEAD, *The Ideology of the Athenian Metics*, Cambridge, 1977, et Ph. GAUTHIER, *Symbola*, Nancy, 1972. Une bonne mise au point récente : M. F. BASLEZ, *L'Étranger dans la Grèce antique*, Les Belles Lettres, 1984, à compléter par R. LONIS éd., *L'Étranger dans le monde grec*, Nancy, I (1988) et II (1992).

Sur les questions de **générations** et d'**éducation**, JEANMAIRE, *Couroi et Courètes*, 1939, P. ROUSSEL, *Le Principe d'ancienneté dans le monde hellénique*, Mémoires de l'Académie des

Inscriptions et Belles Lettres, XLIII, 2, 1942, et H. I. MARROU, *Histoire de l'Éducation dans l'Antiquité,* 6e édition, 1964. Un aspect particulier est étudié par M. SARTRE, « L'homosexualité dans la Grèce ancienne », *L'Histoire,* 76, et K. J. DOVER, *Homosexualité grecque,* Grenoble, trad. fr., 1982.

Pour les activités professionnelles, R. FLACELIÈRE, *La Vie quotidienne au temps de Périclès,* reste utile ; G. COMET et M.-Cl. AMOURETTI (cf. p. 6), 70-73 ; bonnes illustrations dans l'*Histoire du Travail,* sous la direction de H. PARIAS. Une introduction rapide : J. J. MAFFRE, *La Vie dans la Grèce classique,* « Que sais-je ? » n° 231, 1988. Plusieurs chapitres dans le livre de A. H. BORBEIN, *La Grèce antique*, Bordas, 1995, en particulier « architecture et urbanisme », par W. HOEPFNER et « L'artisanat grec, progrès technique et art démocratique », par G. ZIMMER. Le travail des métaux est analysé Cl. ROLLEY (cf. p. 5). Une mise au point très claire de R. MARTIN dans *Le Monde grec,* Fribourg, 1966, sur l'organisation technique des chantiers, et, sur le même sujet, les *Dossiers de l'Archéologie,* 25, nov.-déc. 1977.

Sur les problèmes agricoles, outre la bibliographie donnée au chapitre 1 et notamment p. 27, voir *Les Problèmes de la terre* (cf. p. 6), notamment J. PECIRKA, pp. 112-146 ; M. I. FINLEY, *Économie et Société,* 1984 ; J.-P. VERNANT, *Mythe et pensée* (cf. p. 6) : « Le travail et la pensée technique ». Pour la main-d'œuvre rurale, cf. M.-C. AMOURETTI (*op. cit.* p. 27) aux pp. 200-220. Voir encore, ID., « La transformation des céréales... », dans *L'Origine des richesses dépensées dans la ville antique,* Colloque Aix-en-Provence, 1984, Ph. LEVEAU éd.

Sur l'économie en général, voir R. DESCAT dans P. BRIANT et *alii* éd. (cf. p. 6), p. 294-352.

La lecture des pièces d'ARISTOPHANE reste indispensable. On y ajoutera l'*Économique* de XÉNOPHON, très éclairant sur la gestion d'un domaine.

Sur l'éducation, B. LEGRAS, *Éducation et culture dans le monde grec, VIIIe-Ier siècle av. J.-C.,* Paris, Sedes, 1998.

12

De la guerre du Péloponnèse à la mort de Socrate

(de 431 à 399)

Nous connaissons la guerre du Péloponnèse par l'histoire de l'Athénien Thucydide qui y a participé. On ne peut manquer d'être fasciné par ce travail dont nous sommes totalement tributaires pour cette période. Écrite avec une grande rigueur, son œuvre élimine du récit l'intervention des dieux et cherche des causes rationnelles à l'enchaînement des faits. Elle est à la fois la première œuvre vraiment historique et le témoignage d'une nouvelle génération intellectuelle, marquée par le rationalisme. Dans une langue difficile, elle fait revivre avec une grande vivacité les épisodes dramatiques, les discours prêtés aux hommes politiques, en un enchaînement rigoureux qui tient le lecteur en haleine. Déroulant par saisons la trame de son récit, l'auteur met à la première place celui qui en est l'acteur : l'homme.

■ *Les origines de la guerre*

◆ « J'ai commencé par écrire les causes de cette rupture et les différends qui l'amenèrent, pour qu'un jour on ne se demande pas d'où provint une pareille guerre chez les Grecs. La cause la plus vraie, mais non avouée, en fut, à mon avis, la puissance à laquelle les Athéniens étaient parvenus et la crainte qu'ils inspiraient aux Lacédémoniens, contraignant ceux-ci à la guerre. » ◆
THUCYDIDE, I, 23.

L'ouvrage commence par un retour en arrière sur l'histoire grecque, pour en rappeler les origines, puis analyse la constitution de l'empire d'Athènes. Il s'agit de dégager des événements mineurs, ce qui paraît être pour l'auteur la véritable cause du conflit : l'antagonisme de Sparte et d'Athènes. Qu'Athènes ait voulu interdire ses marchés à Mégare, ou soutenu Corcyre contre Corinthe, ce sont des événements qui expliquent l'enclenchement des faits, non leurs causes. Après le congrès de Sparte et de ses alliés, l'envoi infructueux de hérauts de part et d'autre, la guerre était à la merci du premier incident : ce sera la tentative par les Thébains de s'emparer de Platées, fidèle alliée d'Athènes, à la frontière de l'Attique et la Béotie.

■ *Les forces en présence*

Voir carte p. 310 B.

Discours des Corinthiens aux Spartiates pour les engager à entrer en guerre :

◆ « Eux (les Athéniens) se montrent audacieux au-delà même de leurs forces ; hardis au-delà de toute attente, pleins d'espoir même dans les dangers [...] Vous, vous imaginez que jamais vous ne pourrez vous tirer de situations difficiles. Ils agissent et vous temporisez ; ils voyagent à l'étranger et vous êtes les plus casaniers des hommes. » ◆
THUCYDIDE, I, 70.

Athènes a la supériorité sur mer avec ses trois cents trières, et dispose d'importantes ressources financières (six mille talents et un tribut annuel de six cents). Mais elle ne peut aligner que treize mille hoplites et douze mille réservistes (les plus jeunes et les plus vieux) avec mille deux cents cavaliers. En sus des cités de l'Empire, elle peut théoriquement compter sur des alliances occidentales : Corcyre, l'Acarnanie, Zacynthe, et quelques villes de Sicile. Sparte dispose d'un contingent de soixante à cent mille combattants, avec mille six cents cavaliers. Tous ceux qui font partie de la ligue du Péloponnèse (tout le Péloponnèse sauf Argos, la Béotie, les Phocidiens, les Locriens) fournissent des hommes. Mais Sparte ne dispose que de la flotte de Corinthe et Ambracie (une centaine de navires), et de l'alliance de Tarente et Syracuse. Ce sont donc à la fois deux tactiques et deux tempéraments qui s'affrontent.

1. Le conflit

La guerre de dix ans : 431-421		
Thucydide	**Livre II**	
431/429	2-6	Affaire de Platées : les Platéens alliés d'Athènes sont attaqués par les Thébains dans leur ville, les repoussent, massacrent leurs cent quatre-vingts prisonniers.
	17-23	Stratégie de Périclès : tous les habitants de l'Attique se replient à l'intérieur des Longs Murs et laissent ravager la campagne par les Spartiates en entreprenant eux-mêmes des raids sur les côtes adverses.
	35-46	Oraison funèbre de Périclès pour les morts de cette première année.
	48-53	La peste se développe à Athènes, colère des Athéniens contre Périclès.
	60-63	Il défend l'impérialisme ; mis à l'amende, il est réélu cependant, mais meurt de la peste.
429	65	Jugement de Thucydide sur Périclès, et l'ensemble de la guerre.
		Victoires du stratège Phormion sur la flotte de Corinthe.
		Siège de Platées par le roi de Sparte Archidamos.

	Livre III	
429/422		
427	10-14	L'île de Lesbos se révolte contre Athènes et fait appel à Sparte.
	37	La principale ville, Mytilène, est prise. Les Athéniens proposent la mise à mort de tous les habitants. Discours de Cléon et conseils plus modérés de Diodote, qui est suivi. Les remparts sont détruits, le sol distribué en clérouquies cultivées par les habitants.
	53-59	Chute de Platées, malgré l'appel à Sparte ; celle-ci suit les avis des Thébains, fait raser la ville, mettre à mort les hommes, réduire en esclavage les femmes, les territoires sont donnés aux Thébains.
	82	Révolution à Corcyre, le parti démocratique fait appel à Athènes.
		Le stratège athénien Démosthénès attaque les côtes de Messénie.

	Livre IV	
	8-40	La flotte envoyée à Corcyre fait escale à Pylos, s'y fortifie. Les Spartiates envoyés pour la déloger sont encerclés sur l'îlot de Sphactérie.
425		Propositions de paix de Sparte, Cléon les fait échouer, il est envoyé à Pylos où les Athéniens peuvent prendre Sphactérie, cent vingt Spartiates sont faits prisonniers.
		Démosthénès est vaincu devant Délion, en Béotie.
		Brasidas part en Thrace et tente de rallier les alliés d'Athènes. Amphipolis se rend facilement ; Thucydide, stratège, arrive trop tard pour la défendre. Il est exilé. Trêve d'un an, vite rompue.

	Livre V	
422	14-18	Cléon tombe devant Amphipolis qu'il tentait de reprendre, ainsi que Brasidas.
La paix de Nicias : 421-416		
421		Désir de paix des deux côtés. Clauses de l'accord dit *paix de Nicias.*
	43	Refus des Béotiens et Mégariens de signer, intrigues d'Argos, apparition d'Alcibiade.
		Guerre des Péloponnésiens autour de Mantinée.
416	92-116	Athènes intime l'ordre à l'île de Mélos de rentrer dans la confédération. Refus des habitants, prise de l'île, massacre et réduction en esclavage.

L'expédition de Sicile : 415-413		
	Livre VI	
	1-6	État de la Sicile et de ses cités, importance de Syracuse.
	9-24	Appel des habitants de Ségeste à Athènes. Vote par l'*Ekklèsia* d'une petite expédition. Discours de Nicias pour renoncer à l'expédition, d'Alcibiade pour en envisager une plus importante. Vote de l'envoi d'une flotte importante avec Alcibiade, Nicias et Lamachos.
	27	On apprend la mutilation des statues d'Hermès ; délations sur des parodies des mystères, faites par des jeunes gens. Alcibiade est impliqué, mais doit partir.
	29	Craintes à Syracuse. Discours d'Athénagoras, défense de la démocratie.
		Arrivée des Athéniens en Sicile, déceptions sur le soutien des cités alliées, divergences des stratèges sur la conduite à tenir.
		Atmosphère de délation et procès à Athènes ; on rappelle Alcibiade pour être jugé, il s'enfuit, se réfugie à Sparte. Son discours pour se justifier ; il donne des conseils aux Spartiates qui occupent Décélie d'où ils peuvent razzier l'Attique et envoient Gylippe en Sicile. Fuite des esclaves des mines du Laurion.

	Livre VII	
	14	Siège de Syracuse. Les Syracusains peuvent empêcher le blocus total par terre et remportent la victoire navale de Plemyrion.
	15	Envoi de délégués à Athènes, tableau pessimiste ; Démosthénès et une flotte partent pour la Sicile. Impôt du 20e sur toutes les marchandises.
	48	Tentatives avortées du corps de Démosthénès pour prendre la ville ; défaites navales dans le port, hésitations de Nicias.
	75-87	La retraite des Athéniens, harcelés, l'armée est décimée, le corps de Démosthénès encerclé, les prisonniers sont enfermés dans les carrières des Latomies, les généraux exécutés.

	Livre VIII	
Dernier sursaut et chute d'Athènes : 413-404		
		Création d'une commission de *probouloi*. A Samos se réfugie et se reconstitue une flotte athénienne.
		Intrigues du Satrape Tissapherne qui a accordé sa confiance à Alcibiade.
411	73-97	Régime des Quatre Cents à Athènes, mais révolte des démocrates de la flotte de Samos avec Thrasyboulos ; ils se réconcilient avec Alcibiade.
		Chute de l'Eubée, les Quatre Cents transmettent le pouvoir à cinq mille citoyens.
		La flotte athénienne dégage la route de l'Hellespont, retour au régime démocratique.
Xénophon		Reprise des villes du Pont et de Thasos. Retour triomphal d'Alcibiade.
Helléniques	6-7	Victoire navale des Arginuses au large de Lesbos. Condamnation à leur retour des stratèges qui n'avaient pas recueilli les naufragés par suite de la tempête. Alliance du navarque spartiate Lysandre et de Cyrus le Jeune qui lui fournit des subsides pour sa flotte.
		La flotte athénienne est surprise et vaincue par Lysandre à Aigos Potamoi.
		Défection des alliés, siège d'Athènes.
404	20-23	Reddition d'Athènes. Les Longs-Murs sont rasés, les bannis rappelés, l'Empire dissous.

Abandonner l'Attique, défendre Athènes et le Pirée pouvait sembler rationnel. Mais Périclès avait sous-estimé l'effet psychologique produit sur les jeunes et les paysans obligés de laisser les Spartiates ravager les champs à quelques kilomètres sans intervenir. La peste que Thucydide nous décrit avec tant de réalisme rendit l'entassement insupportable.

Athènes a pris un moment espoir en Alcibiade, le rappelant, pour ne pas le réélire l'année suivante. Plus spectaculaire est l'épisode des Arginuses où l'*Ekklèsia* en dépit des formalités légales, fait mettre à mort ses meilleurs stratèges, victorieux, mais coupables de n'avoir pas relevé leurs morts dans la tempête. C'est une ville acculée et déchirée par ses dissensions qui tombe, aux applaudissements de la Grèce, nous dit Xénophon.

2. L'impact de la guerre sur la société

Une figure nouvelle : le mercenaire ■

Un si long conflit ne pouvait laisser indemnes les pays qui y avaient participé, et les historiens ont toujours souligné l'importance des bouleversements provoqués par cette guerre. Cependant ce serait une erreur d'en comparer les ravages avec ceux qui suivront nos guerres modernes. Les opérations navales ne pouvaient avoir lieu qu'à la belle saison, et la plupart du temps chacun rentrait chez soi en hiver. Les effectifs étaient limités de part et d'autre, et on ne laissait pas des groupes importants dans les villes prises, d'où l'intérêt des alliances et le jeu des différentes factions politiques. Certes des villes entières furent détruites (Platées, Mélos, Mytilène), mais les maisons se reconstruisent rapidement, les murailles aussi. Les batailles étaient d'ailleurs moins meurtrières que nous ne l'imaginons. Cependant la population d'Athènes fut évidemment fort affaiblie par la succession des catastrophes : la peste principalement, les prisons de Syracuse, le naufrage des îles Arginuses, qui la touchaient directement. Partout les déplacements de population furent importants : fuites d'esclaves, déportations et réduction en esclavage dans les villes prises, et surtout proscriptions dues aux guerres civiles. Durant la guerre du Péloponnèse se constitue cette masse d'apatrides qui ne trouvent les moyens de vivre que par la solde de mercenaires.

Voir p. 159.

Or l'évolution des techniques militaires crée des besoins nouveaux. On s'est rendu compte que l'occupation permanente (Pylos, Décélie) était plus efficace que les razzias temporaires. Les machines de siège ont fait des progrès, mais l'art des fortifications aussi. On donne un plus grand rôle à l'infanterie légère (ainsi à Syracuse). Même Sparte a fini par admettre que l'argent était le nerf de la guerre, et que la constitution d'une flotte était indispensable. Parallèlement

◆ « Les soldats se réunirent et Seuthès (roi de Thrace) leur tint ce discours : Soldats je vous prie de faire campagne avec moi et je m'engage à donner aux hommes un cyzicène, aux lochages et aux généraux la solde habituelle ; indépendamment de la solde, je récompenserai ceux qui le mériteront. Le manger et le boire vous les tirerez comme aujourd'hui du pays ; mais pour le butin, je compte me l'approprier pour le vendre et vous payer votre solde [...]. Xénophon demanda encore : Jusqu'à quelle distance de la mer prétends-tu que l'armée te mène ? Nulle part à plus de 7 journées, répondit Seuthès, souvent à moins. » ◆

XÉNOPHON, *Anabase*, VII, ch. III.

s'accentue la distinction entre fonctions militaires et politiques. Déjà à Athènes, Lamachos, Démosthènes, ne sont plus que des généraux, peu soucieux d'une carrière politique. Et apparaît cette figure nouvelle, dont Lysandre est l'exemple le plus brillant, du général qui recrute et paye ses propres troupes.

Voir Ph. Gauthier, « Xénophon et l'odyssée des Dix Mille », L'Histoire, 79, juin 1985 et « Sur les pas des Dix Mille », P. Briant éd., Toulouse, Pallas, 43, 1995.

L'expédition des Dix Mille. Alors que les ressources des corps civiques s'épuisent, on trouve la masse des déracinés à la recherche d'une solde, qui s'attachent au chef qui remplace la patrie perdue. C'est ainsi que pourra s'accomplir l'aventure si extraordinaire qui conduit de 401 à 399 un corps expéditionnaire de dix mille Grecs à la solde de Cyrus le Jeune. Celui-ci tué, les mercenaires traversent une partie de l'Empire perse pour revenir en Asie Mineure. L'art de Xénophon nous a donné de cette aventure un récit vivant et pittoresque, l'*Anabase,* et nous y voyons ce jeune aristocrate de vingt ans élu stratège par ses compagnons. On est bien loin du citoyen dont la vie est consacrée à la défense de la patrie. Et tandis que les généraux fuient l'*Ekklèsia,* les hommes politiques deviennent essentiellement des orateurs. La fonction de soldat citoyen sur laquelle reposait la cité est ébranlée à la base comme au sommet.

■ *Les changements à Sparte*

Les institutions de Sparte ont gardé, durant tout le Ve siècle, la stabilité dont elle était si fière, mais des mutations plus discrètes se sont opérées. Les *éphores* ont pris une importance considérable dans la cité, aux dépens de la *gérousia* et, plus encore, des rois dont les condamnations sanctionnent les velléités d'indépendance. La société elle-même est menacée par la guerre : la crainte des hilotes – qui se confond avec celle d'un soulèvement des Messéniens depuis la révolte de 464 – bloquait les Spartiates dans le Péloponnèse. Le développement de la guerre va les contraindre à des campagnes outre-mer et à l'utilisation des hilotes comme soldats. Au moment de Sphactérie, en 425, la promesse de la liberté pousse nombre d'hilotes à prendre des risques pour ravitailler les Lacédémoniens cernés dans l'îlot ; on fera disparaître 2 000 d'entre eux par crainte de leur force (Thc., IV, 80) ; d'autres profiteront des circonstances pour s'enfuir et Athènes les installera à Képhallénie. En 424, pour sa campagne en Thrace, Brasidas a besoin de troupes supplémentaires : ces hilotes seront affranchis, et ce groupe de *Brasidéioi* préfigure celui des *Néodamodes,* affranchis entre 421 et 370. Ils vont grossir le nombre des Inférieurs qui s'accroît dangereusement, tandis que celui des citoyens de plein droit diminue pour diverses raisons : incapacité à supporter l'*agôgè* dans une société moins disciplinée, difficultés à fournir la contribution au *syssition,* surtout pour les cadets de famille, fuite devant l'ennemi.

Or les dernières années de la guerre voient des changements plus profonds. En faisant appel aux subsides perses pour financer une flotte, les Spartiates ont abandonné leur politique traditionnelle pour s'aventurer de l'autre côté de la mer Égée. Ils doivent, de plus en plus, confier leurs troupes à des chefs qualifiés, les rois n'y suffisant pas ; l'éloignement permet l'initiative, d'autant plus que la cité est à court d'hommes et d'argent. C'est ainsi qu'un Lysandre peut mener une politique très personnelle, disposant lui-même des ressources, concluant des alliances, imposant un tribut, sans toujours en référer aux autorités de la cité. Des « alliés » vont même lui rendre un culte ! En quelques années, Sparte se retrouve à la tête d'un empire qui se substitue partiellement à celui d'Athènes : la présence des Spartiates s'y manifeste par une garnison et un *harmoste,* tandis qu'est mis en place un gouvernement à leur solde, une *décarchie.* Selon Plutarque, Lysandre envisageait même une révolution qui aurait fait disparaître les rois héréditaires, lorsqu'il trouva la mort en 395.

◆ « Lysandre fut [...] le premier des Grecs à qui les cités dressèrent des autels et offrirent des sacrifices comme à un dieu, le premier aussi en l'honneur de qui on chantait des péans [...]. Il donnait comme récompense à ses amis et ses hôtes un pouvoir absolu dans les cités et des tyrannies sans contrôle [...]. Il fit massacrer un nombre incalculable de démocrates. » ◆
PLUTARQUE, *Lysandre,* 18-19.

Bien que Sparte n'ait toujours pas de monnaie propre, les richesses affluent dans la cité grâce aux campagnes lointaines. Sparte, qui se targuait de vivre en autarcie et dans l'austérité, se retrouve avec un groupe de citoyens riches, avides de terres et de biens de consommation. Le changement de mentalité est aussi profond que celui des Athéniens, quoique différent. La cohésion des Spartiates est ébranlée : la coupure s'accentue irrémédiablement entre la minorité qui s'amenuise, mais gouverne et s'enrichit, et la masse des Inférieurs de toutes origines : citoyens déchus, affranchis, périèques, hilotes.

Les mutations sociales ■

L'état de guerre prolongé a entraîné des mutations sociales rapides et un ébranlement des valeurs communes. Certains y ont trouvé leur profit tandis que d'autres voyaient s'écrouler leur univers quotidien. En fait les changements proprement économiques ont été moins forts qu'on a voulu le dire, et prolongent souvent une transformation déjà amorcée.

A Athènes, par contre, petites et moyennes propriétés continueront à dominer au IVe siècle. Mais la guerre a encouragé l'exode rural. Les paysans n'ont pas toujours les fonds nécessaires pour remettre en culture les oliviers et les vignes brûlés. Le lien a été parfois rompu qui attachait le paysan à sa terre. Il la quitte plus facilement et d'autres en profitent pour spéculer (Xénophon, *Économique*). Dans des régions à dominante rurale comme le Péloponnèse, ces difficultés temporaires accentuèrent la crise agraire qui couvait : la revendication du partage des terres revient fréquemment. Mais on ne la retrouve pas à Athènes, peut-être parce que la diversité des activités urbaines rendait l'exode rural moins pénible.

◆ « [...] Pour manteau avoir un haillon, pour lit une litière de jonc, pleine de punaises qui tiennent éveillés ceux qui veulent dormir, pour tapis une natte pourrie, pour oreiller une grosse pierre sur la tête ; manger, au lieu de pain, des pousses de mauves, au lieu de galette, des feuilles de maigres raves, pour escabeau avoir une tête de pot brisé aussi [...]. » ◆
ARISTOPHANE, *Ploutos,* 535 sq.

En cas de danger en effet, c'est à la ville que l'on se réfugie. Une fois l'alerte passée un certain nombre y demeurèrent. Et les auteurs anciens soulignent le gonflement du nombre des petits artisans, mais surtout une difficulté plus grande à vivre en ville. Aristophane qui n'avait jamais évoqué réellement les souffrances de la guerre, met en lumière dans ses deux dernières pièces les affres de la misère. Pauvreté d'autant plus durement ressentie que s'étale une richesse opulente. En effet, un grand nombre d'activités non seulement ne se sont pas ralenties mais ont prospéré. A l'exception des mines du Laurion dont l'exploitation est interrompue par la fuite des esclaves (vingt mille selon Thucydide), les grands chantiers ne sont pas arrêtés. Les comptes de l'Erechthéion dont nous disposons datent de 409. Les constructions navales restent actives, les transactions du Pirée ne se ralentissent pas.

■ *Un nouveau personnel politique*

On voit même apparaître les premiers banquiers privés. C'est à la fin du Ve siècle que l'affranchi Pasion fonde une banque qui lui laisse un capital de vingt talents. Les citoyens ne rougissent plus de fonder leur richesse sur des ressources mobilières. Ainsi les fabricants d'armement sont prospères. Le métèque Képhalos, père de l'orateur Lysias, a même un atelier de cent vingt esclaves. En 404 il dispose d'un entrepôt de sept cents boucliers. La richesse des tanneurs, Cléon, l'homme politique, Anytos, l'accusateur de Socrate, tient sans doute à la stabilité de ce marché. La production céramique reste importante. Certains ateliers se spécialisent. Ainsi Hyperbolos, chef du parti démocratique, ostracisé en 417, était un fabricant de lampes. On peut donc s'enrichir dans Athènes en guerre et la richesse devient même une source de pouvoir plus grande que précédemment. En ce sens la guerre a accéléré une évolution déjà amorcée.

C'est ainsi que s'affirme un nouveau personnel politique dont Cléon est le prototype. Il est malheureusement impossible de faire un portrait lucide du personnage tellement les sources qui l'évoquent, Aristophane, Thucydide, sont partiales. C'est avec eux que le mot *démagogue* a pris le sens péjoratif qui est parvenu jusqu'à nous. Mais il faut noter que c'est aussi l'époque où commence une véritable guerre idéologique. Quoi de plus tentant que de donner figure caricaturale aux excès que l'on veut stigmatiser ! La politique de Cléon était-elle si différente de celle prônée par Périclès ? En fait la rupture n'est pas là, mais dans l'origine sociale du personnage : pour la première fois ce n'est plus un aristocrate qui tient la première place, mais un riche tanneur. Et après lui lentement s'impose cette nouvelle classe aisée, dont la fortune a des bases plus variées que les ressources foncières des prédécesseurs. Au siècle suivant elle ne se distingue plus des aristocrates ; on différencie au contraire nettement les riches et les pauvres. Mais dans ce dernier quart du Ve siècle, le passage se fait lentement et il choque. On a l'impression d'être envahi par les artisans. Et l'échec d'un Alcibiade est celui de la nouvelle génération des aristocrates, pour laquelle la carrière politique n'est plus tracée d'avance mais qui ne peut se reconnaître solidaire de ces nouveaux venus. Alors il ne reste plus que l'aventure personnelle. Le patriotisme doit se confondre avec l'individu. La rupture est totale avec un Nicias ou un Périclès. Mais ce n'est pas la guerre seule qui en est responsable. Une évolution culturelle profonde a accompagné les changements sociaux que nous venons d'évoquer.

Discours d'Alcibiade à Sparte

◆ « De plus, je vous demande de ne pas me faire un crime si vous me voyez, moi qui jadis passai pour patriote, marcher résolument contre ma patrie avec ses ennemis les plus acharnés. N'imputez pas non plus mes paroles à la rancune d'un exilé. Je cherche à me soustraire à la canaillerie de ceux qui m'ont banni et non, si vous m'en croyez, aux services que je puis vous rendre. Nos pires ennemis ne sont pas les adversaires qui nous nuisent, mais ceux qui contraignent leurs amis à devenir des adversaires. » ◆

THUCYDIDE, VI, 92.

3. La génération de la guerre du Péloponnèse

L'importance du théâtre ■

L'expression théâtrale joue un grand rôle pendant ces trente années et elle est plus fortement liée que les autres arts aux événements mêmes de la guerre, comme en témoignent la carrière d'Aristophane et celle d'Euripide.

La formule d'E. Delebecque : « Il est certain que sans la guerre, Euripide eût été un grand poète, mais il se fût révélé un poète différent », s'applique plus encore à Aristophane. Ses cinq premières pièces s'inscrivent dans le cadre de la guerre de dix ans qui leur sert de toile de fond. Les pièces suivantes ont des thèmes plus larges mais sous un aspect parodique s'interrogent sur le fonctionnement politique actuel de la cité et ses valeurs. Ces sujets pris dans l'actualité immédiate et parfois la plus grave sont traités avec le parti pris de bouffonnerie exigée par le genre comique, et les plaisanteries portent aussi bien sur les dieux que sur les hommes politiques. Elles dépassent par leur verdeur et leur liberté nos chansonniers les plus acerbes ! Mais c'était la loi du genre et Aristophane ne témoigne pas en fait d'un courage si grand qu'on peut l'imaginer. On a pu le taxer de conservatisme politique, parce qu'il s'appuie un moment sur les cavaliers aristocrates, qu'il cherche souvent à idéaliser le petit paysan, méprise les professions de l'agora, ne comprend ni Socrate ni Euripide. Mais il est simplement par là le reflet de l'opinion assez commune de son époque. Le regret et l'idéalisation de la génération immédiatement précédente (les hommes de Marathon) est un phénomène extrêmement fréquent, en particulier dans les sociétés à forte dominante rurale. En fait, Aristophane est inclassable et il n'aura pas de disciples. Il a su tirer un parti remarquable d'un genre bien particulier, la comédie, par l'usage du comique verbal et d'une imagination créative jamais en défaut. Si les dernières pièces permettent de saisir la réalité quotidienne d'après guerre, Aristophane est avant tout un homme « du siècle de Périclès », celui où Athènes se sentait suffisamment sûre de sa puissance et de son régime pour pouvoir se permettre de les brocarder, dans le cadre précis des fêtes de Dionysos.

Aristophane (445/386) :	
Les Acharniens	(425)
Les Cavaliers	(424)
Les Nuées	(423)
Les Guêpes	(422)
La Paix	(421)
Les Oiseaux	(414)
Lysistrata	(411)
Les Thesmophories	(411)
Les Grenouilles	(405)
L'Assemblée des femmes	(392)
Le Ploutos	(388)

Le cas d'Euripide est bien différent, car il a été peu apprécié de ses contemporains et son succès ne s'affirme qu'à l'époque suivante dont il annonce les tendances. Ses quatre-vingt-douze pièces ne lui valurent que quatre couronnes et une cinquième après sa mort, mais dix-huit nous sont conservées grâce à la faveur dont il jouit plus tard. Euripide se présente lui-même comme un novateur, réduisant le rôle du chœur, critiquant ses devanciers, prenant des grandes libertés avec les mythes. La guerre est présente comme arrière-plan dans son œuvre ; soit qu'il se fasse le contempteur de Sparte dans *Andromaque,* soit qu'il stigmatise d'une manière plus générale les horreurs de la guerre dans *Les Troyennes.* Les siècles classiques nous ont habitués à admirer dans Euripide la description perspicace des tourments et des contradictions de

Euripide (480/406) :	
Alceste	(438)
Médée	(431)
Hippolyte	(428)
Les Héraclides	
Andromaque	
Hécube	
Les Suppliantes	
Électre	
Les Troyennes	(415)
Hercule furieux	
Iphigénie en Tauride	
Hélène	(412)
Ion	
Les Phéniciennes	
Oreste	(408)
Iphigénie à Aulis	
Les Bacchantes	

la passion (Médée, Hippolyte) et à mettre en valeur ses analyses psychologiques de caractères. C'est fausser en grande partie le sens de la tragédie ; d'ailleurs les acteurs qui jouent masqués dans des costumes stéréotypés ne cherchent pas les effets que mettent en valeur leurs héritiers modernes. « La tragédie, dit Aristote, est la représentation non des hommes mais de l'action et de la vie. » Et la dernière tragédie d'Euripide, *Les Bacchantes,* qui marque pour certains sa « conversion », nous renvoie avec plus de netteté dans l'atmosphère irrationnelle, anxieuse et déchirée des dernières années du Ve siècle. Cependant l'art du raisonnement, le goût des maximes bien placées, de l'agencement entre les parties, trahit chez Euripide la marque des courants philosophiques nouveaux, et de l'éducation des sophistes. Mal compris par ses contemporains, il symbolise ainsi leurs contradictions mêmes. C'est dans ses pièces que l'on trouve pour la première fois une critique de la guerre, de la réduction en esclavage, une attaque résolue contre le pouvoir dictatorial. Certes, ces vers sont isolés mais ils témoignent d'un courage et d'une liberté qui n'étaient pas si fréquents dans ces époques troublées.

◆ « Si la même chose était également pour tous belle et sage, les humains ne connaîtraient pas la controverse des querelles. Mais pour les mortels, il n'est rien de semblable ni d'égal sauf dans les mots ; la réalité est toute différente. » ◆
EURIPIDE, *Les Phéniciennes,* 499.

Science et philosophie

A côté du théâtre, la philosophie a maintenant pris rang dans la cité, mais elle apparaît à beaucoup en porte à faux par rapport à l'intérêt général.

Voir p. 105.

Hippocrate de Kos (460/377). Le mouvement scientifique est né – on l'a vu – au VIe siècle en Ionie. Grande Grèce et Ionie sont la terre d'élection de ces personnages admirés, redoutés mais qui paraissent, aux yeux des citoyens, marginaux. Religion et science sont pour eux deux domaines qui ne s'interpénètrent pas. C'est ainsi qu'Hippocrate, prêtre du sanctuaire d'Asklépios, définit la méthode d'observation sur laquelle repose le diagnostic médical. Sa bibliothèque, conservée par les Alexandrins, constitue l'œuvre scientifique grecque la plus ancienne que nous connaissions. Persuadé que les dieux n'interviennent pas dans le processus de guérison, sans renier pour autant sa piété traditionnelle, Hippocrate définit la morale du médecin. L'œuvre transmise sous son nom (en cours de publication) déborde de la simple étude physiologique de l'homme pour toucher à la psychologie, la politique, l'ethnologie, etc.

◆ « J'ai découvert le diagnostic permettant de savoir ce qui l'emporte dans le corps, les exercices sur les aliments ou les aliments sur les exercices ; comment il faut guérir chaque cas, prémunir la santé et empêcher l'approche des maladies, à moins d'erreurs graves. » ◆
Du Régime, III, 67.

Démocrite (460 ?/370 ?). Le philosophe Démocrite d'Abdère (en Thrace), contemporain d'Hippocrate, affirme que l'univers entier est formé d'atomes qui se heurtent ou se combinent, à l'intérieur du vide spatial.

Anaxagore. Pour Anaxagore, venu d'Ionie à Athènes en 460, le soleil, la lune et tous les astres sont des pierres incandescentes emportées par la rotation de l'éther, et l'univers est régi par une intelligence suprême qu'il appelle le *nous.*

Philosophes et savants, ils demeurent des gens d'exception qui inquiètent parce qu'ils semblent mettre en doute les dieux, mais les cités vont s'interroger bien davantage quand l'enseignement sortira de ces cercles fermés pour mettre en cause la cité.

C'est l'œuvre des **sophistes** dont l'activité se déploie surtout dans la seconde moitié du Ve siècle. D'origines diverses, itinérants par exigence professionnelle, ils ont tous séjourné plus ou moins à Athènes. Ils ne se présentent ni comme des philosophes, ni comme des savants, bien qu'ils répandent des idées nouvelles, mais comme des professeurs de rhétorique. Ils enseignent l'art de convaincre par une technique éprouvée : la dialectique. Ceci contre argent, un argent vite gagné car ils sont fort à la mode. Ils s'imposent par le prestige que leur confère leur étrangeté ; ce sont parfois des ambassadeurs d'une cité grecque : Hippias d'Élis dans le Péloponnèse fut souvent chargé de mission, Gorgias vint en 427 de Sicile pour implorer au nom des Léontins l'aide d'Athènes. De toute façon des voyageurs qui circulent dans le monde grec comme Protagoras d'Abdère. Ils proposent leur enseignement – par la parole bien sûr – aux jeunes gens qui s'attachent à eux pour ce que nous appellerions un cycle de trois à quatre ans, au cours duquel le nouveau disciple suit son maître qui s'engage à lui apprendre tout ce qu'il sait. Protagoras demandait dix mille drachmes, somme qui réservait donc l'enseignement à une classe précise. Or la demande existe. Jeunes aristocrates ou fils des nouveaux riches désirent accéder à une carrière politique qui n'est plus réservée à un seul groupe. Pour cela l'art de la parole devient indispensable.

◆ « [...] dans ces débats au cours desquels on retournait les responsabilités, les arguments et les critiques, l'habitude se formait de toujours considérer la possibilité d'une thèse contraire, et par suite [...] de tout remettre en question [...]. Les dieux, les traditions, les souvenirs mythiques ne comptaient plus : nos jugements, nos sensations, nos intérêts constituaient désormais le seul critère certain [...]. Les nouveaux philosophes entamaient ainsi une véritable révolution intellectuelle et morale. » ◆

J. de Romilly, *Les Grands Sophistes dans l'Athènes de Périclès,* Paris, 1988, p. 29.

Mais le sophiste propose davantage : l'art de convaincre, quelle que soit la cause. Et il est bien facile ensuite de démontrer que l'intérêt commun doit le céder à l'intérêt seul du disciple : Alcibiade en est l'exemple le plus éclatant. Mais quel que soit l'écho défavorable transmis par Aristophane ou Platon, qui nous donnent une image assez charlatanesque de ces éternels discoureurs, il faut souligner l'impact profond qu'ont eu les sophistes sur le mouvement intellectuel.

L'art de la dialectique, la rigueur du raisonnement dont nous voyons un si remarquable usage chez Thucydide, s'est ensuite transmis par la forme scolaire de l'éducation comme un des modes d'expression particulier au monde occidental. L'atmosphère intellectuelle de l'Athènes d'alors doit beaucoup à l'incitation permanente provoquée par les sophistes.

Socrate. C'est dans ce climat bien particulier que s'est développé l'enseignement de Socrate. Par son origine (il est fils d'un tailleur de pierre et d'une sage-femme), sa vie de citoyen athénien exemplaire (il accomplit scrupuleusement ses obligations civiques, fait la campagne de Délion, s'élève comme bouleute contre l'illégalité de la mise à mort des stratèges des Arginuses), Socrate ne ressemble pas aux sophistes. Et pourtant, Aristophane le confond délibérément avec eux dans *Les Nuées.* C'est que Socrate enseigne lui aussi à de jeunes aristocrates, parmi un public varié ; bien sûr, il ne se fait pas payer, il demeure à Athènes où tout le monde le connaît, mais lui aussi pratique une interrogation incisive qui paraît mettre en doute les croyances traditionnelles. En vérité, les Athéniens, qui avaient chassé Anaxagore, ne suscitèrent des difficultés à Socrate que lorsque les événements politiques

◆ « Je n'ai pas d'autres buts en allant par les rues que de vous persuader, jeunes et vieux, qu'il ne faut pas donner le pas au corps et aux richesses et s'en occuper avec autant d'ardeur que du perfectionnement de l'âme. » ◆

Platon, *Apologie,* 30 sq.

leur eurent fait craindre que ces enseignements nouveaux ne mettent en péril la démocratie. Alors, et alors seulement, ils lui intentèrent un procès, à l'âge de soixante-dix ans. Avant de l'aborder, voyons maintenant cette crise politique héritière à la fois de la défaite et du bouillonnement des idées nouvelles.

4. Les crises de 411 et 404 et le procès de Socrate

■ La révolution oligarchique

Voir p. 178.

Lorsque les Athéniens eurent accepté la reddition et que les Longs-Murs abattus symbolisèrent la défaite, il parut temps pour certains de renoncer au régime démocratique abhorré. Il est difficile de bien cerner la croissance de ce mouvement oligarchique. Déjà, le pamphlet attribué faussement à Xénophon, était l'œuvre d'un véritable oligarque, Athénien exilé au début de la guerre. En 411, un véritable coup d'État oligarchique remet le pouvoir aux Quatre Cents pour établir un régime de type censitaire, les hoplites seuls étant inscrits sur les rôles. Mais la flotte, mouillée à Samos se rebelle et proclame son attachement à la démocratie. C'est que le corps des citoyens est coupé en deux : les hoplites de la classe aisée à Athènes, les Thètes comme rameurs à Samos. L'épuisement du trésor rend plus lourd le poids de la guerre sur les premiers, qui voudraient se rapprocher de Sparte. Mais la césure n'est pas définitive, l'attachement à la patrie suffisamment fort dans les deux camps, pour que l'on évite une guerre civile et le rétablissement démocratique se fait en 410. L'aventure s'était terminée sans trop de larmes, beaucoup ayant ensuite retourné leur veste.

◆ « Vous aviez décrété que le gouvernement serait confié à 5 000 citoyens ; chargé de dresser la liste, il y porta 9 000 noms. » ◆ LYSIAS, *Pour Polystratos,* 13.

Été 404. C'était le cas de Théramène et de ses amis qui voudraient bien reprendre maintenant l'expérience et proposent l'application d'une prétendue constitution de Solon. Mais d'autres sont plus absolus et voudraient remettre le gouvernement aux mains d'un petit nombre, les plus forts, l'élite. Élèves des sophistes, ayant écouté Socrate, Critias et Charmides sont les représentants de cette tendance qui ne s'embarrasse pas de faux-semblants. Les deux groupes s'allient pour réclamer de la *Boulè* un changement de constitution. Devant sa résistance, on fait appel à Lysandre dont la flotte mouille au Pirée. En sa présence, on nomme une commission de trente membres. Une nouvelle *Boulè,* nommée, remplace l'ancienne ; dix Athéniens sont préposés à l'administration du Pirée avec Charmides. Et tout de suite le groupe oligarchique prend l'initiative en lançant des proscriptions ; les démocrates les plus en vue fuient à Thèbes et Mégare. Théramène exige la constitution d'un corps de citoyens ; on lui en accorde trois mille dont on établit rapidement la liste : ceux qui ne s'y trouvent pas ne bénéficient plus des garanties judiciaires.

Théramène :

◆ « Il me surnomme Cothurne, parce que je m'efforce de m'adapter aux uns et aux autres [...]. Pour moi, Critias, j'ai toujours été hostile à ceux qui pensaient qu'il ne pourrait y avoir de belle démocratie sans la participation au pouvoir des esclaves et de ceux qui vendraient par misère la cité pour une drachme ; d'un autre côté, je suis toujours opposé à ceux qui ne pensent pas qu'une belle oligarchie puisse se former sans que la cité soit soumise à la tyrannie d'une minorité ; mais gouvernée avec ceux qui ont les moyens d'intervenir avec chevaux et boucliers, depuis longtemps je pense que c'est la meilleure solution et je le pense toujours. » ◆ XÉNOPHON, *Helléniques,* II, III, 47-48.

Automne 404. Puis c'est la reprise des proscriptions : on s'attaque maintenant aux gens riches, particulièrement aux métèques. C'est par le plaidoyer, quelques années plus tard, du métèque Lysias, que nous avons une idée assez vivante de la manière dont se déroulent les événements. Pour un Socrate prenant le risque de refuser d'arrêter un citoyen sur l'ordre des dix, combien, par peur, se compromettent ? Mais Théramène s'insurge ; ce n'est pas là ce qu'il voulait. Critias le fait rayer de la liste des trois mille. Arraché à l'autel où il s'était réfugié, il boit la ciguë avec un courage qui réhabilite le politicien retors.

Voir LYSIAS, Sur le meurtre d'Eratosthène.

Cette fois-ci, les compromis deviennent difficiles, d'autant que les démocrates exilés se sont regroupés et ont repris la forteresse de Phylé au nord de l'Attique. Ne pouvant les déloger, les Trente s'emparent d'Éleusis dont ils sacrifient une partie de la population. Mais une nuit, un petit groupe sous la conduite de Thrasybule s'empare de Mounychia, une forteresse du Pirée. Critias meurt en voulant la récupérer et voilà Athènes coupée en deux : dans la ville gouvernent les trois mille (ce qui reste des Trente s'étant barricadé à Éleusis), au Pirée se trouvent les démocrates dont les troupes se renforcent et auxquelles viennent s'adjoindre bon nombre de métèques et même d'esclaves. Acculés, les oligarques font appel à Lysandre qui accourt. Alors Sparte intervient et envoie son roi Pausanias : la politique de Lysandre devient trop personnelle. Pausanias sert d'intermédiaire entre les deux groupes. Paradoxe, Sparte sert de caution pour un rétablissement de la démocratie mais d'une démocratie modérée. On craint en fait un trop grand succès des démocrates menés par Thrasybule, un appui trop ouvert de Thèbes ou Mégare : mieux vaut une Athènes, même démocrate, fidèle à l'alliance spartiate.

Voir carte p. 314 A.

Automne 403. C'est sur ces bases que s'opère la réconciliation dont Aristote nous a transmis les clauses qui furent respectées. Pour éviter des départs trop massifs vers Éleusis, on clôt très vite les proscriptions. Anciens oligarques, indifférents, démocrates extrêmes ou modérés sont condamnés à s'entendre, d'autant que Sparte est là, et le désir profond de sortir la cité de l'abime où elle est plongée est probablement le ciment qui permet la modération des crises. Seuls les derniers des Trente réfugiés à Éleusis sont mis à mort en 401. Cette modération s'exprime par un conservatisme prudent : on refuse le décret de Thrasybule qui propose d'inscrire sur les rôles de citoyens tous ceux qui s'étaient battus pour la démocratie, de peur que certains esclaves ne s'infiltrent. On accorde ce droit de cité seulement à ceux qui avaient rejoint les démocrates à Phylè, d'autres ne bénéficient que de l'*isotélie* (égalité des charges fiscales). Belle occasion perdue de renouveler le corps des citoyens. On renouvelle d'ailleurs la loi qui n'accorde le droit de cité qu'à ceux qui sont nés de père et mère athéniens. Les privilèges (le *misthos* est étendu à l'*Ekklèsia* et augmenté) doivent leur être réservés. Inversement, on repousse le décret de Phormisios qui propose de retirer le droit de citoyen à ceux – cinq mille environ – qui

◆ « Personne ne pourra reprocher le passé à quelqu'un, sauf en ce qui concerne les Trente, les Dix, les Onze et ceux qui ont commandé au Pirée et pas même à eux, une fois les comptes rendus. » ◆
ARISTOTE, *Constitution d'Athènes,* 39.

n'ont pas de biens fonciers. Les Athéniens se retrouvent donc unis en vertu d'un consensus reposant sur le retour aux vieilles valeurs qui ont fait leurs preuves. De fait, Athènes ne connaîtra pas de mouvement oligarchique au IVe siècle : ses partisans ne disposent pas d'une assise réelle dans le corps des citoyens, seuls les événements extérieurs avaient facilité leur victoire et leurs excès ont tellement traumatisé les Athéniens qu'on n'ose plus se réclamer de leur idéologie.

La situation n'est d'ailleurs pas brillante vers 400. Plus de flotte, donc plus de chantiers, très peu d'argent, l'alliance humiliante avec Sparte, à laquelle on doit envoyer des contingents. C'est dans cette conjoncture que s'ouvre en 399 le procès de Socrate.

Le procès de Socrate (399)

Sur la procédure judiciaire, voir p. 226.

Comme tout procès athénien, l'accusation est portée par des simples citoyens. Au printemps 399, un jeune poète, Mélétos, affiche sur le portique de l'archonte-roi sa plainte. Un orateur, Lykon, le fils d'un riche tanneur, Anytos, la contresignent. Elle est jugée par une commission de 501 héliastes tirés au sort. Les deux premiers accusateurs sont des comparses, mais Anytos fait partie de ce groupe de démocrates modérés qui domine la ville ; ami de Théramène, il a rallié le parti de Thrasybule. Ses chefs d'accusation sont d'ailleurs traditionnels ; ce sont les reproches mêmes qu'Aristophane adressait à Socrate en 425 : ne pas croire aux dieux et corrompre la jeunesse. Parmi la jeunesse qui avait suivi Socrate, qui pouvait-on voir ? Alcibiade, le traître Critias, l'oligarque Xénophon, parti à l'époque avec des mercenaires spartiates, Platon, le jeune aristocrate cousin de Critias et d'autres, bien sûr, des démocrates, mais à l'heure de la restauration ces noms pesaient lourd. D'ailleurs, ces procès d'impiété étaient fréquents ; Anaxagore avait dû quitter Athènes pour cela. On pouvait rire des dieux à l'intérieur des normes prévues – la parodie, la comédie – mais les mettre en doute sérieusement, c'était mettre en doute la cité. Et pourtant, on avait toléré Socrate longtemps. Mais la cité est sous le coup de son échec, véritablement traumatisée par la défaite et la révolution oligarchique. D'un certain point de vue, Socrate joue le rôle de bouc émissaire.

Socrate prend sa défense lui-même, refusant l'appui des logographes célèbres ; tout de suite, il élève le débat : voilà ce qu'il est, il ne changera pas. C'est faire injure aux jurés que de croire qu'ils ne comprenaient pas la portée de ces professions de foi. Mais à l'heure où l'on prônait austérité et compromis, comment approuver une telle attitude ? 281 héliastes le déclarent coupable des chefs d'accusation, 220 l'absolvent. Reste à fixer la peine. Selon la loi, c'est au jury de décider entre deux partis : la peine proposée par l'accusateur, celle que propose à son tour l'accusé. Vu le partage des voix, la coutume aurait voulu que le condamné propose une faible amende. Elle aurait sûrement été votée. C'est le conseil donné par ses amis ; c'est le vœu des jurés qui en seraient bien soulagés. Or, le vieil homme de soixante-dix ans propose d'être nourri et

◆ « Vous verrez croître le nombre de ces enquêteurs que j'ai retenus jusqu'à présent, sans que vous vous en aperceviez car si vous croyez qu'en tuant les gens vous empêcherez qu'on vous reproche de vivre mal, vous êtes dans l'erreur. » ◆ Platon, *Apologie,* 38 sq.

logé au prytanée, ce qui est le symbole des remerciements accordés par la patrie aux services rendus. Décidément, il se moque des jurés. Malgré une tardive proposition d'amende, la condamnation à mort est cette fois votée avec un plus grand nombre de voix. Mais au fond, les Athéniens ne tiennent peut-être pas à la mort de leur concitoyen. L'application de la peine n'est pas immédiate pour une raison religieuse. Socrate pourrait s'enfuir. Ses amis le pressent, ils savent qu'on fermera les yeux. Mais Socrate refuse. Il n'est pas un philosophe ambulant comme Anaxagore. Citoyen athénien, il aime passionnément sa ville, et n'a-t-il pas voulu cette mort puisque les Athéniens n'acceptent plus qu'il les poursuive dans les rues comme un taon ? Cette fin volontaire suscite chez ses deux jeunes disciples, Platon et Xénophon, des récits passionnés du procès et de la mort de leur maître ; ils font surgir devant nous la figure énigmatique de Socrate connue par les seuls récits de ses élèves et les allusions d'Aristophane. Contradictions entre ce Socrate ascète et moraliste de Xénophon et le philosophe incisif de Platon ? Moins qu'on ne le dit. Chacun des disciples a évoqué avec son tempérament celui qui, par son ironie persuasive et sa quête passionnée de la vérité, avait fait « accoucher » le jeune homme de sa propre vérité. Socrate est bien ce « taon de la cité » qui ne rentre dans aucun cadre, maîtrisant sa propre vie comme sa mort, à une époque passionnée et féconde. Dix ans après l'avoir condamné, les Athéniens permirent à son disciple Platon d'ouvrir son école, l'Académie. La philosophie avait droit de cité, mais le philosophe avait quitté l'Agora. Une époque était révolue.

◆ « Mais voici l'heure de nous en aller, moi pour mourir, vous pour vivre ; qui de nous a le meilleur partage, nul ne le sait excepté le dieu. » ◆
PLATON, *Apologie,* 41 sq.

Pour approfondir ce chapitre

Présentation de cette époque dans P. BRIANT et *alii,* (cf. p. 6) et Ed LÉVY (cf. p. 6). **Pour la guerre du Péloponnèse**, il est indispensable de se référer à THUCYDIDE (Les Belles Lettres, La Pléiade, Garnier-Flammarion et Le livre de Poche). Bibliographie dans E. WILL, *L'Orient et la Grèce,* I (cf. p. 6), p. 291. Une étude discutable mais foisonnante d'idées et d'informations : G.E.M. de STE CROIX, *The Origins of the Peloponnesian War,* Londres, 1972. Deux ouvrages analysent **la mentalité athénienne** et le regard jeté par les Athéniens sur leur propre cité : E. LÉVY, *Athènes devant la défaite de 404,* Paris, 1976, et N. LORAUX, *L'Invention d'Athènes,* Paris-La Haye, Mouton, 1981. **Sur l'évolution sociale** proprement dite (cf. p. 174), bibliographie dans E. WILL. **Pour la tragédie et la comédie,** aux indications générales données p. 4 et p. 139, ajouter R. GOOSSENS, *Euripide et Athènes,* 1962 et E. DELEBECQUE, *Euripide et la Guerre du Péloponnèse,* Paris, 1951 ; une biographie toujours utile, J. HATZFELD, *Alcibiade,* Paris, 1951.

Sur l'atmosphère intellectuelle pendant la guerre du Péloponnèse, les ouvrages abondent : bibliographie dans WILL, p. 473 ; W.C.K. GUTHRIE, *Les Sophistes,* Payot, trad. 1976 ;

THUCYDIDE : issu d'une riche famille aristocratique qui possédait des mines d'or en Thrace, il fut un stratège malheureux en 424, et l'exil sanctionna son échec à Amphipolis. Réfugié en Thrace, il se consacre à l'histoire de la guerre. Son récit s'arrête en 411, mais plusieurs allusions prouvent qu'il a connu les événements de 404 et n'a pas achevé son œuvre.

J. de Romilly, *Les Grands Sophistes dans l'Athènes de Périclès*, de Fallois, 1988 ; H.-I. Marrou, *Histoire de l'Éducation dans l'Antiquité*, Paris, 1964. Sur ce point, il faut se référer aux textes essentiels : Platon, *L'Apologie de Socrate, Le Criton, Le Phédon, Le Banquet* ; Xénophon, *Entretiens mémorables de Socrate* et *Apologie*. Sur la médecine, J. Jouanna, *Hippocrate*, Fayard, 1991. Sur les **crises oligarchiques**, deux textes essentiels : Thucydide, livre VIII, 47-99, avec l'*Excursus* dû à A. Andrewes dans W. Gomme et *alii*, *Historical Commentary on Thucydides*, V, 1981, p. 185-256, et Aristote, *Constitution des Athéniens*, avec le commentaire de P. J. Rhodes, Oxford, rééd. 1993, et M. Piérart éd. (cf. p. 234). Sur les gouvernements oligarchiques, voir Fr. Ruzé (cf. p. 106), p. 471-521.

L'étude de la société et de la démocratie grecque ont suscité des analyses passionnées qui se réfèrent plus ou moins explicitement à des comparaisons contemporaines ; par exemple : une enseignante traditionaliste française, J. de Romilly, *La Grèce antique à la découverte de la liberté*, de Fallois, 1989 ; un Américain chassé de son pays par le mac-carthysme, M.-I. Finley, *Démocratie antique et Démocratie moderne*, Paris, 1976, Petite bibliothèque Payot, avec une préface de P. Vidal-Naquet qui évoque l'image de la démocratie grecque à travers l'histoire. Dès l'Antiquité, un pamphlet, datant des environs de 430 (?), mais attribué longtemps à Xénophon (l'auteur, appelé aussi « Le vieil Oligarque », nous reste inconnu), *La République des Athéniens*, critique le système ; voir sa présentation par L. Canfora, *La Démocratie comme violence*, Desjonquères, trad. 1989. **Sur les questions de législation et de justice**, D. M. Mac Dowell, *The Law in Classical Athens*, Thames and Hudson, 1978, propose une synthèse claire. Plus de détails dans A.R.W. Harrison, *The Law of Athens*, 2 vol., Oxford, 1968 et 1971. Voir aussi la bibliographie p. 234.

13

Les franges du monde grec
(V^e et IVe siècles)

Le développement de la puissance d'Athènes, le rayonnement de sa civilisation, dominent tout le Ve siècle dans le vieux monde grec. Mais il n'en est pas de même pour le monde colonial qui a son rythme propre. Si les liens avec les métropoles restent importants sur le plan religieux, parfois diplomatique, les problèmes qui se posent sur les bords du bassin occidental de la Méditerranée et autour de la mer Noire sont différents de ceux des cités de la mer Égée. Les Grecs sont là en pays étranger. Il leur faut tenir compte de voisins souvent encombrants. Les solutions qu'ils adoptent dans le domaine politique peuvent être différentes, le poids des traditions est moins fort. La richesse dont ils disposent, l'étendue des terres, les possibilités d'échanges sont souvent plus grandes. Pour toutes ces raisons, chaque région géographique a sa propre histoire, mais on retrouve, malgré la distance, des points communs dans les solutions adoptées.

1. Grande Grèce et Sicile grecque

Des cités rivales

Voir carte p. 308 B.

A la fin du Ve siècle, les Grecs occupent les côtes méridionales de l'Italie (la Grande Grèce) depuis Cumes jusqu'à Tarente, et les deux tiers des côtes siciliennes, Carthage gardant l'extrémité occidentale avec Motyé, Panorme et Solus. Mais cette occupation grecque n'est pas unifiée, chaque cité défend son territoire âprement et les luttes sont continuelles ; ainsi, en 511, Sybaris sera complètement détruite par Crotone. En Grande Grèce, les cités restent isolées sur la bande côtière. Le relief intérieur montagneux abrite des populations indigènes plus belliqueuses au Ve siècle (Samnites, Iapyges). Des voies de portage semblent avoir existé puisque certaines villes du sud, Sybaris, Locres, avaient fondé des colonies sur la mer Tyrrhénienne. Mais elles sont peu utilisées et il faut passer par le détroit de Messine gardé par Rhégion. Au nord, les Étrusques mordent sur la Campanie et restent des intermédiaires obligés. Dans cet univers fragmenté, les cités ont souvent mené des politiques indépendantes sinon rivales.

Tarente. Au nord, Cumes, après avoir fondé Néapolis, ne garde plus qu'un rôle religieux d'abri de la Sibylle et de gardienne des portes de l'enfer. Au milieu du Ve siècle, les Sammites dominent toute la Campanie. Au sud, Tarente est installée sur le seul site portuaire d'une côte marécageuse, sur une presqu'île qui verrouille une rade exceptionnelle (Mare Piccolo). Elle s'était acquis, comme le prouvent les nécropoles, un territoire cultivable sur un arc de cercle d'une dizaine de kilomètres. Au-delà restaient implantés les villages indigènes, avec lesquels elle entretenait des relations commerciales, mais qui lui infligèrent une défaite sévère en 473. Elle cherche donc plutôt à s'étendre sur la côte en

◆ « Alors que le golfe de Tarente est en majeure partie dépourvu de ports naturels, Tarente elle-même dispose d'un très vaste et très beau port de cent stades de tour, fermé par un grand pont. Le fond du port détermine l'isthme qui sépare Tarente de la mer libre et la ville est située sur la presqu'île. » ◆
STRABON, VI, 3, 1.

fondant, avec l'aide de Sparte, Héraclée face à sa rivale Thourioi (fondée par Athènes sur le site de Sybaris). Malgré ces difficultés, la prospérité de Tarente est indéniable ; à l'origine gouvernée par un roi, proche du modèle spartiate, elle a, depuis 470, une démocratie modérée, louée par Aristote. Une assemblée populaire, un conseil, des magistrats rappellent ceux d'Athènes. Mais les stratèges, à qui appartient le pouvoir exécutif, ne sont pas rééligibles, et certaines charges sont électives, d'autres tirées au sort.

Crotone. C'est autour de la ville de Crotone que semble s'organiser, dans le premier quart du Ve siècle, une fédération de cités. L'impulsion donnée par la présence de Pythagore (vers 530), puis par l'activité de ses disciples liés aux oligarques, n'y est pas étrangère. Mais nous ne savons rien de vraiment sérieux sur ce premier pythagorisme. Une violente insurrection, au milieu du Ve siècle, lance toutes les cités contre la secte qui entre alors dans la clandestinité et une nouvelle ligue de cités italiotes se constitue à la fin du Ve siècle.

Voir p. 70.

Rhégion. Enfin, sur l'Isthme, la ville de Rhégion continue à tirer parti de son site d'*emporion*. Son tyran, Anaxilas, profite des difficultés de sa rivale, Zancle, à la fin du VIe siècle pour s'en emparer avec l'aide de réfugiés messéniens et lui donner le nom de Messine. Mais très vite, elle se trouve en butte aux ambitions des Siciliens.

Sicile. En Sicile, on constate en effet des tentatives d'unification grecque. La population de l'île est partagée entre les Carthaginois à l'ouest, les indigènes sicanes et sicules à l'intérieur, les villes grecques sur la côte. Mais on assiste à une progressive hellénisation des indigènes, souvent utilisés comme mercenaires et à un brassage de populations.

HÉRODOTE VII, 153-167.

Voir p. 88 sq.

L'histoire de la Sicile au début du Ve siècle est dominée par celle de la ville de Syracuse et de ses tyrannies. Les tyrannies étaient apparues en Sicile à l'époque archaïque comme dans le reste de la Grèce. Mais elles se développent à la fin de cette période, alors même qu'elles disparaissent en Grèce. Ce sont des monarchies militaires appuyées sur des contingents civiques et des mercenaires indigènes. Elles jouent souvent des oppositions entre aristocrates et démocrates, se servant cyniquement d'une faction contre l'autre et n'hésitant pas à déporter des populations, à donner des droits civiques à leurs fidèles. Les tyrans tendent donc à former des États personnels et l'évolution diffère de celle poursuivie en Grèce. Les tyrannies apparaissent à Agrigente (Akragas) avec Théron en 489, à Géla avec Hippocrate qui parvient à s'emparer du territoire de Camarina. Gélon, un de ses collaborateurs, prend le pouvoir en 485. Il profite de l'opposition à Syracuse entre l'aristocratie des *gamoroi*, et le *dèmos* (allié à la population sicule, les Kyllyriens) pour s'y installer, confiant Géla à son frère Théron. A la tête du plus important État jamais constitué en Sicile, il en bouleverse la population (la moitié de la population de Géla est installée à Syracuse, Kamarina est détruite, Mégara Hyblaea aussi, les aristocrates sont faits citoyens de

Les Déinoménides à Syracuse

DEINOMÉNÈS

- Gélon (482-478)
- Hiéron (478-466)
- Polyzalos tyran à Géla
- Thrasybule (466)

Syracuse, le reste de la population vendu). Il peut ainsi se constituer une flotte et une armée capables de faire face aux Carthaginois appelés par un tyranneau local. Et c'est en 480 la bataille d'Himère. L'armée carthaginoise (trois cent mille hommes au dire d'Hérodote) est séparée de sa flotte (deux cents navires) incendiée et doit se rendre. La légende a grossi l'importance d'une bataille qu'elle voulut placer le même jour que celle de Salamine. Mais il est indéniable que la victoire d'Himère a deux conséquences : elle repousse les Carthaginois pour tout le Ve siècle, dans leurs possessions à l'extrémité de l'île ; elle donne un très grand prestige à la tyrannie des Déinoménides. Elle est complétée par la victoire de Cumes sur les Étrusques, qui assoit définitivement la puissance de Syracuse.

La ville s'étend alors sur les quartiers de Néapolis et Tyché sur le continent, une seconde agora est fondée. Des temples sont élevés à Déméter, Koré, Athéna. Un premier théâtre est taillé dans le roc. La Cour des Déinoménides brille d'un grand éclat. On chante la victoire de leurs équipages à Olympie, ils y consacrent des ex-voto : ainsi, le célèbre Aurige de Delphes, cocher en bronze, commandé à un sculpteur attique par le tyran Polyzalos pour commémorer une victoire pythique. Les poètes Pindare, Simonide, viennent de Béotie ou de Kéos pour célébrer leurs mérites. Eschyle y est bien accueilli et meurt à Géla. Enfin, Epicharme, né à Kos, devient un de leurs protégés. Il crée, à partir des *komoi* (processions burlesques de campagnards), la comédie dont on sait le profit qu'en tire Aristophane.

Voir carte p. 319 D.

◆ « Le souverain qui gouverne Syracuse, plein de douceur pour ses citoyens, sans jalousie pour les bons, admiré comme un père par les étrangers. » ◆
PINDARE, *Pythique,* 3.124.6.

Ainsi, la tyrannie, avec ses caractères bien particuliers, a profondément remodelé la Sicile dans la première moitié du Ve siècle. Mais les tyrans sont victimes de leur succès et balayés par les corps nouveaux de citoyens qu'ils avaient constitués. Dans la plupart des cités s'établissent alors des régimes démocratiques ; à Agrigente, le célèbre philosophe Empédocle domine la vie politique de sa cité.

La révolte de Doukétios. L'ensemble de la Sicile est secoué par un nouveau péril : une révolte indigène menée par le sicule Doukétios, ancien mercenaire qui parvient à constituer un État sicule dans le centre de l'île avec une capitale à Palice dans la plaine. Alors, la solidarité des cités grecques se réveille ; Syracuse rassemble ses troupes, l'armée de Doukétios est battue, et son chef exilé à Corinthe ; désormais toute la Sicile est hellénisée, Syracuse s'est reconstitué un véritable État territorial et se donne une constitution démocratique modérée. Elle peut faire face à l'assaut d'Athènes dont elle sort fortifiée. Il est temps, car de nouvelles difficultés se préparent.

Voir p. 178.

Le réveil carthaginois ■

Carthage s'est transformée au cours du Ve siècle, a développé son terroir agricole en Tunisie et dispose d'une organisation politique et de ressources militaires plus stables. Elle reprend l'offensive en Sicile contre les cités limitrophes et c'est la fin tragique de Sélinonte, puis d'Himère en 409, d'Agrigente en 406. Près de 120 000 hommes, dit-on ont été amenés dans l'île et les Syracusains ne peuvent, au début, s'y opposer efficacement.

Denys l'Ancien (405-367)

Un lieutenant du stratège Hermocratès (l'ancien vainqueur des Athéniens), Denys, en profite pour se faire élire stratège *autocratôr,* appuyé à la fois par l'ancien entourage d'Hermocratès et les éléments populaires de Géla ; il va régner quarante ans et apparaître en Grèce comme le tyran par excellence.

C'est aux ingénieurs appelés par Denys l'Ancien que l'on doit des innovations sur les machines de guerre : les premières catapultes pour envoyer des flèches, les balistes pour envoyer des pierres.

Or, nous retrouvons pour Denys les éléments typiques des tyrannies siciliotes. Issu d'un milieu populaire, il a profité des difficultés extérieures ; s'appuyant sur une garde personnelle, il s'attaque souvent aux riches dont il confisque les biens, il libère leurs esclaves dont il fait des *néopolitai* (nouveaux citoyens), masse de manœuvre dont il sait tirer parti. Mieux encore que les Déinoménides, il s'assure une stabilité territoriale. Après trois expéditions difficiles, une paix de compromis avec Carthage fixe les frontières à l'Halycos. Le reste de la Sicile est peu à peu conquis et Denys s'attaque à l'Italie du Sud. Malgré leur résistance, les principales cités de la ligue italiote tombent ; seules Tarente, gouvernée par le sage Archytas, et Thourioi conservent leur indépendance. Le tyran fait une expédition jusqu'en Adriatique, embauche des mercenaires celtes : c'est la plus grande puissance de la Méditerranée occidentale, d'autant que Rome est, à ce moment, paralysée par les raids celtes. Il dispose de 400 navires, on évalue son armée de terre à 50 000 hoplites et 10 000 cavaliers. Il a doté Syracuse dont l'agglomération atteint près de 380 000 habitants, de redoutables fortifications sur le plateau des Épipoles, fermées par le verrou du fort de l'Euryale qui sera achevé au IIIe siècle. L'embellissement de la ville se poursuit ; le tyran, qui a des prétentions littéraires, s'entoure d'une cour de lettrés, mais il les traite mal et Platon en partira.

Voir carte p. 319 D.

Cependant, en Grèce, il est accueilli avec mépris ; c'est avec lui que le mot tyran prend son sens péjoratif. Et les anecdotes les plus sombres courent sur son compte. Enfermé dans son château de l'île d'Ortygie, il soupçonne tout le monde de vouloir l'assassiner, se fait raser par ses filles avec des coquilles de crainte du couteau du barbier... Les exemples de la folie de Denys sont nombreux et ils reflètent à la fois la fascination exercée par sa puissance politique sur la Grèce des cités en crise, et la crainte des classes supérieures devant l'indifférence superbe de Denys pour les hiérarchies sociales dont il utilise les oppositions. Mais en cela, il diffère peu de la tradition tyrannique siciliote antérieure. Ce qui est nouveau, c'est son titre d'archonte de Sicile, c'est la notion d'un État territorial qui déborde le cadre de la cité. Mais son entreprise ne lui survit pas. Son fils Denys le Jeune est un incapable.

Sur Syracuse, voir P. Carlier (cf. p. 6), p. 169-196.

Timoléon (344-337)

Après des tentatives de tyrannies locales, les Syracusains font appel à leur ancienne métropole, Corinthe, qui leur envoie un juste, Timoléon, dont l'entreprise est étonnante. Nous la connaissons par Plutarque qui ne tarit pas d'éloges : voici un simple citoyen, le sage par excellence, capable d'exiler Denys le Jeune, de démanteler la citadelle d'Ortygie, d'imposer la paix à Carthage, de donner à Syracuse une constitution censitaire. Il rappelle les bannis et tente une dernière entreprise de colonisation en faisant appel à 60 000 colons venus de toute la Grèce. Et beaucoup de villes et de régions ruinées par les Carthaginois peuvent se relever de leurs ruines. Une entreprise originale donc, mais qui appartient bien au IVe siècle : Timoléon s'appuie sur des mercenaires et veut tirer parti de tous les déracinés de cette époque. En même temps, il semble tenté de mettre en œuvre les conseils de Platon et de sauver l'idéal de la cité. Mais déjà ceux-ci sont dépassés.

◆ « Voici quelle était la situation de Syracuse avant l'envoi de Timoléon en Sicile [...]. La ville changeait sans cesse de maître et accablée de maux, était sur le point de devenir un désert ; quant au reste de la Sicile, une partie se trouvait désormais, par suite des guerres, absolument dévastée et dépourvue de villes. » ◆
PLUTARQUE, *Vie de Timoléon,* I

La situation politique au milieu du IVe siècle

On peut esquisser un tableau des institutions de cités de Grande Grèce, grâce aux tablettes de bronze du sanctuaire de Zeus à Locres, et aux tables d'Héraclée, longue inscription sur bronze. Il s'agit des comptes de temples (emprunts et prêts dans le premier cas, affermage de terrains dans le second). Les magistrats et les assemblées des cités interviennent pour passer et contrôler ces contrats, nous avons ainsi quelques indications. A Locres, il y a une assemblée (le *damos*) avec un conseil *(Bôla)* ; les magistratures sont annuelles, groupées en collèges de trois membres, l'ensemble des citoyens étant réparti en trois tribus. A Crotone et Rhégion ce sont des régimes oligarchiques, avec des assemblées restreintes sans doute aux citoyens grands propriétaires (ex. : les Mille à Rhégion).

De toute façon, dans toutes les cités, même de régime démocratique, le poids et la composition de ce *dèmos* ne sont pas du tout les mêmes qu'en Grèce. Les grands propriétaires y jouent un rôle important et semblent prêts à s'allier avec l'extérieur pour faire face aux difficultés internes. Si Tarente élit sept fois le sage Archytas comme stratège de 367 à 360, celui-ci s'appuie en fait sur des mercenaires.

Cette histoire politique troublée, cette impuissance à réaliser un consensus, soit sur le modèle de la cité, soit sur celui d'un État, n'empêchent pas ces régions de connaître une remarquable prospérité économique jusqu'au IIIe siècle.

La prospérité économique

Celle-ci repose d'abord sur une exploitation systématique des ressources agricoles dans un but spéculatif.

L'agriculture. La photographie aérienne et l'exploitation archéologique nous ont ainsi montré à Métaponte, de chaque côté du fleuve Basento, les deux plateaux striés de longs fossés rectilignes qui sans tenir compte des accidents du terrain, déterminent des parcelles de 210 à 240 mètres de large sur une longueur de près de 10 kilomètres. Le tout couvre environ 40 km². Il s'agit là des parcelles divisées entre les chefs de famille, et destinées à être cultivées. Au-delà, une terre commune inculte et composée de bois et pâturages. Des silos près de la ville de Siris, répartis sur près de 18 hectares, des entrepôts près de la porte du canal de Métaponte, confirment l'organisation générale de ce type d'exploitation, très différent de ce que nous avions vu en Grèce. On produit pour vendre à grande échelle, on entrepose les stocks. Nous savons ainsi qu'Agrigente fournissait les Carthaginois en vin, et que les céréales à l'époque archaïque étaient redistribuées par les Corinthiens. A l'époque classique nous ne connaissons pas les intermédiaires mais les marchés se sont notablement élargis vers l'ouest et l'est. S'y ajoutent le poisson séché de Tarente et sans doute la laine des troupeaux dont nous parlent les textes.

Voir pp. 75 et 165 sqq.

Bonnes illustrations et références aux fouilles, sur la Sicile, par S. Collin-Bouffier, dans Dossiers de l'Archéologie, *n°225, 1997.*

L'artisanat. La production artisanale est, elle aussi, orientée vers l'exportation, bronzes de Rhégion (le fameux vase de Vix venait peut-être de là), textiles de Syracuse et Tarente, qui s'est fait une spécialité de la teinture de pourpre. Les pêcheurs et les importateurs de pourpre y sont exempts d'impôts. On le voit, les cités sont conscientes de leurs intérêts et pratiquent probablement des tarifs préférentiels qui expliquent certaines de leurs dissensions.

■ *Grecs et indigènes*

Monnaie de Métaponte (IVe siècle)

Cette orientation de l'économie pose un certain nombre de questions ; et d'abord, qui cultivait ces terres ? Les indigènes réduits à l'état de servage : ainsi, à Syracuse, les Kyllyriens qui sont utilisés par les grands propriétaires, les *gamoroi* ? C'est sûrement vrai pour les premiers temps, mais nous avons vu la politique constante de transferts de populations en Sicile. L'appel de Timoléon semble prouver qu'au milieu du IVe siècle, on cherche des colons grecs pour cultiver la terre. Et l'archéologie montre à cette époque l'apparition de fermes disséminées.

Les recherches ont été fortement poussées sur ce point depuis les années 60. Elles ont fait découvrir autour des grandes cités des cercles de villages indigènes avec leurs nécropoles qui accueillent parfois jusqu'à deux tiers d'objets grecs. Une partie de la production des cités est donc orientée vers les marchés indigènes. Mais ceux-là, en s'hellénisant, conservent leur originalité et on voit ainsi se développer au IVe siècle une **céramique apulienne** à figure rouge qui laisse la première place aux scènes de mimes et comédies et dont les recherches picturales s'affirment, alors même que la qualité décline en Grèce propre. Au IVe siècle, avec la multiplication de grosses fermes et de nombreux villages s'esquisse une symbiose entre ville et campagne, les sanctuaires ruraux formant une ceinture intermédiaire.

■ *Les villes*

Mais les villes restent le symbole hellénique par excellence, et beaucoup de ces cités d'Occident nous en apportent un témoignage éclatant. La cadastration de la campagne est sans doute liée au plan orthogonal, réservant vergers et maisons, comme nous l'avions vu illustré à Mégara Hyblaea. Mais on est surtout sensible à l'éclatante réussite des constructions. Les enceintes qui, très tôt, enferment chaque cité se sont améliorées pour arriver à la réussite finale des fortifications de l'Euryale avec ses murs en pierre de taille. Les temples sont parmi les mieux conservés du monde grec. Ainsi, à Posidonia (Paestum), à la « Basilique » archaïque de 550 s'ajoutent un temple d'Athéna à la fin du VIe siècle et au milieu du Ve un temple dit de Neptune. D'ordre dorique, ce dernier, par ses dimensions et les raffinements destinés à corriger les illusions d'optique, rappelle le Parthénon qu'il précède dans le temps. C'est aussi à Paestum qu'ont été mis au jour en 1970, les tombes qui nous ont livré des peintures d'une extraordinaire fraîcheur, les plus anciennement connues du monde grec (480). A l'époque classique, Sélinonte ajoute quatre temples sur son acropole qui en comptait déjà le même nombre. Mais c'est Agrigente qui nous permet de saisir l'originalité de l'urbanisme. Audacieusement installée sur des terrasses étagées au flanc d'une acropole, elle pouvait loger 200 000 habitants dans les 1 500 hectares délimités par son enceinte. La terrasse la plus basse avait été réservée pour les dieux ; dix temples sont construits au Ve siècle, avec le calcaire coquillier de la région, tous d'ordre dorique ; ils témoignent par leur sévérité et leur rigueur de la richesse et de la piété de la ville.

Voir p. 75.

Voir plan de Syracuse.

Voir carte p. 319 D.

◆ « Agrigente, la plus belle des villes mortelles » ◆
PINDARE, *Pythique,* XII, 1.

L'éclat intellectuel ■

On a vu que les cours des tyrans de Syracuse ont joué un rôle important de foyer intellectuel et attiraient les écrivains de toute la Grèce. Certaines écoles de philosophie ont connu un éclat particulier. Ainsi celle d'Élée. Après **Xénophane** qui nie toute ressemblance entre les dieux et les hommes, **Parménide** développe la théorie de l'être éternel et immuable. Nous connaissons sa pensée par les fragments de son poème dont la forme était celle de la *Théogonie* d'Hésiode, mais avec un tout autre souffle. **Empédocle,** qui dirigea Agrigente plusieurs années, médecin, poète et philosophe, écrit environ cinq mille vers, dont un poème sur la nature. Aux quatre éléments des Milésiens, il associe l'Éros cosmique qui devient chez lui l'amour *(philotes)* et la discorde. Il refuse les dieux anthropomorphiques, et paraît influencé dans son mode de vie par les courants pythagoriciens.

Le **pythagorisme**, qui semble avoir exercé une grande influence, est difficile à cerner. Nous connaissons par des lamelles d'or inscrites trouvées dans des tombes à Thourioi et Petelia au IVe et IIIe siècles, des invocations pour conduire le mort dans l'autre monde. Elles se rapprochent de doctrines mystiques et populaires issues de l'orphisme. Mais nous distinguons mal le lien avec la secte politique des disciples du maître qui avait dominé le gouvernement de certaines cités au Ve siècle. On distinguera les mathématiques orientées vers les recherches scientifiques visant à retrouver dans l'univers des relations numériques, et l'autre tendance plus tournée vers l'ascèse (refus de la viande, pureté des mœurs), et le

Voir l'histoire des sciences dans G.E.R. LLOYD (cf. p. 7).

◆ « Chez nous, la gent éléatique, issue de Xénophane, et de plus haut encore, ne voit qu'unité dans ce qu'elle nomme le Tout et poursuit en ce sens l'exposé de ses mythes. » ◆
PLATON, *Sophiste,* 242, d.

Voir p. 121.

◆ « Comme le disent les pythagoriciens, le tout et toutes choses sont délimités par le nombre trois, car la fin, le milieu et le commencement caractérisent le nombre du tout et c'est cela qui définit la trile. » ◆
ARISTOTE, *De Caelo,* I, 1, 268 a 10.

mysticisme. Les pythagoriciens nous sont connus par l'œuvre de Jamblique *(Vie de Pythagore)*, au IIIe siècle de notre ère, et d'innombrables allusions des auteurs antiques à partir du IVe siècle, mais il est difficile de faire la part de leur rôle réel dans tout ce qu'on leur prête.

2. L'Extrême Occident et l'Afrique

Voir carte p. 313 C.

L'aventure phocéenne a été très différente de celle des Grecs en Italie et Sicile. Les terres exploitées étaient peu riches et on s'orienta vers le commerce. Mais la Méditerranée occidentale était aussi parcourue par les Étrusques et les Carthaginois. Les fouilles récentes montrent qu'aucun monopole ne s'imposa jamais et les marchandises d'origines diverses se retrouvent aussi bien dans les îles de la Méditerranée que sur les côtes d'Espagne et de France. La bataille navale d'Alalia avait opposé en 535 les Phocéens aux Étrusques et aux Carthaginois, la victoire des premiers n'entraîne pas l'élimination des autres flottes.

■ *Ampurias et Aléria*

REA *LXXXIX (1987) : « Grecs et Ibères au IVe siècle av. J.-C. », colloque de Bordeaux, 1986.*

Les principaux points d'appui phocéens sont Marseille, Aléria en Corse, Ampurias en Espagne, Vélia en Italie. Après la chute de la cité mère, sous les coups des Perses, les Phocéens se réfugièrent dans leurs anciennes fondations. Celles-ci connaissent une grande prospérité à l'époque classique. Ampurias s'agrandit et abandonne la vieille ville *(Paléopolis)* située sur une petite île pour une installation plus grande sur le continent, dont les fouilles ont dégagé les murs aux tracés réguliers et l'enceinte. Les importations attiques se poursuivent tout au long du Ve siècle. A Aléria ce sont les nécropoles découvertes récemment qui ont livré des magnifiques vases attiques et des objets puniques. Pratiquement les courants grecs se poursuivent jusqu'en 340 et on a pu se demander si ces ports phocéens n'avaient pas été des ports francs, ce qui expliquerait la variété du matériel réuni et leur prospérité à l'époque classique.

■ *Massalia*

Voir la bibliographie, p. 81.

Le cas de Marseille est un peu différent et les trouvailles des dernières années ont suscité un renouveau d'intérêt pour la ville et ses relations avec le monde indigène des Celto-ligures.

Voir carte p. 312 A.

La topographie. La mer s'enfonçait plus profondément à l'intérieur des terres que le vieux port actuel, ce qui a permis de nouvelles fouilles, place de la Bourse en 1967, places Jules Verne et César depuis 1993, et l'évolution du port grec se reconstitue. Un premier quai dès le VIe siècle, puis la ville s'agrandit rapidement et le premier port envasé sert de chantier naval. Les ports de guerre et de commerce se développent du début du Ve au Ier siècle. De solides murailles entourent la ville. Plusieurs ateliers de céramiques apparaissent dès le VIe

Les fouilles de Marseille, depuis 1993, ont permis de retrouver le port de la rive nord et deux carcasses de bateaux grecs.

siècle et un atelier de métallurgie au IIe siècle. Pour suggérer les monuments, nous avons un chapiteau ionique, évoquant le premier temple d'Athéna, quelques marches de théâtre hellénistique, des stèles d'offrandes à Artémis.

Ces indications correspondent assez bien à la description de Strabon, qui nous donne aussi des indications précieuses sur les institutions. Marseille conserve des institutions de type oligarchique avec un conseil de six cents *timouques* élus à vie et deux délégations plus restreintes de quinze et trois membres. Il faut, pour y participer, être citoyen depuis trois générations et avoir un certain revenu. Les mœurs sont austères, les spectacles de mimes interdits, ainsi que les cultes orientaux. Mais on a conservé les cultes ioniens, celui d'Apollon delphinien, de l'Artémis d'Éphèse, d'Athéna. Isolée dans le milieu indigène, la cité a défendu son originalité.

◆ « Elle occupe un terrain rocheux et son port s'étale au pied d'une falaise en amphithéâtre orientée face au sud et munie, comme la ville elle-même qui a des dimensions considérables, de solides remparts... Les Massaliotes ont pour régime politique la constitution aristocratique la mieux réglée de toutes celles de ce type. » ◆
STRABON, IV, 1, 4-5.

L'expansion. On est moins bien renseigné sur l'histoire même de la ville et son expansion. L'expression « domaine massaliote » est d'ailleurs ambiguë. Marseille est une ville sans terroir agricole immédiat (sinon peut-être la vallée de l'Huveaune, de peu de rapport). Mais les textes nous parlent de fondations massaliotes (Olbia, Nice, Antipolis) sur la côte, s'ajoutant aux anciennes fondations espagnoles (Ampurias). D'autre part, avant la conquête romaine, Marseille aurait hérité d'une partie du territoire des Voconces, soit la basse vallée de la Durance. Les enseignements de l'archéologie sont parfois difficiles à interpréter. Olbia seule a fourni les éléments bien quadrillés d'une ville grecque du IIIe siècle. A Glanum, au pied des Alpilles, des maisons hellénistiques précèdent la ville romaine sise près du sanctuaire indigène et des monnaies ont été frappées ; mais la ville est peut-être indépendante. Enfin, le site de Saint-Blaise, dominant le golfe de Fos, montre une extraordinaire enceinte grecque de 13 kilomètres qui ne le cède en splendeur qu'à celle de Syracuse. Mais la ville qu'elle enserre fournit une céramique celto-ligure. Ainsi se pose clairement le problème de l'« Empire » massaliote et des limites territoriales proprement dites. Il est indéniable que la cité massaliote a eu une influence culturelle (les premières inscriptions celtes sont écrites en caractères grecs), bien qu'elle soit difficile à mesurer et à dater. Il est probable que l'influence de l'urbanisme avec les nouveaux plans orthogonaux que l'on peut voir à Ensérune, Agde ou Entremont, est tardive. En fait, les récentes recherches mettent mieux en valeur la part du monde indigène. Si les monnaies massaliotes ont largement circulé, la céramique commune grise que l'on croyait importée d'Ionie fut très tôt imitée et fabriquée sur place.

Voir carte p. 312 B.

Les fouilles d'Arles montrent une implantation grecque dès le VIe siècle.

Types d'amphores massaliotes

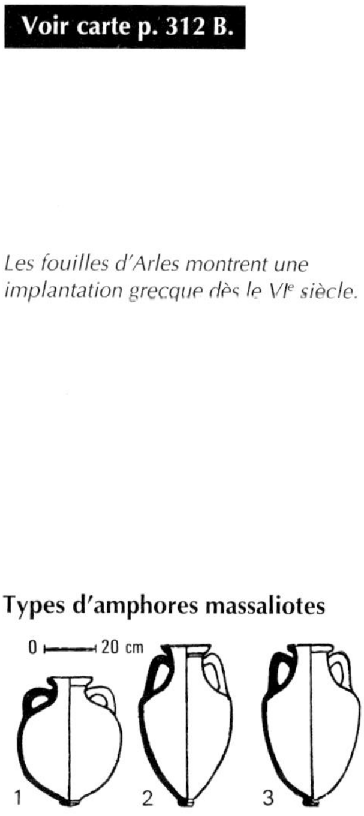

1 (VIe-Ve s.) 2-3 (IVe-IIIe s.)

D'après J. P. JONCHERAY, *Cahier d'archéologie subaquatique,* Fréjus, 1976.

Le rôle de Marseille. Quel était le rôle de Marseille ? Essentiellement celui d'un marché de redistribution de produits venus de l'intérieur (fer, salaisons, blé, esclaves) – parfois de très loin comme l'étain de Grande-Bretagne – et repartant pour la Grèce, et de produits venus de Grèce comme d'Italie, pour être vendus dans l'intérieur. Près de deux cents épaves trouvées sur le littoral méditerranéen français sont remplies d'amphores massaliotes. Il est indéniable aussi que la cité jouait un rôle de modèle. Son école de droit et de médecine attirait de loin. Cependant, il ne faut pas oublier qu'une trouvaille d'objet grec (on vient d'en découvrir à Arles) n'est pas synonyme d'influence et l'exemple du culte celto-ligure d'Entremont avec ses têtes coupées et ses sculptures de guerrier au milieu du IIe siècle, nous rappelle la permanence des traditions indigènes et leur résistance à l'influence classique.

Le voyage de Pytheas

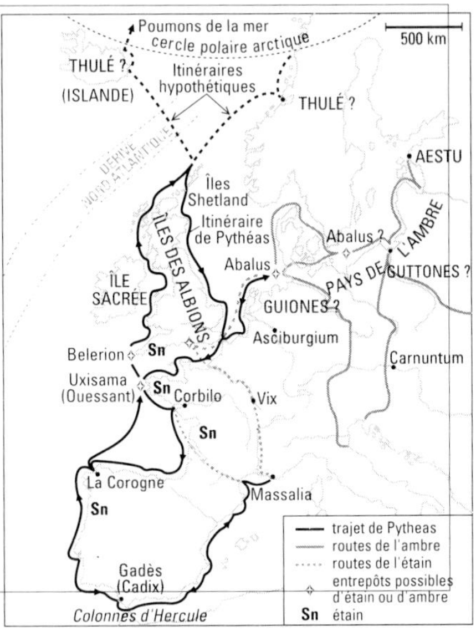

L'histoire économique même de Marseille a suivi certaines fluctuations. Après un VIe siècle fécond, elle semble s'effacer au Ve siècle et Athènes la remplace sur ses marchés traditionnels (Ampurias, Aléria). La poussée des Celtes qui l'aurait coupée de sa route de l'étain en est-elle responsable ? Nous la voyons reprendre pied au début du IVe siècle avec de nouvelles émissions monétaires. Et c'est une période brillante qui se poursuit jusqu'en 50 avant J.-C. Selon la tradition, les explorateurs Euthymènes et Pythéas franchissent les colonnes d'Héraclès. L'un descend jusqu'au Sénégal, l'autre va jusqu'en Grande-Bretagne et même en Islande (la mystérieuse Thulé) sans doute au IVe siècle. Mais les marchands marseillais ne peuvent toujours garder la neutralité prudente qu'ils avaient pratiquée et César prendra la ville après un siège difficile.

■ *Cyrène*

L'histoire de Cyrène est aussi celle d'une cité grecque perdue au milieu d'un territoire indigène, et qui conserve des relations constantes avec le monde grec. Mais elle reste toujours sur la défensive devant les pasteurs libyens.

Voir p. 74.

Sise à six cents mètres d'altitude sur le rebord du plateau libyen, la fondation des Théréens et des Rhodiens connut, après un début difficile, une grande prospérité. Elle fut gouvernée jusqu'en 440 par la dynastie des Battiades qui évolue à partir d'Arcésilas III vers un régime tyrannique mettant à la raison les grands propriétaires. Le début du Ve siècle sous le règne de Battos IV est une période de grande prospérité ; les sanctuaires s'enrichissent d'offrandes, le monnayage prend de l'ampleur, on construit un grand temple dorique à Zeus. La politique extérieure est prudente : bon voisinage avec les Carthaginois et l'Égypte ; le tribut semble un symbole léger du contrôle perse. Cyrène tente de contrôler les principales cités grecques du plateau, Euhespérides à l'ouest et Barcé. Elle semble y parvenir après 480. Son port, Apollonia, est à quinze kilomètres et elle reste en relation constante avec les villages de l'intérieur qui exploitent le plateau. Une partie de ses ressources (bois, blé) est exportée, ainsi que le silphion, plante médicinale qui disparaîtra à l'époque romaine.

Les Battiades tombent en 440 après le règne d'Arcésilas IV connu par Pindare qui chante ses victoires pythiques. Nous connaissons mal les institutions, proches de celle de Sparte, mais l'aristocratie joue un grand rôle au IVe siècle. La prospérité de la cité ne se dément pas. La ville est traversée par une voie monumentale et la statuaire a fourni des exemplaires remarquables tandis que l'on trouve dans les nécropoles des tombes à chambre décorées de motifs architecturaux très originaux. En 330, Cyrène peut distribuer à une quarantaine de cités grecques près de 40 000 hl de céréales pour lutter contre la disette. Sa prospérité s'appuie donc sur des bases différentes de celles des cités phocéennes, sur l'exploitation d'un terroir. Son originalité culturelle se maintient : elle est le siège d'une célèbre école de mathématiciens.

Voir P. Garnsey (cf. p. 146).

3. Les cités du Pont-Euxin

Les régions pontiques à l'époque classique ont été remises en honneur par les recherches effectuées ces deux dernières décennies. Les colonies fondées par les Grecs à l'époque archaïque avaient été coupées de leur mère patrie par l'invasion perse. Après les guerres médiques, c'est Athènes qui reprend des relations privilégiées. Mais il faut distinguer les régions géographiques.

Voir p. 71.

Voir carte p. 309 C.

Le Bosphore thrace et la côte méridionale ■

Sur le Bosphore thrace, Athènes a pris la place des Perses et inclut Byzance dans l'Empire ; elle entretient de bons rapports avec le royaume Odryse sis entre le Bosphore et le Danube. Sur la côte méridionale, Sinope, Trapézonte, Héraclée poursuivent une existence assez prospère, fondée en partie sur l'exportation de poisson salé, de bois et l'exploitation agricole de leurs petits terroirs. Elles réexportent aussi cuivre et fer du Caucase. Héraclée du Pont fonde même, en 422, une colonie à Chersonèse en Crimée.

Les côtes septentrionales ■

Mais ce sont les côtes septentrionales qui voient l'évolution la plus intéressante. Là, les Grecs sont en contact avec les populations scythes. Hérodote désigne sous ce nom les tribus qui évoluent du Danube au Caucase et il nous a laissé une description vivante et animée du mode de vie de ces nomades, regroupés par tribus. Or, au cours du Ve et du IVe siècle, on voit se constituer des États gréco-barbares.

Ainsi, le royaume du Bosphore cimmérien avec la ville de Panticapée englobe la partie orientale de la Crimée (Chersonèse taurique) et la rive opposée continentale. Le roi, d'origine thrace, y prend le titre d'archonte du Bosphore et entretient avec Athènes des relations amicales (au IVe siècle, ses rois sont faits citoyens athéniens). Comme nous l'apprennent les inscriptions, les Athéniens jouissent de privilèges commerciaux et fiscaux et y apportent jusqu'au milieu du IVe siècle du vin, de l'huile, des vases (d'où le nom de style de Kertch donné à la céramique à figure rouge d'Athènes dans le premier quart du IVe siècle ; en effet c'est dans la presqu'île de Kertch qu'on en trouva le plus grand nombre).

◆ « A propos de la lettre envoyée par Spartocos et Parisadès et des nouvelles apportées par les envoyés, leur répondre que le peuple athénien loue Spartocos et Parisadès parce qu'ils sont favorables et qu'ils ont promis de veiller à envoyer du blé comme leur père y veillait et à rendre les services que le peuple demanderait, que les envoyés soient priés de leur rapporter que dans ces conditions ils n'auront nul déboire avec les Athéniens. » ◆
Décret des Athéniens en l'honneur des rois de Panticapée, 346 av. J.-C., M. N. Tod, *Sélection...* 167.

Voir carte p. 309 D.

Chersonèse. Dans le sud de la presqu'île, la ville de Chersonèse acquiert vite son indépendance et nous permet d'étudier un exemple d'exploitation de la *chôra* particulièrement intéressant. Dans un premier temps, les parcelles de forme allongée (presqu'île de Majaciu), de même orientation que les rues de la ville, sont de petites dimensions, 4 à 5 ha en moyenne. Puis, vers la fin du IVe et au début du IIIe siècle, le territoire agricole couvre 12 000 ha. Les *kléroi* de 26 ha chacun sont bordés de clôtures de pierre entre lesquelles passent les chemins et dans un angle on retrouve souvent la ferme (149 ont été reconnues). Ils sont exploités pour 44 pour cent de leur superficie en vignobles dont les fossés rigoureusement alignés ont été retrouvés. Il s'agit donc d'une véritable colonisation agricole organisée par la ville. 1 600 ha auraient appartenu à la cité, le reste à des propriétaires privés, habitant la cité et faisant exploiter leur terre par des esclaves (les régions pontiques sont des réservoirs d'esclaves), par des habitants attachés à la terre (par exemple à Héraclée du Pont en Anatolie). Ces lots demandent une main-d'œuvre importante et la taille des fermes semble prévoir le logement du personnel. Chersonèse, après avoir occupé la partie occidentale de la Crimée, finira par succomber sous les coups des Scythes au IIe siècle.

Olbia. Le cas d'Olbia est un peu différent ; la ville qui a, semble-t-il, des liens privilégiés avec les bourgs agricoles, s'est développée progressivement avec deux périodes d'épanouissement : le Ve siècle et la première moitié du IVe ; de la fin du IVe à la fin du IIe siècle. Un réseau dense de voies terrestres et nautiques facilite les relations avec les indigènes et une classe de propriétaires fonciers aisés, gréco-scythe-sarmate, se constitue. Elle n'empêche pas la chute de la ville sous le coup des Scythes.

Les Scythes. De fait, la présence des Scythes et le développement de leurs relations avec les Grecs sont un des éléments particulièrement intéressants de cette période. Les grands tombeaux (Kourganes) des chefs scythes, monuments dans lesquels s'entassaient les chevaux et les humains sacrifiés, nous ont fourni des magnifiques objets de métal précieux (coupes, fourreaux d'épée, carquois) qui sont exécutés soit sur des thèmes scythes (les guerriers et leurs arcs, la capture des chevaux sauvages, l'exploitation du troupeau), soit sur des thèmes grecs (Athéna, le mythe d'Apollon). La facture fait souvent penser à un artiste grec, mais comme nous avons aussi de magnifiques objets de fabrication scythe (boucle de ceinture), il n'est pas exclu qu'il puisse s'agir d'artistes scythes ayant appris à traiter certains thèmes dans des cités grecques. Il s'agit en tout cas de commandes et nous voyons que pour ces régions, les marchés sont beaucoup plus clairement spécialisés qu'en Grèce. L'agriculture, délibérément orientée vers l'exportation, s'est organisée sur une grande échelle avec des entrepôts, des cuves, de vastes pressoirs ; les produits fabriqués importés ont un très large marché intérieur, à la fois dans les villes grecques et dans les tribus scythes.

◆ « Là, quand le roi est mort, les Scythes creusent une grande fosse carrée ; ces préparatifs terminés, ils prennent le cadavre [...] puis ils le transportent sur un chariot chez un autre peuple [...]. Transportant ainsi le cadavre ils font le tour de tous les sujets [...]. Dans la partie libre de la tombe, ils ensevelissent, après les avoir étranglés, une des concubines du roi, son échanson, un cuisinier, un palefrenier, un valet, ses chevaux, des premiers nés de tous les autres animaux, et des coupes d'or [...]. Cela fait, ils se mettent à entasser un énorme tertre, en rivalisant de zèle pour qu'il soit le plus grand possible. » ◆
HÉRODOTE, *Histoires,* IV, 71-72.

4. Conclusion

Sur les bords de la mer Noire des problèmes se retrouvent identiques à ceux des autres régions. On peut distinguer, dans l'ensemble, les cités coloniales qui possèdent une *chôra*, qu'elles tendent à agrandir, de celles où la fonction d'*emporion* prédomine (Marseille, Rhégion) ; dans le premier cas, le plan de la ville est souvent orthogonal et lié à l'orientation des parcelles. Aux IVe et IIIe siècles, ces cités ont eu tendance à agrandir leur *chôra* et à développer leur agriculture dans une direction délibérément spéculative. Ce type d'exploitation pose la question de la main-d'œuvre. Si pour la Sicile, hellénisée à cette époque, on a cherché à faire appel à des Grecs venus de l'extérieur, il ne peut s'agir pour les autres que d'une augmentation de la population servile ou d'une utilisation de population indigène à demi asservie. La question reste ouverte.

Sur les relations avec les indigènes, voir les dossiers des Documents d'Archéologie Méridionale, *par exemple :* Espaces et monuments publics protohistoriques de Gaule méridionale, *DAM, 15, 1992.*

De toute façon, cette orientation a favorisé une classe urbaine (composée en partie de propriétaires fonciers) qui contrôle la redistribution de ces marchandises et, dans bien des cas, domine politiquement les villes. Les liens avec les populations indigènes sont complexes. Les produits grecs circulent souvent très loin, mais pas forcément les marchands grecs. Les élites sont sensibles à la culture grecque, mais les caractères originaux des cultures indigènes restent fortement marqués. On assiste même, aux IIIe et IIe siècles, à un regain d'agressivité et à une restructuration des tribus comme si, par un choc en retour, le modèle politique et l'opulence des cités grecques avaient suscité la naissance d'un nationalisme qui n'existait qu'à l'état latent.

La dernière question qu'il faudrait poser est celle de la liaison entre l'évolution de ces régions et l'histoire politique du monde grec. Il n'y a pas de coupure au moment des guerres médiques ou de l'expédition d'Alexandre ; même l'expédition de Syracuse n'a pas changé le rythme de l'histoire de la Sicile. Mais une mutation économique, sensible au début du IVe siècle, ouvre une période particulièrement prospère pour ces régions. Or, plutôt que d'y voir une conséquence de l'affaiblissement d'Athènes, ne faut-il pas envisager que l'organisation de l'Empire athénien en faisant évoluer les structures économiques, en facilitant le rôle de la monnaie, a ouvert une période nouvelle d'échanges, tout à fait indépendante du maintien ou non de l'Empire ? Cette activité repose sur une classe différente de l'aristocratie foncière traditionnelle, classe qui s'épanouit dans les villes coloniales et qui préfigure la riche bourgeoisie hellénistique ; c'est elle qui, en Italie du Sud, accueillera rapidement les Romains. Au contraire la masse du *dèmos* est composée d'une population mêlée, souvent déracinée, incapable d'assurer la survie d'un nationalisme grec et désireuse pourtant d'en conserver les avantages. Toutes ces cités isolées se fondront finalement dans le milieu qui les entoure et perdront l'usage de leur langue hellénique. De leur étrange aventure, seule l'archéologie conserve un témoignage souvent éclatant.

Pour approfondir ce chapitre

Voir la bibliographie, p. 80-81.

P. Lévêque, *L'Aventure...* (cf. p. 6) fait une assez large place à ces problèmes (p. 202 *sq.*, 272 *sq.*, 347 *sq.* ; 484 *sq.*) : compléter avec l'excellent *Nous partons pour... la Sicile*, du même (réédité en 1980) ; E. Will (cf. p. 6) ; M. I. Finley, *La Sicile antique*, tr. 1986, Paris, Macula ; J. Heurgon (cf. p. 6) ; F. Chamoux, *Cyrène sous la monarchie des Battiades*, Paris, 1953 ; A. Laronde, *Cyrène et la Libye hellénistique*, 1987 et, très général, J.-M. Bertrand (cf. p. 6).

On ne doit pas oublier l'importance de certains **textes** classiques. Hérodote, *Histoires*, Livre IV ; Xénophon, *L'Anabase* et deux discours de Démosthène (*Contre Leptine* et *Contre Phormion*), pour les régions pontiques. Pour la Gaule, voir le recensement exhaustif de P.-M. Duval, *Les Sources de l'histoire de France des origines à la fin du XV*e, t. 1, Paris, 1971.

Aux ouvrages indiqués page 80 (G. Vallet, F. Villard, A. Wasowicz, *Problèmes de la terre, Convegno...*), ajouter F. Chamoux, *Cyrène et la Monarchie des Battiades*, Paris, 1953 ; A. Laronde, *Cyrène et la Libye hellénistique*, 1987 et, très général, J.-M. Bertrand (cf. p. 6).

Un grand nombre d'articles ont été écrits **sur la cité et son territoire**. On en trouve la bibliographie dans R. Martin, *L'Urbanisme...* (cf. p. 5), 2e éd., 4e partie, « Nouvelles recherches », qui fait le tour des problèmes de la *chôra* et des relations avec l'urbanisme (pp. 289-331) à l'Ouest comme à l'Est, et Chtcheglov (cf. p. 81) pour l'Est, J.-L. Lamboley pour l'Ouest (cf. p. 80-81)

Les fouilles d'Aléria ont été publiées par J.-J. Jehasse dans un supplément de *Gallia* en 1973. **Sur Marseille** : M. Clavel-Lévêque, *Marseille grecque*, Marseille, 1977 est complétée par les *Études massaliètes* I, II, III, publiées à l'Université de Provence et Lattes. Sur les dernières fouilles, voir « Les origines de Marseille, environnement et archéologie » dans la revue *Méditerranée* 82 (3/4), 1995, Université de Provence, Aix.

Sur les Scythes, on peut voir aussi le catalogue de l'exposition du Grand Palais à Paris, *Or des Scythes*, secrétariat à la Culture, édition des Musées nationaux, 1975 et V. Schiltz, *Les Scythes et les nomades des steppes. VIII*e *siècle av. J.-C.-I*er *ap. J.C.*, L'Univers des Formes, Paris, 1994.

14

L'économie au IVe siècle

Traditionnellement le IVe siècle est la période comprise entre la fin de la guerre du Péloponnèse et la mort d'Alexandre (404/323)? Cependant, si ces coupures chronologiques se justifient sur le plan politique, nous avons vu en étudiant les courants artistiques ou religieux que l'évolution amorcée se poursuit jusqu'au début du IIIe siècle. Il en est de même jusqu'à un certain point pour l'histoire économique. Si du moins nous pouvons parler d'histoire économique pour la Grèce antique. Certains en doutent : il faut aborder le problème dans son ensemble.

1. Anciens et modernes face à l'économie grecque

L'emploi du terme « oikonomia ». Le mot économie nous vient du grec *oikonomia* qui signifie la gestion du domaine au sens large (gestion, administration, organisation). Il peut aussi bien s'appliquer à un domaine familial qu'aux affaires de la cité. Le premier sens est celui de l'ouvrage de Xénophon, *l'Économique* ; à la fin du siècle les trois livres de l'école aristotélicienne qui portent le même titre traitent des rapports familiaux et des problèmes budgétaires (répartition des ressources fiscales dans la monarchie, assortie de quelques expédients connus, pratiqués par des pouvoirs en difficulté financière) ; à propos d'économie, on peut parler tout simplement des rapports de l'homme et de la femme, du maître et des esclaves, comme des problèmes fiscaux. De toute façon, ce n'est aux yeux des Grecs qu'une catégorie seconde. Mais par le traité des *Revenus* de Xénophon on voit que le IVe siècle s'est intéressé à la circulation et à la production des biens, qu'il s'agisse du niveau familial ou du niveau de la cité et des royaumes, donc à l'économie, quelle que soit l'ambiguïté que le mot recèle pour nous. Aristote dans la *Politique* analyse l'économie pour aussitôt condamner celle qui a pour objectif l'accumulation des richesses et qui permet de faire fructifier le capital, c'est-à-dire la chrématistique.

◆ « Il nous a paru que le nom d'économie était celui d'une science et cette science, nous l'avons définie comme celle qui donne les moyens d'accroître une maison. Par maison, nous avons entendu tout ce que l'on possède et nous avons appelé possession ce qui, pour chacun, est utile à la vie ; enfin, nous avons appliqué le mot utile à tous les objets dont on sait tirer parti. » ◆
XÉNOPHON, *Économique*, VI, 4.

Économie et historiographie. Malheureusement, les premières tentatives pour intégrer la dimension économique dans l'histoire grecque furent, au XIXe siècle, fortement marquées par les tendances modernistes de l'école allemande pour qui l'évolution grecque pouvait être calquée sur celle du XIXe siècle européen. A contrario, les sociologues après Max Weber ont tenté de souligner l'originalité de la cité grecque, cité de consommateurs (et non de producteurs) et le rôle de la guerre comme moteur dans la redistribution. Les cités ne se sont préoccupées que de leur approvisionnement en blé et en matières premières indispensables à la constitution de leur flotte, non de leurs débouchés.

Voir Y. Garlan, Guerre et économie en Grèce ancienne, *La Découverte, 1989.*

◆ « L'agriculture est la meilleure parce qu'elle est juste, car elle ne se fait pas aux dépens des hommes, que ce soit volontairement comme dans le cas du commerce ou des emplois salariés ou involontairement comme dans le cas de la guerre. » ◆
Pseudo-Aristote, *L'Économique*, 1343 a, 27-30.

Enfin A. Aymard puis J.-P. Vernant, P. Vidal-Naquet, P. Veyne ont mis en lumière les facteurs non économiques qui pèsent sur les rouages de la société antique et la permanence des valeurs aristocratiques qui déterminent une hiérarchie des occupations ; l'idéal est celui du propriétaire foncier libre, capable de se suffire par lui-même, le loisir demeurant la condition normale de l'homme fortuné ; l'image du jeune cadre surmené est étrangère à l'esprit grec, comme lui sont étrangères les vertus positives que le monde industriel met dans les mots de productivité et de rendement. Dans l'éthique du Grec d'autrefois, la guerre est un moyen d'acquisition beaucoup plus défendable que le commerce.

Les anthropologues et la place de l'économie dans la société. Avec K. Polanyi, l'histoire grecque est intégrée à celle des sociétés non marchandes et le schéma marxiste des trois stades de la société (esclavagisme, féodalisme, capitalisme) est rejeté. Reprenant et dépassant son propos, les marxistes de la nouvelle vague soulignent que si les liens de religion et de parenté sont en effet souvent des mécanismes déterminants dans les sociétés précapitalistes, ils ne jouent un rôle dominant que s'ils assurent la fonction de rapport de production.

J. Andreau et R. Étienne : « Vingt ans de recherches sur l'archaïsme et la modernité dans les sociétés antiques », REA, 1984, 55-83.

R. Descat, « L'économie d'une cité grecque au IVe siècle av. J.-C. : l'exemple athénien », REA, LXXXIX, 1987, 239-257 et dans P. Briant et Alii, éd. (cf. p. 6), p. 299-304.

La portée de l'histoire économique. Il faut bien reconnaître que cette réflexion méthodologique avait été assez peu prise en compte par les historiens français. Entre les deux guerres, les manuels admettent implicitement les théories modernistes de l'école allemande (ainsi celui de G. Glotz). Après les années 50, la coupure entre les différentes spécialités (archéologie, épigraphie, histoire, numismatique) s'accentue. Cependant, avec patience, E. Will tentait de marquer la faiblesse des positions modernistes, et de cerner la documentation réelle dont nous disposions en histoire économique. Dans les années 60 parurent les travaux de G. Vallet et F. Villard qui apportaient la contribution des archéologues sur l'Occident grec. Pour le IVe siècle, M. Rostovtseff avait tenté de faire reposer les difficulté politiques et sociales d'Athènes sur la crise de son économie : la guerre du Péloponnèse aurait entraîné la concentration des fortunes mobilières et la concurrence de la production céramique dans le nouveau monde, la perte de ses débouchés. D'où une paupérisation et une accentuation de la lutte des classes. Cl. Mossé en reprenait certains thèmes dans sa thèse sur Athènes en 1962. Telle quelle, cette analyse n'a pas résisté à une critique minutieuse des faits et Cl. Mossé elle-même l'a fortement remaniée depuis lors : la classe des petits propriétaires est encore largement prédominante à Athènes jusqu'à la fin du IVe siècle. L'économie athénienne ne repose pas sur ses exportations, et donc sur ses débouchés. A partir de 1965, une large diffusion est donnée, en France, aux thèses de M. I. Finley, résolument primitivistes. Pour lui, l'économie pèse très peu sur l'histoire grecque, dont les ressorts seraient avant tout politiques et culturels. Grâce à de nouvelles découvertes archéologiques (amphores, trésors monétaires, etc.), on nuance aujourd'hui certaines de ses affirmations, notamment à partir du IVe siècle, sans pour autant revenir à Rostovtseff. A défaut d'une synthèse encore impossible, nous ne donnons ici que des éléments d'une histoire dont le fil conducteur se lit mal.

Sur ROSTOVTSEFF, voir p. 265.

2. La circulation des biens

Une plus grande mobilité de la fortune se manifeste au IVe siècle. Une double série de documents nous éclaire sur la situation à Athènes : les plaidoyers civils des orateurs attiques (Lysias, Isée, Démosthène) et les inscriptions des bornes hypothécaires *(horoi)*.

Lysias (environ 459 à environ 380) : fils du métèque Képhalos, un Syracusain ami de Périclès et propriétaire d'une fabrique de boucliers (cf. p. 171). Ardent démocrate, il est proscrit par les Trente, en 404, échappe de peu à la mort et perd sa fortune. Revenu dès 403, il rédige alors des discours comme logographe, sur des affaires publiques ou privées.

La nature des fortunes ■

D'où vient la fortune des citoyens ? Isée nous aide à l'imaginer : son discours *Sur la succession de Philoktémon,* daté de 365 à 363, énumère les biens suivants : un champ (7 500 drachmes), un établissement de bains (3 000 drachmes), une hypothèque de 4 400 drachmes sur une maison de ville, des chèvres et un chevrier (1 300 drachmes), quatre mules (1 350 drachmes) et des esclaves artisans pour une valeur inconnue ; donc sur un capital de plus de 18 000 drachmes (3 talents), 10 150 drachmes représentent le capital agricole. Un autre discours, *Sur la succession d'Hagnias,* nous donne 1 500 drachmes de revenus immobiliers annuels (location de terres et de maisons), des recettes en nature (bétail, orge, vin, fruits), et 1 720 drachmes de revenus mobiliers (prêts avec intérêts, prêts sans intérêts).

Un talent = 60 mines
= 6 000 drachmes.
Une drachme = 6 oboles.

Les problèmes de la terre à Athènes... ■

Ces exemples nous montrent que la terre, si elle n'a plus sa position largement prédominante dans la fortune des citoyens aisés, conserve toutefois une place fondamentale et nourrit son propriétaire ; en outre, elle change de mains plus facilement. L'octroi de l'*enktésis,* encore rare au Ve siècle, se développe alors ; cela implique l'existence de terres à acheter. Des gens aisés sont satisfaits d'avoir en terres une partie de leur fortune (ex. du banquier Pasion) surtout lorsque les mines du Laurion sont peu exploitées ou que la politique extérieure rend l'approvisionnement plus difficile. La terre est une garantie appréciée pour les emprunts : c'est à l'époque de la guerre du Péloponnèse que sont apparues les bornes hypothécaires dont le nombre s'accroît au IVe siècle. D'autre part si une interdiction de vendre le bien patrimonial s'imposait parfois, au moins moralement, les acquisitions supplémentaires y échappaient toujours. Ces restrictions ont tendance à disparaître au IVe siècle, même à Sparte.

Voir p. 181.

Enktésis : droit d'acquérir des biens-fonds. En remerciement de services rendus, ce droit pouvait être accordé sans être accompagné de la citoyenneté.

Les conséquences de cette plus grande mobilité de la terre ne sont pas très perceptibles, peut-être parce que le phénomène reste limité. L'exode rural est certain mais non chiffrable ; le développement d'une grande propriété est extrêmement douteux : l'estimation d'un domaine considéré comme

D. ASHERI distingue les régimes modérés, agrariens, qui sont soucieux de maintenir le contrôle des oikoi et des héritages, et les constitutions extrêmes (démocraties radicales comme Athènes, oligarchies étroites comme Sparte) qui ont aboli les distinctions entre le statut du bien patrimonial et celui des acquisitions personnelles. Historia, *XII, 1963, pp. 1-21*

exceptionnellement grand, celui de Phaïnippos, s'élève à 40-60 ha ; mais les biens vendus par la cité ou hypothéqués ne dépassent guère 13 à 15 ha ; Dikaïogénès (cf. Isée) a 6 ha. En fait, la grande exploitation n'existe pas, la grande propriété sans doute pas non plus, sauf exception. Le nombre des sans-terres a-t-il augmenté ? 5 000 citoyens n'en possèdent pas en 403, 10 000 acceptent de partir s'installer en Thrace en 322 ; alors 12 000 (Plutarque) ou 22 000 (Diodore) possèdent moins de 2 000 drachmes soit 2 ha de terre ordinaire.

Eisphora : voir p.223.

Épiclérat : voir p. 86.

Y a-t-il parallèlement un développement du faire-valoir indirect et du travail servile ? L'*autourgos,* petit paysan propriétaire, domine encore, mais il n'apparaît guère dans nos textes que par sa mauvaise volonté à payer l'*eisphora,* car il connaît de réelles difficultés. Des fermiers sont mentionnés à plusieurs reprises : ils cultivent les biens sacrés, les terres publiques, les biens des mineures ou des épiclères. G. Glotz pensait que leur nombre avait augmenté au IVe siècle, mais seulement dans ces catégories (pourquoi ?) car un homme libre répugnerait à être fermier d'une personne privée sauf en cas d'extrême nécessité. En fait le fermage ne porte souvent que sur une partie des terres que l'on exploite et ne crée pas de catégorie particulière.

◆ « Je n'avais pas acquis le champ depuis cinq jours que je le donnai à bail à Callistratos : c'était sous l'archontat de Pythôdoros ; il le cultiva pendant deux ans [...]. Pendant la troisième année ce fut Démétrios ici présent qui l'exploita. La quatrième je le louai à Alkias, affranchi d'Antisthènes, qui est mort. Les trois années suivantes, c'est Protéas qui a été fermier [...]. Depuis ce temps-là j'exploite en personne. » ◆
LYSIAS, *Sur l'olivier sacré,* 9-11 (le discours est daté de peu après 397/396).

Reste le problème de la main-d'œuvre. Les listes d'affranchissement pour 340/320 ne donnent que 12 cultivateurs sur 79 esclaves dont la profession est connue. Mais le paysan est peu porté à affranchir l'esclave avec lequel il travaille et qu'il lègue à son fils comme une part non négligeable de son capital. Des documents nous montrent l'existence des *misthôtoi,* salariés libres ; cette situation est ressentie comme exceptionnelle et due aux misères de la guerre.

Ainsi la terre, à Athènes, est certainement passée en partie dans d'autres mains sans que cela ait entraîné un bouleversement des structures politiques et sociales comme à Sparte.

■ *et à Sparte*

Voir p. 94 sqq.

Deux textes nous informent du déséquilibre grave dans la répartition des biens fonciers à Sparte : « Les uns en sont venus à posséder une fortune excessivement grande, tandis que d'autres n'en ont qu'une très petite ; aussi la terre est-elle passée entre quelques mains », nous dit Aristote (*Politique,* II, 1270 a). Il en attribue la responsabilité au droit de donner et de léguer, ce qui permet aux femmes, par le biais de la dot et de l'héritage, de posséder « les deux cinquièmes environ de tout le pays ». Plutarque (*Vie d'Agis,* V) fait allusion à une situation devenue dramatique au IIIe siècle, conséquence d'une *rhètra* du IVe due à un éphore, Épitadeus, permettant de déshériter son fils en donnant ou léguant son *oikos* et son *kléros* à qui l'on veut. Épitadeus n'a peut-être jamais existé, mais les deux témoignages concordent. Le *kléros* ne peut pas être vendu mais, par le biais de l'hypothèque (qui portait peut-être d'abord sur les fruits de la terre), c'est la vente déguisée qui s'introduit : on est loin du contrôle des adoptions par les rois afin de maintenir le nombre des foyers de citoyens.

◆ « Lorsque devint éphore un homme puissant, présomptueux et désagréable, du nom d'Épitadeus [...] il rédigea une *rhètra* autorisant à donner à qui l'on voulait son *oikos* et son *kléros,* soit de son vivant soit par testament [...]. Les gens puissants se mirent à acquérir sans scrupules des terres, déboutant les héritiers légitimes ; et rapidement la richesse afflua entre les mains de quelques-uns et la cité sombra dans la misère [...]. » ◆
PLUTARQUE, *Vie d'Agis,* 5.

Ainsi, même à Sparte, on s'accommode d'une évolution des mœurs et l'on admet que le *kléros* devienne objet de transactions après avoir été divisé dans la succession. Les guerres extérieures expliquent en partie cette évolution : contacts avec d'autres modes de vie, butins engendrant le goût de la richesse, disparition d'un certain nombre de citoyens. Par ailleurs, la perte de la Messénie en 370 a pu rendre dramatique la situation des citoyens lotis là-bas. Les résultats sont graves, plus encore si la cité continue à prôner une politique de natalité pour rétablir le corps civique ; apparaissent la polyandrie (une seule femme pour plusieurs frères vivant sur un seul *kléros*), le morcellement du lot ; ainsi s'explique la déchéance du citoyen qui ne dispose plus de revenus suffisants pour contribuer au *syssition*. Pour n'avoir pas maintenu sa législation sur les terres, Sparte doit affronter la diminution de son corps civique et la crise sociale.

Voir pp. 94 et 227.

Le capital mobilier ■

Un exemple de fortune. Nous avons vu que les successions plaidées par Isée témoignent d'un important capital mobilier. Certaines fortunes reposent entièrement sur l'artisanat et les prêts monétaires : c'est le cas du père de Démosthène, homme d'une richesse exceptionnelle et qui meurt avant la majorité de son fils ; celui-ci plaide en 364/363 contre ses tuteurs, gérants malhonnêtes de l'héritage paternel *(Contre Aphobos)*. Voici la répartition et le montant des biens légués : une fabrique de couteaux avec 30 esclaves (3 000 drachmes de revenu annuel) ; une fabrique de lits avec 20 esclaves (1 200 drachmes de revenu annuel) : le tout représente un capital de 23 000 drachmes plus le stock de matières premières évalué à 15 000 drachmes ; une maison de 3 000 drachmes, des meubles, bijoux, vêtements et objets divers pour 10 000 drachmes et 8 000 drachmes en caisse. A cela s'ajoutent des prêts : un talent d'argent (6 000 drachmes) placé à 12 %, 7 000 drachmes de prêts maritimes, divers prêts de 2 à 300 drachmes chacun, pour un total de 6 000 drachmes (prêts d'amitié, sans intérêts) ; enfin des dépôts chez les banquiers Pasion, Pylade et Démotélès pour 4 600 drachmes : le capital total est de 13 talents et 4 600 drachmes.

Répartition de la fortune du père de Démosthène

ateliers de fabrication	46 %
vie quotidienne	25 %
prêts	23 %
dépôts	6 %

Les banques. Les banques jouent un rôle encore assez limité. Selon les recherches de R. Bogaert, elles subissent une crise dans les années 370 avec de nombreuses banqueroutes ; la reprise à peine effectuée, un raid de pirates en 361 ravage les banques du Pirée. Nous connaissons au moins cinq banques en 361/351 à Athènes et au Pirée, sept en 351/320. La reprise de la deuxième moitié du siècle est peut-être liée à la politique financière d'Eubule. Dans la quasi-totalité des cas connus, ce sont des affranchis qui dirigent, employant des esclaves qui souvent leur succèdent, une fois affranchis à leur tour. Le cas le plus célèbre est celui des banquiers Pasion et Phormion, successeurs, affranchis puis citoyens.

Leur première tâche, et non la moins ardue, est d'assurer le change monétaire. La plus récente (milieu du Ve siècle ?) est le dépôt ; celui des valeurs précieuses (objets, documents)

Extraits d'une inscription d'Olbia sur l'usage des monnaies étrangères (*Syll.* [3], 218) :

◆ « [...] L'entrée et la sortie de tout or estampillé et de tout argent estampillé sont autorisées. Celui qui veut vendre ou acheter de l'or estampillé ou de l'argent estampillé, qu'il le vende et l'achète sur la pierre sise au siège de l'assemblée [...]. Que toutes les ventes et tous les achats se fassent avec la monnaie de la cité, avec le bronze et l'argent des Olbiopolites, [...] que l'or estampillé et l'argent estampillé d'une autre provenance (que Cyzique) soient vendus et achetés comme les parties s'accorderont [...].» ◆

La fortune léguée par Pasion

- 20 talents de biens-fonds
- 50 talents de créances dont 11 proviennent de dépôts faits à la banque et qu'il fait fructifier.
- Sa banque lui rapporte un talent et 4 000 drachmes par an.
- Une fabrique de boucliers rapporte un talent par an.

Toutes ces indications sont tirées de Lysias, Diogeiton *et* Démosthène *:* *XXXV* contre Lacritos *; L* contre Polyclès *; LVI* contre Dionysodoros *; XXXIII* contre Apatourios. *XXXIV* contre Phormion.

n'est qu'un simple gardiennage. Plus intéressants sont les dépôts de valeurs qui doivent circuler : le remboursement d'une créance passe de plus en plus par les soins d'un banquier qui sert de témoin et garantit le bon aloi des espèces ; certains qui s'attendent à des dépenses ou qui doivent s'absenter, des étrangers venus pour affaires, confient en dépôt une somme à la banque qui note ensuite les opérations de retrait. Celles-ci peuvent être faites par un tiers après que le dépositaire a donné ordre au banquier – oralement le plus souvent – surtout pour des commerçants qui voyagent beaucoup. Le dépositaire ne touche pas d'intérêts mais le banquier ne fait pas toujours payer ses services. Aucune opération de virement n'est encore attestée à notre époque encore qu'elle soit concevable à l'intérieur d'une banque sans qu'elle nous ait laissé de traces ; rien ne peut nous faire croire à des versements de banque à banque pour les affaires de deux clients.

Mais la banque est aussi un lieu de placement des capitaux que l'on veut faire fructifier : le banquier verse un intérêt mais dispose d'un préavis pour le retrait. Les taux varient en gros de 10 % à 33 %, le plus fréquent étant de 12 %. Il arrive que les déposants aient du mal à récupérer leurs fonds si le banquier a été imprudent – ou malhonnête – (ex. Isocrate, *Trapézitique*). Le banquier ne peut pratiquer l'hypothèque s'il n'est pas citoyen ou s'il n'a pas reçu l'*enktésis*. En l'absence de documents écrits, des objets précieux sont mis en gage qui représentent souvent des sommes considérables ; le métal précieux, en particulier, que le banquier connaît bien et peut aisément négocier. Apparemment les banques n'ont pas engagé les fonds de leurs clients dans les affaires maritimes ou commerciales où les risques sont trop grands : le banquier risquerait d'y perdre sa réputation. Mais sur leurs revenus propres il leur arrive de financer de telles opérations.

La place de la banque dans la vie économique est difficile à évaluer. R. Bogaert estime à 10 pour cent de la population aisée (métèques compris) ceux qui utilisent la banque, comme créanciers ou débiteurs, soit 2 pour cent de l'ensemble des habitants.

Le prêt maritime. A en croire le nombre croissant de procès concernant le prêt maritime et l'accélération de la procédure (le jugement est rendu par le tribunal des Thesmothètes dans le mois qui suit le dépôt de la plainte), nous en concluons volontiers à une activité maritime en plein essor. Le prêt est généralement fait à un marchand *(naukléros)*, différent du patron du bateau : le créancier prend une hypothèque sur le bateau ou sur la cargaison et, si le tout sombre en mer, il n'a aucun recours. Le contrat concerne soit un voyage aller-retour (cela couvre alors la saison navigable), soit un seul voyage avec remboursement sur place et possibilité de faire un deuxième prêt dans la saison ; dans ce cas, le créancier ou son représentant part avec le bateau. Le remboursement doit s'effectuer dans les vingt jours qui suivent la fin du voyage. Si des ennuis de navigation ont entraîné la perte d'une partie de celle-ci, ce qui reste va d'abord au créancier, sauf si la responsabilité de la perte incombe aux passagers ou à des pirates. L'emprunteur offre des garanties : il n'a droit qu'à un seul emprunt par gage ; toute une série de mesures lui impose de veiller à la sécurité, d'aller effectivement dans le port prescrit. Si les bénéfices du créancier vont de 22 à 30 pour 100 par saison, les risques sont grands : malhonnêteté de l'emprunteur, saisies diverses par les ennemis, les pirates, délestage imposé par une tempête ou une avarie... Aussi n'a-t-on pas le droit de prêter l'argent d'un orphelin dont on a la charge.

La circulation des biens est donc devenue une réalité incontestable au IVe siècle ; elle s'exprime fort bien dans cette remarque de Xénophon : « Qu'il y ait abondance de blé et de vin, ces produits sont à vil prix, la culture n'est plus rémunératrice, si bien qu'un grand nombre abandonne le travail de la terre pour se tourner vers le négoce, le détail ou le prêt à intérêt » (*Revenus*, IV, 6).

J. Velirassopoulos, Les Nauclères grecs. Recherches sur les institutions maritimes en Grèce et dans l'Orient hellénisé, *Paris, Genève, 1980.*

3. La répartition des richesses

Les riches ■

Le luxe. Les occasions de faire fortune sont nombreuses. Démosthène dénonce le luxe des particuliers qui s'étale dans les constructions de maisons privées d'une beauté supérieure à celle des monuments publics ; mais lui-même se vante contre Eschine, ce fils d'un maître d'école et d'une prêtresse d'un culte à mystères, de son origine aisée qui lui a permis de recevoir une éducation soignée de citoyen libre. Xénophon, Platon dénoncent les effets de l'or et de la richesse introduits à Sparte.

Plutarque reprend cette même critique :

◆ « Le commencement véritable de la décadence et de la maladie pour la constitution lacédémonienne se situe à peu près au moment où, ayant renversé l'hégémonie athénienne, les Lacédémoniens se gorgèrent d'or et d'argent ». ◆ Plutarque, *Vie d'Agis,* V.

Richesse individuelle et dépenses publiques. Le profit n'est pas seulement personnel : de nombreuses dépenses sont exigées pour la collectivité et les liturgies pèsent sur les riches ; nous avons vu que la charge peut en être considérable. Mais précisément les riches les tolèrent de plus en plus mal et s'efforcent de dissimuler leur fortune mobilière : c'est, à Athènes, l'élargissement de la base d'imposition de l'*eisphora* – de petites gens y sont désormais soumis qui ne sont pas capables de la payer –, c'est la réorganisation de la triérarchie qui aboutira à un très mauvais rendement du système. Il est vrai que certains n'ont effectivement pas de quoi faire face à un surcroît imprévu de dépenses, d'où les bornes hypothécaires qui marquent un bien engagé, les emprunts qui font vivre les banquiers, les nombreux « prêts d'amis » à intérêts nuls ou minimes. Tout cela pour doter une fille, s'acquitter d'une liturgie...

M. I. Finley, Studies in Land and Credit in ancient Athens, *1952.*

L'évergétisme. D'autres sont vraiment riches mais préfèrent s'acquérir la reconnaissance publique par des dons volontaires – c'est l'évergétisme – plutôt que de se soumettre à un impôt sans gloire : dons ou ventes de céréales à bas prix, prêts avantageux pour la cité, financement de constructions, ces libéralités sont aussi le fait de riches métèques qui s'attirent

Pour des exemples, voir Ph. GAUTHIER, Les Cités grecques et leurs bienfaiteurs (IVe-Ier s. av. J.-C.), *BCH, Suppl. XII, 1985.*

ainsi des marques de reconnaissance pouvant aller jusqu'à l'octroi de la citoyenneté ; elles annoncent un trait caractéristique de l'époque hellénistique et témoignent de l'inaptitude de la cité à prévoir ses dépenses, à compenser les aléas de la production et des échanges.

Crises sociales et pauvreté

◆ « Il faut le plus possible mener les citoyens à la concorde [...] en particulier en soulageant les débiteurs par la modicité des intérêts ou par leur suppression totale ; mais, lorsque la situation devient trop dangereuse, en supprimer une partie ou même la totalité s'il le faut, car des hommes ainsi endettés sont beaucoup plus dangereux comme réservistes. Il faut aussi assurer le nécessaire à ceux qui en manquent. » ◆
ÉNÉE le Tacticien, XIV.

Nous connaissons beaucoup plus mal les pauvres mais nous savons qu'ils ont souvent du mal à se nourrir et que les slogans de partage des terres et de remise des dettes connaissent un réel succès. Nous entendons beaucoup parler de conflits opposant alors les pauvres aux riches, à travers tout le monde grec : cela explique la crainte universellement répandue de la *stasis* et la résurgence d'un phénomène politique lié à la crise, la tyrannie. Dans le Péloponnèse, à en croire Isocrate, le bouleversement est général. C'est là qu'au milieu du siècle, Énée dit le Tacticien, rédige un traité sur la défense des villes. Les chapitres XI et XIV sont consacrés aux mesures à prendre contre la subversion, car le risque de voir le parti adverse dans la cité ouvrir les portes par ruse est au moins aussi grand que celui d'une défaite militaire ; des alliances entre démocrates et oligarques se nouent de cités à cités, de familles à familles. Dans certaines régions agraires, on a l'impression que les cultivateurs dépendants sont utilisés comme leviers des mouvements révolutionnaires : déjà cela avait été le cas pour les pénestes de Thessalie à la fin du Ve siècle ; Denys, à Syracuse, confisque les biens de ses ennemis pour les répartir entre ses partisans, étrangers ou « esclaves » (= Kyllyriens ?) dont il fait des nouveaux citoyens (Diodore, XIV, 7) ; d'Euphron de Sicyône, Xénophon nous dit qu'il s'appuie sur des promesses d'égalité (politique ou sociale ?) et sur des mercenaires pour imposer son pouvoir tyrannique ; Cléarchos enfin à Héraclée du Pont supprime ou exile ses adversaires et offre leurs terres, leurs femmes ou leurs filles à leurs dépendants libérés (Justin, XIV à XVI). Athènes même doit sentir la menace puisqu'un décret est voté en 337/336 qui prévient toute tentative tyrannique et que Démosthène multiplie les appels à la concorde, à la compréhension et à l'aide mutuelles. Les théoriciens, tels Platon et Aristote, analysent de telles situations explosives et Isocrate ne s'y trompe pas lorsqu'il attribue l'abondance des mercenaires à l'accroissement du nombre des déracinés chassés de chez eux par la pauvreté.

Voir pp. 65 et 162.

Voir pp. 192 et 194.

◆ « Nous avons fabriqué à notre usage des guerres et des séditions telles que les uns meurent dans leur propre pays hors de toute légalité, que les autres errent à l'étranger avec leurs enfants et leurs femmes, que beaucoup, contraints par l'indigence à servir comme mercenaires, meurent au combat pour leurs ennemis contre les leurs. A ce sujet, nulle indignation, jamais, on préfère pleurer sur les malheurs forgés par les poètes. » ◆
ISOCRATE, *Panégyrique*, 168.

Aussi nul ne peut contester l'existence de tensions graves, dont les causes sont diverses. S'il est vrai que quatre cents artisans, de statuts juridiques divers, suffisent à assurer la production céramique à Athènes, est-ce une fermeture des débouchés qui pourrait avoir à elle seule de telles incidences ? Nous avons vu par ailleurs que la petite et la moyenne exploitation se maintiennent, que bien des régions conservent leur structure agraire inchangée, que les échanges commerciaux offrent de nouveaux débouchés. Peut-être faut-il incriminer l'état de guerre permanente avec son cortège de ravages, de piraterie, de destructions ? Peut-être aussi la fin des profits

Voir p. 170 sq.

nés de l'impérialisme pèse-t-elle sur plusieurs cités ? Peut-être enfin l'évolution de la cité est-elle assez profonde pour que la citoyenneté ne suffise plus à souder le corps social ? Soucieuse de prendre les mesures permettant d'éviter des affrontements, Athènes échappe à une crise sociale aiguë.

Prix et salaires. Les quelques indications dont nous disposons sur l'évolution des prix et des salaires nous apportent un autre élément de réponse. Une fortune de 2 à 3 talents (12 000 à 18 000 drachmes) suffit pour ne pas être soumis à la triérarchie. Le *misthos* a augmenté : le plus élevé est accordé pour la séance principale de l'*Ekklèsia* (9 oboles, une fois par prytanie), le plus régulier est celui du juge : 3 oboles durant peut-être trois cents jours par an, soit 150 drachmes à l'année. Les comptes des sanctuaires nous font découvrir à la fois l'augmentation des salaires et leur diversification (comparer avec p. 172). Mais les prix ont aussi augmenté : le blé serait passé de 3 drachmes le médimne au début du siècle à 6 drachmes en 328, l'*himation* ordinaire de 16 drachmes au détail en 392 à 18 1/2 au prix de gros en 329 ; on estime que vers la fin du siècle il faut 3 oboles par jour minimum pour que survive une personne seule (180 drachmes par an). Ainsi le travailleur artisanal vivrait correctement avec une femme et un ou deux enfants, mais vienne un ralentissement des commandes ou un brusque accroissement du prix des céréales ou de l'huile, et c'est la catastrophe.

Salaires journaliers à Éleusis en 329/8

- 1 drachme pour les jeunes apprentis ;
- 1 drachme 1/2 pour les manœuvres ;
- 2 drachmes pour les couvreurs, ravaleurs, scieurs ;
- 2 drachmes 1/2 pour les maçons et charpentiers.

Himation : manteau de laine, constitué d'une pièce rectangulaire que l'on drape autour du corps, sans attache pour le tenir.

Une politique économique ■

On pourrait s'attendre à ce que, face à ces difficultés et à ces menaces, les cités envisagent une politique économique qui favoriserait les échanges, la production et la petite agriculture (par exemple en maintenant, même artificiellement, le prix du blé). Rien de tout cela. En fait une pensée économique n'est pas encore née qui partirait d'une vision globale de la situation. Xénophon, il est vrai, fait à ses concitoyens de très intéressantes propositions pour exploiter les ressources de leur pays sorti épuisé de la guerre des Alliés (*Les Revenus*, vers 355). S'intégrant dans tout un courant modéré, Xénophon insiste sur le coût de la guerre et les avantages de la paix pour développer la production et le commerce. Deux idées maîtresses dans ce programme : développer toujours plus l'exploitation des mines du Laurion car ses réserves sont inépuisables, et l'argent peut être produit en grandes quantités sans perdre de sa valeur ; favoriser les métèques en les dispensant de charges pénibles (ex. service militaire), en leur accordant libéralement le droit d'*enktésis*, en améliorant la législation commerciale. Cette deuxième voie est effectivement suivie par Eubule qui semble avoir en outre favorisé un renforcement de l'activité minière ; mais l'idée d'un emprunt d'un État pour constituer un capital servile reste au niveau de l'utopie. Si novateur que cet ouvrage nous apparaisse, il ne cherche nullement les moyens d'assurer un équilibre économique fondé sur la possibilité pour tous d'un travail rentable ; aussi aucune pression sociale n'en impose-t-elle l'application. De leur côté, les revendications des pauvres restent très

Les **concessionnaires de mines** sont des particuliers, citoyens ou métèques jouissant de l'*enktésis*. Ils versent à la cité un loyer variable selon que le filon est ancien ou à mettre en valeur. Les esclaves qui y travaillent sont le plus souvent loués à des propriétaires auxquels ils rapportent une ou deux oboles par jour. Xénophon voudrait que la cité, grâce à un emprunt national, achète un capital servile de départ, le loue, investisse ses bénéfices dans de nouveaux achats et fasse finalement profiter les citoyens de ces revenus, après avoir financé une partie des dépenses de la cité.

◆ « Ce qui freine une économie, ce n'est pas que les gens s'intéressent à d'autres fins qu'économiques, car ils le feront toujours, mais c'est qu'ils ne rationalisent pas les méthodes. » ◆
P. VEYNE, *Annales,* 1974, p. 1378.

Théorikon : voir ci-dessous.

traditionnelles : chasser les riches de leurs terres pour les redistribuer, abolir les dettes. Lorsqu'une cité comme Athènes assure à ses concitoyens un minimum vital (*misthoi, théorikon,* distributions de céréales), elle évite les affrontements violents, mais elle le fait au nom d'une idéologie civique et sans entrevoir de solutions autres que l'assistance – quelques-uns, tel Isocrate, suggérant le service militaire.

En fait la cité a deux préoccupations majeures et ne va pas au-delà : financer ses dépenses de fonctionnement, éviter la famine ; dans les deux cas la méthode est empirique.

■ *Les ressources de la cité*

Les impôts. Quelles sont les ressources d'une cité ? Pour l'essentiel, elles proviennent de taxes indirectes, du moins partout où la circulation des biens et les échanges avec l'extérieur le permettent : taxe du cinquantième (*pentekostè,* 2 pour cent *ad valorem*) sur les entrées et sorties de marchandises, générale dans les ports et fréquente à des péages terrestres ; taxe sur les ventes *(éponion)* qui s'ajoute peut-être à la taxe sur les marchés ; taxes sur les pâturages, sur la pêche, sur le passage, sur certaines denrées... Le catalogue varie selon les cités. La perception est confiée à des particuliers, qui en achètent la ferme, à charge pour eux de rentrer dans leurs frais – et au-delà. A cela s'ajoutent des impôts directs, sans doute plus lourds dans les régions les moins commerçantes : *métoikion* (capitation des métèques), *xénoikion* (sur les étrangers), taxe sur les esclaves (?). Plus originales sont les liturgies parmi lesquelles on classe souvent l'*eisphora :* les grosses dépenses de l'État sont ainsi directement prises en charge par les citoyens riches.

Liturgie : cf. p. 136 et 154.

Les baux miniers : voir les exemples cités par P. AUSTIN et P. VIDAL-NAQUET, Économies et Sociétés, *« U2 », 337 sqq.*

L. MIGEOTTE a analysé le recours à L'Emprunt public dans les cités grecques, *Éditions du Sphinx - Les Belles Lettres, 1984 et aux* Souscriptions publiques dans les cités grecques, *Droz, 1992.*

Les biens publics. D'autres ressources sont celles de l'État propriétaire et justicier : les mines, les terrains sacrés et ceux de l'État dont la location est sévèrement surveillée ; les frais de justice sont entièrement couverts par le condamné et le développement de la sanction par confiscation, du moins à Athènes, accroît les ressources par la vente de ces biens.

■ *L'administration des finances*

La description par Aristote du fonctionnement des finances athéniennes a de quoi nous surprendre *(Constitution des Athéniens).* Nous y voyons que les dépenses sont provoquées essentiellement par l'éphébie, par l'armée (de plus en plus), les fêtes religieuses, les fonctionnaires de tous niveaux et les citoyens bénéficiaires d'un *misthos,* les travaux publics et quelques charges sociales (infirmes, orphelins de guerre). Mais la ventilation des recettes reste archaïque : les revenus sont répartis entre les magistrats au fur et à mesure des besoins ; en matière judiciaire et religieuse les recettes sont directement affectées aux dépenses de ces secteurs ; dans l'ensemble, aucune prévision budgétaire ni aucun report d'une année sur l'autre : ce qui n'est pas employé part alimenter la caisse du

La caisse du *théôrikon* recevait tous les surplus inemployés ailleurs. Elle payait aux citoyens leur place au théâtre, finançait les constructions, etc.

théorikon ; on comprend dès lors l'utilité du système des liturgies qui allège l'administration et l'importance des dons généreux de la part des riches : ils permettent de pallier l'imprévu.

L'approvisionnement en blé et l'approvisionnement portuaire ■

Il est toutefois un domaine dans lequel l'État intervient : l'approvisionnement en blé (et en matériaux de construction navale mais l'information est maigre pour cette période). Nous voyons les Athéniens, avares pourtant de leur droit de cité, aduler les rois du Bosphore cimmérien et protéger le commerce avec le Pont Euxin ; flairent-ils la spéculation, ils accablent les revendeurs de blé, non les importateurs ; une loi n'autorise à prêter de l'argent pour un bateau étranger que s'il transporte du blé au Pirée. Il arrive que les sitophylaques soient contraints d'acheter du blé pour le vendre à bas prix – lourde charge pour un magistrat. Pour surveiller l'approvisionnement et pour assurer l'honnêteté et la légalité des transactions, la cité athénienne multiplie les magistratures économiques tant à Athènes même qu'au Pirée : agoranomes, métronomes, sitophylaques, inspecteurs du port... Des efforts sont faits pour faire du Pirée le port d'élection des commerçants internationaux : Xénophon nous en avertit (*Les Revenus,* III) : qualité des installations portuaires, possibilité d'échanger sa cargaison contre une monnaie de valeur internationale, équité et rapidité des magistrats du marché et des procès commerciaux, les *dikai emporikai,* qui doivent être réglés dans le mois suivant le dépôt de la plainte. Mais Athènes est privilégiée. Nous trouvons ailleurs des lois commerciales intéressantes (par exemple sur le commerce des vins à Thasos ou de la pourpre à Tarente), mais nulle part encore un tel arsenal administratif et judiciaire. En outre les ressources de la grande cité paraissent immenses à côté de celles des petites cités dont le port ne s'ouvre qu'à un petit cabotage. Celles-ci ne sont pas armées économiquement pour affronter la crise sociale qui les mine intérieurement, le coût des guerres faites avec des mercenaires. Pourtant un Xénophon, un Isocrate, un Démosthène soulignent l'absurdité d'un système qui aboutit au paiement de mercenaires alors même que les citoyens n'ont pas de quoi vivre et finiront par aller se faire embaucher ailleurs... comme mercenaires.

◆ « Vous le savez sans doute, plus que tous les autres humains, nous utilisons du blé importé. Or le blé qui nous vient du Pont est en quantité égale à celle de tous les autres marchés [...] non seulement cette région en a en abondance, mais Leukon, son maître, a accordé l'exemption de taxes à ceux qui le transportent à Athènes et par voix de héraut il est ordonné que vos navires soient chargés en premier. » ◆
DÉMOSTHÈNE, *Contre Leptine,* 31.

Voir l'étude de P. GARNSEY *(cf. p. 146), p. 185-220.*

◆ « Sont tirés au sort 10 agoranomes, 5 pour le Pirée et 5 pour la ville ; il leur est prescrit par les lois de veiller à ce que tout ce qui est mis en vente soit sans mélange et de bon aloi. 10 métronomes : [...] ils veillent aux poids et aux mesures afin que les vendeurs en utilisent qui soient conformes au droit [...]. Sont aussi tirés au sort 10 épimélètes du port marchand qui doivent veiller aux marchés et à ce que les deux tiers du blé qui entre dans le marché aux grains soit transporté à Athènes par les marchands. » ◆
ARISTOTE, *Const. des Ath.,* LXI.

4. Mutation de l'économie

Une agriculture traditionnelle ■

Finalement, les conditions fondamentales de la production n'ont pas véritablement changé. Si l'on compare l'*Économique* de Xénophon et les *Travaux et les Jours* d'Hésiode, on constate que les techniques agricoles sont presque identiques : Xénophon apporte quelques améliorations à la fumure, mais conserve pour le reste des méthodes traditionnelles. C'est dans la bonne administration de son personnel

Voir pp. 23, 60, 165 sq.

Sur Xénophon agronome, cf. M.-C. AMOURETTI *(op. cit. p. 27), pp. 231-233.*

qu'il voit le meilleur moyen d'améliorer sa gestion. Femme, régisseur, esclaves, chacun à sa place doit éviter les pertes inutiles. Il ne s'agit pas de faire des études de productivité mais de retrouver la juste mise en valeur. On constate aussi, par les baux de Délos, que les terres sont rendues dans l'état même où elles ont été engagées : pas d'améliorations, pas de pertes. Dans ces conditions, l'augmentation de la production dépend de la mise en culture des friches plus que d'un changement dans les méthodes culturales : nous avons vu que ce fut le cas en Chersonèse, où la seconde cadastration date des IVe et IIIe siècles, tandis que se multiplient les fermes en Italie du Sud. La nouvelle ville de Priène a largement exploité sa *chôra.* A Érétrie, en Eubée, un contrat est passé avec un entrepreneur pour l'assèchement d'un marais. Il ne sera pas suivi d'effet, mais il est sans doute contemporain de l'assèchement du lac Copaïs sous Alexandre.

Voir carte p. 309 D.

C'est aussi à cette époque que l'on voit se développer les plans types de ferme à *pyrgoi.* Mais si l'extension du terroir cultivé est bien réelle sur les marges, en Grèce même, il s'agit surtout de corriger les effets des guerres et des abandons temporaires.

Ferme à Pyrgos : associée aux bâtiments de ferme, une sorte de tour, carrée ou ronde selon les cas, dont on suppose qu'elle servait de réserve, et de poste de surveillance.

L'artisanat non plus ne connaît pas de structures différentes de celles que nous avons évoquées pour le Ve siècle. Certes l'extension de l'urbanisation accroît la demande, mais dans une proportion bien relative. Le travail domestique se poursuit ; dans la nouvelle cité d'Olynthe, chaque maison a sa meule et les dimensions des pièces sont modestes. Rien de comparable encore aux demandes connues plus tard, à Alexandrie et à Rome. La *chôra* fournit les matières vivrières mais aussi un marché de consommateurs pour les produits locaux.

L'**orge** reste encore la céréale prépondérante mais le blé commence à être préféré dans les villes pour le pain. C'est peut-être la raison de l'apparition et de la très large diffusion de ces meules à mouvement alternatif, dites meules d'Olynthe à cause du grand nombre retrouvé dans cette ville.

Les échanges

Voir p. 209 sqq.

Voir le colloque édité par A. Bresson et P. Rouillard, Emporion, *Paris, 1993.*

En fait c'est dans la circulation des marchandises que se situent les changements les plus marqués : rôle plus accentué de la monnaie et des banques, possibilité de spéculations temporaires sur les prix, importance des voies maritimes septentrionales, intense activité en Méditerranée occidentale. Dans ces échanges, le Pirée conserve, comme port de transit, un rôle fondamental ; les cités d'Asie Mineure reprennent une activité quelque peu ralentie au siècle précédent ; Délos et Rhodes acquièrent une place estimable. A l'ouest, Tarente et Syracuse connaissent des périodes d'opulence malgré les menaces extérieures, Aléria reçoit des importations attiques jusqu'en 430, Marseille connaît son apogée. Tous ces ports actifs accueillent les marchands de tous horizons, et Xénophon souligne que, parmi les métèques, les barbares sont maintenant nombreux. Une nouvelle classe est en train de remplacer l'aristocratie traditionnelle. Certes on se tromperait fort en la comparant aux hommes d'affaires de la cité de Londres : l'argent acquis est dépensé en liturgies, en offrandes somptuaires, en repas, plutôt qu'en investissements économiques.

Les mutations sociales ■

D'autant que les laissés-pour-compte de la prospérité n'interviennent pas non plus. Dans les appels à la révolte des IVe et IIIe siècles, c'est l'exigence du partage des terres et du retour à un ancien temps fondé sur l'égalité des *kléroi* et la possibilité de vivre en autarcie, qui se répète. Quantitativement les artisans n'ont probablement pas tellement augmenté, ce sont encore les grands chantiers qui emploient les masses d'ouvriers les plus importantes. Et le nombre des déracinés prêts à s'offrir comme mercenaires témoigne du peu de souplesse du marché de l'emploi. Y eut-il accentuation du phénomène par une augmentation du nombre des esclaves ? Ceux-ci formaient une part importante du capital des fortunes, c'est une marchandise qui circule et qui a de la valeur. Mais comme la presque totalité de nos sources repose sur le IVe siècle, les comparaisons sont difficiles. Xénophon, dans son traité, n'envisage pas la possibilité de plus de trois esclaves par Athénien pour les mines. Dans tous les cas les revendications portent sur la liberté, non sur les conditions de travail. Société et économie conservent les cadres du Ve siècle en poursuivant l'évolution amorcée. Lorsque Aristote envisage une répartition « tayloriste » du travail, c'est une utopie qu'il évoque. Et la crise dont il se fit l'écho est une crise politique. Elle repose en partie cependant sur cette lente mutation, à la fois politique et économique, qui a permis, dans les cadres de cette économie, l'émergence d'une nouvelle classe dont les intérêts ne coïncident pas avec ceux de la cité, et le rejet des plus pauvres qui ne voient cependant de salut que dans ce cadre.

Voir P. Carlier, Le IVe Siècle grec *(cf. p. 6), p. 197-230.*

Voir chapitre 11.

Aristote, La Politique, *I, 1253 b, sqq. ; VII, 1327 b, sqq.*

Pour approfondir ce chapitre

Outre les ouvrages indiqués aux pages 174-175, 190 et 206, et un certain nombre de ceux de la page 234, les marges du présent chapitre indiquent plusieurs livres ou articles. **Les questions bancaires** sont à voir dans R. Bogaert, *Banques et Banquiers dans les cités grecques,* Leyde, 1968. **Des questions de droit** sont étudiées par L. Gernet, *op. cit.* p. 6, et *Droit et Société,* Sirey, 1964. **Les questions agraires** sont à voir dans M.-Cl. Amouretti (cf. p. 23 et 27). **Sur Athènes**, Cl. Mossé, *Le Monde grec et l'Orient,* II (cf. p. 6), pp. 106-110 et 122. Ph. Gauthier, *Un commentaire des Poroi de Xénophon,* 1977. **Les principales contributions à l'histoire sociale de Sparte** sont analysées par J. Ducat (cf. p. 106). Voir en outre D. Asheri, « Sulla Lege di Epitadeo », *Athenaeum,* 1961, pp. 45-68.

15

Les transformations de la cité au IVe siècle

La fin de la guerre du Péloponnèse et la chute de l'empire athénien marquent une rupture dans l'histoire politique du monde grec. Pendant un demi-siècle, les Grecs vont s'affronter en luttes incessantes, sans qu'aucune cité ne l'emporte définitivement. Traumatisés par l'échec de l'idéal hégémonique de la cité, ils s'interrogent sur les valeurs qui la sous-tendent. Les choix de l'homme politique et ceux de l'individu tendent à se séparer tandis que la guerre pèse fortement sur le fonctionnement même des régimes. Cependant, cette période est d'une très grande richesse dans le domaine intellectuel ; solutions juridiques, propositions utopiques, réflexions philosophiques se développent parallèlement aux tensions sociales et aux échecs militaires. En même temps, un renouveau religieux favorise les tendances nouvelles de l'art. Sur tous ces points, l'évolution que nous avons vu naître durant la guerre du Péloponnèse se poursuit.

1. Le nouvel équilibre des forces (404-356)

XÉNOPHON (427-355) :
Les Mémorables de Socrate
L'Apologie de Socrate
Le Banquet
L'Économique
Hipparque
L'Équitation
L'Anabase
La Constitution des Lacédémoniens
Les Revenus
La Cyropédie
Hiéron-Agélisas
Les Helléniques

Nos sources. Le déroulement des guerres incessantes nous est en partie connu par l'œuvre de Xénophon, lui-même fortement impliqué dans ces événements. Jeune aristocrate athénien, il a suivi Socrate et a quitté Athènes en 401 pour participer à l'aventureuse expédition des Dix mille à travers l'Empire perse. A son retour il suit le roi de Sparte, Agésilas, en Ionie et combat même contre Athènes en 396. Banni, il exploite un domaine concédé par les Lacédémoniens à Scillonte. En 371, le domaine saccagé, il s'installe à Corinthe. En 367, il peut revenir à Athènes où il finit sa vie. Ses œuvres sont d'une extraordinaire variété : des dialogues qui mettent en scène Socrate, des traités qui évoquent l'expérience de l'auteur comme grand propriétaire et cavalier, des traités politiques, enfin des récits historiques, présentés sous forme de romans, comme l'histoire de Cyrus, de biographies ou de souvenirs, comme ceux de *L'Anabase,* ou d'histoire proprement dite, *Les Helléniques* qui prolongent jusqu'en 362 le récit commencé par Thucydide. Xénophon souffre souvent de la comparaison avec Platon ou Thucydide, mais ses écrits sont une mine pour l'historien dans beaucoup de domaines. Certes, il ne cache pas ses amitiés laconiennes malgré un sincère amour de sa patrie, il ne prétend pas à l'exhaustivité et manque souvent de sens critique. Mais il représente bien la mentalité d'un aristocrate, à la fois conservateur dans ses opinions et son mode de vie, et plus ouvert que certains philosophes aux réalités pratiques de son temps. C'est à travers son œuvre, confrontée à quelques inscriptions, que l'on dégage les principales étapes de la vie internationale des cités, évoquée aussi par des écrivains tardifs, Diodore et Plutarque.

L'hégémonie de Sparte ■

La guerre de Corinthe. Sparte, se méfiant des succès exceptionnels de son navarque Lysandre, a redonné le commandement militaire à un roi, Agésilas. Lysandre avait eu cependant le temps d'organiser un véritable empire. Il avait facilité l'instauration de régimes oligarchiques dans les îles de la mer Égée et installé des garnisons avec des commissaires, les *harmostes*, chargés de les contrôler. Mais sur le continent, les alliés, Thèbes, Corinthe, trouvaient le joug trop lourd. En 400, la rupture de Lacédémone avec la Perse, dont l'expédition des Dix mille avait montré la faiblesse, amène le roi Agésilas à combattre le satrape Tissapherne qui voulait rétablir la domination perse sur les cités d'Asie Mineure. Ce dernier facilite un retournement d'alliances contre Sparte (Athènes, Thèbes, Argos et Corinthe). Malgré une victoire d'Agésilas sur les coalisés à Coronée (394), c'est l'occasion pour Athènes de se libérer de la tutelle spartiate. Elle relève ses Longs-Murs et une flotte se reconstitue sous les ordres de Conon. Apparaît aussi un nouvel élément dans la stratégie, l'infanterie légère, les peltastes, mercenaires sous les ordres de l'Athénien Iphicrate.

Agésilas, roi de Sparte (436-360)
Son apologie se trouve dans l'*Agésilas* de Xénophon, qu'il avait connu pendant l'expédition des Dix-Mille et soutenu après son exil.
398 : Devient roi.
397-95 : Campagnes victorieuses en Asie Mineure
394 : Victoire de Coronée contre la coalition anti-spartiate
392-89 : Agressions en Corinthie et Acarnanie
382 : Inspire sans doute le coup de force contre Thèbes et contre le Pirée (378), mais, assurant la défense de Sparte contre Epaminondas, il est vaincu à Leuctres (371) et Mantinée (362)
361 : Expédition avec des mercenaires, en Égypte
360 : Meurt en Libye

La paix du roi, dite d'Antalkidas (386). La paix fut finalement négociée entre Sparte et les Perses qui imposèrent la « paix du roi ». Le monarque s'y voyait reconnaître la possession des cités d'Asie et de Chypre, Athènes gardait Lemnos, Imbros et Skyros où elle avait réinstallé ses clérouques ; elle avait aussi repris pied sur le Bosphore avec Byzance. Les autres cités conservaient leur autonomie. Sparte veille dans les années suivantes au maintien de cet ordre, à son profit. Elle prend Mantinée et disperse ses habitants dans quatre villages, multiplie les interventions pour instaurer dans les villes des gouvernements qui lui seraient favorables et rentreraient dans sa ligue et pour y replacer des garnisons. C'est le cas à Thèbes. Mais cette politique ambitieuse favorise les dissensions intérieures tout en exigeant un effort financier considérable.

Voir p. 180.

Les Peltastes : soldats légèrement armés, ainsi nommés parce qu'ils employaient au lieu du lourd bouclier rond, en forme de croissant, le *pelté*. Ils n'avaient pas de cuirasse, étaient armés d'une longue javeline et d'une épée courte.

La révolte de Thèbes (379). La remise en cause vient de Thèbes. Sept conjurés dirigés par Pélopidas libèrent la ville et obligent la garnison lacédémonienne à se retirer. Puis Thèbes reconstitue à son profit la ligue béotienne tandis qu'en Thessalie un chef énergique, Jason, unifie la région.

PÉLOPIDAS : jeune aristocrate exilé de Thèbes par Lacédémone, il constitue le bataillon sacré qui remporte le premier succès en rase campagne. Meurt en 364. Voir PLUTARQUE, *Vie de Pélopidas*.

La seconde confédération athénienne ■

La situation devient donc dangereuse sur la frontière septentrionale de l'Attique. Or Athènes reconstitue en 377 une seconde confédération maritime qui regroupe la plupart des cités insulaires et les villes grecques de la côte thrace. Nous avons conservé les décrets qui constituent la *symmachie*. Le but de l'alliance est de contraindre Sparte à « laisser les Grecs vivre en paix dans la liberté et l'indépendance », non de s'opposer aux Perses. Athènes s'engage scrupuleusement à ne pas renouveler les erreurs de l'Empire du Ve siècle, ni garnisons, ni tribut, ni acquisitions privées sur un territoire

Extrait du Décret d'Aristotélès (377)

◆ « [...] Si quelqu'un des Hellènes ou des Barbares habitant du continent ou insulaire, mais non soumis au Roi, veut être l'allié des Athéniens et des alliés, qu'il puisse l'être, tout en étant libre et autonome, et régi par la constitution qu'il voudra, sans recevoir de garnison, sans être soumis à un gouverneur, sans payer de tribut, aux mêmes conditions que les gens de Chios, les Thébains et les autres alliés [...]. » ◆

allié. Dans le Conseil, le *Synédrion,* qui doit être consulté pour chaque décision, les Athéniens ne sont pas représentés. Les propositions sont ensuite soumises à l'approbation de l'*Ekklèsia.* C'est malgré tout le renouveau d'un empire ; mais Sparte ne peut s'y opposer, ses soucis sont ailleurs.

■ *La fin de l'hégémonie de Sparte*

Paix de 371 ; Leuctres (371). Elle n'a pu en effet reprendre Thèbes et ce défi menace toute son emprise extérieure. Les expéditions contre la cité rebelle que soutient Athènes ne donnent aucun résultat et permettent à Athènes de retrouver sa place dans la vie internationale. En 375, Timothée, le fils de Conon, peut faire le tour du Péloponnèse et s'emparer de Corcyre. Mais cette guerre épuise les belligérants et l'on s'inquiète des visées des Thébains qui ont détruit Platées. La paix est conclue en 371, les Lacédémoniens s'engagent à retirer les *harmostes* des cités. Mais les Thébains refusent de jurer et Sparte maintient son armée en Béotie. Épaminondas attaque et obtient à Leuctres une victoire écrasante, 400 Spartiates sont tués sur un total de 700. Le stratège béotien a mis en œuvre une tactique nouvelle : il concentre ses meilleures troupes à l'aile gauche, les dispose en profondeur et écrase sous une attaque massive l'aile droite des Lacédémoniens.

Voir carte p. 320.

■ *L'hégémonie thébaine*

Rescrit (367). C'est le début de l'aventure insolite de Thèbes. Elle profite de l'assassinat de Jason pour s'emparer de la Thessalie, et Épaminondas emmène son armée en Laconie. La Messénie, de nouveau soulevée, recouvre sa liberté et la ville nouvelle de Messène symbolise cette indépendance. En Arcadie, les cités se groupent en une confédération copiée sur celle de Béotie puis se donnent pour capitale Mégalopolis. A Sparte, la situation est si grave qu'on se résigne à armer des hilotes et à demander du secours à Athènes et à Denys de Syracuse. Les événements traînant en longueur, on cherche l'arbitrage du Grand-Roi et un nouveau rescrit royal cautionne les ambitions thébaines auprès de leurs nouveaux alliés de Grèce centrale et du Péloponnèse. Mais Thèbes tente aussi de débaucher les alliés d'Athènes et y réussit temporairement avec la petite île de Kéos. Les ressentiments se développent en Grèce. Les Arcadiens renâclent contre l'alliance que Thèbes leur impose.

Mantinée (362). C'est pour les mettre à la raison qu'Épaminondas, à la tête de vingt contingents béotiens, thessaliens et eubéens redescend dans le Péloponnèse. Il attaque devant Mantinée, les Arcadiens, les Lacédémoniens et les Athéniens et remporte la victoire dans les mêmes conditions que celle de Leuctres, mais trouve la mort et les Thébains ne savent pas tirer parti de son succès. Une redistribution complète des forces s'effectue ; les principales régions du Péloponnèse recouvrent leur indépendance, Sparte perd définitivement non seulement ses alliés mais la Messénie si sévèrement tenue depuis l'époque archaïque. Thèbes conserve l'hégémonie en Grèce centrale et son adversaire principal redevient Athènes.

Épaminondas : noble mais pauvre et vivant comme un paysan. Philosophe et homme d'État, rejoint son ami Pélopidas, collabore à la réforme des institutions, tient tête à Agésilas au congrès de 367.

Kéos : minuscule île des Cyclades, divisée en quatre cités, connue pour la qualité de son ocre rouge. Athènes en reprend le monopole. Voir M. N. Tod, *A Selection of GHI* n° 162.

Fin du second empire d'Athènes ■

Or, Athènes reprend insensiblement les mauvaises habitudes de l'impérialisme. L'insurrection de Kéos a été durement réprimée. La levée des contributions volontaires *(syntaxeis)* devient plus brutale, Timothée reprend l'installation des clérouques (à Samos, sur l'Hellespont, en Chalcidique). Des expéditions doivent être envoyées en Thrace pour protéger la route du blé. A Athènes même, des critiques s'élèvent contre la politique impérialiste qui coûte cher et repose sur les liturgies. C'est en 357 que Chios, Rhodes et Kos se détachent de l'alliance athénienne avec Byzance, aidés par le satrape de Carie, Mausole, et déclenchent ce que l'on a appelé la guerre des alliés. Les divergences entre les stratèges athéniens (Iphicrate, Timothée, Charès) facilitent la défaite navale à Embata. Sous la menace d'une intervention de la flotte perse, Athènes doit accepter la paix et reconnaître l'indépendance des alliés. En fait, cette paix est réclamée dans la cité même par un parti qui élimine les partisans de la politique impérialiste. Le chef de file, Eubule, devient préposé au *théorikon*, les préoccupations financières passent au premier plan.

Ainsi aucune cité n'a pu l'emporter, tandis que la diplomatie perse joue un rôle de plus en plus important. Cette présence obsédante de la guerre entre Grecs marque profondément ce demi-siècle.

La Grèce en 362

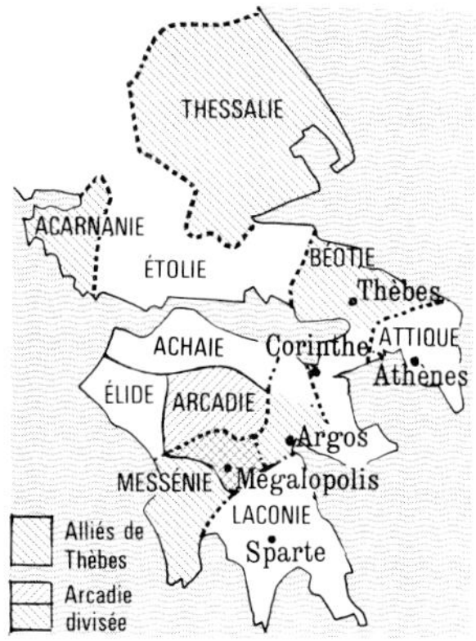

2. Guerre et paix au IVe siècle

Les nouvelles conditions de la guerre ■

Les transformations techniques amorcées pendant la guerre du Péloponnèse vont se développer, maintenant que la guerre devient de plus en plus l'affaire des professionnels. L'hoplite joue un rôle moins important tandis que se développent les unités spécialisées : infanterie légère avec l'équipement des peltastes mis au point par Iphicrate, archers et frondeurs barbares, corps de génie avec l'importance des machines de siège, béliers, catapultes, tours roulantes, que Denys l'Ancien avait particulièrement développées, cavalerie que la tactique de Pélopidas remet en honneur pour achever la victoire. Le principe même du mercenariat, le développement de ces spécialités, donne un tout autre sens au rôle du chef militaire. Désormais, bien distinct de l'homme politique, il réussit à la fois par ses capacités manœuvrières, son ascendant sur ses propres troupes, son aptitude à les mener à la victoire, donc au butin. Il n'a pas de mal à trouver des recrues parmi les quelque vingt mille mercenaires disponibles en Grèce à cette époque ; le problème reste de les payer et la tentation est grande, lorsque la cité tarde à fournir les subsides, de se servir sur les pays conquis. Depuis Lysandre, le chef victorieux tend à prendre lui-même les décisions diplomatiques, massacrant les habitants, imposant des tributs, sans en référer aux instances de la cité.

Pour l'iconographie, P. DUCREY *(cf. p. 66).*

◆ « Tous les stratèges qui, à un moment quelconque, se sont embarqués de chez vous, [...] tous tirent des ressources des Chiotes, des Érythréens, de tous ceux où chacun peut en tirer [...]. Et aujourd'hui encore [...] où (Diopeithès) prendrait-il de quoi entretenir ses soldats puisqu'il ne reçoit rien de vous et ne possède pas lui-même les moyens d'entretenir ses mercenaires ? » ◆

DÉMOSTHÈNE, *Sur les affaires de Chersonèse,* 24 et 26.

◆ « Assiégeant Samos, (Timothée) vendait aux Samiens le produit de leurs propres récoltes et tout ce qui se trouvait encore sur leurs champs : il eut ainsi abondance d'argent pour payer ses soldats. » ◆ Pseudo-ARISTOTE, *Économique*, II, 2, 23.

Voir p. 212.

Pour celle-ci aussi le problème est délicat, et se pose à Sparte aussi bien qu'à Athènes. Le coût de la guerre lointaine est devenu très lourd, surtout si l'on veut contrôler les généraux, car les citoyens se réservent pour la défense du territoire. Les dépenses sont aussi plus sophistiquées et plus coûteuses. Les cités s'entourent de murailles avec des perfectionnements : tours évidées à Mantinée, tracé à crémaillères. Rappelons le traité sur la défense des villes dû au Péloponnésien Énée le Tacticien.

■ *Le désir de la paix*

Parallèlement à ce cycle infernal de la guerre, se développent des théories générales sur la paix, des tentatives pour moraliser la vie internationale tandis que se multiplient les conventions entre cités... C'est ainsi que l'on voit apparaître ces traités de paix communes, *Koinè Eirénè,* applicables en principe à tous les Grecs. Certes ce sont des œuvres de circonstance que ces « Paix du roi » dont chaque cité essaye de tirer parti ; elles marquent cependant l'échec des tentatives d'hégémonie en faveur d'une seule cité et c'est particulièrement vrai après Mantinée. Le rhéteur Isocrate est très représentatif des courants, parfois contradictoires, qui traversent les Grecs. Dans le *Panégyrique,* il prêche l'union de toute la Grèce contre l'ennemi héréditaire perse ; par ce biais il justifie l'impérialisme athénien renaissant mais met en valeur les liens qui unissent tous les Grecs et l'originalité de leur civilisation. *Sur la Paix* et l'*Aréopagitique* expriment le point de vue de l'Athénien modéré au milieu du siècle : répudiation de l'impérialisme, idéalisation du passé et conscience aiguë des fléaux de la guerre et de la division des Grecs. La royauté lui paraît la solution et il esquisse dans *Nicoclès* le portrait du monarque idéal et finalement, c'est Philippe de Macédoine qu'il imagine, dans le *Panathénaïque,* seul capable du grand dessein d'union panhellénique contre la Perse.

> **ISOCRATE (436/338) :** fils d'un riche luthier, sa famille est ruinée pendant la guerre du Péloponnèse. Il exerce le métier de logographe de 402 à 393. Il peut ouvrir alors une école d'éloquence qui connaît un très grand succès. C'est pour ses élèves qu'il compose ses discours qui sont des exercices scolaires. On a retrouvé 6 lettres et 21 discours.

On le voit, les courants qui condamnent la division des Grecs et leurs luttes incessantes répondent à des motivations diverses. Ils soulignent aussi le développement d'un idéal individuel qui pousse de plus en plus les citoyens à chercher hors des affaires de la cité leur réussite personnelle.

3. L'évolution des régimes politiques

■ *Athènes*

Une vision pessimiste de l'évolution démocratique

◆ « (Le régime populaire) renverse les barrières et émancipe les individus : en ouvrant la porte aux compétitions, il encourage les ambitions. De là naissent les désordres et l'inconduite dont, ensuite, le peuple se plaint chez ses chefs, sans soupçonner que sa propre souveraineté les suscite et les alimente [...]. Les témoignages

Le IVᵉ siècle se termine sur la conquête macédonienne et la fin de l'indépendance politique des cités : celles-ci se sont épuisées en des luttes stériles sans parvenir à régler globalement leurs conflits malgré le courant d'opinion qui y portait. De là à parler d'une décadence des cités, le pas a été vite franchi, trop vite. Prenons quelques exemples, là où l'information le permet.

A Athènes, les institutions se sont sans cesse enrichies pour mieux s'adapter aux nouvelles conditions militaires et financières et compenser les effets d'un comportement plus individualiste de la part des citoyens. Après l'effondrement de 404/403, une commission de *nomothètes* met de l'ordre dans les lois, conservant les plus anciennes lorsqu'elles ne sont ni contredites ni annulées par des décisions plus récentes, supprimant celles des oligarques. Désormais la distinction entre loi *(nomos)* et décret *(psèphisma)* devient claire : la première fait partie du code fondamental alors établi et dont la modification exige une procédure complexe ; le deuxième assure le passage de la loi à la vie politique ou judiciaire quotidienne.

du IVe siècle confirment abondamment et la réalité de ce désordre et l'importance de cette prise de conscience. » ◆
J. DE ROMILLY, *Problèmes de la Démocratie grecque,* 1975, p. 98.

Pour une vue d'ensemble de la constitution, voir chapitres IX et X.

L'armée. Les stratèges, éloignés par la guerre, ne peuvent plus jouer dans la cité le rôle de chefs politiques et sont plus difficiles à contrôler parce que leurs soldats ne sont plus en majorité des citoyens. Pour satisfaire à un besoin de spécialisation, l'Assemblée leur attribue des tâches précises : en 329, nous en trouvons un pour les hoplites, un pour la défense du territoire, deux pour le Pirée, un pour les symmories, donc pour la flotte ; les autres sont affectés au gré des circonstances. Toutefois, l'entraînement militaire des citoyens n'est pas abandonné, bien au contraire : l'*éphèbie* est réorganisée dans la première moitié du siècle, puis une deuxième fois vers 323. Lorsqu'il a dix-huit ans révolus, le jeune citoyen suit une instruction de deux années, la deuxième se déroulant dans les forts frontaliers ; il prête serment de protéger sa patrie et de se battre vaillamment.

Voir pp. 180 et 221.

◆ « Il y a, en effet, chez vous, un serment que prêtent tous les citoyens lorsqu'on les inscrit sur les registres du dème et qu'ils deviennent éphèbes : ils jurent de ne pas déshonorer leurs armes sacrées, de ne jamais déserter leur poste, de défendre la patrie et de la laisser plus grande à leurs descendants. » ◆
LYCURGUE, *Contre Léocrates,* 76.

Les finances. Les finances constituent le second volet important des affaires publiques. Un immense effort de restructuration et d'adaptation entraîne des innovations échelonnées sur tout le siècle. Les dépenses s'alourdissent, du fait de la guerre mais aussi des constructions, du versement des *misthoi,* du développement de l'administration. Or, l'Empire n'assure pas des rentrées suffisantes et celles-ci disparaissent à partir de 356. Les revenus du Pirée (taxe de 2 pour cent) varient en fonction de la politique extérieure, les mines sont médiocrement exploitées au début du siècle. En 350, les tribunaux renoncent à siéger faute d'argent pour verser les *misthoi.* Des réformes s'imposent : la circulation des fonds publics s'améliore par l'affectation à chaque magistrat d'une somme pour les dépenses courantes (avec contrôle par les *logistes* à chaque prytanie puis en fin de mandat) ; la perception de l'*eisphora,* impôt extraordinaire, est réorganisée par la création des *symmories.* Ce système est ensuite étendu à la triérarchie, jusqu'en 338. Une législation sur l'exploitation minière en favorise la reprise vers 360 ; des caisses spéciales sont créées (*stratiôtika* pour la guerre, attestés dès 349/348) ou peut-être simplement réorganisées *(théôrikon).* La gestion d'Eubule comme préposé au *théôrikon* assure un redressement financier remarquable (130 à 600 talents) et témoigne de l'importance acquise par cette fonction élective qui finit par dominer, en liaison avec le Conseil, l'ensemble des finances athéniennes, et peser très lourdement dans les décisions politiques. Ni le citoyen, ni la majorité des magistrats ne sont plus à même de connaître l'état financier de la cité ; la surveillance est assurée par le Conseil et les logistes.

Aux *misthoi* présentés p. 148, on peut ajouter ceux des magistrats et les repas fournis par l'État (cf. Aristote, *Const. des Ath.,* LXII 2). L'estimation de la dépense globale serait de l'ordre de 250 à 300 talents par an.

L'ensemble des contribuables était réparti en cent *symmories,* chacune représentant une même fraction du capital imposable. Le système s'alourdit avec le *proeisphora* ou avance de l'*eisphora* faite par les trois citoyens les plus riches de chaque *symmorie,* à charge pour eux de se rembourser.

F. VANNIER, Finances publiques et Richesses privées dans le discours athénien, *1988.*

Nous ignorons quelle fut précisément la charge de Lycurgue après Chéronée : elle lui permit de contrôler douze ans durant les finances et de les redresser après les frais de la guerre contre les Macédoniens ; les caisses publiques reçurent 1 200 talents et d'importants travaux publics furent repris.

Voir pp. 127 et 150.

Administration et Conseil. L'administration financière n'est que l'aspect le plus voyant et le mieux connu de la gestion civique. Mais on assiste aussi à un développement de l'administration et de ses compétences techniques : c'est la *Boulè* qui prend plus d'importance.

Les *proèdres* sont les présidents :
◆ « Lorsque les prytanes réunissent le Conseil ou le peuple, l'épistate tire au sort 9 proèdres, un de chaque tribu sauf de celle qui exerce la prytanie et parmi les proèdres, à nouveau un épistate, et il leur remet l'ordre du jour. Eux le reçoivent et veillent au bon ordre de la séance. » ◆
ARISTOTE, *Const. des Ath.*, XLIV, 2-3.

Pour des raisons encore inexpliquées, la présidence de l'Assemblée et du Conseil passe des prytanes aux proèdres, tandis que les premiers conservent le soin d'élaborer le *probouleuma* et de convoquer l'Assemblée. Les commissions techniques se multiplient ; elles émanent du Conseil et agissent en accord avec lui, puis lui rendent des comptes. P.-J. Rhodes tire d'une analyse des compétences du Conseil l'impression qu'il est seul à pouvoir connaître de l'ensemble des affaires (finances, armement, travaux publics, cultes, justice) car elles passent toutes par son contrôle, avant et après.

Des comportements nouveaux. L'historiographie traditionnelle insiste plutôt sur les changements de mentalité et leur fait porter la responsabilité de ce poids administratif et financier croissant : c'est peut-être inverser les rôles. Le tableau du déclin de la démocratie serait le suivant : l'attribution d'un *misthos* par jour de présence à l'Assemblée est un remède à l'absentéisme car les pauvres y viennent plus nombreux, proies faciles pour d'habiles orateurs ; ceux-ci se plaignent de voir les citoyens bouder l'*Ekklèsia* et se détourner de la vie politique pour s'occuper de leurs affaires, de leur famille. On se plaît à souligner le chemin parcouru depuis les comédies d'Aristophane, marquées par l'actualité et la vie de la communauté, jusqu'à celles de la comédie nouvelle représentée par Ménandre, comédie de mœurs, psychologique et individualiste. Bref, l'esprit civique se perdrait.

◆ « Des foulons, des cordonniers, des charpentiers, des forgerons, des laboureurs, des marchands, des trafiquants du marché qui ne pensent qu'à vendre cher ce qu'ils ont acheté à bas prix ; car ce sont tous ces gens-là qui composent l'assemblée du peuple. » ◆
XÉNOPHON, *Mémorables*, III, VII, 6.

A l'*Héliée* dont les compétences s'élargissent aux dépens de l'Aréopage, des magistrats et de la *Boulè*, les jurys composés de pauvres auraient pour principal objectif de condamner les riches afin de profiter des confiscations : la sanction pour une faute grave n'est plus tant la privation des droits politiques, du droit de résidence, voire de la vie, que l'amende parfois très lourde. On se méfie de la contrainte morale représentée par le serment et l'on préfère l'acte écrit au témoignage oral. Enfin, le devoir pour tout citoyen d'attaquer en justice un coupable – avec le bénéfice d'une partie de l'amende – a suscité la multiplication des sycophantes, vivant de la délation et du chantage. Pour les faire taire, on leur impose la consignation des frais de justice et une énorme amende de 1 000 drachmes s'ils se désistent avant jugement. En vain.

Voir p. 173.

Il y a certes du vrai dans ce tableau et les abus sont incontestables mais l'éclairage nous paraît faussé. On peut contester la démission politique lorsque l'on constate le maintien à 6 000 du quorum à l'Assemblée pour des questions personnelles (ex. : *adéia*) et du nombre des héliastes ; il faut trouver au moins 250 bouleutes nouveaux tous les ans et de plus en plus de magistrats ordinaires ; les propriétaires fonciers, les aristocrates ne dominent plus. De ce fait, eu égard aux difficultés économiques durement ressenties par les classes pauvres et moyennes, le *misthos ekklèsiastikos* s'impose comme une mesure nécessaire au maintien d'une participation suffisante à l'Assemblée ; si les riches ne viennent plus, il faut non pas attirer les pauvres – qui vivrait de deux ou trois oboles par jour ? – mais simplement leur permettre de limiter le manque à gagner ce jour-là.

Adéia : pour faire certaines propositions comme de demander la réhabilitation d'un citoyen dégradé ou de revenir sur une loi existante, il faut « avoir obtenu préalablement des Athéniens, votant au nombre minimum de 6 000, une garantie d'immunité *(= adéia)* votée à la majorité et au scrutin secret. ». (Démosthène, *Contre Timocratès,* 45).

Des professionnels de la parole et de la politique. Par ailleurs, la complexité croissante des affaires publiques rend inévitable que des hommes politiques, d'origine aisée, professionnels du discours et héritiers des sophistes, mènent les débats, posent les problèmes, développent l'argumentation. On les dit irresponsables ; pourtant un Eschine, un Démosthène, un Lycurgue sont investis de charges diverses auxquelles ils ne se dérobent pas. Leurs discours témoignent d'une excellente connaissance du droit, des affaires de la cité, de ses finances. Le changement est plutôt dans la séparation entre les fonctions civiles et la stratégie : c'est l'évolution militaire qui est en cause car elle engendre une spécialisation dont la cité n'a du reste pas toujours à souffrir ; mais la souveraineté de l'Assemblée oblige à composer entre chefs politiques et chefs militaires.

L'orateur le plus célèbre de cette époque reste Démosthène. D'abord simple logographe, il fut, entre autres, deux fois triérarque, bouleute, chargé de plusieurs ambassades et négociations, chargé des fortifications, du ravitaillement, préposé au *théôrikon.* Il est l'auteur de plusieurs propositions de réformes (sur les *symmories,* sur le *théôrikon*) ; il se bat pour obtenir des Athéniens qu'ils arrêtent les progrès de Philippe tant qu'il en est encore temps. En réponse à son principal adversaire, Eschine, il prononce un discours *Sur la Couronne,* en 330, où il expose ses idées sur le rôle de l'orateur dans la cité. Démosthène atteint à la quasi-perfection dans le développement d'une argumentation implacable, parfois malhonnête vis-à-vis de ses adversaires, souvent ponctuée d'envolées passionnelles, et toujours au service d'une cause patriotique.

Démosthène (384/322) : on distingue dans ses œuvres, des exordes, introductions fictives ; des plaidoiries civiles rédigées comme logographe ; des harangues prononcées devant l'Assemblée (ex. : *Philippiques, Olythiennes*) ; des plaidoyers politiques prononcés contre des adversaires politiques ou pour des amis attaqués ; ex. : *contre Midias, contre Aristocratès, sur la prévarication dans l'Ambassade, pour Ctésiphon* (= *sur la Couronne*), etc.

Organisation des tribunaux. Enfin, les abus judiciaires sont vigoureusement dénoncés par des hommes fortunés, exposés à la confiscation ; mais ce sont les mêmes qui désertent l'Assemblée et les tribunaux, qui rechignent à verser les contributions réclamées. Si l'équilibre relatif dans la répartition des richesses est rompu, il est dans la logique de la démocratie athénienne de le rétablir par le biais des charges fiscales imposées aux riches, et non plus consenties par eux, et de procès aux récalcitrants.

Voir P. Carlier, Démosthène, *Fayard, 1990.*

Au moment même où ces critiques se développent, l'organisation de la justice à Athènes est devenue très sophistiquée. Lorsqu'on veut traduire quelqu'un en justice, on doit

Clépsydre (fouilles de l'Agora) de 2 khoés (XX), soit 6,4 l.

Exemple du procès de Socrate, p. 188.

◆ « De même que chacun de nous a un père, de même nous devons considérer que la cité tout entière a pour père tous les citoyens et qu'il est juste, en conséquence, non seulement de ne rien leur enlever de ces nouvelles ressources, mais encore, si cela venait à faire défaut, de chercher par quelqu'autre moyen à ne les laisser manquer de rien. » ◆
DÉMOSTHÈNE, *IVe Philippique,* 41.

s'informer du magistrat compétent pour ce type d'affaire, convoquer son adversaire et remettre une plainte écrite ; on doit aussi déposer une somme d'argent si l'on réclame une amende, somme que l'on récupèrera si l'on gagne. Le magistrat, s'il reçoit la plainte, procède à une enquête préliminaire, recueille preuves, lois et décrets concernés, témoignages. Le dossier sera remis au tribunal. En fait, pour les petites affaires, le magistrat peut trancher mais l'appel au tribunal reste toujours possible.

De multiples précautions garantissent les tribunaux – qui sont des jurys – contre toute tentative de corruption : on attend le dernier moment pour tirer au sort (grâce aux machines appelées *klèrotéria*) ceux des héliastes qui seront appelés à siéger ce jour-là, puis celui des jurys auquel il sera affecté, le magistrat-président de chaque tribunal, et enfin les jurés chargés de tâches spécifiques (surveillance du temps de parole, remise des jetons de vote et dépouillement, paiement du *misthos*). Dans l'horloge à eau *(clépsydre),* on verse le nombre de mesures correspondant au temps de parole accordé à chaque partie, en fonction de l'importance de l'affaire. Traditionnellement, chacun se défend soi-même : cela fait partie du « métier de citoyen ». On peut se faire aider par un *logographe,* rétribué, dont on lira le discours. L'habitude se développe, lorsque les enjeux sont graves, d'appeler à l'aide des « amis », les *synégores,* qui occupent une partie de votre temps de parole, gratuitement.

Le jury ne délibère pas. Ayant entendu les parties, généralement deux fois chacune, il vote sur la culpabilité, vote secret avec des jetons ou *psèphoi.* Si la sanction n'est pas fixée par la loi, une estimation est proposée par chacune des deux parties, et le jury vote pour l'une ou l'autre. D'une façon générale, la condamnation à mort est rare ; on préfère l'amende (dont une partie va au dénonciateur) et, pour les cas graves, l'exil, assorti ou non de la confiscation des biens.

Certaines sanctions n'ont pas besoin du tribunal : le débiteur de l'État, le déserteur, le citoyen trois fois coupable de faux témoignage ou de proposition illégale, etc., tombent automatiquement sous le coup d'une *atimie* qui peut aller de la simple exclusion de certaines activités civiques (dont les cultes), à l'exclusion de tous les lieux publics, ce qui aboutit, de fait, à une mise hors-la-loi.

Enfin, le développement des échanges économiques a amené les Athéniens à traiter toutes les affaires relatives au port *(emporion)* et aux bateaux de transport, et quel que soit le statut des personnes concernées, selon une procédure spéciale, celle des *dikai emporikai,* confiées aux thesmothètes. La rapidité et la prise en compte des impératifs propres au commerce maritime leur a valu une grande réputation, favorable aux activités du Pirée.

Au total, les tribunaux semblent plus occupés à régler des affaires civiles que des affaires politiques. Il faut donc veiller à ne pas se laisser aveugler par les abus dénoncés ni par les artifices rhétoriques : pour susciter de saines réactions chez leurs concitoyens, un Démosthène ou un Isocrate dressent de sombres tableaux ; les arguments mêmes qu'ils emploient et dont on peut penser qu'ils devaient porter, témoignent du maintien d'un vigoureux esprit démocratique.

Sparte ■

Nous sommes mal renseignés sur la Sparte du IVe siècle. Là aussi les chefs militaires ont tendance à mener leur politique, mais la cité, en la personne des éphores, s'emploie à les ramener à la discipline : roi (Pausanias), stratège (Phoïbidas) ou officiers sont poursuivis en justice et condamnés : le système maintient sa rigueur.

Voir pp. 180, 208 et la bibliographie p. 107.

Pourtant, une crise réelle existe que nous pouvons inférer de trois faits : la révolte avortée des Inférieurs avec Cinadon, au début du siècle ; la diminution du nombre des citoyens sensible dans les effectifs mis en ligne à Leuctres en 371 ; la tendance à rejeter l'austérité, à rechercher le profit et l'accumulation des biens, y compris des biens fonciers.

En 397, un homme libre, mais non citoyen, incite à la révolte l'ensemble des Inférieurs ; les armes sont celles des combattants ou les outils de travail ; les mobiles sont simples : « n'être à Lacédémone l'inférieur de personne ». Pour la première fois libres ou hilotes, habitants du pourtour *(Périèques)* ou de Sparte, tous sont du complot – qui échoue sur dénonciation et grâce à l'énergie des éphores, mais aussi à cause du manque de cohésion. Cette aventure sans lendemain témoigne d'un malaise : les Inférieurs sont nombreux et, malgré leur diversité, partagent un ressentiment commun contre les seuls détenteurs du pouvoir politique. Parmi eux apparaissent les *Néodamodes* (hilotes affranchis pour la guerre) et les *Hypoméiones,* Inférieurs en qui l'on verrait volontiers des citoyens déchus pour des raisons surtout économiques (perte du *kléros*) ; ils sont rejoints par les ex-hilotes, affranchis pour avoir participé à l'*agôgé,* aux côtés d'un jeune Spartiate. Si la guerre est responsable de cet accroissement disproportionné du nombre des Inférieurs, il est normal qu'une telle tentative de révolte se situe en ce début de siècle.

◆ « Les vrais meneurs ne s'étaient mis d'accord qu'avec peu d'hommes, mais sûrs et [...] toute la masse des hilotes, des néodamodes, des hypoméiones et des périèques était de cœur avec eux [...]. Les éphores se rendirent compte qu'il s'agissait d'un plan bien concerté, et leur effroi fut en conséquence : ils ne convoquèrent même pas l'assemblée dite petite (= ?), mais réunissant chacun des Gérontes en quelqu'autre endroit, ils décidèrent [...] » ◆
XÉNOPHON, *Helléniques,* III, 3.

Voir Fr. Ruzé, « Les Inférieurs libres à Sparte : exclusion ou intégration ? », Mélanges P. Lévêque, *7, 1993, 297-310.*

Agôgé : voir p. 93.

Voir tableau p. 158.

Dès lors, l'oliganthropie dont souffre Sparte est moins démographique que politique : en chiffres absolus, la population se maintient ; mais le nombre des citoyens devient ridiculement faible. Les raisons, d'abord économiques, en sont aussi politiques : la constitution d'un groupe oligarchique au sein des Spartiates qui, grâce à sa fortune, se réserve le pouvoir et contrôle la *gérousia,* interdit toute réforme politique ou sociale, toute mesure compensatoire qui permettrait aux *akléroi* de conserver leur citoyenneté complète. A Sparte plus qu'ailleurs, la guerre ne peut donc plus être l'affaire des seuls citoyens ; mais le repli de la cité sur elle-même après Leuctres nous laisse dans l'ignorance des conséquences intérieures.

Gérousia : voir p. 92.

Les confédérations ■

En Béotie. Nous savons qu'il existe des *koina,* mais nous les connaissons fort mal. Deux exemples vont nous permettre de voir comment évolue le système du *koinon* au IVe siècle. Par

◆ « Il y avait quatre conseils dans chaque cité, accessibles non à tous les citoyens mais seulement aux propriétaires d'une certaine fortune. Chacun de ces conseils siégeait à tour de rôle, délibérait au préalable et faisait un rapport devant les trois autres. Les décisions prises par l'assemblée (des quatre) avaient force de loi. Tel était le mode de gouvernement des cités particulières [...]. » ◆
Helléniques d'Oxyrhinchos, XI, 2-3 ; texte anonyme du début du IVe siècle, trouvé sur papyrus.

Voir pp. 69, 99 et 220.

Voir carte p. 320.

un texte anonyme, l'organisation fédérale béotienne telle qu'elle fonctionne de 447 à 386 nous est un peu connue : 11 circonscriptions territoriales fournissent chacune 60 conseillers fédéraux, un Béotarque, des juges, des impôts, 1 000 hoplites et 100 cavaliers. Thèbes, Platées, Orchomène et Thespies correspondent chacune à deux districts. Mais en 427, Platées a été détruite au profit de Thèbes ; en 423, Thespies est passée sous contrôle thébain : ainsi la prépondérance thébaine s'impose-t-elle, avec son tempérament oligarchique et conservateur. Instrument hégémonique, cette confédération est dissoute en 386. L'occupation par les Spartiates d'une partie du territoire suscite suffisamment d'hostilité pour que Thèbes trouve une nouvelle popularité en chassant les occupants de 379 à 373. Elle peut alors s'imposer encore plus nettement : elle rompt toute négociation qui s'adresserait aux « Thébains » et non aux « Béotiens » ; elle annexe le territoire de Platées puis celui de Thespies ; elle supprime Orchomène en 364. Alors, même si une assemblée primaire est instituée, son lieu de réunion est Thèbes ; même si les institutions sont moins oligarchiques, elles sont plus aptes à assurer la domination d'une ville ; peut-on encore parler d'un *koinon* ?

En Thessalie. Beaucoup plus proche d'une réelle fédération, le *koinon* thessalien regroupe des populations déjà organisées en cités et d'autres restées à un niveau plus élémentaire. Les pénestes ont été libérés à la fin du Ve siècle, à la suite d'un mouvement de réaction générale contre la domination aristocratique ; ils constituent maintenant une classe rurale apte à fournir l'infanterie qui se développe plus que la traditionnelle cavalerie. Cette nouvelle masse politique est peut-être partiellement responsable de l'essor de la confédération au début du siècle, sous la direction de Jason de Phères.

Le but de l'organisation commune est essentiellement militaire : un polémarque est élu à la tête de chacune des quatre tétrarchies ; le territoire est divisé en *kléroi* dont chacun doit fournir 40 cavaliers et 80 hoplites. Le *koinon* est présidé par un *tagos* jusqu'en 369, puis par un archonte mais les autres magistrats fédéraux connus sont des chefs militaires. Une citoyenneté fédérale, superposée à des citoyennetés locales, s'exprime dans l'assemblée (primaire ?). Celle-ci élit et contrôle le *tagos,* prend les décisions militaires importantes, répartit les ressources communes (dues au tribut des peuples périèques) et surveille le financement par les cités des victimes sacrificielles exigées et peut-être de leur contingent militaire.

◆ « Quand la Thessalie obéit à un *tagos,* voilà près de 6 000 hommes à cheval et une infanterie de plus de 10 000 hommes constituée : quand je considère leur vigueur et leur courage, je pense que si quelqu'un sait s'occuper d'eux, il n'est pas de nation à qui les Thessaliens accepteraient d'obéir [...]. Il est bien certain que tout ce qui nous entoure paie tribut lorsqu'il y a un *tagos* pour mener les affaires de Thessalie. » ◆
Propos de Jason de Phères, selon Xénophon, *Helléniques,* VI, I, 8-12.

Ainsi le IVe siècle se présente-t-il comme celui des expériences politiques destinées à adapter les institutions ou les régimes à une société en pleine évolution. On comprend que certains se soient sentis désemparés, conservant la nostalgie d'une époque moins déchirée (à l'intérieur des cités) et que des penseurs réticents aient cherché à exalter ou à analyser les vertus politiques du passé, les possibilités du présent, les chances pour l'avenir.

4. Les nouveaux foyers culturels

Le second âge classique ■

Les difficultés intérieures et extérieures des cités n'ont pas freiné la production artistique et on a pu parler d'un second « âge classique » ; des centres artistiques se multiplient. Athènes n'est plus modèle et ses sculpteurs doivent aller chercher ailleurs une clientèle. Le Péloponnèse se couvre de constructions, les cités d'Asie Mineure rivalisent dans les projets et nous avons vu quelques-unes des réussites des cités d'Occident. Les artistes circulent facilement et vont d'une région à l'autre, au gré des commandes. D'où la diffusion de certains courants et une certaine homogénéité dans les nouvelles modes.

Voir A. H. Bordein (cf. p. 175).

Les monuments civils. On n'a jamais encore autant construit que durant cette période. Constructions de villes nouvelles (Messène, Mégalopolis), reconstruction à côté d'une ville ancienne (Priène) ou quartiers nouveaux (Olynthe), il s'agit de programmes ambitieux qui suivent en général le plan hippodamien ; on prévoit des îlots à module rigoureux et l'on détermine l'emplacement des bâtiments civils et religieux : le bouleuterion avec ses gradins, l'agora fermée entourée d'un portique, le gymnase avec son stade et sa palestre, le théâtre. Aucun de ces monuments n'est nouveau, mais c'est au IVe siècle qu'ils prennent leur forme définitive en pierre. La réussite la plus achevée est celle du théâtre d'Épidaure qui pouvait contenir 14 000 spectateurs. En même temps que les monuments se figent dans la pierre, ils perdent de leur caractère civique. On prend de plus en plus l'habitude de rejouer des pièces anciennes, les acteurs professionnels prennent la place des citoyens du chœur. Le théâtre devient une expression artistique aux dépens de la manifestation civique.

Voir p. 156
et R. Martin, L'Urbanisme... *(cf. p. 5).*

Théâtre : voir p. 154.

Les temples. Des choix nouveaux s'expriment aussi dans les constructions religieuses. Certes on construit encore pour les dieux de la cité : à Athènes, sur l'Agora, deux modestes temples sont édifiés à Apollon Patroos, à Éphèse un grandiose édifice à Artémis qui passe pour une des sept merveilles du monde remplace l'ancien temple brûlé en 356. C'est le sculpteur **Scopas** qui décore la base des colonnes avec des reliefs qui dépassent la taille humaine. Les cultes panhelléniques traditionnels ne sont pas oubliés : le temple d'Apollon à Delphes détruit par un tremblement de terre est reconstruit entre 366 et 326 par une souscription du monde hellénique à laquelle participent même de très humbles donateurs.

Voir p. 16.

Une sensibilité nouvelle ■

La *thymélé* d'Épidaure. Le goût pour les formes plus diversifiées se développe. Ainsi les *tholoi,* temples ronds, construits à Delphes et Épidaure qui jouent sur la diversité des matériaux. Dans la thymélé d'Épidaure apparaissent, à l'extérieur, les premiers exemples de chapiteaux corinthiens. Elle fait partie du vaste ensemble construit à partir de 380 en l'honneur d'Asklepios. Le culte du dieu, apparu à Athènes au cours de la guerre du Péloponnèse se développe beaucoup au IVe siècle. Il correspond à une sensibilité religieuse nouvelle fondée davantage sur la relation individuelle, ici celle du malade à son guérisseur.

Praxitèle. Ces tendances sont aussi sensibles dans l'art de l'Athénien Praxitèle. Il fait une large place à l'étude du corps de la femme et transforme les proportions de la statuaire, plus effilée. Sa seule statue originale conservée (ou une copie presque immédiate de l'original) est celle de l'Hermès portant le petit Dionysos et conservée au musée d'Olympie ; le choix du thème, le sens du mythe nous ramènent à ces tendances religieuses qui privilégient en particulier les cultes à mystère, face aux cultes civiques. Tendance à l'irrationnel, mais aussi goût pour d'autres liens que ceux de la cité. Les thiases, ces confréries d'initiés qui se retrouvent autour du culte d'un même dieu, se multiplient.

Restitution du mausolée dans R. Martin, L'Art grec, p. 567

Le mausolée d'Halicarnasse. L'art funéraire reflète aussi cette sensibilité nouvelle. Les plus belles stèles de l'art attique datent du début du IVe siècle, tandis que le monument élevé à Halicarnasse au satrape Mausole par sa veuve fait appel aux plus grands sculpteurs grecs. L'influence de l'art perse et les traditions grecques se conjuguent dans cet édifice devenu si célèbre qu'il est passé dans la langue commune. Là, comme sur les monuments des Néréides à Xanthos, ou les sarcophages de Sidon, on abandonne l'idéal classique symbolisé par la frise du Parthénon pour une représentation plus pathétique des sujets et un jeu plus violent des attitudes.

La céramique. La céramique, par contre, connaît un certain déclin. Après le style « fleuri » de la fin du Ve siècle, elle s'oriente vers des représentations plus stéréotypées à Athènes même, vers la fin du IVe siècle. Ce déclin est irrémédiable. Cependant, certains écoles originales se sont développées à Thèbes avec des sujets humoristiques inspirés de la comédie, et surtout en Italie du Sud. Nous retrouvons là les recherches picturales qui marquent cette époque. En fait, la grande peinture (dont il nous reste si peu) est tant devenue à la mode qu'elle domine les artistes de la céramique qui perdent leur originalité. Par contre, la coroplastie connaît toujours un grand succès et les ateliers de Myrina, Tanagra, Tarente, fournissent une abondante moisson de petites figurines d'offrandes souvent charmantes. N'oublions pas dans ce bref panorama la numismatique : l'art de la gravure donne des réussites particulièrement remarquables au IVe siècle.

Coroplastie : voir p. 165.

On a donc une période très riche pour laquelle la nouvelle sensibilité religieuse inspire et complète les recherches artistiques, et tandis que les cultes civiques déclinent, les villes multiplient à la fois bâtiments civils et bâtiments religieux, contradiction qui n'est qu'apparente car, si le cadre de la cité est d'une certaine manière remis en question, les Grecs y restent farouchement attachés.

Un foisonnement littéraire ■

Platon, ci-dessous.
Aristote, p. 232.
Isocrate, p. 222.
Lysias, p. 207.
Démosthène, p. 225.
Xénophon, p. 218.

Nous retrouvons ces mêmes contradictions dans le domaine littéraire où le rôle d'Athènes comme centre intellectuel ne faiblit pas. Des écoles philosophiques s'y implantent. Après le passage des Cyniques, c'est l'installation de l'Académie de Platon, puis du Lycée d'Aristote. Isocrate fonde son école de rhétorique et l'éloquence devient l'un des éléments essentiels de la culture grecque. Le IVe siècle est essentiellement le siècle de la prose dont Xénophon nous a donné une gamme d'échantillons les plus variés. C'est aussi une littérature très « pédagogique » ; ce n'est pas un hasard si beaucoup d'œuvres sont issues de travaux destinés aux disciples ou présentés comme tels. L'intellectuel veut convaincre, expliquer, il cherche à saisir les courants de pensée de son auditoire. Nous sommes loin de la distance glacée adoptée par un Thucydide devant la rigueur sans appel de la raison, ou de l'émerveillement d'Hérodote devant la variété des cultures. Il n'y a plus de consensus aussi clair dans le public, on s'adresse souvent à la sensibilité de l'individu, on fait appel à ses intérêts, on s'interroge sur les articulations de ce jeu politique sur lesquelles les contemporains n'ont plus de prise. Cette quête passionnée nous a donné les œuvres de Platon et d'Aristote, qui dominent toute la période.

Sur le rôle des écoles et de la rhétorique, voir H. I. Marrou (cf. p. 175).

Platon. Lorsque Platon s'installe définitivement à Athènes en 388, il achète un jardin voisin du gymnase consacré au héros Académos et l'année suivante y fonde son école qui prendra le nom d'Académie. Elle est organisée comme un thiase avec des fêtes en l'honneur d'Académos. Tout de suite c'est le succès et les élèves de Platon lui restent très fidèles. Certains viennent pour l'étude purement intellectuelle (Aristote, surnommé « le Liseur » par Platon, Xénocrate) mais beaucoup sont de futurs hommes politiques, ainsi Chabrias et Phocion, les stratèges athéniens, Eudoxe de Cnide, Aristonymos, législateur d'Arcadie. Platon cherche même à intervenir directement sur la vie politique en Sicile. Il échoue et cette expérience le laisse amer ; désormais, il se consacre à son enseignement jusqu'à sa mort. La norme n'est pas le succès, c'est la vérité. C'est ce qu'il explique à ses élèves groupés autour de lui dans les salles du gymnase. Nous pourrions comparer ce type d'enseignement à des séminaires des hautes études ; il ne s'agit pas de transmettre une vérité déjà élaborée mais de la découvrir, par la méthode inaugurée par Socrate, le dialogue collectif. Le soir, la discussion se poursuit souvent au cours du banquet *(symposion)* qui rassemble maître et disciples. Les mathématiques y tiennent une large place et son élève Eudoxe y contribue. Mais cet enseignement n'est pas fixé et l'œuvre de Platon reflète cette quête perpétuelle de la vérité.

Platon (428 à 348/347) : issu d'une famille aristocratique, le jeune Platon (surnom dû à ses larges épaules) reçut une éducation soignée. A vingt ans, il rencontre Socrate et le suit jusqu'à sa mort. Il voyage alors en Cyrénaïque, Égypte, Sicile, Italie. A la cour de Denys, il fait connaissance du beau-frère de celui-ci, Dion, qui deviendra un ami fidèle. En 388, il retourne s'installer à Athènes. En 367 et 361, deux voyages en Sicile pour conseiller Denys le Jeune ; le jeune prince n'a rien du philosophe dont rêve Platon. Lorsque Dion est assassiné par le tyran, Platon, d'Athènes, conseille ceux qui le vengent.

Son œuvre se présente sous la forme de dialogues et Platon a donné à ce genre ses lettres de noblesse. Face à ses contradicteurs, Socrate fait surgir la vérité qui n'est jamais donnée d'avance, dans une mise en scène d'une grande vivacité. Lorsque les réponses ne peuvent plus utiliser la parole simple, le mythe vient à l'aide du philosophe. L'art même de la prose de Platon n'est pas indifférent au succès qu'elle a tout de suite rencontré.

Il ne peut être question ici de résumer la pensée de Platon, revendiquée à la fois par l'idéalisme, le mysticisme et le rationalisme. Il est presque plus facile de cerner l'influence que Platon a exercée au-delà de l'Antiquité que de mesurer celle qu'il eut sur son époque immédiate. Aux questions précises posées par la classe politique, Platon donne une réponse délibérément utopique : sa cité idéale est gouvernée par des philosophes formés par une minutieuse éducation qui ne s'achève qu'à cinquante ans. La masse est soigneusement encadrée avec une religion imposée. Pour tous, le communisme intégral des biens, des femmes et des enfants. Certes, cette image n'est pas définitive et Platon nuance, d'un texte à l'autre, mais la césure entre l'homme qui sait, le philosophe, et la masse à encadrer reste une des hantises du philosophe. Cependant, sa pensée politique est faite d'interrogations sur les systèmes de son temps et elle anime le grand débat sur la cité qui domine le IVe siècle. Avant de le voir dans son ensemble, regardons l'autre approche, si différente, du disciple de Platon, Aristote.

Aristote. L'œuvre d'Aristote ne nous est connue que par des écrits dispersés (dont certains sont attribués à ses disciples) qui formaient l'essentiel de ses cours et furent rassemblés au temps de Cicéron. Une part importante est consacrée à la science du raisonnement et à ses structures formelles (ouvrages de logique connus sous le nom d'*organon*). On sait la sclérose que certains enseignements médiévaux tireront de cette gymnastique de l'esprit et de l'étude des syllogismes dissociés de la réalité des propositions ; mais tel n'est pas du tout le propos d'Aristote qui cherche à dégager une méthode de raisonnement pour une étude encyclopédique de toutes les connaissances. Étude des genres littéraires *(Rhétorique, Poétique)*, de la philosophie *(Métaphysique)* mais aussi ouvrages des sciences de la nature fondés sur une observation minutieuse (ainsi, l'*Histoire des animaux*, où il classe plus de quatre cents espèces dont il décrit les organes avec minutie). Son école fonde vraiment la zoologie, à partir de l'observation. S'ajoutent enfin des ouvrages traitant de la morale et de politique. Aristote applique à l'étude de la Constitution les méthodes de recherches attentives qu'il a montrées dans l'étude de la zoologie et nous fournit un grand nombre de précisions. C'est dans cet esprit qu'Aristote étudie l'homme, animal politique qu'il définit par rapport à la société en général, et à celle qu'il connaît le mieux, la cité.

On le voit, les penseurs s'interrogent volontiers sur la Cité, son évolution, son avenir. Le IVe siècle est le siècle par excellence de la science politique.

> **L'œuvre de Platon**
> 28 *Dialogues*, dont :
> *Apologie de Socrate, Criton*
> *Phédon*
> *Le Banquet*
> *Phèdre*
> *Parménide*
> *Timée*
> les dix livres de *La République*
> les douze livres des *Lois*

> **Aristote (384/322) :** originaire de Stagire en Chalcidique ; fils d'un médecin employé à la cour d'Amyntas de Macédoine. Il vient à l'Académie et y reste vingt ans, jusqu'à la mort de Platon qui lui avait confié l'enseignement de la rhétorique. Puis il part en Troade, enseigne à Lesbos, devient enfin le précepteur du jeune Alexandre de Macédoine. De retour à Athènes en 335, il fonde sa propre école, le Lycée. En 323, chassé par la réaction antimacédonienne, il se réfugie à Chalcis en Eubée et y meurt un an plus tard.

> **L'œuvre politique d'Aristote :**
> *Éthique à Nicomaque*
> *La Politique*
> *La Constitution des Athéniens*,
> cf. p. 96.

■ *La cité en question ?*

Déjà les dernières pièces d'Aristophane *(Ploutos, L'assemblée des femmes)* avaient évoqué un certain « communisme » : communauté des femmes, communauté des biens. La cité qui est la communauté des citoyens s'interrogeait plus ou moins consciemment sur les bases mêmes de cette communauté. Sur quelles formes doit-elle s'appuyer ? Tout naturellement, on pense aux petits propriétaires, garantis contre l'extrême pauvreté et l'extrême richesse. C'est la pensée de Théramène, l'idéal de la classe moyenne d'Aristote, qui ne peut s'accomplir qu'en éliminant les plus pauvres. D'où cette hostilité aux travailleurs manuels qui encombrent l'*Ekklèsia*, que l'on retrouve chez Platon, Aristote et Xénophon. La position par rapport aux marchands est ambiguë : Platon les exclut, Aristote autorise cette acquisition de la richesse à condition qu'elle soit modérée.

Voir A. Fouchard, « L'Éloge de l'agriculture et des agriculteurs en Grèce au IVe siècle av. J.-C. », Mélanges P. Lévêque, *3, 1989, 133-148.*

Voir p. 224 (texte).

Mais si un bien-être minimum garantit l'absence de tension, il ne garantit pas un idéal collectif. Tous les penseurs politiques sont soucieux de se distinguer des sophistes, de poser la vertu et les lois face à l'appétit individuel. D'où la recherche de la meilleure constitution *(politeia)* possible. La démocratie, telle qu'elle est pratiquée à Athènes, ne les satisfait pas. Platon la condamne sans rémission, Xénophon et Isocrate se réfèrent à une « *patrios politeia* » mythique, proche de l'idéal de Théramène : le pouvoir à l'hoplite, l'élimination des trop pauvres, l'atténuation des charges des riches. Aristote est plus nuancé : partisan d'une souveraineté collective, il voudrait la limiter sans accorder trop de pouvoirs aux magistrats. Il aboutit ainsi à des formes modérées de gouvernement oligarchique, et il constate l'existence de tels gouvernements fondés sur le cens, des ploutocraties comme à Marseille ; Platon rejette résolument ce type de régime.

Voir p. 186.

◆ « Il est clair par conséquent que la meilleure communauté politique est celle qui est aux mains de la classe moyenne, et que la possibilité d'un bon gouvernement appartient à ces sortes de cités où la classe moyenne est nombreuse […]. » ◆
Aristote, *Politique*, IV.

De fait, tous ces programmes visent à reconstituer un corps restreint de citoyens (Platon l'évalue à 5 040 pour sa cité idéale) et une oligarchie fondée sur la possession d'un *kléros*.

Parallèlement à ces interrogations, l'idée monarchique progresse. Certes, on condamne la tyrannie, qu'incarne Denys l'Ancien, par exemple, mais on l'oppose à une royauté qui serait fondée sur la vertu et l'efficacité. Ainsi Isocrate se tourne vers Philippe de Macédoine. Xénophon décrit avec admiration Agésilas. Mais ces tendances ne vont pas jusqu'au bout de leur logique. Seul Aristote voit qu'il y a contradiction entre la royauté et le régime de la cité, car les interrogations restent intellectuelles : les problèmes immédiats de la cité, financiers, fonciers, n'ont pas à être réglés par les philosophes ; du reste ceux-ci ne participent plus à la vie politique. Ils ne peuvent mesurer non plus la progression d'un idéal nouveau, individuel. Le Grec avec ses préoccupations et ses intérêts personnels n'entend plus se définir uniquement comme « animal politique ». Nous avons vu son activité économique et l'importance que prend l'évergétisme. Mais la cité reste le cadre de vie idéal aux yeux des Grecs, et ils se battront pour elle.

Sur l'évergétisme, voir p. 211-212.

Pour approfondir ce chapitre

Pour une vue d'ensemble, il faut partir des deux manuels : E. Will (p. 6), P. Carlier (cf. p. 217), qui donnent en outre la bibliographie de base. Résumé clair dans M.-F. Baslez (cf. p. 6). Mise au point sur divers sujets dans P. Carlier éd., *Le IVe siècle av. J.-C., approches historiographiques*, Nancy et de Boccard, 1996. Choix de textes dans F. Vannier, (cf. p. 6). **Sur les États fédéraux**, J.A.O. Larsen, *Greek Federal States*, Oxford, 1968 ; P. Cabanes (cf. p. 69) et « La Grèce du Nord (Épire, Macédoine) en plein développement au IVe siècle », dans P. Carlier éd. (ci-dessus), p. 195-204. **La Béotie** est étudiée par P. Roesch, *Thespies et la Confédération béotienne*, 1965 et P. Salmon, *Étude sur la confédération béotienne*, 447-386, Bruxelles, 1978. Voir H. Van Effenterre (cf. p. 107) et *La Béotie antique*, CNRS, 1985 (colloque de Lyon, 1983).

La guerre a suscité un grand nombre d'études. Voir en particulier : Y. Garlan, *Recherches de poliorcétique grecque*, 1974 et *Guerre et Économie en Grèce ancienne*, FM-La Découverte, 1989 ; *Les Problèmes de la guerre* ... (cf. p. 6) ; A. Aymard, *Études d'Histoire Ancienne*, PUF, 1967 ; P. Ducrey, *Guerre* ... (cf. p. 66) ; L.P. Marinovic, *Le Mercenariat et la crise de la polis*, Les Belles Lettres, 1988.

Sur la pensée politique, voir J.-M. Bertrand, *Cités et Royaumes du monde grec : espace et politique*, Hachette, 1992 ; J. Bordes, *Politeia dans la pensée grecque jusqu'à Aristote*, Paris, 1982 ; M. Piérart, *Platon et la Cité grecque*, Bruxelles, 1974. **Sur la vie politique et les procédures législatives**, voir M.-H. Hansen, *La Démocratie athénienne à l'époque de Démosthène*, Les Belles Lettres, 1993 ; P. Cartledge, *Agesilaos and the Crisis of Sparta*, Baltimore, 1987 ; D. M. Mac Dowell (cf. p. 190). J. P. Rhodes, *A Commentary on the Aristotle's Athenaion Politeia*, Oxford, 1981, est indispensable pour l'utilisation de cette source fondamentale ainsi que M. Piérart éd., *Aristote et Athènes (Fribourg 1991)*, de Boccard, 1993. Enfin, **sur les finances** : P. Brun, *Eisphora, Syntaxis, Stratiôtika*, Les Belles Lettres, 1983 et L. Migeotte (cf. p. 214).

Les œuvres de Xénophon (Garnier-Flammarion, Budé), d'Isée, Isocrate, Démosthène et Lysias (Budé), de Platon (Budé, La Pléiade) et d'Aristote (Budé) donnent la documentation littéraire de base. Pour aider à les situer, on peut utiliser : P.-M. Schuhl, *L'Œuvre de Platon*, 1967 ; J. Moreau, *Aristote et son école*, 1962 ; R. Weil, *Politique d'Aristote*, « U2 », 1966 ; Y. Delebecque, *Essai sur la vie de Xénophon*, 1957 ; P. Cloché, *Isocrate et son temps*, 1963 ; P. Carlier, *Démosthène*, Fayard, 1990.

Alexandre et le monde hellénistique

LIVRE QUATRIÈME

16

Philippe, Alexandre et les cités grecques

Le royaume de Macédoine est le meilleur rempart que les Grecs pouvaient souhaiter contre les invasions venues du nord ; mais il n'avait pas su remplir ce rôle lors des guerres médiques. Considéré par les Grecs comme un État archaïque et thrace – donc barbare – sur le territoire duquel ils ont pu fonder des colonies (Pydna et Méthonè), il fait brutalement irruption dans leur histoire avec Philippe II de Macédoine.

1. La montée de la Macédoine

L'élaboration territoriale

Il est admis, maintenant, que les Macédoniens ont la même origine que les Grecs de la péninsule ; ils se seraient fixés sur le versant oriental du Pinde, d'où ils seraient descendus depuis le VIIe siècle. La famille des Argéades aurait quitté vers 700 son habitat dans l'Orestide pour aller s'installer dans la riche plaine côtière de Piérie. Dès lors, commence l'expulsion des peuples thraces qui habitent la future Macédoine, œuvre de longue haleine mais systématiquement menée par les rois qui se succèdent.

Voir carte p. 316 B.

Dans un premier temps, la vaste plaine ouverte sur le golfe thermaïque est occupée jusqu'au mont Olympe au sud, aux contreforts du Pinde à l'ouest et au fort d'Edessa au nord : tout près, les Macédoniens fondent la citadelle royale d'Aïgai. Mais leur faiblesse les oblige à supporter l'installation des Grecs sur la côte.

On situe maintenant cette capitale près de Vergina où on a retrouvé la tombe supposée de Philippe II (cf. p. 239).

Avec Alexandre Ier (environ 494/450), l'expansion reprend, et suit le reflux des Perses. C'est ainsi que l'occupation du bas Axios puis de la dépression lacustre qui mène au golfe strymonique prélude au contrôle de la Bisaltie. Vers l'ouest, la conquête de l'Éordée pose le problème des relations avec les autres tribus macédoniennes toujours installées dans le Pinde et dont l'intégration ne sera peut-être jamais pleinement réalisée.

De 450 à 359, les troubles fréquents viennent remettre en cause les efforts d'expansion ou de consolidation. C'est l'imminence d'une catastrophe face à la poussée illyrienne et à la menace des Péoniens qui pousse tout le monde à se rassembler autour de Philippe II en 359 : l'obéissance des Macédoniens lui est acquise s'il écarte le danger – ce qu'il réussit rapidement.

◆ « Philippe vous a trouvés, tribu de vagabonds faméliques [...]. Il vous a donné des manteaux à porter au lieu de peaux, il vous a fait descendre dans les plaines, il vous a appris à vous battre à égalité avec les ennemis de vos frontières [...]. Il a fait de vous des citadins, il vous a donné des lois, il vous a civilisés.

« (Philippe) vous a délivrés de la sujétion et de l'esclavage et a fait de vous les maîtres de ces tribus qui vous harcelaient et vous pillaient. Il a annexé la majeure partie de la Thrace et, s'emparant des meilleures places sur la côte, il a ouvert le pays au commerce et vous a permis d'exploiter vos mines sans craindre une attaque. » ◆

ARRIEN, *Anabase*, 7, 9. Discours destiné à renforcer l'ardeur des Macédoniens.

Souci de sécurité ou ambition, les deux éléments ont probablement joué dans l'affirmation de la puissance macédonienne qui s'ensuit : entre 356 et 348, les Grecs sont chassés de Piérie (Pydna et Méthonè), de la région qui s'étend jusqu'au Nestos avec la région minière du mont Pangée (Krénides devient Philippes ; Amphipolis sera le grand atelier monétaire du royaume) ; enfin la Chalcidique leur est reprise. C'est bientôt la Thessalie (cf. p. 228) qui est réorganisée par Philippe, élu vers 344/342 archonte de la ligue ; vers l'est et le nord-est (Thraces Odryses, Agrianiens...) le contrôle exercé est sans doute plus lâche, ménageant une relative autonomie locale. Toutefois il existe un stratège de Thrace dont la mission semble être de lever le tribut et les troupes (en 325, la région entre Balkan et Danube est perdue).

■ *Les ressources du pays*

Ainsi constituée, la Macédoine est devenue un pays riche. Les plaines sont vastes, les hauteurs abondent en pâturages, forêts et gibiers. Ce peuple de bergers et de paysans nourrit une aristocratie de grands propriétaires, grands chasseurs et gros buveurs : c'est un monde qui ignore les problèmes d'alimentation – et cela devait faire beaucoup d'envieux. Le pays fournit en outre des denrées d'exportation fort recherchées par les Grecs : bois de construction, résine et poix, chanvre ; toute la construction navale des cités grecques peut se trouver menacée par un chantage macédonien.

Le sous-sol offre lui aussi des possibilités intéressantes : du fer et du cuivre en petite quantité, un peu d'or et surtout beaucoup d'argent, au mont Pangée : rapidement épuisé, ce gisement fournit dans l'immédiat mille talents par an, ce qui finance la politique diplomatique et militaire de Philippe ; le trésor laissé à Alexandre est vide car l'utilisation du métal est immédiate et totale. A ces ressources, le roi peut ajouter le produit des douanes, de nombreux biens fonciers amenuisés sans cesse par les largesses royales.

Enfin, le pays est riche en hommes : de batailles très meurtrières, il se relève très vite. Alexandre profitera des effets positifs de la sécurité rétablie par son père. Philippe II, en outre, s'est efforcé de faire vivre en ville une partie de cette population. En Macédoine même il favorise les relations (routes, ports), mais plus encore dans les pays conquis où il brasse systématiquement les habitants en implantant des groupes de Macédoniens : d'anciennes villes (ex. Philippes, Amphipolis ou les villes de Chalcidique) sont repeuplées ; de nouvelles sont créées, telles Philippopolis ou Alexandropolis en pays thrace. Des Grecs sont appelés, moins pour peupler que pour initier les Macédoniens à des techniques commerciales, financières, navales ou artistiques. La force, l'attrait d'une belle propriété ou d'une vie plus large, le rayonnement personnel du roi, ont concouru à faire venir du monde.

◆ « Revenu dans son royaume (en 346), Philippe, à l'exemple des bergers qui font passer leurs troupeaux tantôt dans des pâturages d'hiver, tantôt dans des pâturages d'été, transfère selon son caprice des peuples et des villes, selon qu'il croyait devoir peupler ou dépeupler telle localité. C'était un spectacle pitoyable et semblable à une entière désolation. » ◆
Jugement particulièrement hostile, rapporté par Justin, *Histoires philippiques,* VIII, 5, 7, 8.

■ *Organisation politique*

Nous sommes mal informés sur l'administation du royaume (le système des liturgies et l'organisation des douanes sont empruntés aux Grecs), sur le traitement des régions conquises, sur les relations entre le roi et les familles des dynastes macédoniens ou thraces. La recherche historique a surtout porté sur les rapports entre le roi et l'assemblée, entre l'organisation militaire et la structure sociale.

La monarchie est nationale, avec un roi de type patriarcal qui rappelle le roi homérique : chef militaire, intermédiaire entre le peuple et les dieux, juge. L'hérédité est normale mais non obligatoire. Une fidélité totale mais qui s'adresse moins au roi qu'à la monarchie, seul recours en cas de troubles ou de menaces extérieures. Dans les textes officiels, les « Macédoniens » sont souvent mentionnés aux côtés du roi, comme contractants. De plus, le roi semble contraint de respecter un *nomos* du royaume, ce qui suggère un pouvoir contractuel et non absolu. De fait, l'assemblée macédonienne intervient en deux occasions : pour confirmer une sentence de mort proposée par le souverain ; pour désigner un successeur au roi défunt. Mais nos sources ne concernent que des périodes de troubles : lorsque le roi est faible ou la succession incertaine, cette intervention pèse de tout son poids ; en temps normal elle n'est respectée que pour des raisons psychologiques. Le renforcement de la monarchie par Philippe II entraîne le développement d'un absolutisme royal : l'État est alors incarné par le roi. Mais rien n'est définitif.

Armée et monarchie. Le peuple, c'est avant tout les soldats. Pour se les attacher, les rois ont fait des cavaliers leurs *hétairoi* (compagnons) dont ils partagent la vie. Ils sont 1 500 à 1 800 (Philippe en a rajouté 800) et disposent de revenus en échange de leur service militaire. Parmi leurs fils sont choisis les *paides basilikes* (enfants royaux) élevés avec Alexandre : il y recrutera les chefs militaires et les administrateurs dont il aura besoin.

Depuis 369 (?), la paysannerie libre fournit les *pézétairoi* (compagnons-fantassins), noyau de la phalange, contrepoids à l'influence des cavaliers et aux forces centrifuges que représentent les régiments menés par les chefs locaux. Eux aussi sont personnellement liés au souverain ; soumis à une discipline militaire stricte, ils assurent la docilité de l'assemblée. Peut-être certains sont-ils gratifiés de terres à cultiver. On pense qu'au moment de la conquête, ils sont restés pour assurer la défense du territoire.

Telle est la puissance montante qui va bientôt dominer la Grèce : rejetés par les uns comme barbares, appelés par d'autres comme pacificateurs, les Macédoniens seront les propagateurs de la civilisation grecque en Orient.

Lors d'un débat concernant les mérites et la divinité d'Alexandre, au cours de la conquête, Callisthène aurait déclaré :

◆ « [...] tu devrais te rappeler que tu n'accompagnes pas et ne conseilles pas un Cambyse ni un Xerxès, mais un fils de Philippe, un descendant d'Héraklès et d'Aiakès, dont les ancêtres sont venus d'Argos en Madédoine et ont eu coutume de gouverner non par la force mais selon le *nomos* des Macédoniens. » ◆

ARRIEN, *Anabase,* IV, 11, 6.

◆ « Anaximène de Lampsaque [...] dit : " Alors, habituant les plus éminents à servir à cheval, il les appela *hétairoi,* mais le plus grand nombre, c'est-à-dire les fantassins, il les divisa en *lochoi,* décades et autres commandements, et les appela *pézétairoi* afin que chacun (des deux groupes) partageant le compagnonnage royal, fît preuve de zèle. " » ◆

JACOBY, *F.G.H.* 72, fr. 4.

En 1977 on a découvert, enfouie sous un tumulus constitué en partie de stèles brisées, une tombe d'une extraordinaire richesse ; les cendres se trouvaient dans un coffret d'or aux armes de la Macédoine. Il semble qu'on ait voulu la protéger, au IIIe s., contre le pillage gaulois.
Les objets, vases précieux, bijoux, armures, les peintures et les stèles, nous prouvent que la Macédoine des Ve et IVe s. était plus hellénisée que les Grecs des cités ne voulaient le reconnaître. Voir M. B. HATZOPOULOS, *Philippe de Macédoine,* Fribourg, 1982.

2. Philippe II et les Grecs

A la faveur des conflits qui opposent entre eux les citoyens ou les États grecs, Philippe s'impose progressivement comme un chef grec d'abord, comme le chef d'une puissance dominante ensuite. Non content d'annexer peu à peu les cités de Chalcidique (349/348) ou d'être élu archonte de Thessalie, il intervient en Eubée et surtout en Grèce centrale : se posant

Conseil amphictionique : voir p. 119.

en champion des intérêts de Delphes, il inflige aux Phocidiens la défaite décisive à la faveur de laquelle il prend leur place dans le conseil amphictionique. En septembre 346, il préside même les Jeux Pythiques et Démosthène, son adversaire irréductible, préfère s'incliner.

■ *La conquête de la Grèce*

Membres de la coalition anti-macédonienne :
Athènes, Corinthe et ses colonies, ligue achaienne, Argos, Arcadie, Messénie, Mégare, cités d'Eubée, Chios, Rhodes, Kos, Byzance, Abydos.

Entre 346 et 340, les relations se détériorent et une opposition se développe, menée par Athènes qui écoute Démosthène. Elle aboutit à un premier affrontement en 340, à propos de Périnthe puis de Byzance : Philippe recule. Mais une nouvelle guerre amphictionique lui permet d'apparaître de nouveau en Grèce centrale où l'hostilité de Thèbes soutenue par Athènes conduit à l'affrontement : le 2 août 338, dans la plaine de Chéronée, Philippe, brillamment secondé par son fils Alexandre, écrase ses adversaires qui avaient pourtant fait un gros effort de mobilisation.

Thèbes est sévèrement traitée mais non écrasée ; elle perd sa position prédominante au sein du *koinon* béotien (perte d'Orôpos, restauration de Platées, Thespies et Orchomène). Les Athéniens surpris apprennent qu'on leur présente seulement deux exigences : la dissolution de ce qui reste de leur confédération maritime, l'abandon de la Chersonèse. Le reste de la Grèce préfère à son tour s'incliner, à l'exception de Sparte : cela permet de régler à ses dépens des problèmes frontaliers générateurs de troubles, en faveur des Argiens, des Arcadiens. Dans l'ensemble le vainqueur se montre modéré, même si ses partisans en profitent pour prendre le pouvoir en mainte cité et si des garnisons macédoniennes sont installées à Chalcis, Ambracie et Corinthe, en plus de la Cadmée (acropole de Thèbes).

■ *La ligue de Corinthe*

Parmi les décisions prises à Corinthe :

◆ « Je ne renverserai pas la royauté de Philippe ni celle de ses descendants, ni les constitutions en usage chez chacun (des participants) quand ils ont prêté les serments pour la paix [...]. Si quelqu'un fait quelque chose de contraire aux serments et au traité, j'apporterai toute l'aide que demanderont les victimes, je combattrai le contrevenant à la paix commune, selon les décisions du *Synédrion* et les ordres de l'*hègémôn* [...]. » ◆
M. N. Tod, *A selection...*, 177.

◆ « Il est dit dans les traités que les synèdres et les préposés à la défense commune prendront garde que dans les cités participant à la paix, ne se produisent ni exécutions ni exils illégaux, ni remises de dettes, ni libérations d'esclaves en vue de révolutions. » ◆
Pseudo-Démosthène, *Sur le traité avec Alexandre.*

Les relations nouvelles entre le puissant roi de Macédoine et les vaincus vont être fixées lors d'un congrès de représentants de tous les États grecs à Corinthe en 338/337. Il s'agit d'une « paix commune » qui regroupe tous les Grecs (mais non la Macédoine à cause de son statut monarchique) ; une alliance militaire l'accompagne, et le chef choisi – l'*hègémôn* – est bien sûr Philippe de Macédoine. Les contractants sont déclarés libres et autonomes, la paix sur terre et sur mer et la libre circulation sont garanties. Le plus nouveau, par rapport aux vieilles alliances, porte sur le respect absolu des conditions existantes à l'intérieur d'un État voisin et l'interdiction formelle de toute mesure sociale révolutionnaire (confiscations, partage des terres, diminution des dettes ou affranchissement des esclaves par mesure gouvernementale). C'est donc un coup d'arrêt donné à toute l'agitation revendicatrice qui secouait les cités depuis plusieurs décennies. C'est aussi la porte ouverte à toutes les répressions de l'agitation au nom du respect des serments.

Le détail de l'organisation nous échappe, mais de toute façon la Ligue fonctionne médiocrement comme organisation autonome. Les apparences de la concertation dissimulent mal la servilité obligée à l'égard des vœux de l'*hègémôn* au moins pour tout ce qui concerne la politique extérieure ; les résultats les plus concrets semblent avoir été d'organiser le recrutement d'une armée commune, de lui assurer un chef puissant, et – une inscription au moins l'atteste – d'avoir conforté l'autorité des arbitrages dans les conflits opposant des cités grecques.

3. La Perse : une proie facile

Cet adversaire contre lequel on constitue une symmachie, c'est l'Empire perse, bien affaibli au cours de ce IVe siècle. Il s'étend officiellement des Détroits à l'Indus et au désert de Libye ; il a été élaboré par les conquêtes et l'autorité des Iraniens (Perses et Mèdes), et le Grand Roi doit compter avec cette aristocratie qui n'a pourtant jamais bénéficié d'un organe officiel. De plus en plus isolé par un cérémonial complexe, le roi s'efforce de se maintenir dans la multitude des intrigues qui occupent la cour, le harem, les mages (prêtres) et les fonctionnaires. Ses relations privilégiées avec Ahoura-Mazda lui imposent de faire régner la justice et d'obéir à des préceptes moraux très stricts ; l'éducation morale des jeunes Perses avait déjà mérité une mention d'Hérodote. Mais l'Empire est immense et difficile à contrôler. Les capitales sont dispersées : à Pasargades délaissée on substitue Persépolis inachevée ; Ecbatane et Babylone sont moins appréciées que Suse ; il faut se déplacer pour manifester sa présence. Secondé par son vizir, le roi développe les routes avec relais que les inspecteurs vont emprunter pour mieux contrôler le royaume. Cette surveillance n'est pas suffisante pour contrebalancer une tendance centrifuge ancienne et vigoureuse : la tolérance fondamentale a fait respecter coutumes, lois, religions et langues des régions intégrées. Le satrape assure progressivement son indépendance : ainsi voyons-nous la Carie gouvernée par des rois-satrapes héréditaires, jouir d'une autonomie de fait, tout en utilisant l'autorité royale comme moyen de contrainte vis-à-vis des sujets.

Cf. O. PICARD, op. cit., *p. 140.*

Ahoura Mazda : dieu suprême de la religion perse ; créateur et maître du bien. La religion mazdéiste fut épurée et moralisée par Zoroastre (= Zarathoustra).

Le Vizir : chef de toute l'administration ; les Grecs l'appelleront Chiliarque.

Les **satrapes de Carie**, dont le plus célèbre est Mausole pour qui fut construit le Mausolée d'Halicarnasse, étaient très indépendants et très hellénisés. Voir à ce sujet la publication de la stèle trilingue de Xanthos, par H. METZGER et al., *Fouilles de Xanthos*, 6, 1979.

Or, en 366, la révolte des satrapes a failli mener l'Empire à sa ruine. L'énergie voire la brutalité d'Artaxerxès III Ochos (358/337) en sont venues à bout mais des traces de malaise et de mécontentement sont restées : la répression violente heurtait la tradition, la faiblesse royale s'était révélée, la fidélité des satrapes s'avérait douteuse. L'assassinat du roi en 337 et les deux années de troubles et de meurtres qui se sont ensuivies compliquent à l'envi la tâche du nouveau roi, Darius III Codoman (337/330).

Les Grecs et l'idée de conquête ■

Or, du côté grec, les avantages d'une conquête de la Perse sont évoqués depuis un certain temps déjà, tout particulièrement par Isocrate. Il ne s'agit pas des cités grecques d'Asie, souvent épanouies sous l'autorité débonnaire de satrapes hellénisés ; mais la crise sociale est aiguë sur le continent ; au surpeuplement relatif, les Grecs d'époque archaïque avaient en partie répondu par la colonisation ; quelles possibilités l'Asie perse

◆ « Philippe, sitôt qu'il se fut assuré des bonnes dispositions de l'ensemble des Grecs, trouva un prétexte, sous couleur de châtier les agressions dont les Perses s'étaient rendus coupables envers la Grèce [...]. » ◆
POLYBE, III, 6.

ouvrirait en ce domaine ! Du même coup, l'on pourrait éloigner ces errants en quête de fortune, devenus mercenaires, et dont l'existence pèse lourdement sur la stabilité intérieure de chaque cité : les envoyer conquérir ces terres, les y installer, telle est la solution facile.

Or, par sa politique, par les stipulations de la ligue de Corinthe, Philippe avait bloqué les autres issues : les frontières sont stabilisées, les institutions et l'ordre social sont figés, les relations internationales sont normalisées ; vers l'Asie se dirigeraient ceux qu'attirent l'aventure, le butin, la possession du sol.

■ *Les ambitions de Philippe*

Mais Philippe II ne se soucie pas tant des Grecs que de sa puissance. S'il voit dans une guerre commune l'occasion de tisser des liens plus étroits entre les Grecs, de les lier à la Macédoine comme complices d'un coup de force, il doit aussi vouloir liquider une menace intolérable : déjà Artaxerxès a fait prendre et exécuter l'ami de Philippe, le tyran Hermias d'Atarnée en Troade ; mais voilà qu'en 340, Périnthe assiégée par Philippe reçoit une aide perse : pour le roi ambitieux qui veut contrôler les Détroits, la rive européenne ne peut suffire. Le passage s'impose. Mais qui peut dire que déjà l'Argéade songeait à tout l'Empire ? Qui peut savoir quelles limites il s'était fixées ou quel grandiose dessein il avait conçu ? L'historien reste dans l'incertitude et ne peut s'accrocher qu'aux faits connus : déjà une partie de l'armée est passée en Asie sous les ordres de Parménion secondé par Attale, lorsque Philippe périt assassiné à Aigai au début de l'été 336, lors des fêtes qui accompagnent le mariage de sa fille Cléopâtre avec le roi d'Épire.

■ *L'arrivée d'Alexandre au pouvoir*

Innocent ou coupable d'un meurtre qui limite pour lui les risques d'être privé de la succession au trône, le jeune Alexandre, alors âgé de vingt ans, est acclamé comme roi par l'armée. Alexandre III, dit ensuite le Grand, doit rapidement s'imposer car partout l'agitation renaît : toute velléité de contestation dans le royaume est physiquement supprimée ; une expédition éclair à l'été de 336 lui assure la succession comme archonte de Thessalie, *amphiction* de Delphes et *hègémôn* de la Ligue ; Thèbes est rasée en 335.

4. La conquête d'Alexandre

■ *Les opérations*

Voir carte p. 316 A.

Printemps 334/novembre 333 : contrôle progressif de l'Asie Mineure. Héritant d'un projet dont nous ignorons les limites, Alexandre part pour la conquête de l'Asie dès que sa situation est consolidée en Europe.

Les Perses opposent une résistance fragile et la majorité des cités grecques de la côte préfèrent se donner à Alexandre, par peur ou par espoir de « libération ». La flotte grecque est congédiée (334), puis l'intérieur est parcouru. Mais la contre-offensive perse est vigoureuse en mer Égée (Memnon et sa flotte) : elle aboutit au contrôle de la quasi-totalité des îles, de la majorité des ports grecs d'Asie et menace la Grèce continentale.

La « *libération* » consiste à recevoir une constitution démocratique ; l'*autonomie* se manifeste par l'absence de tribut, de garnison royale, et par l'indépendance vis-à-vis du satrape. Les deux seront des privilèges royaux octroyés. Cf. E. Bikermann, « Alexandre le Grand et les villes d'Asie », *REG*, 1934, 346 sqq.

Novembre 333/printemps 331 : occupation de la côte méditerranéenne de l'Empire. La victoire d'Issos remportée en novembre par Alexandre sur Darius qui s'enfuit, assure l'arrêt de la contre-offensive navale perse, la soumission des Grecs subjugués, la prise de conscience par Darius de la gravité de la menace. Ses propositions de négociation sont repoussées.

La conquête de la Phénicie est aisée en dehors du laborieux siège de Tyr (janvier/août 332) ; la fin de l'année et le début de 331 sont occupés par la marche vers l'Égypte, la mise en place d'un pouvoir macédonien, la fondation d'Alexandrie, le ralliement de la Cyrénaïque.

Pendant ce temps, la situation s'est redressée en Anatolie et dans l'Égée, si bien qu'à son retour au printemps 331, Alexandre organise, de Tyr, les territoires conquis.

Printemps 331/été 330 : en Babylonie et en Iran. C'est enfin le vrai contact avec le cœur de l'Empire. La Babylonie est soumise mais respectée ; Darius, à nouveau mis en fuite à Gaugamèles (près d'Arbèles), n'a plus que la vie. Alexandre s'empare de ses capitales, saccage la ville royale de Persépolis, se considère désormais comme le successeur du roi fugitif bientôt assassiné par des rebelles (330). Il s'efforce de rallier la noblesse iranienne, confiant des gouvernements à plusieurs de ses membres.

Pendant ce temps, Antipater a mis fin au soulèvement d'Agis II de Sparte en octobre 331.

Été 330/printemps 327 : conquête des satrapies orientales. Mais qu'il veuille poursuivre Bessos, un chef rebelle assassin de Darius, qui prétend lui aussi à la royauté, ou qu'il soit désireux de ne pas laisser retourner à l'indépendance la partie orientale de l'Empire, Alexandre s'aventure vers les satrapies d'Asie, Drangiane, Sogdiane et Bactriane ; il trouve là des adversaires à sa taille, aristocrates guerriers de ces rudes régions qu'il lui faut vaincre par le caractère autant que par les armes ; la guérilla souvent reprise impose une progression lente, des séjours prolongés en certains points forts (Bactres, par exemple), des fondations de colonies militaires, voire de cités, dont les colons forcés (grecs surtout) ne sont pas très satisfaits. Par ailleurs, les contacts se multiplient avec la noblesse locale, dans une certaine estime réciproque (mariage d'Alexandre avec Rhoxane, fille d'un « baron » sogdien), ce qui provoque parfois des conflits aigus entre le roi et ses propres soldats (procès de Philotas, meurtre de Parménion, meurtre de Cleitos, affaire de la proskynèse (voir p. 245), conspiration des pages, meurtre de Callisthène).

Été 327/décembre 325 : conquête de l'Inde et retour. Espérant arriver sous peu aux limites orientales du continent, Alexandre entraîne ses soldats vers la conquête de l'Inde : la

Lors de la traversée du désert de Gédrosie :

◆ « La chaleur accablante du soleil et le manque d'eau détruisirent une bonne partie de l'armée, principalement les animaux de bât (qui s'enfoncent dans le sable brûlant) [...]. Des hommes étaient laissés en arrière pour maladie, d'autres pour épuisement ou insolation, ou incapacité à supporter la soif plus longtemps [...]. La majorité périt dans le sable comme des gens qui tombent à la mer. » ◆

ARRIEN, *Anabase*, VI, 25.

La sédition d'Opis

◆ « (Les Épigones) étaient devenus des hommes vigoureux [...], et ils déployaient dans leurs manœuvres une souplesse et une dextérité admirables. Alexandre en fut ravi mais les Macédoniens éprouvèrent du dépit et de la crainte à la pensée que le roi les tiendrait eux-mêmes en moindre considération. » D'où leur mécontentement lorsque le roi annonce leur rapatriement aux vétérans fatigués ou malades. ◆

PLUTARQUE, *Vie d'Alexandre*, 71, 1 sqq.

progression est lente et difficile jusqu'à l'arrivée sur l'Indus au printemps 326. Il obtient la soumission de princes indiens auxquels il confie leurs propres royaumes, Taxilas ou Poros (qui avait terrorisé les Macédoniens par la charge affolante des éléphants). Éprouvées par ces rudes combats et par la prolongation de leur éloignement dans des régions profondément étrangères, les troupes refusent de suivre le conquérant lorsqu'il prétend leur faire traverser l'Hyphase.

Le retour par l'Indus et le golfe Persique leur réserve encore de nouvelles difficultés : combats très âpres pour briser la résistance des peuples indiens (par exemple contre les Malli), souffrances provoquées par la traversée du désert torride de Gédrosie, par rapport à quoi la traversée de la Carmanie aurait été une vaste bacchanale. La flotte commandée par Néarchos ne trouve pas de nourriture le long de la côte des Ichtyophages et connaît quelques mésaventures dont, au total, elle se tire à peu près bien.

325/mort du roi (10 juin 323) : la reprise en main et les nouveaux plans. Alexandre avait quitté Persépolis cinq ans et demi plus tôt. L'intendance avait suivi mais le temps et l'éloignement avaient incité bien des satrapes à se sentir de plus en plus indépendants. Le retour est donc marqué par une répression qui tombe sur les généraux et les satrapes suspects, sur le trésorier Harpale qui préfère s'enfuir. Et, sans perdre de temps, la politique de fusion avec les Iraniens est vigoureusement relancée à Suse par l'union forcée de 90 chefs grécomacédoniens avec les plus nobles filles mèdes ou perses. Pour sa part, Alexandre épouse la fille aînée de Darius ; les unions déjà conclues entre 10 000 Macédoniens et femmes indigènes sont consacrées par des dons royaux ; enfin, 30 000 jeunes Iraniens – les « épigones » – entraînés à la macédonienne constituent une nouvelle phalange. Malgré leur mécontentement d'être remplacés par des Iraniens (ils le manifestent lors de la « sédition d'Opis »), les vétérans sont généreusement licenciés et raccompagnés par Cratère et Polyperchon.

Toujours en action et en projets, malgré le choc causé par la mort de son ami et chiliarque Héphaistion, Alexandre multiplie les travaux d'aménagement de la Babylonie, les expéditions dans le golfe Persique, la reconnaissance de la Caspienne et le châtiment des insoumis (en 323, expédition contre les Cosséens). Peut-être l'Empire devait-il encore s'agrandir : de l'Arabie très probablement, peut-être aussi des régions occidentales de la Méditerranée.

Mais le conquérant meurt brusquement à Babylone le 10 juin 323.

Alexandre a hérité d'un projet dont nous ignorons les limites ; songea-t-il dès 336 à succéder à Darius III Codoman sur le trône royal, ou bien a-t-il découvert au gré des circonstances et des impératifs stratégiques la nécessité d'aller toujours plus loin pour consolider les positions acquises, puis le goût de l'Empire universel, le rêve d'une humanité réconciliée dans l'unité profonde de ses élites ? Un tel débat passionne les historiens mais se heurte à l'incertitude manifeste des sources. Aussi faut-il nous contenter de suivre le conquérant vers l'Inde, en essayant d'observer la maturation de ses idées et de son comportement politique.

L'armée ■

Diodore, confirmé par Arrien, décrit la revue des troupes arrivées sur le sol asiatique en 334/333. 32 000 fantassins : ils se composent de la phalange (9 000), armée de la sarisse et divisée en bataillons à base tribale, des hypaspistes royaux plus mobiles (3 ou 5 000 ?), des auxiliaires dont 7 000 représentent la contribution des cités grecques. La cavalerie regroupe 5 à 7 000 personnes dont environ 1 800 *hétairoi*, 2 000 Thessaliens et une cavalerie légère. L'importance des troupes techniques est remarquable (ingénieurs, bématistes qui rassemblent tous les renseignements sur les routes, les distances, les possibilités de campement). Autour du roi, une centaine de compagnons proches et huit somatophylaques (gardes du corps). Tous ces corps jouissent d'une autonomie qui permet de les disperser dans des opérations variées.

La sarisse : pique de moitié plus longue au moins que la lance de l'hoplite grec ; il faut deux mains pour la tenir.

La consommation de troupes au cours de la conquête est immense, moins à cause des batailles que pour établir garnisons, colonies, détachements de reconnaissance ou de pacification. Il faut sans cesse de nouveaux renforts. Alexandre fait appel à des soldats iraniens : les 30 000 épigones. Une garde à pied perse double les hypaspistes, la Phalange même est de plus en plus ouverte aux Perses. Cette orientation de l'armée est très mal acceptée par les Macédoniens, ce qui explique la sédition d'Opis, lorsque le roi licencie ses vétérans et les remplace par des indigènes entraînés.

Hypaspistes : gardes royaux, troupes d'élite composées de fantassins directement liés au roi et recrutés sans considérations territoriales. Servent essentiellement à protéger les flancs de la phalange et à assurer la liaison avec la cavalerie.

Les conflits entre Alexandre et les Macédoniens. D'une manière générale, Alexandre ne parvient pas à communiquer à ses soldats européens la séduction que l'Asie exerce sur lui. Ceux-ci considèrent que la mort de Darius devrait mettre un terme à l'expédition et supportent mal les difficultés de la progression vers l'est, l'adoption par le roi de costumes barbares, l'introduction d'Orientaux dans l'entourage royal. L'incompréhension réciproque se traduit dans l'affaire de la proskynèse : les Perses ayant coutume de s'abaisser devant un supérieur qui les relève par un baiser, scellant une sorte de contrat de fidélité/protection, Alexandre essaie d'étendre cet usage aux Macédoniens. La réaction est vigoureuse et Callisthène paie de sa vie son rôle de porte-parole. D'une manière générale, toute tentative de fusion au niveau des aristocraties se solde par un échec. Les mariages forcés de Suse ne survivront pas à la mort d'Alexandre, à l'exception de celui de Séleucos.

L'affaire de la proskynèse est à étudier dans : J. BALSDON, « The Divinity of Alexander », Historia, *1950, 371 sqq.*

Alexandre et les Grecs ■

Alexandre, comme déjà Philippe, prenait la tête d'une croisade panhellénique destinée à venger les ravages impies commis par les Perses lors des guerres médiques. Pourtant vis-à-vis des Grecs d'Asie, le comportement du roi est celui de

Alexandre à Éphèse :

◆ « Il ramena les exilés qui avaient été chassés de la cité à cause de lui et, ayant renversé l'oligarchie, il établit une démocratie ; les tributs qu'ils versaient aux Barbares, il leur ordonna de les verser en contribution à Artémis [...]. Il interdit de poursuivre (ses anciens adversaires). » ◆
Arrien, *Anabase*, 1, 17, 10 sqq.

Mais à Aspendos :

◆ « Il leur ordonna de lui donner les plus puissants comme otages, les chevaux qu'ils avaient promis auparavant, et 100 talents au lieu de 50 ; ils devraient obéir au satrape mis en place par Alexandre, et verser chaque année un tribut aux Macédoniens [...]. » ◆
Arrien, *Anabase*, 1, 25, 4.

Voir DIODORE DE SICILE, XVIII, 8, 2.

tout conquérant : bienveillance envers les cités qui ouvrent leurs portes, dure soumission lorsqu'il a fallu prendre la ville d'assaut. Normalement la conquête apporte le rétablissement de la démocratie (les oligarchies étaient favorables aux Perses) ; la « liberté » octroyée se manifeste par l'absence de tribut et de garnison, mais une *syntaxis* ou contribution de guerre est levée jusqu'à la prise des trésors perses. L'autorité macédonienne est parfois plus pesante : Aspendos est punie pour avoir protesté contre un tribut trop lourd ; la ville, le port, la garnison de Priène sont réorganisés. Surtout, le roi intervient dans le règlement judiciaire d'affaires politiques (en 322 à propos des tyrans d'Érésos ou du retour des exilés à Chios). Un représentant royal, Philoxénos, joue le rôle de gouverneur général de l'Asie Mineure, mais son autorité ne paraît pas pesante : sa fonction semble fiscale d'abord, judiciaire ensuite. Un signe toutefois : les cités ne frappent plus que de petites espèces monétaires ; le monnayage pour les échanges avec l'extérieur est unifié sur la base de l'étalon attique.

Une décision prise en 324 est fort mal reçue des États grecs continentaux : elle ordonne le retour des exilés. Les Étoliens qui avaient chassé les Acarnaniens d'Oiniadai pour s'y installer, les Athéniens qui occupaient les terres des oligarques exilés de Samos supportent très mal d'avoir à restituer leurs terres aux anciens occupants (c'est ainsi que les parents d'Épicure devront quitter Samos). Paradoxalement le coup est rude pour les cités où les oligarchies promacédoniennes avaient exilé leurs opposants ! Mais Alexandre se soucie sans doute de débarrasser l'Orient de ces bandes turbulentes et indésirables composées d'exilés devenus mercenaires au service de Darius. Ce retour massif vers la Grèce n'arrange pas la situation locale et un marché de mercenaires s'organise au cap Ténare.

■ *L'administration de l'Empire*

Le gouvernement des satrapes. Peu soucieux de la prospérité de la Grèce, Alexandre s'intéresse à son nouveau domaine oriental. Mais nous ne connaissons pas l'administration mise en place, seulement les nominations et défections. Le roi s'adapte à l'étendue du territoire et à la variété des peuples. S'il laisse en place les satrapes perses de Lydie et de Carie (reine Ada), il partage en Égypte le pouvoir entre des stratèges, un chef égyptien et deux gouverneurs grecs (dont Cléomène de Naucratis qui va se débarrasser des autres et s'ériger en satrape).

Dans le centre et en Iran, il maintient des satrapes perses, tel Mazaïos à Babylone, qu'il flanque d'un chef militaire et d'un administrateur fiscal. Plus à l'est des satrapes indigènes gouvernent seuls. Un certain nombre d'échecs explique sans doute la disparition progressive de grands noms perses ou macédoniens, au profit de Grecs ou de Macédoniens d'origine plus obscure. En Inde, les chefs indigènes alliés sont laissés en place.

Autour d'Alexandre. Aucune structure solide ne caractérise le gouvernement central : des compagnons du roi, commensaux et conseillers, sont choisis en fonction des besoins pour remplir telle ou telle tâche, pour seconder le roi dans sa politique de fusion des races. Parmi eux, on trouve des Grecs et quelques indigènes.

L'urbanisation. Déjà commence une œuvre que poursuivront les successeurs : l'urbanisation, tout particulièrement en Iran oriental. Des soixante-dix fondations que Plutarque attribue au conquérant, combien datent de cette époque ? Beaucoup ne sont du reste que des garnisons de vétérans ou de soldats agités, fixés pour tenir les routes, les frontières, le plat pays.

Voir carte p. 318 B.

◆ « Alexandre fonda plus de 70 villes au milieu des barbares et parsema l'Asie d'institutions helléniques. » ◆
PLUTARQUE, *Moralia*, 328 c.

Bilan ■

Que penser de l'homme, d'après son œuvre ? Le juger trop conquérant pour être bon administrateur comme le font E. Badian et C. B. Welles, c'est accorder trop peu d'importance au bref délai qui lui fut laissé pour consolider son œuvre. L'historiographie exalte ses qualités de chef de guerre, de manieur d'hommes, d'organisateur et d'improvisateur. Dès l'Antiquité, la destinée du conquérant a frappé les esprits : ses succès rapides, son extraordinaire vitalité, son courage surhumain, son souci constant de se placer sous la protection divine, ses joyeuses bombances et sa participation à des cortèges dionysiaques ont inspiré une vaste littérature ; jeune dieu à qui tout réussit, il part conquérir le monde et réconcilier le genre humain. Il a tout fait pour donner corps à cette image. Mais plus qu'un dieu, c'est un être surhumain, excessif, qui veut réaliser plus que ne l'ont fait ses prédécesseurs, aller plus loin qu'Héraklès et que Dionysos. Il est possible, comme le prétend Plutarque, qu'Alexandre ait voulu imposer aux Grecs sa divinisation. Des honneurs divins lui furent décernés, des autels lui ont été dédiés dans des villes grecques d'Asie Mineure et les représentations figurées l'apparentent à Zeus ou Héraklès. Ces mouvements spontanés qui aboutissent à sa divinisation se comprennent mieux si l'on se souvient combien il était difficile de savoir s'il était vivant ou mort !

◆ « Alexandre a aussi fondé des cités pour qu'ils ne soient plus nomades mais cultivateurs et laboureurs du sol et qu'ayant à craindre quelque chose, ils ne s'attaquent pas mutuellement » (il s'agit des tribus nomades du nord de Suse). ◆
ARRIEN, *Inde*, 40, 6-8.

Pour approfondir ce chapitre

Pour les événements, rappelons le t. 4, 1, de l'histoire grecque de G. GLOTZ ainsi que E. WILL, Cl. MOSSÉ et P. GOUKOWSKY (cf. p. 6). Ajoutons : P. BRIANT (cf. p. 104), M. SARTRE, *L'Asie Mineure et l'Anatolie, d'Alexandre à Dioclétien*, A. Colin, U, 1995 et P. CARLIER (cf. p. 217) ; R. GINOUVÈS éd., *La Macédoine*, CNRS, 1993 ; P. BRIANT, *Alexandre le Grand*, « Que sais-je ? », 1974, P. FAURE, *La Vie quotidienne des armées d'Alexandre*, Hachette, 1982.

Les sources de l'histoire d'Alexandre sont abondantes ; la littérature est étudiée par P. Pédech, *Les Historiens compagnons d'Alexandre, Callisthène, Onésicrite, Néarque, Ptolémée, Aristobule,* Les Belles Lettres, 1985. Voir en particulier Arrien, *Histoire d'Alexandre,* éd. de Minuit, 1984 ; Diodore de Sicile, livre XVII ; Plutarque, *Vies d'Alexandre, d'Eumène de Cardia. La Vie d'Alexandre* est commentée par J. R. Hamilton, Oxford, 1969. C.-A. Robinson, *The History of Alexander the Great,* 1963 (trad. de Jacoby, *FGH,* II, B, n° 117-153) rassemble les fragments d'historiens.

Sur l'idéologie, P. Briant dans *Dialogues d'Histoire Ancienne,* II, 1976, et P. Goukowsky, *Essai sur les origines du mythe d'Alexandre,* Nancy, 1978. Du même, bibliographie (1978-1982) de la *REG* XCVI (1983), pp. 225-241.

17

Les grandes monarchies hellénistiques (Égypte exclue), les ligues et les cités

1. Les guerres de succession et la création des royaumes

Les partages de l'empire d'Alexandre ■

A la mort d'Alexandre, il n'est pas d'héritier satisfaisant pour assurer la succession : un demi-frère du conquérant, Arrhidaios, débile ; un enfant à naître de Rhoxane, sa veuve iranienne ; il sera peut-être un garçon mais de race mélangée. Dans les troubles et par fidélité dynastique, on adopte une solution impraticable : si l'enfant à naître est un garçon, les deux héritiers règneront conjointement ; mais, mineurs par l'esprit ou par l'âge, ils seront confiés à un *prostatès*, en la personne de Cratère. En fait, les conflits se multiplient entre les grands chefs de l'entourage d'Alexandre, les Diadoques : d'abord pour la défense de l'idée unitaire (mais au profit de qui ?), puis pour le partage des dépouilles. Nous ignorons quels étaient les vrais buts poursuivis et ne connaissons que les proclamations solennelles, les guerres et les assassinats.

*A ce sujet, notons les remarques de P. BRIANT aux pp. 244 et 251 de sa thèse (*Antigone le Borgne, *Ann. Litt. Besançon, Les Belles Lettres, 1973) sur le rôle primordial de l'Assemblée des Macédoniens.*
Pour une autre interprétation, voir Éd. LÉVY, dans Ktèma, *3, 1978.*

En 323, Antipatros se voit confier la Macédoine et l'Europe ; Perdiccas reste chiliarque pour l'Asie et les satrapes lui sont théoriquement soumis ; Ptolémée, fils de Lagos, reçoit la satrapie d'Égypte, Antigone le Borgne celle d'Anatolie occidentale, Eumène de Cardia la Cappadoce et la Paphlagonie (à conquérir), Lysimaque la Thrace (à reconquérir).

Les premiers conflits aboutissent à l'élimination de Perdiccas puis de Cratère. Au nouveau partage établi à Triparadisios (Syrie du Nord) **en 321**, Antipatros reçoit la charge des rois ; Séleucos apparaît et obtient la Babylonie en satrapie ; Antigone conserve l'Anatolie occidentale mais doit éliminer Eumène et reçoit d'Antipatros le titre de « stratège de l'Asie ».

De 319 à 311. La mort d'Antipatros en 319, alors même qu'Antigone s'efforce de s'étendre contre tous les autres, ouvre une nouvelle crise au cours de laquelle Arrhidaios et Eumène sont éliminés. Les guerres de succession en Grèce même sont mises à profit par Antigone qui développe sa propagande. Mais ses prétentions en Méditerranée (Confédération des Insulaires ?) et en Syrie se heurtent à celles de Ptolémée.

En 311, un nouvel accord apparaît : Cassandre fils d'Antipatros est reconnu comme satrape de l'Europe jusqu'à la majorité d'Alexandre IV (le fils du conquérant et de Rhoxane ; dès 310, il le fera assassiner) ; Lysimaque conserve la Thrace et Ptolémée l'Égypte, Antigone a pouvoir sur toute l'Asie – mais en 309/308 Séleucos lui impose la reconnaissance de sa satrapie d'Iran.

A Chypre, en 306/305, après la victoire de Démétrios sur la flotte lagide :

◆ « C'est là que la foule salua pour la première fois Antigone et Démétrios comme rois. Antigone fut immédiatement couronné par ses amis [...]. Ceux qui étaient en Égypte, en apprenant ces nouvelles, proclamèrent à leur tour Ptolémée roi [...]. Lysimaque se mit à porter le diadème, Séleucos aussi dans les rencontres avec des Grecs, lui qui, déjà auparavant, traitait avec les barbares comme roi. Cassandre de son côté, bien que les autres l'appelassent roi dans leurs lettres ou leurs adresses, continua à signer ses lettres de son seul nom. » ◆

PLUTARQUE, *Vie de Démétrios*, XVIII.

Cinq États sont mis en place et la disparition d'Alexandre IV met les Diadoques sur un pied d'égalité, ce qu'Antigone voudrait faire tourner à son profit. Il entre en conflit avec Ptolémée (à propos de Rhodes essentiellement) et multiplie les interventions, secondé par son fils Démétrios, le futur Poliorcète (« preneur de villes »).

A partir de 306, chacun prend successivement le titre royal, en imitant Antigone et Démétrios qui célèbrent ainsi la prise de Rhodes. Les Antigonides contrecarrent la domination de Cassandre en Grèce et semblent y parvenir en 302. Mais le nouveau roi des Macédoniens obtient l'aide des autres : dans l'été 301, à Ipsos, en Phrygie, Antigone est battu et tué ; son fils ne tient plus que quelques cités égéennes. Séleucos récupère la Syrie du Nord, Lysimaque domine l'Asie Mineure jusqu'au Taurus, à l'exception de quelques places en Lycie, Pamphylie et Pisidie (à Ptolémée ?), et de la Cilicie.

■ *La monarchie hellénistique*

Voir carte p. 318 A.

Cette nouvelle carte politique subira quelques retouches (retrait de Lysimaque, développement d'un royaume à Pergame...) mais des monarchies sont nées qui se maintiendront jusqu'à la conquête romaine. Par un curieux paradoxe, elles ne ressemblent pas à la monarchie macédonienne et se réclament d'une Grèce à laquelle leur structure est fondamentalement étrangère.

La monarchie macédonienne à base nationale était respectueuse d'un certain nombre de traditions dans ses relations avec le peuple. Mais se manifeste une tendance croissante à considérer le royaume comme un bien personnel sur lequel on peut exercer un pouvoir absolu. Non sans mal : Démétrios Poliorcète ne peut désarmer une opposition profonde et son fils, Antigone Gonatas, préfère renouer avec les traditions propres aux Macédoniens.

Les monarchies issues de la conquête seraient radicalement différentes : personnelles, héritières d'une idéologie selon laquelle l'État n'existe que dans et par le roi, seul élément unitaire, seule source d'autorité.

Ce schéma est discutable. En effet ces monarchies se sont, elles aussi, fixées dans un cadre territorial ; on y présente les successeurs au peuple (fait-on plus en Macédoine à cette époque ?), on joue, vis-à-vis des sujets indigènes, le jeu de la monarchie nationale, en Égypte par exemple. En fait, les deux types ont tendance à se rapprocher. La monarchie est une magistrature non soumise à reddition de comptes ; le roi peut même apparaître comme l'incarnation vivante de la loi, de celle qui unit, par-delà la diversité des cités et des traditions.

Mais cette position, le roi doit la justifier : par la victoire d'abord (prise du titre royal par Antigone) ; par sa vertu ensuite, qui se manifeste dans sa piété, dans ses actes de bienveillance, sa pratique de la justice, sa promptitude à porter secours aux sujets victimes de la famine ou d'une menace extérieure. Il lui faut donc rester accessible à toutes les demandes, les revendications, écouter ses sujets. Séleucos Ier le fait à merveille ; Démétrios Poliorcète, en s'y refusant, perd l'appui des Macédoniens. Les *épiclèses* dont les rois sont salués rappellent ces vertus fondamentales : évergète (bienfaiteur), sôter (sauveur), épiphane (qui se manifeste), mégas (le grand), nikator (victorieux)... Le succès revient à ceux que les dieux protègent.

Épiclèse : surnom, souvent en forme de qualificatif, dont on saluait entre autres les divinités que l'on invoquait.

De telles exigences font de la royauté une charge lourde à porter ; elles risqueraient de mettre en péril le royaume lors des successions. Mais rapidement s'introduit une pratique apparemment contradictoire avec l'idée d'un charisme royal : l'hérédité. On insiste sur les ancêtres et sur le couple royal, les époux royaux s'appellent frère et sœur (ils ne le sont réellement que chez certains Lagides), on s'en tient à la monogamie, à quelques exceptions près. Il se constitue une sorte de classe royale à travers les différents royaumes, dans laquelle se recrutent les reines.

Les **monnaies lagides**, témoins de la dynastie : au début représentation et nom d'Alexandre, avec les attributs empruntés à Dionysos, à Ammon, au Grand Roi ; Zeus au revers. Vers 300, portrait et nom de Ptolémée Ier. Ptolémée III fait représenter les couples royaux de ses prédécesseurs, au droit et revers d'une même monnaie.

Le culte royal

L'appui le plus solide vient du culte royal, sous sa forme municipale et spontanée, ou sous la forme d'un culte d'État. Seule la monarchie macédonienne y échappe. Les cités grecques passent du simple remerciement chaleureux à la prière, aux consécrations de statues, d'autels et lieux de culte ; elles organisent des fêtes en l'honneur de ces nouveaux dieux, elles donnent leur nom à des mois, à des tribus. On parle de flatterie, d'habileté politique, de servilité. C'est sous-estimer le caractère spontané de ce mouvement qui choque moins les habitudes qu'on pourrait le penser. Bien des fondateurs de cités, des libérateurs ont été héroïsés et ont reçu un culte, mais l'héroïsation n'avait jamais concerné des vivants. Toutefois selon un courant de pensée attribué au mythographe Évhéméros, à la fin du IVe siècle, les dieux ne seraient que des hommes supérieurs divinisés par la révérence de leurs contemporains ; alors pourquoi pas des rois ? En fait ce culte municipal est la forme extrême par laquelle se manifeste la reconnaissance des communautés bien traitées par le conquérant ; au culte de la divinité poliade, toujours important, on ajoute celui qui s'adresse à un roi très concrètement bienfaiteur, à la fois lointain et efficace, libérateur parfois (tel Poliorcète, à Athènes).

Chant athénien en l'honneur de Démétrios

◆ « [...] Car les autres dieux demeurent loin de nous, ou n'ont pas d'oreilles, ou n'existent pas, ou ne s'occupent en rien de nous ; mais toi nous te voyons présent ni en bois ni en pierre, mais en vérité. Aussi nous te prions : d'abord, fais la paix, très aimé [...]. » ◆
ATHÉNÉE, 253 d-f.

Voir page 210.

Extrait du décret de la Confédération des Insulaires pour l'institution des Ptolémaia, en 280 :

◆ « Attendu que Ptolémée, [...] fidèle à sa piété envers les dieux et au respect des ancêtres, offre un sacrifice à son père et fonde en son honneur des concours isolympiques, avec des compétitions athlétiques, musicales et hippiques, et qu'à ce sujet il invite les Insulaires et les autres Grecs à voter la reconnaissance de ces jeux comme isolympiques [...] » ◆ (*Syll.*^{3}, 390)

Voir ATHÉNÉE, 196 a-203 b.

Parallèlement à ce culte venu des communautés grecques, les rois imposent dans l'ensemble de leur royaume un culte royal et dynastique, dont ils fixent eux-mêmes le cadre matériel, pour lequel ils désignent et entretiennent un clergé. Des fêtes grandioses, régulières, aux aspects souvent dionysiaques, sont établies partout mais avec plus de luxe dans certains lieux : les Ptolémaia d'Alexandrie, les Antigonéia de Délos, par exemple. Pour plus de sûreté on rattache les dynasties royales à un ancêtre divin : les monnaies diffusent partout les images des rois-dieux. De tout cela, nous n'avons que les manifestations officielles et nous ignorons quelle place leur attribuer dans le sentiment religieux.

2. L'Asie séleucide

■ Variations territoriales

Voir carte p. 318 A.

En Asie. Séleucos, satrape de Mésopotamie puis roi, a la charge de la partie orientale de l'empire hérité d'Alexandre, Iran et satrapies supérieures ; en 301, il récupère la Syrie du Nord et, avec elle, toutes les contradictions d'un royaume à la fois continental et maritime, grec et asiatique. En fait, les régions orientales ne seront guère contrôlées qu'à deux périodes : lorsque son fils associé, Antiochos Ier, s'y consacre en installant comme une deuxième capitale à Séleucie-du-Tigre ; la mort de Séleucos en 281 et les difficultés du côté occidental marquent la fin de cette première tentative. La deuxième est due à Antiochos III qui, de 213 à 205, se lance dans une « nouvelle anabase ». Cette montée vers l'intérieur (l'expression renvoie à l'expédition des Dix-Mille contée par Xénophon), conduisit le roi jusqu'aux frontières de l'Inde, comme Alexandre. Il renoue, par mariage et alliance, avec les protectorats des régions maintenant dominées par des dynasties gréco-bactriennes (Euthydème) ou par celle des Arsacides, dans le nouveau royaume parthe. En fait ces lointaines principautés ne seront jamais sûres, malgré les témoignages certains d'une influence grecque dans les monnaies, l'art, l'urbanisme et les modes de vie. Le grand danger vient des Parthes dont la puissance toujours croissante finit par confiner les Séleucides en Syrie. La vigilance n'est en effet pas possible car il faut veiller au grain en Syrie et en Anatolie. Les Séleucides ont établi en Syrie du Nord le cœur de leur royaume avec la fondation de la tétrapole composée d'Antioche-sur-l'Oronte avec le port de Séleucie-de-Piérie, d'Apamée avec Laodicée-sur-mer ; ils revendiquent la Coelé-Syrie, contre les Lagides : loin de l'obtenir, ils sont eux-mêmes partiellement occupés par leurs voisins qui, de 246 à 219, tiennent garnison à Séleucie-de-Piérie. Lorsqu'en 200 Antiochos III conquiert enfin cette Syrie du Sud, la puissance séleucide a atteint son apogée.

Succession dynastique

Séleucos I Nikator	(321/280)
Antiochos I Sôter	(280/261)
Antiochos II Théos	(261/246)
Séleucos II Kallinikos avec la concurrence de son frère	(246/226)
Antiochos Hiérax	(246/227)
Séleucos III	(226/223)
Antiochos III le Grand	(223/187)
Séleucos IV Philopator	(187/175)
Antiochos IV Épiphane	(175/164)
Démétrios I Sôter	(162/150)
Alexandre Balas	(150/146)
Démétrios II Nikator	(146/140)
Antiochos VII	(139/129)
Démétrios II Nikator	(129/125), 2e règne
Cléopâtre Théa et Antiochos VIII Grypos	(125/121)
Antiochos seul	(121/96)

En Asie Mineure, la domination séleucide connaît aussi bien des aléas. La difficile récupération, après Kouroupédion (281), des places tenues par Lysimaque se complique du danger représenté par les bandes de pillards galates : vers 270/268 Antiochos Ier remporte sur eux une victoire qui lui permet de les fixer dans la Phrygie du Nord, désormais la Galatie. Cela n'empêchera pas quelques incursions de leur part dans les périodes de troubles. Sur les côtes sud et sud-ouest et en Thrace, les Lagides conservent jusqu'en 202/195 le contrôle d'un certain nombre de cités et les Rhodiens défendent avec acharnement leur Pérée. Autour de Pergame se constitue un état dynastique dont les prétentions grandissent. La ligue du nord (Héraclée-du-Pont, Chalcédoine, Byzance) se refuse à toute soumission, tandis que, le long de la mer Noire, s'affirment des États qui échappent à tout contrôle extérieur : Bithynie, Pont, Cappadoce. Après la victoire de Flamininus en 196 sur Philippe V de Macédoine, le royaume séleucide va se heurter directement à la puissance romaine sur laquelle s'appuient Pergame et Rhodes, qu'inquiètent les succès d'Antiochos III. Celui-ci, qui a restauré sa domination en Thrace, commet l'erreur d'accueillir Hannibal en fuite et de soutenir les Étoliens révoltés contre Rome. Le roi séleucide est vaincu par Scipion l'Africain à Magnésie-du-Sipyle, en 189. Le traité d'Apamée, en 188, consacre le recul des Séleucides au-delà du Taurus et l'abandon de leurs prétentions en Asie Mineure. Pergame récupère une grande partie de leurs possessions.

Pérée : territoire continental possédé par une île, généralement située juste en face.

Histoire confuse et mouvementée, bien digne de ce royaume dont les bases administratives et sociales nous échappent en bonne partie.

L'entourage royal ■

Le roi est entouré d'un certain nombre de personnes, rarement qualifiées par leurs fonctions, mais dites « amis » *(philoi)*, « parents » *(syngéneis)*, sans que cela corresponde obligatoirement à de réelles relations d'amitié ou de parenté ; à la fin de la monarchie, toute une hiérarchie aulique les répartit en « amis », « amis honorés », « premiers amis »... Ils constituent une sorte d'ordre auquel on accède par volonté royale : ils accomplissent les tâches de gestion nécessaires, circulent dans le royaume et servent souvent d'intermédiaires entre les sujets ou les cités et le roi, car ils ont libre accès auprès de lui, sans toutefois disposer d'un quelconque pouvoir fonctionnel. Parmi eux sont choisis les conseillers que le roi consulte pour des décisions graves ou difficiles ; leurs conseils ne valent qu'autant que le roi les fait siens. Hormis quelques mentions d'intendants, de préposés aux affaires ou à l'armée, nous n'entendons guère parler de services administratifs centraux bien étoffés. Il existait assurément une chancellerie pour la transmission des ordres et des réponses : la lettre émane toujours du roi en personne, au moins formellement. Nous voyons Séleucos Ier accablé par cette correspondance, consacrant des heures à recevoir tous les ambassadeurs, toutes les députations qui lui sont envoyés et qui, souvent, sont chargés de commenter la missive dont ils sont porteurs, ou de négocier. Tout dépend du roi car il est la seule force unitaire de ce royaume disparate.

Exemple d'un certain Cratère qui fut :

◆ « pédagogue d'Antiochos Philopator [...], devint un des premiers amis du roi Antiochos, médecin en chef et chambellan de la reine. » ◆ OGIS, 256.

L'organisation territoriale

Les satrapies. Cette médiocrité de l'administration centrale s'explique en fait par l'organisation territoriale. Héritier des Perses Achéménides, Séleucos a préféré ne pas bouleverser le système des satrapies. De dimensions très variables selon les régions (immenses à l'est, réduites à l'ouest), elles correspondent généralement à des découpages ethniques ou historiques. Il semble qu'en Orient on les ait subdivisées en hyparchies et que, inversement, des gouverneurs aient été amenés à contrôler plusieurs d'entre elles. C'est ainsi qu'un Achaios, installé à Sardes avec la charge de toute l'Asie Mineure fut tenté de s'affranchir de l'autorité royale vers 220, ou qu'un Molon, chargé des satrapies supérieures, fit sécession. Nous ignorons quelle place exacte il faut donner aux « toparchies », le terme se prêtant à des usages variés. Si l'on en croit *L'Économique* d'un pseudo-Aristote, qui décrit la gestion fiscale au lendemain de la conquête, les satrapes perçoivent tous les revenus, à charge pour eux de verser au trésor royal la contribution qu'il leur impose. Ils ont aussi un bureau d'enregistrement et des archives – à moins que ce soit seulement au niveau des gouverneurs. Plus tard, à partir d'Antiochos III, ces administrateurs deviendront des stratèges : désormais la responsabilité militaire ne dépend plus des fonctions civiles et fiscales. Toutefois il n'est pas certain qu'il y ait jamais eu uniformisation du système dans un sens ou dans l'autre.

Les six espèces de revenus de l'Économie satrapique

◆ « Le premier en importance est celui de l'agriculture : c'est celui que les uns appellent *ekphorion* (rente fixe ?) et les autres dîme. Le second est constitué par les produits particuliers du pays : l'or, l'argent, le cuivre et tout ce que l'on peut trouver dans le pays. Le troisième se compose des revenus des ports ; le quatrième comprend les taxes sur les transports terrestres et sur les marchés ; le cinquième la redevance sur les troupeaux [...] ; le sixième est constitué par les impôts sur les personnes, appelés capitation et taxe sur l'artisanat. » ◆ Pseudo-Aristote, *L'Économique,* II, 1, 4.

Terre royale et *laoi*. Le pouvoir de ces chefs de circonscriptions s'exerce sur la terre royale, la *chôra basilikè.* Outre quelques places fortes et garnisons, elle est composée de villages, les *kômai,* auxquels les habitants sont rattachés à vie en vertu du principe de l'*idia,* connu également en Égypte : même parti vivre ailleurs, l'individu continue à relever administrativement et surtout fiscalement de sa collectivité villageoise d'origine. Ainsi comprend-on mieux comment des *laoi basilikoi* peuvent être cédés par le roi en cadeau avec la terre où se trouve leur village, alors même que certains sont installés ailleurs : ni attachés à la glèbe, ni obligés à une résidence fixe, ils restent intégrés à l'unité fiscale que représente leur *kômè,* faute de quoi il faudrait sans cesse modifier la répartition de l'assiette de l'impôt. Ce que le roi cède, ce ne sont pas des hommes asservis mais les revenus fiscaux représentés par ces *laoi.* Il est possible que de semblables villages aient été fondés avec des Macédoniens, au moins dans le voisinage de la tétrapole syrienne, afin de disposer d'une masse permanente de conscrits. Cette *chôra* connaît d'importantes variations territoriales dues aux succès et revers militaires, aux confiscations et aux insurrections, aux dons royaux enfin. Normalement, ce qui est donné sur la *chôra* l'est à titre précaire et le roi peut le récupérer. Mais le roi lui-même peut renoncer totalement à ses droits en autorisant le bénéficiaire à rattacher cette terre à une cité autonome. En outre, l'histoire témoigne d'une tendance généralisée à convertir en pleine propriété toute donation

Voir par exemple le don de terre à un ami du roi Antiochos Ier, Aristodikidès d'Assos dans : WELLES, Royal Correspondance..., *10-13. Le dossier complet se trouve rassemblé dans : P. BRIANT, « Remarques sur* laoi *et esclaves ruraux en Asie Mineure hellénistique »,* Actes du colloque 1971 sur l'Esclavage, *pp. 93-133.*

précaire. Toutefois, un texte tardif de Doura-Europos limite les possibilités d'héritage aux grands-parents paternels ou aux cousins par le père ; en l'absence d'héritiers autorisés, la terre fait retour non à la cité mais à la couronne.

Fondations de cités. En effet, les souverains – les premiers surtout – ont puisé sur la terre acquise par droit de conquête afin de créer de nouvelles cités ; anciennes villes indigènes doublées d'une agglomération grecque, ou créations totales en des points névralgiques (pour la sécurité, surtout face aux nomades, le commerce ou la manifestation d'une présence grecque), ces nouvelles cités s'établissent par la volonté du roi mais à ses dépens : il finance la construction et les remparts, assure l'alimentation en eau, l'approvisionnement pour la première année, renonce probablement pour quelque temps à ses recettes fiscales, constitue des *kléroi* répartis entre les citoyens ; enfin il se préoccupe d'assurer le pleuplement : en fixant des vétérans, en faisant appel à des volontaires, en demandant l'aide de cités grecques (Magnésie-du-Méandre pour Antioche-de-Perside), en imposant des transferts (Babyloniens à Séleucie-du-Tigre). En Anatolie, des villages déjà hellénisés sont regroupés pour constituer de nouvelles villes, telle Laodicée-du-Lykos. Ces villes jouissent d'une autonomie municipale qui s'exerce par l'intermédiaire d'institutions d'origine grecque : assemblée, conseil, prytanes, tribus, archontes...

◆ « Séleucos fonda des cités sur toute l'étendue du territoire qu'il gouvernait et en appela 16 Antioche, d'après le nom de son père, 5 Laodicée d'après sa mère, 9 d'après lui-même et 4 d'après ses femmes, soit 3 Apamée et une Stratonicée [...]. Aux autres, il donna des noms empruntés à la Grèce ou à la Macédoine, ou encore d'après ses propres exploits ou en l'honneur d'Alexandre. » ◆
APPIEN, *Syriaca,* 57.

Voir carte p. 318 B.

Leur potentiel militaire et fiscal a dû bien souvent être utilisé de préférence sur place surtout pour les villes lointaines et dans les périodes de faiblesse de l'autorité centrale.

Les vieilles cités grecques. La situation des vieilles cités grecques est un peu différente. Acquises par droit de conquête, elles sont néanmoins à ménager : elles représentent l'hellénisme. Leurs maîtres successifs, et Alexandre le premier, leur ont généralement laissé l'autonomie : elles ont presque toutes accès à la mer alors que les Séleucides n'ont jamais pu constituer de force maritime sérieuse ; surtout, l'autonomie des cités est beaucoup plus avantageuse pour le roi : son administration en est allégée d'autant, alors que la soumission totale ne suffirait pas à garantir leur fidélité ; ces cités n'ont plus guère de force militaire ; ballottées d'un maître à l'autre, elles sont condamnées à suivre le sort des armes entre les nouveaux grands de ce monde. Mais si le roi ne se montre pas trop exigeant sur le montant du tribut – ou plutôt de la contribution de guerre ou *syntaxis* –, s'il ne leur impose pas de garnison, s'il les aide en cas de détresse agricole, financière ou militaire, si enfin il respecte les formes diplomatiques, de leur côté elles lui seront fidèles dans la mesure de leurs moyens. Libres de faire fonctionner leurs institutions à leur manière, libres de choisir les modalités de répartition des impôts parmi leurs citoyens et leurs habitants, libres de taxer ou de détaxer les commerçants nationaux ou étrangers, libres d'accorder à qui elles veulent la citoyenneté, l'asylie, les honneurs de toutes sortes dont le catalogue s'étoffe en cette époque, libres d'organiser leurs cultes, elles continuent à exister comme des

Lettre d'Antiochos II aux Érythréens

◆ « Le roi Antiochos au Conseil et au peuple des Érythréens, Salut ! [...] Vos envoyés nous ont transmis le décret par lequel vous nous décernez les honneurs [...]. Attendu que l'ambassade [...] a démontré que sous Alexandre et Antigone, votre cité était autonome et exempte de tribut, que nos ancêtres l'ont toujours favorisée, voyant qu'ils ont eu raison de le faire et voulant ne pas être en deçà de ce qu'ils vous ont accordé, nous vous garantissons l'autonomie et vous accordons d'être exempts de tribut, y compris celui que l'on verse au fonds galatique [...]. » ◆
OGIS, 223.

« Autour des Séleucides », Topoi, 4 (1994), 431-610, montre que les objectifs de la dynastie restent obscurs : priviligiaient-ils le centre babylonien et ses périphéries d'Asie centrale, ou bien l'hellénocentrisme ?

cités grecques traditionnelles. Leur diplomatie même témoigne de la grande latitude qui leur est laissée, à charge pour elles de ne pas s'allier aux ennemis déclarés du Séleucide. C'est pourquoi des lettres royales mentionnent « les cités qui sont dans notre *symmachia* », et ce que cette formule implique de liberté d'association n'est pas entièrement fictif. Naturellement, lorsque le roi est fort, donc meilleur protecteur et plus menaçant, elles multiplient les marques de reconnaissance, voire de servilité, à son égard, ce dont bénéficient ses « amis » ; si au contraire des difficultés le paralysent, éloignent et affaiblissent son autorité, elles multiplient les initiatives de rapprochements avec d'autres cités, se préparant même à accueillir de nouveaux protecteurs. En effet, les problèmes sociaux et économiques qui les accablent leur imposent de lourdes contraintes politiques.

Les régions autonomes. Nous savons que d'autres collectivités échappent à l'autorité directe des satrapes : les temples (ex. : à Jérusalem ou en Babylonie) ou les principautés tenues par des dynastes, dont le nombre s'accroît ; mais cela relève de l'histoire juive, babylonienne, iranienne, etc. Il s'agit en fait de toute une série de régions ou d'enclaves sur lesquelles l'autorité du conquérant n'a jamais pu vraiment s'imposer ; lorsque le rapport des forces ne leur est pas favorable, elles paient tribut et fournissent des soldats ; à mesure que l'État séleucide s'affaiblit, elles se dégagent de ces obligations.

■ *Les finances*

Polybe (V, 88-89) raconte comment les Rhodiens dressèrent un tableau si dramatique des effets d'un tremblement de terre que « ce désastre fut plutôt pour eux une cause d'accroissement » : de Hiéron et Gélon de Syracuse, de Ptolémée, de Séleucos, d'Antigone Doson, etc., ils reçoivent argent, matières premières, blé, privilèges commerciaux.

Les deux révélateurs de l'organisation du royaume et des exigences royales sont les finances et l'armée. Au roi sont dues un certain nombre de taxes : comme souverain de communautés soumises, il peut exiger d'elles le *phoros*, tribut versé en espèces ou en nature selon les cas ; son montant est indépendant des variations dans les ressources, fixé pour plusieurs années et réparti entre ses membres par la communauté assujettie. En obtenir l'exemption est recherché comme un signe d'autonomie, tout particulièrement par les cités grecques ; alors elles sont appelées à verser une contribution de guerre, une *syntaxis*, sur laquelle nous ne sommes guère éclairés. Comme propriétaire de la terre, le roi prélève une rente, plutôt en nature qu'en espèces, qui alimente les réserves considérables en céréales et autres produits, grâce auxquelles il fait des dons à des cités ou des régions menacées de disette, à des peuples dont il veut s'attirer la reconnaissance. De ce point de vue, le souverain séleucide s'apparente au Lagide. A cela s'ajoutent une multitude de taxes : douanes, péages de toutes sortes, droits sur les ventes, sur les mutations, sur les productions telles que le sel ou les troupeaux ; enfin le roi touchait directement les revenus des mines, des carrières et des forêts. Sa bienveillance envers les communautés lui vaut de leur part des dons gracieux qui ont tendance à devenir obligatoires : l'exemple le mieux connu est celui de la couronne.

Tous ces impôts parviennent-ils aux caisses royales ? En fait, beaucoup sont rassemblés au niveau de la satrapie et utilisés par elle ou mis en réserve ; d'autres alimentent directement les caisses des nouvelles cités que le roi doit aider à survivre ; enfin les vieilles cités grecques continuent à percevoir pour leur propre compte les taxes indirectes et les prélèvements directs sur les revenus de la terre ou des troupeaux. En fait, le fisc royal impose à chaque communauté un montant global et se désintéresse du mode de prélèvement ; il utilise son administration satrapique pour veiller au versement et préfère ne pas rassembler dans un seul point du royaume la totalité des sommes ou des denrées ainsi perçues. Il en redistribue une partie : dons aux collectivités ou à des particuliers, subsides politiques, guerres de défense, contributions de guerre (Galates, Romains)...

La couronne : symbole de victoire, elle n'est plus en feuillage mais en or, remplacée au besoin par sa valeur en or et simplement mentionnée comme « couronne » dans les décrets qui en confirment l'offrande. Le roi peut bientôt l'exiger comme une contribution extraordinaire, voire l'imposer régulièrement, par exemple à Jérusalem.

L'armée ■

L'armée est imposante avec ses contingents de mercenaires, d'alliés et sujets, de « macédoniens », et avec ses éléphants supportant chacun quatre tirailleurs. Les commandements sont donnés par le roi, sans qu'existe une carrière hiérarchisée. La question du recrutement reste en partie obscure. Les chiffres globaux sont impressionnants, mais les troupes légères – les seules que puissent fournir les Orientaux – sont beaucoup plus nombreuses. L'infanterie lourde (phalange) qui exige un entraînement permanent est réduite : elle est alimentée par les nombreuses communautés « macédoniennes » installées en Syrie, en Mésopotamie du Nord et en Anatolie. Les villes grecques ne semblent pas tenues de fournir des contingents. On discute encore pour savoir si les *kléroi* attribués aux colons étaient grevés de charges militaires. Peut-être les colons étaient-ils tenus de défendre leur ville fortifiée et, par là, d'arrêter ou de retarder l'avance d'un adversaire. Faute de documents épigraphiques nous sommes condamnés aux incertitudes.

Contribution militaire des fondations au début du IIe siècle

Colonies de l'Est
- 11 000 pour l'infanterie lourde,
- 3 000 pour l'infanterie demi-lourde,
- 4 à 5 000 cavaliers.

Asie Mineure
- 8 000 pour l'infanterie lourde,
- 5 000 cavaliers.

Syrie-Mésopotamie
- 25 000 pour l'infanterie lourde,
- 3 500 cavaliers.

3. L'affirmation de la puissance pergaménienne

Aux origines ■

L'aventure pergaménienne est un témoin des ressources contenues dans cette Asie Mineure tant disputée. Pergame est située à 30 km de la mer, sur un éperon de 335 m de haut, découpé par deux affluents du Caïque ; elle n'est à l'origine qu'une citadelle facile à défendre, où Lysimaque a placé une partie du trésor de guerre macédonien en le confiant à la garde de Philétaïros. En 282, celui-ci préfère abandonner le roi à ses intrigues de cour et soutenir Séleucos ; à la mort de ce dernier, il se rallie immédiatement à Antiochos et rachète même pour lui la dépouille de son père. Pendant vingt ans, la principauté jouit d'une grande autonomie, reconnaissant la lointaine souveraineté séleucide comme en témoignent les monnaies. Le dynaste s'efforce de contenir les Gaulois qui multiplient alors les raids à travers la péninsule : ainsi s'accroît son influence

Généalogie des Attalides

Philétairos	(301?/263)
Eumène, son neveu	(263/241)
Attale Ier, neveu au 2e degré ; basileus à partir de 238/237	(241/197)
Eumène II	(197/160)
Attale II, son frère	(160/138)
Attale III, son neveu	(138/133)

en Asie Mineure, tandis qu'il développe de bienveillantes relations avec les cités grecques du continent (Delphes, Thespies).

Pour des raisons obscures, son successeur Eumène rompt avec le Séleucide : une guerre victorieuse lui permet de s'agrandir à travers le massif de l'Ida au nord-ouest, vers l'Hermos au sud. L'effigie de Philétaïros remplace celle de Séleucos sur les statères. De petites cités éoliennes sont contrôlées sans annexion.

■ *L'expansion*

Les luttes contre les Gaulois et les difficultés des Séleucides avec leurs gouverneurs d'Asie Mineure (Antichos Hiérax de 241 à 226, puis Achaios vers 222/213) permettent un premier agrandissement sensible du royaume pergaménien (vers 237 ou 224, Attale devient roi) et un accroissement considérable du prestige des Attalides : les cités de la côte proclament Attale « Sôter » (sauveur). Vers 213, une partie du littoral d'Éolide (Kymè, Myrina, Phocée, Aigai, Temnos) et d'Ionie (Lébédos, Colophon, Notion) assurent une façade maritime importante, tandis que la domination s'enfonce plus profondément vers l'est.

La période suivante est marquée par un nouveau facteur : Rome. Plus encore que les Rhodiens, les rois de Pergame suscitent l'intervention romaine, au besoin en exagérant la menace que font peser sur les Grecs, voire sur Rome, les entreprises des rois de Macédoine Philippe V et Persée, celles d'Antiochos III et de ses successeurs ; en effet les ambitions de ces rois aboutissent à enserrer l'État pergaménien dans un étau. Attale Ier, Eumène II puis Attale II sont à la fois les guides de Rome en Asie, les gendarmes des Romains sur place, les pions à opposer aux autres rois ambitieux. Cette dépendance leur vaut des agrandissements territoriaux, un soutien contre les rois de Bithynie, mais peu d'aide contre leurs ennemis les plus agités, les Galates. En 133, pour des raisons ignorées, Attale III lègue son royaume aux Romains, sous réserve de l'autonomie de la cité de Pergame. Les héritiers devront d'abord vaincre l'insurrection d'Aristonikos, un cousin du roi défunt, qui s'appuie sur un triple mouvement : populaire, national, utopique (« la cité du soleil » égalitaire).

■ *Les ressources*

Le rayonnement de Pergame ne peut se comparer qu'à celui d'Alexandrie. Sa destinée grandiose est le fait d'une volonté royale continue. Certes, le terroir est riche, à la manière méditerranéenne : blé, oliviers, vignes, pacages abondants pour les moutons, forêts. Le sous-sol contient de l'argent, du cuivre et un peu d'or. L'activité artisanale se développe : parfums, tissus divers avec une spécialité de tissus fins, parchemin qui permet de constituer une magnifique bibliothèque mais aussi d'échapper au monopole lagide sur le papyrus. Les rois furent-ils des despotes éclairés intéressés par l'amélioration des espèces, soutenant des manufactures de pointe avec des masses d'esclaves royaux travaillant à une production de luxe ? Ils ont sans doute encouragé l'artisanat et fait quelques expériences agricoles ponctuelles. Mais nous ignorons le statut exact des ouvriers employés ; comme dans le reste de l'Asie Mineure, un système d'attache au village permet sans doute de contrôler la main-d'œuvre.

La réputation de la ville, chef-d'œuvre d'urbanisme monumental adapté au terrain, attire de nombreux commerçants, surtout avec l'aménagement du port d'Éléa près de l'embouchure du Caïque. Les échanges y sont abondants, les impôts d'un bon rapport, y compris les tributs des cités. Toutefois le monnayage témoigne de quelques difficultés à la fin du IIe siècle. En fait, les dépenses sont nombreuses : entretien d'une force militaire capable d'intervenir en permanence, diplomatie très coûteuse mais efficace, aide aux cités grecques dont on se déclare protecteur.

Voir p. 282.

Alors que l'étalon attique était en usage comme ailleurs (hormis en Égypte), après 189/188 Eumène II frappe une monnaie dite « cistophore » (emblème de la ciste ou corbeille de Dionysos), plus légère et à usage interne.

Les institutions ■

Nous connaissons mal les institutions : Pergame reste une cité avec son assemblée et son conseil ; les rois sont citoyens et s'en vantent. Mais un collège de cinq stratèges, magistrats civils nommés par le roi, est seul à faire les propositions de décrets. Le reste du territoire est terre royale, avec les mêmes exceptions que pour l'Asie séleucide. L'ambiguïté des relations avec les cités grecques se manifeste en 188 lors du règlement de paix à Apamée, après la défaite d'Antiochos III : la liberté des cités n'est pas concevable pour la puissance pergaménienne. Celle-ci préfère exprimer sa bienveillance par des cadeaux somptueux (portique d'Attale II sur l'agora d'Athènes) ou plus modestes (dons de céréales).

Eumène aux Romains, au printemps 189 :
◆ « Si les cités grecques recouvrent la liberté [...] la puissance de Rhodes en sera immensément accrue tandis que la nôtre [...] se désagrégera. Ces mots seuls de liberté et d'autonomie [...] détacheront de nous et livreront à la domination de Rhodes, non seulement les peuples dont le traité consacrera l'émancipation, mais aussi ceux qui se trouvaient antérieurement soumis à notre autorité. » ◆
POLYBE, XXI, 19.

4. Le royaume de Macédoine et la Grèce continentale

La lutte pour le trône de Macédoine et la domination de la Grèce ■

La guerre lamiaque (322). La stabilisation sur le continent est encore plus lente à venir qu'en Orient : le trône de Macédoine est le plus disputé de tous. Les Grecs acceptent difficilement la domination macédonienne, ce qui permet aux concurrents d'intriguer sans relâche. Dès l'annonce de la mort d'Alexandre, un premier soulèvement aboutit à la guerre lamiaque : autour d'Athènes et des Étoliens se constitue une confédération de peuples et de cités autonomes ; Démosthène connaît son heure de gloire en ralliant plusieurs cités à cette cause et Léosthénès, un Athénien chef de mercenaires, met ses troupes à leur service, grâce à l'argent d'Harpale. De rapides succès sont suivis d'une série d'échecs : mort de Léosthénès, arrivée de renforts pour Antipatros, défaite de la flotte athénienne à Amorgos, défaite à Crannon en Thessalie ; les Macédoniens refusent de traiter globalement et détachent successivement les alliés d'Athènes. C'est la fin de la ligue de Corinthe : chaque cité est directement assujettie à la

◆ « Cassandre aspira au trône de la Macédoine. Pour y préparer les voies, il épousa Thessalonique, fille de Philippe et sœur d'Alexandre, afin de se présenter comme un allié de la maison royale. Il fonda alors dans la Pallène une ville qu'il appela d'après son nom Cassandria. Il y transféra des habitants tirés des villes de la Chersonèse, de Potidée et de plusieurs endroits voisins. Il la peupla également de tous ceux qui avaient survécu à la ruine d'Olynthe, et qui étaient en assez grand nombre. Enfin, il distribua

aux Cassandriens beaucoup de terres fertiles ; la nouvelle cité, ainsi favorisée par Cassandre, prit un rapide accroissement et devint une des premières de la Macédoine. Cassandre avait aussi résolu la mort du fils d'Alexandre et de sa mère Rhoxane, afin qu'il ne restât aucun prétendant légitime à la couronne. » ◆
DIODORE, XIX, 42.

Épimélète : préposé à ; gouverneur.

La succession des régimes à Athènes

322/321	Constitution oligarchique ; en 319/318, velléité de retour à la démocratie, brisée par Cassandre.
317/307	Gouvernement de Démétrios de Phalère.
307/301	Démocratie, parfois radicale.
301/294	Démocratie modérée.
294/261	Grandes variations, en fonction des rivalités internationales.

Voir p. 251.

Macédoine. Athènes doit payer, accepter une garnison macédonienne au Pirée, livrer les chefs de la révolte (Démosthène se suicide), accepter un régime oligarchique et timocratique (2 000 drachmes de revenu annuel pour faire partie du corps civique).

Les années suivantes sont occupées par les rivalités entre Cassandre et Polyperchon, puis entre Cassandre et les Lagides ou les Antigonides. Le Macédonien veut tenir le pays : activité militaire, citadelles qui sont les « entraves » de la Grèce (Acrocorinthe, Mounychie au Pirée, Chalcis d'Eubée, puis Démétrias en Thessalie) ; régimes oligarchiques philomacédoniens dont le plus connu est celui d'Athènes à partir de 317. Une nouvelle constitution abaisse à 1 000 drachmes le niveau censitaire mais impose un épimélète du roi dans la cité : est « élu » le péripatéticien Démétrios de Phalère, disciple de Théophraste. Pendant dix ans, il va s'efforcer de gérer la cité conformément à l'idéal aristotélicien du chef modéré : il ne laisse pas la foule gouverner mais ne prend pas de mesures extrêmes ; il réduit les dépenses publiques par l'abolition des *misthoi* et une politique pacifique, mais il supprime les liturgies ; il impose des lois somptuaires et morales afin de freiner l'évolution des mœurs et de supprimer toute ostentation dans le luxe, source d'aigreur pour les pauvres ; il attire les écoles philosophiques (installation de Théophraste au Lycée), favorise les lettres (Ménandre). En somme, la cité est tranquille et gérée pour le plus grand confort de la classe aisée. Pourtant un délire d'enthousiasme accueille en 307 Démétrios Poliorcète lorsqu'il délivre Athènes de la tutelle de Cassandre : les Athéniens multiplient les marques de ferveur religieuse à son endroit – quitte à déchanter ensuite. Le Poliorcète élargit son emprise à l'isthme de Corinthe et tient Cassandre en échec. Athènes conservera désormais un régime démocratique, plus ou moins modéré selon les moments.

Démétrios Poliorcète. A la mort de Cassandre en 298/297, le Poliorcète s'impose comme roi de Macédoine ; contesté par les Macédoniens, chassé par une coalition de Pyrrhos d'Épire et de Lysimaque, il ne laisse en héritage à son fils, **Antigone Gonatas**, que ses prétentions à la royauté et quelques places fortes. Il faut à cet élève des Stoïciens beaucoup de ténacité, de capacités militaires et de chance contre les Gaulois, d'aptitude à rejeter le comportement despotique et immoral de son père, pour récupérer définitivement un royaume en 276. Or, dès 267/266 (?) une coalition regroupant la majorité des États grecs déclare la guerre au roi : dans le décret athénien dû à Chrémonidès, apparaissent tous les thèmes de l'idéal patriotique du IVe siècle. La **guerre** dite **chrémonidéenne** se solde par un échec cuisant et définitif. Le rôle international d'Athènes devient secondaire.

Démétrios II	(240/229)
Antigone III Doson	(229/211)
Philippe V	(221/179)
Persée	(179/158)

■ *Les Antigonides*

C'est le fils de Démétrios Poliorcète, Antigone Gonatas, qui stabilise le trône, après avoir remporté une brillante victoire sur les Gaulois à Lysimakheia, en 277. Il installe ainsi la dernière monarchie macédonienne, celle des Antigonides, descendants du général d'Alexandre, Antigone le Borgne.

Une royauté nationale. Son retour à la capitale Pella marque le recentrage autour de la Macédoine (bien que ce soit sa politique hellénique qui nous soit le mieux connue par les textes). Il renoue avec la tradition macédonienne antérieure et veut se démarquer des autres souverains : il ne frappe pas de monnaie à son effigie, n'est pas l'objet d'un culte ; élève des Stoïciens, il encourage l'activité intellectuelle. Le palais de Palatitsa, les villas et tombeaux du IIIe siècle dont les découvertes se multiplient, témoignent de la richesse de la Macédoine du IIIe siècle. La succession intervient sans heurt, avec parfois des régents (ainsi Antigone Doson pour le jeune Philippe V). Le pouvoir royal reste fort et il ne paraît pas que l'assemblée des soldats, à laquelle la tradition attribue un pouvoir légal, en ait effectivement disposé. Le roi gouverne entouré d'une cour d'amis, les *philoi,* qu'il appelle lui-même aux fonctions administratives. Sa nombreuse armée a une solide base macédonienne à laquelle s'ajoutent des contingents de mercenaires.

Une puissance militaire incontournable. La politique extérieure des Antigonides répond d'abord au souci de protéger par un glacis la Macédoine elle-même. C'est dans cet esprit qu'ils entretiennent des relations avec les dynastes d'Illyrie, qu'ils cherchent à s'étendre en Thrace et surtout qu'ils luttent pour maintenir leurs forteresses – leurs « verrous » – en Grèce : Démétrias, fondée par Démétrios Poliorcète, qui commande le détroit de l'Euripe donc la route qui, par Chalcis et l'Eubée, est devenue une des routes commerciales les plus importantes ; Mounychie, la forteresse du Pirée, qui commande Athènes et son port , Corinthe qui commande l'isthme menant au Péloponnèse. Leur politique égéenne sera au début prudente : Antigone Doson prend pied en Carie, les ambitions de Philippe V se heurtent à celle de Pergame. Les heurts avec Rome commencent ailleurs, avec la question d'Illyrie. Philippe V en 215 n'hésite pas à s'allier avec Hannibal. Mais les rois macédoniens sous-estiment la puissance de la légion face à la phalange. A deux reprises celle-ci sera défaite : après Cynoscéphales en 197, Philippe V doit renoncer à ses prétentions en Grèce ; vaincu à Pydna en 167 par Paul-Émile, Persée est emmené au triomphe du consul romain : la royauté macédonienne disparaît.

◆ « Persée lui-même marchait en arrière de ses enfants et de leur suite, vêtu de deuil et chaussé à la mode de son pays. En raison de la grandeur de ses maux, il paraissait stupéfait de tout et semblable à quelqu'un qui aurait perdu la tête. Il était escorté d'une foule d'amis et de familiers, visiblement accablés de douleur, et qui tournant toujours vers lui des yeux baignés de larmes, donnaient au public l'impression qu'ils déploraient le malheur du roi et se souciaient fort peu de leur propre situation. » ◆
PLUTARQUE, *Vie de Paul-Émile.*

Koinè, ligues, fédérations ■

Avant de disparaître sous les coups des Romains, la politique grecque des Antigonides s'était heurtée à la puissance des ligues. Nous connaissons en partie leur histoire par l'historien Polybe, lui-même originaire de Mégalopolis et qui nous donne un récit détaillé à partir de 221. En fait c'est au milieu du IIIe siècle que les deux ligues, celle des Étoliens et celle des Achéens, reprennent de l'importance.

POLYBE (environ 200 à 118). Fils d'un chef achaien, Lykortas. Lui-même remplit un certain nombre de fonctions, et fait partie des otages réclamés par les Romains après Pydna. Ses *Histoires* qui sont destinées à montrer le développement de la puissance romaine, font une large part aux combats de la ligue achaienne et à l'histoire de la Grèce de son temps.

Les fédérations de cités sont anciennes en Grèce : nous connaissons par exemple la fédération béotienne. Le IIIe siècle voit se développer plusieurs types de fédérations. Parfois suscitées par un roi, comme la fédération des Nésiotes, elles restent sous sa tutelle. Mais d'autres ont une base différente, une base non de cités mais de peuples. Le cadre étatique n'est plus la cité mais une entité régionale, l'*ethnos* (*ethnè* au pluriel), composé de communautés de base avec des organisations relativement autonomes de villages. Les regroupements se font par l'intermédiaire de tribus ; pour des actions locales, plusieurs tribus se fédèrent autour d'un dynaste. Ces structures sont anciennes, nous en connaissons des éléments pour l'Illyrie du sud, l'Épire, l'Étolie. Au IIIe siècle elles vont être amenées, sous la pression des circonstances, à se structurer, se transformer, chacune prenant une physionomie originale.

Voir p. 69.

Les ligues

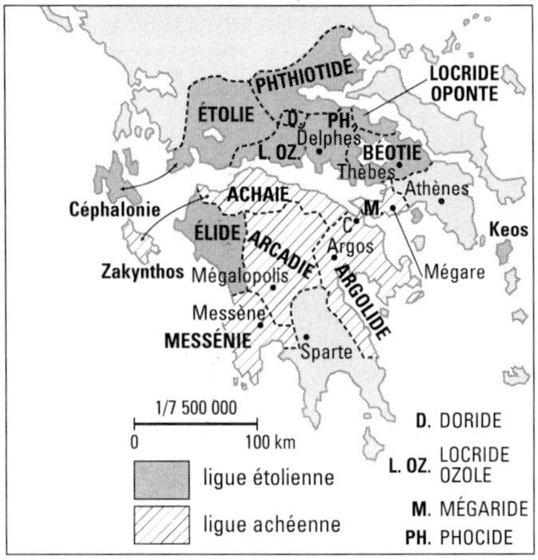

L'Épire. Isolée par la barrière du Pinde, l'Épire a toujours gardé des relations avec la Grèce, dont témoigne le rayonnement du sanctuaire de Dodone. Formée de peuples distincts longtemps autonomes, l'organisation ethnique évolue au IVe siècle vers un système fédéral. Les Molosses imposent leur suprématie avec la dynastie des Eacides, mais les différents peuples conservent leurs organisations ethniques qui reposent sur des bases sociales et familiales assez ouvertes. Ainsi, le statut de la femme est beaucoup plus indépendant que celui qu'elles subissent dans les cités ; elles peuvent figurer dans des actes sans tuteur et gérer des biens. Après de longues luttes de palais, le roi Pyrrhos (319-272) s'impose comme un chef remarquable et son règne est marqué par toute une série d'interventions : il restaure l'unité politique de l'Épire, la dote d'une monnaie, choisit Ambracie comme capitale. En Grande Grèce et en Sicile où il est reconnu comme *hègémôn* d'une vaste alliance de cités grecques contre Rome puis Carthage, il remporte des succès, impose une monnaie unique, mais ne peut obtenir des cités grecques une attitude cohérente et repart en 275. En Macédoine et en Grèce, il va tenter lui aussi de s'imposer comme roi et protecteur, son prestige militaire est tel qu'il pourrait bien réussir contre Démétrios Poliorcète et qu'il reste un rival dangereux pour Gonatas, quand il trouve la mort en guerroyant en Grèce. La dynastie des Eacides disparaît en 232 et un état fédéral s'établit en Épire. C'est par nombre d'inscriptions de cette époque que nous connaissons son système social original.

◆ « Au début du printemps (228), Teuta envoie une délégation et traite avec les Romains, consentant à payer le tribut imposé, à évacuer toute l'Illyrie à part quelques points, et – le principal, qui intéressait surtout la Grèce – à ne pas naviguer au sud de Lissos avec plus de deux felouques, et désarmées. » ◆
POLYBE, II, 12, 3.

L'Illyrie a des points communs avec l'Épire, et sa structure ethnique. Les Illyriens se réunissent parfois sous la bannière d'un dynaste pour aller guerroyer au loin. Cependant l'implantation de quelques cités grecques sur la côte (Apollonia, Épidamne) a favorisé les relations avec le monde hellénique. Au IIIe siècle plusieurs dynastes, dont le plus célèbre est la reine Teuta, favorisent le développement de la piraterie. Celle-ci va gêner les Romains et leur première intervention en Grèce est l'expédition d'Illyrie (229-228) au terme de laquelle les Illyriens deviennent des « amis des

Romains », sans que cette expression puisse nous révéler exactement les liens politiques réels : on l'a souvent interprétée comme un protectorat de Rome sur les fédérations d'Illyrie.

L'Étolie. *Koinon* ancien (cf. p. 61), l'Étolie est composée de petites cités et de tribus comme l'Épire ; le sanctuaire commun de Thermos lui apportait une certaine unité. Il semble qu'à la fin du IVe siècle une fédération se soit constituée avec une assemblée fédérale deux fois par an, un conseil et une armée fédérale, chaque *koinon* gardant par ailleurs sa gestion interne. C'est en 279 avec l'attaque de Delphes par les Gaulois de Brennus que l'armée étolienne s'impose, avec l'aide des dieux dira-t-elle ; Brennus se retire de la Phocide, les Étoliens célèbrent la victoire par l'institution à Delphes de grandes fêtes panhelléniques, les *Sôteria.* Ils prennent le contrôle de l'ancienne amphictyonie de Delphes, d'autres peuples ou cités s'agrègent à la fédération (cf. p. 262). La fédération a maintenant un conseil restreint permanent, les *apodectes,* en plus du *synédrion* bisannuel où se retrouvent les représentants des cités ou tribus proportionnellement à leurs populations, un stratège général et un hipparque, un *agonothète* et des magistrats financiers. A la fin du IIIe siècle l'Étolie est devenue une des puissances les plus importantes du monde grec, célèbre, à tort ou à raison, pour ses actes de piraterie. Il existe une citoyenneté confédérale, qui ne supprime pas les citoyennetés des cités et *ethnè* particulières. Les Étoliens nouent alliance avec Rome (212), en particulier contre la Macédoine. Celle-ci cherche à les abattre, sans succès, par la guerre dite des alliés qui s'achève par une paix de statu-quo (Phoinikè, 205).

Convention d'asylie entre les Étoliens et l'île de Kéos, pour en protéger les habitants contre la piraterie :

◆ « Il a plu aux Étoliens de maintenir l'amitié qu'ils portent aux Kéiens ; qu'aucun des Étoliens ou de ceux qui jouissent des droits de citoyenneté en Étolie n'enlève de Kéien, ni pour une cause amphictyonique ni pour aucun autre chef d'accusation, comme si les Kéiens étaient des Étoliens ; qu'il ne les enlève ni sur terre ni sur mer ; si quelqu'un enlève un Kéien, que le stratège en charge saisisse les biens ramenés en Étolie et qu'il fasse autorité [...]. » ◆

Texte de Kéos, vers 250 av. J.-C.

La ligue achaienne (ou achéenne). C'est la grande rivale des Étoliens. Nos sources (Polybe, Plutarque) sont d'ailleurs très favorables aux Achaiens qui semblent symboliser les derniers défenseurs d'une Grèce libre et les représentants d'une classe aisée modérée. En fait les deux ligues sont moins dissemblables qu'il n'y paraît et les tensions internes peut-être plus fortes dans la ligue achaienne. A l'origine composée de douze cités du nord du Péloponnèse, restaurée en 280, elle prend son essor avec l'accession d'Aratos de Sicyône comme stratège général. Il délivre un certain nombre de villes de l'emprise de tyrans souvent alliés à la Macédoine, ainsi Sicyône en 251. En 243 il s'empare de l'Acrocorinthe et la forteresse échappe à la Macédoine. En 235 Mégalopolis adhère à la ligue. Celle-ci comprend une assemblée composée de citoyens de plus de trente ans qui se réunit à Aigion (jusqu'en 188) et qui élit les magistrats fédéraux. Les sessions sont préparées par la *boulè* pour laquelle un cens est sans doute exigé. Il n'y aura une armée permanente qu'après 210, mais son véritable chef politique est le stratège, rééligible après un an d'interruption, ce qui permit à Aratos de l'être 17 ans. Les difficultés que rencontra dans le Péloponnèse la ligue achaienne lui vinrent de Sparte et l'amenèrent, paradoxalement, à y réintroduire l'influence macédonienne

◆ « Aratos monta à la tribune et y demeura un long moment à pleurer, le visage couvert d'un pan de sa chlamyde. Comme on s'étonnait et qu'on le pressait de parler, il dit : " Mégalopolis a été détruite par Cléomène. " Aussitôt les Achéens mirent fin à l'assemblée, consternés par la soudaineté et par la grandeur du désastre. » ◆

Plutarque, *Agis et Cléomène,* XXV, 2.

qu'Aratos s'était efforcé d'éliminer. L'expérience de Sparte parut dangereuse aux dirigeants achaiens à un double titre, militaire et social.

Les expériences spartiates

◆ « Aussi admirait-on la rapidité de décision et l'intelligence de Cléomène ; ceux qui, antérieurement, se moquaient de ses prétentions à imiter Solon et Lycurgue par la remise des dettes et l'égalisation des fortunes, crurent alors fermement qu'il était bien l'auteur de la transformation des Spartiates. » ◆
PLUTARQUE, *Agis et Cléomène*, XXXIX, 2.

Sparte s'était tenue à l'écart des grands courants politiques après sa tentative avortée en 331. Son roi Areus à la fin du IIIe siècle tente de restaurer la ligue du Péloponnèse. Pyrrhos, appelé à l'aide, ne peut prendre la ville, mais celle-ci est de nouveau réduite à son propre territoire ; les Antigonides ne cherchent pas à s'en emparer. C'est de l'intérieur que viennent les tentatives de réformes pour venir à bout du grand mal de Sparte, l'oliganthropie (cf. p. 227), dont les penseurs du IVe siècle avaient dénoncé les origines politiques et sociales. Deux rois révolutionnaires vont tenter d'y remédier et leur épopée, en partie grâce aux *Vies* de Plutarque, aura une grande célébrité.

Le jeune Agis IV qui accède au trône en 242, tente une révolution pacifique par une abolition des dettes et un nouveau partage des terres ; il ne peut parvenir à ce dernier point. Il veut aussi restaurer l'ancienne éducation : l'*agôgè*. Renversé en 241 par l'autre roi appuyé par les éphores, alliés aux familles les plus riches, il est mis à mort.

L'armée de la ligue avant Sellasie

◆ « Au début de l'été, quand les Macédoniens et les Achéens se furent regroupés après l'hivernage, Antigone prit le commandement et marcha avec ses alliés sur la Laconie,
(2) à la tête de dix mille Macédoniens formant la phalange, trois mille peltastes, trois cents cavaliers, plus mille soldats agrianes, autant de Gaulois, et un corps de mercenaires comprenant au total trois mille fantassins et trois cents cavaliers ;
(3) du côté des Achéens, trois mille fantassins et trois cents cavaliers d'élite, mille Mégalopolitains armés à la macédonienne, sous le commandement du mégalopolitain Kerkidas ;
(4) du côté des alliés, deux mille fantassins et deux cents cavaliers béotiens, mille fantassins et cinquante cavaliers épirotes, autant d'Acarnaniens et seize cents Illyriens, sous le commandement de Démétrios de Pharos,
(5) soit une force totale de vingt-huit mille fantassins et douze cents cavaliers. » ◆
POLYBE, II, 65.

Cléomène III, qui épouse sa veuve, accède au trône en 235. Sa tentative est politiquement plus mûrie. Il élimine les éphores et son autre collègue, confisque aux riches 4 000 *kléroi* qu'il distribue à des périèques faits citoyens, réorganise l'armée avec une phalange à la macédonienne et commence à s'attaquer avec succès aux villes de la fédération achaienne. Mégalopolis est prise et pillée. Aratos se décide alors à se tourner vers les Macédoniens ; une ligue « hellénique » est créée, qui sur certains points rappelle la ligue de Corinthe. En 222 Cléomène est battu à Sellasie et doit s'enfuir.

Sparte reste la proie de troubles sociaux et politiques. Vers 207/6 elle connaît pour la première fois la tyrannie avec Nabis. Cette fois encore, des objectifs militaires sous-tendent un mouvement qui se réclame de Lycurgue et qui aboutit à des mesures audacieuses : citoyenneté pour les périèques, affranchissement d'esclaves peut-être intégrés dans le corps civique par le biais de mariages avec des femmes et filles de proscrits. Là encore ces mesures entraînent une alliance générale ; les Romains, présents depuis Cynoscéphales, interviennent à leur tour. Nabis disparaît assassiné, Sparte ne sera plus qu'une curiosité, son histoire politique est finie, sa légende se développe.

Bilan

Le monde politique se retrouve donc profondément transformé par la mise en place des États hellénistiques. Une plus grande permanence se retrouverait en Grande Grèce où les tentatives tyranniques et royales d'un Agathoclès ou d'un Hiéron II à Syracuse relèvent à la fois de la mentalité grecque traditionnelle (on a pu comparer le premier à Kypsélos de

Corinthe) et des traits propres au monde sicilien. Les Romains s'imposeront à une Grèce toujours profondément divisée et que les systèmes monarchiques ou fédéraux n'auront pas réussi à stabiliser, tout en lui ayant fait perdre une partie de sa sève. Mais à regarder la civilisation de ce monde hellénistique, on doit constater que l'influence psychologique, morale, intellectuelle, religieuse et artistique de la Grèce des cités reste prédominante ; l'économie elle-même ne sort que péniblement de ce cadre.

Voir carte p. 319 C.

Pour approfondir ce chapitre

Outre les ouvrages mentionnés p. 247, voir Cl. Préaux (cf. p. 6) ; P. Cabanes, *Le Monde hellénistique, de la mort d'Alexandre à la paix d'Apamée*, Points-Seuil, 1995 ; Cl. Vial, *Les Grecs, de la paix d'Apamée à la bataille d'Actium*, Points-Seuil, 1995 ; E. Will, *Histoire politique du Monde hellénistique*, 2 vol., 2e éd. 1979-1982 (relations internationales et politique générale) ; V. Ehrenberg (cf. p. 6) : bonne définition de l'État hellénistique ; P. Lévêque, *Pyrrhos*, 1957 ; P. Cabanes, *L'Épire de la mort de Pyrrhos à la conquête romaine*, 1976, avec un abondant appendice épigraphique ; *Les Illyriens, de Bardyli à Genthios, IVe-IIe s. av. J.-C.*, SEDES, 1988 ; « Société et Institutions dans les monarchies de Grèce septentrionale », *REG*, XCIII, 1980, pp. 324-357 ; N.G.L. Hammond and others, *A History of Macedonia*, Oxford, I, 1972 ; II, 1979 ; III, 1987. M. Sartre (cf. p. 247).

Les textes sont abondants : Diodore de Sicile, XVIII à XX ; Plutarque *(Pyrrhos, Démétrios Poliorcète, Phocion)* ; Polybe. Les sources épigraphiques sont indiquées p. 4. Voir le recueil de textes de J.-M. Bertrand, *L'Hellénisme 323-31 av. J.-C., rois, cités et peuples*, A. Colin, 1992.

M. Rostovtseff, *Histoire économique et sociale du monde hellénistique*, Laffont, « Bouquins », 1989, est la traduction de son ouvrage classique, paru en 1941 ; dans l'introduction, J. Andreau le replace dans son contexte historiographique. Des aperçus intéressants dans J.-L. Huot éd., *La Ville neuve : une idée de l'Antiquité*, Paris, 1988.

18

Alexandrie et l'Égypte lagide (de 323 à 30)

Le cas de l'Égypte est exceptionnel dans le monde hellénistique pour deux raisons. D'abord, on dispose d'une abondance de sources sans équivalent dans les autres régions. Ce sont les papyrus grecs, documents administratifs dont les Égyptiens se servirent ensuite comme papiers d'emballage de leurs momies, ce qui, grâce à la sécheresse du climat de l'Égypte, permit d'assurer leur conservation. Pour le IIIe siècle seul, on dispose ainsi de 3 500 textes et de 500 « ostraka » (inscriptions sur poteries). Certes le hasard des trouvailles a privilégié certaines régions (le Fayoum, par exemple) ; d'autre part, nous n'avons là que des textes grecs, ce qui peut faire illusion sur l'hellénisation. Cependant, si on y ajoute les inscriptions des temples, qui nous éclairent sur les rapports du roi et du clergé, les textes littéraires qui évoquent le rayonnement d'Alexandrie, il faut reconnaître que nous disposons d'une documentation privilégiée sur l'histoire économique et sociale.

1. L'organisation du royaume

■ L'empire lagide

Ptolémée Ier Sôter	(306/282)
Ptolémée II Philadelphe associé à son père, épouse Arsinoë II Philadelphe	(285/246)
Ptolémée III Évergète	(246/221)
Ptolémée IV Philopator	(221/203)

Dès que Ptolémée obtient la satrapie égyptienne, il s'y installe et, à la différence des Antigonides, ne vise pas à l'empire universel. En 306, il prend le titre de roi. Le qualificatif de Sôter (sauveur) lui aurait été donné par les Rhodiens après le siège de 308. La politique extérieure du premier Ptolémée vise en effet à s'assurer la liberté des mers dans le bassin oriental de la mer Égée, et à se protéger par le glacis de la Syrie. Son fils, associé au trône dès 285, consolide ces acquis au milieu du IIIe siècle. L'Égypte est la première puissance en Méditerranée. Elle contrôle les Cyclades par l'intermédiaire de la confédération des insulaires, a repris Chypre et des points d'appui en Asie Mineure (Lycie et Pamphylie, temporairement Éphèse, Milet) et entretient des relations privilégiées avec Rhodes. Cette thalassocratie s'appuie sur une flotte redoutable qui, dès Ptolémée, dépasse 200 unités. Sur le continent, les premiers Lagides ont repris le contrôle de la Cyrénaïque en y installant leurs parents et gardent celui de la Syrie jusqu'aux frontières de la vallée de Marsyas, en Phénicie au nord de Sidon. Une armée qui pouvait s'élever à 250 000 hommes permet un contrôle permanent. Évidemment, il faut entretenir la flotte et payer les mercenaires. Les Lagides eurent constamment besoin d'argent liquide. Ptolémée Sôter introduit la monnaie en Égypte dont il fait un monopole royal. Mais une partie des paiements pouvait aussi se faire en nature. L'exploitation de l'Égypte s'organise

Voir carte p. 318 A.

Voir pp. 251 et 273.

comme celle d'un domaine privé dont on cherche à tirer une large marge bénéficiaire pour pouvoir entretenir la force militaire et le mécénat royal.

Cette exploitation est possible parce que l'autorité royale est suffisamment assurée.

Le pouvoir central ■

La royauté. Les premiers Ptolémées apparaissent comme successeurs des pharaons aux yeux des Égyptiens (Alexandre s'était fait reconnaître fils d'Amon) mais conservent la titulature grecque. Ils sont investis d'une royauté personnelle à laquelle les épouses sont associées dès Arsinoé II. Le culte royal s'introduit progressivement. Ptolémée Ier organise le culte d'Alexandre mort dont le corps a été transporté à Alexandrie. Ptolémée II fait de même pour son père et institue des jeux – les Ptolémaia – en son honneur, auxquels il convie impérativement les Grecs. Tout naturellement, l'instauration du culte d'Arsinoé, sa femme, pour laquelle on crée un impôt spécial, conduit à celui des dieux adelphes (frère et sœur). Il semble que le développement du culte royal sous les premiers Ptolémées n'ait pas rencontré d'opposition. Le clergé égyptien, force la plus dangereuse, s'incline et le roi surveille directement l'exploitation des domaines sacerdotaux.

Le décret des insulaires : voir p. 252.

L'administration centrale. Le roi est source de la loi et légifère par ordonnances. Il est entouré d'une cour brillante, sa famille, ses amis, parmi lesquels il choisit ses principaux administrateurs : toute la haute administration est grecque. Nous avons la chance d'avoir une solide documentation sur un des premiers fonctionnaires du royaume sous le règne de Ptolémée Philadelphe, le dioecète Apollonios : on a retrouvé en effet une partie de la correspondance de son propre intendant, Zénon. La fonction de *dioecète*, qu'on traduit par économe, est proche de celle d'un intendant. L'Égypte étant considérée comme un domaine, le dioecète dispose d'une armée de fonctionnaires. Il a toujours avec lui ses deux bureaux ; le secrétariat et la comptabilité, en tout une vingtaine de scribes. Le secrétariat rédige les rapports et les lettres, qui servent d'ordres ; la comptabilité vérifie l'ensemble des comptes, en nature et en espèces, dont le double parvient à Alexandrie.

Les provinces. Dans chaque province (les *nomes*), un économe puis l'agent d'exécution principal, le nomarque, et un responsable de la sécurité, le stratège, assurent la représentation du roi. Eux aussi ont leur personnel. Cependant, cette armée de fonctionnaires n'est pas aussi centralisée qu'on pourrait le croire. Car si les Lagides ont conservé le système fiscal hérité des pharaons, ils y ont juxtaposé le système proprement hellénique de la ferme ; mais ils ont cherché à assurer au maximum le contrôle de l'ensemble, ce qui implique une surveillance tatillonne et suscite une administration considérable.

■ *L'exploitation de la chôra*

Fayoum : dépression calcaire sur la rive occidentale du Nil, à la limite de la Basse-Égypte. Arrosée par un des bras du Nil et le lac qui lui a donné son nom (*Moer :* grand lac en égyptien, d'où *Moeris* en grec, en copte *Piom* d'où Fayoum). Bordée d'oasis, elle fut la résidence de rois au Moyen Empire avec un sanctuaire célèbre à Sokr, le dieu crocodile (Crocodilopolis).

La plus grande partie de la terre est royale *(basilikè gè)* et affermée par contrat annuel aux paysans qui paient un fermage en nature dont le montant peut atteindre la moitié de la récolte. Mais le roi peut concéder temporairement une partie de l'exploitation sur certaines terres. C'est le cas des *dôreai,* attribuées aux hauts fonctionnaires, dont la plus connue est justement celle d'Apollonios dans le Fayoum. C'est le cas des clérouquies attribuées à des soldats grecs et qui varient entre 5 et 30 ha. Les revenus permettent au mercenaire un entretien annuel et le roi a ainsi un potentiel armé à sa disposition. Enfin, les temples ont aussi leurs terres dont le roi contrôle l'exploitation. Une petite propriété privée existait probablement. Mais l'ensemble de toute la *chôra* est soumis à un dirigisme précis.

Les monopoles. Les bureaux royaux fixent chaque année par un bordereau *(diagraphè)* la superficie à ensemencer après la sortie de la crue (octobre-novembre) et la répartition des **céréales** (orge, blé), dans chaque exploitation. En fonction de cette décision, le paysan se verra prêter par le grenier royal du nome la part de semences correspondantes. Lorsque vient la saison de la récolte (mars-juin), il porte son grain sur l'aire à battre du village. Là, il faut attendre que les fonctionnaires aient repris l'équivalent des prêts des semences puis le fermage ; chaque fermier ramasse ensuite son dû soigneusement pesé. Les céréales dues au roi sont en partie engrangées au grenier du nome : elles servent à payer les fonctionnaires, à donner les semences l'année suivante, le restant est expédié par bateau à Alexandrie aux réserves royales. Là aussi, une partie sert aux paiements en nature. Le reste est exporté, ou vendu sur place aux marchands syriens ou grecs, le bénéfice revenant directement à la banque royale. On voit qu'il s'agit d'une mise en œuvre particulièrement efficace des ressources du sol. Ce n'était pas tout à fait nouveau et les peintures égyptiennes nous montrent déjà à l'époque pharaonique les contrôleurs royaux qui viennent estimer la récolte sur pied : le principe même de la crue du Nil oblige à un certain dirigisme, si le roi veut s'y retrouver dans le total de ses impôts. Les Lagides ont simplement perfectionné le système. Mais ils ne l'ont pas étendu sous cette forme à toute la production.

Diagraphè tou sporou : ordonnance d'ensemencement de céréales et oléagineux publiée annuellement à Alexandrie par les services du dioecète. On l'interprète soit comme un plan de semailles autoritaire pour les agriculteurs royaux, soit comme la compilation des données fournies par les administrations locales en fonction de l'ampleur de la crue. Elle sert en tout cas de référence pour les prêts de semences.

L'huile. On connaît, par un long rouleau de papyrus, l'organisation du monopole de l'huile. Il s'agit d'huile d'oléagineux (graines de ricin, sésame) et d'une très petite quantité d'huile d'olive. La quantité qui doit être semée par nome est aussi fixée par la *diagraphè tou sporou.* Mais ensuite, la récolte est estimée et affermée. C'est le fermier qui se charge d'être l'intermédiaire entre le cultivateur et les huileries artisanales. Une fois la quantité prescrite d'huile fabriquée, elle est mise en adjudication à la fois par l'économe et le gérant de la ferme auprès des détaillants dans les villages et à Alexandrie. Chacun s'engage à en vendre une quantité fixée, au prix déterminé par l'économe. Le bénéfice des marchands est donc fixé d'avance... s'ils arrivent à écouler toute l'huile, mais ils ne peuvent toucher au prix qui est élevé. Pour que le système fonctionne, il faut évidemment qu'aucune huile extérieure ne vienne casser les prix. Il est donc rigoureusement interdit d'en fabriquer individuellement et l'importation de petites quantités n'est autorisée qu'avec un paiement de taxe qui permet de retrouver le prix du marché intérieur. Les magasins royaux importent, eux, de l'huile d'olive (prix à Délos : 12 dr. le métrète) et la revendent au prix égyptien (46 dr.). Ainsi le roi voit arriver des revenus dans ses caisses par l'intermédiaire du fermier qui lui paye l'impôt estimé et par le jeu des importations. Il utilise ici un monopole de consommation. Le système du fermage n'est pas non plus libre. Il ne semble pas que son bénéfice ait été sans intérêt puisqu'il y a concurrence. Il joue en fait sur la quantité d'huile à vendre. Mais il est sans cesse contrôlé par les fonctionnaires royaux et on a là un cas de juxtaposition de deux systèmes d'imposition : les fonctionnaires étatiques et la ferme.

Cahier des charges fermières que les premiers éditeurs ont appelé *Revenue laws of Ptolemy Philadelphus* :

◆ « Celui qui sera surpris traitant, de n'importe quelle façon, du sésame, du coton ou du cuecus, ou qui aura acquis de l'huile (de sésame ou de cuecus) d'une provenance quelconque en dehors des fermiers relèvera de la juridiction spéciale du roi et payera aux fermiers trois mille talents. » ◆

A. S. Hunt et C. C. Edgar, *Select papyri*, II, n° 203.

Autres monopoles. Pour le lin, une ordonnance détermine aussi la surface à ensemencer, et la récolte est surveillée et affermée. Il y a ensuite contrat avec les ateliers de tissage, mais ceux-ci peuvent en produire plus que la quantité due et le vendre. Les temples fabriquent librement le byssos, étoffe rituelle des dieux, et sur le travail de la laine pèse simplement un impôt. Les troupeaux de moutons, importants, peuvent appartenir à des particuliers, au roi, aux temples. Il y a un impôt par tête. De même sur les pigeonniers et les abeilles, et naturellement le papyrus, dont l'exploitation est soigneusement contrôlée.

On le voit, le seul fil conducteur de ce contrôle de l'économie qui adopte des méthodes variées sinon contradictoires est le rendement de l'impôt. De ce point de vue, le résultat est spectaculaire sous les premiers Ptolémées qui disposent d'importantes ressources qu'ils utilisent pour les besoins militaires et les constructions. Ils ont aussi manifesté un assez grand pragmatisme. Certains impôts peuvent être fournis par tranches ; souvent un impôt est affecté directement à une utilisation précise *(apomoira)*.

***Apomoira* :** par exemple, impôt sur les vignobles et les vergers, destiné au culte d'Arsinoë II Philadelphe.

Les rendements. Cette économie en partie dirigée a-t-elle stimulé la production ? On l'a dit longtemps en se fiant aux papyrus de la *dôrea* d'Apollonios. Les dossiers de l'intendant Zénon nous montrent en effet la mise en culture d'une immense région, 2 740 ha, sur le bord de la cuvette du Fayoum (maintenant en partie retournée au désert). Des travaux d'irrigation ont été effectués par un ingénieur grec, Polycrate, dont nous avons en partie la correspondance. Quatre fossés coupent à angle droit le terrain et l'intérieur est divisé en parcelles allongées, chacune disposant d'une digue avec un système de vannes et un ingénieur chargé d'en surveiller le fonctionnement ; on organise ensuite le défrichage des marais asséchés, par contrat avec des tenanciers. Une partie est emblavée en céréales avec même une double récolte, de l'orge hâtif étant récolté en décembre et un blé dit « de trois mois » semé ensuite. Apollonios fait des essais de culture du lin et en

◆ « Apollonios à Zénon, salut ! Le Roi nous a donné l'ordre d'ensemencer la terre une seconde fois. En conséquence, dès que tu auras moissonné le grain précoce, arrose au plus vite la terre à la main. Au cas où ce ne serait pas possible, installe dans ce but le maximum de machines d'irrigation, mais ne laisse pas l'eau plus de cinq jours. Puis assèche la terre et sème au plus vite le blé de trois mois. Écris-nous personnellement quand tu seras en mesure de moissonner le grain. Porte-toi bien ! An 30, Dios 13, Hathyr 3. » (25 déc. 256) ◆
Trad. Cl. ORRIEUX, *Les Papyrus de Zénon, l'horizon d'un Grec en Égypte au IIIe s. av. J.-C.*, Paris, Macula, 1983.

Voir aussi Cl. ORRIEUX,
Zénon de Caunos, *Ann. Litt. Besançon,*
Les Belles Lettres, 1985.

envoie au roi. Puis il se lance dans la plantation de la vigne. Chaque année, un certain nombre de parcelles sont plantées (on a estimé qu'au moins 108 ha étaient couverts par dix vignobles). Les plants viennent par caravanes d'ânes que Zénon doit faire réquisitionner. Il complète par des plantations de conifères (« parce qu'ils sont utiles au roi ») et par des vergers (figuiers, noyers, pêchers, grenadiers). Une oliveraie est constituée par semis de noyaux ; enfin, on note l'importance de la récolte du fourrage ; Apollonios a de gros troupeaux : pour les fêtes à Alexandrie, il expédie au roi quarante-deux veaux. Mais il s'intéresse particulièrement aux moutons, fait des croisements ; son troupeau atteint plus de six mille têtes.

On voit, d'après la correspondance, qu'Apollonios se passionne pour son expérience et qu'il est soutenu par le roi. Il dispose de capitaux considérables, qu'il tire de la vente de ses surplus et de ses affaires en Syrie car il joue aussi le courtier et a des agents commerciaux dans ces régions. Il possède une partie du matériel de l'exploitation (une flottille, des instruments agricoles) mais investit assez peu sur ce point. Il préfère réquisitionner des bêtes pour le transport, des paysans pour une corvée. L'exploitation de sa terre est faite par des tenanciers, clérouques, civils grecs, égyptiens, une petite partie directement par des ouvriers agricoles. Il ne faut donc pas confondre cette tentative avec les grands domaines romains de l'Italie. Nous avons là un mode de production qui tient à la fois de la tradition orientale du paysan réquisitionné, de la tradition grecque du fermier libre et d'un apport proprement hellénistique : les capitaux dont dispose un riche fonctionnaire sont employés à augmenter la productivité de ses domaines.

Mais cet exemple ne peut être étendu à toute l'Égypte. L'exploitation traditionnelle se poursuit. On améliore quelque peu l'irrigation par l'extension des noria, et la vis d'Archimède permet d'élever l'eau plus facilement. Le paysan conserve araire, faucille et houe. Le métal est cependant davantage utilisé. De toute façon, le limon égyptien n'exige pas des labours profonds, l'augmentation du rendement vient essentiellement de l'extension des terres cultivées, et de la main-d'œuvre humaine. Le rôle du paysan est fondamental.

■ *Grecs et indigènes*

Les Lagides en sont parfaitement conscients et ils favorisent délibérément la ségrégation : les Grecs sont à la ville, aux hauts postes de fonctionnaires, mais la place des Égyptiens est à la terre. Cependant, les contestations existent. Sur la *dôrea* d'Apollonios, l'intendant Zénon, l'ingénieur Polycrate s'affrontent à leurs ouvriers égyptiens et ceux-ci ne se font pas faute de réclamer lorsque le contremaître n'est pas à la hauteur ou l'outillage défectueux.

Les clérouquies. Les relations sont encore plus délicates avec les clérouques. On sait que ceux-ci ont droit à un lot proportionnel à leur grade et pris en général sur une terre à défricher.

Ils le font souvent exploiter par un tenancier et les contentieux sont parfois violents de part et d'autre. Les clérouquies reviennent au roi après la mort du titulaire, mais à partir de la fin du IIIe siècle, le fils se voit automatiquement attribuer la terre. Au IIe siècle, elles sont devenues héréditaires. Plus grave est le problème du logement. Une maison est attribuée au soldat dans le village ; bien souvent, le paysan égyptien refuse de la partager ; on se plaint de l'état dans laquelle on la rend. Le roi est obligé de légiférer et l'on sent qu'il ne cherche à léser aucune des deux parties : c'est son intérêt car ses impôts ne rentreront que si la terre est bien cultivée. Et dans les pétitions, cet argument est mis en valeur. En comparant d'ailleurs ce contentieux à celui des siècles suivants, on voit que le paysan égyptien a indéniablement profité de l'impulsion donnée à l'économie par la royauté ; il a une relative confiance dans l'intervention des fonctionnaires, il fait facilement appel au roi. Il n'hésite pas à recourir aux jugements pour les différends avec un autre Égyptien.

◆ « Le roi Ptolémée à Antiochos, salut ! Au sujet du logement des gens de guerre il nous est revenu qu'il y a multiplication des voies de fait parce qu'ils n'occupent pas les logements que leur assignent les économes et qu'ils font irruption dans les maisons dont ils chassent les habitants pour s'y établir par la force [...]. » ◆
Dikaiomata, 11, cité par J. Delorme.

Les juridictions. Les Lagides laissent se développer deux types de juridictions privées : grecque avec les *dikastèria* et indigène avec les *laokritai* (tribunal de prêtres). Les fonctionnaires d'autorité ont des pouvoirs de juridiction sur tout ce qui touche le domaine public et c'est en fait souvent à eux qu'on en réfère à tous les échelons.

Dikaiomata : papyrus portant des extraits de lois réunis par un avocat en vue d'éclairer les conclusions d'une plaidoirie.

Maintien des traditions religieuses égyptiennes. Les relations dans la *chôra* passent aussi par l'aspect religieux. L'ensemble des structures religieuses égyptiennes n'a pas été touché ; temples et coutumes funéraires sont toujours en usage. Les Lagides se sont appliqués à reconstruire certains temples, à surveiller l'exploitation des domaines sacerdotaux. Cependant les Grecs conservant leurs dieux, nous voyons à Philadelphie, la petite ville construite au bord du Fayoum, s'élever des temples grecs et égyptiens et se développer les cultes de Sarapis et Arsinoë. Mais il s'agit d'une ville neuve. Les Grecs vont volontiers dans certains sanctuaires égyptiens. Les graffitis indiquent qu'ils se réfèrent aux vizirs guérisseurs Imhotep et Amenhotep. Le culte d'Isis déjà connu dans tout le bassin méditerranéen se développe largement dans les milieux grecs.

Sarapis : une commission de théologiens avec Manéthon fut chargée par Ptolémée Sôter d'élaborer cette nouvelle déité. Héritier d'Osiris et d'Apis, dieux funéraires, et de divinités grecques comme Zeus, Asklépios et Dionysos, représenté sous les traits d'un homme d'âge mûr. Son culte principal est célébré à Memphis et Alexandrie ; ils se répand dans le monde grec.

Ainsi la *chôra* reste résolument égyptienne et finalement, c'est vers la ville que le Grec se tourne, même s'il n'y réside pas toujours.

2. Le rayonnement d'Alexandrie

La ville ■

A la différence des Séleucides, les rois lagides n'ont pas multiplié les créations de villes. Ptolémée Ier avait fondé Ptolémaïs en Haute-Égypte. C'est la seule cité grecque avec l'antique Naucratis en dehors d'Alexandrie. Les anciennes villes égyptiennes subsistent et gardent leur rôle religieux (Thèbes, Memphis), Alexandrie a éclipsé toutes les autres concentrations urbaines.

Voir Ch. Jacob (cf. p. 6), p. 105-124 et P. Cabanes (cf. p. 265), p. 180-194.

Voir carte p. 317 C.

◆ « L'originalité d'Alexandrie, si nous faisons confiance aux échos conservés dans les témoignages littéraires, fut d'être comme le point de rencontre de la conception limitée, précise, un peu rigide et très géométrique du plan milésien avec le goût du grandiose, le sens des valeurs plus amples et non monumentales qui dérivaient tout à la fois de traditions locales et d'apports orientaux. » ◆
R. MARTIN, *L'Urbanisme dans les cités grecques*, p. 118.

Reconstitution du phare d'Alexandrie

Le phare avait trois étages superposés (110 m de haut) surmontés d'une lanterne où l'on entretenait un feu par un jeu de miroirs.

Voir p. 275.

◆ « Car pour être de sang mêlé, les Alexandrins n'en avaient pas moins une première origine grecque et ils n'avaient pas perdu tout souvenir du caractère national et des mœurs de la Grèce. Et comme cette partie de la population (la meilleure des trois) était menacée de disparaître complètement […] » ◆
STRABON, XVII, 12, qui s'inspire de Polybe.

Le plan en avait été fixé en 331, après un rêve d'Alexandre, nous dit Plutarque. Le site n'est pas favorable : la côte est inhospitalière, le plateau manque d'eau. On aménage deux ports de part et d'autre de l'île de Pharos, reliée à la terre par une digue sur le modèle du port de Tyr. Des aqueducs amènent l'eau de la branche canopique du Nil tandis qu'on multiplie les citernes et que l'on canalise le lac Mareotis qui protège la ville au sud.

Le plan même de la ville est dû à l'architecte Deinocratis de Rhodes. Il nous est connu par les textes littéraires et par quelques fouilles conduites à partir de 1871. Mais l'activité de la ville actuelle a plus facilité les fouilles de nécropoles que celles de l'Alexandrie antique. Il s'agit d'un plan milésien fonctionnel, qui donne cependant une dimension beaucoup plus importante aux artères. L'avenue du centre de la ville, suivant l'axe est-ouest, aurait eu, d'après Strabon et Diodore, 100 pieds de large, soit 30 m, les édifices publics avaient été largement prévus et leur majesté frappa les Grecs.

Dès l'arrivée, le phare, construit par Sosatros de Cnide, impressionnait par sa taille : il fut considéré comme une des sept merveilles du monde.

Les temples sont nombreux : plusieurs sont consacrés à Isis ; les cultes imposés par la dynastie se développent : à la *Sema* est placé le corps d'Alexandre ; le Sérapeion reconstruit par Ptolémée III sur l'emplacement de celui de Ptolémée Ier marque le syncrétisme délibérément voulu par le fondateur : la dédicace est égyptienne et grecque, mais le décor sculpté hellénique ; d'autres temples étaient édifiés pour le culte des souverains.

Le quartier royal, *ta basiléia,* rassemble le palais, cœur administratif de la ville, un théâtre, un gymnase et la fondation du musée dont nous verrons le rôle intellectuel. C'était la *néapolis* qui occupait un quart de la superficie.

■ *Les habitants*

Il semble que les habitants se rassemblaient dans les quartiers par ethnies ; on connaît le quartier juif, quartier delta qui descendait jusqu'au port. On pense que les Macédoniens se concentraient autour du palais. C'est de toute façon une population disparate que celle d'Alexandrie. Les Grecs venus de toute part s'y trouvent à l'aise, quelle que soit leur origine sociale, comme nous l'évoque plaisamment Théocrite dans *Les Syracusaines* ; les mercenaires et soldats forment un monde à part souvent frondeur. Syriens et Orientaux sont nombreux ; les Juifs forment là leur plus importante communauté (100 000 au IIe siècle) en dehors de la Palestine, avec ses propres magistrats. On évalue, avec Diodore, à sept millions le total de la population de l'Égypte. Alexandrie en représente un septième. A l'époque de Polybe, chacun a bien conscience de son ethnie, et les Grecs revendiquent la leur comme supérieure. Une telle agglomération ne laisse pas de poser des problèmes. Il faut nourrir ces habitants et on s'efforce de remplir les magasins royaux ; ils forment une masse de consommateurs qui, pour les besoins élémentaires (habillement), nécessitent des arrivages réguliers. Alexandrie vit comme une sangsue sur le plat pays. Mais cette masse est aussi turbulente ; les émeutes contre le palais se multiplient à partir de la fin du IIIe siècle (203).

La capitale du royaume ■

C'est que le statut d'Alexandrie est ambigu. Certes, c'est une *polis,* elle a ses propres magistrats grecs (le principal est le gymnasiarque), et son *ekklèsia.* Mais en fait, c'est surtout la capitale du royaume et les fonctionnaires royaux interviennent constamment. Elle est le centre administratif où aboutissent toutes les requêtes : chaque habitant peut porter sa plainte directement au roi. Les bureaux sont donc particulièrement importants. La banque royale ne l'est pas moins. Nous avons vu que c'est à Ptolémée Ier que l'on doit l'instauration du monnayage royal ; il abandonne l'étalon attique adopté par Alexandre pour une drachme d'argent plus légère, peut-être à cause des difficultés d'approvisionnement en argent. En tout cas, le système est unique, le roi interdisant la circulation de toute autre monnaie ; les opérations de change sont monopolisées par la banque royale qui a ses succursales dans les villes du protectorat. Celle-ci joue le rôle d'un trésorier-payeur général en même temps que d'une banque d'affaires pour les intérêts royaux. Dans les nomes, des délégués prêtent serment au banquier et s'engagent sur leur personne à rapporter les recettes à la banque royale.

◆ « Je jure [...] de gérer sous les ordres de Clitarque, l'agent du banquier Asclépides, la caisse des recettes de Phébichis, dans le nome Koites, et de faire correctement et honnêtement rapport de toutes les sommes versées au crédit du trésor royal et de la monnaie que je recevrai de Clitarque [...]. Clitarque aura droit d'exécution sur ma personne et sur tous mes biens [...] » ◆
Serment du banquier Semtheus, 229/228.

Alexandrie est donc le cœur de ce monde de fonctionnaires, reliés les uns aux autres par de subtils liens de clientèles. C'est là que l'on obtient une place, que se règlent les contentieux. Un Français n'aura pas de mal à concevoir ce rôle de capitale d'une administration envahissante.

Le centre économique ■

« Les articles d'Alexandrie ». C'est aussi une ville active et un centre économique, fondé sur les relations avec la *chôra* qui l'approvisionne : nous connaissons mal la structure de l'artisanat à Alexandrie. Beaucoup de marchandises lui viennent soit de la *chôra* soit de l'extérieur ainsi pour le textile (le tissage à la maison n'est pas exclu pour autant). Une céramique à fond clair apparaît ; elle est utilisée pour les vases funéraires. Mais de plus en plus la céramique peinte est concurrencée par les bols à reliefs produits dans tout le bassin oriental de la Méditerranée entre 250 et 100 (dits à tort « bols mégariens »), et surtout les vases de métal qu'ils imitent. Les *toreutes* à Alexandrie travaillent l'or, l'argent, le bronze et produisent une très grande variété d'objets : lits, miroirs, vases. S'y ajoutent des ateliers de coroplastie qui ont produit des figurines au réalisme accentué jusqu'à la caricature, évoquant l'esclave bossu, le mercenaire famélique, l'enfant joufflu... Alexandrie semble se spécialiser dans la production de verrerie, camées, bijoux d'or ou de cristal dont le prix n'est pas très élevé et qui trouvent à se vendre dans la ville même et à l'extérieur ; on en a retrouvé jusqu'en Gandhara.

Chôra : voir p. 268.

Les fouilles récentes du port d'Alexandrie, dirigées par J.-Y. Empereur, montrent que des monuments de l'Égypte pharaonique y avaient été transplantés.

Caractéristiques aussi de la production, ces reliefs de tailles diverses, souvent destinés aux maisons particulières, qui évoquent des scènes champêtres dans une nature très urbanisée, où les grandes forces de la nature sont personnalisées : le Nil, l'abondance. C'est une des caractéristiques de cet « art alexandrin » où le paysage ordonné est toujours un symbole d'abstractions ou de mythes. La mosaïque y puise une source d'inspiration originale que nous montre au Ier siècle la mosaïque de Palestrina.

Il est bien évident que le développement du luxe des maisons de particuliers a favorisé l'essor de ce type de production.

La circulation des marchandises. Mais l'originalité d'Alexandrie vient plus encore de son rôle de centre commercial. La ville est le point d'aboutissement d'un certain nombre de routes commerciales qui convergent vers cet important marché. Ainsi les Ptolémées ont cherché à contrôler les voies qui, d'Afrique, permettent l'arrivée des éléphants, de l'or et des pierres précieuses, des esclaves noirs et du minerai de fer. Bien installés à Philae, ils trafiquent avec Meroe, principal centre où l'on extrait et traite le minerai de fer. Un grand nombre d'objets grecs ont transité jusque-là. Quelques-uns même jusqu'en Abyssinie. Depuis Alexandrie, cette route est essentiellement caravanière ; malgré la mise en état du canal de Néchao entre le Nil et le golfe de Suez, la circulation sur la mer Rouge, difficile, est moins utilisée que les pistes d'Arabie. Celles-ci conduisent vers le nord à Gaza et Petra. L'Arabie est au confluent des influences séleucides et lagides ; par Palmyre la route remonte jusqu'à Alexandrie Charax. Mais si les marchandises alexandrines y circulent, les marchands sont syriens.

M. Mollat – J. Desanges, Les Routes millénaires, *1988.*

Les relations d'Alexandrie avec la Méditerranée sont particulièrement importantes. Vers l'ouest, les voies traditionnelles remontent vers Syracuse et Messine ; à l'est, l'escale privilégiée est Rhodes. Dans les mouvements commerciaux, quel rôle exact joue le port d'Alexandrie ? Il exporte une partie des surplus en céréales. La transaction se fait à Alexandrie même ou à Rhodes. Le roi prélève une taxe en plus du prix mais se désintéresse ensuite du produit. Les Lagides n'ont pas cherché à avoir une flotte commerciale. Il en est de même pour certains produits des ateliers royaux. Mais le reste de la production égyptienne est libre, l'État se borne à prélever des taxes. C'est sur le commerce d'importation que les marchands peuvent faire les plus gros bénéfices car les besoins de la ville et des Grecs aisés sont importants : huile d'olive, tissus, produits de luxe, tout est taxé bien sûr, mais les prix sont élevés sur la place et on peut espérer en tirer un bon profit.

Les marchands. Qui sont ces commerçants ? des hauts fonctionnaires grecs qui n'hésitent pas à profiter de leur situation pour susciter quelques affaires fructueuses : Apollonios en est l'exemple ; des marchands grecs, alexandrins ou rhodiens qui font facilement le voyage, ont leurs agents commerciaux sur place, des Syriens et des Juifs, fort nombreux dans la ville. La ville est un pôle attractif pour ceux qui constituent la classe marchande méditerranéenne.

Le centre culturel : le Musée ■

D'autant qu'elle a joué très vite un véritable rôle de centre intellectuel avec la fondation du Musée. Selon la tradition, c'est Démétrios de Phalère, réfugié à Alexandrie après 307, qui conseilla Ptolémée. Représentant de l'école aristotélicienne, il en conserva les caractères encyclopédiques. L'impulsion est reprise par Ptolémée Philadelphe, prince cultivé, qui inaugure ainsi un modèle d'évergétisme souvent imité. Le Musée n'est pas une école, mais un centre de recherche. L'équivalent serait pour nous une fondation. Les plus grands savants y ont accès pour un certain temps et peuvent disposer du matériel scientifique mis à leur disposition. Ils n'y logent pas, semble-t-il, mais pourraient être nourris aux frais du trésor. Le Musée dispose de jardins et de collections, enfin d'une bibliothèque restée célèbre.

Voir pp. 232 et 260.

Évergétisme : voir p. 211.

Les mécaniciens de l'École d'Alexandrie nous sont connus en partie par le De Architectura *de Vitruve. Voir les interprétations de Ph. Fleury,* La Mécanique de Vitruve, *Caen, 1993.*

C'est à Ptolémée II que l'on attribue la volonté de réunir à la bibliothèque d'Alexandrie la copie de toutes les œuvres grecques ou traduites en grec produites jusqu'à son époque. Les responsables de la bibliothèque – c'était une haute fonction – entreprirent un travail de critique des textes avec des notes et références, qui conditionna une grande partie de la critique littéraire des siècles suivants. Zénodote d'Éphèse lance ainsi le problème homérique. Plusieurs de ces érudits s'essaient eux-mêmes à la poésie : Callimaque avec l'*Hymne à Délos,* Apollonios et ses *Argonautiques* ; c'est une poésie précieuse et érudite qui est marquée par ces recherches scripturaires. Mais l'activité proprement scientifique du Musée l'emporte encore sur son orientation littéraire. C'est là qu'Euclide compose ses éléments au début du IIIe siècle. Aristarque de Samos émet l'hypothèse d'un système héliocentrique. Eratosthène calcule la circonférence de la terre à partir de la distance entre Alexandrie et Syène, situés sur le même méridien, et l'inclinaison des rayons du soleil à Alexandrie. Il parvient à un résultat plus qu'honorable. L'école de médecine n'est pas moins célèbre car elle a pu pratiquer la dissection : les Égyptiens habitués à la momification n'éprouvent pas la répugnance des Grecs et ceux-ci, à leur exemple, la pratiquent au Musée. Hérophile et Érasistrate, sous les premiers Ptolémées, font progresser la connaissance du système nerveux et du système circulatoire.

Voir L. Canfora, La Véritable Histoire de la bibliothèque d'Alexandrie, *Desjonquères, 1986.*

On voit par cette énumération que tous ces savants sont Grecs et viennent de toutes les régions du monde hellénique. Alexandrie attire comme un véritable aimant. Théocrite y vient de Syracuse chanter Ptolémée Philadelphe, qui lui sert de mécène, Hérondas (sur la vie duquel nous n'avons aucun renseignement) y situe plusieurs de ses mimes savoureux. Mais la culture grecque n'est pas seule en cause. Le prêtre égyptien Manéthon édifie à partir des archives égyptiennes

Praxinoa :

◆ « Que de monde ! Où et quand faut-il traverser cette cohue ? des fourmis sans nombre et sans fin ! Vraiment, Ptolémée, tu as fait beaucoup de belles choses depuis que ton père est au rang des dieux. » ◆
Théocrite, *Les Syracusaines,* 44-47.

La **Bible des Septante** : traduction grecque de l'Ancien Testament, commencée au IIIe s. av. J.-C., à l'initiative de la communauté juive d'Alexandrie. Elle favorisa l'hellénisation du monothéisme juif et servira de référence aux Chrétiens jusqu'à la *Vulgate* de St Jérôme (IVe s. ap. J.-C.).

toute la chronologie pharaonique qui sert de base à notre histoire de cette période, et les premiers livres de la Bible sont traduits en grec durant les trois premiers siècles avant J.-C.

Ainsi, cette ville cosmopolite joue aux IIIe et IIe siècles le rôle de premier centre culturel de la Méditerranée.

Alexandrie apparaissait aux Anciens comme le signe d'une réussite éclatante, mais symbolisait aussi pour eux les défauts inhérents à cette excroissance subite.

3. Les abus du système et le déclin

■ La perte de l'Empire

Le recul de l'Égypte est d'abord clairement marqué par la perte de son Empire.

Le roi Ptolémée III avait pu mener des campagnes brillantes jusqu'à Babylone au début de son règne, mais à partir de Prolémée IV Philopator, l'Égypte se trouve en position défensive. Pour faire face à Antiochos III, le roi doit embaucher 20 000 Égyptiens en sus des troupes régulières commandées par son ministre Sosibios. L'ensemble de l'armée s'élève à 70 000 fantassins, 7 000 cavaliers et 73 éléphants. La victoire de **Raphia (217)** revient aux Égyptiens malgré une première percée d'Antiochos III ; les négociations s'engagent rapidement et l'Égypte recouvre la Coelé-Syrie, tandis que Séleucie revient à Antiochos. Mais ce succès est temporaire. En 200, Philippe V de Macédoine arrache les possessions de Thrace et de l'Hellespont, puis Antiochos récupère Syrie et Palestine et toutes les possessions d'Asie Mineure. Au commencement du IIe siècle, il ne reste plus aux Lagides que Cyrène et Chypre (les Cyclades ont repris leur indépendance au milieu du IIIe siècle). Mais de toute façon, depuis 188, l'équilibre du monde méditerranéen a été transformé et les difficultés intérieures de la dynastie lagide, dont Polybe nous entretient complaisamment, correspondent donc à la fin de cette période privilégiée où, après le retrait d'Athènes, une place était à prendre. Il est vrai que les querelles dynastiques ensanglantent la cour, rois et reines rivalisent dans les intrigues et doivent faire face à une guerre civile endémique qui, avec des périodes de crises ou d'apaisement, occupe les second et premier siècles.

Ptolémée V Épiphane	(203/181)
Ptolémée VI Philométor	(181/145)
Ptolémée VII Eupator	(145)
Ptolémée VIII Évergète II	(145/116)

■ Les problèmes intérieurs

L'emprise du clergé. Profitant de la jeunesse de Ptolémée V Épiphane et des troubles qui ont précédé son intronisation, le clergé a obtenu des remises de dettes, l'abolition de certains impôts, et le roi a multiplié les dons aux sanctuaires d'Apis. Il est le premier couronné à la mode égyptienne et consacré dieu de son vivant. Le décret, dit de la pierre de Rosette, pris par le synode du clergé à Memphis en 196, énumère les concessions. Il fait explicitement référence aux difficultés qu'Épiphane a rencontrées (une rébellion de mercenaires) et aux concessions générales qu'il a dû effectuer : amnistie et remise de dettes.

Pierre de Rosette : fragment de stèle, trouvé en 1799 par un soldat de Napoléon ; le décret écrit en grec, démotique et en hiéroglyphes permit à Champollion de traduire ces dernières en 1826.

Désormais, pour pouvoir gouverner, les rois doivent s'appuyer sur cette force qu'ils avaient subjuguée : le clergé. Or, le clergé égyptien est une véritable caste, avec ses vêtements caractéristiques, sa hiérarchie, du grand prêtre qui peut pénétrer jusqu'à la statue du dieu, jusqu'au porteur du matériel. Il joue un rôle culturel très important dont les murs du temple d'Edfou nous donnent un exemple.

Il forme un monde à part autour duquel gravite un très grand nombre de gens (le dossier du Sérapeum en donne un exemple singulier), il gère autour des temples de vastes territoires que le roi renonce peu à peu à contrôler. Le droit d'asile qui met le paysan à l'abri des poursuites lorsqu'il est sur une terre sacerdotale est confirmé. De plus en plus nombreux sont ceux qui en profitent.

Les abus du système lagide. Le système lagide, dont nous avons déjà décelé les contradictions, a atteint un certain degré d'absurdité. Les besoins des souverains sont toujours aussi grands, l'exploitation de l'Égypte doit donc se poursuivre. Mais l'autorité centrale faiblissant, les crises de l'administration apparaissent.

Les plaintes se multiplient contre les exactions des fonctionnaires, et, en 118, un décret stipulant leurs devoirs nous en démontre, a contrario, les abus. La résistance de la *chôra* prend plusieurs formes : résistance ouverte : on n'hésite pas à accueillir un contrôleur de l'huile à coups de bâton, on refuse de livrer le blé rassemblé sur l'aire ; résistance passive de plus en plus courante : c'est la fuite, l'*anachorèse,* le paysan abandonne la terre, se réfugie à Alexandrie ou dans un domaine sacré. La terre retourne en friche, tout le système est remis en question.

Le pouvoir central multiplie alors les tentatives : responsabilité collective du village pour l'impôt, attribution d'office de terres en friche aux plus riches, et surtout responsabilité des fonctionnaires. Si l'argent ne rentre pas, ils paieront sur leur fortune et leur personne. C'est vraiment les encourager aux exactions et les plaintes se multiplient. Au Ier siècle, l'Égypte est en pleine crise intérieure.

Pétition à un commogrammate (114 av. J.-C.) :

◆ « A Menchès, commogrammate de Kerkéosiris, de la part d'Apollodore, adjudicataire de la vente au détail de l'huile [...]. Il y avait de l'huile de contrebande dans la maison de Sisois [...]. Aussitôt je pris avec moi Trychambos agent de l'économe, puisque ni toi ni les autres fonctionnaires ne voulaient m'y accompagner et j'ai fait une descente à l'endroit susdit. Là, le susnommé Sisois et sa jeune Tausiris m'ont attaqué, roué de coups [...]. » ◆

L'intervention de Rome ■

L'Égypte a d'ailleurs perdu son impact sur la scène internationale. Antiochos III et Philippe V avaient déjà pu envisager un partage du royaume lagide. Mais un nouvel élément intervient désormais, c'est la diplomatie romaine. Tour à tour, les jeunes princes lagides viennent demander au Sénat d'intervenir dans leurs querelles dynastiques. Le règne de Ptolémée VIII Évergète II dit Physcon (le bouffi) est célèbre par ses exactions et la véritable guerre civile qui l'oppose à Alexandrie sur laquelle il lâche ses mercenaires. La ville en sort affaiblie ; déjà les intellectuels en avaient été chassés en 145 ; son gymnase, ses institutions municipales sont supprimés. La ville perd son caractère de foyer de culture grecque, la bibliothèque continue de fonctionner mais comme un simple conservatoire.

La permanence de la crise égyptienne

L'importance des difficultés que rencontre Évergète l'oblige à des concessions importantes dont l'édit de 118 nous donne l'écho. Mais cet effort n'est suivi d'aucun effet : les mesures sont mal appliquées, le roi ne peut, ni ne veut, s'appuyer sur aucune force sociale cohérente. Certes, les nouveaux rapports de force en Méditerranée ont ébranlé l'équilibre commercial traditionnel d'Alexandrie, fondé sur la liaison avec Rhodes et les marchés grecs, mais cette raison ne suffit pas à expliquer la profondeur de la crise sociale.

On s'est interrogé sur ses mécanismes réels. Cette crise est due à la faiblesse de la dynastie, pour les historiens antiques qui ont tendance à exagérer la décrépitude des cours orientales, afin de faire ressortir la force de Rome. C'est l'analyse de Polybe ou celle de Diodore. Plus récemment, on a voulu souligner les conséquences de la perte de l'Empire sur l'économie de l'Égypte, mais nous avons vu que cette économie repose en partie seulement sur ses marchés extérieurs et pour beaucoup sur son marché intérieur (le cas de l'huile est le plus frappant). Souverains et hauts fonctionnaires n'ont pas voulu voir que les rentrées d'argent supposaient un niveau de vie minimum chez les paysans qui en assuraient la fourniture. Et cependant, ce système était si bien implanté que l'argent arrivait toujours et que les Romains trouveront des coffres remplis. La dynastie lagide disparaît dans l'indifférence totale, lorsqu'en 31 Cléopâtre préfère la mort à la servitude de Rome. L'Égypte devient province romaine sans que les habitants y voient un changement précis dans leur univers quotidien.

Pour approfondir ce chapitre

Voir la bibliographie des chapitres 17 et 19, pp. 265 et 293.

En français, des ouvrages restent utiles par l'abondance des sources citées : J. Lesquier, *Les Institutions militaires de l'Égypte sous les Lagides,* Paris, 1911, ou J. Delorme (cf. p. 7). E. Bevan, *Histoire des Lagides,* Paris, 1934, apporte un tableau suivi des dynasties.

La vie sociale et économique a été étudiée par C. Préaux, *L'Économie royale des Lagides,* Bruxelles, 1939, et par ses nombreux articles. Son petit opuscule, *Les Grecs en Égypte d'après les archives de Zénon,* Bruxelles, 1939, donne une très vivante idée de la *dôrea,* ainsi que Cl. Orrieux, *op. cit.* p. 270.

Sur le « Statut des Hellènes dans l'Égypte lagide », voir J. Mélèze-Modrzejewski, *REG,* XCVI (1983), pp. 241-268.

Sur Alexandrie, « Alexandrie IIIe siècle av. J.-C. », éd. Autrement, série Mémoires, 19, 1992 ; A. Bernand, *Alexandrie des Ptolémées,* éditions du CNRS, 1995.

19

La société hellénistique

*La période qui s'étend de la mort d'Alexandre à la conquête romaine fut appelée « hellénistique » par les historiens allemands du XIX*e *siècle. Ce terme nous vient du grec* hellénistès *« qui parle le grec » pour désigner ceux qui ne sont pas Grecs d'origine, par opposition aux véritables Hellènes. Une des caractéristiques de la période est bien l'extension de l'hellénisation à un domaine beaucoup plus étendu ainsi qu'une transformation des cadres institutionnels de ce nouveau monde grec. Mais la diversité est grande à travers la Méditerranée orientale et on a parfois l'impression d'une mosaïque d'États dont l'évolution diffère profondément. Peut-on vraiment parler d'un monde hellénistique ? En fait l'unité en a été ressentie aussi bien par les conquérants romains que par les Grecs eux-mêmes. A la fois admiratifs et méprisants, les Romains ont été fascinés par ce modèle culturel et l'élite hellénisée en avait pleinement conscience. Mais déjà cette culture grecque est bien différente de celle que remettaient en question les philosophes du IV*e *siècle (voir p. 232).*

La royauté hellénistique, avec ses caractères propres, est une réalité qui pèse fortement sur les destinées des cités où vivent les nouveaux dirigeants du monde hellénistique et la campagne n'est plus ce complément indispensable à la communauté civique ; campagnes déchirées de Grèce, laoi *des royaumes séleucides, paysans exploités de la* chôra *égyptienne, demeurent isolés et désarmés face à de nouvelles élites qui se sentent solidaires par leur activité économique et leur expression culturelle.*

La réalité sociale est d'autant plus difficile à dégager que nous sommes tributaires des sources historiques qui mettent l'accent sur l'aspect politique d'une évolution qui conduirait inéluctablement à la victoire de Rome, seule réponse à l'échec des cités grecques et des royaumes orientaux.

1. Permanences et limites du monde des cités

Les cités insulaires : une exception ?

Les cités forment encore une part active du monde hellénistique mais leur rôle s'est évidemment transformé. Seules, les cités insulaires semblent échapper à l'asservissement général. Le déplacement des courants internationaux, à partir du IIIe siècle, le déclin du Pirée qui entraîne la montée d'Alexandrie peuvent les favoriser. D'autant que les royaumes attachent un prix particulier à leurs puissances navales et se cherchent des points d'appui. C'est l'époque où les flottes atteignent des dimensions extraordinaires avec des navires à plusieurs rangs de rameurs (jusqu'à quarante !) dont on se demande comment, pratiquement, ils étaient agencés. Dans ce contexte, le monde égéen est un enjeu que l'on se dispute et que l'on ménage.

Un exemple de vie insulaire est étudié par Roland ÉTIENNE, Ténos et les Cyclades, *1988. Voir aussi sa contribution au colloque cité p. 175.*

Rhodes en est un témoignage éclatant. Constituée à la fin du Ve siècle par le synoecisme de Camiros, Ialysos et Lindos, la cité, après avoir appartenu à l'alliance athénienne, s'en détache en 356, fait alliance avec Mausole de Carie et résiste à Alexandre (un des plus habiles chefs de mercenaires est le Rhodien Memnon). Elle se rallie après la chute de Tyr ; elle résiste au siège conduit par Démétrios Poliorcète qui met au

Voir pp. 221 et 243.

Hélépoles : tours roulantes à étage.
Tortues bélières : la poutre de 53 m armée de fer était montée sur roues et mise en mouvement par plus de cent hommes.

Diodore, XX, 91 ; Y. Garlan, « Le siège de Rhodes », L'Histoire, *25, juil.-août 1980, pp. 48-57.*

◆ « Lorsqu'on fait réflexion sur les avantages que présente sa situation et sur l'abondance des marchandises qui, de l'extérieur, affluent dans ses ports et qui contribuent à la satisfaction de ses besoins, on cesse de s'étonner et on serait même tenté de penser que sa prospérité n'est pas aussi grande qu'elle devrait l'être. » ◆
Polybe, Livre V-II, 88.

***Lex Rhodia* :** législation maritime qui nous est connue par les codes antonins et byzantins qui compilent sous ce nom l'ensemble des codes maritimes en usage.

Cf. J. Rouge, Recherches sur l'organisation du commerce maritime en Méditerranée sous l'Empire romain, *Paris, 1966, p. 188 sq.*

point les instruments d'attaque redoutables que sont la tortue bélière d'Hégétor et l'hélépole de l'ingénieur Épimachos. C'est la dernière cité à avoir conservé son indépendance, avec une flotte de 50 navires armés, indépendance qui s'appuie de fait sur l'alliance des Ptolémées et le bon vouloir général ; lorsque la ville est détruite par un tremblement de terre, en 227, les dons affluent de toute la Grèce pour son relèvement (texte p. 256).

C'est que tous ont intérêt à la présence des Rhodiens. Bons diplomates, ils servent souvent d'intermédiaires, mais surtout le port joue un rôle de redistribution dans tout le bassin oriental de la Méditerranée. Avec ses trois bassins et ses vastes entrepôts, il est le grand marché du blé ; dès l'époque d'Alexandre, on spécule à Rhodes. C'est là que les surplus d'Alexandrie sont négociés. Rhodes a aussi ses marchés propres : on retrouve ses amphores dans l'ensemble du monde pontique et dans le Bosphore cimmérien, dans l'Occident italo-siciliote comme à Alexandrie ; elles devaient être exportées comme emballages. Dans tout ceci, il ne s'agit pas de monopole. Rhodes défend la liberté du négoce, lutte sans relâche contre les pirates crétois, met au point une excellente législation maritime, mais le négoce n'est pas le fait en majorité des Rhodiens. Les dirigeants de la ville – elle a une constitution modérée – sont honorés dans de nombreuses cités, certains sont banquiers (moins nombreux qu'on ne l'a dit), d'autres ingénieurs. Ils sont riches et peuvent assurer des liturgies pour l'approvisionnement en blé. Nous ne savons pas grand-chose sur le reste de la population estimée à 80 000 habitants. Un rôle important doit être joué par les équipages de la flotte. Mais cette indépendance de la cité, la dernière où ce mot a gardé le sens classique, tient au bon vouloir des puissances extérieures. Au traité d'Apamée, en 188, les Rhodiens ont obtenu des avantages territoriaux, mais ils se montrent trop gourmands et, en 167, Rome les leur retire et, pour leur faire pièce, fait de Délos un port franc qu'elle rend à Athènes. En quelques années, le port de Rhodes décline et la ville garde surtout un rôle de centre universitaire, célèbre par son école d'ingénieurs, de rhétorique et de sculpture.

La Crète. Parmi les autres cités insulaires, la Crète se fait surtout craindre comme repaire de pirates et apprécier comme source de mercenaires. En 220, une guerre fratricide a opposé les différentes cités de l'île dont l'évolution tumultueuse vers un régime plus démocratique se poursuit.

Kos. L'île de Kos connaît une grande activité dont témoignent ses constructions avec le sanctuaire d'Asklépios ; sa richesse repose aussi sur la fabrication d'une sorte de soie sauvage méditerranéenne.

Cl. Vial, Délos indépendante (314-167 av. J.-C.), étude d'une communauté civique et de ses institutions, *De Boccard, Suppl. X au B.C.H., 1984.*

Délos sous la domination athénienne était avant tout un centre religieux qui vivait du commerce local favorisé par la présence des pèlerins. La banque du temple d'Apollon consentait des prêts aux cités des Cyclades et l'île jouait donc un certain rôle parmi les insulaires. De 314 à 167, elle redevient une cité libre (dont les institutions sont alors calquées sur celles d'Athènes). Elle fait partie de la ligue des Nésiotes et jusqu'en 245 se trouve de fait sous contrôle égyptien. Important marché de blé et d'esclaves, ses entrepôts se développent régulièrement. L'activité bancaire du temple s'oriente vers les petits prêts aux particuliers – essentiellement des Déliens. L'encaisse reste importante mais est surtout alimentée par les biens immobiliers. Nous voyons lentement progresser le nombre des banquiers privés (en 250 au moins deux, en 167 au moins dix). En 192, les *Hiéropes* font un recensement soigneux des jarres qui contenaient les trésors des dieux et les fonds publics de la cité. L'inventaire témoigne de la grande diversité des monnaies qui passent à Délos.

Voir École française d'Athènes (Ph. Bruneau et alii), Délos. Ile sacrée et ville cosmopolite, *CNRS éditions, 1996*

Hiéropes : magistrats financiers qui dressent les inventaires annuels.

Avec la création du port franc en 167 et le retour des Athéniens, on assiste à un véritable « boom ». Des quartiers entiers se construisent. Les confréries de marchands étrangers édifient leurs propres bourses et leurs portiques, puis les Italiens affluent. Jusqu'en 88, date du sac de Délos par Mithridate, la ville devient le symbole de l'activité économique, assez artificielle, du monde hellénistique.

On a retrouvé, en provenance d'ateliers déliens, des éléments de sculptures en pierre, rapidement travaillés et destinés à l'exportation, comme l'a montré Ph. Jockey.

La fin de l'autarcie des cités

Ainsi aucune cité ne peut maintenir une activité politique totalement indépendante. Plus exactement aucune ne joue un rôle dominant sur la scène internationale. Mais il ne faudrait pas en conclure à leur déclin général. Leur rôle a changé, mais l'activité reste grande. Elles interviennent même davantage dans le domaine public. C'est à l'époque hellénistique que se multiplient les magistratures de type économique : *sitônai* chargés de l'approvisionnement en blé ; *agoranomes, sitophylaques* pour la surveillance des marchés ; on surveille les prix, on intervient dans les échanges. En 303, Téos et Lébédos pensent même à constituer un capital public pour les prêts maritimes. On a parfois conclu à une crise économique générale des cités. C'est extrapoler à partir de la situation du Ier siècle, au moment des guerres de Mithridate. En fait, les cités renoncent à l'autarcie et doivent, comme Athènes au IVe siècle, se préoccuper d'assurer leur ravitaillement.

Voir Ph. Gauthier, Les Cités grecques et leurs bienfaiteurs, *1985.*

En même temps la circulation de la monnaie a facilité l'extension des banques, d'où le recours aux emprunts. Mais tout ceci reste dans le cadre limité des moyens financiers de l'Antiquité : on vit au jour le jour, chaque revenu est toujours affecté à une dépense précise et toute dépense imprévue exige une ressource nouvelle. D'où les expédients : en 285, Thasos vend des droits de citoyenneté, Délos ne cesse d'emprunter et de rembourser au temple. Et puis, on fait appel aux rois qui multiplient les largesses. Mais tout cela ne signifie pas que les cités soient aux abois. Plutôt que leur organisation financière n'est pas à la hauteur de leurs prétentions.

Apollodotos reçoit une statue pour avoir pendant trente ans gardé l'or des étrangers et des citoyens – vers 200 (Maiuri Nuove Silloge, *n° 19). Rhodes prête vers 300 à Priène pour la lutte contre un tyran, en 250 à Argos pour les fortifications de la ville, à Sinope pour l'achat de vin (cité par R. Bogaert,* Banques... *p. 214).*

Un art des villes

Car les cités dépensent largement. Elles multiplient les fêtes, et les jeux, de plus en plus dispendieux. Interviennent des professionnels qui espèrent des prix de valeur. On distribue les distinctions honorifiques aux rois, mais aussi aux bienfaiteurs des cités. Surtout, on embellit le cadre de la ville. En dehors des splendeurs de Pergame et d'Alexandrie, chaque petite cité même lointaine veut avoir ses monuments : on retrouve, de Glanum à Aï Khanoum, le bouleutérion, le théâtre, la palestre, en pierre. Chacun de ces monuments a maintenant son type précis. L'agora est devenue cette place carrée entourée de portiques dont la fonction est bien définie. Chaque ville a son agora marchande, son agora politique. Le portique joue un rôle fondamental dans cette architecture urbaine. Un exemple des plus caractéristiques est le portique offert par Attale Ier de Pergame à Athènes qui ferme l'agora classique et lui donne la physionomie traditionnelle des autres villes. Car ces villes soignées se ressemblent. On construit rapidement, suivant le plan orthogonal. On complète les villes dont le plan était commencé (Priène, Kos). C'est moins par des innovations architecturales proprement dites, que par un urbanisme réfléchi que l'art hellénistique marque son originalité. Mais l'exemple de Pergame prouve qu'il peut dépasser les règles parfois trop rigides du plan hippodamien. La surface enclose par l'enceinte atteint 90 ha, les constructions s'étagent en trois ensembles reliés par une artère qui part de la ville basse par la porte sud avec son agora fermée (34 x 64 m) bordée de portiques étagés qui ouvrent directement sur la rue supérieure. La ville moyenne s'ordonne autour du gymnase étagé en terrasses et relié aux temples de Déméter et d'Héra. On débouche enfin sur l'agora supérieure et les plates-formes de l'autel de Zeus et du sanctuaire d'Athéna qui entourent la cavité du théâtre lequel s'ouvre sur une immense terrasse (246 x 15 m) qui forme le pivot de cette composition semi-circulaire. Le tout fut réalisé en moins de cinquante ans. « Tracés de l'enceinte et parcours des rues révèlent un même esprit, une identique soumission aux lignes naturelles du paysage auxquelles elles s'adaptent avec une remarquable souplesse », souligne R. Martin.

Pergame : voir p. 257 sqq

Voir carte p. 319 E.

La sculpture, dégagée du cadre architectural, vient au service de cet embellissement des villes : sculptures monumentales à l'entrée, comme le colosse de Rhodes, haut de plus de trente mètres, ou la victoire de Samothrace, se détachant devant le sanctuaire des Cabires. Le Sicyônien Lysippe, le sculpteur d'Alexandre, a donné toute son ampleur à la ronde bosse : il faut tourner autour de la statue pour en apprécier la valeur. A sa suite, les traits caractéristiques de l'art hellénistique se mettent en place, réalisme baroque, goût du pathétique, du démesuré, marquent les écoles de Rhodes et de Pergame. Celle-ci est particulièrement célèbre par la frise de l'autel de Zeus qui représentait la lutte des dieux et des géants. Ce thème, si cher aux Grecs, symbole de la lutte de la raison contre la barbarie, est traité ici comme un combat délirant où

Victoire de Samothrace (Musée du Louvre) : trouvée en 1863 à Samothrace. Marbre de Paros. H. : 2,45 m. Elle se dressait sur la proue d'un navire et célébrait, pense-t-on, une victoire des Rhodiens sur Antiochos III. Les derniers raccords à la main prouvent qu'elle ne soufflait pas dans une trompette comme la Niké des monnaies de Démétrios mais tenait en main une bandelette de métal.

monstres et dieux témoignent du même pathétique. La raison est bien loin, l'angoisse et la démesure toujours présentes. A côté de ces tendances baroques, l'art du portrait, apparu au IVe siècle se développe. Nous lui devons de particulières réussites, qu'on retrouve aussi dans la numismatique.

L'école alexandrine préfère un pittoresque familier, tandis qu'un néoclassicisme académique, particulièrement représenté à Athènes, se développe largement. On copie, on recopie, on s'inspire des œuvres des grands maîtres des Ve et IVe siècles. Pour une réussite comme la Vénus de Milo, que d'œuvres glacées et sans vie ! mais c'est souvent à travers elles que les Romains prendront contact avec le monde grec. Les statues de toute taille envahissent les voies publiques et les maisons privées : héros et bienfaiteurs sur leur socle, amours et statuettes dans leurs niches.

La mosaïque. En même temps, la mosaïque devient le décor obligatoire des sols. Aux galets des villas de Pella et Érétrie où la technique est apparue dès le IVe siècle avant J.-C., ont succédé les cubes soigneusement découpés. Délos nous en fournit, pour le Ier siècle, des exemples variés. Souvent on copie ainsi des tableaux célèbres.

La peinture a acquis ses lettres de noblesse. Perspective, jeux d'ombres et de lumière, trompe-l'œil, la technique est mise au service d'effets variés. Nous la connaissons par les décors des tombes macédoniennes et par les copies qui ornent les murs des maisons de Pompéi.

La maison s'organise autour du péristyle et les ailes sont soigneusement orientées pour profiter de la fraîcheur. Les pièces de dimensions modestes sont plus nombreuses et richement décorées : bibelots et statuettes se multiplient dans les niches. On cherche à rendre la vie plus agréable, à ceux du moins qui peuvent en profiter.

Plan d'une maison de Délos

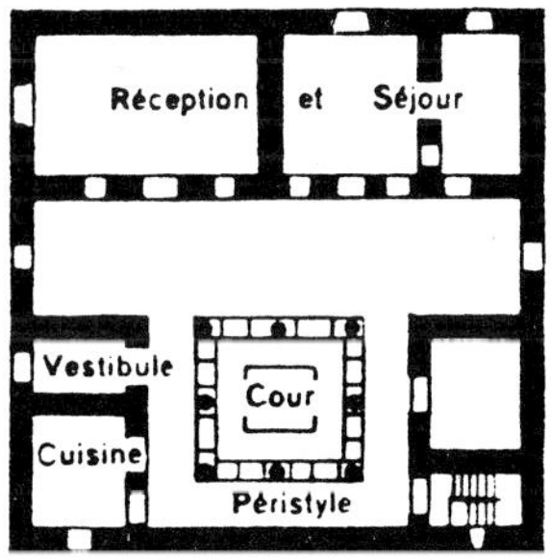

Mais il faut souligner combien ce décor urbain est malgré tout dépendant de l'intervention royale. Les plus belles villes sont les capitales des royaumes et elles servent de modèles. Bien souvent, on doit faire appel aux subsides royaux pour améliorer un financement incomplet. C'est au roi de Pergame que l'on doit le plus beau portique d'Athènes, aux générosités des trois dynasties, la reconstruction de Rhodes. Le rôle du mécène devient fondamental sur le marché artistique.

Le rayonnement intellectuel ■

L'art oratoire. Les mêmes ambiguïtés se retrouvent dans le rayonnement intellectuel des villes grecques. C'est à Athènes que se maintient l'héritage de la Grèce classique. Certes, le rôle des orateurs se maintient, lié aux problèmes politiques, mais l'oraison funèbre d'Hypéride, après la guerre lamiaque, sonne le glas d'une certaine expression civique et intellectuelle, tandis que la forme pédagogique se développe avec les écoles de rhétorique où viennent s'initier les élites grecques et romaines. Après celle d'Athènes, celle de Rhodes, fondée par Eschine après son procès, connaît un grand succès et Cicéron viendra y apprendre l'art oratoire.

Voir pp. 231 et 260.

L'éclat de la philosophie. Les écoles philosophiques, déjà détachées du cadre civique, poursuivent une carrière brillante et Athènes en reste le centre. Démétrios de Phalère a achevé de leur donner leur cadre institutionnel et l'Académie et le Lycée conservent leur prestige. On y apprend l'histoire de la philosophie, puis le cours sur la doctrine propre à l'école, le commentaire sur les grands classiques de la secte, et l'expression personnelle du maître. C'est lui qui donne le ton général et choisit son successeur. La polémique est grande d'une école à l'autre et les étrangers affluent. Des nouveaux venus s'installent à leur tour.

L'épicurisme. L'enseignement d'Épicure ne s'oriente pas vers la chose publique. Ses auditoires sont d'ailleurs différents : femmes, esclaves sont admis. Son enseignement est connu par trois lettres seulement. Se référant à l'atomisme de Démocrite, il cherche le bonheur individuel dans l'absence de désir, la vie du sage, l'amitié. C'est la seconde génération d'Épicuriens au IIe siècle qui commence à donner à l'assouvissement des désirs la place qui donne au mot épicurien le sens de « bon viveur » que nous lui connaissons aujourd'hui et qui aurait fort étonné le fondateur de la secte. La philosophie connaît vite un très grand succès, une école est ouverte à Antioche et Démétrios Sôter, roi de Syrie, s'y convertit. Au IIe siècle, elle s'introduit à Rome. Lucrèce au Ier siècle après J.-C. lui donnera son plus brillant éclat littéraire.

Épicure (342/270) : sans doute originaire de Samos, vient à Athènes en 323. Ouvre une école à Mytilène de Lesbos puis à Lampsaque. Se fixe à Athènes en 306. Aurait écrit trois cents ouvrages dont il nous reste des fragments d'un traité « sur la nature », deux lettres et des maximes.

Zénon et les Stoïciens. Mais l'école la plus populaire fut celle du maître Zénon, venu de Chypre. Il enseigne d'abord sur l'agora au portique poecile (le nom de stoïcien vient de *stoa*). Sa doctrine est rigoureuse, fondée sur une analyse complète de l'univers, commandé par une intelligence suprême immanente ; le feu qui pénètre la matière consume le monde au bout de dix mille ans. La hiérarchie d'êtres divins est dominée par Zeus assimilé au feu car le monde est totalement déterminé par les lois physiques ; l'homme doit se plier aux règles de la nature, en distinguant ce qui dépend de lui, la volonté du sage, et ce qui ne dépend pas de lui, les passions auxquelles il faut apprendre à renoncer. Morale exigeante qui s'adresse aussi bien à l'esclave qu'aux maîtres du monde et conduit à un certain égalitarisme. Elle inspirera Cléomène de Sparte et Tiberius Gracchus. Elle est dominée dans la seconde moitié du IIe siècle et au Ier par Panaïtios de Rhodes et Poséidonios (venu d'Apamée, ce dernier fonde une école à Rhodes et connaît un grand succès à Rome).

Zénon (334/264) : originaire de Kition de Chypre (à ne pas confondre avec l'autre philosophe Zénon d'Élée, cf. p. 197) ; fils d'un riche commerçant phénicien, il s'adonne aux affaires avant de se convertir à la philosophie vers 312 après avoir lu *Les Mémorables* de Xénophon ; ouvre son école vers 300. Il aurait écrit soixante ouvrages qui ne nous sont pas parvenus. Sa pensée nous est surtout connue par les auteurs romains (Cicéron, Sénèque).

Diogène de Sinope. Ces écoles sont les plus célèbres mais elles sont fort critiquées, par les sceptiques avec Pyrrhon qui s'attaque surtout au stoïcisme, par les Cyniques, les disciples de Diogène les plus connus par les anecdotes qui courent sur eux : philosophes débraillés, perpétuels ambulants, qui deviennent des types de comédie, mais dont l'absence d'écrit ne permet pas de cerner vraiment la doctrine.

Diogène de Sinope (413/324) : élève d'Antisthène qui avait ouvert vers 400 une école près du gymnase appelé Cynosargue (chien brillant) d'où le nom de ses disciples. Diogène avait été vendu comme esclave et racheté par un riche Corinthien, qui le prit comme pédagogue. C'est à Corinthe qu'il aurait fini sa vie, passant le plus clair de son temps dans un tonneau.

Ainsi, le philosophe est devenu un type d'homme, séparé de l'humanité, un sage, dont la quête est désormais celle du destin individuel. A la même époque, le bouddhisme est adopté par la dynastie Maurya. Les contacts entre les uns et les autres sont indéniables. Si Athènes reste au IIIe siècle le centre philosophique le plus important, les écoles se multiplient vite, la circulation des hommes et des idées est constante, et l'idéal proposé est totalement séparé de la cité. C'est un idéal universel.

Rôle nouveau du théâtre. Il en est de même pour cette expression qui paraissait si liée à la cité : le théâtre. Avec Ménandre, les thèmes visent des types qui peuvent être issus de n'importe quelle région : c'est l'éternel jeu de l'amour déçu, où les protagonistes de rang social différent finissent par se retrouver ; il s'agit de voiler les dissensions, d'éviter toute allusion politique. Le succès rencontré correspond à l'attente de ce public des villes. On rejoue aussi les pièces anciennes ; le théâtre est devenu une pure expression culturelle et rien ne témoigne mieux de l'évolution du rôle de la cité. D'ailleurs, les acteurs se regroupent en associations professionnelles puissantes, telles les Thiases dionysiaques, souvent chargés par les souverains d'organiser représentations, fêtes et processions. De plus en plus ceux-ci interviennent dans la vie intellectuelle.

Ménandre (343/340 à 292) : Athénien, ami de Démétrios de Phalère, élève de Théophraste. Écrivit 108 pièces. Nous possédons des extraits de dix d'entre elles, auxquels s'ajoute depuis 1958 *Le Diskolos* (L'Atrabilaire).

Les capitales, centres intellectuels ■

Les capitales des royaumes sont des centres particulièrement importants. Les conditions y sont différentes : là le roi est le mécène, il paye et entretient. On cherche à l'aduler. Ptolémée II à Alexandrie, Antigone Gonatas à Pella, Hiéron à Syracuse, Eumène à Pergame ont brillamment joué ce rôle, surtout marqué au IIIe siècle. Mais leur soutien va au-delà et de véritables institutions s'organisent qui prolongent l'impulsion du souverain : Musée (avec la bibliothèque) à Alexandrie, bibliothèque à Pergame. Ces centres facilitent la circulation des hommes et des idées et ont grandement encouragé le développement scientifique.

Voir p. 258 et 271.

L'essor scientifique. On a vu se développer les travaux d'érudition, la philologie et le début de la poésie élégiaque, tandis que d'importants travaux historiques malheureusement souvent perdus (Timée de Tauroménion) serviront de matériaux à Polybe et aux historiens romains. Nous avons vu le développement scientifique d'Alexandrie. Il ne lui est pas propre et l'époque est particulièrement riche dans ces domaines. Progrès spectaculaires des mathématiques, malheureusement limitées par le système de notation grec, de la géographie et de l'astronomie, avec Aristarque de Samos au début du IIIe siècle, qui ose soutenir que la terre gravite autour du soleil. Hypothèse non retenue et c'est Hipparque de Nicée qui, de l'observatoire de Rhodes, retire la plus grande gloire en dressant une carte du ciel, en calculant l'obliquité de l'écliptique, la distance de la terre à la lune.

Archimède de Syracuse (287/212) : issu d'une famille alliée du roi Hiéron, étudie à Alexandrie et passe une bonne partie de sa vie en Égypte. Revient dans sa ville menacée par les Romains et participe à sa défense avec ses inventions (miroirs incendiaires, catapultes géantes). Il est tué par un soldat romain lors de la prise de Syracuse. Ses ouvrages concernent la géométrie (valeur de Π, formule des aires d'un segment de parabole) et la physique (l'équilibre des corps plongés dans un fluide).

On a souligné la distorsion entre ces recherches intellectuelles et leur application pratique. C'est cependant à la période hellénistique que l'on doit la diffusion de la vis, utilisée aussi bien pour monter l'eau que dans certains pressoirs

Sur la nouvelle vision historique du rôle des techniques à l'époque hellénistique, voir M.-C. Amouretti et G. Comet (cf. p. 6), p. 66-73.

à huile, et les premiers moulins à eau, venus de l'est et diffusés au Ier siècle avant notre ère. Les cartes géographiques se précisent ; de même les premiers manuels d'agronomie sont hellénistiques et serviront largement aux Romains, ainsi Pline exploite allégrement les travaux de Théophraste. Il est vrai que les savants ne se préoccupent pas de l'utilisation pratique de leurs œuvres, en dehors de l'intérêt militaire. On fabrique des automates, non des machines. C'est que, pour ces dernières, personne n'irait les financer. Si les rois ne peuvent plus jouer, à la fin du IIe siècle, le rôle de mécènes qu'ils tenaient auparavant, ils ne sont remplacés ici, comme ils le sont en art, ni par les commandes des cités, ni par celles des particuliers. En fait, l'essor de la classe dirigeante ne repose pas sur une amélioration de la production.

2. Grecs et Romains

167	La Macédoine divisée en républiques.
148-6	La Macédoine, province romaine ; l'Achaïe lui est rattachée.
129	Création de la province d'Asie (Legs d'Attale).
101	Création de la province de Cilicie.
74	Création de la province de Cyrénaïque et de celle de Bithynie.
67	Rattachement de la Crète à la Cyrénaïque.
64	Création de la province de Syrie.
63	Création de la province du Pont-Bithynie.
31	Création de la province d'Égypte.

La conquête romaine fait partie de l'histoire de Rome. Cependant cette conquête du monde grec s'est étendue sur plus de deux siècles. On s'est souvent interrogé, et les Grecs eux-mêmes, sur l'influence de la civilisation hellénique sur Rome où l'élite s'est mise à parler grec, sur la permanence de la langue, de la culture, et de certaines formes institutionnelles helléniques, dans les provinces grecques de l'empire romain ; il est beaucoup plus difficile de mesurer l'impact de la présence romaine pendant la période hellénistique proprement dite, lorsque le monde grec était encore grec.

La présence politique se déchiffre à travers nos sources grecques et romaines, Polybe, Diodore, Plutarque, Tite-Live. Elles permettent de distinguer une première période, de 228 à 167, durant laquelle les hommes politiques et les armées romaines ne restent pas en Grèce, une fois victoire et traités signés, l'exemple le plus spectaculaire étant évidemment celui du consul Flamininus proclamant en 196 la liberté des cités grecques après sa victoire sur Philippe V. Plutarque nous dit que ce fut l'homme le plus populaire de la Grèce et monnayages et statues en témoignent. Il reprenait la tradition des diadoques et l'illusion pour les cités que la liberté pouvait venir de l'extérieur. Mais on cherchait aussi à utiliser la puissance romaine, Pergame, Rhodes en profitent après la défaite d'Antiochos III et la paix d'Apamée en 188 (cf. p. 280).

Après la défaite de Pydna en 167 ces illusions ne pouvaient demeurer. De 167 à 88, les régions, souvent après une révolte, comme l'Achaïe, sont maintenant administrées directement. Administration pragmatique, qui s'appuie sur les élites grecques, comme Polybe par exemple, mais qui s'accompagne de l'installation de nombreux *negociatores,* italiens comme l'avait montré Roussel, mais aussi de citoyens romains, les *Rômaioi.* Des inscriptions nous confirment que ceux-ci peuvent devenir propriétaires terriens. La création de nouvelles routes, ainsi la *via Egnatia* dans le nord de la Grèce, celle du port franc de Délos (cf. p. 253), rompent les circuits traditionnels. Celui de Rhodes-Histiée d'Eubée-la Macédoine

La supériorité de la tactique romaine

◆ « Tant que la phalange se maintient dans la formation qui lui est propre, avec toute sa puissance de choc, il n'est aucune troupe qui puisse lui résister de front et ne pas reculer sous sa pression [...]. Comment peut-on expliquer alors les victoires des Romains et les mécomptes éprouvés par les généraux qui utilisent la phalange ? C'est parce que, à la guerre, le moment et le lieu où l'action s'engagera ne peuvent être déterminés à l'avance, alors que, pour lui permettre de donner toute sa mesure, il faut à la phalange son moment et son terrain [...]. Au lieu de ranger leurs troupes sur une seule ligne et d'engager toutes leurs est abandonné. Certaines villes se trouvent favorisées, ainsi Thessalonique ; Athènes reprend de nouvelles émissions monétaires, et Délos connaît jusqu'à sa destruction par les pirates en 67 un essor remarquable (cf. p. 281). Au pillage romain, à la lourdeur de certains tributs, à la reprise de la piraterie, qui alimente le nouveau marché d'esclaves romains, s'opposent ceux qui profitent de la fin des guerres, des transactions multipliées.

Le premier siècle qui voit la fin de la conquête de 88 à 31, dans des conditions beaucoup plus dures, après la révolte entraînée par le roi du Pont Mithridate VI, et le massacre de 80 000 ressortissants italiens, fait rentrer lentement et définitivement l'Orient grec sous la férule romaine. Cependant ces temps troublés sont aussi ceux de multiples constructions, d'ateliers de sculpteurs dynamiques et les découvertes d'amphores témoignent de la vitalité des circuits. Il n'y a pas de rupture dans l'expression culturelle hellénistique, alors que disparaissent tous les grands royaumes nés de la conquête d'Alexandre et les ligues qui avaient émergé peu après. Malgré la présence romaine et les guerres de conquête, demeure une véritable identité culturelle, qui s'exprime dans le cadre municipal.

légions dans un combat de front contre les phalanges, les Romains gardent quelques unités en réserve, pendant que les autres affrontent l'ennemi [...]. » ◆
Polybe, XVIII, I, 29-32.

3. Un nouveau type d'homme

La répartition des richesses ■

L'évolution amorcée au IVe siècle s'est accentuée : une nouvelle classe dirigeante se dégage, dont la fortune ne se fonde plus uniquement sur les ressources foncières, dont l'activité se porte davantage sur le négoce ; l'expédition d'Alexandre et la transformation de la Méditerranée orientale ont accentué et modifié le phénomène.

Voir P. Cabanes (cf. p. 265), ch. 3 : « L'invention du monde ».

La monnaie. D'abord, la monnaie joue maintenant un rôle plus important. Elle est utilisée désormais sur une beaucoup plus vaste étendue. Alexandre a fait refrapper les trésors accumulés dans les capitales perses, en adoptant l'étalon attique. En une génération, un important volume monétaire a été dispersé en Méditerranée. Si Rhodes et l'Égypte gardent leurs propres étalons, peu à peu on assiste à une certaine unification, tandis que se multiplient les fractions en bronze. Après une légère montée de l'or, on est revenu au monométallisme de l'argent et chaque royaume doit s'assurer ses propres ressources ; les cités frappent la monnaie lorsqu'elles sont indépendantes, mais d'après les répartitions de trésors, on voit que se constituent des circuits particuliers et que s'établissent des habitudes.

Les nouveaux riches. L'extension de la monnaie a favorisé l'extension du commerce, non en volume, mais en diversité et sur les longues distances. Elle a surtout favorisé la montée des nouvelles classes dirigeantes. Les nouveaux riches que nous voyons apparaître sur la scène politique, ce ne sont plus les Cléon, les Hyperbolos dont la fortune reposait sur une activité

Nouvelles routes : trois routes des Indes sont connues, la voie maritime à partir de l'Arabie (on connaît les rythmes de la mousson au Ier siècle), la voie continentale par Doura-Europos, Séleucie du Tigre, la Parthie, les passes de Peshawer et la vallée de l'Indus ou plus au nord par le Pont et l'Amou Daria et de là les royaumes gréco-bactriens. Begram au pied des passes devient un centre de redistribution et on a trouvé dans ses trésors des objets hellénistiques, iraniens, indiens et chinois.

Voir p. 182.

liée au devenir de la cité, ce sont des personnages dont les bienfaits s'étendent bien au-delà de leur cité, et qui peuvent effectuer des prêts fabuleux. Nous les connaissons par les décrets honorifiques qui évoquent leurs bienfaits. C'est Athènodôros de Rhodes, remercié par la ville d'Histiée en Eubée pour avoir prêté de l'argent, à Délos, aux commissaires au blé pour les achats de la cité, Protogènès volant au secours de la cité d'Olbia pour apurer une dette contractée auprès d'un étranger, Polycharmos, et remboursant 100 statères d'or ; Moskhion avançant à Priène les 2 158 drachmes que devait la ville au sanctuaire du Panionion ; d'autres acceptent des ambassades non indemnisées, fournissent du matériel de guerre, des prix pour les fêtes ou les écoles, des banquets. Il ne s'agit plus de ces liturgies si lourdement ressenties à Athènes au IVe siècle mais de libéralités que les riches fournissent tout à fait volontairement, à leur cité ou à d'autres. L'intérêt économique est parfois direct mais souvent la récompense est purement honorifique : une statue – souvent payée par le donateur –, une couronne d'or. Bien sûr, les honneurs et le droit de citoyenneté accordé largement permettent à certains d'intervenir dans beaucoup de cités, mais il ne semble pas que ce soit cet accroissement de pouvoir – bien limité en vérité – qui soit recherché. L'ascension sociale passe par cette forme de redistribution, l'évergétisme. Il se confond parfois avec l'exercice des fonctions municipales. Certaines, qui exigent du magistrat d'importantes avances de fonds, donnent aussi un surcroît de prestige : ainsi les *agonothètes,* chargés des fêtes religieuses.

◆ « Le peuple d'Histiée, en l'honneur d'Athènodôros, fils de Peisagoras. Les archontes ont proposé que le conseil introduise un projet de décret devant le peuple : attendu qu'Athènodôros, fils de Peisagoras, de Rhodes, ne cesse de témoigner son dévouement au peuple et rend des services aussi bien à tous les citoyens qui ont recours à lui à titre privé, qu'à la cité à titre public, et qu'il a prêté un concours très dévoué aux commissaires au blé envoyés par la cité à Délos, qu'il leur a avancé de l'argent sans intérêt, et leur a permis de s'acquitter au plus vite de leur tâche de commissaires au blé, faisant passer le bien de la cité avant son intérêt personnel [...]. » ◆
Stèle de marbre trouvée à Délos, datée des années 230/220, cité par J. Pouilloux, *Choix d'inscriptions,* cf. p. 4.

Voir p. 210.

A l'intérieur de cette classe, il y a d'ailleurs des formes diverses. Le service royal ouvre une gamme très variée d'activités ; les guerres restent un moyen non négligeable de s'enrichir ; mais la source la plus sûre est toujours le négoce pris au sens très large. Les banquiers-changeurs privés se multiplient, les spéculations aussi.

Fluctuation des prix. On a essayé d'évaluer quelques courbes des prix. La période hellénistique est la seule qui nous fournisse quelques séries. Malheureusement ce sont des marchandises bien précises qui ne permettent pas de toujours généraliser. Ainsi, on constate que le blé connaît à Délos de grandes variations dans une même année (en 282 de 4 drachmes 3 oboles à 7 drachmes 3 oboles le médimne). Après une augmentation dans le derniers tiers du IVe siècle, une baisse s'amorce et au milieu du IIIe siècle, le prix moyen est stabilisé à 5 drachmes. La même tendance est observée pour l'huile ; pour les bœufs, la tendance à la baisse s'observe après 290. L'ivoire baisse d'une façon spectaculaire (24 drachmes les 26 kg en 340 à Athènes, 8 drachmes les 36 kg à Délos en 276).

Par contre, les métaux, les onguents sont en hausse constante. Le papyrus subit des fluctuations en relation avec l'abolition et le maintien du monopole égyptien. On le voit, on ne peut faire un tableau général. Le prix de certaines denrées reste directement lié à des fluctuations politiques (ainsi la poix).

Cependant on peut souligner que, après une période de hausse consécutive à la conquête d'Alexandre, on assiste à une baisse entre 280 et 250 et à une lente remontée au IIe siècle avec une tendance finale à la baisse. Ceci concerne surtout le blé et n'intervient, on ne le redira jamais assez, que pour les agglomérations urbaines.

Conséquences sur les salaires. Mais on a pu observer aussi une certaine variation dans les salaires. Là aussi, les exemples sont dispersés et les généralisations difficiles mais on a quelques séries relatives aux travaux de constructions. Les salaires avaient augmenté au IVe siècle avec l'ensemble du coût de la vie. Mais on voit les salaires des ouvriers qualifiés diminuer entre 302 et 250 (ainsi pour le vernissage à la poix, il passe de 3 dr. pour un métrète à 1 dr. 4). D'ailleurs, on multiplie les engagements à la pièce et les forfaits qui facilitent la baisse. L'ouvrier préfère souvent une large part en nature et accepte des salaires très faibles.

Voir p. 213.

Ainsi, dans la période qui s'étend de la mort d'Alexandre au milieu du IIIe siècle, le fossé entre riches et pauvres s'est accentué en ville. Le temps n'est plus où dans la rue on ne distinguait pas un homme libre d'un esclave. Les fortunes importantes s'accompagnent d'un mode de vie différent. Luxe dans la nourriture, l'habillement, la maison, singularise maintenant la nouvelle classe. Richesse est synonyme de réussite pour les hommes nouveaux qui ont souvent fait leur fortune seuls. L'ambiguïté est d'ailleurs grande car beaucoup sont des étrangers et tous se réclament de la culture grecque à laquelle s'accroche désespérément l'habitant des villes, même de faible importance. Symbole de la dignité passée pour les uns, de leur ascension nouvelle pour les autres, une certaine identité culturelle fait l'homogénéité de ce milieu urbain.

A Délos, tarif des lapicides (graveurs d'inscriptions)

Jusqu'en 302	une drachme pour 100 lettres
En 302	une drachme pour 130 lettres
A partir de 300	une drachme pour 300 lettres (exception en 250 : une drachme pour 350 lettres)

G. GLOTZ, *Journal des savants*, 1913, p. 257.

L'identité culturelle ■

La langue grecque – l'attique ionien – se répand comme la langue obligée de cette *Koinè*. Même des décrets aux confins orientaux prennent la forme de décrets grecs et, on l'a vu, se constitue à Alexandrie le trésor littéraire qui devient le symbole de cette culture commune. Une culture achevée à étudier, non à créer. C'est une des caractéristiques de cette période de s'attacher avec passion et respect à son passé, de chercher à le transmettre. Une petite ville grecque perdue aux confins orientaux, Ai Khanoum, proclame fièrement les principes delphiens qui doivent gouverner ses sujets. On comprend que les Grecs isolés en milieu étranger se montrent conservateurs, comme à Marseille, mais le phénomène s'est généralisé.

L'éducation. On attache une très grande importance à l'éducation qui s'est structurée autour du gymnase. La palestre qui est à l'origine l'édifice où s'exercent à la lutte les jeunes gens s'est complétée. A la cour sablée entourée de portiques et de salles où les athlètes pouvaient se préparer s'est ajouté un corps complet de bâtiments. Le gymnase désigne à la fois les corps de bâtiments et l'institution. A sa tête un *gymnasiarque,* aidé d'un pédonome, magistrature élective, non rétribuée qui devient une des plus honorifiques des cités. Il contrôle les éducateurs salariés chargés de l'éducation sportive et intellectuelle. Celle-ci fait la plus large place à l'enseignement littéraire, et cette tendance a marqué l'enseignement occidental jusqu'au milieu du XXe siècle. L'explication littéraire y domine, Homère et Euripide étant les auteurs les plus utilisés. Bon nombre des textes qui nous sont transmis sont d'ailleurs des recueils à l'usage de ces étudiants, ou des bibliothèques qu'ils se constituaient plus tard. Les élèves étaient groupés par tranches d'âge (jusqu'à sept ans, l'enfant reste dans sa famille). L'ensemble du budget-entretien des bâtiments, fournitures, salaires – assez chiches – des maîtres, est pris en charge par la cité ; ou, lorsqu'elle ne le peut pas, une fondation (roi ou particulier) assure un financement qui nous est connu par des inscriptions. Et de plus en plus, en dehors de l'entretien des bâtiments municipaux et des achats de blé, c'est une des dépenses les plus importantes des cités.

Fondation et dons à la cité de Delphes par Eumène II de Pergame, 160/159

◆ Les dons vont permettre d'acheter du blé, de fonder des fêtes (Euménéia et Attaléia), d'assurer les traitements des professeurs pour enseigner aux enfants (le capital reçu est placé avec intérêts) : en outre le roi de Pergame assurera lui-même la réparation du théâtre, la construction ou l'entretien d'offrandes. ◆

Pouilloux, *Choix...,* cf. p. 4, textes 10 à 13.

On s'en doute, l'éducation ne s'adressait pas à tous. Sortir du gymnase, être *apo tou gymnasiou,* c'est un label auquel aspirent les élites indigènes et il semble qu'elles y parviennent en Syrie séleucide. Dans les anciennes cités grecques, ceux qui étaient exlus du cadre de citoyen par le système censitaire n'y participaient évidemment pas. D'ailleurs, les gymnases accueillaient des étrangers, par exemple à l'éphébie réorganisée à Athènes. C'est à des collèges anglais qu'on les a comparés avec le plus de justesse. Ceux qui en sortent, retrouvent cette communauté d'expression, de mode de vie, qui les fait se reconnaître « du même monde », tandis que le souvenir des concours, littéraires et sportifs, qui rythmaient leurs jeunes années sous l'œil bienveillant de la cité, reste un lien amical facile à évoquer. Ainsi, la fierté d'être grec ou macédonien d'origine, qui marquait les premières générations, a fait lentement place à la fierté d'appartenir à une classe qui se reconnaît une identité culturelle à partir de la fin du IIIe siècle. Au cours du IIe siècle disparaissent d'ailleurs les bastions grecs les plus lointains implantés en terre étrangère.

L'angoisse religieuse. Cependant, ces mutations ne se font pas dans la sérénité. Et ce qui frappe lorsqu'on cherche à cerner les mentalités hellénistiques, ce sont les vagues d'interrogations et d'angoisses si perceptibles dans l'expression religieuse. Le culte royal officiel et la religion civique n'y peuvent répondre. Et se multiplient alors les thiases, ces confréries organisées autour du culte d'un dieu, souvent étranger, qui permettent une solidarité entre les initiés. C'est ainsi que l'on voit se développer les cultes égyptiens souvent introduits par un simple individu : au IIIe siècle, le culte de Sarapis est célébré à Délos par un prêtre de Memphis. Le culte d'Isis y prend de plus en plus d'importance et c'est toute une terrasse dédiée aux dieux étrangers qui est bientôt couverte de monuments. A partir du IIe siècle, le culte d'Isis est institutionnalisé dans la plupart des cités grecques. Celui de Cybèle, officiel à Pergame, sera transféré à Rome en 203. Certes, les

Voir p. 251.

Voir p. 271.

dieux traditionnels ne sont pas abandonnés, toutes les fêtes se poursuivent, mais c'est à des dieux comme Dionysos, Asklépios que va désormais la ferveur populaire. Apparaît un nouveau culte bien caractéristique de l'époque hellénistique, celui de Tychè, la fortune, représentée comme une femme, celle qui protège les rois dans leurs entreprises, l'individu dans sa carrière, rassurant les humains face aux redoutables inconnues de ce monde si changeant auquel ils sont confrontés. C'est pourquoi, en même temps que se multiplient les interrogations philosophiques, se développe le recours à l'hermétisme, à la magie. Celle-ci conjugue les traditions orientales et grecques et l'on voit se multiplier les amulettes tandis que les papyrus nous transmettent des formules d'invocations. C'est ainsi que se popularisent aussi l'astrologie, chère aux Babyloniens, et l'alchimie. Les siècles des cyniques, les IIIe et IIe siècles, sont aussi ceux d'une recherche passionnée de toutes les formes de passages entre monde surnaturel et matériel, et cette époque, si souvent traitée d'amorale par les Romains, paraît parfois moralisante à l'excès.

Hermétisme : tiré du nom d'Hermès, assimilé à Thot. Spéculations à partir d'une littérature sacrée qui nous a été transmise à l'époque romaine, mais s'est constituée à l'époque hellénistique à partir de textes égyptiens, iraniens et grecs.

Un nouvel idéal. Le portrait du monarque idéal avec ses qualités – l'amour de l'humanité, la bienfaisance – inspire l'idéal de l'évergète comme du simple médecin se sacrifiant lors d'une épidémie. Le type d'homme qui se dessine est radicalement différent de l'idéal civique et aristocratique dont Périclès paraissait le symbole. L'homme instruit se veut universel, mais il s'est coupé des racines qui faisaient la force des cités grecques comme des royaumes orientaux : le monde rural. Et la fausse image de la nature qui se développe alors en art comme en littérature, ces jardins organisés qui entourent les villas et couvrent les murs des maisons de Pompéi, les mosaïques des sols, sont à la mesure de la rupture qui s'est instaurée désormais entre la campagne et la ville.

4. Un monde rural complémentaire ou dépendant ?

Le rôle de la chôra ■

Le rôle de la *chôra* a-t-il changé ? Le développement des royaumes a facilité l'urbanisation et suscité certains statuts différents de paysans comme les *Laoi*. La documentation écrite nous laisse une impression générale de récession à partir du IIe siècle, en Grèce et en Égypte, avec quelques exceptions comme la Messénie, nous dit Polybe. Les recherches archéologiques changent l'image. Ainsi à Délos, Michèle Brunet a mis au jour une ferme et trouvé des éléments d'irrigation alors que ce terrain est actuellement désertique. Les vignes se multiplient dans les régions de la mer Noire ainsi qu'à Rhodes et sa Pérée, et dans la région d'Alexandrie. Les pressoirs bénéficient de progrès techniques et les exportations en huile et vin sont manifestement importantes. C'est au Ier

Voir p. 254 sqq.

Voir p. 271.

siècle av. J.-C. qu'apparaissent les premiers moulins à eau. Ainsi les guerres, qui engendrent destructions, famines et émigrations, n'ont pas totalement ruiné la campagne, dont les nouveaux arrivants romains vont chercher à tirer parti. La liaison entre la cité et la *chôra* ne disparaît pas, même si les cités perdent une partie de leur indépendance. Les échanges se sont multipliés depuis l'expédition d'Alexandre d'autant que la consommation des grandes villes, comme Alexandrie ou Rome, attire de plus en plus les produits extérieurs.

■ *Grecs et indigènes*

Est-ce à dire que la distinction Grecs/indigènes passe par la distinction ville/campagne ? En fait, une évolution doit être esquissée dans le temps. Immédiatement après la conquête, le Grec, mercenaire, clérouque, commerçant, artisan aussi bien que dignitaire, se sent et se dit supérieur à l'indigène, quel que soit son rang. Mais à partir du IIe siècle, la coupure est d'ordre économique. On a cherché à recenser par l'étude des noms, les mariages entre Grecs et Égyptiens, l'établissement de Grecs dans la *chôra.* C'est une entreprise délicate car certains Égyptiens prennent des noms grecs. On a l'impression que les « petits Grecs » ont dû se sentir plus proches de leurs confrères égyptiens que des riches commerçants des villes. Mais rien ne nous le prouve, pas plus que l'on ne voit un quelconque rapprochement avec les éléments populaires des villes. On ne mesure pas mieux l'extension, probable, du nombre des esclaves, sinon par l'extension du marché de Délos au IIe siècle et les affranchissements de Delphes. Certes, les esclaves domestiques ont été plus nombreux dans les demeures plus luxueuses. Mais les structures artisanales ayant peu changé, le marché de la main-d'œuvre n'a pas dû beaucoup évoluer. Et la masse rurale dans les royaumes étant constituée de *laoi,* la main-d'œuvre servile n'est pas utile.

■ *Les résistances nationales*

En fait, les résistances à l'hellénisation sont apparues sous une forme nationale. Et c'est un phénomène qui se précise tout autour de la Méditerranée. En même temps qu'ils empruntent aux Grecs certaines formes de leurs civilisations, certaines techniques, certains objets, des groupes de populations se structurent, prennent conscience de leur mode de vie, le défendent devant l'emprise romaine qui succède à la présence grecque, ou même passent à l'action et font disparaître les éléments les plus fragiles de la présence grecque. C'est ainsi qu'apparaît le royaume parthe, que disparaissent les royaumes gréco-bactriens, les cités grecques de la bordure septentrionale de la mer Noire, que se constituent les fédérations celto-ligures de Provence. C'est dans ce contexte que s'insèrent les péripéties de Mithridate, et son échec final. A l'intérieur même du monde hellénistique, la résistance des campagnes égyptiennes s'appuie sur le clergé national ; la révolte sanglante de Macchabée, en 165, est une guerre sainte contre l'hellénisation de Jérusalem ; tandis qu'en 133, à Pergame, Aristonikos donne une forme utopique

Sur la conquête romaine, voir M. Holleaux, Rome, la Grèce et les monarchies hellénistiques au IIIe s. av. J.-C., *1921 ; J. L. Ferrary, in Cl. Nicolet (cf. p. 6), aux p. 729-788.*

et isolée à une résistance nationale qui veut soulever les campagnes en y associant esclaves et endettés, contre l'emprise romaine, vite soutenue par les cités grecques. Ainsi, le triomphe de la ville hellénistique s'accompagne d'une coupure avec le monde rural qu'elle a cherché à exploiter sans d'ailleurs y parvenir rationnellement. Et dans le regret des Grecs vers ce qu'ils considéraient comme leur temps de gloire se place, informulé, le regret de l'époque du soldat-citoyen, de l'autarcie toujours poursuivie, jamais obtenue.

Et pour conclure ■

Ainsi, à travers le fil conducteur qui fait de la ville le cœur de la civilisation grecque et le support de son rayonnement culturel, que de diversité dans chacune des expériences vécues ! Palais mycéniens, métropoles archaïques, cités classiques, agglomérations hellénistiques, chaque période a inventé des solutions différentes. C'est sans doute cette capacité d'innover qui donne aux Grecs cette place particulière dans le monde antique et qui s'accompagne toujours d'une capacité à critiquer, d'une interrogation perpétuelle sur le sens de leurs expériences. Mais ces expériences, reconnaissons que nous les mesurons encore bien mal. Loin d'être une histoire achevée, l'histoire grecque dans sa grande diversité a encore beaucoup à nous apprendre, pour qu'au-delà des pôles connus qui nous attirent, puisse être vraiment restitué l'ensemble de son aventure. Celle de la ville et de la campagne, à travers celle du cavalier comme celle de l'hoplite, du berger et du paysan, du mineur comme du marchand, de l'esclave et du citoyen.

Pour approfondir ce chapitre

Indispensables : V. Ehrenberg, Ed. Will, Cl. Préaux et F. Chamoux (cf. p. 6) et P. Cabanes, Cl. Vial (cf. p. 265). Malgré les nuances à apporter à ses conclusions, M. Rostovtseff (cf. p. 265) reste essentiel. Textes traduits dans J.-M. Bertrand (cf. p. 265).

Sur l'armée : M. Launey, *Recherches sur les armées hellénistiques,* rééd. 1987 avec mise à jour en postface, BEFAR, 2 vol.

Économie et société, les articles de G. Glotz sur les prix et les salaires sont encore utiles *(Journal des Savants,* 1913 ; *R.E.G.* 1916) ; un point de vue intéressant : L. Migeotte, « Le pain quotidien des cités hellénistiques », *Cahier du Centre Glotz II,* 1991, p. 19-41. H. I. Marrou, *Histoire de l'éducation,* reste fondamental ; voir aussi la thèse de J. Delorme, *Gymnasion,* Paris, 1960. Sur les étrangers, M.-F. Baslez (cf. p. 174), et diverses contributions intéressantes dans R. Lonis éd. (cf. p. 174).

La religion de cette période a suscité plusieurs ouvrages dans la collection « Études préliminaires aux religions orientales dans l'Empire romain », ainsi F. DUNAND, *Le Culte d'Isis dans le bassin oriental de la Méditerranée,* Leyde, 1973, 3 vol. Un petit livre très utile pour le débutant, A. J. FESTUGIERE, *Épicure et ses dieux,* 1946 ; Id., *La Vie spirituelle en Grèce à l'époque hellénistique,* Picard, 1977 est à corriger avec M. JOST (cf. p. 123). Br. LE GUEN-POLLET, *La Vie religieuse dans le monde grec au IIIe siècle de notre ère,* Toulouse, offre un choix d'inscriptions traduites.

Aux ouvrages d'**histoire de l'art** indiqués p. 5, ajouter T.B.L. WEBSTER, *Le Monde hellénistique,* 1966 ; J. POLLIT, *Art in Hellenistic Age,* Cambridge, 1986 ; H. STIERLIN (cf. p. 107). **Sur l'école scientifique**, B. GILLE, *Les Mécaniciens grecs,* Paris, 1980. P. FLEURY, *La Mécanique de Vitruve,* Caen, 1993, donne beaucoup d'indications sur les mécaniciens grecs dont s'inspire l'auteur romain. G.R. LLOYD, *La Science grecque après Aristote,* Paris, trad. 1990 ; M.-Cl. AMOURETTI et G. COMET (cf. p. 6), 65-70.

Dans la collection Budé, les œuvres de POLYBE, THÉOPHRASTE et les écrits hellénistiques du *Corpus hippocratique* sont en cours de publication, avec des commentaires fournis. POLYBE est également disponible dans la bibliothèque de La Pléiade. P. PEDECH, *La Méthode historique de Polybe,* Paris, 1964. Id., *La Géographie des Grecs,* « Sup », 1976 (sans carte malheureusement).

Sur la littérature, synthèses claires de M. TRÉDÉ et S. SAÏD (cf. p. 4) et de J. SIRINELLI, *Les Enfants d'Alexandre : la littérature et la pensée grecques, 334 av. J.-C. - 519 ap. J.-C.,* Fayard, 1993. Sur la bibliothèque d'Alexandrie, voir L. CANFORA, *La Véritable Histoire de la bibliothèque d'Alexandrie,* Desjonquères, 1986. La transition avec le monde romain se fera avec J.-L. FERRARY, *Philhellénisme et impérialisme ; aspects idéologiques de la conquête romaine du monde hellénistique,* Éc. Fr. Rome, 1988 ; M. SARTRE, *L'Orient romain,* Seuil, 1991 et M. SARTRE et A. TRANOY (cf. p. 7).

Repères chronologiques	**Vie politique et sociale**	**Vie culturelle**
6500-3700 : Néolithique Pierre polie	Crète, Chypre, Thessalie (Sesklo), Thrace, Béotie, Argolide	Début agriculture et élevage ; statuettes de déesses de la fertilité
3200-2700 : Khalcolithique	Thessalie (Dimini), Argolide (Lerne I), Cyclades	Cu de Chypre ; divinités cruciformes
2700-1100 : Age du Bronze		
2700-1900 : Helladique Ancien	2300-2200 : Vague de destructions ; arrivée des Grecs	H. A. II (2500-2300) : Explosion culturelle
1900-1600 : Helladique Moyen	Premiers palais crétois	Écritures hiéroglyphique, puis Linéaire A ; architecture de pierre
1600-1200 : Helladique Récent	Seconds palais crétois	Linéaire B Mycènes : Cercles de tombes et *tholoi*
1450	Destruction des palais crétois, sauf Knossos ; expansion mycénienne ; palais mycéniens Troie VII A et B	Murs cyclopéens
vers 1220 ? Peuples de la mer		
1200-1100 : Effondrement mycénien	Destructions des palais et réinstallations temporaires	Refuges en Achaïe, Attique, Chypre
1100-800 : Ages obscurs et Haut-Archaïsme	Instabilité en Grèce, migrations ; Grecs en Asie Mineure	Fer. Diffusion des dialectes. Géométrie attique
800-500 : Époque Archaïque	*(Colonisation et tyrannie : tableaux pp. 70-71 et 85)*	
775-675 : Première vague de colonisation		776 : Premiers Jeux olympiques Écriture alphabétique Homère, Hésiode
± 740 : Guerre lélantine	Corinthe : Bacchiades (747-657)	
± 740-720 : 1re guerre de Messénie	Équipement hoplitique	
± 725-720		Protocorinthien orientalisant Premiers temples
683	Archontat annuel à Athènes	Plastique « dédalique » en Crète Héraion de Samos
675-500 : Deuxième vague de colonisation		
± 650-620 : 2e guerre de Messénie	Corinthe : Kypsélos tyran, puis Périandre (657-585)	Sparte : Tyrtée, Alcman Olympie : Héraion
± 620	Athènes : Dracon	Céramique à figures noires
600-590 : Delphes et la 1re guerre sacrée	Fondation de Marseille Athènes : Solon (594/3)	Kouroi Corfou : fronton Artémision
568-525 : Amasis, pharaon	Développement de Naucratis	Grandes Panathénées (566/5)
557-530 : Cyrus le Grand, roi des Perses	Pisistrate tyran (561) Conquête Anatolie par Cyrus (550-540)	Apogée des bronzes laconiens Anaximandre de Milet Athènes : premiers concours tragiques (534)
530-522	Polycrate tyran de Samos Mort de Pisistrate (528)	Pythagore à Crotone Céramique attique à figures rouges
522-486 : Darius, roi des Perses	Cléomène roi de Sparte (520)	Cartes ioniennes
510	Sybaris détruite par Crotone	
508	Clisthène l'Athénien	

499-336 : Période classique

498-478 : Révolte de l'Ionie et guerres médiques

498-494 :	Révolte de l'Ionie	Destruction de Milet	Eschyle (525-456)
490 :	1re guerre médique (Marathon)	Archontat de Thémistocle (493 ?)	Pindare (518-483) Le Pirée
486-461 :	Xerxès, roi des Perses	Gélon, tyran de Sicile	
480-478 :	2e guerre médique (Salamine, Platées, Mycale)	Loi navale de Thémistocle (483)	Hippodamos de Milet Anaxagore de Clazomènes

478-431 : Expansion athénienne

478 :	Ligue de Délos		Sophocle (496-406)
469 :	Eurymédon	Révolte de Naxos	Carrière de Phidias (470-435)
465 :	Artaxerxès I	Révolte des hilotes de Messénie (464)	Olympie : temple de Zeus
459 :	Victoire ath. à Égine	Réformes d'Ephialtes (462/1)	Euripide (485-406)
457		Longs-Murs d'Athènes au Pirée Accès des Zeugites à l'archontat	Carrière de Polyclète (460-420)
454 :	Défaite ath. en Égypte	Transfert du Trésor de la Ligue	Hérodote (484-420)
451		Loi sur la citoyenneté athénienne	Protagoras (487-411)
449 :	Paix de Callias	Début de la misthophorie (450 ?)	Style libre à figures rouges
447/6 :	Révolte de l'Eubée	Confédération béotienne (447-386)	Parthénon (447-438)
445 :	Paix de 30 ans		Propylées (437-432)
443 :	Fondation de Thourioi	Périclès stratège (443-429)	Éleusis : Télestérion
432 :	Décret contre Mégare	Procès de Phidias (438/7)	Erechtéion (435-409)

431-404 : Guerre du Péloponnèse *(voir pages 177-179)*

431-427 :	Siège de Platées	Peste à Athènes (430-429) ; mort de Périclès	Influence des Sophistes : débuts Thucydide (460-394 ?)
427 :	Révolte et prise de Mytilène		
425 :	Sphactérie	Influence de Cléon à Athènes	Gorgias à Athènes
421 :	Paix de Nicias	Alcibiade stratège (420)	Socrate (472-399)
415-413 :	Expédition de Sicile	Scandales à Athènes	Aristophane (445-386)
412 :	Début de la « guerre d'Ionie »	Régime des « Quatre-cents » (411/0) Synoecisme de Rhodes (408) Lysandre à Sparte ; Théramène à Athènes	Hippocrate de Cos (460-397)
406 :	Bataille des Arginuses	Procès des stratèges athéniens	Lysias (459-380)
405 :	Aigos-Potamoi	Denys, tyran de Syracuse	Xanthos : Monument des Néréides
405 :	Siège et chute d'Athènes	Régime des « Trente » (404)	Rôle de Critias
403 :	Chute des « Trente »	Restauration démocratique	Peintre de Meidas

404-356 : Luttes pour l'hégémonie entre Sparte, Thèbes et Athènes

401 :	Expédition des Dix-Mille	Procès et mort de Socrate (399) Agésilas roi de Sparte (399-366)	Xénophon (427-355) ; Andocide (440-390 ?) ; banquier Pasion
396 :	Agésilas en Asie		
395 :	Début de la « guerre de Corinthe »	Reconstruction des Murs à Athènes Iphicrate crée les Peltastes	Isocrate (436-338 ; école en 393) ; Platon (428-348 ; Académie en 387)
386 :	Paix du Roi, dite d'Antalkidas		
382-379 :	Spartiates à Thèbes	Reconstitution de la Ligue béotienne ; Pélopidas et Épaminondas	Épidaure : Asklépéion
377 :	2e Confédération athénienne		
377-353 :	Mausole en Carie		
371 :	Victoire thébaine à Leuctres	Refondation de Messène (369) ; fondation de Mégalopolis	Incendie du temple de Delphes Carrière de Praxitèle (370-350)
367 :	Rescrit de Suse	Denys le Jeune à Syracuse	Olynthe : urbanisme nouveau ; meules à va et vient
362 :	Bataille de Mantinée	Reprise au Laurion	
357-355 :	Guerre des Alliés		

357-336 :	***La Grèce face à Philippe de Macédoine***		Scopas, sculpteur
357 :	Prise d'Amphipolis par Philippe	Début de la carrière de Démosthène	Démosthène (384-322)
		Dikai emporikai à Athènes	Éphèse : incendie de l'Artémision
356 :	3e guerre sacrée		
352 :	Philippe en Thessalie	Eubule (354-346) : redressement	Xénophon : *Poroi*
349/8 :	Chute d'Olynthe	des finances athéniennes	Halicarnasse : Mausolée
346 :	Paix de Philocratès	Symmories triérarchiques	Eschine (390-314)
338 :	Défaite des Grecs à Chéronée	343 : procès d'Eschine	Aristote (385-322), précepteur d'Alexandre
337 :	Ligue de Corinthe	Lycurgue : redressement athénien	
336-31 :	**Période hellénistique et conquête romaine (voir pp. 252, 258, 260, 266, 276, 286)**		
336-324 :	***Alexandre***		Tombe de Philippe (?) à Vergina
335 :	Thèbes prise et détruite	Fondation d'Alexandrie	Fondation du Lycée par Aristote
331 :	Bataille d'Arbèles	Sparte : révolte et échec d'Agis III	
		Disettes en Grèce ; 330 : procès *sur*	
327/6 :	Alexandre en Inde	*la Couronne*	Voyage de Pythéas
324 :	Sédition d'Opis	Édit des bannis ; affaire d'Harpale	Euclide : *Les Éléments*
323 :	Mort d'Alexandre	Macédoine et Grèce : Antipater	Épidaure : Théâtre, Tholos
322-301 :	***Les Diadoques***	Influence d'Hypéride	
322 :	Guerre lamiaque	Mort de Démosthène	Théophraste au Lycée
321 :	Partage de Triparadisos	Oligarchie à Athènes	Ménandre (342-293)
317 :	Cassandre en Grèce	Démétrios de Phalère à Athènes	Épicure (342-270)
315 :	Confédération des Nésiotes	Délos indépendante	Zénon (334-264)
310 :	Assassinat des descendants de Philippe	Démétrios Poliorcète à Athènes	
306 :	Révolte de Cyrène ; siège de Salamine de Chypre	Antigone et Démétrios se proclament rois	Fin de la céramique à figures rouges
305 :	Siège de Rhodes	Ptolémée et Séleucos rois	
301 :	Bataille d'Ipsos	Antioche-sur-l'Oronte	Rhodes : Colosse
301-215 :	***Ligues et Royaumes***		
297-284 :	Pyrrhos en Macédoine	Philétairos à Pergame (283-261)	Alexandrie : Le Musée
281 :	Kouropédion	Ligue achéenne reconstituée	Callimaque (310-240)
	Mithridate, roi du Pont	Antiochos I (281-261)	Théocrite (310-250)
280-275 :	Pyrrhos en Italie	Révoltes contre Gonatas, en Grèce	Apollonios de Rhodes
279 :	Galates à Delphes	Antigone Gonatas, roi de	Alexandrie : le Phare
274 :	Galates en Asie Mineure	Macédoine (276-239)	*Sôtéria* de Delphes
267 :	Guerre de Khrémonidès	Hiéron de Syracuse (275-215)	Développement de Pergame
250 :	Fondation du royaume parthe	Eumène I de Pergame (261-241)	Manéthon, en Égypte
268-230 :	Règne d'Açoka en Inde	Ptolémée III (246-221)	Aristarque de Samos
264-241 :	1re guerre punique	Aratos domine la Ligue achéenne (245-213)	Archimède (287-212)
240 :	Piraterie illyrienne		Cos : Asklépéion
229-221 :	Antigone Doson	Action d'Agis IV (244-241)	Théâtre de Ségeste
229-228 :	Romains en Illyrie	Attale I de Pergame (241-197)	Glanum : maisons hellénistiques
228-222 :	Guerre cléoménique	Cléomène III à Sparte (235-222)	Théâtre de Pergame
217 :	Raphia	Philippe V (221-179)	Ératosthène de Cyrène (275-195)
216-31 :	***Rome et les Grecs***	*(Tableau p. 286)*	
216-205 :	1re guerre de Macédoine	207-192 : Nabis à Sparte	Début de la traduction de la Bible en grec

205 :	Paix de Phoinikè	Ptolémée V (205-180)	
200-197 :	2e guerre de Macédoine		« Victoire » de Samothrace
197 :	Cynoscéphales	Eumène II de Pergame (197-156)	
196 :	Flamininus proclame la liberté des cités		Delphes : statue de Flamininus
192-188 :	Rome contre Antiochos III et les Étoliens	Philopoimen à Sparte (188) Séleucos IV (187-175)	Milet : Bouleutérion Pergame : le grand autel
188 :	Traité d'Apamée	Ptolémée VI (180-145) Persée de Macédoine (179-167)	Panaitios (185-112)
171-168 :	3e guerre de Macédoine	Antiochos IV (175-164)	
168 :	Répression à Jérusalem	Macédoine divisée en Républiques	Polybe (± 200-120)
167 :	Pydna	Délos, port franc (167)	
167-164 :	Révolte des Macchabées	Attale II (159-138)	Pergame : Bibliothèque
160-145 :	Progrès des Parthes	Macédoine, Province romaine (149)	Athènes : Portique d'Attale
147 :	Rébellion des Achéens		Rome : ambassade de Carnéade
146 :	Sac et destruction de Corinthe	Grèce administrée par le Proconsul	
133 :	Legs du royaume de Pergame	Création de la Province d'Asie (129)	Posidonios d'Apamée
88 :	Délos pillée par Mithridate		Vénus de Milo
87 :	Athènes pillée par Sylla	Province de Cyrénaïque (74)	
31 :	Bataille d'Actium	Province de Syrie (66)	

Index

L'index n'est pas exhaustif, il complète la table des matières et indique par les chiffres en italique les définitions et biographies. Le terme *passim* renvoie le lecteur à toute la fin du chapitre.

Table des matières

Table des cartes

Imprimé en France par I.M.E. - 25110 Baume-les-Dames
Dépôt légal : 5530-06/1999 - Collection n° 20 - Edition n° 09
14/4616/0

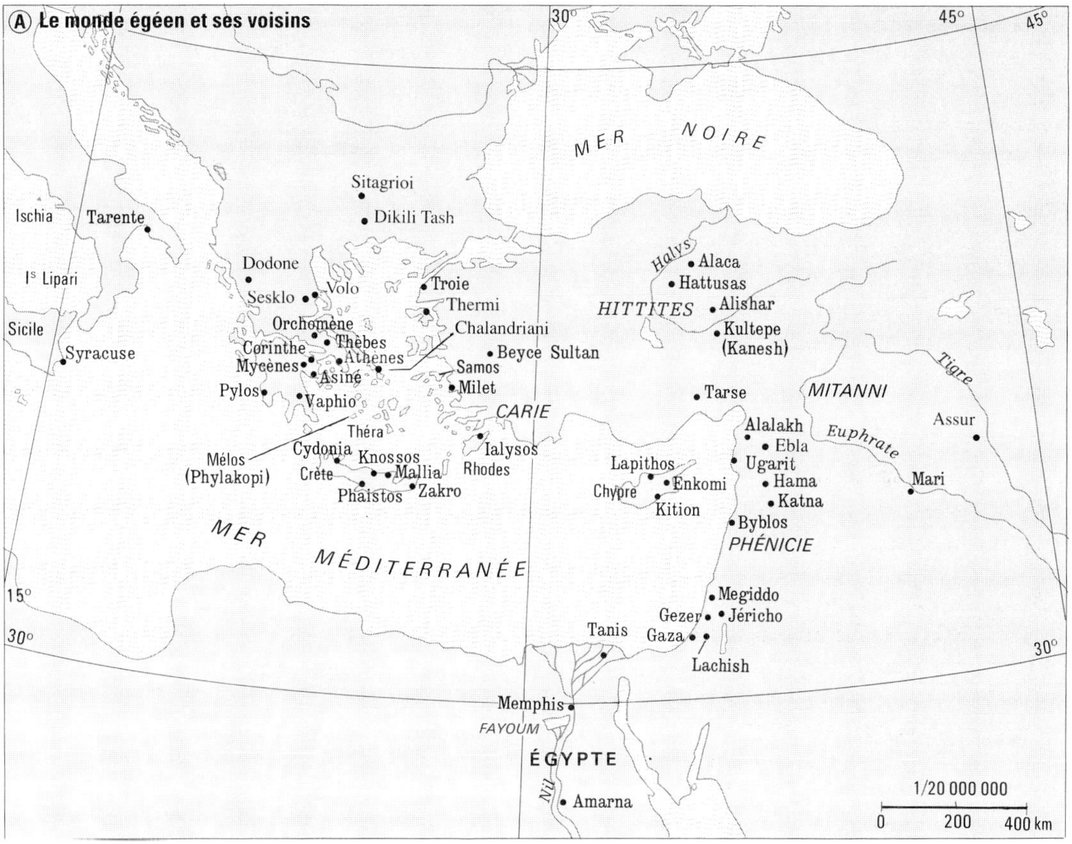
Ⓐ Le monde égéen et ses voisins
MER NOIRE
Sitagrioi
Dikili Tash
Ischia
Tarente
Is Lipari
Sicile
Syracuse
Dodone
Sesklo
Volo
Troie
Thermi
Orchomène
Thèbes
Chalandriani
Corinthe
Athènes
Mycènes
Asiné
Samos
Milet
Pylos
Vaphio
Théra
Mélos
(Phylakopi)
Cydonia
Knossos
Mallia
Crète
Phaistos
Zakro
Ialysos
Rhodes
CARIE
Beyce Sultan
Halys
Alaca
Hattusas
HITTITES
Alishar
Kultepe
(Kanesh)
Tarse
MITANNI
Tigre
Assur
Euphrate
Mari
Alalakh
Ebla
Ugarit
Lapithos
Enkomi
Chypre
Kition
Hama
Katna
Byblos
PHÉNICIE
MER MÉDITERRANÉE
Megiddo
Gezer
Jéricho
Gaza
Tanis
Lachish
Memphis
FAYOUM
ÉGYPTE
Nil
Amarna
1/20 000 000
0 200 400 km

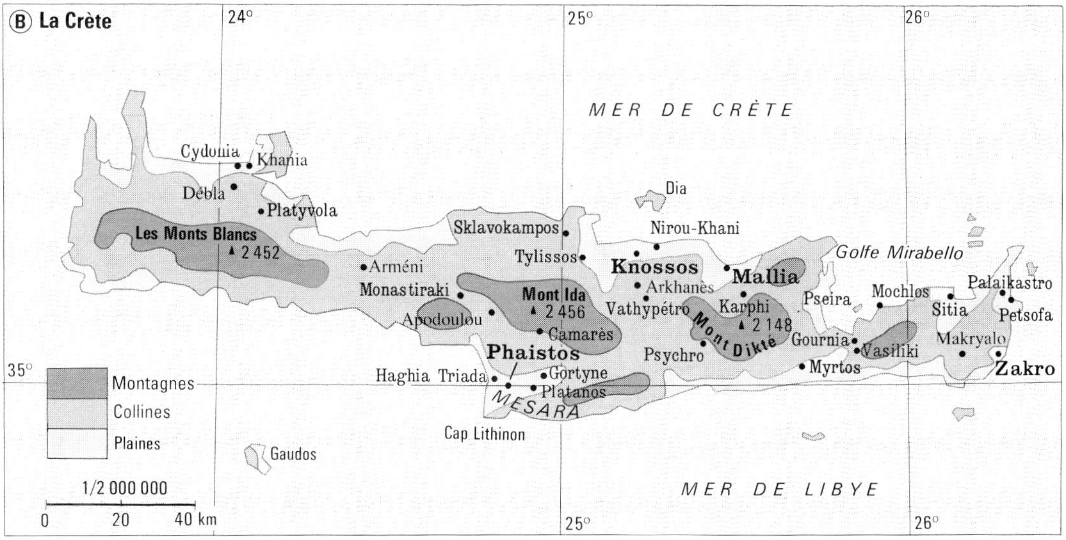
Ⓑ La Crète
MER DE CRÈTE
Cydonia
Khania
Débla
Platyvola
Les Monts Blancs
2 452
Arméni
Monastiraki
Apodoulou
Sklavokampos
Tylissos
Mont Ida
2 456
Camarès
Phaistos
Haghia Triada
Gortyne
Platanos
MESARA
Cap Lithinon
Gaudos
Dia
Nirou-Khani
Knossos
Arkhanès
Vathypétro
Mallia
Karphi
2 148
Mont Dikté
Psychro
Golfe Mirabello
Pseira
Mochlos
Gournia
Vasiliki
Myrtos
Palaikastro
Sitia
Petsofa
Makryalo
Zakro
Montagnes
Collines
Plaines
1/2 000 000
0 20 40 km
MER DE LIBYE

LE MONDE GREC ANTIQUE

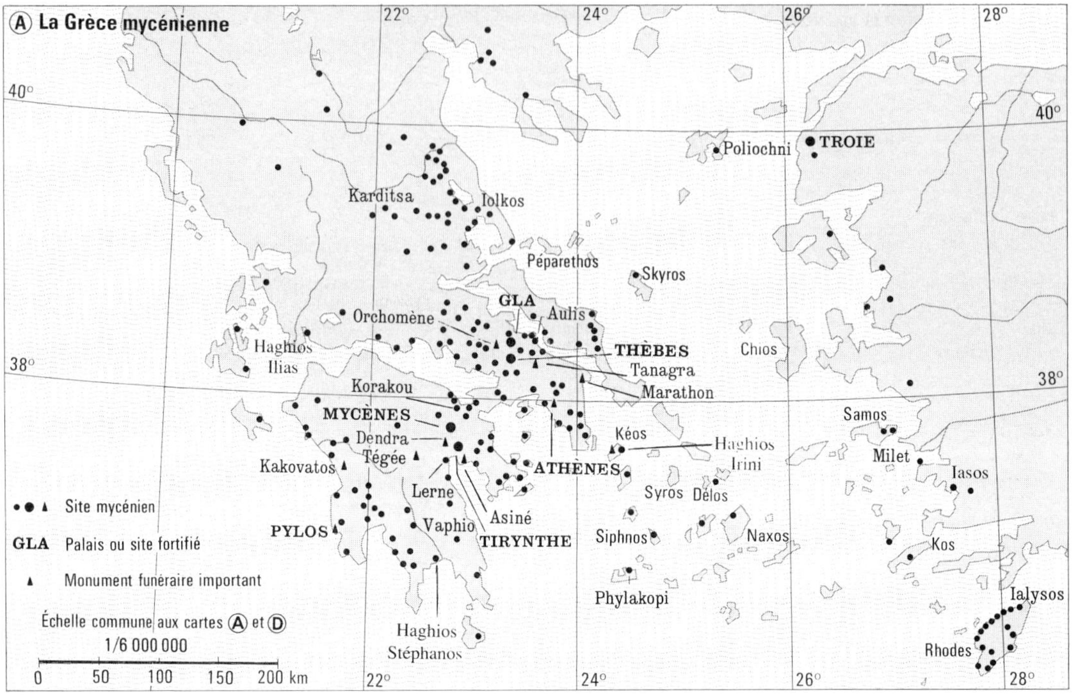

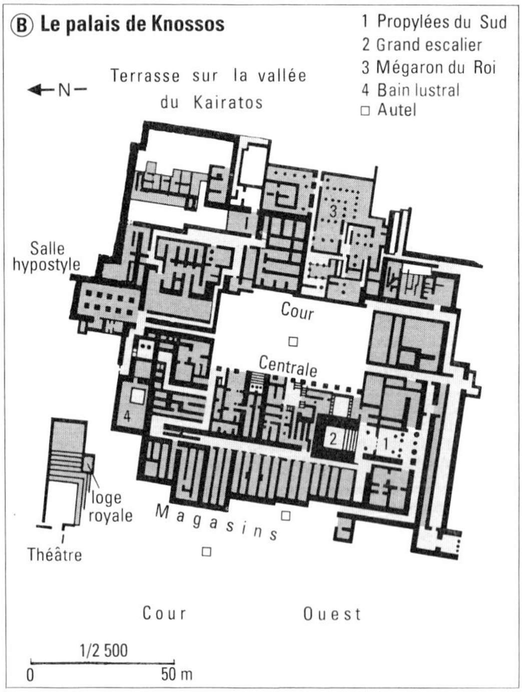

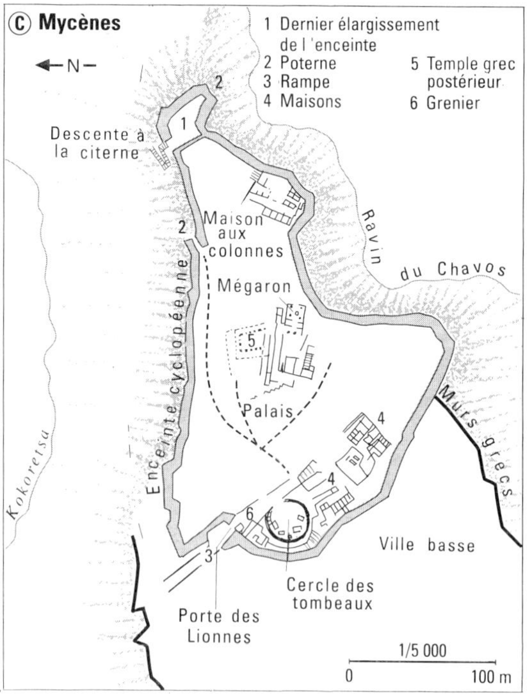

Ⓓ **La Grèce archaïque**

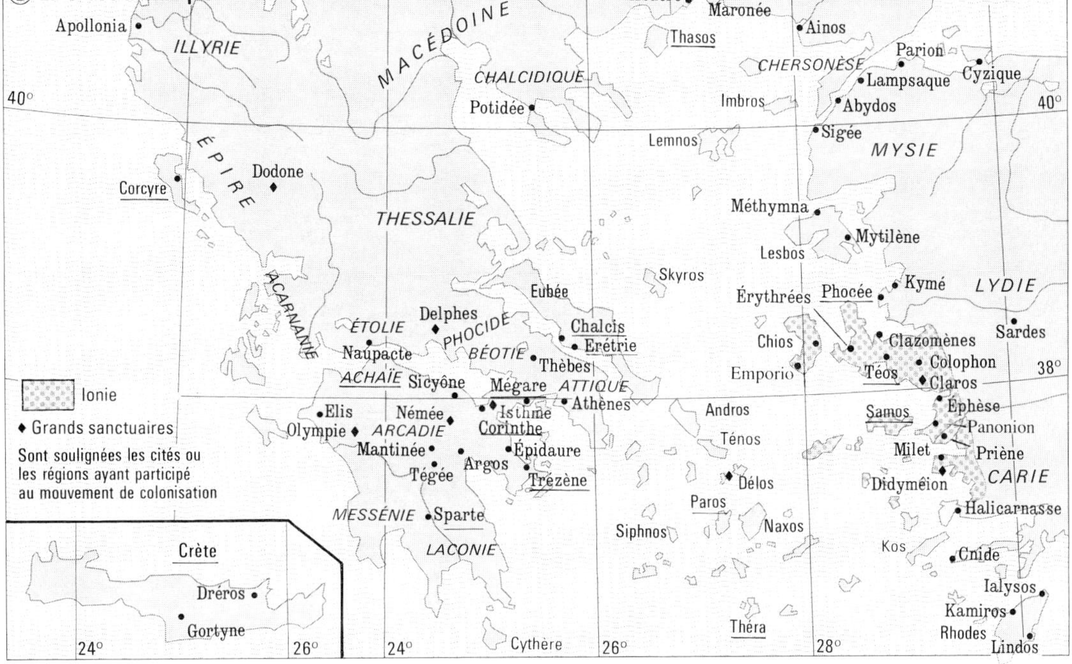

Ⓔ **Delphes**

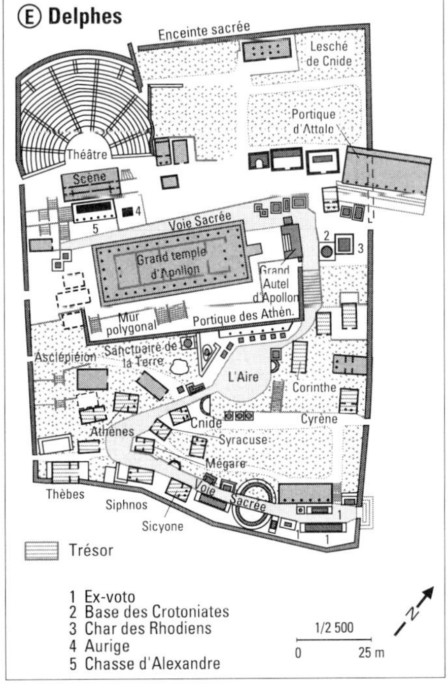

Ⓕ **Les dialectes grecs**

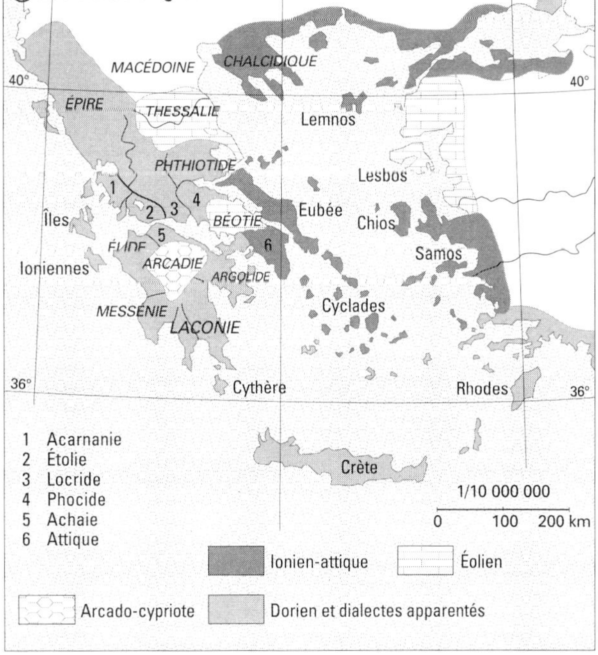

LE MONDE GREC ANTIQUE

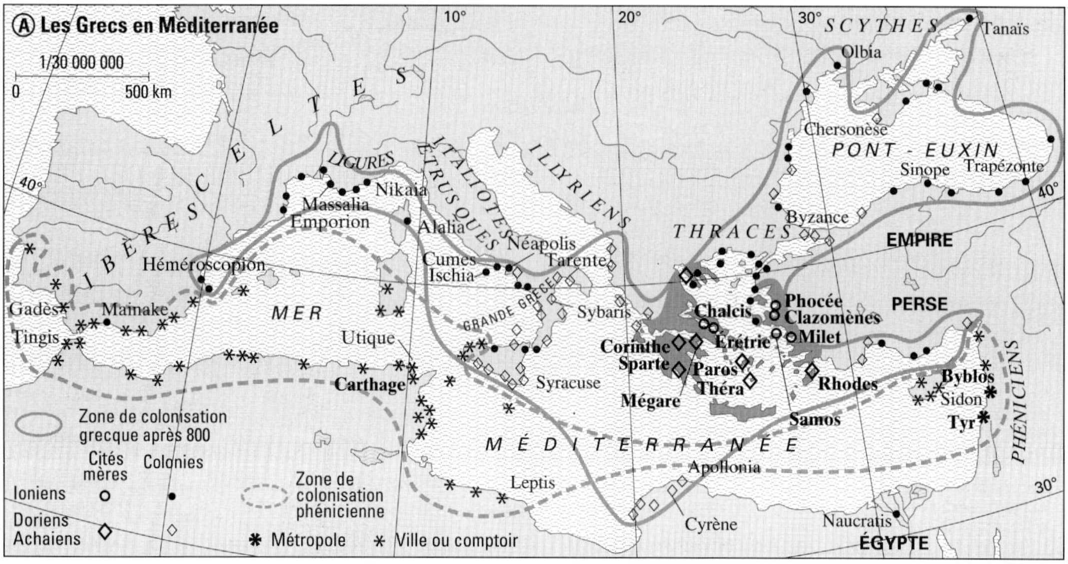

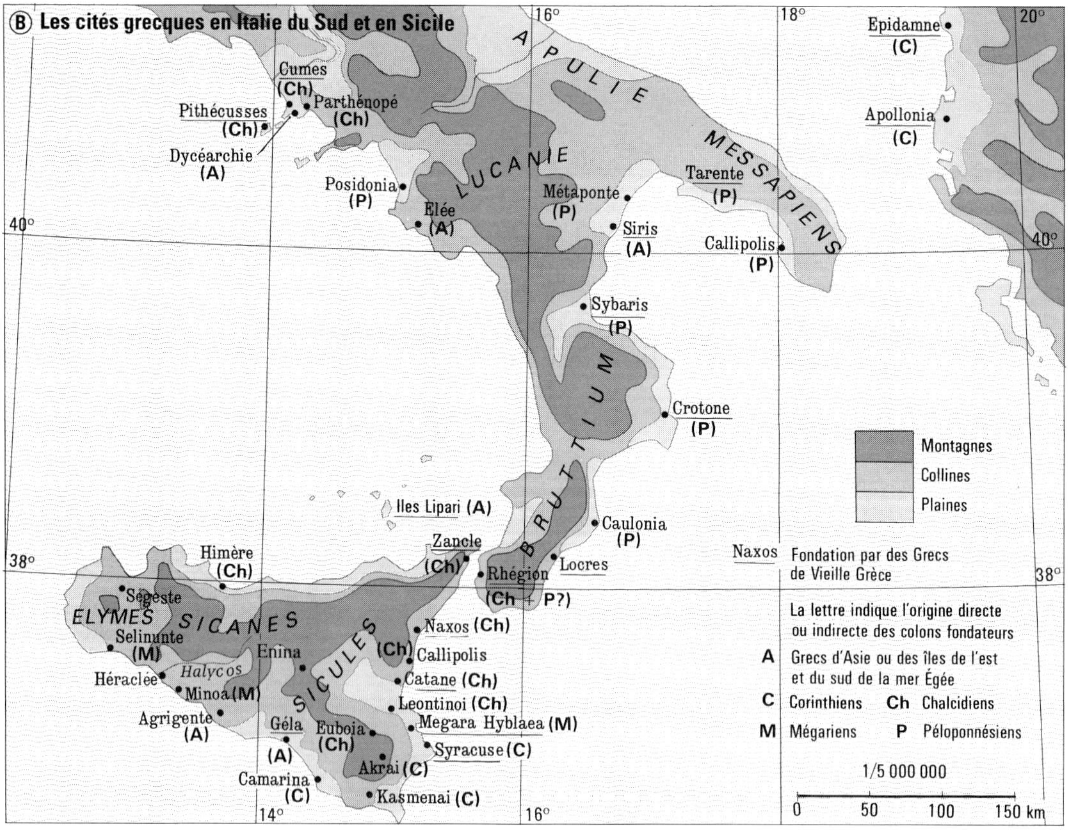

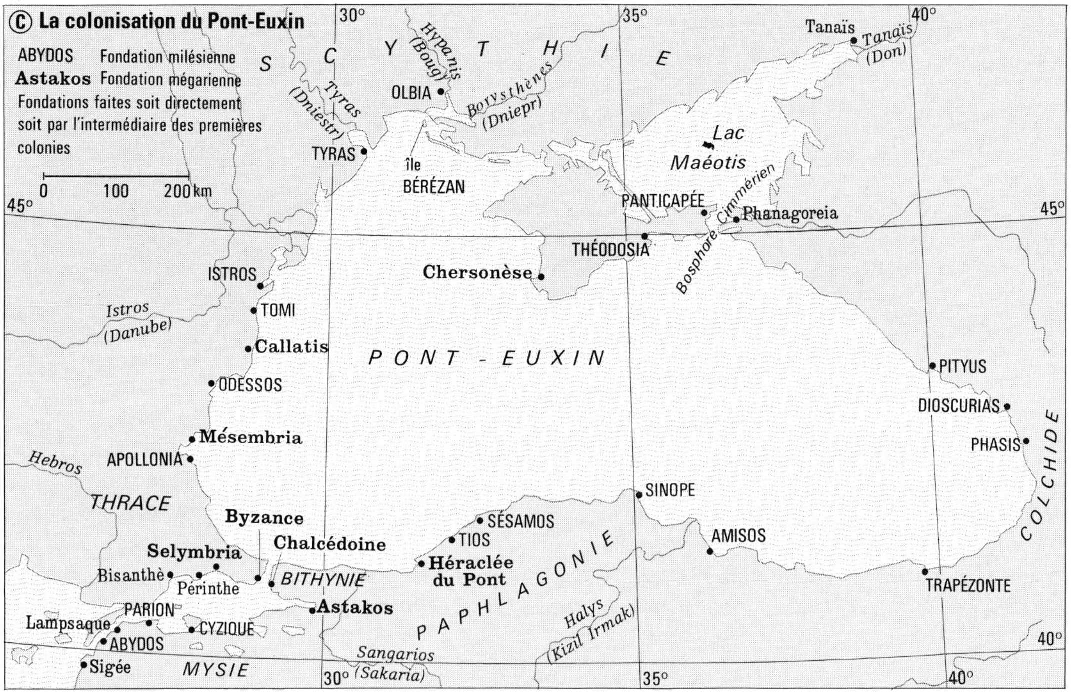

Ⓒ La colonisation du Pont-Euxin

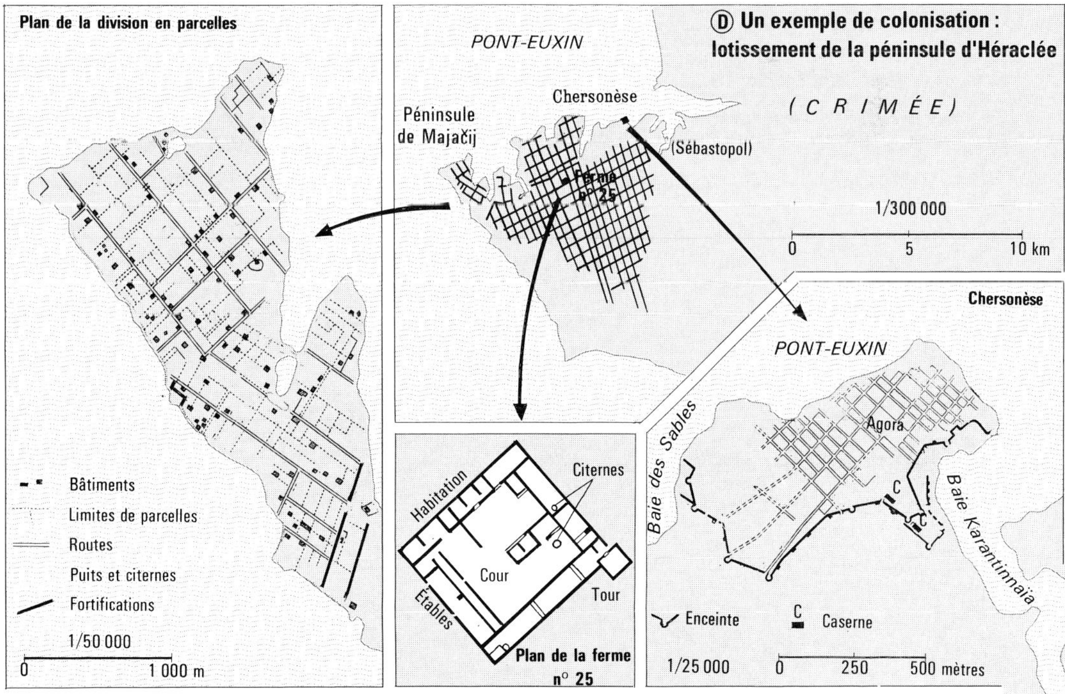

Ⓓ Un exemple de colonisation : lotissement de la péninsule d'Héraclée

LE MONDE GREC ANTIQUE

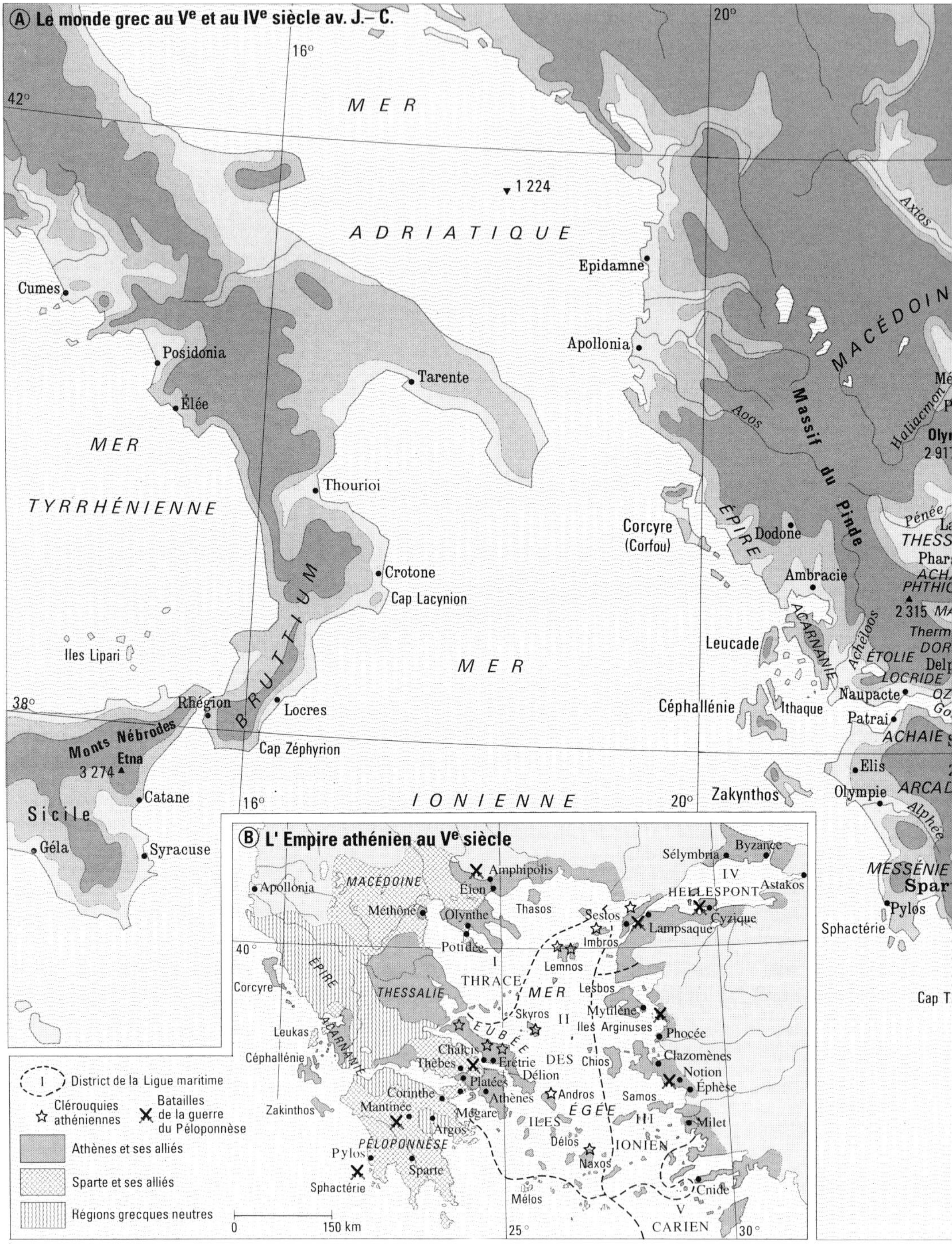

LE MONDE GREC ANTIQUE

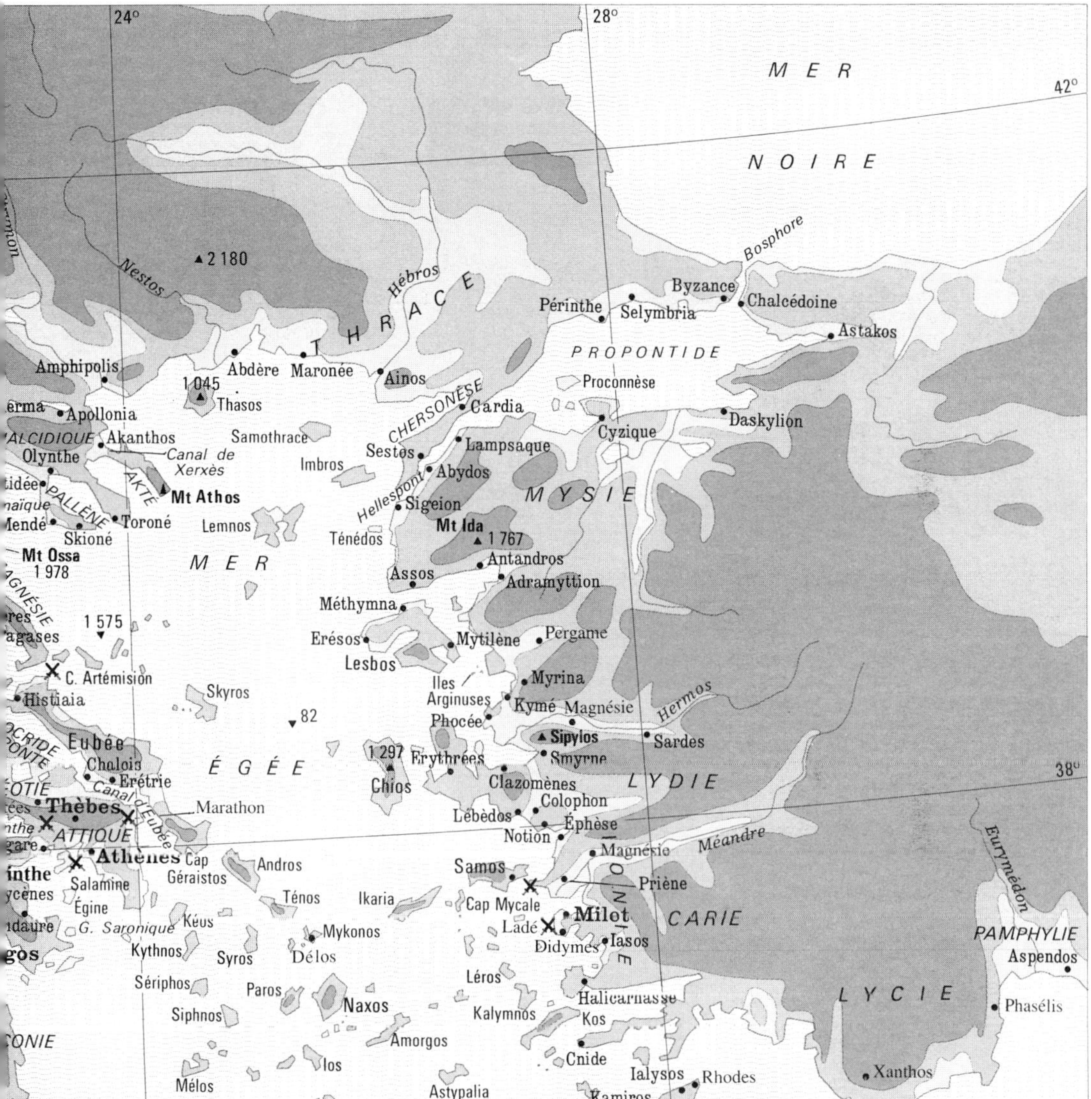

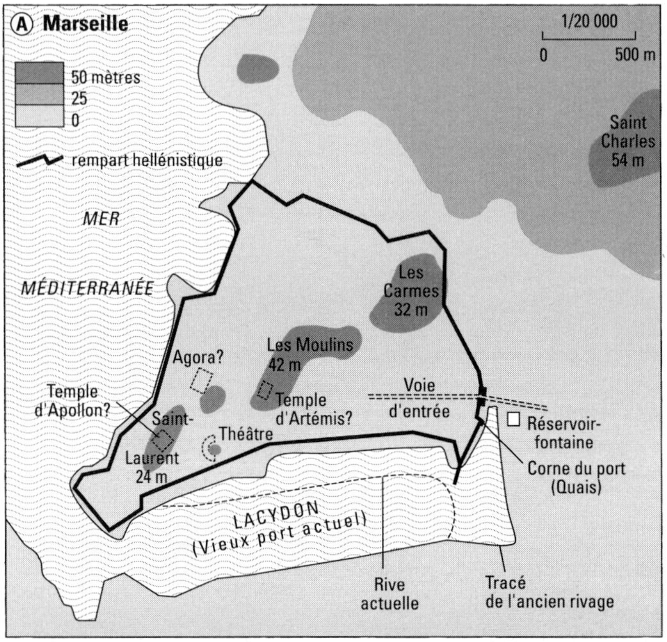
A Marseille
1/20 000
0
500 m
50 mètres
25
0
rempart hellénistique
MER
MÉDITERRANÉE
Saint Charles 54 m
Les Carmes 32 m
Les Moulins 42 m
Agora?
Temple d'Apollon?
Saint-Laurent 24 m
Théâtre
Temple d'Artémis?
Voie d'entrée
Réservoir-fontaine
Corne du port (Quais)
LACYDON (Vieux port actuel)
Rive actuelle
Tracé de l'ancien rivage

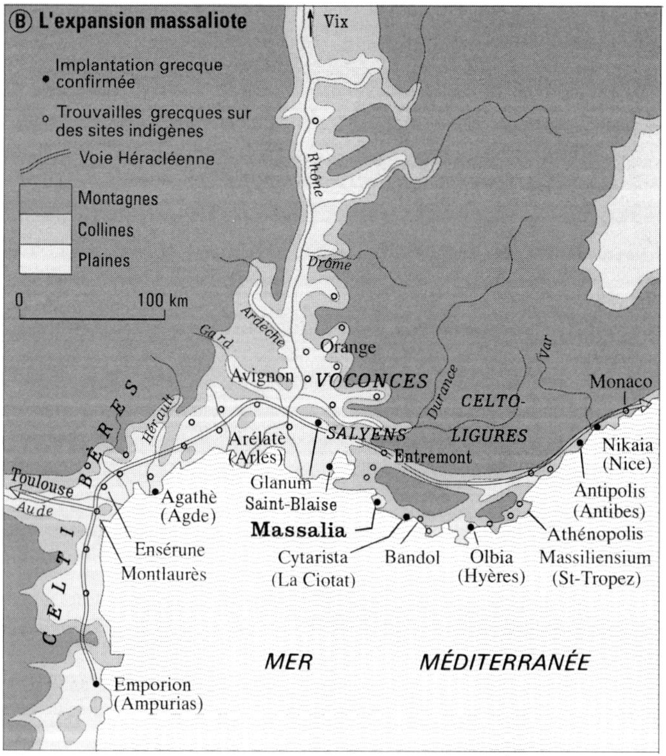
B L'expansion massaliote
Vix
Implantation grecque confirmée
Trouvailles grecques sur des sites indigènes
Voie Héracléenne
Montagnes
Collines
Plaines
0
100 km
Rhône
Drôme
Ardèche
Gard
Durance
Var
Hérault
Aude
Orange
Avignon
VOCONCES
CELTO-LIGURES
SALYENS
Monaco
Nikaia (Nice)
Antipolis (Antibes)
Athénopolis Massiliensium (St-Tropez)
Olbia (Hyères)
Bandol
Cytarista (La Ciotat)
Massalia
Glanum
Saint-Blaise
Entremont
Arélatè (Arles)
Agathè (Agde)
Ensérune
Montlaurès
Toulouse
CELTIBÈRES
Emporion (Ampurias)
MER
MÉDITERRANÉE

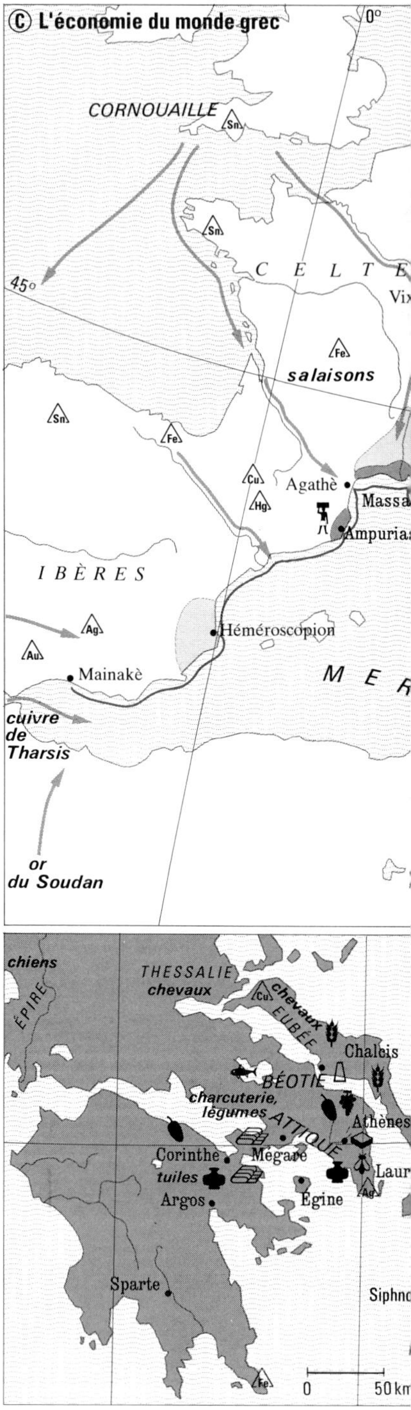
C L'économie du monde grec
0°
45°
CORNOUAILLE
Sn
CELTE
Vix
Fe
salaisons
Cu
Hg
Agathè
Massa
Ampurias
IBÈRES
Héméroscopion
Ag
Au
Mainakè
MER
cuivre de Tharsis
or du Soudan
chiens
ÉPIRE
THESSALIE chevaux
chevaux
EUBÉE
Chalcis
BÉOTIE
charcuterie, légumes
ATTIQUE
Athènes
Corinthe
tuiles
Mégare
Argos
Egine
Laur
Sparte
Siphno
0
50 km

LE MONDE GREC ANTIQUE

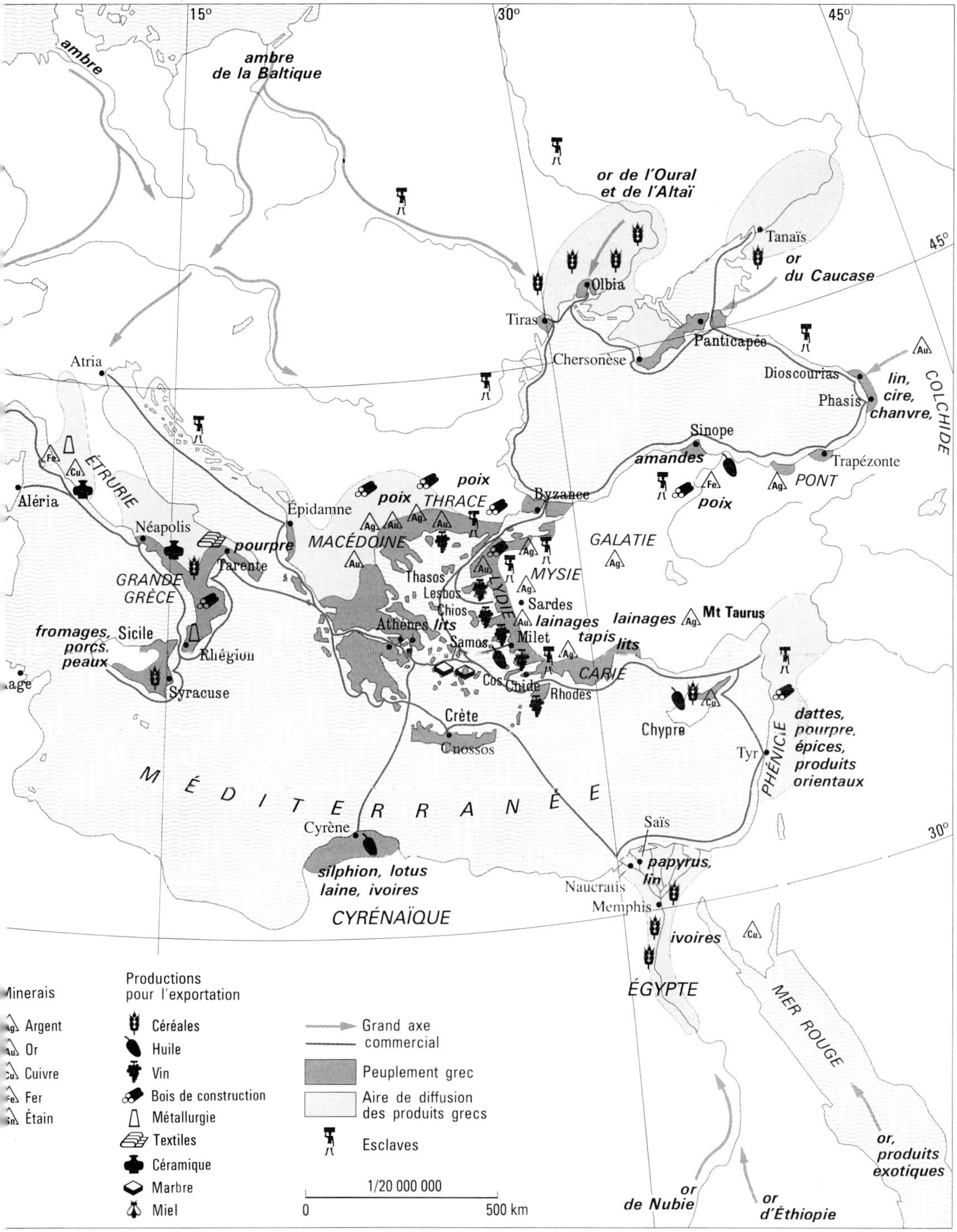

LE MONDE GREC ANTIQUE

Ⓐ L'Attique

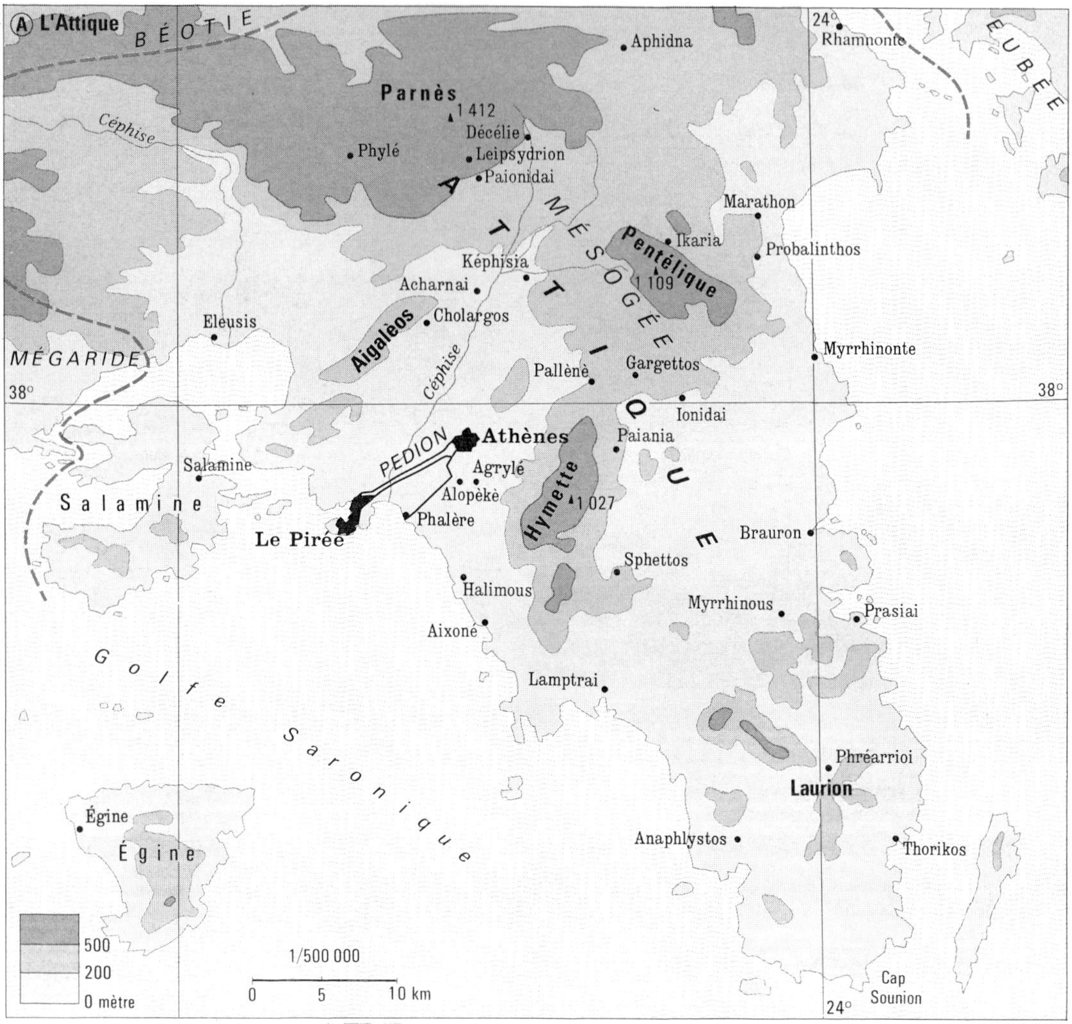

Ⓑ L'Acropole d'Athènes

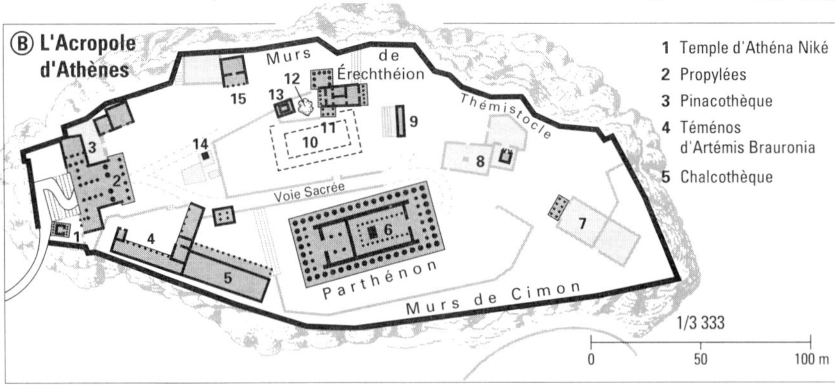

1 Temple d'Athéna Niké
2 Propylées
3 Pinacothèque
4 Téménos d'Artémis Brauronia
5 Chalcothèque
6 Statue d'Athéna Chryséléphantine par Phidias
7 Hérôon de Pandion
8 Téménos de Zeus Polieus
9 Autel d'Athéna
10 Ancien temple d'Athéna
11 Portique des Caryatides
12 Olivier sacré
13 Pandroséion
14 Statue d'Athéna Promachos par Phidias
15 Maison des Arrhéphores

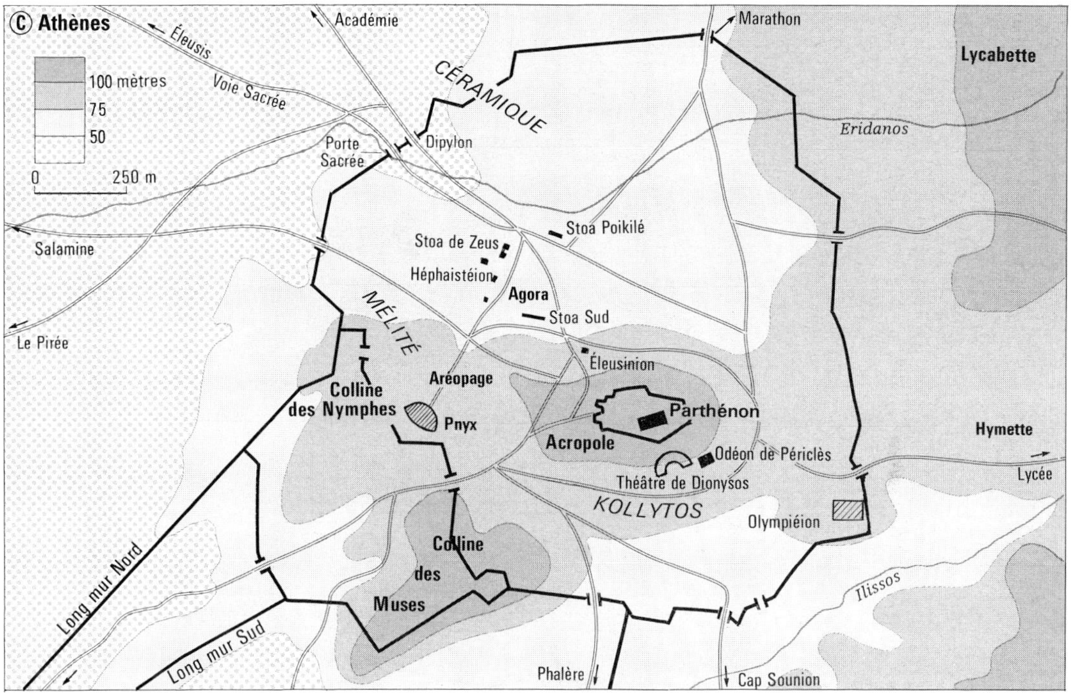

C Athènes
100 mètres
75
50
0
250 m
Éleusis
Voie Sacrée
Académie
Marathon
Lycabette
CÉRAMIQUE
Eridanos
Porte Sacrée
Dipylon
Salamine
Stoa Poikilé
Stoa de Zeus
Héphaistéion
Agora
Stoa Sud
MÉLITÉ
Le Pirée
Éleusinion
Aréopage
Colline des Nymphes
Pnyx
Parthénon
Acropole
Hymette
Odéon de Périclès
Théâtre de Dionysos
Lycée
KOLLYTOS
Olympiéion
Colline des Muses
Long mur Nord
Ilissos
Long mur Sud
Phalère
Cap Sounion

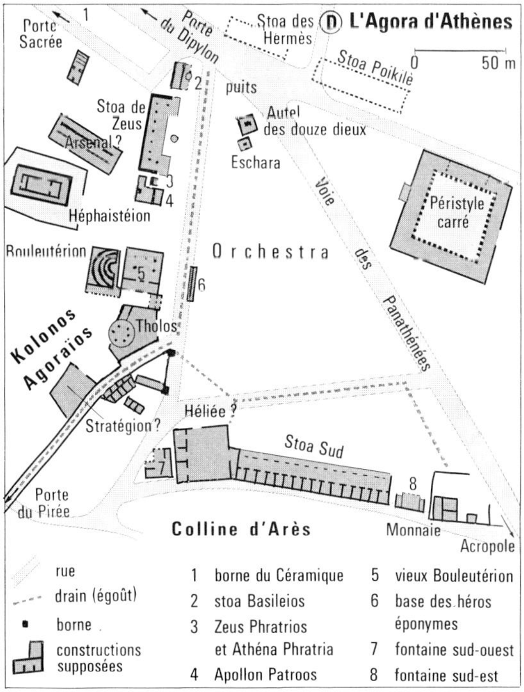

Porte Sacrée
1
Porte du Dipylon
Stoa des Hermès
D L'Agora d'Athènes
0
50 m
Stoa Poikilé
2
puits
Stoa de Zeus
Arsenal ?
Autel des douze dieux
Eschara
3
4
Héphaistéion
Voie des Panathénées
Péristyle carré
Bouleutérion
5
Orchestra
6
Tholos
Kolonos Agoraios
Héliée ?
Stratégion ?
Stoa Sud
7
8
Porte du Pirée
Colline d'Arès
Monnaie
Acropole
rue
drain (égoût)
borne
constructions supposées
1 borne du Céramique
2 stoa Basileios
3 Zeus Phratrios et Athéna Phratria
4 Apollon Patroos
5 vieux Bouleutérion
6 base des héros éponymes
7 fontaine sud-ouest
8 fontaine sud-est

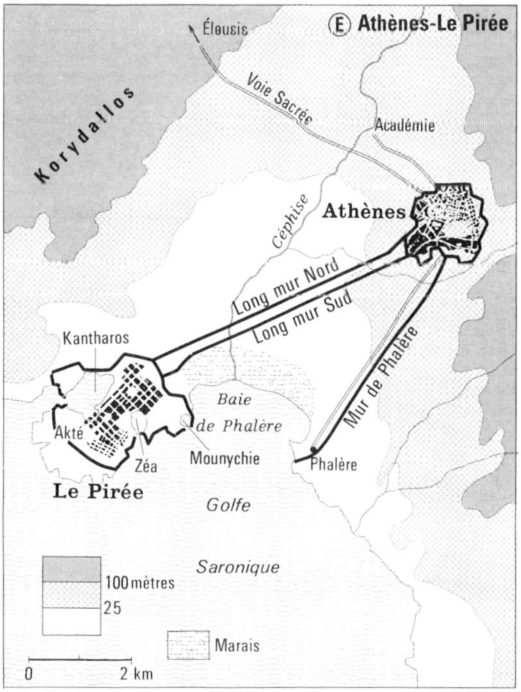

Éleusis
E Athènes-Le Pirée
Voie Sacrée
Korydallos
Académie
Céphise
Athènes
Long mur Nord
Long mur Sud
Mur de Phalère
Kantharos
Baie de Phalère
Akté
Zéa
Mounychie
Phalère
Le Pirée
Golfe Saronique
100 mètres
25
Marais
0
2 km

LE MONDE GREC ANTIQUE

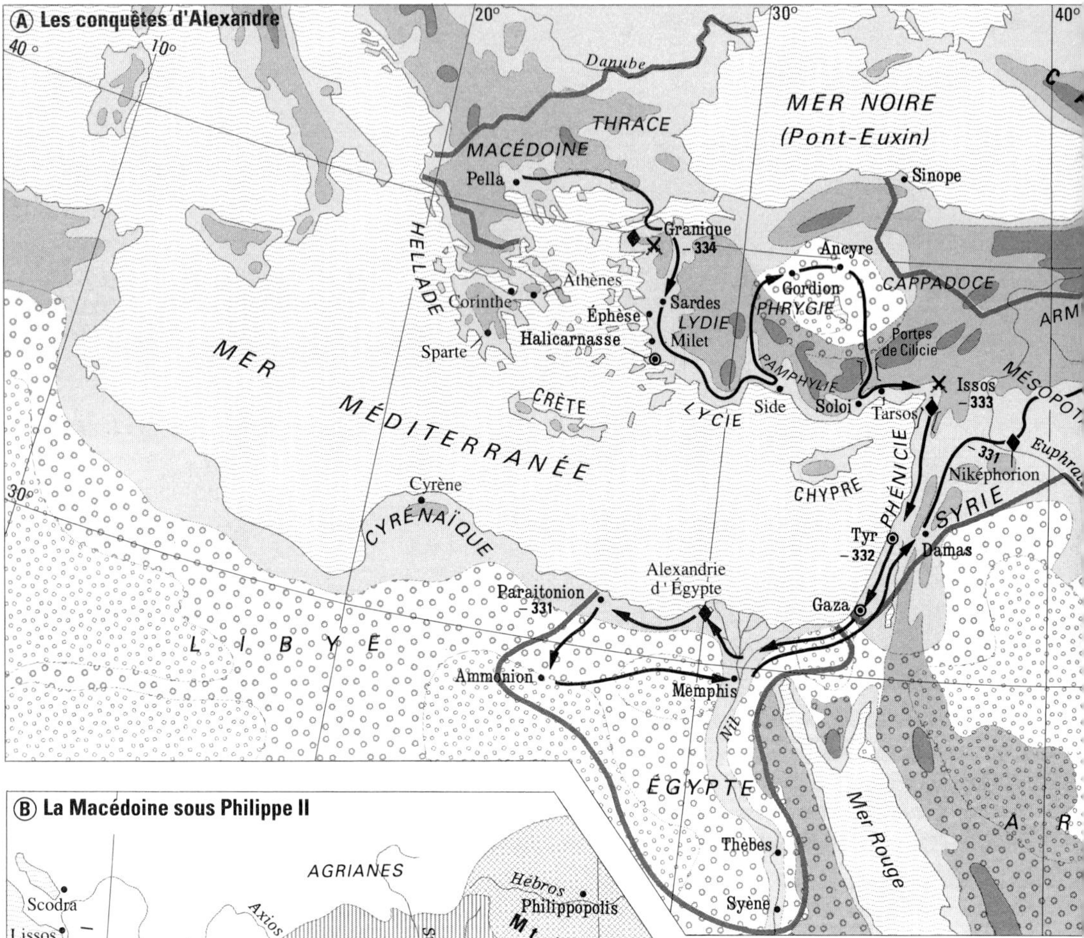

Ⓐ Les conquêtes d'Alexandre

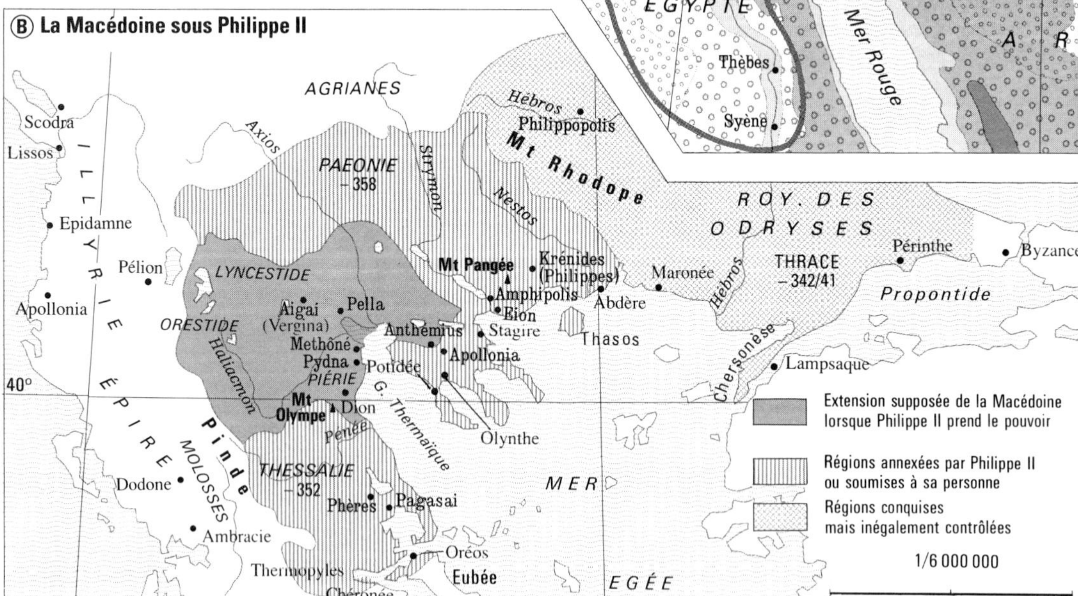

Ⓑ La Macédoine sous Philippe II

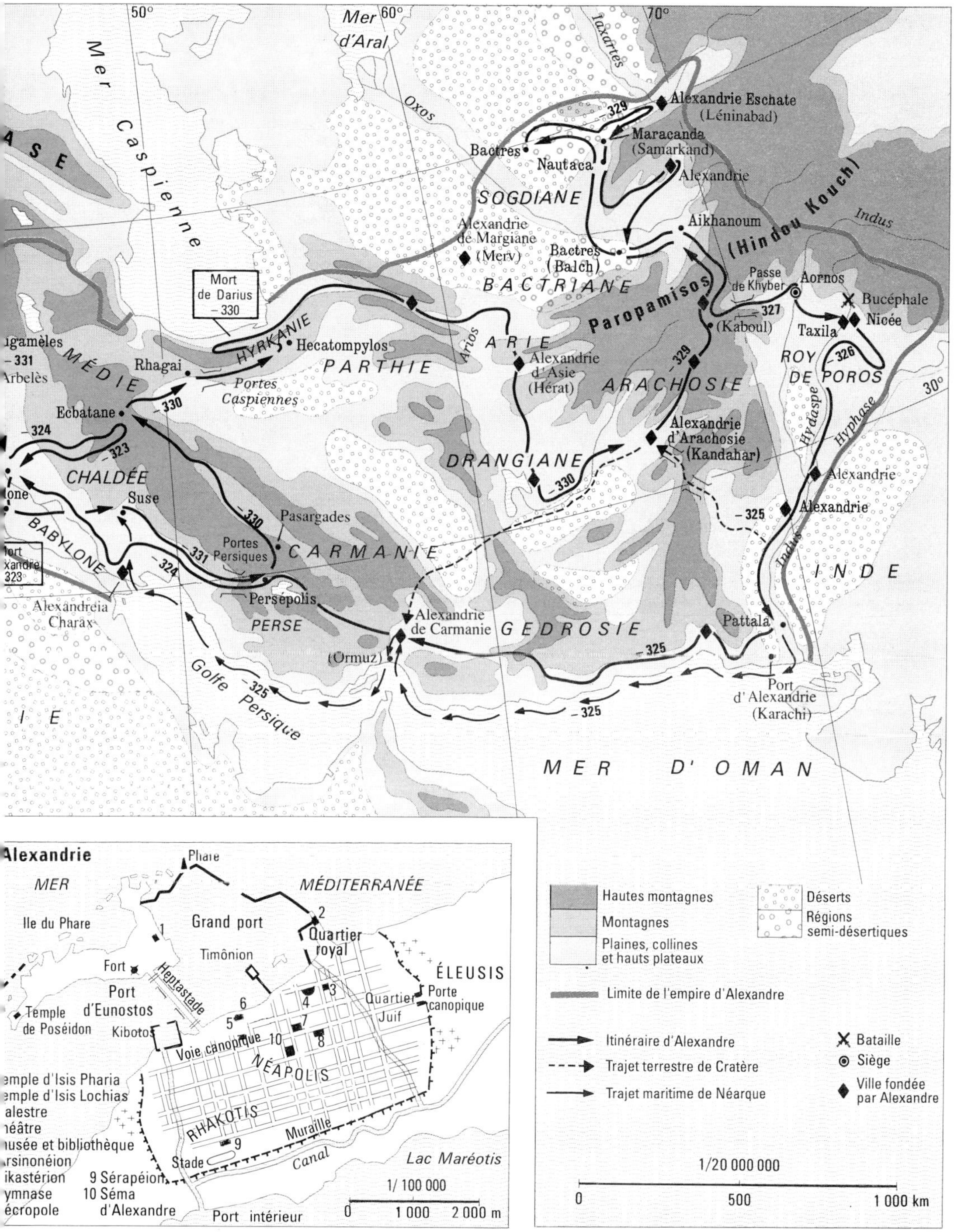

50°
60°
70°
30°
Mer d'Aral
Mer Caspienne
Iaxartes
Oxos
Alexandrie Eschate (Léninabad)
Maracanda (Samarkand)
Bactres
Nautaca
Alexandrie
SOGDIANE
Alexandrie de Margiane (Merv)
Bactres (Balch)
Aikhanoum
(Hindou Kouch)
Indus
BACTRIANE
Paropamisos
Passe de Khyber
Aornos
Bucéphale
Nicée
Taxila
(Kaboul)
Mort de Darius – 330
HYRKANIE
Hecatompylos
PARTHIE
Arios
ARIE
Alexandrie d'Asie (Hérat)
ARACHOSIE
ROY DE POROS
Hydaspe
Hyphase
Rhagai
Portes Caspiennes
MÉDIE
Ecbatane
– 331
Arbèles
Gaugamèles
Alexandrie d'Arachosie (Kandahar)
DRANGIANE
Alexandrie
CHALDÉE
Suse
Pasargades
BABYLONE
Portes Persiques
CARMANIE
INDE
Persépolis
PERSE
Alexandreia Charax
Alexandrie de Carmanie
GEDROSIE
Pattala
(Ormuz)
Port d'Alexandrie (Karachi)
Golfe Persique
MER D'OMAN
– 329
– 327
– 326
– 325
– 324
– 323
– 330
Alexandrie
MER
MÉDITERRANÉE
Phare
Ile du Phare
Grand port
Quartier royal
Timônion
Fort
Heptastade
ÉLEUSIS
Port d'Eunostos
Temple de Poséidon
Kibotos
Quartier Juif
Porte canopique
Voie canopique
NÉAPOLIS
RHAKOTIS
Muraille
Stade
Canal
Lac Maréotis
Port intérieur
9 Sérapéion
10 Séma d'Alexandre
1/ 100 000
0 1 000 2 000 m
Hautes montagnes
Montagnes
Plaines, collines et hauts plateaux
Déserts
Régions semi-désertiques
Limite de l'empire d'Alexandre
Itinéraire d'Alexandre
Trajet terrestre de Cratère
Trajet maritime de Néarque
Bataille
Siège
Ville fondée par Alexandre
1/20 000 000
0 500 1 000 km

LE MONDE GREC ANTIQUE

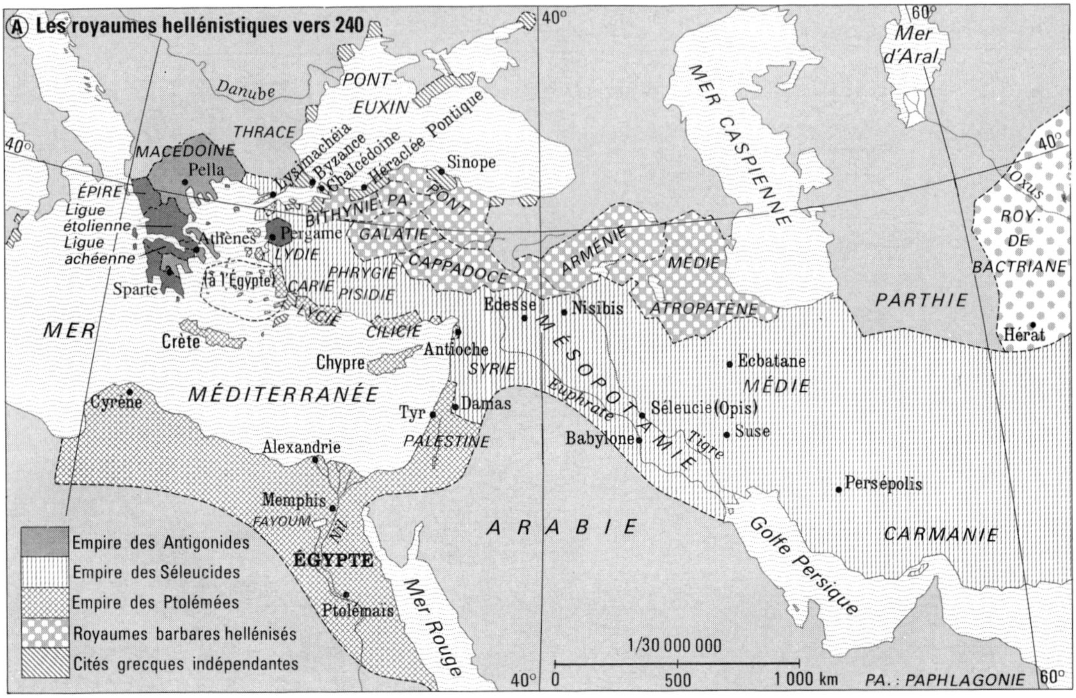

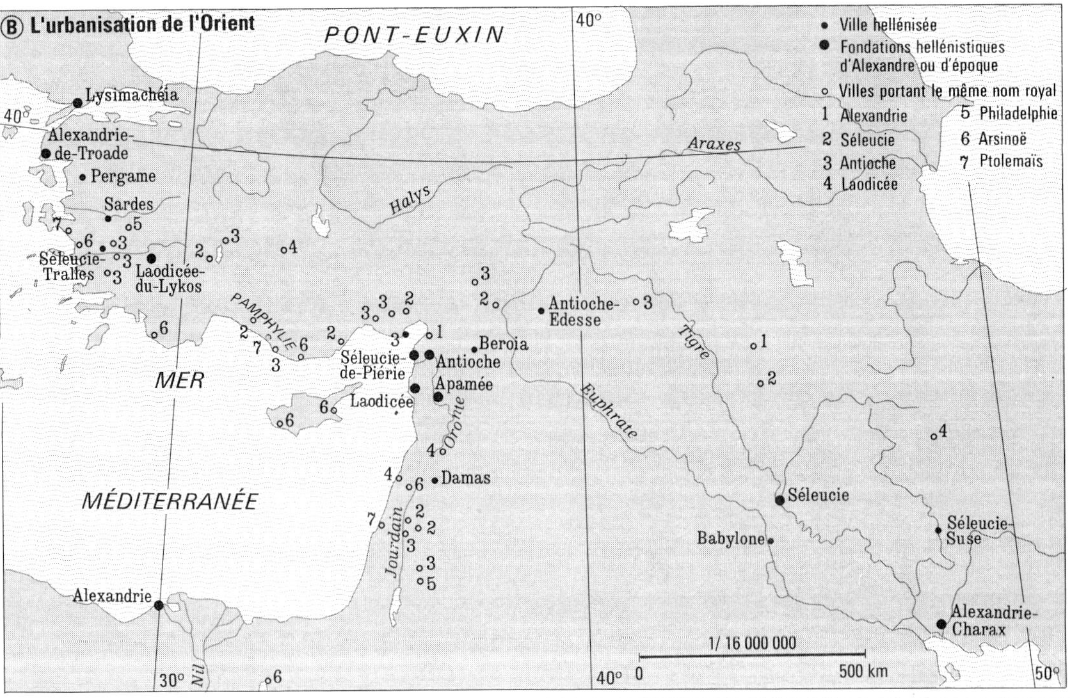

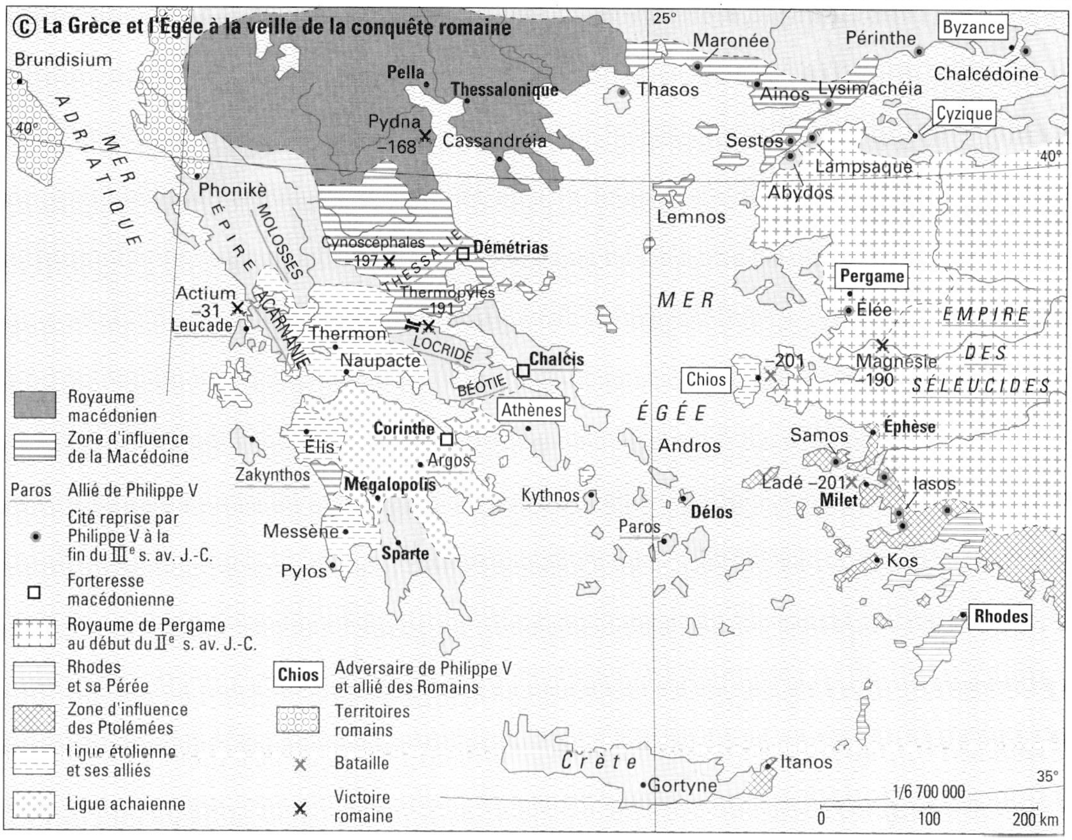

C La Grèce et l'Égée à la veille de la conquête romaine
Brundisium
MER ADRIATIQUE
40°
25°
Pella
Thessalonique
Pydna
–168
Cassandréia
Maronée
Thasos
Périnthe
Byzance
Chalcédoine
Ainos
Lysimachéia
Cyzique
Sestos
Lampsaque
Abydos
Lemnos
Phonikè
ÉPIRE
MOLOSSES
THESSALIE
Cynoscéphales
–197
Démétrias
Thermopyles
–191
Actium
–31
Leucade
ACARNANIE
Thermon
LOCRIDE
Naupacte
BÉOTIE
Chalcis
Athènes
MER ÉGÉE
Pergame
Élée
EMPIRE DES SÉLEUCIDES
Magnésie
–190
Chios
–201
Samos
Éphèse
Andros
Lade –201
Milet
Iasos
Corinthe
Élis
Argos
Zakynthos
Mégalopolis
Kythnos
Délos
Paros
Messène
Sparte
Pylos
Kos
Rhodes
Crète
Gortyne
Itanos
35°
1/6 700 000
0 100 200 km
Royaume macédonien
Zone d'influence de la Macédoine
Paros Allié de Philippe V
Cité reprise par Philippe V à la fin du IIIe s. av. J.-C.
Forteresse macédonienne
Royaume de Pergame au début du IIe s. av. J.-C.
Rhodes et sa Pérée
Zone d'influence des Ptolémées
Ligue étolienne et ses alliés
Ligue achaienne
Chios Adversaire de Philippe V et allié des Romains
Territoires romains
Bataille
Victoire romaine

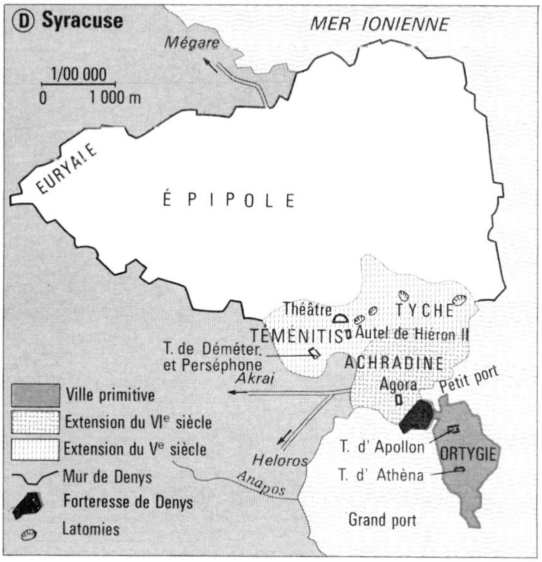

D Syracuse
MER IONIENNE
Mégare
1/00 000
0 1 000 m
EURYALE
ÉPIPOLE
Théâtre
TYCHE
TÉMÉNITIS
Autel de Hiéron II
T. de Déméter et Perséphone
ACHRADINE
Akrai
Agora
Petit port
T. d'Apollon
ORTYGIE
T. d'Athèna
Heloros
Anapos
Grand port
Ville primitive
Extension du VIe siècle
Extension du Ve siècle
Mur de Denys
Forteresse de Denys
Latomies

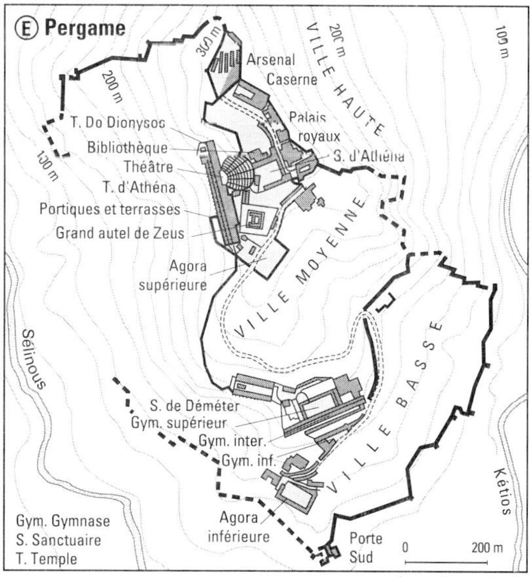

E Pergame
300 m
200 m
100 m
130 m
Arsenal
Caserne
VILLE HAUTE
Palais royaux
T. Do Dionysos
Bibliothèque
S. d'Athéna
Théâtre
T. d'Athéna
Portiques et terrasses
Grand autel de Zeus
Agora supérieure
VILLE MOYENNE
Sélinous
VILLE BASSE
S. de Déméter
Gym. supérieur
Gym. inter.
Gym. inf.
Kétios
Agora inférieure
Porte Sud
0 200 m
Gym. Gymnase
S. Sanctuaire
T. Temple

LE MONDE GREC ANTIQUE